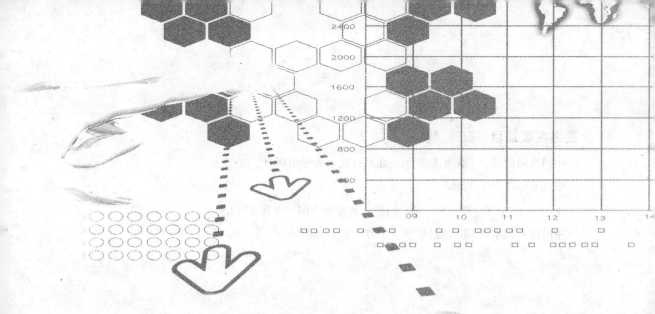

中国直销经济学

欧阳文章 ◎ 著

北京大学出版社
PEKING UNIVERSITY PRESS

图书在版编目（CIP）数据

中国直销经济学/欧阳文章著.—北京：北京大学出版社，2007.8
ISBN 978-7-301-12565-6

Ⅰ.中… Ⅱ.欧… Ⅲ.销售—研究—中国 Ⅳ.F713.3

中国版本图书馆 CIP 数据核字（2007）第 113801 号

书　　　名：中国直销经济学
著作责任者：欧阳文章　著
责　任　编　辑：黄庆生　王淳丰
标　准　书　号：ISBN 978-7-301-12565-6/F·1684
出　版　发　行：北京大学出版社
地　　　址：北京市海淀区中关村成府路 205 号　邮编 100871
网　　　址：http://www.pup.cn
电　　　话：邮购部 62752015　发行部 62750672
　　　　　　编辑部 62765013　出版部 62754962
电　子　邮　箱：xxjs@pup.pku.edu.cn
印　刷　者：北京大学印刷厂
经　销　者：新华书店
　　　　　　787 毫米×1092 毫米　16 开　35.75 印张　685 千字
　　　　　　2007 年 8 月第 1 版　2007 年 8 月第 1 次印刷
定　　　价：86.00 元

未经许可，不得以任何方式复制或抄袭本书之部分或全部内容。
版权所有　侵权必究
举报电话：010-62752024；电子信箱：fd@pup.pku.edu.cn

中国直销需要正确的理论指导

中国直销业能不能健康发展,一个很重要的问题就是指导直销发展的理论正确与否。直销进入中国以来之所以发展不够健康,直销理论研究的滞后是一个重要原因。目前,西方的一些直销理论很不适应中国的国情,而我国又没有形成自己的具有中国特色的直销理论,所以,直销界的认识与政府的想法往往形成不一致,因而导致中国直销步履蹒跚。因此,时下的中国直销需要正确的理论加以指导,已成为整个直销行业的一致呼唤。欧阳文章先生面对这一呼唤深感重任在肩,在一年多的时间内,呕心沥血地撰写了《中国直销经济学》一书。这种敢于创新、勇挑重担的治学精神,是值得我们大加赞赏和学习的!

欧阳文章先生写这本书,旨在让直销界理解什么是中国特色的直销,从而和国家政策保持高度一致,将中国的直销向健康发展的道路上引导。几年来,欧阳文章先生怀着对中国直销事业强烈的社会责任感,认真学习国家有关经济政策和法规,特别是我国政府前年颁布《直销管理条例》和《禁止传销条例》后,他逐字逐句地加以学习和研究,撰写和出版了《法治下的中国直销》(广东经济出版社出版)一书,还在全国许多报刊杂志和各大网站上发表了很多具有真知灼见的直销理论文章,对中国直销的健康发展起到了一定的促进作用。比如,《中国直销:法治下的变局与出路》、《安全第一:中国直销发展的重要命题》、《对我国直销法规的经济学分析》、《CDE营销:中国直销升级替代的渠道模式》、《中国直销"知本"论》、《中国直销的社会资本》、《中国直销业新发展的指导原则》、《2006':中国直销发展研究报告》、《国际化战略:中国直销发展新视野》、《论中国直销业的法治格局》等50多篇直销理论文章,在直销界引起了强烈的反响。在此基础上,欧阳文章先生萌生了撰写《中国直销经济学》的想法。他认为,在中国法治直销的今天,尽管直销在整个经济发展中的贡献份额还不是很大,但为了使中国直销得以健康发展,应该建立一门新兴的学科——中国直销经济学。于是,他用了近一年的时间,撰写了68万字的《中国直销经济学》。欧阳文章先生这种严谨治学、刻苦勤奋的精神,是来自于对中国直销事业的一片深情和对中国经济社会发展的强烈的社会责任感。

欧阳文章先生早期研究的是西方经济理论。他认为,西方经济理论从总体上看,对我国经济发展具有重要的借鉴意义。中国改革开放的实践表明,西方经济理论对我国经济理论的发展具有重要的借鉴作用。我国经济改革的一些重大举措,许多地方是借鉴了西方发达国家的一些成功经验。这说明,只要我们能批判地吸收西方发达国家的先进理论和经验,中国的直销也就能健康发展。基于这样的认识,欧阳文章先生在撰写《中国直销经济学》过程中,注意将马克思主义经济学与西方经济学有机地结合在一起,并根据中国社会的实际,把直销经济学研究的范畴限定在"中国",从而为中国直销提供了经济学理论的支持。可以这样说,《中国直销经济学》是西为中用、中西贯通的研究成果。

《中国直销经济学》告诉我们,直销经济学的内容不仅仅是营销学,营销学只是直销经济学中的一部分。有人认为,直销只是一种营销手段,这种说法显然是错误的。正是这样的错误说法,影响了直销业界对直销的真正认识,使政府对直销的管理与直销业界的认识发生了某种冲撞。我们认为,直销涉及的范围是很广的。从《直销管理条例》对直销的定义看,直销起码涉及直销企业、直销商(直销员)、消费者三个方面的主体和直销产品、直销市场两个方面的客体。因此,直销不仅仅是一种营销手段。直销经济学不是一般的营销学,应该把营销学作为直销经济学的一部分来处理。这是因为我们所说的直销不是简单意义上的直销,而是泛直销的概念。所谓泛直销,就是指法理意义上的直销,而不是手段意义上的直销。搞清楚这一点,我们研究直销经济理论才有基本点，才能在研究过程中不迷失方向，从而与《直销管理条例》和《禁止传销条例》的精神保持高度一致。我们所说的正确的直销经济理论指导，就是与我国直销法规精神高度一致的直销经济理论的指导，而不是与中国实际不相符的国外的直销经济理论的指导。用国外的不符合中国实际的直销经济理论指导，就会造成思想混乱，中国的直销就会走向死胡同。

《中国直销经济学》的理论框架，实际上是体现了中国社会主义初级阶段的市场供给与需求的基本原理。根据这一基本原理，本书研究了中国直销企业、直销商（直销员）、消费者三者之间的经济关联度。本书的每一个章节，无不都围绕这三者之间经济关联度来展开研究的，这就保证了本书基本理论的正确性。在中国，直销是一个新生事物，从美国雅芳公司落户到中国广州也只有17年的历史。这17年来，中国直销走过了许多弯路，呈现出"放—禁—放"的马鞍形状态。出现这样的情况，固然是中国政府出于社会稳定的考虑所致，但我们必须看到这样一个现实：直销发展前期，一些直销公司忽视了直销企业、直销商（直销员）、消费者三者之间的关联度，用西方的所谓直销理论加以宣导，把直销说成是"一夜暴富"的营销手段，出现了传销盛行的混乱局面。因此，中国政府在直销问题上的谨慎态度告诉我们，中国直销必须依据社会主义初级阶段市场供给与需求的基本原理，在直销企业、直销商（直销员）、消费者三者之间找到利益的平衡点，这样，才能有益于中国国民经济的发展，有益于中国消费市场的健康启动，有益于整个中国社会的稳定。所以，我们认为，欧阳文章先生对这本书的理论框架的设计，是符合中国直销实际的，也符合中国社会需要稳定的实际的，因此，本书的理论体系是符合中国政府放开直销的基本意图的。

欧阳文章先生在《中国直销经济学》中提出和归纳了一系列比较新颖的直销经济学观点，是值得推崇的。比如，在第8章"中国直销的知本、智本与社会资本"中，欧阳文章先生提出的一些观点很新颖。在研究"知本"时，他认为在知识经济时代，知识型直销企业在社会财富的创造中扮演日益重要的角色，它们的价值来源不再是资本、技术和劳动力投入，而主要来源于知识。因此，他指出直销企业中一项很重要的工作就是知识管理。关于"智本"，欧阳文章先生认为，什么叫直销智本家，这既是一个理论问题，又是一个实践问题。从理论角度看，直销智本家的含义是以智本运营的直销企业家。从实践角度看，直销智本家一般都是在直销事业发展中，在运用资本的同时紧紧依靠智本，并逐步使智本的作用超过资本的作用。所以，直销智本家在中国直销发展的初级阶段是不可能出现的。关于社会资本，欧阳文章先生认为，社会资本与固定资本和货币资本是不同的，中国直销的社会资本是中国直销企业发展的"关系资本"。据此,他进而指出构建和谐直销企业是直销企业参与构建社会主义"和谐社会"的应有之义。"和谐社会"是由"和谐家庭"、"和谐学校"、"和谐社区"以及"和谐企业"等众多"和谐细胞"组成的,因此,要构建社会主义和谐社会,必须从构建这些"和谐细胞"入手。构建和谐直销企业不仅是构建社会主义"和谐社会"的重要内容,更是构建社会主义和谐社会的有力保障。我们感到,上述的这些观点,对直销企业的健康发展是有一定启迪作用的。

中国直销如何创新,《中国直销经济学》也给了我们理论上的支撑。在第10章"中国直销分销渠道与供应链管理"中,欧阳文章先生提出了CDE营销是中国直销升级替代渠道模式的新见,这是难能可贵的。他认为,CDE营销是指通过连锁店网(Chain Network)、直销人员网(Direct marketing network staff)、电子商务网(Electronic Commerce Network)"三网合一"的营销渠道,直销的"D"(直销人脉网)网应该与"C"网(连锁网)和"E"网(电子商务网)紧密结合在一起,形成"三网合一"的态势,这是中国直销特色的方向。在渠道管理方面,欧阳文章先生提出了"直销渠道的管理必须要用产权理论来实行"的观点。他认为,"自然产权、道德产权和法律产权的和谐统一是直销渠道管理的最佳状态"。理由是直销企业与传统企业一个明显的不同处,就是正确处理利益相关者的关系是直销渠道管理的重中之重。所以,他进一步提出,渠道管理重点是与直销员建立和谐劳动关系。这是因为,直销员这一非常规性员工的劳动力成为直销企业人力资源的重要组成部分,并对社会结构的变革和直销企业渠道的管理提出了挑战。因此,与直销员建立和谐的劳动关系,这是直销企业渠道管理的一个重点。这些创新性的观点,对直销企业的创新发展应该是有一定的促进作用的。

《中国直销经济学》的出版,对中国直销界来说是一件喜事和大事。这是因为,此书的出版改变了中国没有直销经济学的现状,为中国直销业的发展提供了比较系统的理论体系。这本书的理论价值和学术价值都比较高,相信此书的出版对中国直销经济理论的发展和繁荣会起到重要作用。随着中国直销经济的不断发展,希冀欧阳文章先生进一步加强研究,不断丰富《中国直销经济学》的内容,不断探索,为中国直销经济理论的进一步创新和中国直销学术研究的进一步繁荣,做出新的重要贡献!

《中国直销经济学》编辑委员会
2007年7月

目 录

前　言	中国直销需要正确的理论指导	1
第1章	绪　论	1
	1　中国直销经济学研究的任务	2
	1.1 厘清中国直销经济的发展方向	2
	1.2 探明中国直销经济的发展前景	4
	1.3 发掘中国直销经济的发展规律	7
	2　中国直销经济学研究的对象	9
	2.1 研究中国直销对资源配置与利用的方式	9
	2.2 研究中国直销经济单位的经济行为	12
	2.3 研究直销行业和直销市场的运行规则	13
	3　中国直销经济学研究的方法	15
	3.1 归纳与演绎	15
	3.2 系统分析	15
	3.3 实证分析	17
第2章	中国直销的经济学定义、基本分类及发展阶段	18
	1　中国直销的经济学定义	18
	1.1 西方主要国家对直销的定义	18
	1.2 中国直销的法律定义	21
	1.3 中国直销的经济学定义	26
	2　无店铺销售产生的历史背景和中国直销的形态分类	27
	2.1 无店铺销售产生和发展的历史背景	27
	2.2 直接销售的基本形态	29
	2.3 中国直销的形态分类	32
	3　中国直销的发展阶段	34
	3.1 无序发展期（1990~1998年4月）	34
	3.2 灰色发展期（1998年7月~2005年9月）	35
	3.3 法治发展期（2005年9月~　　　）	36

第3章 中国直销市场 ... 39

1 中国直销市场供给与需求的基本原理 ... 39
    1.1 中国直销市场机制 ... 39
    1.2 中国直销市场供给与需求的变动 ... 44
    1.3 中国直销市场供给与需求的弹性 ... 52

2 中国直销市场势力 ... 56
    2.1 直销垄断势力 ... 56
    2.2 民间消费势力 ... 61
    2.3 政府管制势力 ... 68

3 中国直销市场的竞争性 ... 70
    3.1 消费者对直销产品的偏好 ... 70
    3.2 利润最大化原则与竞争性供给 ... 75
    3.3 竞争性直销市场分析 ... 78

4 中国直销市场的风险 ... 80
    4.1 中国直销市场风险描述 ... 80
    4.2 中国直销市场风险偏好 ... 81
    4.3 中国直销市场风险的防范和规避 ... 83

第4章 中国直销企业的生产与成本 ... 85

1 直销企业的生产 ... 85
    1.1 直销企业一种可变生产要素的投入 ... 86
    1.2 直销企业两种可变生产要素的投入 ... 87
    1.3 直销企业生产的规模报酬 ... 91

2 直销企业的成本 ... 97
    2.1 直销生产的成本测度 ... 97
    2.2 直销生产短期成本和长期成本 ... 99
    2.3 直销企业成本预测(量本利分析法) ... 105

3 直销企业生产与成本的管理 ... 108
    3.1 直销企业生产现代化系统管理 ... 108
    3.2 直销企业战略成本管理 ... 113
    3.3 直销企业作业成本法的应用 ... 120

第5章 中国直销产品的定价策略 ... 127

1 中国直销产品定价考虑的基本因素 ... 127
    1.1 竞争态势 ... 128
    1.2 品牌 ... 129
    1.3 销量或利润目标 ... 131
    1.4 生命周期 ... 132
    1.5 小结 ... 133

  2 中国直销产品组合定价策略 …………………………………… 133
    2.1 明确直销产品定价目标和分析定价环境 ………………… 133
    2.2 选择正确的直销产品组合定价方法 ……………………… 136
    2.3 定制化在产品组合定价中的运用 ………………………… 140
  3 中国直销新产品定价策略 …………………………………… 142
    3.1 决定直销新产品定价的主要因素 ………………………… 142
    3.2 直销新产品定价步骤 ……………………………………… 144
    3.3 直销新产品定价策略 ……………………………………… 146
  4 中国直销产品价格调整策略 ………………………………… 149
    4.1 相关直销产品的最优价格调整策略 ……………………… 149
    4.2 直销产品削价及提价策略 ………………………………… 153
    4.3 对价格变动反应的应对策略 ……………………………… 155
    4.4 心理策略的运用 …………………………………………… 157

第6章 中国直销信息不对称及政府的作用 …………………………… 160
  1 一般均衡与经济效率及市场失灵 …………………………… 160
    1.1 直销行业一般均衡分析 …………………………………… 160
    1.2 中国直销经济效率分析 …………………………………… 163
    1.3 中国直销市场失灵分析 …………………………………… 167
  2 中国直销市场信息不对称描述及规制 ……………………… 170
    2.1 直销信息不对称理论的内涵、构成及其影响 …………… 170
    2.2 直销市场规制 ……………………………………………… 173
    2.3 道德规范的作用 …………………………………………… 178
  3 政府在直销信息不对称中的作用 …………………………… 182
    3.1 纠正直销市场失灵 ………………………………………… 182
    3.2 直销公共物品和公共政策的提供 ………………………… 187
    3.3 政府对直销市场的强制干预 ……………………………… 193

第7章 中国直销的博弈与策略决策 …………………………………… 199
  1 中国直销博弈与策略决策的关系 …………………………… 199
    1.1 直销博弈释义 ……………………………………………… 200
    1.2 直销策略决策的定义 ……………………………………… 203
    1.3 直销博弈与直销策略决策的关系 ………………………… 206
  2 中国直销中的博弈 …………………………………………… 209
    2.1 直销行业的合作博弈与非合作博弈 ……………………… 209
    2.2 直销经济运动中的重复博弈 ……………………………… 226
    2.3 直销经济运动中的序列博弈 ……………………………… 232

3 中国直销的策略决策·············236
3.1 直销极大化极小策略决策·············236
3.2 直销混合策略决策·············239
3.3 直销先入为主策略决策:以市场进入为例·············243

第8章 中国直销的知本、智本与社会资本·············246
1 中国直销的知本·············246
1.1 知识型直销企业固定知本增值模型·············246
1.2 中国直销知本存在的价值取向·············255
1.3 中国直销知本的风险·············259
2 中国直销的智本·············262
2.1 直销智本家的出现是一种趋势·············262
2.2 人力资源开发是直销智本培固的基础·············264
2.3 智本管理:直销企业管理的更高阶段·············267
3 中国直销的社会资本·············269
3.1 中国直销社会资本的概念及其测量·············270
3.2 直销企业家伦理行为与社会资本的积累·············274
3.3 社会资本:建立和谐直销企业的理论基础·············279

第9章 中国直销企业与中国家庭的经济行为·············287
1 中国直销企业的经济行为·············287
1.1 中国直销企业的奖金制度·············287
1.2 中国直销企业的市场目标·············296
1.3 中国直销企业产品结构间歇性调整·············299
2 中国家庭的经济行为·············304
2.1 对中国家庭模式及其经济行为的简单描述·············304
2.2 家庭生命周期与家庭直销产品消费行为·············305
2.3 家庭制度与家庭直销产品消费行为·············308
3 中国直销企业与中国家庭经济行为的联系·············313
3.1 直销企业与家庭都是社会细胞·············313
3.2 家庭经济行为是直销企业经济行为的基础·············321
3.3 直销企业正确引导家庭经济行为·············325

第10章 中国直销分销渠道与供应链管理·············330
1 中国直销分销渠道的基本分类·············330
1.1 分销渠道的概念、职能、模式及基本分类·············330
1.2 多层次直销在中国放开的前提·············334
1.3 CDE营销:中国直销升级替代渠道模式·············341

2 中国直销分销渠道组织与渠道行为 ················ 347
2.1 直销分销渠道组织的概念及扁平化特征 ············ 348
2.2 可控直销分销渠道的组织与管理 ················ 352
2.3 契约型渠道组织与直销分销渠道冲突的解决 ·········· 361
3 中国直销渠道管理 ···························· 365
3.1 建立和控制直销渠道 ······················ 365
3.2 "三种产权"的统一：直销渠道管理的最佳状态 ········ 368
3.3 渠道管理重点：与直销员建立和谐劳动关系 ·········· 372
4 中国直销物流与供应链管理 ······················ 375
4.1 直销物流的基本性质和物流管理 ················ 375
4.2 直销物流与供应链管理的关系 ················· 384
4.3 绿色供应链管理：直销企业竞争策略 ············· 387

第11章 市场规则下的中国直销企业治理结构 ··················· 392
1 中国直销市场规则的定义、构建及创新 ················ 392
1.1 中国直销市场规则的定义及主要内容 ············· 392
1.2 中国直销发展初期市场规则的构建 ··············· 394
1.3 创新中国直销市场规则 ···················· 399
2 中国直销企业治理结构的定义、分类及比较 ············· 402
2.1 中国直销企业治理结构定义的表述 ··············· 402
2.2 中国直销企业治理结构分类 ·················· 405
2.3 中国直销企业不同治理结构的比较 ··············· 408
3 市场规则下的中国直销企业治理结构 ················· 410
3.1 中国直销企业治理结构要体现现代企业制度特征 ······· 410
3.2 从单边治理结构到共同治理结构 ················ 415
3.2 市场规则下中国直销企业治理结构模式设计 ·········· 421

第12章 中国直销企业的财务与会计管理 ····················· 426
1 中国直销企业财务与会计管理的主要内容 ··············· 426
1.1 中国直销企业财务管理的主要内容 ··············· 426
1.2 中国直销企业会计管理的主要内容 ··············· 436
1.3 中国直销企业财务管理与会计管理的联系 ··········· 440
2 财务和会计信息系统在中国直销企业中的作用 ············ 443
2.1 直销企业的财务信息系统 ··················· 443
2.2 直销企业的会计信息系统 ··················· 447
2.3 财务和会计信息系统在中国直销企业中的作用 ········ 456
3 中国直销企业财务与会计管理的创新路径 ··············· 457
3.1 中国直销企业财务管理的目标 ················· 457

3.2 中国直销企业会计管理的目标·············459
　　3.3 中国直销企业财务管理的创新路径·········462
　　3.4 中国直销企业会计管理的创新路径·········465

第13章　中国直销的社会福利·····················466
1　社会福利的内涵、特征及作用················466
　　1.1 社会福利的内涵与特征·················467
　　1.2 中国社会福利体系结构变迁与制度创新······471
　　1.3 社会福利的激励作用····················474
2　中国直销的社会福利·························477
　　2.1 中国直销产生社会福利的机理············477
　　2.2 中国直销社会福利发展目标定位··········482
　　2.3 突出中国直销福利发展的重点············487
3　直销福利：中国社会保障的重要补充············492
　　3.1 社会保障与社会福利的含义··············493
　　3.2 社会福利与社会保障关系辨析及其政策内涵···495
　　3.3 直销社会福利是对中国社会保障的重要补充···503

第14章　整合营销：中国直销的革命性···············507
1　整合营销的概念、关键及传播················507
　　1.1 整合营销的概念·······················507
　　1.2 整合营销的关键·······················513
　　1.3 整合营销的传播·······················518
2　中国直销：整合营销的高级阶段················528
　　2.1 直销是整合营销的高级阶段·············528
　　2.2 直销的文化性：整合营销高级阶段的重要标志···533
　　2.3 整合营销高级阶段的主要形式···········535
3　中国直销的革命性作用······················544
　　3.1 我国传统营销模式的弊端···············545
　　3.2 直销模式对竞争营销模式的革命性突破·····546
　　3.3 直销的社会责任：一种良好的非市场营销战略···549

后　记　直销经济理论研究工作者的社会责任
　　　　　——写在《中国直销经济学》出版时··········554

参考书目 ·······································556

第1章 绪 论

中国直销经济学[①]是研究中国直销经济发展方向、发展前景和发展规律的一门现代经济学学科。这门学科有这样几个关键词：中国、经济、直销。也就是说，中国直销经济学涉及的范畴就是中国的直销经济。我们一开始说明这点，旨在让读者在阅读时或高校在授课时把注意力集中到中国直销经济上来，以利于我们更好地把握中国直销经济发展的内在的客观规律。

研究中国直销经济学，首先我们要了解"经济"一词的经济学含义。经济学意义上的经济(economy)，是由希腊文 o'ikos(家产)和 n'emein(管理)合成的 oikonomia 演变而来。自日本用汉字译成"经济"以后，由孙中山等赴日从事革命活动的同盟会员引入国内，被我国普遍采用至今。它的原意是指家产和管理，现代泛指人们的一般谋生活动。以共同谋生行为为基础而形成的人类总体叫经济社会。直销(direct marketing)也是一种谋生活动，而且是以直销企业、直销商以及直销员为一体的共同谋生的行为，具有经济社会的某些特征。因此，研究中国直销经济学不仅是为了建立一门新型的学科，更重要的是在中国这块大地上从事直销经济的企业领袖、研究学者和其他直销业界人士的一种社会责任。

[①] 中国直销经济学作为一门新兴学科的产生，是我国直销界和理论界的普遍要求。目前，北京大学、南京大学等高校成立了中国直销发展研究中心，旨在探索具有中国特色的直销经济理论。相信本书的出版，对高校研究中国直销经济理论有着重要的借鉴作用。

▼1 中国直销经济学研究的任务

中国直销经济学(China direct marketing economics)的创立,是中国直销经济发展到法治阶段的产物。从美国著名的直销企业雅芳公司进入中国,中国直销经济已有17年的发展历史。与世界直销业比起来,中国的直销业还很年轻。直销经济发达的美国、日本、韩国和欧洲国家,一些知名的大学,如美国的哈佛大学和英国的牛津大学等,开设了直销的专门课程,但是这些国家的经济理论工作者没有把很大精力放到直销经济的理论建设和学术研究上,因此到目前为止也没有创立直销经济学,这不能不说是一件憾事。创立中国直销经济学学科,是中国直销立法后需要进一步发展的内在要求,也是中国经济理论工作者极大关注法治下中国直销业的社会责任感使然,目的就在于为年轻的中国直销业提供系统性、规范性、前瞻性、准确性和指导性的经济理论支撑和智力支持,以促进和推动中国直销经济的健康有序的发展。这就是中国直销经济学需要研究的基本任务。

1.1 厘清中国直销经济的发展方向

研究和厘清中国直销经济的发展方向,这是中国直销经济学需要完成的一个重要任务。我国《直销管理条例》、《禁止传销条例》颁布后,为中国直销经济的发展指明了方向,使中国的直销经济走上了法治的轨道。中国直销经济学研究的一个重要任务,就是要从经济学角度研究中国直销经济发展的基本方向。本书对中国直销经济发展方向的研究并没有设立专门章节,而是渗透在各个章节之中。阅读全书,我们就可以看到中国直销经济学在对中国直销经济发展方向的研究上,主要涉及到如下方面:

1.1.1 对中国直销行业发展方向的研究

中国直销行业的发展方向,是指中国直销业在国民经济发展中的定位、作用和走向。中国直销经济学对中国直销行业发展方向的研究,主要是运用宏观经济理论和微观经济理论进行分析。运用宏观经济理论进行分析,这是因为中国直销业是一个新兴的行业,是中国国民经济的一个重要组成部分,所以必须把中国直销业的发展摆到中国国民经济发展的"一盘棋"上;运用微观经济理论进行分析,这是因为中国直销业的发展是由直销企业、经销商和直销员个体之间的合作加以推动的,所以还得从微观层面上对其进行研究分析。

1.1.2 对中国直销企业发展方向的研究

直销企业发展方向实际上是直销企业战略规划的范畴。就直销企业领导者而言,战略规划的意义在于使全体员工特别是管理干部都必须明确企业发展的方向,并将这种理解转化为工作中的积极贯彻和执行。在直销企业发展方向的确定上,企业之间存在很大的差异,结果也是大相径庭的。中国直销经济学对中国直销企业发展方向的研究,是在对整个中国直销行业发展方向的研究基础上展开的。关于这一点,我们可以在第4章"中国直销企业的生产与成本"、第5章"中国直销产品的定价策略"、第9章"中国直销企业与中国家庭的经济行为"、第十章"中国直销分销渠道与供应链管理"中,就可以看出其中的端倪。从2006年开始,中国直销企业之间的无序竞争正在度过最后的延续期而逐渐趋于理智。因为企业进入直销的门槛较高,直销企业间的竞争实际上是营销模式的复制程度、直销人才获取力度和降低成本速度的竞争。如何使直销企业真正拥有核心竞争力?这是每个中国直销企业如何确定发展方向的大问题。本书占用了大量的篇幅,着重研究了中国直销企业方方面面的发展问题,比如如何争夺市场、如何降低成本、如何科技领先、如何产品定价,如何复合营销等等,读者可以从中发现我国直销企业发展方向的大概路径。

1.1.3 对中国广大直销队伍发展方向的研究

我国直销法规规定了直销的模式为单层次而不是多层次,计酬方式为个人计酬而不是团队计酬。多层次直销与团队计酬的取消,就意味着直销商和直销员的经济利益将受到严重影响。主要表现在:一是分配比例的低位。我国直销法规规定,直销员的报酬分配比例为直销员推销直销产品营业额的30%。用数学模型进行演算,直销商和直销员的收入要比原来减少40%到60%。二是体验消费的取消。实施我国直销法规后,直销企业的体验消费也就被取消了。《直销管理条例》第14条规定:"不得以缴纳费用或购买商品作为直销员的条件。"而在过去,直销员不购买直销产品进行体验消费是不能取得直销员资格的。购买直销产品进行体验消费的费用,除一部分归直销企业外,还有一部分作为介绍人的推荐奖。现在体验消费被取消,介绍人的推荐奖也就没有了。三是层级奖金的禁止。在多层次直销中,层级奖金是很可观的。为什么会有那么可观的层级奖金呢?因为直销企业中有很高的奖金划拨比例和PV的换算值。这也是多层次直销的魔力所在。层级奖金被禁止,直销员特别是直销商收入的最多部分就没有了,而目前直销企业也没有具体、更好的办法来弥补他们的这一损失。

直销员一般都是隶属于某个系统和团队,直销员的直销活动都是在接受系统和团队的培训和指导后进行的。我国直销法规实施后,由于实行单层次直销,直销人员的分化、分流、分离的可能性很大。一是直销人员的分化。所谓直销人员的分化,就是指由于缺乏凝聚力,直销人员在系统或团队内不能在同一直销文化理念下进行直销。我国直销法规实施后,在单层次直销中系统或团队的凝聚力和向心力,没有多层次直销系统或团队的高。由于系统和团队的凝聚力和向心力受到较大影响,直销人员的分化就有了发生的可能。二是直销人员的分流。"水往低处流,人往高处走"这一句俚语,就把直销人员的分流给形象地表述清楚了。我们可以设想一下,一旦直销文化理念得不到大家的认同,直销队伍开始出现分化,那直销人员的分流就是不可避免的了。直销人员的分流带来的就是系统和团队的瓦解,带来的是直销队伍的溃散,带来的是直销员的各奔东西。三是直销人员的分离。分离和分流是两个概念。分流是指直销员从A系统(团队)流转到B系统(团队),而分离是指直销人员与直销事业相离而去,不再从事直销活动。这种直销分离人员有两部分组成,一是刚加入直销的人员,二是在直销中没有太多业绩的人员。

根据以上情况,中国直销经济学必须对广大中国直销队伍的发展方向进行研究。本书虽对此没有用专门章节来作研究,但我们可以通过阅读全书,就会使广大直销人员看到自己的发展方向与直销企业和整个直销行业的发展方向是息息相关的。可以这样说,整个直销行业的发展方向以及直销企业的发展方向,引领着直销人员从事法治下的中国直销。

1.2 探明中国直销经济的发展前景

中国直销经济发展的前景是什么?这是中国直销经济学要回答的一个现实问题。我国直销法规实施后,中国直销发展的前景是人们十分关注的。中国直销经济学作为一门学科,它在研究方面的一个重要任务就是要探明中国直销经济的发展前景。大家知道,我国的直销还有许多问题需要解决:一是中国的直销经济发展还很年轻,与欧美国家相比,还有许多地方要加以总结和完善;二是中国直销经济发展的环境还不够优化,如人文环境、法制环境、生态环境等,还要加大力度加以治理整顿;三是从事中国直销的企业和直销人员对中国特色的直销认识还不全面,在贯彻执行我国直销法规方面还会出现这样那样的问题,需要认真解决。当然,通过中国直销经济学的建立解决所有问题是不大可能的,但中国直销经济学可以从理论上对解决这些问题加以指导。这样,我们就可以从中窥探出中国直销发展的前景。

1.2.1 直销态势超国外

5~10年后,中国直销的态势要超过国外:

①**直销行业呈规范化态势**

中国直销经济学的研究表明,我国的直销行业在未来的5~10年内,应该会十分规范了。一是行业有了自己的组织。随着我国直销法规的实施,成立中国直销行业协会将被提上议事日程,中国直销没有行业组织的状况很快会结束。二是中国直销成为中国法制经济的重要组成部分。中国的直销有了直销法规,直销经济就可以走向法制的轨道。未来的中国直销经济,必将成为中国法制经济的重要组成部分。三是中国直销企业的自律程度有了很大提高。未来的中国直销企业,通过直销风雨的洗礼和直销法规的贯彻执行,他们的自律程度将会有了很大的提高,因此,未来的中国直销企业不会因为蝇头小利而违法违规操作。

②**直销经济呈良性化态势**

未来的中国直销经济将呈现出良性化的发展态势。主要包括三个方面:一是与国民经济产生良性互动。我国国民经济的快速发展,为直销经济的发展提供了良好的经济氛围,直销经济的健康发展,反过来又促进了我国国民经济的快速发展。二是与世界直销产生良性互动。中国直销是世界直销的重要组成部分,未来的中国直销在世界直销有着举足轻重的作用。可以这样说,是世界直销催生了中国直销,是中国直销推动了世界直销。因此，未来的中国直销和世界直销的良性互动将越来越频繁。三是中国直销本身也在良性发展。未来的中国直销，在良性发展的轨道上成就斐然，在世界上的响誉日隆。

③直销管理呈服务化态势

根据新古典经济学派关于政府与市场关系的分析，政府在市场经济条件下的作用领域可以分为两大方面：一是提供公共物品，二是提供公共服务。我国直销法规实施后，政府一开始应该实行监督管理职能，但随着直销经济的越来越规范，政府的管理职能应该发生变化。未来的我国政府对直销的管理，主要是提供公共服务。这些公共服务主要表现在：一是政策导向服务。政府对直销经济的法律法规和相关政策，能及时主动地送到每个直销企业，并进行这方面的咨询服务。同时，对直销企业在贯彻执行中的难题，政府会采取积极措施加以切实解决。二是"一对一"的指导服务。政府有关职能部门会在直销企业中建立联系点，实行"一对一"的指导服务，急直销企业之急，想直销企业之想，帮直销企业之忙，解直销企业之困。三是重点服务。重点服务就是对直销企业某个方面的困难进行重点服务，这将是未来政府对直销服务化管理的重要方面。重点服务对直销企业来说是很急需的。未来的中国直销能否不断健康发展，恐怕政府的重点服务将会起到重要的、决定性的作用。

1.2.2 直销优势超国外

直销优势超过国外，这是中国直销5~10年后的又一个远景：

①具有健康发展的条件

未来我国直销的优势超过国外，首先因为具备了健康发展的条件。主要是以下三个方面：一是中国直销积累了丰富的经验。未来的中国直销，已在生产管理、销售管理、分配管理、人才管理等方面，都已积累了丰富的经验，各个直销企业都能较好地处理和解决各种问题，并能确保各个生产环节和销售环节正常运转。二是直销体制在改革中得到了理顺。我国直销法规实施后，中国的直销体制从根本上进行了改革，比如直销的层次、计酬的方式、系统团队的重构等，已和原来的直销在本质上发生了变化。直销体制的合理理顺，这就从体制上为中国直销的健康发展创造了条件。三是行业有了自己的管理组织。从2006年开始，我国的直销行业已经呼吁建立自己的行业组织了。未来的中国直销，只要有了自己的行业组织，就有了与政府对话的渠道，这就为中国直销健康发展提供了强有力的组织保证。

②具有和谐发展的环境

未来的中国直销，不仅仅具有健康发展的条件，而且还具有和谐发展的环境。中国直销和谐发展的环境，要从外部和内部两个方面看。从外部环境看，一是我国整个经济发展速度始终保持9%以上，这就为中国直销的发展提供了很好的发展氛围。经济发展的高速度，本身为直销创造了无限商机，直销只有在经济高速度发展中才有美好的发展远景。二是中国的社会治安环境比较好，这就为无论是外资的还是民族的直销企业，都提供了良好的社会环境。社会治安是各种企业都十分关注的问题，特别是直销企业，由于销售是在固定场所之外进行，所以社会治安就显得更为重要。中国良好的社会治安环境，为所有直销企业的合法经营提供了安全保障。三是中国的民风淳朴。淳朴的民风,和本身具有文化气氛的直销融合在一起,是中国直销和谐发展必不可少的民俗环境,这种和谐直销在国外是找不到的。再从内部环境看,直销本身就是一个和谐发展的行业。直销文化的熏陶,使得直销人员的精神面貌得到很大改变,促进了我国的社会主义精神文明建设。因此,中国的直销也具备了和谐发展的内部环境。

③**具有持久发展的基础**

我国的直销业,未来已具备了持久发展的基础。其基础就是具有中国特色的直销企业文化。可以这样说,中国直销企业文化是每个直销企业保持长远发展的根基。分析直销企业的文化,首先要从分析直销企业的基本矛盾着手。我们认为,不管是外资直销企业,还是民族直销企业,其基本矛盾是差不多的,即在企业环境上,"内部运营"和"外部发展"之间的矛盾;在管理过程中,"灵活自主"和"过程控制"之间的矛盾;在企业发展上,"长期效益"与"短期效益"之间的矛盾。因此,每个直销企业的直销文化虽然提法不同,但针对直销企业的基本矛盾,他们都在自觉或不自觉地把企业文化分为4个基本导向:目标导向、规则导向、支持导向、创新导向。有这4种基本导向存在,中国的直销企业的持久发展就有了文化根基。

1.2.3 直销强势超国外

5~10年后,中国直销的强势也会超过国外,这是因为:

①**中国直销对国民经济的贡献份额不断增多**

中国直销对我国国民经济的贡献份额越来越大,这是中国直销强势大的第一个主要标志。未来的中国直销行业,将会形成直销企业集团、中国直销联盟、外资直销企业的"三足鼎立"的格局,其形成的经济规模对中国经济发展的贡献率,会超过日本、美国和欧洲国家。这就是中国直销的强势所在。从经济学角度看,直销经济对国民经济的贡献份额越多,说明直销在市场供给与市场需求的对接过程中,起到了一个十分重要的均衡作用。可以这样说,未来中国的直销在促进中国公民的消费上将作出重大贡献,成为加快我国国民经济发展的一支重要生力军。

②**中国直销对稳定社会的作用不断增强**

中国直销经济学的研究表明,中国直销对社会能起到稳定作用的。一是大量安排就业。就业问题始终是我国各级政府十分重视和关注的大问题。未来的中国直销能容纳8000万就业人员,这是一个了不起的数字。这8000万人如果没有就业,这就给我国各级政府带来不知多么大的麻烦,而且还会引发各种社会问题。因此,未来的中国直销大量安排下岗失业人员和农民就业,就为稳定中国的社会发挥了重大作用。二是人文性的直销文化是稳定社会的主流文化之一。所谓直销企业文化的人文性,就是从直销企业文化的角度来看,企业内外一切活动都应是以人为中心的。从企业内部来看,直销企业不应是单纯地制造产品、追求利润的机器,直销商和直销员也不应是这部机器上的部件,直销企业应该是使企业员工、直销商和直销员能够发挥聪明才智、实现事业追求、和睦相处、舒畅生活的大家庭。从企业外部看,直销企业与社会不应该单纯是商品交换关系,直销的最终目的是为了满足广大人民的需要,三是服务营销改善了人与人之间的关系,有助于社会的稳定。直销的一个重要特点就是人性化的服务。我们认为,正是这种人性化的服务营销,使得直销改善了人与人之间的关系,对稳定社会是大有裨益的。

③中国直销对世界直销的影响力不断增大

中国直销对世界直销的影响力越来越大得益于中国经济的腾飞。2006~2010年,是我国第十一个五年规划时期。在这五年里,中国经济的腾飞扩大了我国直销的辐射面,使直销经济迅速走在世界前列。中国直销对世界直销的影响力不断增大,还有一个重要原因就是中国直销的"蛋糕"比任何国家的直销"蛋糕"都来得大。这块"蛋糕"的拥有者是中国的直销企业,尤其是中国的民族直销企业。可以预见,在不久的将来,中国直销在世界直销舞台上将从"配角"一跃变为"主角",并且能左右世界直销游戏规则的制定和变更。所以,未来的中国直销对世界直销的发展具有决定性的影响力,而不是一般意义上的影响力。

1.3 发掘中国直销经济的发展规律

什么是直销经济发展规律?直销经济发展规律是指人们通过直销活动表现出来的社会生活诸现象间的内在必然联系。中国直销经济学研究的一个重要任务,就是要发掘中国直销经济发展的规律。那么,中国直销经济学揭开了中国直销经济发展的规律是什么呢?从微观经济学角度看,中国直销经济学揭开了中国直销经济发展的如下规律:

1.3.1 中国直销经济是一种"博弈经济"发展为"经济博弈"的现象

"博弈经济"发展为"经济博弈",这是市场经济步入健康的标志。"博弈经济"的实质是,它不再以诚实守信作为信用经济的市场基础,不再以守法遵规作为法制经济的制度规范,不再以公众利益作为社会和谐的必备条件。换言之,"博弈经济"的危害必然表现在对诚信经济的公然背叛、对法制经济的公然藐视、对和谐经济的公然践踏上,一切真正爱护市场经济健康身躯的人们,是不愿意看到博弈经济的"癌变细胞"任意滋生蔓延的。而传销,就是"博弈经济"的真正典型。

经济博弈论是在经济领域中研究如何在冲突局势下寻求合作的最优策略的形式理论,它为分析经济中竞争与协同之间的辩证关系提供了一种普遍的可操作的结构模式。在直销经济活动中,直销企业或直销人员为了自身利益的最大化,面对市场会做出自己的最优决策。不同的市场情形会影响直销经济主体不同的决策行为。在完全竞争市场条件下,直销企业会根据商品的市场价格计算出生产和供应到市场上的商品的数量,以实现最大的利润。而寡头市场的情形要比完全竞争市场复杂得多。许多直销企业大量面对的是信息不完全的市场。直销企业不知道面对强大的竞争对手该如何做出抉择。市场的时效性又要求直销企业必须在信息不完全的情况下迅速做出决策,那样的决策就带有了博弈的色彩。中国直销企业的"经济博弈"是在有序竞争的情况下进行的,因此,这种"经济博弈"与传销的"博弈经济"有着根本的不同,这就是中国直销的"经济博弈"。

1.3.2 中国直销经济是以人为中心的人本经济现象

所谓人本经济,实际上是与传统的物本经济相对的一个经济学概念,前者以人为中心、以人为本、以人为基点,后者则是以物为中心、以物为本、以物为基点。中国直销经济最核心的思想就是以人为根本,一切以人的需要出发,以人的生命质量最优化为准则,这就是中国直销经济发展的最基本的必要前提。

无论是从直销企业提供的产品看,还是从直销经济活动的情况看,中国直销经济反映了和谐的人与人、人与社会和人与自然之间的关系,反映了保持人的生命质量最优化与经济利益最大化的关系。要保持人的生命质量最优化,就要保持人与人、人与自然的和谐,同时还要有足够的财富以满足人的物质的、精神的需求。保持生命质量的最优化,这是中国直销经济最本质的要求。中国直销提出以人为本,实际上就是对人创造性的重要功能的高度概括。以人为本就是说社会的一切物质财富与精神财富都是人创造的,而一切人创造的物质财富与精神财富又都是为满足人生命质量的需求。换言之,要保持生命质量,就要满足人们的生存需要、发展需要、享受需要,最终满足人类对快乐欲望的追求。其实人类的生存、发展、享受过程,就是痛苦与快乐的过程,任何个体的人都有过痛苦的过程,更有快乐的过程,没有经过痛苦磨练的人,也就难以真正的感受到快乐的意义。从满足这三个需要出发的中国直销经济现象,告诉了我们这样一个道理:而这些恰恰是中国直销的核心功能,它能充分满足不同层次的人的不同需要,满足人的个性化和多样性的需求,以实现人对快乐的追求,从而提高人们的幸福指数。

1.3.3 中国直销是一种辩证运动的经济现象

我们知道,转变经济增长方式,是解决我国经济运行中一系列难题的关键"节点"。要真正实现转变经济增长方式的目标,关键是要认识和处理好转变经济增长方式和实现经济增长速度的辩证关系。中国直销经济发展的实践告诉我们,中国直销正是这样一种辩证运动的经济现象。保持经济平稳较快增长与推进经济增长方式转变具有高度的内在统一性。中国直销发展提供了这样一个辩证运动模式:创新营销方式,保持经济平稳较快增长,积累更多的物质财富和技术资源,缓解经济社会发展中的矛盾和问题,提供较为宽松的社会环境,为转变经济增长方式创造较好的条件和回旋余地;创新经济增长方式,走节约发展、清洁发展、安全发展、可持续发展的道路,可以大幅度降低单位产出的资源消耗和污染排放,提高经济增长的质量和效益,推动经济运行进入良性循环,从而长期保持经济平稳较快增长。中国直销的发展实践昭示我们,转变经济增长方式有一个从量变到质变的过程,可能会有一个阵痛期,经济增长方式转变还会对经济增长速度带来一定影响,但是,在这个过程中存量和增量两方面影响的只是短期经济增长。如存量方面,由于要增加社会和企业在治理环境污染方面的成本,增加企业提高劳动力工资和研发投入带来的成本,会使企业短期效益下降,甚至有一些企业可能因无法消化这些成本而造成经营困难;增量方面,由于更加严格地控制土地供给,更加严格地限制高能耗行业和禁止高污染行业的发展,可能影响一个地方的投资规模,进而影响到当地的短期经济增长。而中国直销是一个生态安全的行业,绿色产业的发展优化了存量和增量的结构,有效地掌握了平衡点,切实处理好转变经济增长方式和实现经济增长速度的辩证关系。可见,中国直销是一种辩证运动的经济现象。

▼2 中国直销经济学研究的对象

中国直销经济学研究的对象是什么?这是本节所要讨论的重要内容。中国直销经济学是受马克思主义经济学指导的一门经济学科,因此,我们在讨论中国直销经济学研究对象时,既要体现马克思主义经济学的本质要求,又要关注西方经济学的研究成果。所以,本节对中国直销经济学研究对象的讨论,是带有"中国特色社会主义"基本特点的。

2.1 研究中国直销对资源配置与利用的方式

有人认为,中国直销经济学研究的对象也是物质财富的生产和生产关系。本书认为,研究对象是物质财富的生产的观点不过是就经济论经济,并没有抓住中国直销经济的本质;而认为研究对象是生产关系的观点则来源于物质资料的生产决定历史的发展的观点,是物质财富的生产的观点的一个变种,同样没有抓住中国直销经济的本质。

我们知道,历史进程中的决定性因素,归根结底是社会生活的生产和再生产,即物质资料和人类自身的生产与再生产。而在物质资料和人类自身的生产中,物质资料的生产又依赖于人类自身的生产,而且随着知识经济时代的到来,物质资料的作用逐渐减弱,因而未来社会的发展,将主要决定于人类自身的生产,决定于人口的生产和社会化,决定于教育和科技。可见,历史发展中的决定性因素主要是人类自身的生产。从这个意义上来说,中国直销经济学研究的对象首先应该是中国老百姓怎么把直销作为自身的一种生产方式,中国直销是如何解决资源配置和利用的问题。

2.1.1 资源问题和生产可能性曲线

经济资源是稀缺的,这是西方经济学认定的一条普遍法则。我们可以用简单的数字和图形来说明资源的稀缺性。我们假设全社会只生产保健食品和日化用品两种物品,如果多生产保健食品就必须少生产日化用品,要多生产日化用品就要少生产保健食品。这就是"保健食品和日化用品的矛盾"。在一定技术水平下,一个社会或一国的全部资源所能生产的物品的最大数量总是一定的。我们假定在技术水平和资源既定的条件下,如果只生产保健食品可以生产50万吨,只生产日化用品可以生产150万吨,在两种极端的可能之间,保健食品和日化用品可以有不同数量的组合,如表1.1一共可以有A、B、C、D、E、F六种组合:

表 1.1 既定资源下保健食品和日化用品的组合表

组合	保健食品（万吨）	日化用品（万吨）
A	0	150
B	10	140
C	20	120
D	30	90
E	40	50
F	50	0

根据此表可以做出图1.1：

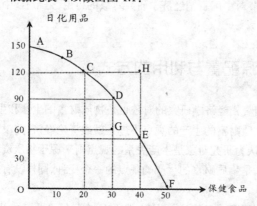

图 1.1 生产可能性曲线

上图中横轴表示保健食品的数量，纵轴表示日化用品的数量，A、B、C、D、E、F点分别表示在一定技术水平下，利用既定的资源所可能生产的保健食品和日化用品的最大数量的各种组合，连接这些点的AF曲线即为生产可能性曲线，随着曲线上的点从A逐渐向F移动，资源由日化用品的生产转向保健食品的生产，日化用品的数量逐渐减少，而保健食品的数量逐渐增多。

从图中我们还可以看到AF曲线内的任一点G，保健食品和日化用品的组合（30万吨和60万吨）也是现有既定资源条件下可以达到的，但它不是最大数量的组合，也就是资源没有被充分利用。而AF曲线以外的任一点H，保健食品和日化用品的组合（40万吨和120万吨），在现有资源和技术条件下是无法实现的。所以我们说生产可能性曲线是表示一个经济社会在一定技术条件下，充分利用现有资源所能生产的各种商品的最大数量的组合。

2.1.2 稀缺条件下选择与资源的配置

所谓资源就是用来生产能满足需要的物品的东西和劳务。资源又分为经济资源和自由取用资源。经济资源是稀缺的，必须付出代价才能获得，而自由取用的资源，如空气，其数量如此丰富以至人们不付分文便可以得到它。现代西方经济学家通常把经济资源或生产要素分为四类,即劳动、土地、资本和企业家才能。劳动是由人类提供的所有努力,包括体力和脑力。土地是一切自然资源的简称,它包括由大自然提供的一切,如土地本身、矿产、森林、水等。资本也叫做资本品,它是由劳动和土地生产出来,再用于生产过程的生产要素,包括机器、厂房、设备、道路、原料和存货等。企业家才能是使其他经济资源组织起来并使之具有活力的另一种生产要素,它包括组织、经营、管理、创新、承担风险等活动。

在现实社会中,几乎没有什么资源丰富到可以使任何人无需付出什么代价就能得到。而相对于人的欲望来说,绝大多数资源都是数量有限或稀缺的经济资源。这种资源的稀缺性决定了人类的需要(欲望)只能得到部分的满足,而不可能完全满足。

资源的稀缺性迫使我们必须对无穷欲望的轻重缓急做出选择。以保健食品和日化用品来说,也许在某一时期社会更需要日化用品,而在另一时期则更需要保健食品。各种资源又有不同的用途,既可以用于生产日化用品,也可以用于生产保健食品。这样,在解决稀缺性问题时,人类社会就必须对如何使用资源做出选择,所谓选择就是如何利用既定的资源去生产经济物品,以便更好地满足人类的需求。

稀缺资源运用上的选择或者资源配置包括了经济生活中的三个基本问题:第一,生产什么商品与生产多少?第二,如何生产,用什么方法生产?第三,产品如何分配?生产可能性曲线上的点代表稀缺资源的不同配置及产品的数量组合。到底选择哪一种组合,即生产什么、生产多少由选择方式(计划或市场)决定。如何生产,用什么方法更有效率,要对各种生产要素进行组合,低效率生产方法会导致其产量组合落在生产可能性曲线以内。产品如何分配即为谁生产,可以根据生产可能性曲线上的组合点,判断社会资源是更多地用于保健食品的生产,还是用于日化用品的生产,由此可以了解收入和财富分配的平等程度。

2.1.3 中国直销:一种资源配置与利用的解决方式

经济资源的稀缺与闲置并存是现代经济学面临的两大难题,即产量组合不在 AF 曲线上,而在 AF 曲线以内(G 点)。如何有效地利用稀缺资源,解决失业问题,把产量组合推进到 AF 曲线上甚至更高,这就是资源利用的问题。它要回答三个问题:第一,为什么资源得不到充分的利用,怎么实现"充分就业"?第二,在资源不变的情况下,为什么产量有高有低(G 点和 H 点),"经济波动"为何始终存在,"经济发展"路径何在?第三,为使资源得到充分有效的利用,政府可以做些什么,为什么出现通货膨胀,怎样对付通货膨胀?所以,包括中国直销经济学在内的现代经济学不仅研究资源配置问题,还研究资源利用问题。正由于此,许多经济学家认为西方经济学研究的对象是"稀缺资源的配置和利用"。

解决以上问题,在现代社会经济中,主要是通过两种基本的经济制度:第一,市场经济制度,即主要通过价格机制来解决资源配置与利用问题(由市场竞争性价格决定生产什么、如何生产、为何生产)。企业使用成本最低的技术和成本组合(如何生产)生产那些价高利大的商品(生产什么);生产要素价格或要素供求决定人们收人的高低,产品的分配取决于人们的货币选购或消费决策(为谁生产);资源的高效率充分利用、经济波动和通货膨胀的解决也主要通过价格的调节和刺激等,间接经济手段来实现。第二,计划经济制度,即主要通过政府的指令性计划来解决以上问题。中央集中的指令性计划决定生产什么(保健食品还是日化用品及数量)、如何生产(生产要素统一调拨、按计划供应、产供销"一条龙"、计划缺口的平衡与调剂)、为谁生产(产品分配由自上而下的组织及制度决定,这其中计划中心起支配作用)。总之,资源配置和利用都由计划中心来安排。

在社会主义市场经济体制下,我们认为中国直销正是资源配置与利用的一种有效解决方式。这是因为中国的直销产品解决的是中国人的健康保健问题,同时直销方式也是解决中国人就业问题的一个十分重要的途径,资源配置和利用的几个基本问题在直销中都得到了较好的回答。比如,中国的直销产品,是为中国老百姓的健康而生产,生产的产品主要是健康保健产品,生产的数量根据中国老百姓的实际需要,直销行业能有效地缓解中国城乡的就业矛盾,等等。一句话,从中国直销的实践看,直销的确是一种对自然资源和社会资源有效配置和利用的成功方式。具体的阐述,我们将在有关章节中展开。

2.2 研究中国直销经济单位的经济行为

中国直销经济学研究的是单个经济单位的经济行为。单个经济单位是指组成经济的最基本的单位,包括个人、家庭、直销企业。其中,个人和家庭又称居民户,是经济中的消费者。直销企业又称厂商,是经济中的生产者。中国直销经济学研究的主要经济变量是:效用、成本、价格、产量、收益等,这是与价格理论相联系的变量;工资、利润、利息、地租等,这是与分配理论相联系的变量。中国直销经济学通过研究单个经济单位的经济行为和相应的经济变量数值的决定,来说明价格机制如何解决社会中直销资源配置问题。解决直销资源配置问题,就是要使直销资源配置达到最优化,给社会带来最大的经济福利。中国直销经济学从研究单个经济主体追求利益最大化的行为入手(即消费者要实现满足程度即效用的最大化,直销企业要实现利润的最大化),来解决社会中直销资源的最优配置问题。如果每个直销经济主体都实现了利益最大化,整个社会用于直销的资源配置也就实现了最优化。

具体来说,要从三个层次进行分析:

第一个层次是分析单个直销产品消费者和单个直销产品生产者的经济行为,即单个直销产品消费者获得的最大效用和单个直销产品生产者获得的最大利润。通俗地讲,也就是消费者如何进行消费,选择合适的商品,以最大的满足自己的需求;直销企业如何合理地进行资源配置,优化生产过程,以获得最大的利益回报。

第二个层次是分析单个直销市场的价格决定,即影响直销产品价格的决定因素,分析的范围是在单个直销市场里,排除其他市场的影响因素,从影响市场价格的内因——单个市场内部,消费者与各个相同生产者之间的联系——来分析问题。虽然带有一定的片面性,但是可以更好地分析问题的本质。

第三个层次是分析所有单个直销市场价格的同时决定,即分析范围扩大到了所有直销市场,但分析的深度也扩大到以单个直销市场为单位,着重在于分析单个直销市场彼此间的关系以及它们的相互制约因素。相对于单个直销市场来讲,第三层次可以理解为对外因的分析。

2.3 研究直销行业和直销市场的运行规则

经济运行规则表现为经济运行系统内相关因素相互作用至彼此容纳而形成的动态平衡态势。中国直销经济学对直销行业和直销市场规则的研究,旨在告诉读者按照市场规则办事对中国直销经济的发展是十分重要的。

2.3.1 公正的市场规则是中国直销实现公平竞争的基本条件

由于人们对公平的理解不尽一致,相应地人们对公平竞争的认识也不尽相同。但是,中国直销公平竞争的实现需要一定的条件,这是人们的共识。公平竞争有各方面的条件,最基本的是直销市场规则或直销竞争规则的公正。竞争按其规则可分为公平竞争和不正当竞争两种。从市场经济的意义上讲,公平竞争是指直销企业在经营活动中遵守诚实信用等民法原则而进行的正当竞争行为。具体讲,中国直销的公平竞争主要包括竞争主体权益的平等、规则的公正、竞争手段的合理合法、竞争结果的有效等。在这些要求中,规则的公正是基本的方面。

中国直销竞争规则是指参与直销市场竞争的各方都应遵循的行为规范。这些规范有约定俗成的习惯,更有国家制定、颁布并强制实行的法律规范。直销竞争规则的公正是指规范经济活动的有关法律法规对参与竞争的每一方都有同等约束力。中国直销经济学告诉我们,直销市场行为规则,是保证参与竞争者能公开地进行公平竞争,同时,直销市场规则的执行也应不偏不倚,不分亲疏,不能因人而异。这样,不仅能使中国直销竞争有序进行,有利于直销竞争者开拓经营和发挥聪明才智,更重要的是能够使直销竞争公平合理。既可刺激经济活力,又能稳定经济秩序,从而推动中国直销经济快速而又健康的发展。只有在建立了公正的竞争规则的基础上,才能保证中国直销业,自觉按竞争程序、内容和结果,优胜劣汰,从而实现优化资源配置。

2.3.2 市场规则不健全是制约中国直销公平竞争的基本因素

在中国直销发展过程中,市场规则不健全的情况的确存在:一是限制公平竞争的行政性市场垄断。当前体制转轨过程中行政权力加市场力量而形成的特殊垄断,亦即行政性市场垄断。这种垄断在纵向的行业内,表现为行业垄断;在横向的区域内,表现为地区垄断。现实表明,无论是纵向的行业垄断,还是横向的地区垄断,都对我国直销经济的发展产生了一系列不利影响,如影响了直销企业生产经营活动的正常进行,制约了市场机制作用的发挥,抑制了竞争机制的形成和完善,等等。二是一些直销企业之间的不正当竞争行为。比如,互相拉拢人员队伍的不正当竞争行为成为我国直销经济生活中的一大"公害";直销产品不正常价格的形成,既破坏了我国直销竞争秩序,也恶化了我国直销产品的供求关系;诋毁他人商业信誉的现象时有发生,严重损害了公平交易的原则。上述两个方面的事实表明,由于目前我国经济正处于新旧体制转换时期,中国直销所要求的公平竞争远未实现。造成中国直销不公平竞争现象存在的原因固然是多方面的,但是,体制转换时期中国直销市场竞争规则不健全是基本因素。

2.3.3 围绕健全市场规则逐步实现我国市场经济条件下的公平竞争

要实现中国直销市场的公平竞争,当务之急是建立和健全符合现代市场经济要求的中国直销市场规则,真正形成公平、有序、正常的直销市场竞争秩序。

①建立和健全竞争方面的法制制度,实现直销市场竞争有法可依

现代市场经济是法制经济。根据世界各国发展市场经济的成功经验,解决问题的根本途径是健全有关法律制度。我国直销法规已开始实施,但还没有出台《反垄断法》或《反限制竞争法》。我国于1993年12月1日起出台了《中华人民共和国反不正当竞争法》,这是一部规范市场主体行为、调节市场主体关系的重要法律。它从维护市场竞争行为的公平出发,确定社会主义市场经济条件下竞争的基本规则,即鼓励和保护公平竞争,制止不正当竞争行为,保护生产经营者和消费者的合法权益。这部法规对实现中国直销的公平竞争是有指导作用的。但这部法规具有局限性,随着中国直销市场竞争的日益复杂、深化,还会出现各种新的或变相的不正当竞争行为,这些都需要通过法律的修订补充和监督检查部门的具体把握、执行来加以阻止和防治。

②努力提高直销企业参与市场竞争的素质和水平,切实做到有法必依

直销企业是市场经济活动的主体,市场竞争要做到公平、有序,除要市场规则健全这一基本条件以外,还与我国直销企业自身素质和水平密切相关。目前的问题主要有两方面,一是直销企业缺乏市场竞争力;二是直销企业缺乏遵守市场规则的自觉性。究其原因是多方面的,其中一个主要原因是目前我国直销企业参与市场竞争的素质差、水平低。具体表现在:对直销竞争的含义与作用理解肤浅;目光短浅,短期行为;放不开手脚,竞争的范围狭窄;不讲竞争的策略和艺术;不了解国际惯例;法制观念差,守法不自觉;存在着以不正当竞争行为侥幸取胜的心理等等。

③加强精神文明建设,形成市场经济条件下直销公平竞争的氛围

中国直销公平竞争的实现,除了要依靠强制性的正式成文的市场规则外,还要依靠非强制性的非正式的不成文的市场规范。这其中包括人们的价值观念、道德观念、习惯、社会舆论等等。这又常被称之为直销市场文明。直销市场文明是一种融化于人们头脑中的意识,是一股无形的力量,它可以转化为直销主体的自觉行动。通过对市场文明的自省、自责,公众的舆论以及典范行为的效应,推动直销主体的中国直销市场竞争行为规范化。实践证明,中国直销市场良好竞争秩序的建立,不能离开中国直销市场文明的建设。我国作为文明古国,应该通过我国历史文化资源的进一步挖掘和利用,把历史文化与现代市场经济文化有机地结合起来,建立有中国特色的中国直销市场文明,使其与成文的正式市场规则有机结合,推动社会主义市场经济条件下中国直销市场公平竞争的实现。

▼3 中国直销经济学研究的方法

科学的研究方法,这是建立中国直销经济学的一个基本要求。本书的研究方法主要是以下几种:

3.1 归纳与演绎

在中国直销经济学研究中,归纳法和演绎法在本书用的是较为广泛的。中国直销经济学从本质上讲是一门实践性很强的科学。因此,要通过大量事实的观察,掌握其特点、联系,分析中国直销经济活动的因果关系,找出一般性的规律,这就是归纳法。由于中国直销经济活动十分复杂,因素繁多,每个因素对直销经济活动的影响很难分离出来,因此采用归纳方法比较适当。采取归纳法也有一定的局限性,如必须对足够多的对象进行研究,才能得出有价值的结论,对确定的对象的代表性要求极高,直销经济活动过程无法进行人为重复,结果不能进行实验验证等。因此,我们在研究中进行归纳时尽量避免这方面的问题,基本做到归纳具备哲理性、条理性和准确性。关于这一点,读者可以从第七章"中国直销的博弈与策略决策"、第八章"中国直销的知本、智本与资本"、第十一章"市场规则下的中国直销企业理论结构"等体悟到。

牛顿第二定律所描述的力和运动的关系 $F=ma=md^2s/dt^2$ 给出了受外力 F 作用的物体运动的距离 $s(t)$ 与 F 的关系。它是一个数学上的二阶微分方程,假设物体为一个质点,不存在阻力、摩擦力等的前提下描述了物体的运动与所受外力的依赖关系。这就是动力学一个最基本的数学模型。利用它就可以从理论上探讨大量的动力学的现象。这是建立数学模型的功效。我们对于中国直销经济学的一些问题,也是在归纳基础上建立了反映某种逻辑关系的数学模型。从一般规律推导出新的结论,就是我们研究中采用的一种演绎法。数学模型演绎的好处在于科学性、精确性和可视性。对于直销经济活动的某一特定对象,通过一些必要的假设和简化后所作的数学描述和分析处理,能够对原型的现实形态给出中国直销有关问题的深层次的解释。在本书的许多章节,我们建立的数学模型对回答读者关心的中国直销经济活动中的有关问题,起到了较好的点化和明示作用。如对中国直销产品结构的间歇性调整问题的阐述,我们就设计和建立了一个较好的数学模型,想必对读者了解调整直销产品结构的经济学意义是有帮助的。

3.2 系统分析

所谓系统分析,就是指通过对影响中国直销活动的要素分析和系统整体反应的研究,找出中国直销发展过程中一些规律性的结论。按照系统抽象程度的要求,本书在系统分析中国直销经济活动过程中,注意了以下几个方面的环节:

3.2.1 确立概念系统

概念系统是由概念、原理或原则、方法或制度、程序等非物质实体组成的系统。在本书中,我们几乎在每章中都有概念或定义。概念系统的确立,对系统研究中国直销经济学起到了指向的作用。读者从本书的章节安排就可以看出,中国直销经济学的研究十分注重概念系统的建立。因为中国直销经济学是一门新兴的学科,必须要把许多直销经济现象用准确的语言加以描述,使读者有一个正确的理解。但中国直销经济现象涉及的内容很广,不可能把所有涉及的内容都加以定义。因此,本书首先确立了中国直销经济学的概念系统。具体地说,就是用中国直销的经济学定义统揽全书,其他的概念就像珠子一样,被串在中国直销的经济学定义这条主线上。

3.2.2 确立构思系统

在确立概念系统的基础上,我们同时注重构思系统的确立。过去,我国理论界对中国的直销只注重直销这一营销方式的研究,认为直销这只是一种与传统营销方式不同的营销方式。我们认为。这种说法是片面的,也是不完整的。直销,实际上不仅仅是一种营销方式,它的经济活动由直销企业、直销商、(直销员)和消费者三个方面形成,因此,说直销只是一种营销方式显然是不合理的,此其一;其二,直销市场和传统营销市场是两个板块,市场形成的机理虽是相同的,但与传统营销市场形成的特点是根本不同的。比如,没有系统或团队的力量,直销市场是难以形成的,而传统营销市场的形成并非如此。从这点上看,我们也不能简单地把直销仅仅当作一种营销方式;其三,直销经济体制是我国社会主义市场经济体制的重要补充,二者成为一个有机的整体不可分割。基于如上考虑,我们感觉应该建立中国直销经济学,而不是单纯的营销学。所以,我们在确立系统概念的基础上,对中国直销经济学的创立进行了系统构思。这一点,大家可以从本书的目录中可窥一斑,在这里就不多赘述了。

3.2.3 确立分析系统

确立分析系统,这是我们建立中国直销经济学的关键。概念系统和构思系统的确立,是为确立分析系统作基础的。在确立分析系统过程中,我们注意把握本书的精髓,做到大系统与子系统的有机统一。中国直销经济学的建立是一个系统工程,我们首先确立总的分析系统,然后根据建立这一学科的要求,在总分析系统的总领下,对展开的各章设立子分析系统。每个子分析系统的建立,都建立在对中国直销行业基本了解的基础上,这样可使子分析系统日臻科学。比如,我们先后调查了解了10多个直销企业或准直销企业,走访了100多个直销产品消费者,形成了第九章"中国直销企业与中国家庭的经济行为"的分析系统;我们先后调查了解了10多个直销企业或准直销企业的产品价格组成结构,形成了5五章"中国直销产品的定价策略"的分析系统。同时,各个子分析系统又紧紧围绕总分析系统,从而使整个分析系统基本形成了环环入扣的格局。

3.3 实证分析

经济学中的实证分析法来自于哲学上的实证主义方法。实证分析是一种根据事实加以归纳或演绎的陈述，而这种实证性的陈述则可以简化为某种能根据经验数据加以证明的形式。实证分析是比较真正客观的分析方法，它有助于帮助人们透过事物的现象看到其本质，进而从现象中把握事物运动发展的规律，从而正确指导人们的行动。我们在研究中国直销经济学过程中，一些重要的观点都是通过实证分析后得出的。不同的是，我们的实证分析是在"文"外，而没有在"文"中具体表述。之所以这样做，是因为我们尊重一些直销企业和直销商不想在书中作例证的意见（这可能是因为还没有领到直销牌照的原因吧！），所以，在全书中我们除提到安利、雅芳、天狮等知名直销企业外，其他被考察的准直销企业都是"书上无名"的。

我们在实证分析过程中，做到"实证"与"分析"有机结合。一是选择好样本。在构思创建中国直销经济学过程中，我们选择了10家直销企业或准直销企业，民族直销企业8家，占80%，外资直销企业2家，点20%。这些直销企业分布在辽宁、北京、江苏、山东、广东、陕西、福建、江西、浙江、上海等10个省、市，具有区域代表性。二是采用调查问卷、现场访问和个案剖析相结合的方法。我们发出去1200份问卷，实收852份，占71%。对10家直销企业或准直销企业，我们选择了4家作为个案剖析的直销企业。运用调查问卷、现场访问和个案剖析相结合的方法，我们前后花了三个多月的时间。三是注重分析。实证分析的重点应在"分析"上，实证只是手段，没有分析那只是一堆干巴巴的数字。实证分析是不能离开逻辑思维的。因此，我们在"实证"的基础上，十分重视"分析"的质量。为了提出一个重要观点，我们通过"实证"后还翻阅了许多中外经济学专著，直到真正准确无误地表达为止。

第2章 中国直销的经济学定义、基本分类及发展阶段

在这一章,我们主要先搞清楚中国直销经济学的定义,然后在此基础上按照不同方式划分中国直销的各种类型,同时对中国直销的发展阶段作一下客观的分析。这是我们研究中国直销经济学的前奏,为我们运用宏观经济学理论和微观经济学理论创立中国直销经济学这门学科作基础性的准备。

▼1 中国直销的经济学定义

对中国直销的定义是否科学,这关系到中国直销经济学研究的思路是否正确。本书对中国直销的定义是在经济学意义上加以确定的,因为这是创立中国直销经济学这门新学科的需要。

1.1 西方主要国家对直销的定义

直销发源于美国,中国是在20世纪90年代初才开始引进直销这种营销方式。为了正确确定中国直销的经济学定义,我们先考察一下西方主要国家对直销的定义情况。根据创立中国直销经济学这门学科的需要,我们主要介绍美国、韩国以及世界直销联盟对直销的定义。

1.1.1 美国对直销的定义

美国直销教育基金会对直销的定义是:"直销是一种通过人员接触(销售员对购买者),不在固定商业地点,主要在家里进行的消费性产品或服务的配销方式。"我们应该从以下三个方面理解这一定义:

①直销是"一对一"的活动

什么叫"一对一"？美国直销教育基金会对直销的定义中说得很明白,就是"销售员对购买者"。这和传统销售是有区别的。传统销售的中间渠道很多,比如有一级批发、二级批发、三级批发,然后到商场,不是"一对一"的销售。由此可见,美国直销教育基金会在定义中把"一对一"销售作为直销区别于传统销售的一个主要特征。从经济学角度看,这样做是有一定道理的。第一,从经济的原始意义来看,"一对一"销售对家产和管理来说,无疑是一个比较理想的销售方式,这对节约家产管理的成本是十分有效的。第二,从谋生的角度来看,"一对一"销售方式可以使买卖双方都能达到谋取最佳福利的要求,是一件"双赢"的好事。如果不是"一对一"销售,从理论上讲,就要多付出买卖双方经济活动的成本,对双方都没有什么益处。因此,"一对一"销售方式是谋生的理想销售方式。

②直销是在"商业地点"以外进行

根据美国直销教育基金会对直销的定义,我们就知道直销不是在固定场所(如商场、百货商店等)进行的,而是"主要在家里进行"的。对此,我们应该注意理解两个方面的内涵:一是直销在"商业地点"以外,二是直销"主要在家里"进行。美国直销教育基金会对直销定义中的这一确定,就告诉我们直销的另一个主要特征,就是与传统销售相比较,其销售地点具有不确定性。也就是说,直销的地点以在家庭为主,也可以在家庭以外,没有固定的销售场所。从经济学意义上分析,直销场所确定在"商业地点"以外,可以减少流通领域的很多不必要的环节,以减少和节约商品流通成本,提高买卖双方的经济利益满意度。

③产品的消费性和服务性

美国直销教育基金会对直销定义的第三层内涵,就是直销产品应该是消费品,销售过程中应该是以服务为主。直销产品确定为消费品,这与直销的"一对一"销售方式和在"商业地点"以外进行这两个特征是有联系的。非消费品与民众的切身利益关切度不大,而且很多产品十分笨重,不宜"一对一"销售,也不宜在"商业地点"以外销售。所以,直销产品只能是与民众的日常生活关系紧密的消费品,而不是其他的非消费品。这是一方面,另一方面,对消费性产品的直销应该是服务性营销。服务性营销是现代营销的新概念,被美国直销教育基金会吸纳到直销的定义中,具有深刻的经济学意义。传统销售没有什么服务的要求,只要在固定的商业场所销售出产品就算完成了整个营销过程。而直销则不同,在销售过程中要服务,在销售以后也要服务,真正做到让消费者满意。这是家产管理的一个十分重要的环节,民众也乐意接受这种有利于家产管理的服务性营销。

1.1.2 韩国对直销的定义

韩国在该国的直销法规中对直销定义为:"直销是一种交易:产品和服务的销售在商店、销售部、营业处以及通商产业部列举的营业场所之外的地方,通过签订销售合同,从事产品和服务的销售,并收取付款。"这一定义,基本上包含了美国对直销定义的内容,如销售地点也是在固定的营业场所之外,销售过程中也要做到服务贯穿其中等。但也有不同的地方,如要"签订销售合同"。在这里,我们主要对不同的地方作一下经济学分析。签订销售合同,这是市场经济的一个普遍做法,直销中本不应该有什么需要讨论的。但是,直销是一种新型的营销方式,韩国在对直销定义时把"签订销售合同"的内容纳入其中是有其深刻原因的:

①规范直销活动

与任何新生事物成长初期不规范一样,直销一开始也不是十分规范运作的。所以,以合同形式建立买卖双方的法律关系,就会使直销的运作有了规范的可能。规范直销活动,这涉及到经济学领域的市场供给与需求的均衡、市场竞争的客观公平、个体经济行动对市场的影响等方面,所以,签订直销合同除有着法律意义以外,还有着深刻的经济学意义。也就是说,从经济学意义上看,签订直销合同有利于直销市场的供给与需求的平衡,有利于建立直销市场完全竞争机制,也有利于调整买卖双方利益关系结构。所以,把"签订销售合同"纳入直销定义中,对规范直销活动是有很大作用的。

②防止出现诈骗

还有一点需要向读者说明的是,韩国把"签订销售合同"纳入直销定义中,是吸取国内外多次出现重大直销诈骗活动的教训的基础上作出的。营销中的诈骗在传统营销中也有,但直销中的诈骗有着传统营销不可比的隐蔽性。比如各种鲜花铺满的暴富陷阱,就会让许多消费者受诈骗后就难以自拔,有的甚至倾家荡产。所以,韩国把"签订销售合同"纳入直销定义中,就可以从法规的约束上防止直销诈骗活动的出现。从经济学意义上分析,防止出现直销诈骗,这是整顿和规范直销市场的需要。从各直销国家的情况看,凡是直销市场不规范的地方,也是直销诈骗出现频率较高的地方。所以,直销市场要规范,就必须防止直销诈骗的情况出现。从这一点上看,韩国把"签订销售合同"纳入直销定义中,比美国的直销定义要科学一点。

③保护消费者利益

消费者是直销商的"上帝"。韩国把"签订销售合同"纳入直销定义中,意在保护消费者这一"上帝"的利益。在直销中,要保护消费者合法权益,"签订销售合同"是一个重要途径。因此,韩国的直销定义把"签订销售合同"作为重点,就很明白地告诉人们:直销必须要保护消费者利益。

1.1.3 世界直销联盟对直销的定义

拥有 41 个会员国的世界直销联盟 (World Federation of Direct Selling Associations,WFDSA),通过参盟国的反复研究磋商,制定了《世界直销商德约法》,

每个会员国都要遵守它。正如"世界直销联盟"秘书长尼尔·奥芬1995年2月28日在北京接受记者采访时所说:"协会的下属会员国必须申明遵循商德约法,尽管它不是法律,但能否遵循它是加入世界直销联盟的必备条件。"世界直销联盟对直销的定义是:"直销是以面对面的方式,直接将产品及服务销售给消费者,销售地点通常是在消费者或他人家中、工作场所,或其他有别于固定性零售商店的地点。"这一定义,综合了41个会员国对直销的理解和认识,基本上都能为会员国所认同和接受。与美国和韩国对直销的定义相比,世界直销联盟对直销的定义的不同之处,就是强调直销的"零售"特性。美国和韩国对直销的定义也都是说在非固定销售场所,但我们知道,非固定销售场所的经营有批发,也有零售。这就告诉我们,零售这是单层次的,而批发就可以多层次了。世界直销联盟在对直销的定义中,专门强调了直销应该在"有别于固定性零售商店的地点"进行。这也就明确告诉我们,直销是零售业,而不是批发业。直销的"零售"特性,说明零售到终端消费者应该具有网络的特点,因此,直销不仅仅是单层次的,更多的是多层次的。深刻了解这一点,对于我们展望中国多层次直销的未来,是很有必要。

1.2 中国直销的法律定义

下面,我们对中国直销的法律定义作一下全面了解。

1.2.1 中国直销法规的解读

了解中国直销的法律定义,我们首先要解读我国的直销法规。温家宝总理签署国务院第443、444号令,公布《直销管理条例》和《禁止传销条例》,分别于2005年12月1日和11月1日起开始施行。直销法规的颁布,为解除中国长达8年的直销禁令画上了一个大大的句号,也标志着我国真正走上法治直销轨道的开始。准确解读直销法规,对于认真执行直销法规,促进我国直销事业健康发展不无裨益。

①中国直销法规的出台背景、主要内容及主要特征

《直销管理条例》和《禁止传销条例》经过多次反复修改,终于成为基本符合我国国情,为直销企业、直销经销商和直销员基本都能接受的两部直销法规。这两部直销法规是对我国15年直销发展经验和教训的科学总结,也是对西方国家直销立法经验的科学借鉴。

出台背景。一是为了实现我国加入WTO时的庄严承诺。大家知道,在2001年11月11日签署的《中华人民共和国加入世界贸易组织议定书》中,中国向美国、欧盟等谈判方做出的承诺是:一是对"无固定地点的批发或零售服务",在中国加入世界贸易组织后3年内,取消"市场准入限制"和"国民待遇限制";二是中国将与世界贸易组织成员进行磋商并制定符合中国具体承诺以及中国在服务贸易总协定项下义务的关于无固定地点销售的法规。2005年是我国政府实现这一承诺的最后一年。实际上,我国政府为实现这一承诺早就开始了积极工作。早在2003年9月10日,第一次厦门直销立法座谈会正式宣告:"2004年为中国直销立法元年。"2004年

9月10日,第二次厦门直销立法座谈会又正式确立"内外一致、公平竞争、共同发展"的方针。这两次座谈会,外资直销企业和民族直销企业以及直销理论专家、学者对立法的宗旨、内容,特别是直销企业进入行业的条件和报酬、奖金划拨比例等,都提出了很好的意见和建议。我国的立法工作者还到国外考察世界直销立法的情况。所有这一切的努力,都是为了实现我国加入WTO时作出的3年内直销立法的承诺。因此,我国直销法规出台的第一个背景是实现我国加入WTO时的庄严承诺。

二是打破外资垄断和竞争无序局面。打破外资垄断和竞争无序局面,这是我国直销法规出台的第二个背景。所谓外资垄断,就是中国数以百亿人民币的分销渠道利润,被少数外资直销企业所垄断。外资企业在中国直销行业的垄断地位,已经使中国数以千亿计的财富源源不断地流向国外。所谓竞争无序,就是直销立法前,我国有数千家大大小小的直销企业,鱼龙混杂,乱象丛生,一些直销企业动机不纯,非法操作,过度敛财,严重干扰了社会的发展,破坏了社会安定,也玷污了直销本身。当看到国外大资本在中国商业领域逐步做大,对中国流通业的垄断越来越强的时候,直销法规的出台,从某种意义上来说,是中国政府保护民族直销业,打破外资直销垄断的一个法律保障。第二次厦门直销立法座谈会后,中国大大小小的直销企业很快就突破了1000家,竞争无序的状态越来越严重。中国直销法规的出台,对抑制我国直销市场无序竞争的状况具有调整和规范的强制作用。

三是促进经济社会稳定协调发展。20世纪90年代,当直销传到我国以后,直销人员像滚雪球一样进入了直销行业。大江南北、长城内外,各种各样的直销公司在一夜间冒了出来,其中大部分是属于传销性质。当时,我国有数千万人集中在珠江三角洲和长江三角洲以及一些大城市,大部分人被传销坑得倾家荡产,有的甚至家破人亡。中国政府不得不于1998年4月18日发文全面禁止传销。这一沉痛的教训可谓非常深刻,人们至今回忆起来仍心有余悸。直销经济和传销从本质上是不同的,直销经济是整个国民经济的重要组成部分。说其重要,并不是说其在国民经济中所占比重很大,实际上其在国民经济中的比重少得微乎其微,而是说直销在我国是新生事物,搞得不好就会出现像20世纪90年代发生的那种混乱局面。我国是一个发展中的大国,要和平崛起就需要一个稳定的发展环境。因此,为了防止20世纪90年代那种直销混乱的局面,就必须对直销立法。真正的直销企业有这个要求,政府也会顺应他们的要求。这是我国直销法规出台的第三个背景。

主要内容。新颁布的《直销管理条例》共8章55条,分总则、直销企业及其分支机构的设立和变更、直销员的招募和培训、直销活动、保证金、监督管理、法律责任、附则。《禁止传销条例》共5章30条,分总则、传销行为的种类与查处机关、查处措施和程序、法律责任、附则。这两个条例制订的目的在于,规范直销行为,加强对直销活动的监督,防止欺诈,保护公民、法人和其他组织以及购买直销产品的所有消费者的合法权益和社会公共利益,维护社会主义市场秩序,保持社会的稳定。在这个目的下,这两个条例制订了若干规定和措施。归纳起来,其主要内容有以下几个方面:

一是企业进入直销的高门槛。《直销管理条例》在企业进入直销的门槛问题上丝毫未松动。在第7条第2款中明确规定:"实缴注册资本不得低于人民币8000万元"才能申请成为直销企业。第29条规定,保证金的数额在直销企业设立时为人民币2000万元;直销企业运营后,保证金应该按月进行调整,其数额应当保持在直销企业上一个月直销产品收入的15%的水平,但最高不超过人民币1亿元,最少不低于人民币2000万元。注册资本加保证金至少要达1个亿。这个进入门槛之所以要设置很高,主要是为了保护直销经销商和直销员及消费者的利益。

二是实行单层次销售。出台的《直销管理条例》并没有将团队计酬方式列入在内,这说明政府明确要限制多层次销售。《直销管理条例》第24条规定:"直销企业支付直销员的报酬只能按照直销员个人直接向消费者销售产品的收入计算,报酬总额(包括佣金、奖金、各种形式的奖励以及其他经济利益等)不得超过直销员本人直接向消费者销售收入的30%。"另外,《禁止传销条例》第7条把"以下线的销售业绩为依据计算和给付上线的报酬"视作传销的一种。这里要注意两点:第一,计酬方式单指个人计酬方式,也就是说要取消团队计酬方式;第二,报酬总额不超过销售收入的30%,这就从报酬划拨比例上卡住了计酬的团队化。未将团队计酬写入条例,再清楚不过地表明政府取消多层次销售的决心。实际上,早在今年4月雅芳"中签"直销试点时,政府已承认了单层次直销模式在中国的适用性。

三是招募直销员有了严格规定。直销就是通过直销员在固定营业场所之外进行推销。因此,以直销员的招募、培训、直销行为规范等为主要内容的直销员制度,是直销法规的核心内容之一。《直销管理条例》除在第13条首先明确"直销企业及其分支机构可以招募直销员",其他任何单位和个人均不得招募直销员外,还在第15条规定不得将"未满18周岁的人员,无民事行为能力或者限制民事行为能力的人员,全日制在校学生、教师、医务人员、公务员和现役军人,直销企业的正式职工,境外人员,法律、行政法规定不得从事兼职的人员"等7种人员招募为直销员。从以前的情况看,我国的直销员当中有不少人是公务员、教师、医务人员和在校学生。所以,《直销管理条例》作出这一规定不是无的放矢,而是有所指的。

四是备受关注的"三项制度"。《直销管理条例》中提出的"三项制度"在直销业界备受瞩目。这"三项制度"是换货和退货制度、信息披露制度及保证金制度。《直销管理条例》第25条规定了换货和退货的两种情形:消费者自购买直销产品之日起30日内,产品未开封的和直销员自购买直销产品之日起30日内,产品未开封的,均可以凭直销企业开具的发票或者售货凭证向直销企业及其分支机构、所在地的服务网点或者推销产品的直销员办理换货和退货;直销企业及其分支机构、所在地的服务网点和直销员应当自消费者提出换货或者退货要求之日起7日内,按照发票或者售货凭证标明的价款办理换货和退货。《直销管理条例》第7条第4款把"依照规定建立了信息报备和披露制度"作为申请成为直销企业的一个条件,这是针对直销活动的隐蔽性和直销企业与直销商、直销员与消费者之间的信息不对称而作出的。保证金制度是"三项制度"中的一条硬制度,"最少不低于人民币2000万元"存入国家商务和工商部门指定的银行开设专门账户,这是给直销员和消费者的一个"保险盒",以确保他们的合法权益不受侵犯。

主要特征。通过解读法规的主要精神,我们发现《直销管理条例》、《禁止传销条例》与原来的草案以及国家以前的政策规定相比,具有以下三个特征:

一是严中有宽。这两个条例在未进入国务院常务会议讨论审议前各条款可谓是"严"字当头,而这次出台的《直销管理条例》、《禁止传销条例》却给人以一种严中有宽的思路。比如,《直销管理条例》取消了店铺数量、标准等限制,提出了"服务网点"的新概念。此前的草案规定,直销企业申请设立省级分支机构必须在省、自治区内的 10 个以上城市设立不少于 10 家店铺或 20 家特许经营店铺,在直辖市设立 10 家以上店铺或 20 家以上特许经营店铺,单个零售店铺不得少于 50 平方米等。而现在只要求企业在开展业务地区至少拥有一家服务网点。与承担销售任务的店铺相比,服务网点更多地承担售后保障工作,具有很高的灵活性。这种做法使中国直销模式与国际上的无店铺销售概念更为接近。

二是紧中有松。1998 年全面禁止传销后,国家工商总局下发了《关于〈关于外商投资传销企业转变销售方式有关问题的通知〉执行中有关问题的规定》(工商发〔2002〕第 31 号),国家外经贸部下发了《关于外商投资传销企业转变销售方式有关问题的通知》(外经贸资发第 455 号)。现在用《直销管理条例》和《禁止传销条例》与 31 号文和 455 号文加以对照,我们感到在立法尺度上体现了紧中有松的精神。比如,《直销管理条例》在总则中没有明确规定直销企业必须是生产型企业,也没有明确要求只能销售自己生产的产品。而 455 号文却明确规定直销企业必须是生产型企业,而且只能销售自己生产的产品。再如,《直销管理条例》在总则中也没有明确不得跨区销售。但 31 号文规定只能在直销企业设立店铺的行政管辖范围内进行直销。这说明过去对直销模式的定义是"店铺加直销员",直销员属于店铺,而现在则以公司为主体了。

三是规中有避。这里的规中有避不是说有什么法规的空子可钻,而是指法规具有人性化,具有灵活性,从而给企业具有灵活经营的空间。根据中国加入世贸组织议定书中关于贸易权和分销权的规定,在华外资企业可以直接进口货物,并以批发或零售方式在中国销售。获得分销权后,他们可直接向国内客户销售产品,使之与中国快速发展的市场更加贴近。过去在华的外资直销企业不得直销本企业以外企业生产的产品。而《直销管理条例》第 4 条的规定给这些外资直销企业有了规中有避的余地。第 4 条作了如下的规定:"在中华人民共和国境内设立的企业(以下简称企业),可以依照本条例规定申请成为以直销方式销售本企业生产的产品以及其母公司、控股公司生产产品的直销企业","直销企业可以依法取得贸易权和分销权"。这就大大增加了外资直销企业拓展直销空间的灵活性。根据加入 WTO 国民待遇的基本原则,对于中国的民族直销企业也同样享有分销权,只要是自己控股的生产企业(包括在国内的和在国外的生产企业)的产品,也可以用直销的方式加以拓展市场。

1.2.2 中国直销的法律定义

1997 年 1 月 10 日,国家工商总局颁发的《传销管理办法》中,"传销"被定义为"生产企业不通过店铺销售,而由传销员将本企业产品直接销售给消费者的经营方式。它包括多层次传销和单层次传销"。这里的"传销"事实上指国际市场上称呼的"直销"。《传销管理办法》对"多层次传销"和"单层次传销"也分别进行了定义。"多层次传销,是指生产企业不通过店铺销售,而通过发展两个层次以上的传销员并由传销员将本企业的产品直接销售给消费者的一种经营方式";"单层次传销,是指生产企业不通过店铺销售,而通过发展一个层次的传销员并由传销员将本企业的产品直接销售给消费者的一种经营方式。"1998年4月,国务院颁布《关于全面禁止传销经营活动的通知》,宣布传销为非法,不分种类名称,全部停止活动。中国直销市场进入了"直销"定义的"真空期"。2005年第443号国务院令公布的《直销管理条例》,首次对"什么是直销"明确定义为:"直销是指直销企业招募直销员,由直销员在固定营业场所之外直接向最终消费者推销产品的经销方式。"

我国对直销的定义与西方国家对直销的定义相比较,有一点是共同的,这就是直销相对于传统的销售形式有两个特征:一个是没有固定的销售地点,一个是面对面的人员销售。我国是社会主义国家,所以我国直销的法律定义与西方国家有着"质"的不同。我国在对直销的法律定义中规定中国直销企业要"招募直销员",这就很清楚地告诉我们,中国的直销不是个人行为,而是直销企业的行为。而国外一些国家和我国台湾地区对直销的定义中就明确直销是直销员的个人行为。这个不同处的意义就在于:直销企业作为直销的法人主体,在直销中是法律责任的主要承担者,而不是直销经销商或直销员。这是因为直销员与直销企业的法律关系锁定在"招募"关系上,直销企业是整个直销过程中的组织者。我国直销法规的这样定义,为规范我国的直销提供了企业组织的保证机制。

1.2.3 中外直销定义比较后的启示

通过对中外直销定义的比较,我们可以得到如下启示:
①以人为本,是我国直销法规的灵魂
我国对直销的法律定义与西方国家根本的不同点,就是国外对直销定义是以"物"为本,就是为直销而确定直销定义,而我国的直销定义是以"人"为本,就是从人民的根本利益出发而确定对直销的法律定义。以人为本,这是我国直销法律定义的灵魂。从《直销管理条例》和《禁止传销条例》制定的宗旨看,我国直销法规制定的目的就是为了维护社会稳定,保护消费者的合法权益。像美国、日本等国的直销法规制定的宗旨,是维护他们国家的资本主义经济制度,没有完全把人民的利益放在首位。所以,这些国家在直销过程中的消费者受骗的情况从总体上比我国要多,问题要更严重。因此,与国外直销定义相比,我国直销法规的优越性就在于真正做到了以人为本。

②以法为绳,是我国直销法规的精髓
在以人为本的同时,我国对直销的法律定义坚持了以法律为准绳的立法理念。国外的直销法规一般都是把规范直销和打击"金字塔"式的传销放在一部法规里,而我国在制定《直销管理条例》的同时,还专门制定了《禁止传销条例》。这就通过表明我国政府依法保护直销和依法打击传销的决心,来演绎我国直销的法律定义。这是一方面。另一方面,我国直销法规与我国《宪法》以及其他经济法规的衔接上,真正做到了相得益彰。比如,对违法的处罚上既参照了国外的成功做法,又与我国相关经济法规的处罚规定保持了同一性。由此可见,我国的直销法律定义的精髓就在

于真正体现了以法律为准绳的立法理念。

③以文为基,是我国直销法规的内涵

法规一定要体现一个民族的文化内涵,这是立法的一个基本要求。我国的直销法规体现这一点,可以从我国直销的法律定义中发现和体悟。美国、日本等国的直销法规体现的是西方文化,而我国的直销法规体现的是有着五千年悠久历史的中华文化。我国现阶段禁止多层次直销的规定,就体现了中国追求社会稳定的"和为贵"的儒家思想,凝聚了直销法规的民族情结。可见,以文为基,是我国直销法规定义的深邃内涵。

1.3 中国直销的经济学定义

准确对中国直销作出经济学意义上的定义,这是中国直销经济学的内核,也是中国直销经济学建立的重大任务。根据世界直销联盟对直销的定义,结合我国直销法规对直销的法律定义,中国直销的经济学定义是:"中国直销是指中国直销企业在我国境内招募中国公民为直销员,在供需双方自愿平等的情况下,由直销员在固定零售营业场所之外直接向最终消费者推销直销企业产品的经销方式。"我们要从以下几方面,对中国直销的经济学定义加以理解。

1.3.1 中国直销只限于在中国境内发生的经济行为

我们研究的是中国直销经济学,所以中国直销经济学定义的区域范畴只能在中国。首先,中国直销企业是指领到由中国商务部门颁发直销许可证的,在中国注册的外资直销企业和中国的民族直销企业。其次,直销员只能在国内招募,而且只能是中国公民。外籍人员可以被招聘到中国直销企业工作,但对在我国长期居住的外籍人员不能被直销企业招募为直销员。第三,直销经济行为只能发生在我国境内。除了直销员只能在我国境内招募,直销员推销直销产品也应该在中国境内进行。为什么中国直销经济学定义的区域范畴只能在中国,这是因为这门直销经济学研究的对象只是中国直销经济,而不是其他国家和地区的直销经济。当然,中国直销企业到国外发展直销,这是我们应该鼓励和支持的,我们在有关章节中也会加以论述,但不是属于中国直销经济学专门要研究的内容。

1.3.2 中国直销应该在供需双方自愿平等的情况下进行

供需平衡是拉动中国直销发展的无形力量。因此,直销员在直销过程中,千万不能强行要求消费者购买直销产品。消费者有这种消费需求,直销员才能推销直销产品。如果消费者没有这种消费需求,直销员强行推销直销产品,这就是商业道德伦理的伤败。我们在理解中国直销的经济学定义时必须把握这一点。实际上在传销过程中,就是在供需双方不是自愿平等的情况下进行的,所以导致出现许多社会问题。因此,我们在给中国直销下经济学定义时,十分强调在直销过程中供需双方的自愿平等。这样的约束,和我国《直销管理条例》对直销的法律定义是互相吻合的。

1.3.3 提倡实行单层次直销

在国际上,直销分多层次直销和单层次直销。关于直销的层次分类,我们将在第十章"中国直销分销渠道和供应链管理"中专门加以阐述。考虑到中国还处在社会主义初级阶段,中国的经济还不十分富裕,中国一部分国民的文明程度还有待于进一步的提高,因此,我们给中国直销下经济学定义时吸收了世界直销联盟对直销定义的积极成果,强调了中国直销应该是类似于"零售"的商业行为,应当倡导单层次直销。直销企业可以批发给直销员,但直销员不能以批发的方式从事直销,因为批发的本身就是多层次,这样就会容易产生"金字塔"式的传销。理解中国直销的经济学定义,把握好这一点是十分关键的,也是十分重要的。

▼2 无店铺销售产生的历史背景和中国直销的形态分类

直销是经济发展到一定阶段的产物,因此,本节主要讨论无店铺销售产生和发展的历史背景和中国直销的基本分类。

2.1 无店铺销售产生和发展的历史背景

无店铺销售方式,既古老又现代。从广义上说,凡不设固定店铺的商品销售,都可以归于无店铺销售。如自从有邮政以来,就有商人采用邮购销售;19世纪80年代,就有商人在火车站设自动售货机销售口香糖。至于走街串巷的流动商贩销售,历史就更为久远了。但历史上有"坐商"和"行商"的称谓,并没有无店铺销售的概念。出现无店铺销售概念是现代的事情,现代无店铺销售,不能与小商小贩并论。一般而言,它具有一定经济实力,只是不设固定销售场所,当然,也有设店的同时又采用无店铺销售方式。它最早产生于美国,以后迅速传播到日本、欧洲各国,目前无店铺销售已经成为一种世界性的零售发展趋势。

2.1.1 无店铺销售的产生发展是与科学技术、生产力的发展相适应的

产业革命以前的农业生产社会里,生产力的代表是手工业生产,规模小,剩余产品有限,独立个人或者家庭成员走街串巷,送货到户,销售活动所需要的信息比较简单,采用口头表达或者打手势进行信息传递,信息和商品运动的速度、起止点几乎是一致的。自产自销或行商的流动式售货作为一种最古老的无店铺销售方式,其主要特色是个人行为。18世纪中叶到20世纪的工业社会阶段,生产力的代表是机器生产,规模大,批量生产,批量流通。流通已经成为整个社会经济循环的关键环节。中间商的作用和社会地位开始有所变化。在这个时期,直接出售家庭手工业品

和农产品的现象逐渐减少,而通过正规的专门化分销渠道买卖商品的趋势日益明显。中间商执行着它们以往没有执行的职能,数量增加了,相互之间有了分工,在批发商、百货商店、邮购商店、连锁店等各类中间商组织中,出现了许多与知名制造商同样优秀的中间商。在20世纪初期,它们变得更为多样化,而且还代表了商业活动中的一个独特类型。中间商通过各种创新活动,使其在产品分配过程中的作用越来越重要,其成为了联系生产者和消费者的主要纽带,甚至其能够反向制约制造商的生产过程。几乎所有的美国制造厂商,包括那些使用新的大量生产技术者,利用现有的商人来销售和分配他们的商品,且越来越依靠大零售商。人们在认识到中间商重要作用的同时,也开始进一步研究商品分配的规律性,以求指导经营实践,降低交易成本,提高交易效率。无店铺销售作为一种节约流通费用、提高流通效率的零售业态形式开始发展起来。许多企业从事无店铺经营,送货上门不再是一种个人行为,而变成一种组织行为。在这一阶段,世界上产生了一场以电报、电话、收音机、电视机等信息传递工具发明与应用的通讯革命,这些传递工具大大降低了信息费用,极大扩大了信息量,这就使得邮寄销售大规模发展起来,电话、电视销售也有了萌芽。20世纪中叶以后,人类社会进入信息生产力时代,爆发了以电子计算机为代表的信息革命,商品信息传递工具由人力载体、机器载体到电脑载体阶段,大量商品信息低成本的进入广大家庭,促进了目录销售、电话销售的进一步发展,并使得电视销售、网络购物等高层次的销售方式出现并迅速发展起来。无店铺销售由古老的直接销售到利用现代工具直接销售,由个人行为转变为组织行为,销售范围也由小区域拓展为国际市场。

2.1.2 买方市场的形成和企业间竞争的加剧

从19世纪60年代中期起,美国开始步入工业化和经济迅速、持久的发展时期,尤其是在19世纪最后30年间,科学技术的飞速发展,并逐渐被广泛地应用于生产,促成了电力、石油、汽车和化工等新兴产业的相继出现。到19世纪末,美国广阔市场的现实条件已与大家普遍接受的经济理论的假设很不相同了。由于科学技术进步和生产力发展,大规模生产使社会上可供消费的产品数量增多,花色品种千姿百态,人们的生活水平也显著提高,购买力大大增强,市场主动权已经转向消费者,买方市场形成,企业间的竞争越来越激烈。销售竞争由原来的价格竞争向质量、包装、品牌、服务、渠道等非价格竞争方式发展。随着时间的推移,产品广告、有奖销售、还本销售、公共关系等促销手段的作用也在逐渐递减,进一步挖掘潜在购买力成为企业销售的重点。加上在传统的经销制度下,产品从厂家到顾客要经过几道环节,经营成本高昂,在商业区中店铺林立、新的好店铺门面难以寻找,而且租金和运营成本日益昂贵。为了寻找新的市场机会,节约交易成本,更好更方便地满足顾客的价值需求,方便快捷的无店铺销售方式便产生并发展起来。

2.1.3 消费者生活方式的改变和购物方式的变化

随着科学技术的进步和工业化、信息化的不断推进,现代社会人们生活水平越来越高的同时,人们的工作节奏也加快,闲暇也成为一种稀缺性的资源。选择方便快捷的购物方式,节约购物时间,从而追求享受更多的闲暇成为人们的理性选择。同时,由于消费者教育水平的普遍提高,以及消费者创新意识的增强,对新产品接受的程度也普遍提高,对新的销售方式也能有所接受。这也是无店铺销售产生和发展的一个重要原因。

2.2 直接销售的基本形态

如果要具体分类,那么直销可以包括这么几种:

2.2.1 邮购

邮购是历史相当悠久的无店铺销售手法。首先,经由名单的搜集与整理,筛选出符合条件的消费群;然后利用产品目录、DM、传单等媒体,主动将讯息传达给消费者,并经由视觉上与沟通讯息上的刺激,激发起消费者的购买欲,进而产生购买行动,完成交易行为。由于邮购以平面媒体为主要沟通渠道,因此,商品必须能在印刷媒体上表现说服力与吸引力(良好的印刷效果当然是必备的要件),使顾客能一目了然,充分了解商品的特性,并感到安心。因此,商品目录的内容不但要讲求色彩、式样、以及编排,最好还能在媒体上提供购买行动,提供新的生活资讯,以刺激消费者的需求与购买欲。为了促使消费者采取购买行动,提供适当的诱因也是相当有帮助的,如提供赠品、特价或限量供应等,使消费者觉得现在不买会遗憾。听起来邮购似乎蛮简单的,其实不然,它有相当多的专业技艺(know how),从名单搜集整理、DM(直邮)设计印刷、接受订货、商品配送、货款回收,到事后追踪检讨(包括售后服务的提供),形成一个相当独特的循环,非业内人士,难以吃透其门道之深。在国外(如日本),邮购商品大多采取送货到家(宅配)的方式,因此,业者就必须竭尽心力地教育送货的末端机构如何配送、使用商品,以及碰到客户对商品不满意时,应如何处理等,这就是一门学问了。国内邮购业务虽然没有宅配的问题(大多采取邮局寄送),但也因为缺乏健全完整的宅配系统,而使得邮购业务无法蓬勃发展。

2.2.2 电话销售和移动商务

电话营销是利用电话和手机来达到销售商品或服务的一种销售方式,最早源于美国。它并非抓起电话漫无目的随意拨,而是利用企业档案库内已登录的目标消费群,对特定对象进行促销活动、市场调查、顾客服务等业务,是一种重视对个别客户服务的双向沟通管道。电话营销可分为两种类型：一为专门提供"接听"(inbound)服务,透过电话专线接受顾客的订货、咨询或抱怨。这种沟通热线的电话费用是由公司负担,经由这种专线服务,不但可以与消费者建立起更亲密的关系,也可以产生某些销售效果,如美国24小时服务的WATS（Widearea Telephone Service）,国内的部分电器业等。另一种则是主动出击,以"外拨电话"(out bound)的方式与消费者接触,藉由关心与诚恳的口气,循序渐进地促销商品,而不是强迫式的高压手法。美国一些大型企业,都设有专门的部门负责这项业务,如运通银行等。事实上,电话营销的成果可分为两种,有些是在电话中就可以直接成交,有些则是先在电话中确定面谈的机会与时间,以便前往拜访洽谈。

国内目前虽然没有专业的电话营销公司,但通过电话约见、推销、解难的企业风行程度也不亚于欧美,且在激烈的竞争下,已有愈来愈多的业者对这项销售工具表示重视,甚至与DM攻势搭配出击,以收相辅相成之效,如摄影礼服、补习班、保险业、办公机器、汽车销售人员等。愈来愈多的业务单位已逐渐体会到电话营销的低成本、高效率的好处而纷纷使用。由此可见,电话营销所发挥的功用,有时比寄一堆DM还有用,因为其中带有人与人之间的交流与关心。

从事电话营销,首先必须做好顾客资料的整理工作,包括顾客的住址、电话、姓名、以及购买来往纪录等,如此才能针对特定对象进行接触,而不是瞎子摸象;其次,电话营销人员的训练相当重要,其中包括基本电话礼貌、如何使用电话营销技巧、时机的配合、客户类别分析、推销话术、商谈要领以及商品知识等,使得营销人员能在短短的电话交谈时间里,破解客户的防卫心理,取得对方的信任,进而完成交易。

鼓励双向沟通尤其重要。电话营销是一种高效率的双向沟通渠道,营销人员不能一味地在电话里推销,而该有让客户发表意见的机会。或许在对方的言语里,我们可以发现值得改善的缺点,或值得发扬的卖点,唯有借助双向沟通,客户才会有被尊重的感觉,而电话营销所担负的销售任务才有可能会顺利完成。

2.2.3 媒体营销

媒体营销指的是:通过电视、广播、报纸、杂志等大众媒体,将商品的销售讯息传递出去,并诱使消费者利用上门或打电话等方式订购,以完成买卖双方的交易程序。虽然媒体营销在国内的实际应用已有相当长时间,但由于种种因素的交错影响,使它未能博得消费大众的普遍认同,也无法获得大型企业的青睐。长久以来,调幅(AM)和调频(FM)广播电台就被许多厂商(尤其药商居多)包下时段,由主持人以现场推销的方式,鼓励听友来电订购。由于媒体营销相当依赖媒体传递销售信息,希望能藉此抓住所设定的目标消费群(这与了解消费群的媒体习惯有关),清楚地传递出厂商的信息(这与沟通手法有关),而不会产生对牛弹琴、所托非人的空包弹现象。因此,媒体的选择与过程的安排就显得格外的重要了。同时,如何在所选定的媒体上,充分展现出商品的特色吸引力,以刺激消费者的购买意愿,也是相当重要的。在媒体营销里,媒体是介于厂商与消费者之间的销售桥梁,如果媒体展现足以令人心动不已,则销售工作就可说是完成一大半了。

2.2.4 新媒体销售

新媒体销售是指电子化购物(electronics shopping),就是利用最新通讯媒体,如传真机、电子通讯(telecommunication)等,将商品信息传送给消费者,再由消费者以单向或双向的信息传递,完成订购程序。

通信卫星购物:利用终端机经由通信卫星,将订单下给业者,大约一至一个半月就可收到货品。

镭射商店:经由这种系统,顾客可以在荧光屏上选购商品,而商品资料均已储存在磁碟里,顾客只要按下各种编号,决定所要买的商品,即可完成订货。

录影带家庭购物计划:这是美国厂商想出来的新方式,它将18000项商品录制在一支约26分钟的录影带里,分送给拥有录影机的家庭,同时在旗下各分店设置35台放影机,现场播放给来店的顾客看,效果相当好。

有线电视:有线电视(CATV)的发展日益受重视,被认为是一个有潜力的"小众"媒体。

网上营销:所谓网上营销(Cyber marketing)是指借助联机网络、电脑通信和数字交互式媒体来实现营销目标。

2.2.5 自动化销售

自动化销售即是指利用自动销售机,投入特定的交易媒介(例如硬币或电脑记录卡等),而完成商品或劳务的销售,例如在西方国家的自助洗衣、电动游乐器、行李存放保险箱、自动计时停车器等均属之。自动化销售源于美国,却盛行于日本,根据1987年的资料显示,日本通过自贩机销售的金额高达4兆4362亿日元,高居世界第一;所卖的商品以果汁、咖啡等饮料、香烟、车票为主,其余尚未有面纸、杂志、零嘴、食品等日常用品,甚至连电脑软件、T恤、汉堡、碎冰、神签、寿司、录音带、唱片、彩卷、《圣经》、活鱼饵、旅行保险、雨伞、宝石等产品也在销售之列,可说是包罗万象,几乎到了无所不卖、无所不在的地步。

从事自动化销售,首先要注意的是地点。地点的选择关系到自动贩卖机营运的好坏,据调查,自动贩卖机的消费动机大多是出于临时性需求,或求一时的方便,因此,设置的地点以人潮往来频繁的地方为佳。其次,相关人员应该定期巡回维修机器,机动补充货品,维持机台的正常运转,以防止缺货、机器故障等问题的发生。

2.2.6 人员直销

直销就是通过人员以聚会或个别面对面的方式,将产品直接销售给消费者的方法。可分为单层直销与多层次直销。

单层直销是指直销人员(业务员)直属于公司,由公司招募、训练与控制。在其中,直销人员彼此之间并无连带关系(如上手与下手),营业额及佣金依赖于个人业绩的冲刺成果,如办公机器、个人电脑、汽车、化妆品等直销人员。

多层次直销也叫网络营销(network marketing)或者结构营销(structure marketing)或者多层次传销(multilevel direct selling)。是指每位想销售公司产品的人,都必须以由另一位直销员的引荐(并成为其下手),方得与公司接触,直销员与公司之间无雇佣关系,且每月佣金除了来自个人所努力的业绩外,经由自己介绍进公司的下手直销员的业绩也并入计算,但提成的比例就有所不同。多层次传销人员除了销售商品之外,同时也致力于招揽他人加入销售行列,藉由一牵十、十牵百的滚雪球的效果,建立起一层层的销售网。在其中,上线可以因下线的业绩而获利(抽取某个百分比的佣金),如此可以鼓励人们努力拓展自己的直销体系,因而也带动了企业的整体销售。多层次直销这种产品分销的营销模式起源于美国,如果从1910年美国当时的7家直销公司在纽约的宾汉顿(Binghamton)成立美国直销协会算起,至今已有90多年了。

2.2.7 展示销售

展示销售就是在没有特定销售场所的情况下,临时租用饭店、百货公司、办公大楼或居民活动中心等场所的一角展示商品,并在现场进行销售活动。为了招徕顾客,也可运用DM、海报、传单、赠品等方式,吸引顾客到场参观,以增加卖场的热闹气氛与成交机会。目前在国内,以家电、个人电脑以及化妆品、食品、保健品为主要采用者,如我们常可以在百货公司看到保健品展售、碰到若干新产品发表会(如不粘锅),或其他商品的展售会。此外,在街头摆地摊、流动摊贩或临时搭架,销售一些家用品、摆饰品或其他杂项物品的景象,甚至组成车队,全市、全国游走销售。基本上,展示销售通常是被用作辅助销售工具,目的在于掌握机动性,随时主动出击,以便与消费者做更多、更广的接触。

2.3 中国直销的形态分类

按照《直销管理条例》对直销的定义,中国直销的形态基本上是从国外引进过来的,但也有一些创新。主要形态分为如下几种:

2.3.1 面对面推销

我国95%以上的直销企业或准直销企业采用的直销方式就是面对面推销。具体的做法是：依靠专业销售队伍访问预期客户，将他们发展成顾客、经销商，以不断增加业务。如雅芳、安利、天狮等直销企业，就是采用的这种方式。

从事面对面销售，首先必须强化训练直销人员，以便取得消费者的信任，避免造成消费者的反感与排斥。通过强化训练，使直销人员自觉遵守完善的管理制度和掌握必要的经营技术，以便在降低销售人员流动率之余，提高其销售直销商品能力，并提供消费者满意的服务。要强化训练售后服务的技能，这是因为售后服务与顾客抱怨处理是不可或缺的，唯有通过满意的顾客，面对面推销才能持续发展。

把直销产品卖出去是直销员的天然职责，但成就一个好的直销员决不只是把商品卖出去这么简单。销售既然是涉及到买卖双方的事，因此，站在顾客与企业的角度，直销员在面对面销售中的工作职责包括两个方面：一是为顾客提供服务。由于顾客能在多个品牌中挑选到他们需要的商品，所以直销员要礼貌热情地对待顾客变得非常重要了。二是帮助顾客作出最佳的选择。顾客不是专家，对商品的优点、并不了解，并且顾客面对众多商品不知道哪一个商品最适合自己。直销员在了解顾客需求心理的基础上，使顾客相信购买某种商品能使他获得最大的利益。直销员在面对面推销时应是顾客购买商品的顾问和参谋。

面对面推销时直销员如何帮助顾客呢？一般情况下，直销员必须做到以下几点：一要询问顾客对商品的兴趣和爱好；二要帮助顾客选择最能满足他们需要的商品；三要向顾客介绍商品的特点；四要向顾客说明买到此种商品后将会给他带来的利益；五要回答顾客对商品提出的疑问；六要说服顾客下决心购买此商品；七要向顾客推荐别的商品和服务项目；八要让顾客相信购买此种商品是一个明智的选择。

2.3.2 会议营销

会议营销是指通过定期组织会议的形式与目标消费者进行有效沟通及向其展示公司形象，传递公司产品信息，逐步增进消费者对公司及产品的认知度肯定度，最终促进购买的一种销售方式。会议营销所做的沟通是直销企业与其目标消费者之间进行的，有较强的针对性。会议营销所做的沟通是通过组织会议的形式实现的，而非媒体广告或其他形式。会议营销的本质是沟通信息，赢得信任，建立感情，最终树立和提升公司形象、促进产品销售。直销企业利用这种模式销售产品的主要是大连珍奥和南京中脉。

2.3.3 复合式销售

所谓复合式销售是将各种不同的销售方式，按照商品的特性、市场的需要以及竞争的状况,有效地组合运用,以扩大销售的对象与范围,整体的发挥相辅相成的效果,并使销售业绩更加提升。

中国一些直销企业除了在各分公司设置专柜之外,还拥有许多特约加盟店和专卖店,这两部分是其销售方式的主力;此外,他们也采取聚会销售的方式,消费者只要能聚集五人以上,便可向各特约店或专卖店申请,经由总公司安排美容师或健康指导员到消费者的家庭做美容化妆和保健指导,利用家庭聚会的方式介绍各种商品的特性,以加强消费者的使用意愿。这便是采用商店销售与聚会示范销售二者并行的复合式销售手法。

▼3 中国直销的发展阶段

1990年11月,我国境内第一家正式以直销经营申请注册的公司——中美合资广州雅芳有限公司成立,标志着直销经营方式正式进入我国内地市场。其他国外直销公司紧随其后,从1992年开始以独资、合资的形式进入我国。国内一些企业也纷纷效仿。我国的直销经营已走过了17年的历史。17年的风风雨雨,使我国的直销从无到有、从小到大、从无序到有序。特别是2005年国务院颁布了《直销管理条例》、《禁止传销条例》,标志着我国的直销进入了法治时代。

3.1 无序发展期(1990~1998年4月)

20世纪80年代末,日本一家卖磁性保健床垫的Japan Life公司在我国开展传销业务,当然这是一家没取得任何许可的公司。当时在中国沿海的一些省由境外直销公司的直销员发展起来的直销网络活动已很普遍,只是人们对直销了解不够,没引起政府重视。1990年11月14日,第一家正式注册登记的传销公司是美国雅芳美容品公司。

随后传销公司蜂拥而起,尤其是各地非法的传销公司和"老鼠会"发展混乱。针对全国因非法传销引起的纠纷越来越多,1994年8月11日,国家工商管理局发布《关于制止多层次传销活动违法行为的通告》(233号文);1994年9月22日国家工商管理局再发240号文《关于查处多层次传销活动中违法行为的通知》。由于种种原因,这两个通知并没有在地方政府得到完全贯彻,1995年9月22日国务院办公厅发出《关于停止发展多层次传销企业的通知》,对国内再次过热的传销进行规范限制。随后不久,国家工商行政管理局制定了《关于审查清理多层次传销企业的实施办法》,并首次批准了41家企业可以开展传销业务。这时,我国直销业进入相对平静期。

1997年1月10日,国家工商行政管理局颁布了《传销管理办法》。提出单层次传销和多层次传销的定义,这办法以"允许存在,限制发展,严格管理,谨慎试点"为指导思想,对传销企业的行为做了比较详细的规定,是一个比较好的文件,但由于对多层次传销和单层次传销的区分没有严格的标准,加之文件并规定"多层次传销"公司由国家工商管理局批准,"单层次传销"公司由地方省级工商局批准,许多传销企业开始扩张发展,但问题也随之而来,特别是地方政府批准的"单层次"传销公司不规范运作几乎都是搞"多层次",加上大批非法传销公司推行"老鼠会"制度,到 1998 年初时已有失控的迹象,各地大量的传销商闹事、流窜给社会治安带来不稳定因素,相当多的公司市场计划具有拉人头的性质。加上社会处于转轨期,人心思富,心态浮躁,为提倡一夜暴富的非法公司提供了土壤。而且一些传销企业教育培训混乱,充斥着毫无节制的煽动、毫无根据的宣传和意识形态上的洗脑。

1998 年 4 月 21 日,国务院颁布了《关于禁止传销经营活动的通知》,对整个传销行业全面禁止整顿。中国直销业经过十几年的发展差不多又回到起点。

3.2 灰色发展期(1998 年 7 月~2005 年 9 月)

1998 年 6 月 18 日,国家三部委(对外贸易经济合作部、国家工商行政管理局、国家国内贸易部)发出《关于外商投资传销企业转变销售方式有关问题的通知》,规定"外商投资传销企业必须转为店铺经营",并批准了安利、雅芳、玫琳凯等 10 家外商投资直销企业转型经营。与此同时,国内大多数传销企业在随后的一段时间或销声匿迹或转入地下成为非法经营企业,而一些规范经营的国内直销企业却因全面禁止传销而受株连,中国直销业进入了发展的低谷期。

由于传销和变相传销活动的猖獗,我国在 2000 年 8 月 13 日和 2001 年 10 月 31 日分别发布《国务院办公厅转发工商局等部门关于严厉打击传销和变相传销等非法经营活动意见的通知》、《国务院办公厅关于开展严厉打击传销专项整治行动的通知》,继续打击非法传销企业的活动。鉴于一些转型外商投资直销企业的迅速发展,2002 年 4 月 1 日国家再次发布《关于〈外商投资传销企业转变销售方式有关问题的通知〉执行中有关问题的规定》,对转型直销企业雇佣推销人员的方式、报酬、合同订立、培训规模等具体问题作了明确规定。客观地看,这时期出台的整顿、治理和转型措施,促进了外商投资直销企业在我国的大力发展,而我国国内直销企业的成长却受到抑制。

在灰色发展期,国家禁止传销的原因是:

一是直接原因是有些地方传销发展失控,出现传销商拦截火车、群殴、凶杀等严重影响社会治安的事件。有些地区,传销人员通过欺骗,将亲朋好友骗到传销地,扣下身份证后进行洗脑式上课,强迫他人加入传销并如此循环下去,造成社会隐患。

二是政府监管失控。由于国家把审批单层次传销权限下到地方,各地从地方利益出发批准了许多单层次传销公司,但大多数单层次传销企业都开展多层次传销业务。

三是对金字塔销售防范不够。由于刚开始的管理经验不足,当时的管理办法对金字塔销售防范规定不够明确具体,在管理实践中也不够明确坚决,以至相当多的传销企业所采用的奖励制度有金字塔销售、拉人头的倾向,造成大量的传销人员成为企业敛财的牺牲品。

四是直销发展中出现了严重偏离经济轨道的倾向。有些直销组织在教育培训过程中散布具有明显政治倾向的言论,煽动对社会和政府的不满。特别是一些境外人员利用直销的课堂宣扬错误意识形态的言论,使得直销人员的组织出现向政治组织发展的苗头。

1998年国家对传销整顿以来,我国国内直销企业在灰色发展期发展缓慢,规模不大,能维持现状已属不易,和外资直销企业差距越来越大。

企业规模:据调查企业返回的问卷看,有50%以上的企业注册资金在2000万元以上。大多数被调查的直销企业均有较完善的管理团队,良好的纳税记录,有规范的退货制度和完善的直销员培训流程。

营销方式:基本上以店铺(专卖店)加人员推销为主。由于保健食品的特性,决定了直销人员主要以区域性为主。

主要产品:基本以保健营养品、健康食品、保健器材、护肤用品为主。质量上都有国家有关部门的鉴定书和核准证,规模大的直销企业拥有自己自主开发生产的产品。

直销人员数量及构成:据调查企业的情况看,大多数企业的直销人员数量在万人以下。所有被调查公司都设有专门的管理培训营销人员的部门,对直销人员上岗进行培训和动态管理。

计酬方式:直销人员主要以销售额为基础提奖金,辅之团队的发展奖励。大部分直销企业所实行的奖金计划以级差制为主,个别的直销企业在级差制的基础上引入了双轨制的做法。

市场计划管理的模式:很多公司为了避免监管,采取了很多迂回的方式。我们这里主要指的是比较规范的、合法注册经营的公司,不包括那些非法传销公司。迂回的主要方式有:一是前店后网:即专卖店下的直销人员中仍然使用直销计划。从表面上看是店,实际上带有直销计酬的方式;二是上批发下网络。即总公司对一级经销商使用批发制度,以批量作价,而往下则使用直销人员销售并实行直销的计酬制度;三是明销售虚网络。即在对外的时候从来不提直销计酬,称其为一般零售形式的计酬制度,但在互联网计算业绩的时候使用直销计酬计划;四是内销售外网络。即公司在境外注册机构,在境内的销售没有直销色彩,但在境外结算时使用直销计酬计划。

3.3 法治发展期(2005年9月~)

中国直销业一直没有像美日等发达国家那样蓬勃发展起来,发展过程用"一波三折"来形容是再恰当不过了,面临着几个最基本的挑战:

一是社会的认同问题。在中国,对直销的认同率非常低。国人一向相信眼见为凭,手摸为信,凡是无法直接看到或摸到的商品,要说服他购买,仍然相当困难;此外,陆续发生的一些销售纠纷与困扰,如所送商品不符要求、换货不易、缺货、等待时间过长、重复催缴、过分夸大产品功能,甚至欺瞒等现象,更使得消费者心中有挥不开的阴影,难以敞开胸怀接受。尤其是在1998年,国务院曾经下令停止直销以后,直销的名词很多人都怕讲了。

二是企业管理不规范。从事无店铺销售(主要是指直销)的企业,大多未经过系统的规划,也不太讲求经营技术,因此崭露头角者有限;部分企业更抱着捞一票就走,期望在短期内迅速致富的心态,也是整个直销界的一个不安定因素。由于直销企业的直销人员众多,一般企业管理层很难察觉一些人员的非法传销行为。即使企业能够发现,但由于对营销人员的整顿可能意味着产品销量的大幅下降,一些企业也只好听之任之。许多从业人员有投机心态,罔顾商业道德与客户利益,蓄意夸大产品功效等。少数人的不良表现,使得整个无店铺销售跟着受到拖累,难以在消费者心目中建立起正派经营和负责任的形象。安利公司是较为正规的直销公司。但是就在2002至2003年,安利公司内部就整顿出1649起违规事件,涉及2317人,取消了509人从业资格。

三是配套措施没跟上。从环境面来看,从名单的取得、商品的配送,到货款的回收,整个产业的相关配合作业都未臻其善,使得从业者难以全力施展。如配送作业通过邮局,则时间就会拖得比较长,因而削减了消费者的兴趣,而诸公司的快递配送服务,在便捷性与普及性上仍嫌不足;法令的配合也有问题,如道路管理条例使得自动贩卖机难以全面走上街头等,都对从业者产生困扰;而银行授信制度的配合不良,也使从业者的运作遭到许多困难,在欧美日等国家,各种与无店铺销售有关的货款交付,都可以采用现金或信用卡账号直接转账,国内因碍于金融法规之限制,致使银行在转账作业上,仍有许多未能配合的地方,这也影响到无店铺销售的拓展。

四是法律法规不健全,缺乏行业自律。我国关于直销的法律法规很不健全。无论是工厂投资也好,无店铺经营也好,这些都需要通过立法来进行规范。但更为关键的是企业自律,企业能否自律关系到行业能否良性发展。因此,加强企业自律,建立直销行业自律机制就显得非常重要。

针对上述存在的问题,2005年9月1日,国务院颁布了《直销管理条例》和《禁止传销条例》,从此,我国的直销才真正步入法治发展期。我国直销法规实施后,国家一方面积极鼓励直销企业依法直销,一方面加大了对传销的打击力度。法治发展期的中国直销,出现了健康稳定发展的势头。

根据国家有关部门调查,我国直销企业的发展态势比较好。主要反映在企业数量和市场份额两方面:一是企业数量。目前以直销市场计划为手段经营的直销企业在1500家左右。主要分布在广东、江苏、上海、浙江、山东、东北一带。据估计,广东的各类直销公司超过500家。二是市场份额。目前国内直销企业的营业额也是一个无法确知的数字。因为真正敢于公开经营的企业只有10家转型企业。我们可以把直销的企业分为三类：一是 10 家转型企业；二是有合法工商登记的企业；三是各类非法的企业，这包括外资和内资企业。10 家转型企业的年总营业额在 180～200 亿元；第二类企业的年营业额大约在 80 亿元左右；各类非法经营的企业营业额在 200 亿元左右。有资料表明，直销在整个社会消费品零售额中所占比例约为 1.5%。

第3章　中国直销市场

中国的直销市场与国外的直销市场不同,这是因为中国直销市场的从无到有、从小到大、从无序到规范,都带有中国社会主义初级阶段的一些基本特征。中国的直销市场的真正建立和发展,是在我国社会主义市场机制日益完善和加入WTO后的情况下开始的。尤其是我国直销法规实施后,中国的直销市场才得以逐步健康发展。因此,在本章中我们将根据中国社会主义市场经济的基本特征,运用微观经济学的基本原理来考察中国的直销市场。

▼1　中国直销市场供给与需求的基本原理

中国直销经济学研究的一个主要任务,就是研究中国的直销市场。而要研究中国的直销市场,我们首先要了解中国直销市场供给与需求的基本原理。本节将对中国直销市场供给与需求的基本原理进行分析,从一个侧面来对中国直销市场的基本情况作经济学研究。

1.1　中国直销市场机制

中国直销市场机制是指直销市场经济内在的作用机制,它解决生产什么,如何生产及为谁生产这三大基本问题,实现直销经济发展过程中稀缺资源的有效配置。中国直销市场机制是以价值规律为基础,以社会基本经济规律为主导的经济规律体系的作用形式,是市场经济中各种要素的相互依赖和相互作用。可以说直销市场机制是中国直销经济的灵魂。随着中国直销经济的不断发展,它的内涵、作用方式、特点以及功能亦将日益完善。

1.1.1 中国直销市场机制的内涵

阐述中国直销市场机制的内涵,这是我们了解中国直销市场机制的第一步。为此,我们先作如下讨论:

①中国直销市场机制的内涵

"机制"一词源于希腊文"MECHANE",本意指机器的构造及相互作用原理,后逐渐应用于生物学和病理学,其含义引申为本系统内各要素的构成及相互作用原理。随着"机制"一词的广泛应用,经济学也将之引入并定义为经济系统中诸因素相互作用、自动耦合的原理。

中国直销市场机制的内涵是什么?根据微观经济学的原理,中国直销市场经济中各市场要素互相适应、互相制约、共同发挥作用形成的市场自我组织、自我调节的综合机能,即为中国直销市场机制。中国直销市场机制的动力,源于中国直销市场主体对其个体利益的追求,通过传动系统转换为该直销企业目标与社会经济目标。在中国直销市场机制中,其传动功能是由市场信息、交通运输以及各项服务来实现的,调节功能则是通过价值规律、供求规律以及竞争规律作用下的价格、工资、利率变动来完成的。

②中国直销市场机制的基本内容

有人认为市场机制包括调节机制与竞争机制两个方面的内容:调节机制是市场体系的平衡力,竞争机制是市场体系的创新力,二者共同作用以求保证市场的效率与均衡。又有人认为市场机制是一个经济机制体系,包括竞争机制、供求机制、利益机制、价格机制等。事实上,从中国直销市场机制看,可以从不同的角度来理解,但起码可以有三个透视角度:

第一,从中国直销市场机制运行的一般内容作结构划分,可以将之细分为三个过程:一是直销产品市场的价格机制;二是直销企业的信贷利率机制;三是直销商和直销员的报酬机制。

第二,从中国直销市场机制运行的原理上划分,可以将之细分为动力机制与平衡机制。动力机制包括:直销利益机制、直销竞争机制;而平衡机制包括:直销市场供求机制、价格机制与调节机制。动力机制是直销市场活力与效率的源泉,平衡机制是各直销市场主体相互协调生产与消费资源配置相互协调的保证机制。

第三,从中国直销市场机制不同的作用方式看,可以将之细分为供求机制、竞争机制与风险机制。供求机制是直销产品价格与供求关系的内在联系、相互作用的原理。竞争机制是直销行业竞争与价格、供求相互作用的原理,它通过经营者利益的驱动,保证直销产品价格供求机制在直销市场上充分作用,从而调节整个直销经济活动。风险机制是指风险与竞争及供求共同作用的原理,在利益的诱惑下,风险作为一种外在压力同时作用于市场主体,与竞争机制同时调节市场的供求。

1.1.2 中国直销市场机制的特点与功能

中国直销市场机制有其自己的特点与功能,下面我们分而述之:

①**中国直销市场机制的特点**

实践表明,市场机制是一种促进中国直销经济增长与中国直销资源优化配置的最为有效的经济运行方式。它具有以下特点:

具有自由调节性。一是中国直销市场机制的自由调节性源于微观主体的自由调节能力。直销产品生产者根据供求关系的变化自动调节生产量,直销产品消费者根据直销产品的价格自动调节购买量及选择不同直销产品的组合。二是中国直销市场主体的自动调节能力使直销市场客体也具有自我调节特点。直销产品价格具有与直销市场供求相结合自动起落调节的功能,利率、工资也是如此。三是中国直销企业的自由调节并不是完全市场经济的充分调节。由于完全市场经济以利益目标的传导为特殊机理,自由调节以个体利益为基本目标,在大多数的情况下,一般个体目标不能与企业目标、社会目标相一致,微观不能与宏观有效衔接。所以,中国直销行业由于受我国直销法规的约束,这种自由调节效果受到一定影响,有时这种调节的成本相当巨大。所以,并不能保证中国直销市场的良性运行,必须辅之以其他的调节方式。

具有自我平衡性。首先,直销产品、直销企业、消费者的相互联动及其制衡使中国直销市场机制自我平衡。直销市场机制典型的内容是价格机制,价格机制作用的内容为:当供给小于需求时,价格上涨,当供给大于需求时,价格下跌,供求自动趋于平衡。其次,中国直销市场机制自我平衡的特性是不充分的,它受到外部、内部条件的制约。

具有动态相关性。首先,中国直销市场机制运行是靠各直销市场要素间相互联动、传导、制约实现的。如投资的增加意味着对直销员与资金需求的增加,供不应求时价格上涨则会在一定时期内形成超额利润,从而吸引其他投资者进入直销行业;在直销市场激烈的竞争环境中,一方的经营策略会带动其他竞争者竞争手段的调整等。这种相关性是中国直销市场机制运行作用的前提。一旦这些联系被人为地割断,中国直销市场机制便无法正常起作用。其次,中国直销市场机制的相关性是处于动态之中的。从微观角度看,直销市场要素的动态相关性保证了市场主体的活力;从宏观角度看,社会中的直销资源在动态中得到优化配置。

具有发展性。纵观中国直销经济发展的历史,我们就可以看到,从直销市场产生到当前的直销市场经济的繁荣,是一个由无序走向开放、有序的动态发展过程。在这一过程中中国直销市场机制的内涵、功能日益丰富和加强,最终成为直销企业、直销员和消费者的纽带及中国直销资源配置的基本方式。

②**中国直销市场机制的功能**

市场机制的特点决定了市场机制的功能。中国直销市场机制自由调节、自我平衡、动态相关性的特点,决定了直销市场机制具有一种动态的自我组织、自我平衡的调节能力。中国直销市场机制的发展性特点,显示了直销市场机制对资源的充分利用及刺激功能。概括起来,其主要有以下功能:

调节功能:中国直销市场经济中价格是反映直销市场产品稀缺程度的信号,直销产品生产者为了实现利益的最大化就要依据市场信号,按平均利润率规律要求作出决策,生产那些价格高、有利可图的,也是社会稀缺的产品。其稀缺程度愈高就会使价格与利润愈高从而愈加吸引生产者的投资。与此同时,直销产品生产者减少生产那些价格低、相对社会过剩的无利可赚的产品。直销产品愈过剩,价格愈低就会愈无人进入且快速退出生产。这样在不断的动态平衡调节中,中国直销市场机制具有促进直销市场供求总量与结构的平衡,优化直销资源配置,调节宏观比例关系的功能。

激励功能:中国直销市场机制对直销经济具有特殊的促进效率与财富增长的功能。首先,中国直销市场机制的特殊之处就在于创造了一种有效率的组织制度与市场规律,使个人的谋利方式与社会财富效率增长相结合。其次,中国直销市场机制使个人资源可以从社会资源角度有效分配,一切稀缺资源以价格为媒介通过直销市场在全社会进行有效配置,发挥其最大效用。第三,直销市场环境迫使直销市场主体的能量得到最大程度的发挥。直销市场的机会、风险与竞争使直销企业与直销员面临一个危机四伏又充满机遇的环境之中,不进则退,不成功则成"仁"。要置身其中,就必须持续地、永不停息地参与竞争、奋进,才能不被淘汰出局,从而一切潜能都将在直销活动中最充分地发挥出来。总之,中国直销市场机制作为一种特殊的激励经济增长机制,至今尚无出其右者。可见,中国直销市场机制的妙处就在于把个人追求与社会利益结合起来,对盈利方式严格规范,同时最大范围地利用社会现有资源,并最大程度发挥各自的效能,从而有效刺激中国直销经济的增长。

1.1.3 中国直销市场机制作用原理

中国直销市场机制的作用原理,我们应该从如下几方面进行分析:
①动力机制

所谓动力机制,是指直销市场内各利益主体、各要素相互协调、相互制约形成的推动直销企业发展、社会经济增长的动力作用原理。原始目标形成原始动力,原始动力转换为直销企业目标的实现动力。直销企业目标与社会经济目标是一致的。中国直销市场动力机制,是以二重传导的方式作用的。社会经济首先将宏观目标,如经济增长、供求平衡等通过直销市场传导给直销企业。直销员个人追求个体利益最大化的原始动力,转化为追求自己所就职的直销企业盈利目标的动力,而直销企业目标又统一于社会经济基本目标之下,社会原始动力资源得到有效利用并合理通过直销市场配置。这就是中国直销经济快速发展的秘密所在。

运行机制是动力机制的表现形式。直销经济行为是在一定的经济动机支配下进行的,而经济动机只是客观经济目的——包括一定生产资料所有制下的社会生产目的与劳动者的个人劳动目的——人格化或有意志的形式。因此,中国直销经济的运行机制是由其动力机制决定的。换言之，中国直销经济的运行机制只是中国直销经济中动力机制的一种表现形式。

②平衡机制

所谓平衡机制，是指直销市场各主体、各要素相互影响、相互作用下不断调整适应使直销市场供求趋向平衡，使直销资源合理配置的作用原理。这由价格机制、供求机制、竞争机制、风险机制等共同构成。具体而言，价格与供求在动态中不断调节；供求态势影响价格的变动，反过来价格的变动又影响供求变化，供给者和需求者为了各自的利益相应调节自己的行为，两者在直销市场上通过不断的无限多的动态组合趋向平衡。从宏观角度看，直销产品供给者高强度投入和高速度产出的行为，也是资源优化配置的行为。譬如，直销产品供不应求时，直销产品价格上涨会引发竞争者的进入和生产规模的扩大。从直销资源配置角度看，就是直销资源流向符合社会需要的竞争力强的直销企业。大量竞争者的进入，引发了直销市场占有率的竞争，优胜劣汰的结果使直销资源流向竞争力强的直销企业。直销企业对市场超额利润的追求推动整体技术进步与生产力水平的提高，同时也是资源配置利用效益的提高。风险的存在、竞争优胜劣汰的残酷会使许多直销企业在参与直销市场竞争及其他行为决策中更加审慎而合理。这样，自觉不自觉地使直销资源得到优化配置，宏观比例趋向协调平衡。

③价格机制

在中国直销市场机制形成的同时，也形成中国直销价格机制。中国直销市场机制形成的前提条件，一是必须有社会上存在众多的经济上独立的直接依赖于市场的直销产品生产经营者；二是社会上有众多有支付能力和能自由购买的直销产品的消费者；三是要有较为完善的市场体系，包括产品市场、人才市场、技术市场、信息市场等等。在这三者作用下，形成供求机制、价格机制、激励机制、竞争机制、风险机制，组成统一的中国直销市场机制。具体言之，中国直销市场机制的形成是这样的：直销产品生产经营者和消费需求者为了实现各自的目的，即生产经营者为了实现利润最大化，消费需求者为了实现效用最大化，必须在各种市场上进行交换，以满足各自的需要。这样，供求双方在直销市场上就形成供求机制。直销市场上供求双方不断交换，必须以货币作为媒介，才能达成交易，形成直销产品价格机制。各种交易价格在市场上形成后，就会发出直销产品供求变动的信号，价格上涨说明供不应求，价格下跌说明供过于求，这就给供求双方形成激励机制。

价格机制在中国直销市场机制中居于核心地位。有市场就必然有价格，如产品价格、劳务价格、资本价格、信息价格、技术价格等等。同时，各种价值形式，诸如财政、税收、货币、利润、工资等，都从不同方面和不同程度上与直销产品价格发生一定的相互制约和依赖关系。直销企业财政的收支状况直接影响直销产品的价格。再如，收大于支可以稳定直销产品的价格，支大于收将促使直销产品的价格上涨。直销产品价格变动又会影响直销企业的财政收支。原料、税收、利润、利息和工资（奖金）是直销产品价格的组成部分，它们的变动直接影响着直销产品的价格水平，而且在一定的直销产品价格水平下，价格又制约着税收、利息、利润、工资的变动。另外，直销产品价格的变动直接取决于货币价值的变动，如人民币贬值会促使直销产品价格的上涨,反之则促使直销产品价格的下跌。所以,直销产品价格的变动,不仅直接影响其他价值形式的变动,而且也是其他价值形式变动的综合反映。

中国直销市场机制是通过价格机制发挥作用的。这是因为:

价格是直销经济信息的传播者。从社会生产的一切领域,从社会生活的各个方面,都向直销行业提供和传递着各种经济信息,直销产品价格变动情况实际上是反映社会经济活动状况的一面镜子,是直销市场经济运行的晴雨表。

价格是人们经济交往的纽带。直销产品在各个经济单位、个人之间的不停流转,必须通过价格才能实现。

价格是人们经济利益关系的调节者。在直销市场经济中,任何价格的变动,都会引起经济利益的重新分配和组合。

④协调发展机制

一定的社会经济的动力机制决定着一定的经济运行机制。就中国直销经济市场机制的相对稳定性而言,我们可称之为同态协调机制。随着中国直销经济动力机制或社会生产目的的阶段性演变,其经济运行机制也会相应地发生变化,这种经济动力与运行状态的发展机制,可称之为异态转化机制。不管是同态协调机制,还是异态转化机制,都包含了三个方面的内容:首先,在现代市场经济条件下,中国直销运行机制不仅仅包括价格、供求和竞争三大机制,还包括压力机制与协调机制。其次,中国直销运行机制是由动力机制决定的,或者说,它只是动力机制的表现形式。第三,由于动力机制是发展的和有阶段性的,中国直销运行机制也有其自身的发展机制。由于中国直销市场经济的动力机制是发展的、有阶段性的,因此,它的运行机制也会随之发展。但是,一方面,直销市场的竞争是以产品和服务质量、技术创新和人才素质为主的竞争;另一方面,它又不仅是直销企业之间的整体力、凝聚力之间的竞争,而且愈来愈成为综合力的竞争,所以,由于不同直销企业的规模经济和规模效益不同,由于其发展的水平和生产特点不同,完全竞争的形式只适用于部分直销企业,在其他直销企业则应在政府干预与协调下维持多种不同的垄断与竞争的结合形式,如国有大型直销企业集团与外资大型直销企业之间的垄断竞争。

1.2 中国直销市场供给与需求的变动

我们研究了中国直销市场机制后,就可以更好地研究中国直销市场供给与需求的变动了。如果说中国直销市场机制是"内在"机制的话,那么,中国直销市场供给与需求的变动则是这一"内在"机制的"外在"表现。所以,运用马克思主义的市场供需平衡理论,研究和了解中国直销市场供给与需求的变动,这也是中国直销经济学承担的一个研究任务。

1.2.1 马克思主义的市场供需平衡理论

马克思在《资本论》、《政治经济学批判导言》等经典著作中阐述了供需平衡理论,他把社会经济运行过程,即社会生产或社会经济发展过程归结为生产、流通、分配和消费四个相互联系的基本环节,其中生产即供给,消费即需求,流通与分配则是连接供给与需求的中介,科学地阐明了供给与需求平衡,即供需平衡发展,是社会经济正常健康运行发展的客观要求和必要条件。

在产品经济条件下,供给与消费的矛盾,是推动或制约社会经济发展的一对基本矛盾。马克思主义市场供求平衡理论正是立足于资本主义产品市场经济发展的状况而产生的,在市场经济条件下,这一理论具有普遍的意义。在一国经济发展过程中生产与消费之间,供给与需求之间必须保持适度的均衡发展关系,即平衡比例关系,或协调发展关系,整个国家的社会生产才能保持正常健康状态,整个社会经济才能保持持续增长和发展。

从人类社会发展历史来看,直到资本主义社会以前,由于生产力低下,生产资料相对贫乏,社会经济发展多处于"短缺经济"状态,在社会生产发展过程中,生产不足、供给不能满足消费或需求成为供需矛盾的主要方面。随着资本主义的发展,生产力得到了极大的解放和发展。"资产阶级争得自己的阶级统治地位还不到一百年,它所创造的生产力,却比过去世世代代总共产生的生产力还要大,还要多"。资本主义社会生产力的巨大发展,更由于资本主义社会生产力和生产关系矛盾的运动,产生了资本主义生产过剩的经济危机。由此,人类社会才出现了"过剩经济",才产生了治理"过剩经济"的问题。近一个多世纪以来,世界上发达的资本主义国家都有"过剩经济"状态发生。治理"过剩经济"已成为各发达国家在推进社会经济发展中亟待研究解决的重要难题。

所谓"过剩经济",是指供给超过有支付能力需求的"相对过剩经济",而不是指供给超过人们全部需求的"绝对过剩经济"。在人类社会经济发展过程中,社会生产的发展永远不能完全满足人们日益增长的物质文化生活的需要,因此也根本不可能存在"绝对过剩经济",而只可能产生或存在"相对过剩经济"。在"相对过剩经济"条件下,仍然存在贫困人口,并且全社会仍有许多人的有效需求不能得到满足。"相对过剩经济"只是表明从社会总体上看,在社会供给与需求的矛盾中,由于生产的产品供给相对过剩,超过了需求,需求不足成了供需矛盾的主要方面。所以,治理"过剩经济"要解决的主要问题是需求不足制约经济发展问题,即如何才能扩大需求,刺激和推进消费扩大,提高社会需求能力和水平。

马克思在阐述供需平衡理论时指出,在社会经济运行发展过程中,供求平衡首先表现为供求双方在使用价值量和市场价值量上的一致性。在社会供给与需求之间,有一个内在比例关系,这就是:"在需求方面,有一定的社会需求,而在供给方面,则有不同生产部门的一定量的社会生产相适应。"供求平衡还表现为有支付能力保障的平衡。"既然社会要满足需要,并为此目的而生产某种物品,这就必须为这些物品进行支付。事实上,因为产品生产是以社会分工为前提的,所以社会购买这些物品的方法,就是把它能利用的劳动时间的一部分用来生产这些物品,也就是说,用该社会所有支配的劳动时间的一定量来购买这些物品。"这里实际包含着马克思价值生产和价值实现平衡的思想。在价值生产上,产品的价值量决定于生产同种单位产品所耗费的社会必要劳动时间;在价值实现上,产品的价值量的实现决定于社会需要该种产品使用价值量应使用的社会必要劳动时间,当这两个方面的社会必要劳动时间相等时,价值生产和价值实现就达到了平衡。这就是供求平衡的本质要求。按照这个本质要求,一国在社会经济发展中,社会总产品的供给与需求必须保持平衡比例关系。

马克思主义市场供需平衡理论告诉我们,社会总产品的供给与需求的平衡比例关系,应是指社会总产品供给量与需求量的价值量的平衡比例关系,而要保持这种价值量的平衡,消费或需求必须是有效需求,即有支付能力的需求。如果供给不是有效供给,即社会供给的产品不是社会需要的产品就不能卖给消费者,不能实现消费以满足社会需求;如果需求不是有效需求,即有支付能力的需求,消费者就不能把社会供给的、能满足社会需要的产品买到自己手中,不能实现消费以满足社会需求。马克思主义市场经济平衡理论,是我们研究中国直销市场供需关系的指导思想。

1.2.2 中国直销市场供给与需求曲线的决定

对中国直销市场供给与需求曲线决定的研究,应该把视角转到微观经济学的角度。只有这样,才能抓住中国直销市场供给与需求曲线决定的本质。

①直销市场均衡价格:消费者与生产者

图3.1表明,直销产品的均衡价格不是"供给等于需求时的价格",不是"供给量等于需求量时的价格",也不是"供给价格等于需求价格时的价格",而只能是供给曲线和需求曲线交点上的价格。供给等于需求就是两条线重合,这违反供求定律。图中的垂线还表明,直销产品供给量等于需求量时价格可能不等,水平线表明直销产品供需价格相等,但供给量不等于需求量。所以直销市场均衡价格必须同时满足直销产品供给量等于直销产品需求量,直销产品供给价格等于直销产品需求价格这两个条件。

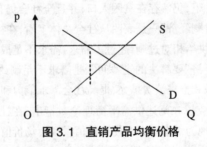

图3.1 直销产品均衡价格

先谈直销产品消费者的均衡。直销产品消费者按照效用最大化的要求,随着直销产品消费的增加和直销产品边际效用的下降而降低对直销产品的报价,这就造成了直销产品需求曲线向右下方倾斜。因为货币与直销产品一样都具有效用,消费者在购买直销产品时,要进行付出货币失去的效用与购入直销产品所得到效用比较。如果他是取得货币的效用要大于他购入的直销产品的效用，他会因为总效用下降而停止购买，甚至要退掉已经买入的直销产品。因为总效用是边际效用的加总，减少对直销产品的购买，使其最后买入的非直销产品的边际效用回升，消费者的总效用将随之增加。反过来，如果他付出的货币的效用要小于他购入的直销产品的效用，他将继续购买，因为每增加一个直销产品的买入将使消费者的总效用增加。消费均衡的两个条件因此是，把钱用完和每一元钱用在不同直销产品上的边际效用相等。这就是说，在收入既定的情况下，对货币的拥有过多，就是对直销产品拥有的较少，货币的边际效用下降。而直销产品的边际效用上升，消费者就要减少货币的拥有，多购买直销产品，才能增加他的总效用；反过来，消费者则要退掉直销产品，增加货币的持有，也能提高他的总效用。只有在直销产品的边际效用与货币的边际效用相等的时候，消费者才实现了他的均衡，即不再买入或卖出直销产品，保持既定的直销产品与货币持有的比例。这就证明，直销产品消费者均衡的选择，就是购买直销产品时要实现直销产品的边际效用与货币的边际效用两者相等。

正是在消费者均衡的意义上，直销产品的需求曲线不仅是直销产品的价格线，而且是直销产品的边际效用线，因为直销产品的价格反映了直销产品的边际效用，直销产品的边际效用递减，所以，直销产品的价格线即产品的需求曲线是向右下方倾斜的。

下面我们再来谈生产者均衡的选择。直销产品生产者均衡的基本条件是，边际成本等于边际收益。因为每一个可能的边际收益线与边际成本线的交点都发生在边际成本线上，所以直销企业的供给曲线就是直销企业的边际成本线，直销企业按照边际成本线决定价格和产出就能实现它的利润最大化。供给曲线向右上方倾斜的原因正在于边际成本线向右上方倾斜。

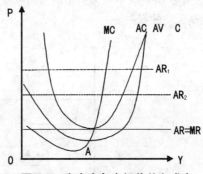

图 3.2 完全竞争市场收益和成本

图 3.2 是完全竞争中国直销市场收益和成本的图形，其中 AR 是该直销企业的边际收益线和平均收益线，因为价格是波动的，所以在这个图上可以有无数条可能的 AR 线，每一条 AR 线即 MR 线与 MC 线的交点都在 MC 上，MC 上的每一点都成了 MR=MC 的点。直销企业追求利润的最大化，就只能按照 MC 的轨迹，随直销产品价格上升而增加产量。因为，只有直销产品的价格高于直销产品的平均可变成本，直销企业才能开工，低于这一点 A 就只能停工，所以直销企业的供给曲线只能是 AV 和 AC 以上的 MC 线。

②消费者剩余与生产者剩余

消费者剩余的含义：

消费者剩余是指直销产品消费者从直销产品的消费中得到的满足程度超过它实际付出的价格的部分。它表现在图3.3中。需求曲线以下P_1以上的部分，即直销产品消费者按照最后一个直销产品的边际效用支付所有直销产品的价格，而最后一个直销产品以前的直销产品的边际效用都大于最后一个直销产品，消费者对这

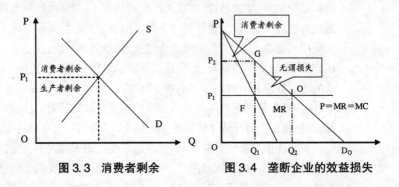

图3.3 消费者剩余　　图3.4 垄断企业的效益损失

大于的部分却没有付钱，不付钱却能享用的部分就是消费者的剩余。由此可以得出完全竞争的消费者剩余要大于完全垄断的消费者剩余，因为完全垄断会造成直销产品生产者和直销产品消费者都得不到的无谓损失。把完全竞争直销企业和垄断直销企业的需求曲线、边际成本线和边际收益线画在同一个图3.4上，我们就可以看到，在完全竞争条件下的直销产品消费者剩余PP_1O被分解成了三部分，三角形PP_2G为仍然为直销产品消费者所得，四边形P_2GP_1F为直销垄断企业所得，三角形GFO既不能为直销产品消费者所得，也不能为直销产品生产者所得，这就是无谓的损失。

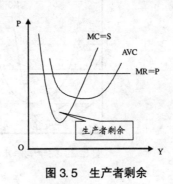

图3.5 生产者剩余

生产者剩余的含义：

生产者剩余是指直销产品生产者的所得超过其边际成本的部分，可以用图3.5来表达，即为价格以下，直销产品供给曲线以上的部分。因为直销企业的供给曲线就是直销企业的边际成本线，而直销企业的边际成本曲线则是直销企业利润最大化点的连接，按照边际成本曲线决定产出和价格就能实现直销企业利润的最大化。因为直销产品的价格是按照最后一个直销产品的边际成本来决定的，低于最后单

位直销产品的边际成本则低于它的价格,也就是生产者的额外所得。直销产品生产者剩余还可以用图 3.5 表述,这条 MC 曲线是条完整的边际成本曲线,但是作为直销产品供给曲线的只能是 AVC 以上的 MC。这里的 MC 与 MR 有两个交点,左边的交点却不具有供给直销产品的意义。这里的 MC 曲线从高位下降,表明第一个直销产品要承担全部固定资本投资,以后直销产品的边际成本只包含有关直销产品各自的变动成本。

③**直销产品的需求特性**

先从直销产品的分类看:

关于正常直销产品:

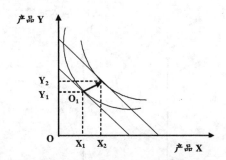

图 3.6　收入增加正常产品需求增加

随着收入增加而增加消费的直销产品是正常直销产品。它表现为高位的无差异曲线与高位的消费可能性线相切,如图 3.6 所示。正常直销产品还可以进一步细分为必需品和奢侈品。必需品随着收入的增加,其增加的幅度越来越小;奢侈品(如高档保健品和化妆品等)随着收入的增加,其增加的幅度越来越大。图 3.7 中的产品 Y 就是奢侈品,因为 Y_1 上升至 Y_2 的幅度大于消费可能性线向右上方移动的幅度。

关于低档直销产品:

低档直销产品是消费者随着收入的增加而减少对该种直销产品的需求量的直销产品。如图 3.7 所示。正常直销产品和低档直销产品的属性不是一成不变的,

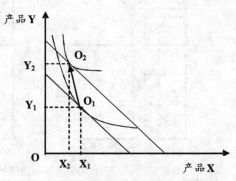

图 3.7　收入增加对低档产品需求的影响

而是随消费者收入的变化而变化的。低档直销产品又可以根据收入增加和直销产品需求减少的程度,细分为一般低档直销产品和特别低档直销产品。

再从收入消费曲线和恩格尔曲线上看：

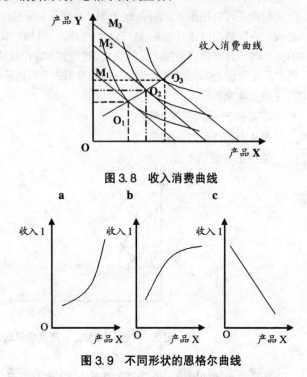

图3.8 收入消费曲线

图3.9 不同形状的恩格尔曲线

收入消费曲线和恩格尔曲线的由来：所谓收入消费曲线，实际上是这样一条曲线，它将向右上方移动的直销产品消费可能性线更高位置的无差异曲线的切点连接起来。如图3.8所示。图3.10则将收入和直销产品需求量的关系做在一个图上，从收入消费曲线中引致出恩格尔曲线来。

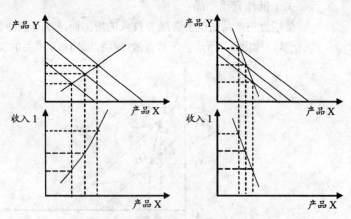

图3.10 恩格尔曲线的形成

不同直销产品的恩格尔曲线形状：必需的直销产品需求量的增加速度小于收入的增加速度；奢侈品需求量增加速度大于收入的增加速度；低档直销产品随收入的增加需求量减少。它们的恩格尔曲线分别如图3.9中的(a)(b)(c)所示。

1.2.3 价格变动的效果分析

包括收入效应和替代效应,不同直销产品也是各不相同的。

①正常直销产品的两种效应

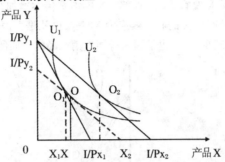

图 3.11 价格变动的收入效应与替代效应

如图 3.11 所示,直销产品 X 的价格下降,表明在原来不变的收入水平上,消费者可以买到更多的直销产品 X,消费可能性线将变得更加平坦了。假设消费者的货币收入是 I,直销产品 Y 的价格不变为 Py。如果直销产品 X 的价格开始在 Px_1 上,那么不买直销产品 Y,仅买直销产品 X 的最大量在 I/Px_1 上,反之,仅买 Y 的最大点在 I/Py_1,初始的均衡点则在无差异曲线 U_1 的 O_1 点上,购买直销产品 X 的数量为 X_1。当直销产品 X 的价格下降到 Px_2 时,消费可能性线将要向右旋转,表明在原来不变的收入水平上,不买直销产品 Y,仅买直销产品 X 的数量由 I/Px_1 移动至 I/Px_2,均衡点就移动到效用水平较高的无差异曲线 U_2 的 O_2 上。这就是说,消费者购买直销产品 X 的数量将由原来的 X_1 增加到 X_2 单位。

消费可能性线的第一步移动,就形成图中与无差异曲线 U_1 相切的虚线,这条虚线所表示的消费可能性线的斜率与直销产品价格下降后的消费可能性线的斜率相同,表明消费者的消费结构已经发生了直销产品 X 降价后的变化,因为它与降价后的无差异曲线平行。但是,消费者的支出水平却没有达到降价后的水平,因为消费者的实际支出要低于直销产品 X 降价后的水平,否则虚线就要与降价后的消费可能性线重合了。因为虚线与原来的无差异曲线 U_1 相切于 O* 点,这就表明消费者要实现与原来相同的满足程度,只要用虚线表示的开支就够了。这就是说,在 O* 点上的直销产品 X 和 Y 的组合,消费者的满足程度不变,但是支出要节省得多。从 O_1 到 O* 的移动就是直销产品 X 的需求量由 X_1 增加到 X*,其增加部分是由于直销产品 X 相对便宜,增加直销产品 X 的消费,减少直销产品 Y 的消费,仍保持原来的满足程度的替代效应。

第二步的移动,从虚线的消费可能性线向降价后的实际预算线切点 O_2 的移动。这种移动表明直销产品价格下降后,消费者的名义收入不变,但其实际收入却从虚线消费可能性线提高到直销产品降价后的实际预算线。这种实际收入增加而引起直销产品需求量的增加,表现为图中 X* 到 X_2 的移动。这种需求量的增加是由于消费者实际收入增加而造成的。所以,X* X_2 就是直销产品降价的收入效应。

②低档直销产品的两种效应

按照正常直销产品两种效应分析的同样方法,图 3.12 所表示的低档直销产品 X 的收入效应和替代效应。直销产品 X 的价格下降后,其全部效应仍然是 X_1X_2,消费者的满足程度也从 O_1 点提高到 O_2 点,直销产品 X 替代效应仍然是 X_1X^*,表明直销产品 X 便宜了,直销产品 X 的消费仍然增加,只是其幅度没有正常产品那么大。直销产品 X 的收入效应为 X^*X_2,也就是直销产品 X 的收入效应不仅没有增加,反而减少了,这也是因为低档直销产品的性质所导致的。

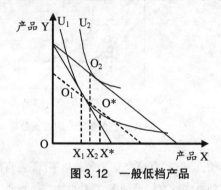

图 3.12 一般低档产品

综上所述,价格下降对正常产品、一般低档直销产品的收入效应、替代效应和总效应的影响可以概括在下表中:

类别	收入效应	替代效应	总效应
正常产品	增加	增加	增加
一般低档产品	减少	增加	增加

1.3 中国直销市场供给与需求的弹性

随着中国直销产品价格的变化,直销产品供给量或需求量会沿着同一供给曲线或同一需求曲线上下移动。但这种移动或变化的范围和程度多大,取决于其弹性的大小。换言之,弹性可以测定不同直销产品的需求和供给对价格变动反应的敏感程度。

1.3.1 直销供需弹性的基本概念

在经济学中,直销供需弹性被用来表明两个经济变量变化的关系。在直销供需过程中,当两个经济变量之间存在函数关系时,作为自变量的经济变量的变化,必然引起作为因变量的经济变量的变化。直销供需弹性表示作为因变量的经济量的相对变化对作为自变量的经济变量的相对变化的反应程度或灵敏程度,它等于因变量的相对变化对自变量的相对变化的比。即:

$$弹性 = \frac{因变量的相对变化}{自变量的相对变化}$$

若用 E 表示直销供需弹性，Q 和 P 分别表示因变量和自变量，则直销供需弹性可用数学公式表示为：

$$E = \frac{\Delta Q/Q}{\Delta Q/Q} = \frac{\Delta Q}{Q} \div \frac{\Delta P}{P}$$

在直销供需弹性计算中，分子和分母必须以百分数来表示，这样才能确保可比性。例如，衡量"钙"和"肽"这两种保健物品的供求对于价格变化的反应，就不能直接用价格的绝对数来计算。因为同样涨价 5 元钱，对"钙"的供求影响将会很大，但对"肽"的供求则不会有什么影响，所以不宜直接用价格的绝对数来计算弹性，而需换算为相对数（数量增减价格或升降百分比）来计算，这样"钙"和"肽"两种直销产品的弹性值才可相互对比。

1.3.2 直销供给的价格弹性

直销产品供给的价格弹性通常简称为直销供给弹性，指在直销产品供给条件不变的情况下，直销产品自身价格的相对变化对于供给量相对变化的影响程度。更通俗地说，就是百分之一的直销产品价格变化引起直销产品供给数量多少百分数的变化。其公式为：

$$Es = \frac{\Delta Qs}{Qs} \div \frac{\Delta P}{P}$$

举例来说，如果"钙"的价格上涨 5%，它的供给数量增加 2.5%，那么该直销产品的供给弹性为 2.5% ÷ 5%=0.5。

根据供给规律，直销产品供给量与直销价格之间呈同方向变动关系，因此，直销供给弹性为正值。直销供给弹性的具体取值可在 $0 \sim \infty$（无穷大）之间。直销供给弹性的大小受直销产品生产者调整供给所需时间的长短、生产成本结构和生产要素市场供求情况等因素的影响，所以直销产品供给量对价格变化的反应敏感程度相对弱些。

1.3.3 直销需求的价格弹性

微观经济学中常将需求的价格弹性简称为需求弹性，它指的是在需求条件不变的情况下，产品自身价格的相对变化对于供给量相对变化的影响程度。根据需求规律，直销产品需求量与其价格之间呈反方向变动关系，所以需求弹性系数是个负值，但是通常我们在使用需求弹性来分析问题时只考虑其绝对值。其计算公式是：

$$Ed = \frac{\Delta Qd}{Qd} \div \frac{\Delta P}{P}$$

举例来说，一个"肽"保健食品，价格为每百斤 100 元时，消费者的需求是 50005 吨，价格降到每百斤 99.95 元时，需求量增加到 50010 吨，那么，"肽"保健食

品需求的价格弹性为:

$$Ed=\frac{50010-50005}{50005} \div \frac{99.95-100}{100}=-0.25$$

计算结果表明,"肽"保健食品需求的价格弹性值是 0.25。

依据直销需求价格弹性的绝对值,可以将需求价格弹性分为五种类型:$E>1$、$E=1$、$E<1$、$E=0$ 和 $E=\infty$。鉴于直销需求价格弹性表示需求量与价格的相对变化之间的比例,而直销企业的总收益(销售收入)等于销售量(对应于需求量)与价格的乘积,因此两者之间存在密切的关系。我们下面从五种不同的情形来分析这种关系:

①当 $E>1$ 时,直销需求有弹性或弹性充足

这表示,直销需求的变化大于价格的变化,这种情形一般适合于高档直销消费品。对这种产品采取降价措施能刺激直销需求和销售量的大幅度增加,即销售量增加的百分比大于价格下降的百分比,因而有利于直销企业增加销售收入。反之,如果采取提价措施,则由于直销需求和销售量下降的幅度大大超过直销产品价格提升的幅度,从而导致直销企业总收益的减少。因此,弹性充足的直销产品不宜提价。

②当 $E=1$ 时,直销需求具有单位弹性

它表示直销产品价格的降升幅度正好等于直销需求量的增减幅度,因此,无论直销产品价格怎么变化,直销企业的总收益都保持不变。

③当 $E<1$ 时,直销需求弹性不足

它表示直销需求的变化小于直销产品价格的变化,这种情形在生活必需品中比较常见。对这种直销产品若实行降价策略,不会对直销需求产生多大的刺激作用,反而会使直销企业总销售收入降低。相反,采取提价策略,因为对需求量影响不太大,或者说销售量下降的百分比小于价格提高的百分比,所以直销企业将可从中取得总收益增加的好处。一句话,对弹性不足的产品不宜降价,而宜适当提价。

④当 $E=0$ 时,直销需求完全无弹性

这表示直销价格的任何变化,都不会引起直销需求量的变化。这是一种极端的情形。

⑤当 $E=\infty$ 时,直销需求完全有弹性

这表示直销价格的微小变化,会引起直销需求量的无穷大变化。这和第四种情况一样,也是一种极端的情形。

1.3.4 直销需求的交叉弹性

如前所述,直销相关产品价格也是影响和决定产品需求量的一个因素。为表示一种直销产品的需求量对于另一种直销产品价格变化的反应程度,我们还使用了需求交叉弹性概念。所谓需求交叉弹性,就是甲直销产品需求量变化的百分比对乙直销产品价格变化的百分比的比值。依此,可以把两个直销产品之间的关系分为相关直销产品和非相关直销产品:如果需求交叉弹性为零,说明乙直销产品价格的变化不会引起甲直销产品需求量发生变化,因此这两种直销产品为非相关(无

关)直销产品;如果需求交叉弹性非零,则两种直销产品称为相关直销产品。具体地说,在相关直销产品中,如果需求交叉弹性为正值,说明甲直销产品需求量会随着乙直销产品价格的升降而增减,即呈同方向变化,因此,这两种直销产品为相互替代的产品。换言之,乙直销产品是甲直销产品的替代品,反之亦然。在相关直销产品中,如果需求交叉弹性为负值,说明甲直销产品需求量会随着乙直销产品价格的提升而减少,或者随着乙直销产品价格的降低而增加,即呈反方向变化(此类同于需求规律),因此这两种直销产品是相互补充的产品,简称互补品。

我们在日常生活中,经常碰到有许多物品是可以相互替代的。比如,吃的方面,猪肉和羊肉,牛肉甚至和粮食可以互相替代。穿的方面,棉布服装和化纤服装、毛料服装可以互相替代。用的方面,轿车和摩托车、自行车,以及液化气和电可以互相替代。由于物品的可替代性质,甲物品的需求数量就受到乙物品价格的影响。举例来说,粮食价格上涨时,即使猪肉价格不下降,猪肉的需求数量也会比粮食价格不变及下跌时更多一些,因为在营养和健康的意义上两种消费品可以相互替代,居民更愿意多吃肉,少吃粮食,以相对减少因粮价上涨造成的损失。在直销产品中,替代品也是很多的。消费"脑白金"保健品,可以不消费"黄金搭档"保健品。基于这种变动关系,直销企业在定价时务必注意使所出产的互替产品保持恰当的比价。否则,两种直销产品的需求量(亦即直销企业销售量)此增彼减,就无法起到价格策略应有的作用。

至于互相补充的直销产品,比如钙和锌、肽和酶、胶囊和片剂等,对它们的定价则应注意使互补直销产品的价格高低分明,错落有致,这样可以一种直销产品的薄利多销带动另一直销产品的旺销、多销。尤其当直销企业产品种类多且关联度高时,定价更要注意交叉弹性的影响,区别对待。

1.3.5 直销需求的收入弹性

一种直销产品当其价格变化时,直销市场需求量会出现反向变动。这种需求规律产生的原因:一是由于替代效应。当一种直销产品的价格提高时,消费者将选择其他相对较便宜的、具有同等效用的直销产品来代替。二是由于收入效应。即在人们货币收入不变的情况下,直销产品价格的上升,会使得人们对于该产品的实际购买能力降低,从而减少甚至停止对该产品的购买;反之,某直销产品价格的下降,会使得人们对于该产品的实际购买能力提高,从而开始增加对该产品的购买。一句话,价格变化对直销产品需求量所生产的总影响,实际上等于收入效应、替代效应以及互补效应等的总和。

从概念上讲,收入效应是指由于消费者实际收入水平变化所引起的对直销产品需求量的变化。那么,这种变化程度是否也可加以定量的测量呢?直销需求的收入弹性就是这种测量尺度。它指的是直销产品需求量变化的百分比对收入变化的百分比的比值。直销需求收入弹性可以是正的,也可以是负的。直销需求收入弹性<0表明,随着消费者收入水平的提高,人们对直销产品的需求量反而减少,这种直销产品被称作低档直销产品。如果需求收入弹性≥0,则该直销产品是正常需

要的普通物品,包括高档生活必需品。当需求收入弹性>1时,表示这种直销产品是非必需的奢侈品。

上述情况说明,直销企业生产某种需求收入弹性大的直销产品,则在经济繁荣时期可以获得较多的收益,而如果面临经济萧条,市场对该直销产品的需求量会显著下降,从而导致直销企业在经济上受到重大损失。反之,如果生产需求收入弹性较小的产品,直销企业虽然平时获利不会那么丰厚,但不至于受到经济周期性变化的影响。所以,直销企业安排生产应注意直销产品种类的多样化,以分散直销经营风险。至于生产低档品的直销企业,在人们收入水平随着经济发展不断提高的情况下,将可能面临直销市场需求衰退的威胁。

▼2 中国直销市场势力

人们无可回避的中国直销市场的现实是,在群体心理和市场趋势的形成过程中,存在着市场势力,而且正是这些直销市场势力在群体心理和市场趋势的形成中扮演着发动者和领导者的角色。或者是这些直销市场势力的所作所为被越来越多投资者所模仿和追随,然后形成为一种群体心理和市场趋势;或者是这些直销市场势力自觉地和有意识地对群体心理和市场趋势进行人为牵引和操纵。无论是哪种情形,总是市场势力在其中起着重要的作用。

纵观中国的直销市场,我们会发现直销市场势力既然在群体心理和趋势形成中扮演着发动者和领导者的角色,因此居于直销市场势力中央或靠近直销市场势力的投资者,总表现为对中国市场趋势的先知先觉而获利丰厚。而越往后的趋势追随者,则风险越来越大。在中国直销的群氓市场里,市场的群体心理和趋势形成更容易被暗示、被引导甚至被操纵。因而在直销群氓市场里的市场势力效应将更突出和更显著。在本节,我们主要讨论正视中国直销市场势力的存在,以利于中国直销业界感知它们的酝酿和形成,感知它们在做什么或准备做什么。

2.1 直销垄断势力

什么叫直销垄断势力?直销垄断势力是指少数直销大型企业对相应部门生产和销售的独立或联合控制的力量。直销垄断势力产生的原因有三个:第一,当一个部门的生产集中于少数直销大型企业手中时,这些大型直销企业之间就容易达成协议,联合起来控制直销产品生产和直销市场,从而形成垄断。第二,直销产品的生产高度集中于少数大型直销企业手中,他们实力雄厚,彼此之间势均力敌,大大增加了竞争的危险性和破坏性,少数大型直销企业为了避免两败俱伤,就谋求暂时的妥协,彼此协议共同控制生产和市场,从而也就形成了垄断。第三,直销产品生产高度集中后,在一定程度上阻碍了直销市场的竞争。这不但使原有中小型直销企业无力与大型直销企业竞争,还会产生新开张的直销企业的竞争困难,这样就使少数大型直销企业自然而然的占据垄断地位。

下面,我们根据直销市场结构的类型假设几种直销市场,看一下直销垄断势力的情况:

市场类型	厂家数目	产品差别程度	价格控制程度	行业进出难度	售卖与竞争方式	需求弹性	经济效率	价格和盈利水平
安全竞争	很多	完全无差别	完全不能控制	非常容易	市场交易或拍卖、无非价格竞争	具有完全弹性	最高	最低
垄断竞争	较多	有一定差别	一定程度的控制	比较困难	广告宣传、质量竞争、价格策略	弹性较大	较高	较低
寡头垄断	较少	有一定差别或完全无差别	较大程度的控制	比较困难	广告宣传、质量竞争、价格策略	弹性较小	较低	较高
完全垄断	一个	无合适替代品的独特产品	很大程度的控制	非常困难	广告宣传与加强服务	接近完全无弹性	最低	最高

2.1.1 直销完全竞争市场

直销完全竞争市场是指直销行业中有非常多的独立生产者,他们都以相同的方式向直销市场提供同质直销产品。其主要特点是:

①**进入直销市场的有为数众多的买者和卖者,他们都是既定直销产品价格的接受者,而不是直销产品价格的制定者**

这意味着,直销产品市场价格是由众多的买者和卖者共同决定的,单个直销企业对直销产品的价格完全没有控制能力。如果某个直销企业试图以比市场价格略高的定价销售直销产品,消费者就可以完全不购买这家直销企业的产品。因此对单个直销企业来说,其直销产品的市场需求具有完全弹性。换句话说,单个直销企业的直销产品的需求曲线是一条与横坐标平行的直线,这意味着任何一家直销企业增加或减少产销量都不会影响直销产品价格。在价格既定时,单个直销产品生产者只要有利可图(这取决于其生产成本状况),就可以生产和销售出它想卖的任何数量的直销产品。不过,由于普遍存在的边际成本递增规律的作用,完全竞争市场中的直销产品生产者,从利润最大化的经营原则出发,也会对其直销产品的最优产量规模作出决策。另外,从单个直销产品生产者的角度来讲,直销产品的价格完全是由直销市场的供给和需求数量决定的,单个直销生产者多卖或少卖一些都不会影响直销产品的价格,但如果一个完全竞争行业中的所有或大多数直销企业都同时增加或减少产量,那么直销市场上的产品价格就会向反方向发生变动。这样,完全竞争市场的均衡就促使直销产品生产者以最低的成本生产,消费者以最低的价格购买所需的直销产品,整个直销经济由此实现直销资源的最佳配置。

②所有生产者向直销市场提供的直销产品都是同质的，对买者来说没有任何差别

这意味着在直销产品价格相同时，消费者无论从哪一家直销企业购买直销产品都是无所谓的，如果一家直销企业稍微提高其直销产品的价格，其所有的顾客将会转而购买其他直销企业的直销产品。

③所有直销资源都可以自由流动，进入或退出市场

即没有任何自然的、社会的或法律的障碍阻止新的直销企业进入直销行业或原有的直销企业退出直销行业；直销员可以在不同地区和不同企业间流动；原材料的使用中也不存在着垄断。当然，这里所说的直销资源的充分流动是就长期而言的（在短期内，有些直销资源也是无法轻易从一种用途转到另一种用途的）。由于进出障碍低，完全竞争中的直销企业就会不断增多。

④信息是完全的，即直销生产者和消费者掌握所有对于进行正确的经济决策所必不可少的信息，比如熟知全部直销市场上的行情以及与直销产品有关的知识等

显然，以上这些假设条件非常严格，使直销完全竞争市场很难在现实中存在。然而，这并不意味着直销完全竞争的模型是没有用处的。中国直销经济学是把完全竞争市场的分析当作市场理论的主要内容，把它当作为一个理想的情况看待，以便与现实相比较。

2.1.2 直销垄断竞争市场

直销垄断竞争市场是指直销行业中有许多直销企业生产同一种类但具有明显差别的直销产品。直销企业很多但存在产品差别，这是在直销市场竞争中形成某种程度垄断的主要原因。直销垄断竞争是一种既有垄断因素又有竞争因素的直销市场结构。一方面，由于每一个直销企业所提供的直销产品，在消费者或买者心中都存在某种差别，因而也就具有一定的垄断性。其垄断程度取决于直销产品差别的程度，产品差别越大，垄断程度越高。另一方面，由于直销企业很多，而且新的直销企业进入较多，有差别的产品比较接近，可以相互替代，因而不免存在着竞争。鉴于每个直销产品生产者都是在同其他生产者竞争中销售其直销产品，没有一个直销企业能控制整个直销市场，每个直销企业都既是垄断者，同时又是竞争者和被竞争者。直销垄断竞争企业有力量影响价格，因此在某种程度上是价格的决定者，而不是价格的接受者。而根据直销企业对其直销产品所制定价格的升降变化，直销需求曲线也就呈现出向右下方倾斜的趋势。

在直销垄断竞争行业中，一个直销企业产品价格的变动可能引起也可能不引起其他企业作出反应。依据这两种不同的假设，中国直销经济学认为，直销垄断竞争企业有两种不同的需求曲线：

第一种情况是，假设一家直销企业变动产品价格时，同行业中的其他直销企业并不改变价格。在这种情况下，一家直销企业所特有的产品需求曲线就表示该直销企业产品的销售量随它自身价格的变动而变动。这家直销企业降低价格时，不仅能使自己的顾客增加购买量，而且能将同行业中其他直销企业的顾客吸引过来。这

样,就可以大幅度提高直销产品的销售量。反之,这家直销企业提高价格时,就会大幅度降低直销产品的销售量。这种情况的出现,就意味着直销产品需求价格弹性比较大。

第二种情况是,假设一家直销企业变动产品价格时,同行业中的其他直销企业也对价格作同样的变动。在这种情况下,一家直销企业面临的需求曲线表示该直销企业产品的销售量不仅随它自己的价格,而且随同行业中其他直销企业产品价格的变动而变动。这家直销企业降低直销产品价格时,由于其他企业的价格也同样下降,所以该直销企业增加的销售量必然大大低于原来独自降价时所增加的销售量。反之,这家直销企业提高产品价格时,由于其他直销企业的产品价格也同样提高,所以该直销企业减少的销售量必然大大低于原来独自提价时所减少的销售量。这就说明,第二种情况下的直销企业产品需求弹性较小。换句话说,第二种情形下某一直销企业产品价格变化引起需求和销售数量变化的幅度必然比第一种情形来得小。这就进一步解释了为什么直销企业提价或降价策略需要针对不同的需求弹性值而加以采用的道理。

2.1.3 直销寡头垄断市场

直销寡头垄断市场指直销行业中少数几家大企业(称为"寡头")控制了绝大部分的直销市场需求量。这种不完全垄断在现实中是普遍存在的。由于直销寡头垄断市场只有少数几家大型直销企业控制市场,其中的每一家直销企业都意识到它自身的行动将影响到它的竞争对手,反过来也是如此。因此,每个大型直销企业在决定其竞争策略时,都非常注意这一策略可能引起的相关反应。但由于他们不可能确切地知道其竞争对手将如何作出反应,所以寡头直销企业常在不确定的情形下进行决策。另一特征是,由于存在着少数寡头大企业的垄断,新的直销企业要进入这个行业将十分困难,因此只有比较有限的进入者。如吉林修正药业试水直销的情况就是一个明证。

直销寡头垄断市场可以按不同的方式进行分类。从产品性质的角度看,如果直销行业内的企业生产的产品是同质的,如保健品和化妆品等,那么就称为纯粹寡头垄断;如果行业内的直销企业生产的是有差异的产品,如钙和肽等,那么就称为差别寡头垄断。从构成一个寡头垄断行业的直销企业数目看,寡头市场可分为双头垄断(直销行业只有两个直销企业所组成)和多头垄断(直销行业的企业数目超过两个)。如果只有两、三家或五、六家直销企业共同控制整个直销行业50%~60%以上的销售额的直销市场结构,就可以统称为直销寡头垄断。在中国,安利、雅芳这两家外资直销企业,在上世纪90年代就属于中国直销市场上的寡头垄断企业。

2.1.4 直销完全垄断市场

直销完全垄断市场,是指一家直销企业控制整个直销行业的全部市场。在垄断市场上,只有一个直销企业提供某种直销产品,没有或基本没有其他相近的替代品。由于一个卖者控制了直销行业的全部或几乎全部的供给,因此在直销垄断市场上,企业和行业两个概念就完全重合,行业中惟一的生产者是这个直销垄断企业,也就构成了一个行业。如果说直销完全竞争中直销企业是价格的纯粹接受者,那么直销垄断企业则是完完全全的价格制定者。就是说,直销垄断企业可以制定任何它想要索取的直销产品价格。不过,由于直销垄断市场中向右下方倾斜的需求曲线接近于与纵轴平行(市场垄断程度越大,需求曲线的形状也越直越陡),所以要是直销垄断企业提高直销产品价格,其需求和销售量只会有小范围的波动。这说明,直销垄断市场的需求弹性很小,以致在极端垄断情况下达到弹性值为零,即需求完全无弹性。举例来说,假如安利生产的纽崔莱产品无其他任何别的替代品,那么,安利对这个产品就可以随便提价,而对销售量影响不大。

直销垄断的形成原因,可以归纳为如下四方面:

①对投入物的控制

如果一个直销企业控制了用于生产某种产品的基本投入的全部供应,该直销企业就可能成为一个垄断者。这方面典型的例子是安利公司。安利公司是纽崔莱产品惟一生产的厂家,它所以能长期维持其垄断地位,其中一个重要原因就是它控制了用于生产纽崔莱产品的一切资源。

②规模经济

一个大型直销企业既能按有利可图的价格,又能以低于分享直销行业的几个小型直销企业的平均成本,把直销产品供给整个市场,那么这个大型直销企业就会成为直销行业的唯一生产者。一个大型直销企业供给全部市场时平均成本最低,这是规模经济带来的效果。所以,若再有两个或两个以上直销企业在该直销市场上经营会造成浪费的同时,形成亏损。

③专利

一个直销企业可能由于惟一具有生产某种产品所必需的技术,或者拥有生产某种特殊直销产品的惟一权力,从而成为直销市场的垄断者。通常,供其使用的某种生产技术或生产一定产品的独占权是由政府以专利的形式赋予的。尽管专利是政府创造或认可的垄断力量的一个源泉,但实行专利法确有其经济上的合理性。因为,如果发明成果能立即被那些并未参与研究并承担发展费用的人所复制和模仿,那么,直销企业或个人将会减少对发明和革新活动的投资。

④政府赋予的某种市场特权

一旦直销企业获得在一定地区生产某种物品或服务的独占的特权,它便可成为垄断者。

以上关于垄断市场的假设条件是十分严格的。同完全竞争市场一样,完全垄断市场也是一种极端的情形,两者都不是对现实中国直销市场的精确描述,但它们代表了两种典型的直销市场结构。其他的直销市场结构类型,如相对靠近于直销完全竞争市场的直销垄断竞争市场,以及相对靠近于直销完全垄断市场的直销寡头垄断市场,都是竞争与垄断的不同比例的结合,因此通常将中间状态的市场统称为直销不完全竞争市场或一般的直销竞争性市场。

从直销完全竞争这一极端状态,到中间状态的直销垄断竞争和直销寡头垄断,再到另一极端状态的直销完全垄断，这些不同类型的直销市场结构在经济效率和盈利水平方面的表现各不一样。直销完全竞争市场被认为是经济效率最高的直销市场，因为在这种市场结构中，各种直销资源或生产要素的利用可以达到最有效率的状态。换句话说，直销完全竞争市场结构在使各直销产品生产者的边际成本等于价格的同时，也使其平均成本等于价格，因此，完全竞争条件下直销企业在为自身利益进行的利润最大化的生产，正好达到各种资源最有效配置的状态。再从消费者方面看：价格是消费者对于这种产品的边际单位使用所支付的货币量，消费者从消费边际单位产品获得的边际效用正好等于直销企业的边际成本，这时，直销企业在产量规模达到最优的同时也使消费者获得了最大的满足。总之，直销完全竞争市场结构由于在生产资源利用上不存在任何浪费（产量规模相对最大），且不存在非价格竞争所带来的费用，所以平均成本达到最低，而价格又恰好等于平均成本，这说明直销完全竞争市场的价格水平最低，直销企业盈利水平也最小。

直销完全垄断市场被认为是经济效率最低的直销市场结构。直销垄断企业可以通过控制产量和价格使利润最大化。和直销完全竞争不同，直销垄断企业不是将生产进行到长期平均成本的最低点，而是进行到边际收益等于边际成本时为止。因此，直销垄断企业的产量比完全竞争的低，价格比完全竞争的高。直销垄断企业不能用最低的平均成本进行生产，即不能最有效地利用生产资源，因而造成生产资源的浪费。直销垄断企业按照高于边际成本的价格出售产品，消费者就得按照高于边际成本的价格购买直销产品，这意味着消费者所遭受的损失大于所得到的利益，因而无法获得最大满足，造成社会福利的巨大损失。

直销寡头垄断市场被认为是经济效率仅仅高于完全垄断的市场结构。在直销寡头垄断市场中，由于价格高于平均成本，资源不能得到最有效的利用，消费者得不到最大的满足，社会福利不免受到损失。直销寡头垄断市场的产量一般比完全竞争的低，价格比完全竞争的高，利润比完全竞争的多。此外，过份依赖非价格竞争，也造成了资源的浪费。

直销垄断竞争市场被认为是经济效率低于完全竞争，但高于完全垄断和寡头竞争的市场结构。直销垄断竞争企业不能将生产进行到平均成本的最低点，因而不能够充分地利用资源。直销垄断竞争企业过度进行非价格竞争也浪费资源。和完全竞争相比较，直销垄断竞争企业也是产量较低而价格较高。

总之，按照经济效率的高低和产量的大小排列，上述四种市场结构依次为完全竞争、垄断竞争、寡头垄断和完全垄断。而按照价格的高低和可能获得的利润的大小排列，上述四种市场结构的次序正好相反，它们依次为完全垄断、寡头垄断、垄断竞争和完全竞争。由此，我们可以看到，直销垄断势力在完全垄断、寡头垄断、垄断竞争的市场结构中就会存在。

2.2 民间消费势力

民间消费势力是直销垄断势力形成的重要因素，没有民间消费势力就没有直销垄断势力形成的依赖基础，因此，民间消费势力是中国直销市场势力的一个十分重要的组成部分。

2.2.1 民间直销消费市场的形成与基本特征

中国直销消费者市场是指为满足中国老百姓生活消费需要而购买直销产品和推销直销产品的所有个人和家庭。一切直销企业，无论是否直接为消费者服务，都必须研究直销产品的消费者市场，因为只有消费者市场才是最终的中国直销市场。直销产品的消费者市场是中国直销市场的基础，是最终起决定作用的主导市场。

中国直销产品的消费者市场，是由真正消费者组成的消费者集团，由真正意义上的消费者组成的买主集团。消费者集团也好，买主集团也好，说的是直销产品广大的忠诚消费者，是由所有忠诚于直销产品的个人和家庭组成的。现在我们以保健品与化妆品为例来说明这一问题：

①从安利产品看直销产品的忠诚消费

安利进入中国直销市场已有16年的历史。虽然中国保健品行业频频面临危机，但安利的成功向我们充分证明：保健品的忠诚消费是可以实现的。保健品忠诚消费，关键在于找准目标群体，通过社会资源的利用和有效的传播方式不断给予消费者值得信赖的购买理由，使消费者在不断消费过程中得到良好体验并将该体验进行传播，忠诚消费也就自然形成。

首先，要有精确的目标市场细分。安利的直销产品很多，一开始目标市场概念也很模糊。随着安利公司对直销产品的重新定位，将以往目标市场进行了细分，首先锁定从事脑力劳动、工作压力较大的城市精英人群，并以推广健康消费为主。而后，将目标群体又向城市新贵白领一族进行了延伸和细分，开始向自用消费扩展。精确的目标市场细分完全符合了安利产品高品质、时尚生活的品牌形象定位。为目标群体的对位沟通及企业资源的有效整合建立了良好基础。精确的目标市场细分成为安利产品忠诚消费的重要因素之一。由此可见，如果一个保健品既适用于儿童又适用于中老年，既适用于白领又适用于工薪，表面上的广泛实际带来了不同层面消费群体的若即若离。同时，包含范围过于广泛也造成了沟通障碍。"大小通吃"的方法已不再适合保健品的消费环境。因而，首先进行精确的目标群体细分是实现保健品忠诚消费的必需。

其次，要有值得信赖的购买理由。保健品由于自身的特性，不是消费者的必需品，且价格高于一般性食品，又没有药品的确切疗效。与其他行业产品相比，消费者购买保健品更需要值得信赖的购买理由。值得信赖的购买理由要具备准确、直接、差异化的特点，才能够使消费者信服。

保健品行业的很多直销企业总是以单纯的感性诉求与消费者沟通，让消费者生活在充满情感的世界里。在中国传统文化注重情感沟通的影响下，刚开始还能够起到一定作用。时间一长，消费者对情感越发麻木，而最实在的还是要物质，即保健品到底能够带来什么让消费者信服和需求的功能利益。还有一些保健品直销企业期盼着用一个简单的理由一赢到底，针对不同的目标群体定位都给予同一个购买理由，不仅没能够说服锁定的目标群，想辐射的群体也没有辐射成功，最终是

"赔了夫人又折兵",浪费了企业资源。要实现保健品忠诚消费就必须要给予自己的目标群体准确、直接、差异化的购买理由,且通过不断变化,不断调整,满足目标群体"喜新厌旧"的心理。就像安利的产品,所有城市精英和新贵白领都会相信:安利的产品能够带来"不一样"的体验!

第三,要有传播方法的有效整合。安利产品给消费者的众多购买理由,是通过口碑媒体进行了一系列对位传播,从而使消费者对产品所传达的高品质、时尚生活的品牌形象从逐渐认知到认同,最终形成记忆。安利在注重口碑媒体与目标群体沟通的同时,也将安利的产品文化注入到目标群体的生活中,举办了一系列配合口碑媒体传播理念的公益活动,使他们随时都感受着产品带来的时尚体验。传播方法的有效整合使安利产品文化带来的健康生活观念和时尚生活态度已经深入人心,是安利产品形成忠诚消费的重要细节。

②**从美容化妆品市场火爆看直销产品的忠诚消费**

据行业协会统计,中国近年来美容化妆品市场规模的扩展速度让人振奋,目前,中国美容化妆品行业从业人员近2000万人,市场每年约有3000亿元人民币,到2010年这一数字预计将超过8000亿元。面对膨胀如此迅速的巨大蛋糕,海内外商家早已垂涎不已。据了解,目前,规模仅次于意大利博洛尼亚国际美容展的广州美博会已成为中国美容化妆品企业展示新产品、交流行业动态、寻找商机的极佳舞台,而越来越多的海外商家,也欲将其作为抢占中国市场的跳板。在2006年美博会上,欧美、日本、韩国各大国家级行业协会及驻京、穗使领馆商务处组织的三千多名海外专业买家团将进驻会场。中国台湾台北县化妆品行业公会组织也大规模组织40多家台湾投资客商首次参展。

生活开始富足的中国人对美容化妆品消费热情不断升温。这就告诉我们,美容化妆业已在我国拥有相当多的消费者。中国80%的直销企业,在经营保健产品的同时还经营了美容化妆品。据不完全了解,中国直销企业经销的美容化妆品的营销额占整个美容化妆品市场的40%左右。这也就告诉我们,全国美容化妆品的忠诚消费者相当一部分集中在直销领域。

中国直销消费者市场具有以下需求特征:

①**人数众多,直销需求差异性大**

在中国直销消费者市场上,任何人都是消费者市场中的一员,都要消费各种各样的消费品。这么广大的直销消费者群体,他们都会购买同一种产品吗?肯定不会。他们购买的产品差异性比较大,有的喜欢这样,有的喜欢那样。面对这种差异性很大、人数众多的市场,直销企业应该做些什么?一方面,应该想到消费者市场的规模庞大,直销市场需要的产品总量比较多;另一方面,又要考虑到这种需求的差异性比较大,所以直销企业提供给市场的直销产品不应该是同一化的,而应该是多元化的。

②**居住分散,直销市场区域广阔**

中国国土约有960万平方公里,凡是有人的地方都会有消费需求,都有消费者市场。面对如此广阔的直销市场领域,作为一个直销企业,应该如何来考虑这个市场特征?根据直销发展的趋势和要求,我们应该构筑密集和通畅的销售网络,使消费者在购买直销产品的过程中非常便利。在便利的情况下,消费者在可买可不买的情况下就有可能选择购买直销产品,直销产品的忠诚消费群就会逐步形成。

③购买直销产品的次数多、但每次的购买量小

直销顾客购买的产品当中,很多是日常生活用品,使用的时间都比较短,购买的次数就比较多。比如洗涤用品、保健品等,每次购买量比较少,但购买的次数比较多。针对这一特点,直销企业要在时间上、销售时机上做出相应的调整和安排。

④直销产品的替代性强,需求弹性大

在消费过程中,若具有替代性的直销产品价格下调,这种直销产品的需求量就会增加。相反,具有替代性的直销产品若不降价,它的需求量就会相应地减少。在中国直销市场环境下,市场营销者不仅要适应和满足消费者的需求,而且应该通过一对一、面对面销售的途径正确地影响和引导消费。

⑤消费者选择的余地大

在同样一个直销商圈范围之内,消费者可选择的余地比较大,所以直销产品的竞争是非常激烈的。直销企业应该怎样根据市场的这个特征来做出适应性的调整,这是每个直销企业所要认真考虑的问题。我们认为,直销企业在这种情况下一定要以诚信为本。消费者在购买的过程中感到满意,他下次还会再来购买。如果购买他感到不满足或者不满意的直销产品,顾客就有可能流向竞争对手。所以,以诚信为本,这是拉住顾客并让其成为重复消费的忠诚顾客的重要途径。

⑥购买者大部分是外行

每个人在购买直销产品的过程中,或多或少都有可能上当受骗,这是因为购买者大多是外行所造成的。人们通常说"买的没有卖的精",买卖双方的信息永远是不对称的,卖方占有的信息比买方占有的信息要多得多。在这样的直销市场特征中,作为卖方的直销企业,决不能利用自己的信息优势来欺骗顾客。过去个别直销企业这样做,虽然暂时可以获得一点儿"好处",但从规范、科学的营销角度来看,不可能给直销企业带来长远的经济效益。因此,直销企业在整个生产经营过程当中,必须给顾客留下一个诚实可信的形象,要告知消费者怎样选购直销产品,以真诚赢得顾客的信赖。

⑦产品的科技含量日益增加

随着科技的进步,我们使用的消费品所蕴含的高科技成分越来越多,正日益成为大众化的消费品,并在消费品中所占的比重越来越高。面对这样的发展趋势,作为直销企业首先应该想到的是教育式推销。所谓教育式推销就是在推销的同时要告知顾客这种产品最一般的常识,如何使用,如何操作,以降低顾客的"恐惧感"。比如"肽",以前大家对此的功能、特征不是很熟悉,肽产品的使用必然受到一定程度的限制。教育式推销,就会让消费者明白肽类产品的基本性能、作用,忠诚的顾客就会慢慢出现。另外,在保健、美容仪器产品设计中,还应尽可能地做到智能化或者傻瓜化,或者全自动化。也就是说,要把高科技隐藏在这些直销产品中。所以,中国的仪器类直销产品,既要提高科技含量,又要做到简单化、智能化,使消费者便于操作。操作越是简单化,顾客群就会越大。

2.2.2 直销产品需求的社会分层分析

社会分层是划分社会阶层的理论。阶层原意是地质学家分析地质结构时使用的概念,指地质构造的不同层面。社会学家在研究社会结构和社会关系时,发现社会存在着像地层那样分成高低有序的层级构造,研究这种现象及其过程就是社会分层。但关于社会分层有不同的观点和理论。最著名的理论包括马克思的阶级理论、韦伯提出的经济地位、社会声望、政治地位的"三位一体"理论。此后,为探讨社会分层的深度原因又产生了结构和功能理论、冲突理论、社会精英理论等。但实际上,在关于社会分层几种基本的理论中,"资源"的拥有及其来源是他们讨论的中心问题,只是各种理论定义的资源概念架构在不同的理论基础和体系上而已。研究社会分层的目的是发现社会结构的特征、社会结构形成和分化的原因、趋势,以便更好地了解社会运行和预测社会变迁,也可为政府制定社会政策提供决策依据。

从中国直销经济学角度分析,社会分层中的资源是市场细分的一个维度,但这时即使有效,也不是充分有效。按照美国的生活形态(VALS)细分模型,其中的资源水平维度可看做是社会分层变量,但完整、准确地细分消费者,还需要结合另一个维度变量:动机强度即心理特质,这是他们数十年的实证研究所探索、证实并逐步修正的结果。也就是说,"资源"的拥有只是发生个人消费行为的条件之一,但并不反映消费行为差异本身。消费行为由资源、环境、行为、心理等多方面因素决定。大家知道,转型时期中国社会分层具有多变性。1978年改革开放后,中国带有人为控制的社会阶层结构发生变化,目前普遍认为中国社会存在十大社会阶层:国家与社会管理者阶层、经理人员阶层、私营企业主阶层、专业技术人员阶层、办事人员阶层、个体工商户阶层、商业服务人员阶层、产业工人阶层、农业劳动者阶层、城乡无业、失业和半失业人员阶层。从中国直销经济发展的情况看,消费行为的确是由资源、环境、行为、心理等多方面因素决定。比如,中国直销产品以健康保健为主,因此,在直销领域,消费活跃程度的排序是:①经理人员阶层、私营企业主阶层;②专业技术人员阶层、办事人员阶层、个体工商户阶层;③商业服务人员阶层、产业工人阶层、农业劳动者阶层、城乡无业、失业和半失业人员阶层;④国家和社会管理阶层。通过以上的排序,我们可以看到,中国直销的消费势力分布在各相关的社会阶层中,具有相当的普遍性。

2.2.3 消费结构升级,直销产品消费热点形成

中国经济的惊人发展,使得中国居民的消费结构不断升级,直销产品消费热点正在形成。

①恩格尔系数骤然下降

消费结构是指某项消费支出占总消费支出的比重。其中恩格尔系数是一个国际通用的极为重要的指标,即食品支出占消费支出的比重。根据联合国粮农组织的标准划分:恩格尔系数在60%以上为贫困,在50%~59%为温饱,在40%~49%

为小康,在 30%~39% 为富裕,30% 以下为最富裕。根据以上标准,我国城镇居民生活的恩格尔系数是在 1995 年末期下降到 50% 以下的,1999 年继续下降到 41.9%,2000 年下降到 40%,2001 年城镇居民人均购买食品支出为 2014 元,恩格尔系数降到了 37.9%,2005 年居民生活的恩格尔系数也在骤然下降。这说明中国城镇居民的消费结构一直在不断升级,表明我国城镇居民满足吃、穿为主的生存型消费需求阶段已经结束,正在向以发展型和享受型消费的阶段发展。

②人们的保健消费增速加快(以甘肃、河南农村为例)

据新华社报道,随着国民经济持续快速健康发展,中国农村居民收入稳步上升,农民生活消费也发生了新的变化。2005 年甘肃省农民人均生活消费支出为 1819.58 元,比上年增长 24.26%,农村居民的生活消费模式有了较大的转变,生活水平得到全面提升。其消费主要特点:一是医疗保健、交通和通讯消费支出仍是农村居民消费的热点。2005 年农民人均医疗保健支出 113.96 元,比上年增长 33.55%;交通通讯支出为 155.03 元,比上年增长 19.05%。农民医疗保健消费支出增长的主要原因是农民更加注重身体健康和医疗保健。农民交通与通讯支出的增多,说明广大农村居民探亲访友、外出旅游以及获取信息、交流信息方面有了长足进步。二是食品消费继续上升,消费质量明显提高。2005 年农村居民人均食品消费支出达 858.89 元,比上年增长 22.10%,其中食品消费服务性支出人均 56.47 元,增长 24.55%,比上年增速加快 10.28 个百分点;此外,农村居民用于食品消费的现金支出人均 347.3 元,占食品消费支出的 40.44%,充分显示了农村居民在食品消费方面改变了传统的自产自食消费习惯,逐渐向成品化消费方式转变。三是社会经济的不断进步,家庭用品消费现代化已逐步走进农民家庭,也在不断增加农村居民的生活乐趣,减轻家务劳动的负担。据调查资料显示,2005 年农村居民家庭设备用品消费支出人均 74.09 元,比上年增长 25.79%。年末每百户拥有彩色电视机 86.4 台,增长 14%;电冰箱 7 台,增长 25%;空调机 1 台;洗衣机 39 台;摩托车 37 台,增长 28%。另外抽油烟机、吸尘器、微波炉、热水器、家用计算机、生活用车等高档家庭用品已进入农民家庭,使家庭生活充满现代化气息。四是农民对文化生活的追求越来越高。随着物质生活条件的日益改善,农民的消费观念也不断的更新,对精神文化生活的追求越来越高。2005 年农村居民人均用于文化娱乐方面的支出 257.88 元,增长 27.26%。

河南省统计局资料显示,2005 年上半年,河南省农村居民人均生活消费支出达到 477.57 元,比去年同期增长 7.5%。河南农村居民生活消费水平的提高,是在现金收入继续增加和物价水平走低的背景下实现的。主要表现为食、衣、住等基本消费同步增长,其中,食品、衣着消费小幅上扬,人均支出分别为 165.9 元和 45.4 元,同比分别增长 2.3% 和 2.8%;住房投资升温,居住支出增速加快,人均支出 295.87 元,增长 28.7%,其增加额占生活消费支出增加总额的 64%。交通通讯、家庭设备用品及服务、医疗保健消费继续成为农民消费的亮点,人均支出分别为 34.34 元、31.33 元和 32.43 元,同比分别增长 13.2%、12.4% 和 10.9%。

甘肃、河南两省的农民的消费情况表明,我国农民的保健消费的增速正在不断加快。这就为以保健品为主要销售产品的中国直销业,提供了不断发展的空间和动力。可以这样说,在中国,只有农民的保健消费增速,才能从根本上发展壮大中国的直销业。

③直销产品消费热点正形成

消费热点是指在人们的生活消费过程中,消费者的需求欲望、情趣与爱好受某种因素的影响和激发而引起的共鸣,进而形成人们在一定时期内集中购买一种或几种产品或服务的消费模式。它与人们正常的普通消费相比具有以下不同的特点。第一,消费热点具有持续时间长、需求量大的特点。由于消费热点表现为某种或几种产品或服务的消费高潮,因此,集中表现为消费者对热点产品和服务的大量需求。这种需求量大的需求又不同于"消费亮点"的需求。消费热点是经济发展中各项条件比较成熟后在消费者间产生的共鸣,基础比较稳固并且随着条件的逐渐形成还有一个发展过程。因此其持续时间相对较长。而"消费亮点"一般是指受外界突发因素影响而出现的消费热潮,形成的基础并不稳固,因此随着突发因素的消失,其需求量骤减。

第二,消费热点是经济发展到一定阶段由宏观政策、生产供给、居民需求和居民购买能力等条件共同作用促成的结果。消费热点形成的快慢和持续时间的长短取决于上述条件的影响。政策引导是扩大居民需求进而加速消费热点形成的动力。宏观政策对消费热点的形成具有促进作用,政府通过合理宏观政策的调控如:税收、信贷等政策的运用,可给消费热点形成提供便利的条件,进而加速消费热点的形成。如通过为消费者提供信贷政策可促使消费者的消费欲望提前实现,从而达到消费热点加速实现的目的。

第三,合理的收入和消费价格比是消费热点形成的必要条件。居民的消费需求是永无止境的,但要形成消费热点单靠居民的需求是不够的。没有购买能力的需求只能说是愿望,这种愿望不可能转化成为消费。居民的购买能力又取决于居民的收入是否能承受消费热点产品和服务的价格。价格较低的产品和服务消费热点的形成相对于价格较高的产品和服务消费热点较容易。因此,理顺合理的收入和消费价格比是消费热点形成的必要条件。

第四,生产厂商提供满意的产品和服务是消费热点形成的物质保证。消费是生产的目的,生产是满足消费的手段。居民的消费需求很多,但受收入的影响不可能在同一时间内得到满足,这就要求消费者在消费趋向上必须有一定选择。生产厂商通过对产品和服务的开发使自己提供的产品和服务质量优、款式新、价格廉以刺激消费者的欲望,进而使消费者对某类产品和服务产生共鸣进而形成消费热点。

我国的直销法规实施后,在中国的消费市场上出现了一个可喜的变化,这就是直销产品的消费热点正在形成。我国每年都有400多亿元的直销市场,就安利公司一家,平均每年都要销售150亿元的直销产品。随着我国国民经济的快速发展和城乡居民收入的不断提高,外资直销企业和民族直销企业生产的直销产品,尤其是保健产品和美容化妆品,深受中国消费者的喜爱。根据以上消费热点的四个特征进行研判,直销产品已开始成为中国城乡居民的消费热点。这种消费热点的持续时期将会越来越长,将成为我国消费经济中的一道亮丽的风景。

2.3 政府管制势力

中国的直销市场势力中,有一股势力不能忽视,这就是政府管制势力。政府管制势力在中国直销市场运行中起着协调、监督的作用。

2.3.1 政府管制的概念

什么是政府管制？政府管制(government regulations),就是政府行政机构依据法律授权,通过制定规章、设定许可、监督检查、行政处罚和行政裁决等行政处理行为,对构成特定社会的个人和构成特定经济的经济主体的活动进行限制和控制的行为。政府管制的一个根本特征,就是依法管制,也即通常所说的依法行政。但这里的"法"必须是合理的法,是所有利益相关集团都接受的法。否则依法行政或依法管制就成为少数强势利益集团侵害弱势利益集团的"合法"工具。

2.3.2 政府管制的类型

中国直销经济学上把政府管制分为经济管制和社会管制两类。一是经济管制。经济管制是指政府对直销产品的价格、直销市场进入和退出条件、直销服务标准的控制等。一般来说,是对直销行业进行的一种纵向性管制。直销行业往往具有一些特点,如前面讲的垄断性。如果具有垄断性的直销企业,他们的服务质量和价格不合理,很可能危及到购买并使用这些直销产品的人的利益。在这个时候,政府要在准入管制的同时进行价格管制。二是社会管制。政府对直销行业的社会管制,主要在外部不经济和内部不经济的情况下,用来保护自然环境以及消费者的健康和安全。前者是直销市场交易双方在交易时,会产生一种由第三方或社会全体支付的成本。像直销企业环境污染,对用于直销产品生产的自然资源进行掠夺性和枯竭性开采等。政府因此必须对交易主体进行准入、设定标准和收费等方面的管制。后者是直销市场交易双方在交易过程中,一方控制信息但不向另一方完全公开,由此造成的非合约成本由信息不足方承担。比如说假劣保健品的制售、隐瞒工作场所的安全卫生隐患等。所以,政府要进行准入、标准以及信息披露方面的管制。我国的直销法规对此都作了明确的规定。

2.3.3 政府管制的原则

中国直销经济学研究的政府管制,其理论依据是市场失效,就是直销市场均衡状态偏离"帕累托"状态,主要表现在公共产品、外部性、信息不对称、不完全竞争、不确定性等方面。政府管制理论设想通过政府的特定管制能够实现直销市场的"帕累托"状态,改进或者存在约束条件的情况下,达到一种直销市场资源次优的配置效果。为了优化政府管制行为,促进中国直销市场的健康发展,我们在实际工作中应把握如下几个原则:

①**合理性原则**

我国过去的政府管制,通过大量"合法"和非法的行政性审批和许可,其职能所及,可谓泛滥成灾。因此,在对直销市场的管制过程中,政府对管制领域及其手段的设立,必须在对管制的经济理由所建立的标准上,要以建立社会主义市场经济的目标加以审定,并在制定监管政策时积极引入"成本—效益"分析,尽量取消和缩小对直销微观经济活动的过度干预。为此,为防止现存管制机构"自纠自查"过程中的机会主义,政府应该设立一个对直销市场行政管制或依法管制的监管机构,如对直销市场管制偏离正确轨道就应该及时纠正。

②**独立性原则**

如上所述,在经济性管制领域,我国目前的行政管制机构大都存在政企不分、政事不分、政资不分和政社不分的事实。它们的职能结构基本是宏观政策调控(如对直销行业规划和产业政策)、微观管理和行政管制的混合体。如果不改变这种状况,行政机构就很难具备独立性,很难摆脱部门偏好,从而难以以中立的立场进行公正执法,或者难以有效利用有限的行政资源,从源头上遏制"寻租"和腐败的机会主义倾向。因此建立独立于各种利益集团的管制机构是对提高中国直销市场政府管制效率的重要保证。

③**公正性原则**

合理性原则和独立性原则并不能完全保证政府对直销市场管制行为的公正性。管制机构在缺乏有效制衡和监督的条件下,很容易做出不作为、滥用权力、歧视性执法和违背程序等行政违法行为。为防止这些行为的产生,一方面,要建立完善的行政程序制度和外部监督机制;另一方面,要最大限度地强制行政机构公开其内部信息;再次必须加大追究行政违法行为法律责任的力度。

④**高效性原则**

在我国直销管制机构之间(如工商、税务、公安之间),对同一项管制权,无论在纵向的还是横向方面的分配,存在着混乱的状况。此外,预算内行政资源稀缺,导致政府管制机构的效率严重低下。因此应适当增加管制机构的行政资源是必要的。同时,对现有直销管制权的重新划分也至关重要,针对不同的管制要求,是采取纵向集中,还是采取横向配置,或者兼而有之的分权模式,需要认真的研究。

⑤**职权法定原则**

所有的直销市场的政府管制权及其执行,都必须基于严格的法律界定。这实际上是政府管制的合法性完善的问题。对直销市场行政管制的法律合法性完善有两层含义:一是要根据行政管制的经济合理性,严格界定其职能范围及其行使方式,并通过新的立法或修改现有实体法,对缺乏经济合理性的政府管制制度予以废除,同时保留和完善合理的管制制度;二是通过制订行政程序法或专门的行政许可法,建立对中国直销市场政府管制的合理程序和管制者的管制结构。

▼3 中国直销市场的竞争性

第一节我们谈了中国直销市场供给与需求的基本原理。第二节,我们谈了中国直销市场势力。在这一节,我们主要讨论中国直销市场的竞争性。中国直销市场的竞争,这是中国直销发展过程中的必然现象。这一现象到底是什么,这是中国直销经济学需要告诉读者的一个重要问题。

3.1 消费者对直销产品的偏好

我们研究消费者对直销产品的偏好,目的是为了更好地分析和了解中国直销市场的竞争性程度。

3.1.1 消费者偏好的数学描述

消费者的偏好有两种描述方法,一种是无差异曲线(几何方法),另一种是效用函数(数学方法)。在现代经济学中,效用和效用函数仅仅被看作是描述偏好的一种数学方法。

如果消费者偏好某一消费束,那么一定是这种消费束可以使其获得较大程度的满足或有较高的效用。一般地,对于任意两个消费束 (x_1, x_2) 和 (y_1, y_2),$(x_1,x_2)>(y_1,y_2)$,当 $u(x_1,x_2)>u(y_1,y_2)$ 时,其中 $u(x_1,x_2)$ 和 $u(y_1,y_2)$ 分别为两个消费束的效用函数。因此,可以用效用函数对消费者的偏好进行排序。

①关于效用函数的单调变换的问题

效用函数就是按照一定的偏好特征给消费束赋值,使之保持一定的次序。在次序不变的情况下,可以有多种赋值方法。单调变换就是在保持效用次序不变的条件下将一组数字变换成另一组数字的方法。

设 u 为效用函数,$f(u)$ 是其单调变换。$f(u)$ 可取 u 的所有初等变换方式,比如 $f(u) = 3u, f(u) = u+17, f(u) = u3$ 等。

效用函数值是对偏好次序的一种数量说明。函数值越大,表明偏好的次序越排在前面。例如:$u = x_1x_2$,当 $x = (1,1)$ 时,$u_1=1$;当 $x= (1,2)$ 时,$u_2 = 2$,显然 $u_1< u_2$,消费者将消费束 $x = (1,2)$ 排在前面。

单调变换是保持偏好不变的情况下,采用不同的数量对偏好次序进行描述。因此,效用函数的性质表示偏好的类型,效用函数值的大小表示偏好的次序。比如,对于效用函数 $f(u)= u+17$:当 $u =1$ 时,$f(u) =18$;当 $u = 2$ 时,$f(u) =19$。在原有的效用函数的基础上加上一个 17 并不改变两个效用函数的大小顺序。这表明,一个效用函数的单调变换还是一个效用函数,其代表的偏好与原函数代表的偏好相同,也就是对产品束排序不发生变化。因此,效用函数强调的是效用的次序,不同的效用函数值代表不同的效用水平。在偏好具有单调性的情况下,任何一种合理的偏好都能用效用函数表示。

②关于用效用函数推出无差异曲线的问题

设效用函数 $u(x_1,x_2)=x_1x_2$，无差异曲线就是对于常数 k 来说，使得 $k=x_1x_2$ 时的所有 (x_1,x_2) 的集合，即 $x_1=\dfrac{k}{x_2}$。据此，保持 k 值不变，可画出与之相对应的无差异曲线。改变 k 值，可以画出 $k=1,2,\cdots n$ 时的多条无差异曲线。

③关于不同偏好效用函数形状的问题

一是完全替代偏好的效用函数(线性效用函数)：

$u(x_1,x_2)=ax_1+bx_2$

设 $k=ax_1+bx_2$

当 $x_1=0$，$x_2=\dfrac{k}{b}$

当 $x_2=0$，$x_1=\dfrac{k}{a}$

由此可以画出无差异曲线。其斜率为 $-a/b$，表示两种直销产品之间的替代比率为一个常数。

二是完全互补偏好的效用函数(列昂惕夫效用函数，图3.13)：

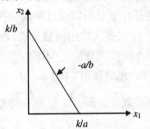

图 3.13　列昂惕夫效用函数

$u(x_1,x_2)=\min\{ax_1,bx_2\}$

a/b 表示互补效用函数中两种直销产品的互补比例。

三是拟线性偏好效用函数。

$$u(x_1,x_2)=v(x_1)+x_2 \quad u(x_1,x_2)=\sqrt{x_1}+x_2$$

比如 $u(x_1,x_2)=\ln x_1+x_2$，都是拟线性效用函数(图3.14)。

从数学性质上看，拟线性效用函数对 x_2 来说是线性的，但对 x_1 来说是非线性的。也就是说 x_2 的变化会引起 $u(x,x_2)$ 的线性变化，因为当 x_2 变化时，x_1 是不变的，所以 $v(x_1)$ 是一个常量。而当 x_2 不变，x_1 变化时，效用函数 $u(x_1,x_2)$ 的变化取决于函

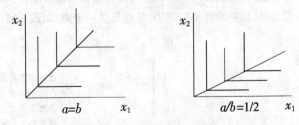

图 3.14　拟线性效用函数

数 $v(x_1)$，因为 $v(x_1)$ 是非线性的(在这里指凸性无差异曲线)，因此 $u(x_1,x_2)$ 的变化也是非线性的。可分别对 $u(x_1,x_2)$ 求偏导加以证明：

$\frac{\partial u(x_1, x_2)}{\partial x_1} = v'(x_1)$,为一函数,故对 x_1 来说是非线性的;

$\frac{\partial u(x_1, x_2)}{\partial x_2} = (x_2)' = 1$,为一常数,所以对 x_2 来说是线性的。

从几何意义上看,拟线性效用函数反映一条无差异曲线 $v(x_1)$ 的垂直移动。其移动距离反映着效用水平 k 的变化程度,取决于所消费的 x_1 和 x_2 的数量。当 x_1 给定时,x_2 的变化使曲线平行移动。当 k 给定时,x_1 的变化表现为曲线上点的移动,增加 x_1 的消费将非线性地减少 x_2 的消费。

从经济学含义上看,它反映这样一种经济现象,即消费者在全部收入中将固定的部分用于 x_1 的消费,而将剩余的收入都用于 x_2 的消费。当收入增加时,消费者并不增加 x_1 的消费,而将增加的收入全部用于 x_2 的消费,这样就使效用水平与收入增加同比例的增加。

柯布—道格拉斯偏好的效用函数(柯布—道格拉斯效用函数)。

$$u(x_1, x_2) = x_1^c x_2^d, c > 0, d > 0$$

它是性态良好的无差异曲线的标准范例,也是产生形态良好的偏好的最简单的代数表达式。其特征在于总可以通过单调变换使其指数和等于1,即使之具有一次齐次函数的特点。一次齐次效用函数是说,当你按照一定比例增加 x_1 和 x_2 产品的消费时,效用水平也按照同样的比例提高。比如,x_1, x_2 的消费数量增加一倍,效用水平也增加一倍,即"规模效用"不变。

对 $u(x_1, x_2) = x_1^c x_2^d$ 采取升次幂 $\frac{1}{c+d}$ 这样一种单调变换形式,有

$$u(x_1, x_2) = x_1^{\frac{c}{c+d}} x_2^{\frac{d}{c+d}}$$

定义 $a = \frac{c}{c+d}$,就可以把有效函数写成一次齐次形式,即

$$u(x_1, x_2) = x_1^a x_2^{1-a}$$

3.1.2 从多个两维集合观察消费者对直销产品的偏好

我们可以将多维集合分解为多个两维集合观察。设消费品为 X,则两维坐标轴分别为 X_1, X_2,坐标系中的每一点都表示消费品 X_1 和 X_2 的一个组合,称为消费品束。人们在一定时期内,比如一天或一个月,都需要或拥有一个相对固定的消费品组合,这就是消费品束。读者可以根据自己的实际,列出一天某两种消费品的消费量,然后标在两维坐标图中,显然那是一个点,如图3.15:

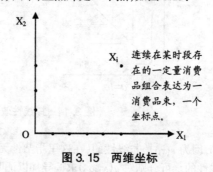

图 3.15 两维坐标

直销领域,有两种重要的也是最基本的消费品束:一个是消费者已经拥有,可以随时消费、处置的消费品束,或者说已经具有所有权的消费品束,可称为既有消费品束,简称既有束;另一种是消费者根据自己的需要想要拥有的消费品束,在拥有这个消费品束后,消费者的需要将得到完全满足,因此可以称其为饱和需要束或满足消费品束,简称满足束。

既有束设为 X_i;满足束设为 X_o。如图 3.16:

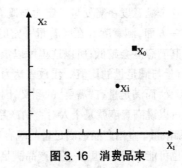

图 3.16 消费品束

在一个从未有过消费过程的初始时间,既有束点 X_i 的具体位置的决定因素有自然环境,武力占有,继承等等。满足束 X_o 的位置则只由消费者的需要量确定,除了自己的需要外不受任何其它因素约束。

当满足束确定后,消费品集合被分为若干区域,如图 3.17:

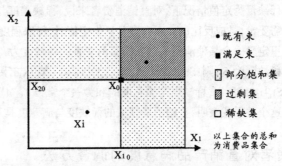

图 3.17 消费品集合若干区域

分区后各个区域的涵义解释:

满足束:使消费者一定时段内的两种需要完全满足的每种直销消费品数量的组合。

既有束:消费者已经占有的一定量的两种直销消费品组合。

过剩消费集:在一定时段内,每一种直销消费品数量都超过饱和需要的组合的集合。

稀缺集:每一种直销消费品都达不到完全满足消费者需要量的所有消费品束的集合。

部分满足集:直销产品的两种之一得到满足或过剩,另一个未满足的消费束集合。

非过剩消费集：直销产品的稀缺集、部分满足集、满足束的并集，过剩消费集的补集。

直销消费品集合中既有束和满足束的确定衍生出几个关系：

一是满意度。考虑既有束与满足束中的一个品种，比如 X_1。既有束 X_{1i} 表示消费者已经拥有可以自由消费的 X_1。如果这个既有量在一个确定的满足量 X_{1o} 下完全被消费，消费者会获得一定程度的满足，这个满足的程度称为满意度，设为 t_1。可以体验出，这个满意度在需要量一定时与既有量成正比，既有的量越多，其满意度就越高；另一方面，满意度 t_1 在既有量一定时，与满足量的值成反比，消费者的需要量越高，其满意度会越低；所以这里可以定义一个满意度的概念：满意度是直销消费品既有量与满足量的比值。代数表达为：$t_1=X_{1i}/X_{1o}$。这里，既有直销产品量有"供给"的涵义，而满足量有"需要"的涵义，因此，这里已经揭示了"供需"对消费者的作用，也可以说满意度就是个人对直销产品消费的"供需比"。

二是稀缺量。直销产品的满足量与既有量可能一致，也可能不一致，不一致时可能大于，也可能小于。这里将直销产品满足量与既有量的差称为稀缺量，设为 S_1，所以 $S_1=X_{1o}-X_{1i}$，满足量大于既有量时，稀缺量大于零。

三是稀缺度。假设关于 X_1 和 X_2 的稀缺量相等，能说对两种直销消费品的稀缺程度相等吗？比如，两个稀缺值都是 2，但完全满足需要 I 必须 4 个 X_1，即 $X_{1o}=4$；而完全满足需要 II 需要 100 个 X_2，即 $X_{2o}=100$；显然稀缺 2 个对于 4 和对于 100，体现的稀缺的程度是不一样的。区别在于基数——直销消费品满足量的值不同，在稀缺量为定值情况下，对直销消费者来说，稀缺程度与这个满足束的值，或称饱和需要量，是成反比的。而在满足量为定值时，稀缺程度又与稀缺量成正比。于是这里定义一个某种消费品对直销某消费者的稀缺度为：稀缺量与满足量的比值。设稀缺度为 St_1，则：$St_1=S_1/X_{1o}=(X_{1o}-X_{1i})/X_{1o}=1-X_{1i}/X_{1o}$，因为 $X_{1i}/X_{1o}=t_1$，所以 $St_1=1-t_1$，$St_1+t_1=1$。所以，稀缺度与满意度的和为一个常数 1。"1"的实际含义是 100%满意度。这个关系式表明，直销消费领域的稀缺度与满意度是互为消长的。

3.1.3 消费者对直销产品满意度的调查方法

随着消费者对直销产品需求的日益多元化，满意度调查也日益向多角化的方向发展，无论是满意度的测评体系、研究深度，还是研究对象、服务成果的延伸等各个方面都有深入和长足的发展。

①满意度调查的手段多角化

以往最常采用的满意度调查方法是一种定量化的结构问卷调查法，得出的结论是消费者对于直销产品或服务满意度的评分结果。而随着消费者对满意度数据的真实性、客观性和有效性的要求，片面的客户主观评价体系已不能完全反映客户服务的全部。所以在方法体系上，出现了神秘顾客法（由事先经过严格培训的顾客，按事先约定的程序和要求对服务进行体验式评价）、仪器记录法（包括录音和录像，要求客观真实记录服务现场的基本情况是否合乎规范），采用主观评价体系和客观记录系统共同评估服务满意度的整体结果。

②满意度调查的对象多角化

客户满意度调查固然以客户为中心,在服务行业尤其如此。但是随着市场的发展,作为直销企业,消费者对于分布于服务渠道中的不同成员的满意度都要求给予关注。因此,对直销产品满意度调查有时还会加入一些公司内部服务人员的满意度和竞争对手的满意度调查的相关内容,以使整个调查的参照性更强,便于在服务的全局中找出问题的根本所在和重要的解决问题的突破口。

③满意度调查的方向多角化

与调查对象不同的是,在满意度指标体系构建的过程中,有形的服务固然重要,但是提供直销产品的企业自身的品牌形象、市场地位、公众价值等,作为企业的无形资产也会对客户满意度产生影响。如消费者对"关心客户"和"领先市场"方面的感受和评价,关注自身的品牌形象差异;关注自己系列品牌的人格形象与个性差别。这些要素在基础的消费动因层面影响消费者对直销产品的预期满意度。

④满意度调查的关注点多角化

传统的客户满意度研究的调查重点是消费者对直销产品与企业服务的评价,更多关注是前台客户看得见的方面,如服务网点的服务态度、人员素质等。而现在,满意度调查的关注点会越来越多,不仅关注前台的看得见的服务、也包括后台的看不见的服务,比如服务热线、投诉处理、网上服务等,这种后台的服务同样是影响消费者对直销产品满意度的重要方面。除此之外,在满意度调查的过程中,还要考虑到消费者本身在接触具体服务之前对服务的期望、与理想服务的差距,以作为整体满意度的基础性加权数据。

⑤满意度调查的分析方法多角化

满意度调查数据结果的分析,不仅跟问卷设计、指标体系结构、数据结构等有着直接的关系,同时与后期的分析方法有着十分直接的联系。我们对消费者对直销产品的满意度分析方法,可采用简单算术平均法、相关系数法、回归分析法和结构方程式法等。这几种方法的重心都是围绕如何确定满意度指标的权重而展开,结构方程式法有助于将满意度指标体系之间的相互影响解构得更加清晰,已被越来越多的专业研究咨询机构所运用。

⑥满意度调查的结果运用多角化

对于满意度调查分析评价最直接的运用方向便是服务满意度的提升和改进,而随着直销消费者对满意度的重视程度不断加深,直销企业应将历年高频率的服务满意度的测评当作是人力资源考评的重要依据,与绩效考核直接挂钩,同时要将服务满意度的测评结果,作为找到公司与竞争对手差异,制定公司发展战略的基本参考数据。

3.2 利润最大化原则与竞争性供给

下面,我们主要讨论中国直销利润最大化与竞争性供给问题。利润最大化与竞争性供给是相互关联的,竞争性供给是直销企业谋求利润最大化的一个十分重要的手段。

3.2.1 直销企业收益利润最大化原则的表述

①收益的概念

直销企业销售产量获得的收入就是收益。总收益(TR)是指直销企业销售一定数量的直销产品或劳务所获得的全部收入，它等于产品的销售价格与销售数量之间的乘积，$TR=P·Q$。平均收益(AR)是指厂商每单位产量平均获得收入，$AR=TR/Q$。边际收益(MR)是指每增加一单位产品销售所增加的收入，$MR=DTR/DQ$。总收益、平均收益和边际收益都与厂商的产量有关，因而其曲线与总产量，平均产量，边际产量曲线相对对应,具有相同的形状。

②收益曲线

收益曲线是指在直销产品价格不变条件下,直销企业的总收益、平均收益和边际收益曲线;在面临一条向右下方倾斜的需求曲线时,直销企业的总收益、平均收益和边际收益曲线。

③直销企业的利润最大化原则

在成本与收益分析的基础之上,我们来分析直销企业的最大化利润原则。

设 p 为利润,则 $p=TR-TC$,为使 p 最大,须 $p'=0$, $\pi'=(TR-TC)'=TR'-TC'=0$ $TR'=\frac{dTR}{dQ}$ 即边际收益;$TR'=\frac{dTR}{dQ}$ 即为边际成本。

直销企业为使利润最大化必须把产量定在 $MC=MR$ 的基础上,$MR=MC$ 称为直销企业最大利润原则。如果直销企业的边际收益大于边际成本,这就意味着直销企业每多生产一单位的产量用于销售所增加的收益大于因多生产这一单位产品所增加的成本。此时,增加产量可以增加利润。如果厂商 $MR<MC$,表明厂商增加产量只会使利润减少。当 $MR=MC$ 时,说明厂商该得到的利润全部得到了。

对 $MR=MC$ 这一直销企业利润最大化原则,可用数学推导加以证明:

设 π 为利润,Q 为直销企业产量,TR 为直销企业总收益,TC 为直销企业总成本,则:$\pi(Q)=TR(Q)-TC(Q)$

利润极大化的必要条件是 π 对 Q 的一阶导数为零。

$$\frac{d\pi(Q)}{dQ}=\frac{dTR(Q)}{dQ}-\frac{dTC(Q)}{dQ}=0$$

$$\frac{dTR(Q)}{dQ}=\frac{dTC(Q)}{dQ}$$

而 TR 对 Q 的一阶导数 $\frac{dTR(Q)}{dQ}$ 就是边际收益 MR,同样,$\frac{dTR(Q)}{dQ}$ 就是边际成本 MC。所以,当 $MR=MC$,即边际收益等于边际成本时,利润极大。

利润最大化的充分条件还要求 π 的二阶导数为负数,即:

$$\frac{d^2TR(Q)}{dQ^2}-\frac{d^2TC(Q)}{dQ^2}<0$$

$$\frac{d^2TR(Q)}{dQ^2}<\frac{d^2TC(Q)}{dQ^2}$$

它表示,直销企业利润最大化要求边际成本函数的斜率要大于边际收益函数的斜率。一般来说,在不同的直销市场结构中,边际成本函数的斜率为正值,而边际收益函数的斜率在完全竞争市场中为零,在不完全竞争市场中为负值。

3.2.2 直销产品的竞争性供给

了解了直销企业利润最大化原则,我们就能很好地分析直销产品的竞争性供给了。直销产品的竞争性供给,主要反映在两个层面:

①通过垂直一体化或垂直约束,进入生产要素和投入品生产领域,扩张直销企业的经营范围,获取相应的收益

采取垂直一体化或垂直约束战略,这是直销企业实行直销产品竞争性供给的一个重要手段。直销企业采取垂直一体化或垂直约束战略一般出于以下动机:

首先,有助于降低直销产品的交易成本,确保生产要素或投入品的稳定供给。当直销企业承担直销商和直销员的直销品供应任务时,随着投入的资本或交易的产品越来越趋于专用性,交易双方都可能因为有限理性或机会主义行为而毁约,这样一来就会增加直销市场交易的成本。为了确保生产要素或直销产品的及时交货,直销商和直销员则可能会通过一体化战略将市场交易内部化,或与某一家直销企业形成利益同盟,以保障所需产品的稳定供应。

其次,有助于实现范围经济效益(Economics of Scope)。所谓范围经济收益是指当直销企业同时生产两种或两种以上直销产品时,比同样数量的直销产品分别交给不同直销商更能实现成本的节约。范围经济的存在,一方面来自交易成本和运输成本的节约,另一方面则来自技术、管理、信息上的集聚效应,特别是直销企业和直销系统或团队依赖于某种要素(如人力资源)的共同投入时,一体化比专业化更能增进效率。

第三,有助于驱逐竞争对手,获取垄断利润。通过采取垂直一体化或垂直约束战略,直销企业可以以两种方式提高自己的垄断利润:一是垄断直销队伍,造成竞争对手直销队伍供给短缺或成本上升,将其置于竞争的不利地位;二是挤压竞争对手的直销产品,使其直销产品无法获得市场认同,进而迫使竞争对手的直销产品从市场撤出。目的就是为了通过需求份额操纵市场,构建直销企业其垄断的直销队伍双边垄断直销市场的结构。

②对采取垂直一体化或垂直约束战略的效率分析

直销企业采取垂直一体化或垂直约束战略,与卖主垄断一样,也会导致社会福利的净损失。但倘若有两个直销企业分别居于直销行业的卖主垄断地位,则会出现双重加价(Double Marginalization),消费者福利水平被降低到最低点,而如果允许其中一个直销企业进行垂直一体化,则不仅会提高直销行业的利润水平,而且消费者面临的价格水平也会更低。也就是说,相对于垄断链所造成的更大效率损失,允许直销企业实施一体化也是一种合理的选择。

以下我们运用一个理论模型验证直销企业实施一体化的效率,并对其适用范围和假设条件进行讨论。假设在直销产品供应链中各存在一个垄断卖主,即直销企业和企业化管理的直销系统(团队)(如跨国的642直销系统),他们都服从利润最大化目标。直销系统(团队)面临的市场需求曲线为 $P=a-bQ$,其中 P 为最终产品的价格,Q 为直销产品销售水平,$a,b>0$ 为参数,直销系统(团队)的总成本为 C_1,利润为 π_1,销售直销产品的边际成本为 MC_1;直销企业生产的是直销产品,面临的市场需求曲线是直销系统(团队)的派生需求,收取的价格 P_2 是直销系统(团队)的边际成本 MC_1,直销企业的总成本 C_2,利润为 π_2,直销产品的边际成本 MC_2,其中 $P_2=MC_1>MC_2$。于是求解 $\mathrm{Max}\pi_1=(a-bQ)Q-C_1$,由此可得:

$$P=\frac{a+MC_1}{2}, Q=\frac{a-MC_1}{2}, \pi_1=\frac{(a-MC_1)^2}{4B}$$

对直销企业求解 $\mathrm{Max}\pi_2=MC_1\frac{a-MC_1}{2}-C_2$,可得直销系统(团队)销售直销产品的边际成本:$MC_1=\frac{a+MC_2}{2}, \pi_2=\frac{(a-MC_2)^2}{8b}$。

因此在未一体化状况下,直销企业和直销系统(团队)两者的总利润和最终产品的价格分别为:$\pi=\pi_1+\pi_2=\frac{3}{16b}(a-MC_2)^2$;$P=\frac{(a-MC_1)}{2}$。

现在考虑直销企业通过垂直一体化兼并直销系统(团队),则求解:$\mathrm{Max}\tilde{\pi}=(a-bQ)Q-C_2$,由此可得:$\tilde{\pi}=\frac{1}{4b}(a-MC_2)^2>\pi$,$\tilde{P}=\frac{a+MC_2}{2}<P$。

比较上述推算结果,可以看出无论直销系统(团队)进行后向一体化,还是直销企业进行前向一体化,都将增进直销系统(团队)和直销企业的总体利润水平,与此同时消费者支付的最终价格却有所降低。如果两者处于完全竞争的市场结构中,则最终直销产品的价格将降至 $P=MC_1=MC_2$,产量相应扩张1倍,消费者福利水平显著增加,直销市场运行将达到最优效率。如果直销系统(团队)处于完全竞争格局,而直销企业处于完全垄断格局,则最终直销产品的价格将与直销企业一体化状况下一致,不同的只是直销企业的垄断利润会降低。

3.3 竞争性直销市场分析

在市场经济条件下,联合和竞争是对立统一的现象。在不完全竞争中,直销企业对直销市场有着不同程度的支配和控制作用。直销企业的某一竞争行动,可能会对直销市场和竞争对手产生重大影响。

所谓竞争,就是两个或更多的企业,为实现各自的经济目标,动员其可支配的有效资源,采用多种可能的策略和手段,以压倒对手的过程。在中国,直销市场的竞争性是比较激烈的。分析中国的竞争性直销市场,目的在于增强和提高直销企业在竞争中的理智性,从而扬长避短,在激烈的市场竞争中占有自己应有的一席地位。

3.3.1 直销竞争格局的形成

竞争是一个长期的过程,因而也具有持久性特点。在这个过程中,竞争的直销企业所处的地位可能有较多的变化和起伏。就具体直销企业来说,无非是三种情形:一是实现了既定的目标,压倒了竞争者,比如取得了直销行业的领导地位。二是未能实现目标,被对手压倒,处境艰难,甚至被淘汰。三是经过激烈的变动之后,进入相对稳定的格局。这种格局往往以直销企业在行业中的地位为象征,比如某种相对稳定的排序。但是一旦环境和条件发生变化,竞争直销格局和竞争均势也会变化。从我国的情况看,直销行业通过17年的发展,竞争的格局已初步形成。外资直销企业仍然处在直销行业的领先地位,如安利公司;民族直销企业也有一些在竞争中占领了国内外的大量市场份额,如天狮集团。大量的中型民族直销企业,正在发奋努力,在与外资直销企业的竞争中也占有了一定的市场份额。小型直销企业在激烈的市场竞争中,有的被淘汰出局,有的被并购。总的来说,我国直销竞争的格局已经形成。

3.3.2 直销竞争方式各不相同

我国直销企业采用的竞争策略手段的不同,一般分为直销产品价格竞争和非直销产品价格竞争两种。直销产品价格竞争的具体表现形式有两种:一是生产同类直销产品的不同企业在竞争中用低于其他厂家的售价来赢得更多的消费者;二是生产不同种类但可相互替代的直销产品的不同企业之间通过产品比价的改变,引导消费者选购价格低廉的替代产品,从而扩大市场占有率。直销产品价格竞争是生产无差别产品(如灵芝保健品等)的直销企业通常采用的竞争策略。而利用直销产品价格以外的因素进行的竞争,就是非价格竞争,亦称为差别化竞争。采取这种竞争策略的企业,有的依靠品种创新、质量优良、交货期短、售后服务周到等形成产品实质性的差别,有的依靠商标包装、广告宣传、企业形象及其他促销措施,在消费者心目中造成感觉上的差别,从而在直销市场上争取到对自己产品有特别偏好的消费者,提高直销产品的市场占有率,并形成自己对产品价格的一定的决定权。

3.3.3 非产品市场领域竞争比较激烈

直销企业竞争有着广泛的角逐领域,这种竞争领域可以区分为产品市场领域与非产品市场领域。产品市场领域是直销企业竞争表现的舞台,而非产品市场领域则是舞台的后台和训练营地。"演出"的最终效果自然要通过舞台表现来衡量,但演出效果的好坏、高低,不仅取决于"演员"的临场发挥和舞台的现场效果这些因素,更在很大程度上取决于平时的"排演"与"练内功","道具"和"布景"的选择准备以及"剧本"和"演员"的选择等早期的和大量的日常工作。与此道理相似,直销企业竞争不仅发生在最终的产品市场领域,而且在更大程度上与生产过程中的质量因素、成本因素有关,也进一步与资源筹措、技术革新和研究开发、人才培养和提高以及对信息和机遇的把握等有关。而所有这些活动都是在产品市场营销活动之前开展的,直销企业整个经济活动过程的每一环节、每个方面可以说都与直销企业竞争实力和地位的形成有关,都决定着直销企业将来的生存和发展。所以人们常说,直销企业的竞争不仅是产品的竞争,更是信息、人才、技术、管理等多方面的竞争。就我国的实际情况而言,直销企业在非产品市场领域的竞争也是比较激烈的。许多直销企业不惜花巨资投入搞直销产品的研发和聘用高端人才,以形成自己强有力的竞争能力。还有些直销企业在企业文化建设上大做文章,还有的直销企业积极参加社会公益活动,以良好的企业形象参与直销市场的竞争,取得了很好的效果。

▼4 中国直销市场的风险

中国直销市场的风险是本节讨论的主要内容。在这一节,我们根据微观经济学——中国直销经济学本质是也属于微观经济学——的基本原理来研究中国直销市场的风险。

4.1 中国直销市场风险描述

中国直销市场营销风险是指由于直销企业制定并实施的直销策略与企业直销环境(包括微观环境和宏观环境)的发展变化不协调,从而导致直销策略难以顺利实施、目标市场缩小或消失、产品难以顺利售出、盈利目标无法实现的可能性。中国直销市场风险具有客观性、偶然性、可变性、投机性等特征。

4.1.1 直销风险来自于环境的变化

中国直销市场风险来自于环境的变化,重点集中于市场的变化。主要表现在两个方面:一是消费需求的变化;二是竞争对手力量的变化。消费需求变化会导致直销市场上企业现有产品滞销,从而给企业带来目标市场选择风险。而竞争对手力量对比的变化,将使有竞争优势的直销企业得以发展,无竞争优势的直销企业被淘汰,从而带来市场竞争格局的风险。

4.1.2 直销风险的分类

以直销风险的来源为标志,可将中国直销市场风险分为外因型风险和内因型风险两种。外因型风险指来自于直销主体以外的市场风险因素导致的风险,主要包括价格风险、销量风险、信用风险、经销商风险;内因型风险指来自于营销主体自身因素的市场风险,主要包括销售人员风险。下面详细论述不同营销风险类型下直销企业的具体防范措施。

①价格风险

价格风险是中国直销市场营销第一大风险,不仅因为直销产品价格对直销企业利润至关重要,更重要的是在当前资源和市场两大约束条件下,直销企业对直销产品价格的自主权和消费者对直销产品价格的认可权之间有很大的对立。有一家直销企业,打向直销市场的主体产品是以"酶"为主要成分的。在刚进入直销市场时,他们把产品的价格定得很高,投放市场后消费者认为比市场上同类产品高出2倍多,结果生产的产品在直销市场上推销不了,库压很严重。

②销量风险

销量风险就是指直销企业对其产品的销量估计不足造成的收益损失风险,主要原因在于没有充分估计环境变化和"企业惰性"所致。销量风险主要来自于需求、供应链的结构变化或者是竞争环境的意外变故。比如,有一家直销企业由于没有很好地整合营销渠道,原来已有一万多人的直销人员不到半个月,就流失了三分之一,结果直销产品的销量下降了40%,给企业带来了很大的损失。

③信用风险

信用风险主要是指直销企业因缺失诚信而带来的市场风险。有的直销企业,对直销产品的性能夸大宣传,把产品的保健功能的宣传扩大到医疗功能上,结果使消费者服用后没有能得到相应的医疗效果,直销企业的产品在市场上的名声一落千丈;有的直销企业对直销的奖金分配制度经常改动,并不及时兑现,因而失去了直销员的信任,结果直销队伍流失很多;还有的直销企业向政府申报时讲实行单层次销售,但在具体操作中却实行了多层次销售,结果遭到了政府有关部门严厉处罚,甚至被查封。

4.2 中国直销市场风险偏好

4.2.1 中国直销风险偏好的解析

中国直销风险偏好,就是指人们对待直销市场风险的态度,也是人们在承担直销风险时对回报的态度。具体说,就是人们在承担直销风险时对收益有怎样的要求。要想根据人们对直销风险和回报的态度来判断他们对风险的态度,就有必要理解"风险升水"这个概念。风险升水是指在直销活动中,有风险投资的预期收益与无风险投资的预期收益的差额,它其实就是直销风险的价值,是人们承担直销风险所要求的预期收益的增加。

我们可以利用直销风险升水的定义把人们对直销风险的态度分为三种状态:风险厌恶、风险中立和风险爱好。如果人们在承担直销风险时要求有风险升水就是风险厌恶者;对直销风险不在乎,即风险升水为零时也愿意承担风险的就是直销风险中立者;而在直销风险升水为负的情况下,也愿意承担风险的就是风险爱好者。风险厌恶者认为,直销项目的风险会减少项目的效用,即直销风险只会给他们带来负效用。他们认为,在直销活动中,从确定性的一笔财富获得的效用要大于在不确定性下获得的效用。如果要让风险厌恶者放弃无风险直销项目而选择有一定风险的项目,则需要支付给其一定的额外回报作为承担风险的补偿,这个补偿就是风险升水。风险中立者对直销风险无所谓。他们只对直销投资的预期收益感兴趣,而直销项目本身有无风险以及风险程度大小,都不会影响风险中立者对直销项目的评估和感受。风险爱好者认为直销风险会增加他们的效用。他们不仅仅对直销投资的回报感兴趣,而且对直销投资的风险感兴趣。他们就像生活中最常见的买彩票、打麻将等赌博行为一样,只是出于对直销风险的爱好,而不是为了获得风险升水。所以风险爱好者也不可能是投资者。

4.2.2 不同风险承受能力的直销投资者

不同风险承受能力的直销投资者,一般分为五大类:

①保守型直销投资者

保守型直销投资者,保护直销投资本金不受损蚀和保持直销资产的流动性是首要目标。对直销投资的态度是希望投资收益极度稳定,不愿用直销高风险来换取直销收益,通常不太在意资金是否有较大增值。在个性上,本能地抗拒冒险,不抱碰运气的侥幸心理,通常不愿意承受直销投资波动对心理的煎熬,追求直销经济活动和收益的稳定。

②中庸保守型直销投资者

中庸保守型直销投资者,稳定是他们考虑的重要因素,希望直销投资在保证本金安全的基础上能有一些增值收入。希望直销投资有一定的收益,但常常因回避直销风险而最终不会采取任何行动。在个性上,不会很明显地害怕冒险,但承受直销风险的能力有限。

③中庸型直销投资者

中庸型直销投资者,渴望有较高的直销投资收益,但又不愿承受较大的直销风险;可以承受一定的投资波动,但是希望自己的投资风险小于直销市场的整体风险,因此希望直销投资收益长期、稳步地增长。在个性上,有较高的追求目标,而且对直销风险有清醒的认识,但通常不会采取激进的办法去达到目标,而总是在事情的两极之间找到相对妥协、均衡的方法,因而在直销投资中通常能缓慢但稳定地进步。

④中庸进取型直销投资者

中庸进取型直销投资者,专注于直销投资的长期增值。常常会为提高直销投资收益而采取一些行动,并愿意为此承受较大的市场风险。在个性上,通常对直销投资很有信心,具有很强的商业创造技能,知道自己需要什么并甘于冒风险去追求,但是通常也不会忘记给自己留条后路。

⑤进取型直销投资者

进取型直销投资者,高度追求资金的增值,愿意接受可能出现的直销市场的大幅波动,以换取资金高成长的可能性。为了最大限度地获得资金增值,常常将大部分资金投入风险较高的直销行业。在个性上,非常自信,追求极度的成功,常常不留后路以激励自己向前,不惜冒失败的风险。

4.3 中国直销市场风险的防范和规避

中国直销风险的防范和规避,必须要加强直销市场环境的调查研究,这是市场营销风险防范的根本措施。同时,要利用市场细分,防范直销目标市场变化的风险;实行多角化经营,分散直销目标市场的单一风险;树立"直销队伍全员风险意识",从直销人员招募、培训、日常管理等环节灌输风险意识,让他们有危机感、责任感;建立直销风险防范与处理小组,主要工作应包括在企业内部建立直销风险预防的规章制度,在日常管理中进行直销风险处理演练,当风险发生后统一处理直销风险事件。

4.3.1 直销价格风险的防范

从直销企业内部来说,要长期制定降低成本的规划,要通过价值工程、设计创新等方式,保持直销企业成本领先的地位,为应对直销价格风险提供较大的回旋空间。

4.3.2 销量风险的防范

直销企业控制销量风险的主要途径有两条:一是强化直销企业的市场地位。安利公司在分析市场占有率时,有一个指标是本企业具有绝对优势的产品市场占有率。这一指标较好地反映了直销企业的市场稳定性;二是积极拓展直销新市场,使新产品新市场的比重不断加大。直销企业应该积极开发和生产新的直销产品,拓展直销新的市场空间,这样也就可以将销量风险进行有效转移。

4.3.3 信用风险的防范

直销企业应该制定"三大措施",来保证直销全程信用风险模式的有效实施。

①实行规范的客户信用管理制度

直销企业应建立起一套专业化的直销人员资信管理业务制度,其中包括直销人员信用信息的搜集方法、直销人员资信档案的建立与管理、直销人员信用风险分析模型的建立以及对直销人员的信用风险动态监控措施等。

②强化营销系统的信用风险管理

营销系统是直销企业经营管理中最为复杂、风险性最高的领域之一。直销企业应以信用政策的制定和实施、信用限额的评审为核心,对账务往来实行规范化管理,从根本上提高直销企业销售与回款业务流程的效率,并且从源头上控制信用风险的产生。

③在财务管理系统中建立业务流程管理体系

直销企业应建立以账龄管理为核心的账款回收业务流程管理体系,由专职人员对整个账款回收过程进行监控,并将财务管理的重点移至货款到期日之前。

4.3.4 经销商风险的防范

直销经销商风险主要是指企业选择直销商来分销产品时出现决策失误带来的难以实现分销目标的风险。为降低经销商风险,直销企业除要进行严格的选拔外,还要有针对性地采取措施:一是进行信用调查,挑选合适的经销商;二是与经销商建立长期、稳定、互信、互利的合作机制。这不仅能大大降低直销交易成本,而且能大大降低商业风险;三是对新经销商要把握"从小到大"的合作原则,即先从低业务量做起,当对该经销商的资信状况了解透了再开展大的直销业务;四是规范与经销商的业务关系,一切业务都要有合同,并与经销商之间实行"买卖制";五是为了减少直至杜绝来自经销商的风险,必须对直销人员,特别是新招募的直销人员进行全面的培训,做到不培训合格不能从事直销工作。

4.3.5 建立全面的直销风险预警机制

直销企业建立全面的直销风险预警机制,目的是将直销活动中的不安全营销行为(营销失误)和不安全营销过程(营销波动)处于被监视之下,为制止营销逆境提供一种直销管理模式和行动方式。

由于直销环境的复杂性、多变性,因此关键是从影响直销的环境因素入手,同时可根据环境因素的内容及表现,按照影响因素的特点及分类,并且结合直销有关问题的调查问卷所得的第一手资料来构造预警指标,然后,在此基础上建立一套能够评价直销企业营销状况的"企业直销预警指标体系"及相应的直销风险阈值。同时,要选取一定的方法预测并计算指标体系中的指标,将得到的指标值与预先设定的阈值进行比较,对直销企业经营风险进行量化,并将量化后得到的直销企业经营风险值传递给决策者以进行定性分析。在此基础上,根据预测结果与实际状况的拟合程度,对指标及其权重适时地进行调整,最终确定直销企业风险预警系统。直销企业风险预警系统确定后,要根据不同程度的报警,研究制定和实施不同的风险预警管理措施,对企业直销风险进行全面的、系统的、预防性的管理,使直销企业避免和减少直销风险的损失,从而使直销企业得到长期稳定的发展。

第4章 中国直销企业的生产与成本

生产与成本,是中国直销企业在发展过程中的两个十分重要的问题。生产问题是直销企业发展的中心问题,而成本问题则是直销企业发展的重心问题。这一章,我们着重分析一下中国直销企业的生产与成本,目的是让读者认识和了解生产与成本这两大问题对推动和促进中国直销企业健康发展的重要性。

▼1 直销企业的生产

直销企业的生产,实际上就是指直销企业对各种生产要素的配置。中国直销经济学所说的生产,就是指直销企业对各种生产要素进行组合以制成直销产品的行为。在生产中要投入各种生产要素并生产出产品,所以,生产也就是直销企业把投入变为产出的过程。直销生产要素是指生产中所使用的各种资源,这些资源可以分为劳动、资本、土地与直销企业家才能。直销企业的生产是这四种生产要素合作的过程,直销产品则是这四种生产要素共同努力的结果。直销生产要素的数量与组合与它所能生产出来的直销产品产量之间存在着一定的依存关系。生产函数正是表明一定技术水平之下,生产要素的数量与某种组合和它所能生产出来的最大产量之间依存关系的函数,公式是 $Q=f(L、K、N、E)$。在分析生产要素与产量的关系时,一般把土地作为固定的,直销企业家才能难以估算。因此,生产函数又可以写为:$Q = f(L、K)$。这一函数式表明,在一定技术水平时,直销产品生产 Q 的产量,需要一定数量劳动与资本的组合。同样,生产函数也表明,在劳动与资本的数量与组合为已知时,也就可以推算出直销企业生产直销产品最大的产量。

1.1 直销企业一种可变生产要素的投入

当直销企业固定投入不能改变,只有可变投入能改变时,产量的变动服从边际产量递减规律。这是我们分析直销企业在短期中一种生产要素的可变投入时的出发点。

1.1.1 边际产量递减规律的基本内容

边际产量递减规律的基本内容是:在技术水平不变的情况下,当把一种可变的生产要素投入到一种或几种不变的生产要素中时,最初这种生产要素的增加会使产量增加,但当它的增加超过一定限度时,增加的产量将要递减,最终还会使直销产品产量绝对减少。在理解这一规律时,要注意这样几点:一是这一规律发生作用的前提是直销企业的技术水平不变。二是这一规律所指的是直销企业在生产中使用的生产要素分为可变的与不变的两类。边际产量递减规律研究的是把不断增加的一种可变生产要素,增加到其他不变的生产要素上时对直销产品产量所发生的影响。三是在其他生产要素不变时,一种生产要素增加所引起的直销产品产量或收益的变动,可以分为三个阶段:第一阶段为产量递增,即这种可变生产要素的增加使直销产品产量或收益增加。第二阶段为边际产量递减,即这种可变生产要素的增加仍可使直销产品的总产量增加,但增加的比率即增加的每一单位生产要素的边际产量是递减的。第三阶段为产量绝对减少,即这种可变生产要素的增加使直销产品总产量减少。边际产量递减规律是从科学实验和生产实践中得出来的,在直销企业中的作用比较明显。

1.1.2 边际产量递减规律是研究一种生产要素可变投入的出发点

为了说明一种要素如何可变投入,我们将根据边际产量递减规律分析一种生产要素投入变动时,对直销产品总产量、平均产量和边际产量的影响。直销企业产品的总产量,指一定量的某种生产要素所生产出来的全部产量;平均产量是指平均每单位某种生产要素所生产出来的直销产品的产量;边际产量是指某种生产要素增加一单位所增加的产量。这三种产量之间的关系式为:

$$TP = AP \cdot Q \quad AP = TP/Q \quad MP = \triangle TP/\triangle Q$$

假定生产某种直销产品时所用的生产要素是资本与劳动。其中资本是固定的,劳动是可变的。总产量、平均产量、边际产量之间关系有这样几个特点:第一,在资本量不变的情况下,随着劳动量的增加,最初直销产品的总产量、平均产量和边际产量都是递增的,但各自增加到一定程度之后就分别递减。所以,直销产品的总产量曲线、平均产量曲线和边际产量曲线都是先上升而后下降。这反映了边际产量递减规律。第二，直销产品的边际产量曲线与平均产量曲线相交于平均产量曲线的最高点。在相交前，直销产品的平均产量是递增的，边际产量大于平均产量($MP>AP$)；在相交后，直销产品的平均产量是递减的，边际产量小于平均产量（$MP<AP$)。

1.1.3 劳动量可变投入后直销产品量的变化

根据以上分析，我们可以看到,当劳动量从零增加到某个阶段时,直销产品的平均产量一直在增加,边际产量大于平均产量。这说明,在这一阶段相对于不变的资本量而言,由于劳动量的不足,所以劳动量的增加可以使资本得到充分利用,从而产量递增。由此来看,劳动量如果不增加,直销企业的固定资本就无法得到充分利用。当劳动量增加到另一个阶段时,直销产品的平均产量开始下降,边际产量递减,即增加劳动量仍可使边际产量增加,但增加的比率是递减的。由于边际产量仍然大于零,直销产品的总产量仍在增加。在劳动量增加到又一个阶段时,直销产品的总产量可以达到最大。但这时如果再继续增加劳动量,这时直销企业的边际产量为负数,直销产品的总产量绝对减少。由此看来,劳动量增加超过一定规模后,对提高直销产品的总产量是不利的。

1.2 直销企业两种可变生产要素的投入

表4.1 两种可变要素的投入

	资本（K）	劳动（L）
A	6	1
B	3	2
C	2	3
D	1	6

前面我们分析的是生产一种直销产品使用的生产要素中只有一种要素是可变的,现在我们来分析一下两种可变要素的投入情况。我们假设,直销企业在一定的技术条件下,也只生产一种产品,但资本K和劳动L都是可变动要素投入,然后分析这两种可变要素投入的变动对直销企业生产直销产品产量的影响。这一情况,在表4.1中已反映出来了。

1.2.1 等产量线

等产量线(isoquant curve)类似消费理论中的无差异曲线,是表示在一定技术条件下,用两种生产要素的各种数量组合能够生产出等量的产品。

下图给出了资本和劳动四种不同组合都可以达到相同产量的一组数据。

根据此表可以做出"等产量线图"(图4.1):

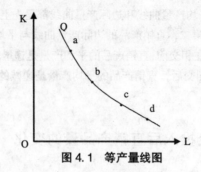

图 4.1 等产量线图

在"等产量线图"中,横轴表示劳动投入量,纵轴表示资本投入量,Q 为等直销产品的产量线,即在线上不同的点虽然资本与劳动的数量组合不同,但都能生产出相同的直销产品的产量。或者说为生产相同的直销产品的产量,资本和劳动两种生产要素可以有多种不同数量的配合比例。由于等产量线类似于无差异曲线,因而具有相同的几何性质。但不同的是,无差异曲线表示消费者对两种商品效用大小的主观评价,等产量线表示投入生产要素数量与产出量之间的技术关系,曲线上每一点所代表的资本与劳动的组合都是有效的。等产量线一般具有如下特征:

第一,在同一坐标平面上,可以有无数条等产量曲线,不同的等产量线代表直销产品不同的产量水平,离原点越远,表示直销产品的产量越高,反之则直销产品的产量水平低。如图(4.2)所示:$Q_1<Q_2<Q_3$。

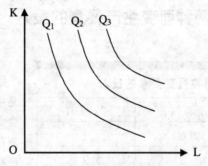

图 4.2 不同等产量线的产量水平

第二,在同一平面上,任意两条等产量线不能相交,因为两条等产量线的交点必然代表着两种投入的同一组合,即相同的直销产品的产量,而这显然与不同的等产量线代表直销产品不同的产量水平相矛盾。

第三,等产量线通常向右下方倾斜,其斜率为负。因为等产量线上的每一点通常都代表能生产同一直销产品产量的两种投入的有效组合,这意味着增加一单位某种投入的使用量,要保持直销产品的产量不变,就必须相应减少另一种投入的使用量,否则就说明这一点所代表的投入组合是无效率的。

第四,等产量线通常凸向原点,其斜率是递减的。这是由边际技术替代率决定的。

1.2.2 边际技术替代率

边际技术替代率是在维持相同的直销产品产量水平时,减少一种生产要素的数量,与增加的另一种生产要素的数量之比。以 △L 代表劳动的增加量,△K 代表资本的减少量,MRTSLK 代表以劳动代替资本的边际技术替代率,则有:MRTSLK = −K/L。

边际技术替代率应该是负值,因为一种生产要素增加,另一种生产要素就要减少。但为了使 MRTS 为正值,我们在公式中加上了负号。

表 4.2 边际技术替代率的变动

变动情况	△L	△K	MRTSLK
A—B	1	3	3
B—C	1	1	1
C—D	3	1	1/3

从表 4.2 中可以得出,边际技术替代率是递减的。这是因为,根据边际产量递减规律,随劳动量的增加,直销产品的边际产量在递减。这样,每增加一定量的劳动所能替代的资本量越来越少,即 △L 不变时,△K 越来越小。边际技术替代率递减反映了直销产品的边际产量递减规律。边际技术替代率也就是直销产品等产量线的斜率。直销产品等产量线的斜率递减决定了它是一条凸向原点的线。

1.2.3 等成本线

等成本线表示在生产要素价格为一定的条件下,花费某一固定总成本所能购买的生产要素的组合。

和预算线是消费者消费的限制条件一样,等成本线就是直销企业生产的限制条件,即直销企业所购买的生产要素所花的钱不能大于或小于他所拥有的货币成本。大于货币成本实现不了所购买生产要素的组合;小于货币成本又不能实现直销产品的最大产量。假定总成本为 C,劳动和资本的价格分别为 PL 和 PK。购买劳动和资本的数量分别为 QL 和 QK。则等成本线可以表示为:$C = P_K \cdot Q_K + P_L \cdot Q_L$

上式可以改写成一个直线方程形式:$Q_K = \dfrac{C}{P_K} - \dfrac{P_L}{P_K} \cdot Q_L$

此直线的斜率为 $-\dfrac{P_L}{P_K}$。因为总成本 C 是直销企业既定的全部支出,所以是定值。而我们又假定生产要素市场是完全竞争的,所以,资本和劳动两种生产要素的价格 PK 和 PL 就也是固定的。我们只要给出 QL 的值,就可以求出 QK 的值。

如果 QL=0,则 $Q_K = \dfrac{M}{P_L}$ 如果 QK=0,则 $Q_L = \dfrac{C}{P_K}$

式中:$Q_K = \dfrac{C}{P_K}$ 为等成本线在纵轴上的截距,而 $Q_L = \dfrac{M}{P_L}$ 为等成本线在横轴上的截距。两个截距点的连线就是等成本线。如图 4.3 所示。等成本线上的每一点,都是在货币成本与生产要素的直销产品价格既定条件下,能购买到的劳动和资本的最大数量的组合。线内的任一点如 A,所购买的劳动和资本的组合是可以实现的,但不是最大数量组合,即货币成本没用完;线外的任一点如 B,所购买的资本和劳动的组合无法实现,因所需要的货币超过了既定的货币成本。

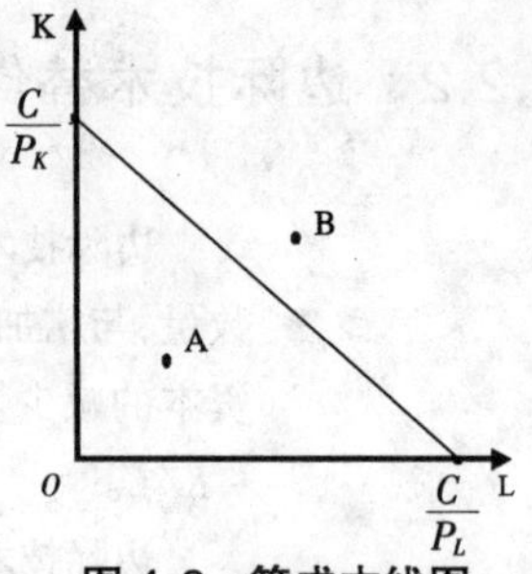

由于等成本线是在总成本和生产要素的价格在一定的条件下作出的,所以直销企业的总成本变动或市场价格变动,都可以使等成本线移动。如果生产要素价格不变,总成本增加,等成本线平行右移,反之等成本线平行左移。如 4.4 图中所示:AB 为原来的等成本线。当直销企业总成本增加,等成本线平行右移从 $AB \rightarrow A_1B_1$;当总成本减少,等成本线平行左移从 $AB \rightarrow A_1B_1$。

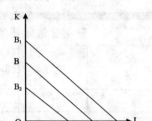

图 4.3 等成本线图

1.2.4 直销企业的均衡

我们把等成本线和等产量线结合在一起,分析一下一个追求利润最大化的直销企业,在其总成本一定的情况下,应选择什么样的资本和劳动的组合,以使产量达最大;或者在直销产品产量既定条件下,直销企业应选择什么样的投入组合,以使成本最小。

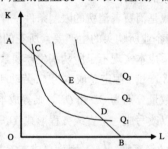

图 4.4 等成本线的移动图

①在总成本既定条件下求直销产品产量最大的原则

如图 4.5 所示,在总成本和生产要素价格一定下,等成本线为唯一的一条,即 AB,等产量线有 Q_1、Q_2 和 Q_3 三条。唯一的等成本线 AB 与其中一条等产量线 Q_2 相切于 E,则 E 点就是生产的均衡点。它表示:在既定成本下,直销企业应按照 E 点的要素组合进行生产,这样,直销企业就可以取得直销产品的最大产量。

图 4.5 成本既定产量最大的原则

为什么 E 点是生产要素的最优投入组合点呢? 因为,等产量线 Q_3 代表的直销产品产量虽然高于 Q_2,但唯一的等成本线 AB 与 Q_3 既无交点又无切点,这表明等产量线 Q_3 所代表的直销产品的产量是直销企业无法实现的,因为直销企业利用既定成本只能购买到位于等成本线 AB 上及以内区域的要素组合。等产量线 Q_1 虽然与惟一的等成本线 AB 有两个交点 C、D,但等产量线 Q_1 代表的产量较低,不是直销产品在既定成本下的最大产量。所以只有在相切点 E 上,才是实现既定成本条件下的最大产量的要素组合。

②在既定产量下成本最小的原则

如图4.6所示,假设为生产一定量直销产品所需两种生产要素的各种可能数量组合为已知的,即等产量线Q。若生产要素的价格已知且固定,每一总成本的等成本线也既定,即等成本线A_1B_1、A_2B_2和A_3B_3。直销企业为了生产一定量的产品所花费的总成本为最小,所要决策的同样是买进两种生产要素的数量各是多少。等成本线A_3B_3有两点即C和D与等产量线相交,这意味着花费的总成本能够满足生产既定直销产品产量的要求。但是,这一总成本不是最小的,只要直销企业适当调整投入组合,就可以降低成本,并维持同样的直销产品的产量。等成本线A_1B_1虽然成本最小,但与等产量线既不相交又不相切,这说明花费的总成本不能满足生产既定直销产品产量的要求,若要生产既定产量,还需增加成本。等成本线A_2B_2与等产量线相切,这是为生产直销产品既定产量的最小成本。因为等成本线向上移动,总成本将增加,不符合成本最小原则,等成本线向下移动,则生产不出直销产品既定产量。所以,与等产量线相切的等成本线A_2B_2是既定产量下的最小成本,切点E处表示的两种生产要素组合是用最小成本生产出直销产品既定产量的最优组合。

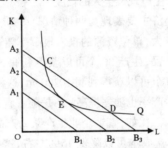

图4.6 产量既定成本最小的原则

1.3 直销企业生产的规模报酬

规模报酬是指两种以上的生产资源配合使用,当资源配合比例不变,生产资源投入变动的比率所引起的产品产量或收益变动的比率,或者说是生产资源投入增加的倍数引起的产品产量或收益增加的倍数。

中国直销经济学对规模报酬的研究,主要是研究当生产资源按照某一比例增加的时候,其直销产品产量或收益会按照什么比例增加。在直销企业生产经营过程中,随着生产规模的扩大,规模报酬的变化也会发生两种情况:第一种情况是规模报酬递增。就是当生产资源的投入增加某一倍数时,其直销产品产量或收益增加的倍数超过生产资源增加的倍数。就是当各种生产资源投入增加某一倍数时,产量或收益的增加等于或大于这一倍数。第二种情况是规模报酬递减。就是当各种生产资源的投入比例增加某一倍数时,直销产品产量或收益增加的倍数小于生产资源增加的倍数。

1.3.1 规模经济与规模不经济

现在,我们对直销企业规模经济与规模不经济现象作一下分析。

①规模经济

什么是规模经济?规模经济是指在技术水平不变的情况下,当两种生产资源按同样的比例增加,即直销企业生产规模扩大时,直销产品产量或收益增加的倍数大于生产规模扩大的倍数。

一般来说,规模经济是以一定的经济规模为基础的。而经济规模反映的是生产要素的集中投放程度。生产力要素组合的不同层次和方式,形成不同的经济规模。经济规模就其范围来说,可分为直销行业经济规模和直销企业经济规模。直销行业经济规模反映的是行业总体的生产经营能力;直销企业经济规模则反映企业的生产经营能力。规模经济的基本涵义是指在技术水平不变的情况下,N倍的投入产生了大于N倍的产出。在特定的限度内,直销企业规模扩大后,直销产品产量的增加幅度会大于生产规模扩大的幅度。

规模经济主要表现为两种情况:一是在一定技术水平条件下随着直销企业经营规模扩大,单位资源的投入报酬率随资源投入增多而扩大。比如,直销企业生产某一产品,生产30个可以获得利润3100元,生产60个可以获得利润6400元,生产90个可以获得利润10300元,这种情况是随着资源投入增加,劳动生产率和设备生产率也随之提高。二是随着直销产品产出的增加,单位产品的资源消耗逐步降低。比如,直销企业生产某一产品,在年产10万盒的基础上,产量每增加10%,单盒成本可以降低15%左右,这种情况是单位产品的生产成本随产品产量增加而降低。

规模经济产生的原因主要有以下三个方面:

一是采购的规模经济。直销企业生产规模扩大,对生产要素需求量增加,因大批量采购而引起采购成本的下降。比如在采购价格上要素供给商可以给予一定的数量折扣,同时在谈判和签订合同时可以节约时间等。

二是生产的规模经济。随着直销企业生产规模的扩大,分摊到单个直销产品上的厂房设备、管理费用等固定成本就会相应减少。

三是储藏的规模经济。由于原料采购后或直销产品出售前的集中存放,因存放数量的增加而使单位储藏成本减少,大规模生产为原料和产品的大量储藏创造了有利的条件。

四是销售的规模经济。大规模生产可以使一定量的销售费用做到集约使用,降低单位直销产品的销售成本。同时只有直销产品生产规模比较大时,才能更有利于对需求富有弹性的直销商品实行薄利多销。

②规模不经济

规模不经济是当直销企业的经营规模小于一定程度,或规模扩大超过一定限度时,会使直销产品产量或收益增加的倍数小于生产规模扩大的倍数,甚至使产量或收益绝对量减少。规模不经济出现在两种情况下:一是如果直销企业经营规模过小,达不到所属行业要求的最低规模时,直销企业经营会出现规模不经济的现象;

二是直销企业经营规模扩大超过了一定限度,直销产品产量或收益的增加幅度小于生产规模扩大的幅度,或直销产品产量或收益的绝对量减少。前者一般出现在直销企业对新产品刚刚投入市场的初期阶段上,而后者则是直销企业的规模扩张超过了自身经营或技术条件的荷载能力。

规模不经济产生的原因主要有:

一是企业管理水平。没有规模不经济,只有管理不经济。规模不经济是由管理不经济造成的,管理水平的高低和经营能力的好坏是制约直销企业经营规模大小的重要影响因素。直销企业如果经营得力总会找到一个最佳的经营规模点。管理得好的直销企业,这个点会往右移,即规模可以做大。在生产成本相同的情况下,根据管理水平高低,直销产品的等产量线可以向左移动,也可以向右移动。

二是产品的生命周期。一般来说在直销产品生产的投入期,由于经营管理、技术熟练程度和市场开发等方面原因的限制,可能会出现规模不经济的情况。但随着直销产品生产进入成长期和成熟期,会逐渐进入规模经济的状态。由于设备老化,新的直销产品进入市场等因素的制约,老的直销产品经营也会进入衰退期,直销企业经营也会出现规模不经济的状态。

三是企业的创新能力。要搞好一个企业,就必须不断创新,全面创新。创新是市场经济的本质,创新是对企业家的最基本要求。任何一个直销企业都有三个系统:经营系统、管理系统、技术系统,"三大系统"各自对应了"三大创新"。搞企业是系统工程,经营是龙头,管理是基础,技术、产品是工具、是载体。只有三个方面创新都搞好了,直销企业生产能力才会不断提高。

③变动具有阶段性

两种生产资源投入的变动所引起的直销产品产量或收益的变动具有阶段性。直销企业在同一个生产过程中,在技术水平不变的前提下,生产规模的变化可能会带来递增的规模报酬,随着资源投放比例的变化,也可能出现规模收益不变或规模收益递减。

这种变化的阶段性可用下面的公式进行表示:

设生产函数为:$Q=AL^{\alpha}K^{\beta}$,当 L 与 K 增加 λ 倍时,生产函数为:

$$A(\lambda L)\alpha*(\lambda K)\beta=\lambda AL\alpha K\beta$$

在上面的生产函数中,当 $\alpha+\beta>1$ 时,会呈现为规模收益递增,也称为规模报酬递增,也就是直销产品产量增长率快于各种生产要素投入增长率。导致规模报酬递增的原因主要是由于生产专业化程度的提高,固定性生产要素具有不可分割性,生产规模扩大后使对其利用和管理的更合理等。

当 $\alpha+\beta=1$ 时,规模收益不变,也称为规模报酬固定。直销产品产量增长率等于各种生产要素投入增长率。规模报酬固定的原因是由于在规模报酬递增阶段的后期,直销企业大规模生产的优越性已得到充分发挥,同时,直销企业采取各种措施努力减少规模不经济,以推迟规模报酬递减阶段的到来。在这一阶段,生产规模增加幅度与报酬增加幅度基本相等,直销企业产品生产处于基本维持正常运转的局面。

当 $\alpha+\beta<1$ 时,规模收益递减,也称为规模报酬递减,就是直销产品产量增长率

慢于各种生产要素投入增长率。导致规模报酬递减的原因主要是直销企业经营规模过大造成管理费用的增加和管理效率的降低。

规模收益递增、规模收益不变和规模收益递减的三种规模收益报酬状态可以通过图4.7中的曲线加以表示。

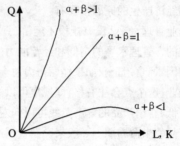

图4.7 三种不同规模报酬情况曲线

1.3.2 内在经济与内在不经济

直销企业的生产规模扩大之所以会引起直销产品产量或收益的不同变动，是因为有不同的原因所致。如果是由于内部原因造成的，可以用内在经济与内在不经济两种理由进行解释。

①内在经济

什么是内在经济？内在经济是指一个直销企业在生产规模扩大时由自身内部原因所引起的产量或收益增加。

引起内在经济的原因主要有：

第一，使用更加先进的机器设备。机器设备这类生产资源具有不可分割性。当生产规模很小时，无法购置先进的大型机器设备，即使购置了也无法充分发挥其效能。直销企业只有在大规模的生产中，大型的先进机器设备才能充分发挥其效能，使直销产品的产量大幅度提高。比如：直销企业在某项生产中可以在A、B两种型号的机械中进行选择，使用A种机械的购买费用高于B种机械，使用A种机械的单位产品可变费用低于B种机械。也就是说，使用A种机械虽然使购买费用增加，但会使单位产品的可变费用降低，当直销产品产量达到一定程度时，利用A种机械的生产总成本低于使用B种机械的总成本。使用这两种机械之间的费用临界点可用图4.8表示：

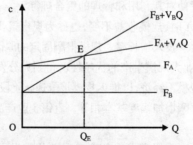

图4.8 两种类型机械使用成本对比分析

例如,已知:F_A=20000,F_B=10000,V_B=15,V_A=10,求 Q_E 等于多少。如果某直销企业计划生产 3000 件直销产品,应该购买 A 型机器还是 B 型机器?根据图 4.8 我们可以求得:$Q_E=(F_A-F_B)/(V_B-V_A)$,$Q_E=(20000-10000)/(15-10)=2000$。因为 $Q>Q_E$,所以,该直销企业应该购买 A 型机器。

第二,实行专业化生产。直销企业在大规模的生产中,生产专业分工可以更细,这样就有助于提高工人的技术水平,同时也有利于实现管理劳动专业化,提高生产效率。

第三,对副产品进行综合利用。一些直销企业在小规模生产过程中,许多副产品往往被作为废品处理,而有的直销企业在大规模生产中,对这些副产品进行再加工,变废为宝。

第四,方便生产资源和产品的购买与销售。实行大规模的生产可以使直销企业在市场竞争中居于有利的地位,可以利用操纵价格升降来使自己在生产资源购买、产品销售等方面获得好处。

②内在不经济

什么是内在不经济?内在不经济是指一个直销企业由于本身生产规模过大而导致产量或收益的减少。

引起内在不经济的原因主要有:

一是管理效率的降低。直销企业生产规模过大,则会使管理机构过于庞大,管理上会出现许多漏洞,降低管理效率,从而出现生产规模增大,直销产品产量或收益反而减少的现象。

二是生产资源价格与销售费用增加。生产资源的供给由于资源稀缺性的限制,受到来源和供给费用的约束,生产规模过大,必然会大幅度增加直销企业对生产资源的需求,从而使生产资源的价格上升。同时由于生产规模过大,直销产品大量增加,产品销售的难度也会加大,需要增设销售机构和增加销售管理人员,从而会使销售费用增加。因此,从规模报酬原理进行分析,并不是所有的直销企业都会从经营规模扩大过程中获得好处。

1.3.3 外在经济与外在不经济

影响生产经营单位规模报酬大小的因素除了内部原因外,还有来自于外部的原因。外部原因主要是指行业规模变动的影响。在中国,直销行业是由许多个生产同种或同质产品的直销企业组成的。直销行业规模的大小会影响到每个直销企业的直销产品的产量和收益。

①外在经济

整个直销行业生产规模的扩大,给个别直销企业所带来的直销产品产量与收益的增加称为外在经济。引起外在经济的原因是:个别直销企业可以从整个行业的扩大中得到更加方便的交通条件和辅助设施、更多的信息与更好的人才,从而使直销产品的产量与收益增加。

②外在不经济

整个直销行业的生产规模过大也会使个别直销企业的直销产品产量与收益减少,这种情况称为外在不经济。引起外在不经济的主要原因是:直销行业生产规模过大,会使直销企业之间的竞争更加激烈,各个直销企业为了争夺生产资源与直销产品销售市场,必须付出更大更多的代价。因此,整个直销行业生产规模的扩大,会使个别直销企业的规模报酬因竞争激烈、直销队伍不稳定、交通运输紧张等原因而降低。

1.3.4 适度经营规模的确定

从以上分析来看,一个直销企业的生产规模不能过小,也不能过大,也就是要实现适度经营规模。所谓适度经营规模就是在一定的技术水平前提下,直销企业的生产资源投放比例的增加(即生产规模的扩大),正好使直销产品产量或收益递增达到最大。

确定适度规模时应该考虑的因素:

①**技术因素**

直销企业规模是与一定的技术条件相适应的。直销企业规模的扩大必然需要生产能力的扩大,而生产能力的扩大又是以技术进步为前提的。直销企业规模既有伴随技术进步而逐步扩大的趋势,同时又受到技术条件的制约。所以,直销企业规模只能是与生产技术密切相关的一种动态组合。一般来说,需要投资的数量大,所用的设备复杂、先进的直销企业,适度经营规模就大。如安利、雅芳、天狮等直销企业,生产规模越大经济效益就越高;相反,需要投资的数量少,所用设备比较简单的直销企业,适度经营规模应要小一些,这样能更灵活地适应市场需求的变动,对生产更有利。

②**市场供求**

直销企业要想扩大规模,必须明确地把握时机,既要对市场供求状况及变动趋势做出正确的预测,又要对直销产品的相关行业及社会供求总量的平衡状况做出正确的判断。市场需求量大、标准化程度高的直销产品,直销企业的适度规模就大一些,可以从生产规模扩大过程中更多的获得收益。相反,适度经营规模就小一些。

③**管理因素**

一般来说,直销企业的规模与管理的难度成正比,与管理的效率成反比。大型直销企业必须分设复杂的管理层次,设计众多的激励和监督机制,这就必然增加企业非生产人员和设备的数量,从而造成企业成本上升和费用增加。

④**产品相关性因素**

从事多种直销产品生产的直销企业,其直销产品之间的相关性越小,需要的技术设备和劳动投入就越多,产品成本也就越高。另外,直销产品的相关性越小,各类直销产品之间的管理体制就越不同,相互之间的协调配合也就越复杂,从而使管理和生产效率下降。反之,相关性比较强的直销产品在生产过程中,有些设备和资源可以共用,相应可以节省许多开支。因此,直销企业在设计生产规模大小时,直销产品之间的相关性因素也是必须要考虑的重要问题。

▼2 直销企业的成本

直销企业在生产经营中,必须要考虑成本问题。如果哪个直销企业不考虑或很少考虑成本问题,那这个直销企业就不一定会有良好的经济效益,就不一定会在直销市场上具有竞争力。所以,成本问题是每个直销企业在发展过程中十分关注的问题。

2.1 直销生产的成本测度

成本测度是指直销企业对哪些成本是重要的进行测定的过程。在中国,直销企业的成本测度往往还不十分自觉,这是因为直销企业的法人代表缺乏对成本的真正理解。一说到成本,许多直销企业法人代表总用传统的观念去解读,这是需要纠正的。直销不仅仅是一种新型的营销模式,它涉及到生产和销售两大领域的方方面面,因此,对直销成本的测度不能仅仅局限于营销领域。所以,直销企业的成本测度工作就显得非常重要。

2.1.1 关于机会成本问题

在成本测度中,直销企业的法人代表看重的是机会成本。机会成本又称择一成本,是指在经济决策过程中,因选取某一方案而放弃另一方案所付出的代价或丧失的潜在利益。直销企业中的某种资源常常有多种用途,即有多种使用的"机会",但用在某一方面,就不能同时用在另一方面,因此在决策分析中,必须把已放弃方案可能获得的潜在收益,作为被选取方案的机会成本,这样才能对中选方案的经济效益做出正确的评价。

萨缪尔森在其《经济学》中曾用热狗公司的事例来说明机会成本的概念。热狗公司所有者每周投入 60 小时,但不领取工资。到年末结算时公司获得了 22000 美元的可观利润。但是如果这些所有者能够找到另外其他收入更高的工作,使他们所获年收达 45000 美元。那么这些人所从事的热狗工作就会产生一种机会成本,它表明因他们从事了热狗工作而不得不失去其他获利更大的机会。对于此事,经济学家这样理解:如果用他们的实际盈利 22000 美元减去他们失去的 45000 美元的机会收益,那他们实际上是亏损的,亏损额是 45000—22000=23000 美元。

直销企业在对成本的测度中,法人代表也会自然考虑这一机会成本。为了说明这个问题,我们以 A 直销公司采用直销员奖励制度为例。直销员奖励制度是直销过程中的一项十分重要的分配制度。在中国,直销员的奖励制度从大的方面划分有两种,一是单层次奖励制度,一是多层次团队奖励制度。A 公司在企业开盘时选择了单层次奖金制度,营销队伍发展不是很快,企业盈利也不是很多。一年下来,公司盈利了 125 万元。而 B 公司采用的是多层次团队计酬的奖金制度,营销队伍发展迅猛,一年的盈利高达 568 万。这就告诉我们,A 公司采用单层次奖金制度看上去是盈利的,实际上是亏损的,亏损额是 568－125＝443 万元。第二年,国家颁布了直销法规,B 公司还是采用多层次团队计酬奖金制度,因违规被罚 600 万元,A 公司仍采用单层次奖金制度,公司盈利 320 万元。这也告诉我们,在法规不允许的情况下,B 公司没放弃多层次团队计酬奖金制度, 就亏损 320－[568－(600＋568)]＝920 万元。

如何理解上述这种现象,这是直销企业法人代表在成本测度中需要考虑的问题。实际上机会成本应该是这样:以上两种奖金制度的分别实施都具有机会成本,A 公司采用单层次奖金制度会发生机会成本,B 公司采用多层次团队计酬的奖金制度也会发生机会成本。因此,所谓机会成本实际上只是"相对机会成本"而没有绝对机会成本。基于这样的认识,直销企业的法人代表在企业决策过程中,一定要考虑机会成本的可能发生。

2.1.2 关于会计成本问题

会计成本是指会计意义的企业成本,也可以说是会计科目设定的企业成本。如果说机会成本是隐性的,那么会计成本则是显性的。对这些显性成本,直销企业法人代表和会计在处理上是不同的。比如,对机器设备折旧费用的处理上,直销企业法人代表一般都希望多提留,打入成本。而会计则是按照税法原则来确定成本中允许计提的折旧。所以,在对企业作一项经营决策时,直销企业的法人代表应该从会计成本的角度来考虑决策。

提到会计成本,就一定要联系成本会计。狭义的成本会计仅指成本核算,广义的成本会计包括成本预测、决策、计划、控制、核算、分析及考评,所以成本会计通常称之为成本管理会计。直销企业在经营决策中,千万不能离开成本会计。因为,直销企业法人代表在对成本的测度中,其中的会计成本就来源于成本会计。所以,成本会计作为一门学科,直销企业的法人代表应该多掌握这方面的知识,从而使自己在决策时提高对会计成本测度的准确性。

2.1.3 关于沉淀成本问题

在完全竞争市场上,生产要素具有充分流动性,依靠市场这只"看不见的手",完全可以实现资源的最优配置,而不会带来任何调整或转型障碍。然而,由于沉淀成本的存在,无论在自由放任的市场中还是在受规制的市场中,都可能导致严重或持久的资源配置扭曲,包括投资不足、投资过度或产业刚性等。

沉淀成本(Sunk Costs)包括两层涵义:一是指承诺的投资成本无法通过转移价格或再出售价格得到完全补偿的那些成本;二是指契约安排下的权利承诺,一旦终止无法得到补偿的那些利益,也会产生沉淀成本。事实上,沉淀成本是否得到补偿具有重要的分配效应。我们将前者称为经济性沉淀成本,后者称为社会性沉淀成本。

中国经济正处在转型期,经济性沉淀成本和社会性沉淀成本都很多。因此,直

销企业法人代表在成本测度中一定要考虑这些因素。从中国的直销企业看,沉淀成本一般有以下几种:

①专用性资产形成的沉淀成本

直销企业投入的生产性资产,由于只能用于特定的生产和服务,这样在企业退出某一产业而进入另一产业时,这些资产很难随企业被带入所进入新产业继续发挥作用,难以回收投资成本。另外,区位偏离也是沉淀成本的重要来源。比如,直销生产某种保健品,其原料只有在某个地方。为了节省运输等开支,直销企业到有原料的地方建厂。虽然这些投资本身并不一定是沉淀成本,但这些投资都具有厂址区位专用性,难以移动到其他地区,从而很容易产生沉淀成本。

②企业巨额负债形成的经济性沉淀成本

资源型直销企业大多数负债率高,在下一个经济周期,亏损严重的企业是很难转移出去的。广东省一家直销企业,由于从银行巨额贷款,现在经济运行十分困难,直销队伍流失很多,产品严重积压。再过3~5年,这些巨额贷款很有可能成为经济性沉淀成本。

③市场不完善形成经济性沉淀成本

直销的劳动力市场不完善造成的经济性沉淀成本,在中国的一些直销企业中发生过。直销产品的推销,主要是靠直销员进行的。但是,大部分直销员对推销直销产品缺少经验,形成产品销售预期目标落空,一些产品因过期而损失很多资金。这就是劳动力市场不完善导致的经济性沉淀成本。

2.2 直销生产短期成本和长期成本

直销企业管理在作出决策的过程中经常使用两种基本成本函数:短期成本函数和长期成本函数。前者用于大多数日常的经营决策,后者一般用于长期规划。

2.2.1 短期成本分析

由于短期有部分固定不变的生产要素,所以直销企业短期成本分为:①短期固定成本(FC)。这是直销企业在短期内支付不变生产要素所支付的价格,如机器、厂房、设备的折旧,银行货款的利率,管理人员的工资。固定成本不随直销产品产量的变动而变动,即使产量等于0时,仍然需要支付。②短期变动成本(VC)。这是直销企业在短期内为生产一定量的直销产品产量对可变要素所付出的总成本,如直销企业对原料、燃料辅助材料和普通工人工资的支付,由于直销企业在短期内总是要根据直销产品产量的变化来调整可变要素投入量,所以,VC短期互动成本随直销产品产量变动而变动。③总成本(TC)。这是直销企业在短期内为生产一定量的直销产品对全部生产要素所付出的总成本。总成本的公式是:$TC=FC+VC$。

总成本、固定成本和变动成本的关系是:①$FC+VC=TC$,所以TC和VC是平行的曲线,其差额为FC。②TC曲线在短期从A点出发表明当产量=0时,仍然要支付成本。OA即为固定成本。③平均固定成本(AFC)是指厂商在短期内平均每单位产量所消耗的不变成本。$AFC=FC/Q$，其变动规律是一直下降，直销产品产量越大AFC越小，下降幅度是先快后慢。④平均变动成本（AVC）是指直销企业在短期由平均每生产一单位直销产品产量所消耗的可变成本，即$AVC=VC/Q$。⑤平均总成本（AC）是指直销企业在短期内平均每生产一单位直销产品产量所消耗的全部成本。即$AC=TC/Q=AFC+AVC$。⑥边际成本（MC）是直销企业在短期内增加一单位直销产品产量所引起的成本的增加量。即$MC=Q$或$MC=dTC/dQ$

平均变动成本（AVC）、平均成本（AC）和边际成本（MC）的关系参见图4.9。在图中可以看出：第一，AVC曲线、AC曲线与MC曲线都是先下降而后上升的"U"型曲线，表明了这三种成本开始随直销产品产量的增加而变动的趋势。第二，MC与AC曲线一定相交，且相交于SAC曲线的最低点，在相交以前，直销产品的平均成本一直在减少，边际成本大于平均成本，在相交以后，直销产品的平均成本一直在增加，边际成本大于平均成本。在相交时，直销产品的平均成本达到最低点，边际成本等于平均成本。第三，MC与AVC曲线也一定相交于AVC曲线的最低点，在相交以前AVC一直在下降，MC小于AVC，相交之后，直销企业的平均可变成本一直在增加，边际成本大于平均可变成本，在相交时，平均可变成本达到最低，边际成本等于平均可变成本。

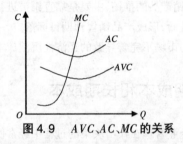

图4.9　AVC、AC、MC的关系

如果用函数式，则：各种成本的关系分别为：

表4.3　各种成本关系

$TC=ax^3+bx^2+cx+d$	
$FC=d$	$AFC=d/x$
$VC=ax^3+bx^2+cx$	$AVC=ax^3+bx^2+cx/x=ax^2+bx^2+c$
$AC=TC/x=ax^2+bx+c+d/x$	
$MC=\dfrac{dTC}{dx}=3ax^2+2bx+c$	

以上式中，x为直销产品产量

①短期成本分析

成本函数。成本函数表示的是成本与产量之间的关系，其一般形式可写为：$C=f(Q)$。如果生产中只使用资本（K）和劳动（L）两种生产要素，资本价格为r，劳动的价格为w，则可以把成本方程写为：$C=rK+wL$。在短期中，当资本为固定投入，劳动可变投入时，成本方程可以写为：$C=f(Q)+K$。

上式中表示成本随产量变动而变动，资本为固定的。我们正是由这个方程式来研究直销企业的短期成本。

所谓短期成本,是指在这样短的一个时期内,即短到直销企业无法变动某些生产要素(一般是厂房设备和企业规模),只得让它们保持不变的时期内的成本。为了满足增长了的需求,在短期中只能增雇工人、增添原材料,或者让原有工人加班加点以扩大直销产品生产的产量。因此,所谓短期,不是单指时间的长短,而是指现存生产技术条件尚未改变前的时间,它可以是几周,也可能是几年。

固定成本、可变成本和短期总成本是可以变动的。具体表现在:

第一,可变成本变动规律。可变成本随直销产品产量的变动而变动。它的变动规律是:最初在直销产品产量开始增加时,由于各种生产要素的投入比例尚不能充分发挥生产效率,故可变成本增加的幅度较大。然后随着直销产品产量的增加,各种生产要素的投入比例趋于合理,其效率逐渐得以充分发挥,故可变成本的增加幅度逐渐变小。最后由于各种生产要素的投入比例因变动要素投入过多又趋于不合理,造成生产效率下降,故可变成本的增加幅度又逐渐变大。

第二,短期总成本、固定成本变动规律。固定成本短期内是固定不变的,即使直销产品产量为零,仍然存在。短期总成本是固定成本和可变成本之和。固定成本不为零,总成本也就必然大于零。由于固定成本保持不变,所以短期总成本和可变成本具有相同的变动趋势。

第三,总成本、固定成本与可变成本曲线图。可用4.10来说明这三种成本的变动规律与关系:

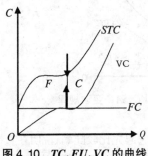

图 4.10 TC、FU、VC 的曲线

在图中,横轴 OQ 代表直销产品产量,纵轴 OC 代表直销企业生产成本,FC 为固定生产成本曲线,它与横轴平行,表示不随产量的变动而变动,是一固定数。VC 为可变成本曲线,它从原点出发,表示没有直销产品产量时就没有可变成本。该曲线向右上方倾斜,表示随产量的变动而同方向变动。特别应该注意的是,它最初比较陡峭,表示这时可变成本的增加率大于直销产品产量的增加率。然后较为平坦,表示可变生产成本的增加率小于直销产品产量的增加率。最后又比较陡峭,表示可变成本的增加率又大于直销产品产量增加率。STC 为短期总成本曲线,它不从原点出发,而从固定成本出发,表示没有直销产品产量也不为零,总成本最小也等于固定成本。STC 曲线向右上方倾斜也表明了总成本随直销产品产量的增加而增加,其形状与 VC 曲线相同,说明总成本与可变成本变动规律相同。STC 曲线与 VC 曲线之间的距离也可以表示固定成本。

② **短期平均成本**

我们先了解什么是平均固定成本、平均可变成本、平均总成本的问题。平均固定成本是直销产品每单位产量的固定成本,即 $AFC=FC/Q$;平均可变成本是直销产品平均每单位产量的可变成本,即 $AVC=VC/Q$;平均总成本是直销产品每单位产量的总成本。即 $ATC=AFC+AVC$。

短期平均成本、平均固定成本与平均可变成本有着变动规律和关系。平均固定成本随着直销产品产量的增加而减少,这是因为固定成本总量不变,直销产品产量增加,分摊到每一单位上的固定成本也就减少了。它变动的规律是起初减少的幅度很大,以后减少的幅度越来越小。平均可变成本变动的规律是,起初随着直销产品产量的增加,生产要素的效率逐渐得到发挥,因此平均可变成本减少;但直销产品产量增加到一定程度后,平均可变成本由于边际收益递减规律而增加。短期平均成本的变动规律是,由平均固定成本与平均可变成本决定的。当直销产品产量增加时,平均固定成本迅速下降,加之平均可变成本也在下降,因此短期平均成本迅速下降。以后,随着平均固定成本越来越小,它在平均成本中也越来越不重要,这时平均成本随平均可变成本的变动而变动,即随直销产品产量的增加而下降。等直销产品产量增加到一定程度之后,又随着直销产品产量的增加而增加。

平均固定成本、平均可变成本与短期平均成本的变动规律和关系,可以用图4.11来说明:

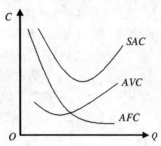

图 4.11　AFC、AVC、SAC 变动规律

在图中,AFC 为平均固定成本曲线,它起先比较陡峭,说明在直销产品产量开始增加时,它下降的幅度很大;以后越来越平坦,说明随着直销产品产量的增加,它下降的幅度越来越小。AVC 为平均可变成本曲线,它起先下降而后上升,成"U"形,表明随着直销产品产量增加先下降而后上升的变动规律。SAC 为短期平均曲线,它也是先下降而后上升的"U"形曲线,表明随着直销产品产量增加先下降而后上升的变动规律。但它开始时比平均可变成本曲线陡峭,说明下降的幅度比平均可变成本大,以后的形状与平均可变成本曲线基本相同,说明变动规律类似平均可变成本。

③短期边际成本

边际成本是指增加一单位产量所增加的总成本量。公式为 $MC=\Delta TC/\Delta Q$。由于 MC 随直销产品产量的变化而变化,因此,边际成本的变动主要取决于 VC,与 FC 无关。其变动规律是:最初随直销产品产量的增加而减少,但很快就变为随直销产品产量的增加而迅速上升。MC 曲线的 U 型特征表现了 MC 随产量增加而先递减后递增的性质。

短期边际成本,即增加一单位产品所增加的成本。短期边际成本的变动取决于可变成本,因为所增加的成本只是可变成本。它的变动规律是:开始时,边际成本随直销产品产量的增加而减少,当直销产品产量增加到一定程度时,就随产量的增加而增加,因此,如图 4.11 中短期边际成本曲线 SMC 所示,是一条先下降而后上升的"U"形曲线。

我们可以再用图 4.12 来说明短期边际成本、短期平均成本与短期平均可变成本之间的关系。

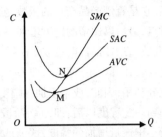

图 4.12 SMC、SAC 与 AVC 之间关系

先来看短期边际成本与平均成本的关系。从图中可以看出,直销企业短期边际成本曲线 SMC 与短期平均成本曲线 SAC 相交于 SAC 的最低点 N。在 N 点上,$SMC=SAC$,即短期边际成本等于平均成本。在 N 点之左,SAC 在 SMC 之上,SAC 一直递减,$SAC>SMC$,即短期边际成本小于平均成本。在 N 点之右,SAC 在 SMC 之下,SAC 一直递增,$SAC<SMC$,即短期边际成本大于平均成本。SMC 与 SAC 的相交的 N 点称为收支相抵点。这时价格为平均成本,平均成本等于边际成本,即:$SMC=SAC$,直销企业的成本(包括正常利润在内)与收益相等。

短期边际成本与平均可变成本的关系和平均成本的关系相同。这就是说,SMC 与 AVC 相交于 AVC 的最低点 M。在 M 点上,$SMC=AVC$,即短期边际成本等于平均可变成本。在 M 点之左,AVC 在 SMC 之上,AVC 一直递减,$AVC>SMC$,即短期边际成本小于平均可变成本。在 M 点之右,AVC 在 SMC 之下,AVC 一直递增,$AVC<SMC$,即短期边际成本大于平均可变成本。M 点被称为停止营业点,即在这一点上,直销产品价格只能弥补平均可变成本,这时所损失的是不生产也要支付的平均固定成本。如低于这一点,不能弥补可变成本,则直销企业无论如何也不生产直销产品了。

2.2.2 长期成本分析

所谓长期,是指在这期间直销企业能够调整其生产规模,即直销企业投入的全部生产要素都是可以变动的。在长期内,直销企业不仅可以随产量的变化调整其投入的原材料、燃料、工人的数量,而且还可以根据直销产品产量的情况,调整厂房、设备的数量,使生产规模发生变化,以适应产量变化的要求。在长期中,直销企业生产成本没有固定与可变之分,所有成本都是可变的。

直销企业长期成本是可以分类的,我们先看图 4.13:

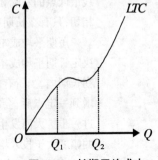

图 4.13 长期平均成本

①长期总成本

长期总成本用 LTC 表示,指在长期中直销企业生产某一数量直销产品所支付的成本总额。它是直销产品产量的函数,随产量的增加,先是以递减的速度增加,接着出现转折点,最后以递增的速度增加。如图所示,横轴表示直销产品产量,纵轴表示直销生产成本,LTC 是长期总成本曲线。在没有产量时没有总成本,所以 LTC 曲线从原点出发。在开始生产阶段,即 OQ_1 阶段,要素投入量大,而产量小,生产要素无法得到充分利用,因此,成本增加的幅度大于产量增加的幅度,LTC 曲线比较陡。当产量增加到一定程度以后,即 Q_1Q_2 阶段,生产要素开始得到充分利用,这时成本增加的幅度小于产量增加的幅度,这也是规模经济的效益,LTC 曲线比较平坦。最后,即 Q_2 以后阶段,由于规模产量递减,成本增加幅度又大于产量增加幅度,LTC 曲线又比较陡。

②长期平均成本

长期平均成本用 LAC 表示,指长期中直销企业生产的每单位直销产品所摊付的总成本。其公式为:$LAC=\dfrac{LTC}{Q}$,式中 Q 表示直销产品的产量。

长期平均成本是直销产品产量的函数,随着直销产品产量的变动而变动。长期平均成本曲线可由短期平均成本曲线得出,长期平均成本曲线是短期平均成本曲线的包络线。在长期中,直销企业不断调整生产规模,使直销企业在生产直销产品一定产量下,平均成本达最小。长期平均成本曲线表示厂商长期内在每一产量水平上可以实现的最小的平均成本,如图 4.14 所示。

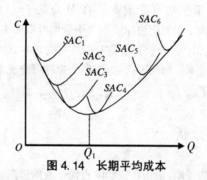

图 4.14 长期平均成本

长期平均成本曲线也呈 U 型变化,长期平均成本递减阶段与短期平均成本曲线最低点的左端相切;长期平均成本递增阶段与短期平均成本曲线最低点的右端相切;只有在长期平均成本的最低点上,LAC 曲线才与 SAC 曲线的最低点相切。

短期平均成本曲线呈 U 型变化的原因是直销产品边际产量递减规律的作用。决定长期平均成本曲线 U 型变化的因素是直销生产规模收益的原理。一般地说,在长期内,当所有投入成比例地扩大时,直销生产的规模收益开始是递增的;在递增到一定点后,会在一个或短或长的时期内保持不变,然后,随着直销生产规模的进一步扩大而发生递减的变化。在直销生产规模收益递增阶段,直销产品产量增加的幅度大于投入增加的幅度,从而大于总成本增加的幅度,这必然导致平均成本下降,这叫规模经济。同样的原因,当规模收益不变时,平均成本一定不变。当规模收益递减时,平均成本一定上升,这叫规模不经济。关于这一点,我们在前面已经讨论过。因为规模收益通常都是先上升后下降,所以,LAC 曲线通常是 U 型的。

③长期边际成本

长期边际成本用 LMC 表示,指长期中每增加一个单位的直销产品产量所引起的长期总成本的增加量。公式为:$LMC = \frac{\Delta LTC}{\Delta Q} = \frac{d(LTC)}{dQ}$ 式中:ΔLTC 表示长期总成本的增加量,ΔQ 表示直销产品产量的增量。长期边际成本随直销产品产量的变动而变动,其变化情况与短期边际成本比较相似,先递减,到达最小值以后开始递增,因而 LMC 曲线的形状也是 U 型,如下图所示。

长期边际成本曲线与长期平均成本曲线的关系同短期边际成本与短期平均成本曲线的关系一样,即在 LMC<LAC 时,长期平均成本曲线递减;在 LMC>LAC 时,长期平均成本曲线递增;在 LMC=LAC 时,长期平均成本曲线处于最低点,也如图 4.15 所示。

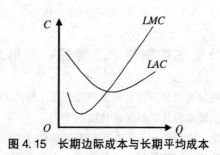

图 4.15 长期边际成本与长期平均成本

2.3 直销企业成本预测(量本利分析法)

成本预测的方法很多,在本书中我们选择了量本利分析法。量本利分析,全称为产量成本利润分析法,用于研究价格、单位变动成本和固定成本总额等因素之间的关系。这是一个简单而适用的管理技术,用于直销企业成本管理中,可以分析合同价格、作业量、单位成本及总成本相互关系,为直销企业决策阶段提供依据。直销企业的成本预测也可以应用量本利分析法。

2.3.1 量本利分析的基本原理

量本利分析法是研究企业在经营中一定时期的成本、业务量(生产量或销售量)和利润之间的变化规律,从而对利润进行规划的一种技术方法。它是在成本划分为固定成本和变动成本的基础上发展起来的。以下举例来说明这个方法的原理。

①量本利分析的基本数学模型

设某直销企业生产甲直销产品,本期固定成本总额为 C_1,单位售价为 p,单位变动成本为 C_2,并设销售量为 Q 单位,销售收入为 y,总成本为 C,利润为 TP,则成本、收入、利润之间存在以下的关系:

$$C=C_1+C_2\times Q,$$
$$y=P\times Q,$$
$$TP=y-C=(P-C_2)\times Q-C_1$$

②**保本销售量和保本销售收入**

保本销售量和保本销售收入，就是对应盈亏平衡点，销售量 Q 和销售收入 y 的值，分别以 Q_0 和 y_0 表示。由于在保本状态下，销售收入与生产成本相等，即：

$$y_0=C_1+C_2\times Q_0$$
$$P\times Q_0=C_1+C_2\times Q_0$$

式中$(P-C_2)$，亦称边际利润，$(P-C_2)/P$ 亦称边际利润率。

题 1：设 C_1=50000 元，C_2=10 元/盒，P=15 元/盒，求保本销售量和保本销售收入。

解：保本销售量 Q_0=50000/(15-10)=10000(盒)

保本销售收入 Y_0=10000×15=150000(元)

2.3.2 量本利分析在直销某产品管理中应用的模型和方法

对量本利分析在直销某产品管理中应用的模型和方法，我们作如下介绍。

①**量本利分析的因素特征**

量。直销某产品成本管理中量本利分析的量不是一般意义上单件工业产品的生产数量或销售数量，而是指一个直销企业专供城乡居民用的某产品的生产数量和销售总量。对于这些保健产品，由于具有"专供"的特征，所以其生产量即是销售量，是固定不变的。

成本。量本利分析是在成本划分为固定成本和变动成本的基础上发展起来的，所以进行量本利分析首先应从成本性态入手，即把成本按其与产销量的关系分解为固定成本和变动成本。在直销企业专供保健品生产销售管理中，就是把成本按照生产和销售的实际发生和变化划分为固定成本(以 C_1 表示)和变动成本(以 C_2 表示，这里指单位直销产品的变动成本)。问题是确定 C_1 和 C_2 往往很困难，这是由于直销企业变动成本变化幅度较大。一个简便而适用的方法，就是建立以 S 自变量，C(总成本)为因变量的回归方程($C=C_1+C_2\cdot S$)，以计算期价格指数为基础，用最小二乘法计算回归系数 C_1 和 C_2。

价格。不同的保健产品其单位价格是不相同的，但相同的保健品，其单位平方价格则是相同的。因此，在直销企业保健品专供项目成本管理量本利分析中，可以按保健品结构类型建立相应的盈亏分析图和量本利分析模型。某种结构类型项目的单方价格可按物价上涨指数修正，或者和计算成本一样建立回归方程求解。

②**方法特征**

与一般量本利分析方法不同的是，直销企业在建立了自己的保健品结构类型建立的盈亏分析图之后，对于"专供"(定制生产)的直销保健产品来说，其量是固定不变的，从成本预测和定价方面考虑，变化的是成本(包括固定成本和变动成本)以及招募直销人员销售的市场价。其作用在于为做保健产品市场报价决策和制定生产和销售保健产品的成本计划提供依据。

③盈亏分析

假设"专供"的直销保健品的一合同单位(盒)造价为 P，固定成本为 C_1，单位产品变动成本为 C_2，生产总价为 y 元，则总成本为 C 元。这是直销企业量本利分析的基本模型。根据这个基本模型，我们就可以对直销企业盈亏的状况能够作出基本符合实际情况的分析，从而确定下一步生产成本的控制策略。

2.3.3 目标成本和定价策略

①目标成本的分析

目标成本一般指根据直销企业保健品生产预算及同类项目成本情况确定的目标成本额，一般来说就是保健产品的预测成本。根据目标成本中固定成本和变动成本的组成，分析原材料消耗和控制过程，寻找降低率。利用量本利分析模型，可以分析和预测固定成本和变动成本的变化对目标成本的影响程度。

我们假设，直销企业生产"专供"保健产品的预测成本(目标成本)为 349,266 元，其固定成本 138,266 元，变动成本 211,000 元。试分析固定成本和变动成本的变化对目标成本的影响。

解：直销企业固定成本和变动成本变化对目标成本的影响分析：保健产品的变动成本远远高于其固定成本，因此，寻求降低成本途径应从变动成本入手，取得的效益也比固定成本高。这从上面的实例计算中也可看出，变动成本降低 5%使得总成本降低 3.02%，而固定成本降低 5%仅使得总成本降低了 1.97%。另一方面，由于固定成本是不随直销产品生产规模变化，是保证这一项目实施必须投入的费用，而变动成本是随着规模而变化，成本项目内容也广泛，因此，降低变动成本比降低固定成本更易于实现目标成本。

②目标成本和定价策略

根据对目标成本的分析，预测并确定成本的降低额，则可以通过在满足利润不变的条件下，降低市场价。

题2：由于上述变动成本降低 5%，目标成本 C=338716 元。在保持利润不变的情况下，招募直销人员销售的市场价为多少？

解：市场总价可由原来的 410000 元，降低为：410000－(349266－338716)＝399450(元)

另一方面，如果预测到生产成本的增加，且直销企业不准备通过减少利润而取得这批保健产品的"专供"权，可提高直销市场价格，而保证直销企业赢得既定的利润。

题3：如果预测到变动成本会增加 5%，在不减少利润的情况下，市场总价为多少？

解：市场总价由 410000 元，提高为：359816＋60734=420550(元)

③有目标利润的保本点计算

量本利分析法可用于预测目标利润和确定有目标利润的保本点。①预测目标利润。根据盈亏分析图和预测的目标成本，可以计算保健品生产销售的目标利润，其计算公式为：目标利润(TP)= 预测市场总价(y)－预测目标成本(C)。②有目标利润的保本点计算。由于项目的规模不可能完全一样，因此不能用一个固定的目标利润。为便于量本利分析，可根据直销企业的经营状况和保健产品市场行情，确定的目标边际利润率来计算。

题4：如果2006年度某一保健产品的目标边际利润率定为50%，则保本项目规模和保本项目合同价分别为多少？

解：i=50%，C_1=138266元，C_2=211元/盒

S_0=138266×(1－50%)/(211×50%)

Y_0=138266/50%=276532(元)

根据目标边际利润率，确定市场总价在规定目标边际利润率的情况下，市场总价为：

单价 $P=C_2/(1-i)$

总价 $y=C_2/(1-i)\times s$

题5：如直销企业"专供"保健品的目标边际利润率为50%，则市场总价为多少？

解：产品单价为 P=211/50%=422元/盒

保健产品的市场总价为 y=422×1000=422000(元)

▼3 直销企业生产与成本的管理

第一节和第二节，我们分别讨论了直销企业的生产与成本问题，在这一节，我们将讨论直销企业生产与成本的管理问题。直销企业生产与成本的管理，这是一个十分重要的工作环节，也是持续提高直销企业经济效益规模的一个十分重要的途径。

3.1 直销企业生产现代化系统管理

直销企业的生产管理应该要有现代化的系统，这是降低企业成本，提高企业有效竞争力的重要方面。

3.1.1 计算机集成制造系统管理

计算机集成制造系统最早是由美国的 Joseph Harrington 博士于1974年针对企业所面临的问题而提出来的，中国的直销企业可以借鉴。

计算机集成制造系统管理主要有以下几方面特点：

① 关键技术在于集成

CLMS 是在原有的管理基础上把经营系统、人的系统和技术系统集成起来，在总体上协调各部门的活动，是企业成为各部分相互密切配合、协调统一的整体。从而最终达到全局最优化，最大限度地发挥整体效益。直销企业的生产管理必须要注意整体效益的最大限度的发挥。中国的直销企业，一般以中型规模为主，而且起步也较晚，因此在生产管理上还没有很好地发挥整体效益。在这样的情况下，中国的直销企业更注重通过 CLMS，把经营系统、人力资源系统和技术系统集成起来，从而形成各部门相互密切配合、协调统一的整体。安利公司为中国民族直销企业提供了集成管理的样板，值得借鉴和效仿。

② 实现柔性管理

柔性技术是多功能、多途径、既能适用于单一产品的大规模生产、也可以进行多品种小批量生产、还可以进行多品种大批量的混合生产。其实质是根据 CLMS 可以灵活适应外界环境的不断变化的特点，灵活适应不同顾客的不同要求，实现多品种、小批量的生产。这种灵活的柔性生产方式要求管理上也灵活变化，即实现柔性管理，它的精髓在于以人为核心，灵活应变能力强、能够迅速响应市场，是一种体现着组织、生产、战略决策、营销等柔性化的现代管理方法。这种柔性管理，很适合中国的直销企业。直销企业的生产过程，就是不断适应中国各种消费者不同要求的过程。比如，在保健品生产上，既有老年人的要求，也有中年人的需要；既有女性的要求，也有男性的需要；既有保健养生隐性显效的要求，也有病后康复显性显效的需要。针对不同消费者的不同需要，直销企业应该对产品生产实行柔性管理，在满足大部分消费者要求的同时，还应多品种、小批量，以满足特殊消费者的特殊需要。

③ 组织机构变革

直销企业组织机构变革有两个方面的内容：

一是反映在各生产部门的明确分工被打破。在传统的工业企业中，是以生产线流水作业为主要生产方式来组织生产的，有着明确的分工。而计算机集成技术却将生产产品的设计、制造、工艺流程等等环节全部集成起来由计算机来共同完成，实现生产一体化作业。目前，中国的直销企业真正做到由计算机完成生产线流水作业的还不是很多，应该要用 5~10 年的时间，彻底改变这一状况。

二是反映在管理层次减少，管理幅度增加。生产作业的一体化也要求实行一体化的管理体系，同时由于许多工作由计算机完成，从而导致管理层次减少和管理幅度增加，管理人员的数目也相应减少。这样，直销企业就会不仅降低了直销产品的生产成本，同时也有利于提高直销企业各部门的工作效率。

3.1.2 准时生产管理

准时生产 JIT(Just In Time)是日本制造商在 20 世纪 70 年代末石油危机的冲击下发展起来的。主要源于日本丰田公司的看板系统。这种生产方式的基本思想是在恰当的时间生产出恰当的零部件、产成品，把生产中出现的存储、装备和等待时间、残次品等视为一种浪费。准时生产管理所依据的基本原则是"准时",即在零件刚好被需要时,才将它生产出来并送到需要地点,其追求的理想目标是"零库存"。为了达到"零库存",生产过程必须严格控制,生产按定单进行,前道工序由后道工序触发,当后道工序在控制库存以下时,前道工序才为补充后道工序的控制库存而生产。也就是说,对整个定单而出现产品库存减少到控制库存以下时,才会再装配产品补充库存并进而触发前面工序的生产。由于生产过程并非按计划而是从后向前由定单触发,因而相应的生产管理系统被称作为拉动式(pull)系统。

准时生产的最大特点是它具有动态的自我完善机制,表现为"强制性暴露问题、暴露隐患",而这种强制性的手段就是"看板管理"。中国的直销企业运用准时生产管理,对直销企业的健康运行很有裨益。比如,直销企业当生产系统平稳运行时,可以通过减少看板数量强制性地减少工序之间的在制品储备量(或者压缩生产前置或减少作业人数),从而迫使生产系统中存在的问题和隐患在不平稳中显露出来,如设备保养不善、加工能力不均衡、作业人员技能差异、工序作业衔接不良等。通常这些问题和隐患都被过量的在制品储备所掩盖了。这些问题暴露出来后,直销企业管理人员和作业人员必须分析问题产生的原因,提出改善的措施与设想,从根本上消除隐患,以防再度发生,使生产系统达到新的平衡。此外,看板管理还具有良好的生产过程控制能力。因为利用看板的微调作用,可以把每次改善的幅度控制在一个小的范围之内,这样,迫使直销企业生产系统暴露出来的问题不至于分散得太严重,便于问题得到解决。所以,看板管理不仅仅是直销企业生产过程的控制手段,也是直销企业生产系统动态自我完善过程的控制手段,它控制着这种完善过程的幅度与进度。

3.1.3 精益生产

精益生产 LP(Lean Production)起源于 20 世纪 80 年代的日本丰田汽车公司。然而,正式提出精益生产概念的却是美国人詹姆斯。精益生产要求企业的各项活动都必须运用"精益思维"(Lean Thinking)。精益思维的核心就是以最小的资源投入,包括人力、资金、材料、时间和空间,创造出尽可能多的价值,为顾客提供新产品和及时的服务。主要内容有:

——控制价值流。它包括产品流、信息流及物质流的控制;

——一人多工位操作;

——TPM:即全员维修保养,它的实质就是以人的因素为第一,依靠改善人的素质来改善设备的素质,以达到提高企业素质的最终目的,它要求打破操作人员与维修人员的分工局限,实行由设备使用者本身自主维修设备的制度;

——"三为":即以生产现场为中心,以生产工人为主体,以车间主任为核心的现场管理体制,它为实现准时化生产提供了组织、制度上的保证;

——"6S":即整理、整顿、清扫、清洁、习惯、修养。它们均以日本语音"S"开头。通过这些活动,达到人力与物力的和谐结合,实现生产力的不断优化,促进企业发展。

中国直销企业在应用精益生产管理时,需要注意以下几方面的特点:

①强调人的作用和以人为中心

直销企业产品生产线上的每一个工人,在生产出现故障时都有权让一个工区的生产停下,以消除故障;直销企业里所有各部门间人员密切合作,并与协作户、销售商友好合作,这显著地提高了劳动生产率,同时使产品质量也得到了保证。

②简化

直销企业应注意减掉一切不产生价值的工作。精益生产是需求驱动的简化生产,简化了产品的开发过程。直销企业应采用并行开发方法,在直销产品开发一开始就将设计、工艺和工程等方面的人员组成项目组,各方面的人集中起来,大量的信息处理在组内完成,简化了信息的传递,使系统反映灵敏,使产品开发时间和资源部减少。同时还要简化组织机构和非生产的费用,撤掉一些间接工作岗位和中间管理层,以减少资金积压,减少大量非生产费用。

③把浪费降到最低程度

直销企业生产活动中的浪费现象很多,常见的有:错误地提供有缺陷的产品或不满意的服务;因无需求造成的积压和多余的库存;出现实际上不需要的加工和程序;多余搬运不必要的物品;因生产活动的上游不能按照交货或提供服务而等候;人员在工作中产生不必要的多余动作;提供顾客并不需要的服务和产品。精益生产方式在世界范围的企业界内已被广为接受。

3.1.4 柔性生产管理

20世纪20年代在泰勒"科学管理"影响下,尤其是E.whitney及Oliver提出"互换性"、"大批量生产"和"传送带"应用前提下,工业界将管理思想与当时的电气化、标准化、系列化结合,成功地诞生了"少品种大批大量生产"的生产模式,给制造业注入了新鲜血液,它推动了工业化发展的进程。美国的"福特制"就是典型代表,它为社会提供了大量的产品,它存在的基础是当时的市场环境为卖方市场,因而我们也称此生产模式为刚性生产模式。这一模式的生产效率高,单件产品成本低,但它是以损失产品的多样化、掩盖产品个性为代价的。随着经济的不断发展,企业的竞争形式也在发生变化,它不仅仅是表面的价格、数量、质量的竞争,更重要的是刚性生产模式的弊端逐渐显现,主要表现在:成本增加、过量库存、适应市场的灵敏度低。为此,1998年美国里海大学和GM公司共同提出了柔性生产模式AM(Agile manufacturing),现已成为"21世纪制造业战略"。

柔性生产模式的内涵实质表现在两个方面,即虚拟生产和拟实生产。虚拟生产是指面对市场环境的瞬息万变,要求企业作出灵敏的反映,而产品越来越复杂、个性要求越来越高,任何一个企业已不可能快速、经济地制造产品的全部,这就需要建立虚拟组织机构,实现虚拟生产。拟实生产也就是拟实产品开发,它运用仿真、建模、虚拟现实等技术,提供三维可视环境,从产品设计思想的产生、设计、研发到生产制造全过程进行模拟,以实现在实体产品生产制造以前,就能准确预估产品功能及生产工艺性,掌握产品实现方法,减少产品的投入、降低产品开发及生制造成本。这两点是柔性生产区别于刚性生产模式的根本所在。很明显,柔性生产的精髓在于实现弹性生产,提高企业的应变能力,不断满足用户的需求。

中国直销企业在实行柔性生产模式过程中,需要注意以下几方面:

①建立虚拟企业

虚拟企业就是在具体的商业目标的趋动下,由生产商与供应商暂时组成的网络企业或者说是他们之间较为松散的联合体,目标达到即告解散。其生命周期视其既定目标及产品或服务的类型不同而已。在直销经济运作过程中,接受业务的企业本身不具备完成任务(或者是出色完成任务)的全部技术和资源,但却可以高效且出色地完成任务。这是由于虚拟企业的运作是以计算机网络通信设备为基础,通过把与某项服务、产品相关的企业相连,利用虚拟,各个企业从事自己最善于从事的工作,整个虚拟企业中的各个合作企业都能高效地运作,从而为消费者提供最满意的直销产品或服务。

在直销发展中建立虚拟企业,其优势有:一是虚拟企业属于强强组合,它注重各合作企业的核心竞争力,同时各合作企业的收益也会成倍增长。二是虚拟企业可以降低各合作企业在人力资源、厂房、设备等方面的投资,可以降低单位产品成本和对新产品的投资。三是虚拟企业是由各伙伴企业的核心竞争力融合而成,因而可以生产出最佳的直销产品或服务。四是虚拟企业具有制造与设计的灵活性,它能对瞬息万变的生产环境产生迅速的反应,可以在短时间内生产出新的直销产品。五是由于合作企业可轻易地改变,虚拟企业具有操作上的灵活性,一家直销企业可以同时参与多个虚拟企业。

②定单决定生产量

柔性生产模式认为,只有适应市场不断变化的需求,才能提高直销企业的竞争力。价格与质量不是主要的竞争手段,而只是部分竞争手段,因此,直销企业要不断地研发产品,创造产品的特殊使用价值来满足用户,根据定单来确定生产量及小批量品种,这就是柔性生产管理的基本出发点。

③建立弹性生产体系

柔性生产根据市场不断需求变化来生产;它产品多、个性强、多样化。而要满足这一生产需求,势必要建立多条流水生产线,由此而带来不同的生产线经常停工,产品成本过高。因此,直销企业必须建立弹性生产体系,在同一条生产线上通过设备调整来完成不同直销品种的批量生产任务,既满足多品种的多样化要求,又使设备流水线的停工时间达到最小,即只在"必要的时间"内生产"必要数量"的"必要产品"。

④生产区位趋于集中

直销企业为了满足市场需求,柔性生产必须在一个生产区位完成整个生产过程。尤其是零配件供应商要与装配厂保持距离,以保证零配件及时交货并实现零库存,从而实现对直销市场需求变化的灵敏反应。

⑤人员素质要求高

人是最灵活最具柔性的资源,这是因为人有社会动机,有学习和适应环境的能力。人能够在柔性生产模式下通过培训、学习、模仿和掌握信息技术等而获得所需要的知识与技能。因此,直销企业在应用柔性生产管理过程中,一定要注意不断提高企业各种人员的综合素质,以确保生产任务的高质量、快速度地完成。

3.1.5　并行工程管理

并行工程 CE(Concurrent Engineering)于 20 世纪 90 年代后期提出的。它是以 CIMS 信息集成为基础,通过一系列的方法和技术支持产品开发人员在设计一开始就考虑产品寿命周期中的各种因素实现产品开发过程的集成,其主要目标是缩短产品开发周期、提高质量、降低成本,从而增强企业的竞争能力。

并行工程的核心内容包括以下几个方面:一是产品开发队伍的重构。将传统的部门制或专业组变成以产品为主线的多功能集成产品开发团队,并赋予团队相应的责权利,对做开发的产品对象负责,这样可以打破功能部门所造成信息流动不畅的障碍。二是过程重构。从传统的串行产品开发流程转变成集成的、并行的产品开发过程,一方面,不仅是产品开发活动的一般过程,更主要的是下游过程在产品开发的参与设计过程。另一方面,则是过程的精简,以使信息流动与共享的效率更高。三是数字化产品定义。包括两方面内容:即数字化产品模型和产品生命周期数据管理;数字化工具定义和信息集成。四是协同工作环境。用于支持多功能集成产品开发团队的网络与计算机平台。

中国直销企业使用并行工程管理的实践很少,尚未形成成功的经验。因此,对于这一能缩短产品开发周期、提高质量、降低成本,从而增强企业的竞争能力的科学管理方法,中国直销企业应该结合自己的实际,创造性地加以应用,以不断提高企业产品生产的效率。

3.2　直销企业战略成本管理

战略成本管理的理论和方法应该在直销企业中得到很好的应用,因为这是直销企业生产与成本管理的一个很重要的环节。

3.2.1　直销企业战略成本管理的内容

战略是对全局的发展目标和发展趋向所作的谋划,是指导全局的计划和策略。战略一经确定,将在相当长的时期内对未来整体格局的发展演变起指导作用。在管理理论中,由于对战略解释的侧重点不同,企业战略理论可以归纳为竞争战略学派、资源配置战略学派和目标战略学派。竞争战略学派的基本观点是,企业战略的重点是确定企业的竞争优势,代表人物是哈佛大学的迈克尔·波特(michael e. porter),其所著《竞争战略》(1980 年)和《竞争优势》(1985 年)两书已成为战略研究的经典著作。书中所提出的通用竞争战略——成本领先战略、差异化战略和目标聚集战略——已经成为竞争战略的经典理论。资源配置战略学派的基本观点是,企业战略是现有资源和计划资源的配置,以及外部环境相互作用的基本模式,这一观点的核心是资源配置。目标战略学派的基本观点是,企业战略的主题是确定和实施企业的长期目的和目标,认为战略是由目标、意志或目的以及为达到这些目的而制定的方针、计划所构成的一种模式。按照战略的本义来判断,关于企业战略的上述三类观点只是这些观点分别强调了企业在不同环境、不同条件下企业战略的不同侧重点,相互之间并无本质的差别。在激烈竞争环境条件下,能否取得竞争优势关系到企业的生死存亡,取得竞争优势是影响企业全局发展的最核心的问题,企业战略的重点自然是确定企业的竞争优势。当竞争的强度不足以影响到企业的生存发展,或者竞争均势已经形成,竞争者相互都无法击败竞争对手时,励精图治,积蓄力量,发展壮大自己便成为企业发展的重点。在此之时,企业战略的重点理所当然地转向根据外部环境的变化合理配置企业资源,谋求企业资源的有效利用方面。确定和实施企业的长期目的和目标离不开对竞争发展态势的判断和对企业资源配置的考虑,目标战略理论只是抽象到竞争重点或资源利用重点等具体情形而对企业战略所作的抽象。它们的共同特质是都没有脱离战略的一般涵义。正因如此,在管理领域,一般将战略理解为实现长期目标的方法,一个单位所应用的战略是为使该单位的技能和资源与在外部环境中发现的机会相适应所作的谋划。

中国直销企业战略成本管理包括两个层面的内容:一是从成本角度分析、选择和优化企业战略;二是对成本实施控制的战略。前者是直销企业战略中的成本侧面,后者是在前者的基础上为了提高成本管理的有效性而对成本管理制度、方法和措施等所进行的谋划。

竞争战略理论对企业战略中的成本问题作了有效的说明。按照波特的理论,直销企业获取竞争优势的基本战略有成本领先战略、差异化战略、目标聚集战略三种。在波特的三个基本战略中,主要是以成本领先为基础的。因此,成本领先战略的核心是:直销企业通过一切可能的方式和手段,降低企业的成本,成为市场竞争参与者中成本最低者,并以低成本为竞争手段获取竞争优势。成本领先战略实质上是以成本战略作为直销企业的基本竞争战略。目标聚集战略分为成本聚集战略和差异聚集战略两种形式。直销企业成本聚集战略是在细分市场的成本行为中挖掘差异,寻求其目标市场上的成本优势,而差异聚集战略则是直销企业开发细分市场上客户的特殊需要,追求其目标市场上的差异优势。目标聚集战略中的成本聚集战略实质上是直销企业的一种低成本战略,针对广设目标的竞争对手在细分市场上满足某一特定需求方面所支付的成本高于所必需的成本而采取的竞争措施。如果一个直销企业能够在其目标市场上获得持久的成本领先(成本聚集)或者处于差异聚集地位,它便有可能获取高于平均收益水平的利润。

实施差异化战略和差异聚集战略的直销企业也不排斥成本战略的重要性。差异化战略的基本特点是突出直销产品为消费者所看重的某一方面的特定功能,力求在为消费者所重视的产品性能的某一方面独树一帜,以便增强直销企业产品的竞争力。实施差异化战略需要支付额外的成本,这种成本有时很昂贵。要想获取有别于竞争对手的差异,便必须增加成本,以追加成本为代价。判断差异化战略成败的标志之一是实现差异化所增加的收入是否超过为此而追加的成本。实施差异化战略的直销企业必须通过降低不影响产品性能的成本,力图保持与竞争对手相近的成本,使企业能够以较低的成本维持产品的差异性。这一原理可以同样适用于实施差异聚集战略的直销企业。

从竞争战略理论分析可以得出的基本结论是,不论直销企业采取何种战略,成本问题始终是企业战略制定、选择和实施过程中需要考虑的重点问题。如何利用成本战略为直销企业赢得成本优势和竞争优势,是企业战略管理的重要内容,也是成本管理的重要内容,构成了战略成本管理的重要内容。

与战略成本管理相关的另一问题是实施成本控制的战略。成本控制战略以成本管理过程为轴心展开,强调的是成本控制措施的构造与选择。价值链分析、作业成本管理、成本规划与设计等具有长期成本降低措施成分,带有对成本管理的具体战略进行选择的倾向。这个层面是成本管理的战略旨在构造一个基础宽广的、具有长期性持续效应的降低成本的措施体系,以期在此基础上,通过一系列成本管理方法的应用,为直销企业创造成本优势提供保障。

3.2.2 直销企业战略成本管理的目标

将降低成本作为成本管理的目标本身无可厚非,但成本管理目标不只是降低成本。从战略角度,将成本管理目标过分集中于成本降低方面不能够满足管理理论和管理实务发展的实际。确定成本管理目标,尤其是确定成本管理战略目标,需要将成本管理放在与直销企业经营活动、管理措施及战略选择的相互关系中考察。成本不是孤立的,它不仅本身的发生受到企业各种因素的影响,它同时又是直销企业做出各种管理措施与战略选择的核心因素之一。将成本管理的重心过分聚集于成本本身,有可能引发成本管理措施的实施和企业战略选择之间的冲突,因而必须从战略高度来认识成本问题。直销企业战略的选择和管理措施的实施必须要考虑成本的支撑力度和企业在成本方面的承受能力,而降低成本必须以不损害企业基本战略的选择和实施为前提,并要有利于直销企业管理措施的实施。成本与诸方面的因素相关联,成本的变动有可能影响到质量、效率、收入等的变化,所采取的成本管理措施不仅要考虑其对降低成本的作用,还必须考虑由此形成的其他方面的影响。这如同会计中的配比原则,单纯地考察收入或成本没有实际意义,重要的是将收入与成本配比起来考察利润。收入水平决定了直销企业可能的最大盈利空间,而成本水平决定了直销企业的现实盈利空间。如果成本的高低影响到收入的变化,任何涉及到成本的措施不仅要考虑其对降低成本的作用,还必须考虑其对收入的影响。因而,考察直销企业战略成本管理的目标,需要将成本与有关因素结合起来进行考察。

经济活动越复杂,影响成本的因素就越多,成本与经济活动之间的关系也就越复杂。直销企业在研究成本与相关因素之间关系时要注意到:①成本因经济活动而发生,经济活动必然要发生成本。不同的成本对经济活动的质量、效率等发生影响。节约规律要求人们在实现特定目的的过程中要尽可能降低成本。在经济资源相对短缺时,降低成本还包含有利用特定的成本消耗实现更多的经济目标、包含有以节约求增产的动机。②成本是经济活动的制约因素。就具体业务而言,业务经办人员往往不希望有较多的成本约束。较少的成本制约意味着较多的自由度,使业务处理过程变得相对容易、相对轻松。成本与生产经营活动的这种关系也是成本管理措施难以贯彻实施的深层原因。③不同成本要素之间存在相互代偿的特征,一种成本的降低有可能以另一种成本的增加为代价。同时,成本与收入之间也有可能存在代偿关系,通过高成本维持高质量有可能获得较高的收入。成本的这种代偿性特征,决定了对成本的判断可能有不同的标准。

成本与各因素之间错综复杂的关系,使得直销企业判断成本的标准由于考虑问题的角度和观察问题的视角不同而有所不同。条件不同,观察问题的角度不同,成本管理的目标就有所不同。概括起来,直销企业在成本管理过程中的目标定位应当考虑以下几个问题:

①降低成本

在任何设定的条件下,只要影响利润变化的其他因素不因成本的变动而发生变化,直销企业降低成本始终是第一位的。如前所述,降低成本以两种方式实现:第一,是在既定的经济规模、技术条件、质量标准条件下,通过降低消耗、提高劳动生产率、合理的组织管理等措施降低成本。通常,这种意义上的成本降低属于日常成本管理的内容。第二,是改变成本发生的基础条件。成本发生的基础条件是直销企业可资利用的经济资源的性质及其相互之间的联系方式。这些资源包括劳动资料的技术性能、劳动对象的质量标准、劳动者的素质和技能、产品的技术标准、产品工艺过程的复杂程度、企业规模的大小、企业的组织结构、企业的职能分工、企业的管理制度、企业文化、企业外部协作关系等诸多方面。这些因素的性质及其相互之间的联系方式构成了成本发生的基础条件,是影响成本的深层次因素。在特定的条件下,当成本降低到这些条件许可的极限时,进一步降低成本的努力可能收效甚微。例如产品成本中的材料成本,在既定的技术条件和材料条件下,生产单位产品材料消耗量有一个最低标准,当实际消耗接近这一标准时,进一步的努力也难以使材料成本进一步降低。由于既定的条件限定了成本降低的最低限度,进一步的成本降低只有改变成本发生的基础条件,如通过采用新的技术设备、新的工艺过程、新的产品设计、新的材料等,使影响成本的结构性因素得到改善,为成本的进一步降低提供新的前提,使原来难以降低的成本在新的基础上进一步降低。

②通过成本管理增加直销企业的利润

降低成本可以增加企业的利润,但在某些情况下,具有战略意义的议题是如何通过增加成本以获取其他的竞争利益。当成本变动与其他相关因素的变动相互关联时,如何在成本降低与生产经营需要之间做出权衡取舍,是成本管理无法回避的困难选择。单纯以成本的高低为标准容易形成误区。成本的变动往往与诸方面的因素相关联,成本管理不能仅仅只着眼于成本本身,而要利用成本、质量、价格、销量等因素之间的相互关系,支持企业为维系质量、调整价格、扩大市场份额等对成本的需要,使直销企业能够最大限度地获得利润。

③配合企业取得竞争优势

在激烈的市场竞争环境下,直销企业为了取得竞争优势,往往要采取诸多的战略措施,这些战略措施通常需要成本管理予以配合。采用成本领先战略的直销企业要通过强化成本管理不遗余力地降低成本。战略的选择与实施是企业的根本利益之所在,其需要高于一切,成本管理要配合企业为取得竞争优势所进行的战略选择,要配合企业为实施各种战略对成本及成本管理的需要,在企业战略许可的范围内,在实施企业战略的过程中引导企业走向成本最低化。另外,在资源限制条件下,通过成本管理提高资源的利用效率,使有限的经济资源生产出更多的产品、创造出更多的价值,达到节约增产的目的,也是直销企业成本管理的重要目标。这一原理对于存在瓶颈环节的直销企业同样具有参考价值。当直销企业的薄弱环节成为制约企业成本的重要因素,提高瓶颈资源的利用效率成为成本管理过程需要重点关注的问题之一。直销企业可以利用成本的代偿性特征,通过增加其他方面的成本以节约受限制资源或瓶颈资源,使受限制资源的边际收益最大化,从而提高企业的产出水平。

3.2.3 直销企业战略成本管理的方法措施体系

战略成本管理需要一套实用的方法措施。从理论角度看,战略成本管理方法措施的构造是战略成本管理体系建设的关键内容;从实务角度看,战略成本管理方法措施的合理使用决定着成本管理战略目标是否能够实现。

①战略成本分析体系

直销企业成本控制战略的制定与实施首先需要一套完整、科学的分析方法体系,通过对成本管理的外部环境、企业内部条件以及竞争态势的分析,揭示企业的相对成本地位、描述可资利用的外部机会和内部优势、提示企业可能面临的威胁和存在的弱点,以利于企业明确成本管理的重点内容和应该采取的战略措施。

直销企业战略成本分析的内容包括三个方面:一是影响企业成本的环境分析,该分析包括宏观环境分析和产业环境分析,其主要目的是揭示企业在成本方面面临的机会与威胁。二是企业内部条件分析,该分析的目的在于揭示企业成本方面的优势与弱点。三是竞争对手成本分析,该分析的主要目的是分析竞争对手的成本及其战略,以确定企业和竞争对手的相对成本地位,以便企业采取相应的竞争措施。战略成本分析方法主要包括四个方面的内容:

其一,价值链分析和成本动因分析。价值链分析的任务就是要确定直销企业的价值链,明确各价值活动之间的联系,提高直销企业创造价值的效率,增加直销企业降低成本的可能性,为直销企业取得成本优势和竞争优势提供条件。价值链并不是一些独立活动的简单集合,而是相互依存的活动构成的一个有机整体,价值活动是由价值链的内部的"联系(linkage)"连接起来的。改变价值活动之间的联系可以改变价值活动之间的关系,从而改变成本,进而影响到直销企业的成本地位和竞争优势。价值链分析为进行成本分析,实施成本管理提供了基础。成本作为价值创造过程中的一种代价,其分析只能放在与价值创造有关的活动之中进行。

成本是多重成本动因共同作用的结果,没有一种成本动因是企业成本地位的惟一决定因素,各相关成本动因结合起来可以决定一种既定活动的成本。成本动因或多或少能够置于企业控制之下,控制成本不是控制成本本身,而是控制引起成本发生和变化的原因。识别和分析成本动因有助于认识企业相对成本地位及其形成和变化的原因,为强化直销企业成本管理提供了有效途径。

其二,成本抉择关系分析。成本管理中,涉及到诸多的相互对立、相互冲突的成本动因,一项成本管理措施的实施往往会引起不同方面的成本发生反向变化。同时成本关联到质量、效率、产品价格等因素。这些错综复杂关系的存在,使直销企业成本管理面临一系列的抉择关系分析。

抉择关系(trade-off)是指在相互对立的事物中保持可以接受的平衡。成本抉择关系是指特定成本动因、措施和方法变动所引起的不同方面成本之间的反向变化关系,以及成本变动与收益变动之间的关系。概括起来,直销企业成本抉择关系分析主要包括成本之间的抉择关系分析、成本与质量抉择关系分析、成本与效率抉择关系分析、成本与竞争能力抉择关系分析,以及成本与收益抉择关系分析。成本之间的抉择关系主要表现为活动方式和政策措施的变化导致多个成本(两个及以上)之间的相反变化。成本的代偿性特征揭示出成本的构成要素之间存在一定的代偿性,一种构成要素的增加有可能减少另一构成要素的消耗,同样,一种成本的降低有可能以另一方面的成本增加为代价,低技术装备程度发生较低的折旧费用等,有可能要以较高的材料、动力、人工消耗为代价,低质材料发生较低的材料采购成本可能要以较高的人工等加工费用为代价等等。较为典型的成本抉择关系分析包括经济订货批量模型、等级材料和替代材料的选择、设备技术性能的选择、生产组织方式的选择等等。成本之间的这种抉择关系原理可以应用到直销企业成本与收益、成本与效率、成本与质量、成本与产品功能等的抉择关系分析。这些分析旨在揭示成本之间、成本与相关因素之间的变动关系,以便采取有效的控制措施,避免采用相互矛盾的措施。从实务上看,在成本与质量、效率、竞争等相关因素之间做出抉择是战略成本管理的核心工作之一。价值链分析、成本动因分析和成本抉择关系分析构成了直销企业成本控制内部条件分析的主要方面。

其三,成本优势分析与标杆分析(bench marking)。直销企业要取得成本优势和竞争优势,应该有赖于对竞争态势和竞争对手的分析,通过这种分析,揭示竞争对手的价值链、其所采用的基本战略和其降低成本的战略措施,以此明确企业的相对成本地位和企业应该采取的成本改进措施等。可资利用的分析方法有竞争对手价值链分析和标杆分析。

其四,成本的"强势、弱点、机会、威胁"分析。成本是直销企业业务活动过程、环境影响因素和企业内部条件相互作用的结果,受到环境因素和企业内部条件的强烈影响。环境是影响系统运行的外部因素,是存在于控制系统之外而又影响控制系统的客观影响因素的集合体。环境对直销企业产生双重影响:一方面为直销企业的发展提供机遇,另一方面又制约着直销企业的经营活动,甚至给直销企业带来风险。直销企业有必要从战略角度分析环境对企业成本可能带来的受益机会和应当回避的威胁,以便结合内部条件分析的结果采取必要的战略措施。

成本始终受制于直销企业的内部因素和外部环境,是企业内部因素和外部环境综合影响的结果。尽管在传统成本管理中也强调外部环境分析的重要性,但由于缺少将外部环境分析和直销企业内部条件分析有效结合起来的方法和手段,使直销企业难以将外部环境变化所形成的机会和威胁与企业的内部优势及弱点结合起来形成有效的战略。成本的强势—弱势—机会—威胁(strengths—weaknesses—opportunities—threats,简称 swot)分析方法是将外部环境分析和内部条件分析结合起来形成企业成本控制战略的一种有效的方法。成本的 swot 分析方法的意义在于,为直销企业制定战略措施以利用机会发挥优势、克服弱点回避风险、取得或维护成本优势提供了方法手段。

进行成本的 swot 分析,直销企业要充分认识自己的优势、机会、弱点和正在面临或即将面临的风险。外部宏观环境分析、产业环境分析、竞争对手分析、企业价值链分析、成本动因分析等为直销企业认识自己的优势、机会、弱点和正在面临或即将面临的风险提供了基本的途径和方法。swot 分析的基本步骤为:①分析直销企业的内部优势与弱点。直销企业的内部优势与弱点,可以是相对于企业目标而言的,也可以是相对于竞争对手而言的。由于影响成本的因素纷繁复杂,该分析的重点是找出具有关键性影响的优势与弱点,价值链分析、成本动因分析、成本抉择关系分析、与竞争对手比较分析中的标竿分析为分析企业的内部优势与弱点提供了可行的途径。②分析直销企业面临的外部机会与威胁。直销企业所处的外部环境在不断变化,机会、威胁因素也在不断转化,抓住机会,规避和消除风险是管理者的基本职责。机会与威胁可能来自于与竞争无关的外部环境因素的变化,也可能来自于竞争对手的力量与相关因素的变化,或两者兼而有之,关键性的外部机会与威胁应该予以确认。③将外部机会和威胁与直销企业内部优势和弱点进行匹配,形成可行的备选战略。swot 分析有四种不同类型的组合:优势—机会(so)组合、弱点—机会(wo)组合、优势—威胁(st)组合和弱点—威胁组合(wt)。这些组合将企业与成本相关的优势(s)、弱点(w)和机会(o)、威胁(t)分别组合起来,形成不同的应对措施。

②成本管理战略方法的措施体系

直销企业成本管理战略方法的措施体系的内容可以综合概括为:

以改变成本发生的基础条件为目的的方法措施。成本的源流管理思想揭示出,控制成本发生的基础条件是成本降低的深刻根源。以改变成本发生的基础条件为目的的措施主要有:一是重构价值链。拥有成本优势的直销企业,其价值链往往与竞争对手的价值链存在显著差异。重构价值链能从根本上改变直销企业的成本结构,为进一步的成本降低提供新的基础。二是控制成本动因。直销企业的成本地位源于其价值活动的成本行为,成本行为取决于成本动因。成本动因控制的重点内容应该是规模经济、企业政策、技术措施及其时机选择、时间成本与质量成本管理、改善成本动因之间的联系等方面。控制成本动因要避免采用相互矛盾的措施。三是长期成本计划与目标成本管理。

以日常成本管理为主要目的的方法措施。直销企业以日常成本管理为主要目的的方法措施主要是一些制度性控制方法。制度性控制方法是指能够通过制度进行规范,并有可能与成本核算制度结合运用的方法。主要包括责任成本制度、标准成本(或定额成本)制度等。

上述战略成本管理方法措施体系的内容可以进一步按照空间、时间和业务源流展开:一是成本管理方法措施的空间流展开,包括直销企业价值链的横向整合与规模经济、分权管理与多层次成本管理责任体系、成本管理空间的细化、作业成本管理、改善成本动因之间的联系等。二是成本管理方法措施的时间流展开,包括直销企业长期成本计划、技术改进措施的时机选择、实行目标成本管理、标准成本管理制度的合理应用、产品寿命周期成本管理等。三是成本管理方法措施的业务流展开,包括直销企业开发与研究过程中的成本管理、时间成本与质量成本管理、适时制的应用、价值链的纵向整合等。

③成本管理保障措施体系和绩效评价体系

成本管理保障措施是为了保证成本管理方法措施的有效性和保证成本管理方法措施的顺利实施而建立的各种规范,它包括制度保障体系和组织保障体系。直销企业建立成本管理保障措施,主要是通过建立起一系列的业务处理与报告应该遵循的程序和规范,以及通过对组织结构的设定、职能的划分与分工等,来保证组织内的各项活动按照有利于降低成本、有利于进行成本管理的方式进行。这些措施的功能不直接作用于成本发生过程本身,而是对处理业务的行为按照成本管理的需要加以倡导或约束,其作用是基础性的和防范性的。另外,在激烈的竞争环境中,为了及时了解环境、内部条件和竞争对手的变化可能带来的机会与威胁,还应该建立成本预警分析系统,对外部环境、竞争对手及企业自身条件的变化进行长期的观察,对可能出现的重大变化、对可能面临的机会和威胁做出及时的预报,使直销企业能够有充裕的时间做出反应。因而,成本管理保障措施体系包括制度保障体系、组织保障体系和成本预警分析系统三个方面。另外,建立成本管理绩效的评价体系也是直销企业战略成本管理方法措施体系的重要内容。

3.3 直销企业作业成本法的应用

作业成本法(Activity-Based Costing,简称 ABC)是西方国家于 20 世纪 80 年代末开始受到广泛关注和研究的、90 年代以来率先在先进制造企业应用的一种全新的企业管理理论和方法。作业成本计算法以作业为间接费用的归集对象,通过资源动因的确认、计量,归集资源费用到作业上,再通过作业动因的确认、计量,归集作业成本到产品或顾客上去的间接费用分配方法。ABC 为产品、服务、客户等提供了一个更精确的间接成本分配方法。在中国,作业成本法在理论上的研究比较深入,然而在具体应用上尚处于探索阶段。我国直销企业的产品成本一般都很高,应用作业成本法可以降低直销企业的产品成本。

3.3.1 作业成本法在直销企业中应用的意义

作业成本法的产生原因、计算原理及其与传统成本法在计算上的区别逐渐为

我国直销企业所认识。归纳起来,作业成本法在直销企业中的应用,其意义有如下几方面:

①作业成本法对直销企业的决策与计划会计的影响

决策与计划会计的重要理论基础之一是成本性态分析,作业成本法对多数决策与计划模式的冲击正是源于其对成本性态分析的扩展。传统成本性态分析以产量作为区分固定成本与变动成本的基础。产品成本中直接费用含量较高时,这种成本性态分析可以比较准确地反映成本变化的原因。但在高科技条件下,直销企业间接费用含量较高时,这种性态分析就掩盖了间接费用的可变性,无法准确反映成本变化的原因。

作业成本法用成本动因来解释成本性态,基于成本与成本动因的关系,可将成本划分为产量基础变动成本、非产量基础变动成本、固定成本三类。在直销企业中,产量基础变动成本一般在短期内随产品产量的变动而变动,故仍以产量为基础(如直接人工小时、机器小时、原材料耗用量等)来归属这些成本。非产量基础变动成本往往随作业的变动而变动,故以非产量基础(如检验小时、定购次数、市场整合次数)作为成本动因来归属成本。作业成本法下的成本性态分析,拓宽了变动成本的范围,使投入与产出间的联系更加明晰,是对传统成本性态分析的扩展。

成本性态分析是变动成本法的前提和本量利分析的基础,同时也是相关成本决策法的基石之一。作业成本法扩展了成本性态分析,因而对直销企业的变动成本分析、本量利分析以及相关成本决策法产生了一系列影响。一是对变动成本分析的影响。变动成本分析以传统成本性态分析(将成本划分为固定成本与变动成本)为前提,将与产量变动无关的固定成本视为期间成本,与产量成正比例变动的变动成本视为产品成本。但在作业成本法下,直销企业由于非产量基础变动成本比较多(如营销过程中的特殊费用),使许多不随产量变动的间接成本可以明确地归属于各产品,产品成本不仅随产量变动,而且随相关作业变动,这就使直销企业的成本分析和成本管理更科学。二是对本量利分析的影响。本量利分析是进行成本决策分析的基础模型。直销企业如采用作业成本法下非产量基础成本动因,这就放宽了原本量利分析的假设条件,改变了原本量利模型中税前利润仅与售价、产量、单位变动成本、固定成本相关的模式,建立起税前利润与售价、产量、单位产量变动成本、作业变量、单位作业成本及固定成本的关系式,扩展了本量利模型的使用范围。现在,我们为直销企业设计可以成功运用的新的本量利模型:

$$R = PS_1 - V_1S_1 - V_2S_2 - \cdots - V_nS_n - F$$

R 为税前利润,P 为销售单价,V_1 为单位产量变动成本,S_1 为产量,V_2-V_n 为单位作业成本,S_2-S_n 为作业变量,F 为固定成本。三是对相关成本决策法的补充。传统的相关成本决策分析往往将固定成本作为非相关成本而在决策中不予考虑。而在直销企业中,传统相关成本决策分析往往不能科学地反映直销企业的成本形成,所以,在作业成本法下,许多原本与产量无关的固定成本因与作业成本动因相关,而在决策中由非相关成本变成相关成本,提高了直销企业相关成本决策的正确性、科学性。

②作业成本法对直销企业执行会计组成部分的影响

责任会计、标准成本制度以及弹性预算是执行会计的重要组成部分,作业成本法从开阔的视野研究投入与产出间的关系,对执行会计的上述组成部分产生了影响。这种影响,在直销企业中更为明显。

一是对直销企业责任会计基础的更新。作业成本法条件下,直销企业应以同质作业为基础设置责任中心,使用更合理的分配标准,使控制主体与被控制对象间的因果关系增强,可控成本的范围拓宽,从而将更多的费用纳入责任管理,并且规范了责、权、利之间的对应关系。此外,在评价指标上,作业成本法在保留有用财务指标基础上,提供了许多非财务指标,如产品质量、市场占有率等,有助于直销企业管理人员从非财务角度进行业绩评价。特别是运用作业成本法可按作业将原有责任中心细分为若干个子中心,这样,直销企业各部门将不可避免地出现同质子中心,如部门的质量控制、水电节约等作业中心。这些子中心的信息既可与原有责任中心的信息汇总而得到该部门责任中心的责任成本信息,又可汇总出同质作业的信息,直销企业可按相同作业标准在不同部门间进行考核与评价。

二是对标准成本制度及弹性预算的发展。作业成本法条件下多样化成本库的设置和多样化成本动因的采用,使标准成本控制深入到直销企业的作业层次。标准成本制度可引入作业成本差异的计算公式如下:作业成本差异=(作业实际消耗量－作业标准消耗量)×单位作业标准价格。作业成本法关注直销企业成本发生的前因后果,强调产品的顾客驱动,以是否增加顾客价值为标准,将作业区分为不增值作业及增值作业,将作业成本区分为不增值的作业成本及增值的作业成本。其中,增值的作业成本为作业标准消耗量与单位作业标准价格的乘积,即标准成本;不增值的作业成本为不利的作业成本差异。不增值作业的标准成本为零,其成本差异即等于作业实际消耗量与单位作业标准价格的乘积,属于不增值的作业成本;增值作业的正的成本差异为无效率成本,也属于不增值的作业成本。因此,直销企业在作业成本控制中,要着眼于事前、事中控制,消除不增值作业,提高增值作业的效率和效益,从而消除不增值的作业成本。相应地,直销企业的弹性预算也应以作业的成本动因为基础进行编制。

③作业成本法对直销企业吸收先进管理思想的影响

作业管理的出发点是将企业看作由顾客需求驱动的系列作业组合而成的作业集合体,在管理中以努力提高增加顾客价值的作业的效率,消除遏制不增加顾客价值的作业为方向。直销企业采用作业成本法,可以吸收和形成作业管理的先进理念:其一,适应直销企业面临的买方市场的环境新特点,树立"以消费者为中心"的管理思想,把及时满足不同消费者的特定需要放在首位;其二,改变传统成本管理只注重成本本身水平高低的状况,使直销企业着眼于成本效益水平的高低,以资源的消耗是否对顾客发生价值增值作为评价成本管理水平的标准,而不再以成本本身水平高低为标准。

过程管理认为企业为顾客提供产品的业务过程,由一系列前后有序的作业构成,企业就是将它们由此及彼、由内到外连接起来的一条作业链。每完成一项作业要消耗一定的资源,作业的产出又形成一定的价值,因而企业又是价值在作业链上各作业之间转移所形成的一条价值链。直销企业过程管理就是对作业链、价值链进行分析和管理，找出企业业务活动中各个环节上的症结，提高业务活动各个环节的效率。其一，将管理的重点由产品成本的结果转向作业成本的形成原因。从作业成本计算原理可知，直销产品成本的高低不仅与其消耗的作业量的大小有关，还与每种作业上的资源占用量有关，作业量的减少并不能自动地减少该项作业所占用的资源(如设备、人员)。因此，降低直销产品成本、提高资源使用效率，不仅要提高生产过程中的各项作业完成的效率和质量，而且要提高生产过程之前资源配置的合理性，高度重视产前调研和产品开发设计管理。其二，使直销企业整体成为多个局部的动态有机结合，而不再是局部的简单总和，这有助于企业协调局部关系，实现整体最优化，也有助于实现营销的根本革新。

3.3.2 直销企业应用作业成本法的体系设计

直销企业应用作业成本法的体系设计如下：

①分析定义作业中心

作业中心划分的正确、详简得当与否是整个作业成本核算体系的关键所在。在一个直销企业中可能有几十个甚至数百个作业。作业是指基于一定的目的，以人为主体，消耗了一定的资源的特定范围内的工作。一般来说，作业区分为单位级作业、批次级作业、产品级作业和管理级作业这四类。在实践中，直销企业确认作业可以以作业贡献于最终产品或劳务的方式和原因，即以作业动因为依据进行分析和划分。这些作业分别以不同的形式吸纳资源，又分别以不同的方式为终端市场提供服务。在直销企业中，同质的资源应整合为一个作业，同类的作业应整合为一个作业中心，不同类的作业应分解为不同的作业中心。作业中心不一定正好与组织的传统职能部门一致。有时候，作业中心是跨部门的；有时候一个部门就包含好几个作业中心。具体作业中心分析和确定可以根据人员名单对每一工作部门和生产部门走访后，并结合流程图来完成。

以北京一家直销企业为例，我们把直销企业的生产销售可分为以下几个作业中心：

——计划调度作业中心。直销企业在产品生产和销售过程中，必须建立计划调度作业中心。其职能之一，就是根据销售合同(直销员的销售需求)下达计划，一般每周下达一次计划，每一次计划下达5~6个合同。下达的计划包括生产计划和销售计划。按照原材料、用电和用水和机器设备保护分成三个工段下达计划。另外还有库房负责领料和发料。计调室的主要职能是协调生产，保证产品能按期交货。其费用的发生不能和合同及产品直接挂钩。

——产品校验作业中心。主要是指直销产品生产以后校验的所有活动。直销企业要依据产品校验是把生产车间生产的直销产品进行性能上的严格检验，只有检验完全合格的产品才能发送到销售部门。每个产品(特别是保健产品)的校验要经过几道工序，都必须由一个校验员来完成。直销产品校验有各个步骤，我们可以合并在同一个作业中心中。

——产品销售作业中心。主要是指直销产品进入销售渠道的一切活动。直销企业要根据自己产品的消费群体,组织直销员拓宽销售渠道。因此,直销企业应该建立一个产品销售作业中心,主要是开展产品校验后的具体销售活动。比如,建立营销团队,招募直销员,建立专买店,开展电子商务活动等。

②分配资源进各作业中心

直销企业的作业中心建立后,需衡量各个作业中心消耗的资源费用。这需要仔细分析各项费用,按资源动因归集进各个作业中心,往往要反复几次才能最后确定。所谓资源动因,是指资源被各作业消耗的方式和原因。资源动因反映了作业对资源的消耗状况,因而是把资源分解到各作业中心的依据。在确立资源动因时,直销企业要依据下列三条原则:

一是某一项资源耗费能直观地确定其为某一特定产品所消耗,则直接计入该特定产品成本,此时资源动因也就是作业动因,该动因可以认为是"终结耗费",产品的设计图纸成本便是典型例子;

二是如果某项资源耗费可以从发生的领域上区分出为各作业中心所耗,则可以直接计入各作业中心成本库,此时资源动因可以认为是"作业专属耗费"。各作业中心按实付工资额核定应负担工资费时,即为这种情况;

三是如果某项资源耗费不满足以上两种情形,耗费形式较复杂,则需要选择合适的量化依据将资源分解分配到各作业中心,这个量化依据就是资源动因。如使用企业内部车辆,可以按实际服务于各作业中心的里程数分配等。

一般而言,直销企业生产销售费用归集要点如下:

工资及福利(包括直接人工和间接人工)。工资及福利的核算应该根据人员所服务的对象计入到该作业中心。比如直销产品校验作业中心的某一工人在一个月中有 20 天服务于本作业中心,而另外 10 天为产品销售作业中心做售后服务,那么除了差旅费应该由产品销售作业中心负担以外,这 10 天内的工资及福利也应该由产品销售作业中心负担。计算方式可以为:该员工该月应发工资/该月工作日 × 该员工该月为产品线服务的天数。

差旅费。差旅费可以分为售前、售中、售后的差旅费,但是对于直销企业而言,其差旅费主要发生在经销商对企业的考察上。有的直销企业对经销商的考察所发生的差旅费实行双程全报,有的直销企业实行单程报支。笔者认为,经销商考察直销企业是双方合作的必要步骤,考虑到我国直销市场的竞争比较激烈的情况,直销企业应该报销经销商考察的单程差旅费。这样,对直销企业和经销商之间都比较合理,有利于双方的成本控制。业成本法在生产部门的设计研究来自房屋折旧。房屋折旧费根据各作业中心所占的房屋面积按比例进行核算。这就需要丈量生产车间、产品校验室、企业办公室、资料室和仓库等的占用面积,按照占用面积的比例分摊大楼的折旧费。另外,因一些作业中心所占的房屋面积非常小,因此,出于重要性原则的考虑,这四个作业中心就不再分摊房屋折旧费,其房屋面积分别计入其他相关的作业中心进行核算。

设备折旧。直销企业的设备折旧费用按照设备用途归集到各作业中心,然后按各作业中心所拥有的设备计提折旧。这就需要各作业中心进行全面的设备资产盘点,按照盘点结果计提折旧。

办公费、劳保费、低值易耗品、机物料消耗。对这些支出的核算,应按照领用的作业中心进行归集核算。这就需要在领用(或消耗)时在记录上明确领用单位(即作业中心),便于月底的核算。

通讯费。直销企业的通讯费用要比常规企业多。通讯费的核算按作业中心的电话号码进行归集核算,并在缴纳通讯费的时候按照电话号码列示明细。

水电费。由于生产车间的用水较少,主要是用于直销企业的公共卫生间、办公室等,所以水费的支出可以列在协调管理中心进行核算。电费可以参照房屋折旧比例处理。

财产保险费。财产保险费主要是用在对固定资产的保险上。因此,财产保险可以按照所保固定资产所在的作业中心进行归集核算。

修理费。修理费可以按照所修设备所在的作业中心进行归集核算。

燃料及动力。按厂房折旧比例分配。

运输费。直销企业的运输费,主要是物流这一块。在用车、托运结算单上注明使用的作业中心,并要求每次使用时直接按受益的作业中心填写。

③**确定作业动因**

作业动因是将作业成本库成本分配到产品或劳务中去的标准,也是将作业耗费与最终产出相沟通的中介。直销企业选择作业动因时,要考虑作业动因资源是否易于获取。若在现有的原始资料收集系统中就可以直接获得或经一定加工整理即可获得,则成本不高;如果通过现有的原始资源收集系统无法获得,需采取其他的方式获得,则成本可能会比较高。在调查研究过程中,我们发现传统企业转型为直销企业的,往往有着各种较完整的原始资料,但可惜的是,这些收集记录原始数据的人员只是在"例行公事",没有将收集的资料充分利用或汇报。作业成本法所需的数据许多可以在现有的资料中整理获得,这样可以避免重设岗位,提高效率。直销企业选择的作业动因及其依据主要归纳如下:

计划调度。因为计调室的工作是进行生产协调,为直销企业所有的作业中心服务。所以它的费用、成本不能直接计入产品成本,而是根据各产品线的产值比例分摊到各产品线。为了保持分配标准的连续性,这个分摊比率可以在一定时期内保持稳定。如果各产品线的产值发生较大的波动,这个比例也可以修改。

产品校验。产品校验针对产品的类型制订有非常准确的定额工时,并且遇到特殊的问题还应由直销企业分管领导来另外批准工时。所以产品校验的大部分成本都和定额工时有直接的关系。因此在这个作业中心中选用定额工时作为作业动因。

产品销售。直销企业产品销售的作业动因,是根据产品的消费群体的不同而确定的。比如,上海绿谷生命工程和北京新时代选择的产品销售奖金制度是不相同的,这是因为他们产品销售的作业动因是各不一样的。

3.3.3 优化直销价值链

作业成本法源于商品成本计算的准确性动机,但其实际意义已完全超越了最初的设计要求,它直接深入到直销企业的价值链重构,乃至企业内部组织结构的重构。因此,作业成本法不仅是认识价值链的基础,而且通过管理还能改造和优化企业的直销价值链。

作业成本法的一个基本思想，就是企业是一个为最终满足顾客需求、实现投资者报酬价值最大化而运行的一系列有密切联系的作业的集合体，企业生产商品是资源消耗的同时又是价值的积累过程，即价值从一个作业转移到下一个作业，最后全部累积到最终的商品或劳务上，形成全部价值的集合。因此，作业链同时又表现为价值链。直销企业从购买商品的消费者那里收回的价值，形成企业实现的收入，收入补偿完成各有关作业所消耗资源价值总和后的差额，即为企业利润。但实际上不是所有直销企业都能增加转移给顾客的价值，为企业带来利润。成本法要求成本管理深入到每一作业，尽可能消除不能创造价值的作业，防止资源的消费，最大限度地提高从顾客那里回收的价值，以实现预定的经营目标。

要实现上述的基本思想，直销企业就必须借助于作业分析。进行作业分析时，成本分配就不能仅限于"商品"这一层次，而是深入到每一作业。直销企业要降低成本，首要的是消除不必要作业，对于那些能为最终商品增加价值的作业，要进一步分析该类作业是否有改进的可能，其所消耗资源能否节约。作业成本法的核心在于确定了"成本动因"概念，主张以成本动因作为分配间接成本的基础，利用成本动因来解释成本概念。这样，作业成本法就将间接成本与隐藏其后的推动力相联系，通过确定较为合适的成本动因，进而能够合理地分配间接成本，有效地提高成本的归属性、计算的准确性、定价决策的科学性和灵活性。笔者调查的直销企业中，为什么有的产品的价格比社会上同类产品的价格要高出好多倍，一个很重要的原因就是进行有效的作业分析，不必要的作业加大了产品的产出成本，因而产品成本的归属性、计算的准确性、定价决策的科学性和灵活性，就难以实现。

价值链分析是作业成本管理的基本方法。作业成本法将成本看作"增值作业"和"不增值作业"的函数，并以"顾客价值"作为衡量增值与否的最高标准。这样，一方面，将顾客的需求与企业的作业发生、资源的消耗、成本的形成等联系起来；另一方面，通过顾客价值将企业的收入与顾客的需求联系起来，从而有利于从作业的角度权衡成本和顾客价值，保证直销企业经营决策与直销企业价值最大化目标一致。在直销企业中，价值链分析作为作业成本管理的基本方法，其主要作用在于：一是找出无效和低效的作业，为持续降低商品成本，提高直销企业竞争能力提供途径；二是协调组织直销企业内部的各种作业，使各种作业之间环环相扣，形成较为理想的"作业链"，以保证每项必要作业都以最高效率完成，保证直销企业的竞争优势，进而为扬长避短、改善成本构成和提高作业的质量及效率指明方向。笔者认为，目前我国的一些直销企业对价值链分析不够是一个薄弱环节。一些直销企业只追求自身的经济效益，而不讲究社会效益。比如，北方有一家直销企业，对最终消费者的利益考虑不多，结果终端消费市场拓展很慢。我们要知道，在价值链分析中，消费者消费的价值这是"本"，直销企业生产销售的价值乃为"末"。如果只追求直销企业自身的效益，不讲究广大消费者的社会效益，这就成了舍本求末、本末倒置。这样的教训我们应该时刻牢记。

第5章 中国直销产品的定价策略

在这一章,我们主要讨论中国直销产品的定价策略问题。直销产品的定价策略正确与否,这是中国直销经济发展过程中的一个十分重要的问题。为什么一些同质的直销产品,在不同的价格下都有着不同的成功销售路径,这里面就有一个直销产品的定价策略问题。如果定价策略很成功,那么直销产品的通路就会拓宽,反之,直销产品的销售就会出现滞阻的现象。因此,正确确定直销产品的定价策略,对于中国的直销企业来说是一件十分重要的大事。

▼1 中国直销产品定价考虑的基本因素

定价有着重要的战略作用,没有什么比价格战更能直接影响企业利润的竞争方法了。在直销行业中,直销企业可以选择他们销售产品的价格,但同时这也要受限于竞争对手和客户的反应。遗憾的是一些直销企业并不真正了解怎样合理地为产品定价,大多数采用"拍脑壳"的方法,最多也参照一下市场上竞争对手的产品价格,带有很大的随意性。实际上,直销产品的定价是要考虑许多因素的,其中最关键的因素就是竞争态势、品牌、销量或利润目标、生命周期这四个方面,其他因素都居于相对次要、战术性的层面,在此不作探讨。

1.1 竞争态势

竞争态势对直销产品的定价有着巨大影响。所有直销企业，规模无论是大是小，都必须考虑直销经济发展的动态环境和竞争对手之间的力量对比，这样才能找到正确的定价战略。

1.1.1 市场领先者的定价战略

直销市场领先者的目标应该是保持自己的优势地位，定价是保持优势地位的重要手段。领导型直销企业一方面要应对整个直销行业内竞争对手的挑战，另一方面还要阻击新进入的直销企业的威胁，战略性定价策略就是实现这种目的的重要手段。

安利公司在进入中国直销市场后，打的是产品"价值战"，所以其产品的价格一直都很高。但由于安利公司是直销行业的"老大"，各方面的优势都很强，所以其产品的价格虽高，却通路很广。而中国领导型民族直销企业天狮集团，一方面要考虑到消费者的心理接受程度，另一方面要考虑到消费者的价格承受能力，所以其打的是"价格战"，直销产品的价格就比较低。打"价值战"也好，打"价格战"也好，作为一个领导型直销企业，必须要根据自己的实际情况而定。对于中国领导型民族直销企业，在中国直销市场还没有完全成熟的时候，不宜打"价值战"，而应该主动打"价格战"，因为这种策略的特征是在自己处于市场领导者地位时，可以主动降低价格，压缩竞争对手的生存空间，从而保证自己的优势地位。当自己在较大市场份额盈利时，竞争对手由于市场份额少，所以盈利也少，甚至由于规模不经济而无法盈利。

如果中国领导型民族直销企业拥有技术优势、垄断地位或者其他优势，就没有必要采用低价格战略捍卫自己的利益，而应该以高价格来获取高额利润。天狮集团如果要开发新的直销产品，应该从"价格战"转向"价值战"，因为天狮集团应该依托现在的优势，对新产品推行高定价战略，即使扣除20%到25%的折扣，产品价格应该要比竞争对手同类产品高出50%。这样，高价格、高利润虽然为低价竞争者提供了保护，但可以使天狮集团在高端直销市场上拥有不可动摇的优势。

1.1.2 挑战者定价战略

直销市场中的二线品牌或者新进入直销行业的企业，在实力逊色的情况下要采取挑战者战略来改变被动、落后的形势。挑战者战略的核心是：在总体实力不足的情况下，集中力量，争取在局部直销市场形成优势，通过局部直销市场的胜利，提高自己在直销市场上的地位。"价格战"是挑战者最易使用、也最易在短期内见效的战略。

利用"价格战"，从领先的竞争对手那里挤占直销市场份额，虽然自己的利润也下降，但是可以通过销量的增加来争取获得总体利润的提高；即使利润总量不能提高，但能够提高自己在市场中的地位，大幅削弱竞争对手的盈利能力，也是一个胜利。这就是弱势直销企业频繁发动"价格战"的内在动机。

弱势直销企业不用担心发动"价格战"影响自己的品牌形象。上面提到的天狮集团，在刚进入直销市场的时候，为了抗衡外资直销企业，采取的定价策略是：无论外资直销企业的产品价格如何高，但天狮的直销产品面对和锁定中低档消费人群，因此直销产品的价格一般都比较低。这个定价战略确实挤掉了包括安利公司在内的一些外资直销企业的部分市场。由此可见，如果弱势直销企业发动"价格战"的时机恰好在直销行业出现拐点时，例如行业刚刚进入成长期，那"价格战"的威力会非常巨大。天狮集团一开始打的"价格战"，恰逢中国直销行业出现拐点，直销市场大众化普及阶段刚开始，所以，天狮集团经过几年的努力，一跃成为直销行业内中国民族领导型直销企业。

1.1.3 寡头垄断下的定价战略

寡头市场的特点是直销行业集中度非常高，2~4家直销寡头企业拥有60%~80%的市场份额。直销企业之间各有特色，任何一家直销企业都不具备明显优势。在这种局面下，竞争必然长期化且在企业经营的整个领域内展开，涵盖技术、营销、公共关系、资本运作等多个方面，而不是仅局限于某一个方面。在这种情况下，成熟的直销企业应该放弃短期制胜的战略，必须谋求一定程度上的"竞合"。如果一个直销企业，希望简单依靠单一价格手段，希望在短期内打败其他寡头直销企业，就未免失之急躁，也不会取得成功。寡头直销企业之间的竞争依据行业周期的不同而异。在成长期，竞争以价格、销售规模等数量因素决定；在成熟期，主要由技术、服务等质量因素决定。

有些时候，直销行业内某个细分市场正处于成长期时，新的细分市场又出现了；当主要细分市场进入成熟期时，又有一个新的细分市场进入成长期。这种情况下，寡头直销企业竞争的局势就更加复杂，但也给直销企业以新的机会。如果寡头直销企业能够提前准备，抓住这个机遇，就能一举获得优势。

定价总是与一个特定的直销产品直接相关联的，如果直销企业能够推出具有明显差异化优势的直销产品，就可以以一种高度独立的立场来定价，至于定高价、还是定低价，则根据直销企业自己的战略目标来决定，而不是受制于竞争对手的限制。

广东一家直销公司推出第一款直销产品时，定了一个×××元的高价格，但由于其产品优异的性能和独特的配方受到消费者的广泛欢迎，直销市场反应非常好。一年以后，第二款直销产品推出增加了一些新的功能，定价时又增加了×××元，利用直销产品的差别化优势而获得高额度的"产品溢价"。

1.2 品牌

直销产品品牌定位对定价有很大的指导和限制作用。一个直销企业在定价时，除了考虑成本、期望毛利率、竞争对手价格等各种因素之外，还必须考虑直销产品的品牌定位,在现实地位和期望定位两者平衡的基础上,综合做出直销产品的定价决策。

一般来说,在面对强势直销产品品牌的情况下,直销企业有以下几种选择:第一,推出同类直销产品,但是价格相对较低,低价幅度与品牌差距成正比,品牌差距越大,价格低得越多;第二,将直销产品线集中在中低档,规避与高端正面冲突。而面对品牌地位比自己弱的品牌,直销企业采取的方法则完全相反,如表5.1所示。

表5.1　品牌强直销产品定价

本企业需考虑因素	相比于弱势品牌	相比于强势品牌
同类型产品的价格	相对较高	相对较低
性价比	相对较低	相对较高
高端产品	相对较多	相对较少
低端产品	相对较少	相对较多

不同档次品牌的直销产品定价必须反映品牌之间的差距,否则会模糊企业品牌的定位,还会使品牌价值无谓的流失,使直销企业不能得到应有的利益。表5.2是几个不同品牌的直销企业同类"肽"产品在直销市场上的价格表:

表5.2　不同品牌"肽"价格

直销企业	成本（元）	出厂价（元）	批发价（元）	直销市场价（元）	厂家毛利率（%）
A	170	320	335	361	47
B	170	224	239	253	24
C	175	225	253	265	22
D	145	170	195	218	15
E	145	160	160	200	9

从此表可以看出,这几个品牌在零售定价方面的差距和品牌差距相一致的,毛利率的差距也与品牌方面的差距也是相一致的,甚至在渠道内部的定价方面,这几个品牌也显示了相似的差距。

在定价与品牌之间存在一种"鸡生蛋、蛋生鸡"的关系。一方面,越是名牌,直销产品的定价越高;另一方面,某种直销产品定价高,给人的印象就是"这种产品一定好"。而战略性定价需要考虑的不仅是给一个直销产品定价,更是对整个产品线定价,给整个直销产品结构定价。有些高端直销产品要定一个高价,彰显其品牌价值,但真正的主流直销产品不在高端细分市场,这是因为由于高端直销市场的高定价和品牌宣示作用,使中流直销产品也能定一个高价格,而且销量还一定很多。

很多直销企业都利用了价格与品牌之间的这种互动关系,在主流产品之外,推出几款价格很高的高端产品来显示自己的品牌地位。以安利公司为代表的外资直销企业大都采取系列订价法,即按直销产品质量等级的不同实行多品种定价,以适合不同层次的消费者需要,让消费者有更多的选择余地。我们看到,外资直销企业低档产品的价格,几个品牌的价格差价不大,但是由于高档直销产品价格很高,很容易给消费者留下深刻印象:即这几个品牌是更好的保健品。当这些消费者去购买低档保健产品时,大多数会倾向于购买高档直销产品的,虽然产品的价格稍高,但消费者也很多,因为"它们是名牌,买得放心"。这正是外资直销企业定价策略的目的。

如果直销企业无视品牌定位,则产品定价就会背离品牌定位,导致产品定价失败。安徽一家直销企业生产的产品是一个低端保健品牌,后来与上海复旦大学生命科学学院合作之后,作为控股方的直销企业把产品的价格提高到中等水平,脱离原产品长期立足的大众化、低端细分市场,结果非但没有更多的打开市场,反而使自己品牌的市场份额逐步萎缩。这就告诉我们,这种战略性定价错误就在于放弃自己原有的细分市场和直销市场定位,以新的定价策略进入另外一个细分市场就会导致定价与品牌错位。如何正确地基于品牌定价仍然是直销企业的一个大难题。在实际操作中,一些直销企业高估或者低估品牌价值的现象比较普遍,因此,在直销产品不相上下的前提下,品牌定位低的直销企业应该降低产品价格,这样容易获得成功。

1.3 销量或利润目标

销售和利润是两个相互矛盾的目标,当一个直销企业追求较高销量时,也就是追求较大的直销市场份额时,就意味着他将采取以下措施之一:第一,以更低价格推出同类直销产品;第二,降低现有直销产品价格;第三,进入更加低端的细分市场,或者推出更多低端市场的直销产品。无论采取上述哪种措施,都意味着较低的利润率,即使该直销企业通过降低价格而猛烈扩大销量,最终得到更多的利润总量,但其产品利润率一般也会随之下降。在一个竞争激烈的直销市场中,保持直销市场份额也非易事,如果一个直销企业立足于维护其已有的直销市场份额,他也会在上述三种措施中进行选择。

所以当一个直销企业宣布要维护自己的直销市场份额时,其竞争对手必须严肃对待这个事实。如果试图以降价来挤占对手的直销市场份额,必然遭到强烈的还击。最后最大的可能性是:双方的直销市场份额都没有大的变化,但是盈利情况都显著恶化。这种情况在我国直销企业的竞争中经常能够见到。

当一个直销企业以改善盈利能力、提高利润率作为自己的战略目标时,他就难免要损失部分市场份额。因为他必然要在下列措施中进行选择:

第一,增加高端直销产品在自己直销产品结构中的比例,这些直销产品有较高的价格、较高的利润率,但是直销市场份额也会较小;

第二,减少低端直销产品在自己直销产品结构中的比例,这些直销产品虽然有较大的直销市场份额,但产品价格较低、利润率也较低;

第三,在推出同等直销产品时,直销产品的定价较高。

无论采取哪种措施,其利润率都会提高,但是市场份额有可能会减少。例如,我国天狮集团曾经采取低价竞争的战略,他们的策略是减少高端消费,增加低端消费,因此,那个时候天狮集团生产的直销产品价格都比较低。而近几年,天狮集团在继续运用低价竞争战略的同时,也采取措施改变了其产品和定价策略。他们适当减少了低档消费人群,重点发展高端消费人群,新研制的直销产品的定价就比较高。从这个案例可以看出,直销企业的竞争战略决定了定价策略,并进而决定了直销产品价格和直销产品组合。

1.4 生命周期

直销产品的生命周期对于战略性定价有显著影响,而生命周期的各个阶段对直销产品定价的影响又有很大不同。在生命周期的各个阶段之间都会出现一个拐点,拐点前后的直销产品定价战略会出现剧烈差别,直销企业能否正确认识到这个拐点、以及能否及时调整定价战略,将会导致完全不同的竞争结果。

在拐点到来之前,直销企业往往采用撇脂定价法,产品的利润率比较高,面对的是高端用户。但是当产品价格突变点到来时,直销产品开始向大众普及,消费者购买愿望大增,这时过高的产品价格就会成为购买的瓶颈。如果直销企业能准确地把握这个价格拐点,采取大众化的定价方式,率先开发这个庞大的市场,这样虽然价格降低了,但是总体利润和直销市场份额会有加大的上升,为直销企业带来巨大利益。

改变定价规则的风险在于对时机的把握,如果太早,拐点还没有来,大幅降价不会使直销市场份额提升,也不能弥补降价的损失,直销企业将会付出重大代价;如果一味等待,就会被别的直销企业捷足先登。我国直销行业内的领导型直销企业,都是在直销市场的临界点及时抓住机遇,使自己脱颖而出,并从此一路领先。在保健品消费市场上,新时代健康产业集团在前几年发动"松花粉正版风暴",彻底颠覆了市场格局,就是及时抓住了直销市场的拐点,正确实施定价策略的结果。

在直销行业成长期,大众化的拐点不一定只有一次,有时候拐点会分别出现在直销行业中的几个细分市场。一个直销企业能够抓住一个市场拐点,但不一定能够

表5.3 生命周期对定价的影响

价格战发起者	行业生命周期的阶段	价格战的可能后果
领导型企业	发展期	提高行业进入壁垒
	成熟期	驱逐弱小企业,提高行业集中度和经营安全,但盈利能力可能受损
二线企业	发展期	成为领导型企业
	成熟期	成为二线企业中的领导者
	衰退期	有害无益
弱势企业新进入者	发展期	成为二线企业,甚至是领导型企业
	成熟期	成为二线企业
	衰退期	

抓住下一个市场拐点。这就是定价战略的风险所在，也是正确的定价战略能够在竞争中制胜的原因所在。

1.5 小结

以上我们独立地探讨了四个主要因素对直销企业战略定价的影响，但是在实际操作中，这四个因素对定价战略的影响有时是截然相反的，这样就给直销产品定价决策增加了难度。例如，为了扩大市场份额，直销企业就会倾向于低价格战略，但是这个直销企业的品牌一直是高端品牌，就不宜采取低价格战略；如果一个直销企业在低端市场采取低价格战略，而在高端市场采取高价格战略，也会从两个相反的方面对企业品牌产生影响。这种时候，要找到正确而有效的定价战略很不容易。

定价战略要解决的不仅是一个直销产品的价格，而是整条产品线的价格水平和结构；不仅要解决一个时间"点"上的直销产品价格，还要分阶段地调整直销产品价格体系。在不同形势下，即使在同一个直销企业，四类因素的重要性也会发生变化。这不仅仅是直销产品价格战略竞争的难点，也是直销产品价格战略竞争的魅力之所在。正像一个好的舵手需要在激流与险滩中寻找到正确的航向，才能抵达胜利的终点一样，直销企业应该在考虑四个因素对产品定价影响的过程中找到最符合自己实际的产品定价策略，这样才能更多地占领直销市场，赢得直销市场竞争的胜利。

▼2 中国直销产品组合定价策略

什么叫产品组合？产品组合是指一个直销企业所生产经营的全部产品线和产品项目的组合。对于生产经营多种直销产品的直销企业来说，定价须着眼于整个直销产品组合的利润实现最大化，而不是单个产品。由于各种直销产品之间存在需求和成本上的联系，有时还存在替代、竞争关系，所以对直销产品实际定价的难度相当大。所以，在本节，我们将着重讨论和研究中国直销产品的组合定价策略。

2.1 明确直销产品定价目标和分析定价环境

实施直销产品组合定价策略，应该先要明确定价目标和分析定价环境。明确定价目标，这是直销企业对直销产品定价的方向；分析定价环境，这是直销企业对直销产品定价的必要前提。这两个问题解决了，直销企业对直销产品的组合定价策略就能够实施得比较顺利。

2.1.1 明确直销产品定价目标

所谓定价目标，就是每一直销产品的价格实现以后应达到的目的，它和直销企业战略目标是一致的,并为经营战略目标服务。其总的要求是追求利润的最大化。直销产品组合定价是否适当往往决定着产品能否为市场接受,为消费者接受,因此,直销企业定价要遵循市场规律,制定定价策略,而定价策略又是以定价目标为转移的,不同的定价目标决定了不同的价格策略。直销企业定价目标大致有以下三个方面:

①以追求利润为定价目标

盈利是直销企业的基本目标,直销产品价格的高低变化又直接影响着直销企业的盈利水平,因此,不少直销企业都把实现目标利润作为重要的定价目标。由于直销企业在不同产品上所确定的目标利润不同,因此,以追求利润为目的的定价目标也有不同的表现。

一是要实现最大利润目标。实现最大利润是直销企业的最高愿望。最大利润是指直销企业在一定时期内可能并准备实现的最大利润额,这就是要求直销企业全部产品线的各种直销产品的价格总体最优,而不是单位产品的最高价格。因此,直销企业经常有意把少数几种直销产品的价格定得很低,以招揽顾客,借以带动其他直销产品的销售,从而在整体上获取最大的利润。

二是要实现预期收益目标。任何直销企业对其投入的资金,都希望获得预期水平的报酬,而预期的报酬水平通常是通过投资收益率(资金利润率)来表示的。所以,直销企业经常规定自己的资金利润率目标,为此,直销企业定价要求在产品成本基础上加上适当的预期收益。竞争实力强大的直销企业通常使用这种定价方法。

三是实现适当利润目标。在剧烈的市场竞争中,直销企业为保全自己,减少经营风险,或因为经营力量不足等多种原因,把取得适当利润作为直销产品的定价目标。这样既能够保证直销产品一定的销路,又能使直销企业得到适当的投资回报。

②以增加销量为定价目标

市场占有率的高低直接反映出直销企业的经营状况和直销产品在市场上的竞争力,直接关系到直销企业的生存和发展。直销企业要提高直销市场占有率,首先要打入和占领直销市场,然后是极力扩大直销市场阵地,最后是巩固已有的直销市场份额。这就需要适当的价格策略加以配合。因此,增加直销产品的销售量,扩大直销市场占有率,就成为所有直销企业普遍采纳的定价目标。

增加直销产品的销售量,一方面可以形成强大声势,提高直销市场知名度,并方便消费者购买;另一方面可有效地降低生产和经营成本。因此,争取大量的直销产品销售量,直销企业也就争取到了最大的销售收入。一般来说销售收入增大,在成本与费用得到控制并有所降低的情况下,直销企业就有可能实现高额利润。因此,增加直销产品销售量就意味着直销市场占有率的提高,直销收益的逐渐增加。以此为定价目标,直销企业在定价时一般都采用低价策略;而在调整价格时,一般都采纳降价措施。我国许多直销企业都采用了低价渗透方式进入目标市场,并力争有一个较大的直销市场占有率。

③以应付竞争为定价目标

相当多的直销企业对于竞争者的价格十分敏感,有意识地通过直销产品的恰当定价去应付竞争或避免竞争的冲击,这是许多直销企业对产品定价的重要目标之一。例如,直销企业竞相降低直销产品价格,以求争夺市场,或将直销产品价格定得适当高于对方,以求树立声望等。所谓用价格去防止竞争,就是以对市场价格有决定影响的竞争者的直销产品价格为基础,去制定本企业的直销产品的价格,或与其保持一致,或稍有变化,并不企图与之竞争,而是希望在竞争不太激烈的条件下,求得自己的生存和发展。采用这种定价目标的直销企业,必须经常广泛地收集资料,及时、准确地把握竞争对手的定价情况,并在将直销企业经营产品与竞争者类似的产品作审慎地比较以后,定出本企业经营产品的价格。不过,具体到某一个直销企业,价格如何制定,要根据实际情况区别对待。一般来说,在成本、费用或市场需求发生变化时,只要竞争者维持原价,采用这种定价策略的直销企业也应维持原价;当竞争者改变直销产品价格时,也应随之调整,避免竞争带来的冲击。对于谋求扩大市场占有率的直销企业,其定价应采取低于竞争者的薄利多销的策略;对于具有特殊条件、财力雄厚,或产品质量优良的直销企业,可采取高于竞争者的定价策略。

2.1.2 分析直销产品定价环境

价格是一个变量,它受到许多因素的影响和制约,既有直销企业的内部因素(也称内部环境),也有直销企业的外部因素(也称外部环境)。内部因素主要涉及定价目标、产品成本、产品特点、分销渠道、促销策略等方面;外部因素主要涉及市场和需求状况、货币流通状况、竞争状况、国家法律和政策、社会心理等等。进行产品定价必须首先对这些因素进行分析,认识它们与价格的关系,直销企业来据此选择对直销产品的定价方法和策略。

分析定价环境,通常我们定价之前应考虑五个方面,可概括为5C,即成本(Cost)、顾客(Customer)、竞争(Competition)、渠道(Channel)、政府、法律的限制(Confine)。

①成本

直销企业在生产、销售其直销产品的过程中,会有一些必须的、合理的资金和人力的投入,这些投入在直销企业健康发展的前提下,是必须予以收回的。成本是内部因素,而价格是外部因素。因此,直销企业的定价在正常情况下,不应低于成本,直销产品的可变成本是定价的下限。

②顾客

不同直销产品有不同目标顾客,因此,直销产品必须要有不同的价格层次,从而,不同价格会导致不同的直销产品需求量,并对直销市场营销目标产生不同的影响;因此,直销企业在确定产品的目标客户和客户的最大价格承受能力时,是这个直销产品定价的上限,即定价的上限则以客户愿意支付的数额为界。

③竞争

竞争因素决定直销产品价格在其上限或下限之间的落点。直销企业只有适应竞争才能生存。关于这一点,在第3章第三节"中国直销市场的竞争性"中已分析清楚了,在这里就不多赘述了。

④渠道

分销渠道影响价格空间,如果直销产品到最终用户经过的环节层次多,直销企业定价空间就越小。比如,多层次直销的奖金划拨比例都比较高,所以直销企业的利润空间就会越来越小。但单层次直销对直销市场的冲击力小,不利于拓宽直销产品市场,因此,渠道营销层次环节要因企而宜,做到直销产品的通路越短越好。这个问题我们在其他章节中详细讨论。

⑤政府及法律的限制

政府与法律的限制,这是影响直销产品定价的一个特殊因素,决定着直销企业的产品定价自由及权限。例如,对某些直销产品,政府有最高限价;对某些直销产品,又可能又有最低限价。此外,反不公平竞争法的实施,规定直销企业不应倾销产品、直销企业间不得搞联盟垄断价格等,这些都是对直销企业产品定价的一个重要影响。

2.2 选择正确的直销产品组合定价方法

选择正确的产品组合定价方法,这是直销企业必须考虑的一个重要问题。按照微观经济学原理,直销产品的组合定价是一个值得关注的经济行为,搞得不好,容易造成直销企业对产品的定价错位。因此,直销产品的组合定价不是一件很容易的事,必须考虑周全方能实施。

2.2.1 直销产品线定价

通常直销企业开发出来的是产品线,而不是单一产品。当直销企业生产的系列产品存在需求和成本的内在关联性时,为了充分发挥这种内在关联性的积极效应,需要采用直销产品线定价策略。在定价时,首先,确定某种直销产品价格为最低价格,它在产品线中充当招徕价格,吸引消费者购买产品线中的其他直销产品;其次,确定产品线中某种直销产品为最高价格,它在产品线中充当品牌质量象征和收回投资的角色;再者,产品线中的其他直销产品也分别依据其在产品线中的角色不同而制定不同的价格。如果是由多家直销企业生产经营时,则共同协商确定互补产品价格。选用互补定价策略时,直销企业应根据直销市场的实际状况,合理组合互补产品价格,使直销系列产品有利销售,以发挥直销企业多种产品整体组合效应。

现在的直销企业往往向直销市场推出多条产品线、多种产品,因为现在市场竞争非常激烈,占领市场对直销企业来说非常重要,多种产品可以使直销占领更多市场空间,所以产品线的管理和定价问题对直销企业来说是非常重要的。一条产品线由多个直销产品组成,这些直销产品的差异在于属性配置上的不同,而基本功能是相同的,例如辽宁大连美罗国际生产的灵芝保健系列就有10多种产品,所以产品线定价时的一个潜在的困难是不同产品之间的替代问题。

在图5.1中,两条直销产品消费者意愿价格曲线相交,所以直销企业可以以r_y^A向A出售Y直销产品,以r_x^B向B出售X直销产品,而且不会出现替代现象,因为X直销产品的价格高于A的意愿价格,Y直销产品的价格高于B的意愿价格。

在图5.2中,两条直销产品消费者意愿价格曲线没有相交。如果仍采取图5.1

中的价格，A 就转向 X 直销产品，即 X 直销产品将替代 Y 直销产品，因为购买 X 直销产品时，A 可以获得 $(r_x^A - r_x^B)$ 的消费者剩余。避免这种情况出现的方法是：将 Y 的直销产品定价从 r_y^A 降到 $r_y^A - (r_x^A - r_x^B)$ 以下，这样 A 购买 Y 将比购买 X 获得更多消费者剩余。

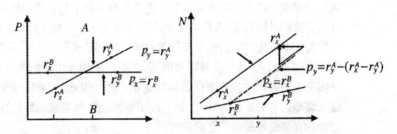

图 5.1　消费者意愿价格曲线(1)　　图 5.2　消费者意愿价格曲线(2)

如果直销产品替代问题比较严重，即 Y 直销产品的价格需要下降许多，那么可考虑删除替代产品，即减少直销产品线长度。例如，假定 A、B 消费者数量分别为 Na 和 Nb，若 $NB* r_x^B + Na(r_y^A - r_x^A + r_x^B) < NA\ dr\ Byn$，那么删除 X 直销产品，只以 r_y^A 的价格向 A 销售 Y 直销产品，将对直销企业更为有利。

2.2.2　产品集定价

直销企业有时会将两个或两个以上的直销产品作为一个产品集进行销售，这一般也包括两种情况：一是产品集由不同直销产品组成，一是产品集由相同直销产品组成。在第一种情况下，直销企业销售产品集的原因在于：如果消费者对产品集中的不同直销产品的偏好是负相关的，那么单独销售产品或者会使直销产品定价太低，或者会排斥某些消费者。而采取产品集销售既不会降低利润，也不会排斥消费者。通过产品集，直销企业将异质市场同化为一个同质市场。例如，某一直销企业销售两种直销产品 A 和 B，消费者市场由两个同等规模的子市场 X 和 Y 组成，其意愿价格分别为(12,4)和(4,12)，假设直销各产品的单位成本都低于 4。如果采取单个直销产品销售，则 A 直销产品的价格为 12，B 直销产品的价格为 4，X 不会购买 B 直销产品，Y 也不会购买 A 直销产品。但是如果将 A 和 B 两个直销产品作为一个直销产品集进行销售，则 X 和 Y 对直销产品集的意愿价格都是 16，这样，直销产品的销售额从 24 上升到 32，且不会排斥任何消费者。

但是，这种直销产品集策略也存在一个缺点，即消费者的意愿价格可能低于产品的边际成本。例如，假定上例中产品单位成本均为 6 而不是 4。假如直销产品单独销售，利润为 12。而采取产品集销售时，X 对 B 直销产品和 Y 对 A 直销产品的意愿价格均小于边际成本，则利润降为 8。这时，采取单独销售则对直销企业更为有利。

在第二种情况下，直销企业采取产品集是为了增加销售量。最常见的例子是保健产品套装和美容产品套装等。以保健产品套装为例，假设一般消费者年度消费

次数为 N,总成本为 E,预定价格为 P,直销企业在确定 P 时可以通过抽样调查了解消费者愿意,以价格 P 购买,而消费次数为"1、2、3…$N-1$、N"的消费者的数量,由此得到直销产品销售的总收益,然后根据利润最大化原则,确定直销产品价格最优的 P。

众所周知,直销产品集的全部价格不仅要包括货币价格,而且要包括隐含的时间机会成本。这里的时间包括换寻直销产品和购买直销产品以及消费直销产品的时间。我们可以假定,人们对于免除购买直销产品所费时间估价越高,人们致力于寻找低成本直销产品的购买安排就越少。换句话说,一个对于时间的估价相对高于货币收入的人,为了节省购买时间,将更多地用货币支出来代替花费的时间,他将用更少的时间去发现更低价格的直销产品。因此,较高地估价时间的人同并不这么高地估价时间的人相比,都表现出弹性较低的需求曲线。这就为直销产品集定价和直接销售提供了空间和时间。

2.2.3　固定加单位定价

固定加单位定价即价格由两部分组成,一是直销产品固定价格,一是单位直销产品价格。因为单位直销产品平均价格随直销产品销售量的增加而趋于下降,所以此方法可被视为数量折让的一种。与单一价格相比,固定价格的存在可以使直销企业获取更多的消费者剩余,从而提高利润。

假定有一个同质直销市场,且消费者具有相同的需求曲线。直销产品采取单一价格时,根据利润最大化原则,边际利润等于边际成本时利润最大,这样,直销产品固定价格就成为唯一的利润来源,直销企业获取了全部消费者剩余。

那么直销企业是如何利用两部分定价实现价格差异的呢?

首先,直销企业可以将直销产品固定价格定得偏高,以排除某些消费者,因为这些消费者如果购买直销产品的话,其固定价格将超过其消费者剩余。

其次,直销企业可以对不同消费者制定不同的平均价格。例如,如果存在大量的 A 类直销产品消费者,那么最优的定价策略是直销产品的固定价格为 A 类消费者剩余,而单位直销产品价格则高于边际成本,这样,两类消费者都不会被排斥,而且 B 类消费者所付的直销产品平均价格低于 A 类消费者支付的平均价格。

2.2.4　互补性组合定价

直销互补品是在功能上互相补充,需要配套使用的直销产品。直销互补品广泛存在于日常消费中,如"钙"与"肽"、"酶"与"菌"等。我们把直销互补品中发挥主要功效、耐用性强的产品称为基础直销产品或互补产品中的主件,而发挥辅助功效、易耗的产品称为辅助直销产品或互补产品中的次件。互补产品的价格相关性表现在它们之间需求的同向变动上。假设 Q_1 直销产品与 Q_2 直销产品存在互补关系,那么,降低 Q 价格引起对 Q_1 直销产品的需求上升后,Q_2 直销产品的需求也会相应提高。直销企业利用这种互补效应及主次件的关系,可以降低某种直销产品尤其是基础直销产品的价格来占领市场,再通过增加其互补产品的价格使总利润增加。需要注意的是,互补品的需求影响是相互的,如果辅导产品价格定得过高,消费者难以承受,也会影响基础产品的销量。

所谓直销互补产品,是指只有相互配套才能被消费的直销产品。在互补品中,价值大且使用寿命长的直销产品为主件,价值小寿命短且需要经常购买的直销产品为次件。直销互补品最典型的定价策略,是将主件定以低价,以大大增加产品的竞争能力;而对次件定以高价,以弥补主件低价所损失的利润,并使整个产品组合获得更大的经济效益。比如有的直销企业将美容器件定以低价,并又多次降价,使得美容器件具有很强的吸引力,消费者接踵而至。而买了美容器件后,必须配套使用专门的美容液等,而这些主件消费的补充品被定以了高价。在直销互补品定价策略中还有一个特例,即直销企业以主件作为幌子,是一种佯攻姿态;而其"拳头直销产品"却是次件,主要以次件盈利。一旦主件的销售带动了次件热销之后,直销企业甚至可以放弃主件的生产。如果哪家直销企业对其专利直销产品允许任何直销企业都可仿制,那么配以专利产品的次件自然带来了一片市场繁荣。

2.2.5 产品捆绑定价

捆绑定价策略与人们普遍以为的价格促销策略不同,它实际上是一种为了获得更大利润而采取的差别定价策略。直销产品捆绑定价指的是,将两种或两种以上的产品作为一揽子产品,以特别优惠的价格销售给消费者。近年来,捆绑定价策略已成为直销企业常用的销售策略之一。

直销产品不是都可以实行捆绑定价策略的,需要具备四个实施条件:首先,捆绑定价的直销产品需要具备相当的市场支配力,从而可与竞争产品进行价格差别竞争。其次,捆绑定价的直销产品之间需要一定的关联性。如产品之间在消费对象、销售渠道、品牌影响力等方面相近等。再次,捆绑定价的直销产品的目标顾客要存在重叠性,产品组合是目标消费者所需要的。此外,捆绑定价的直销产品要有相似的市场定位。消费者的职业、收入、交易水平等不同,消费习惯和心理也有很大差别。因此,捆绑直销产品的市场定位至少是相同或者相近的,否则该策略就难以成功。例如高档直销产品与劣等直销产品便不能进行捆绑定价。

一般来说,直销产品指定捆绑定价的策略需要四个步骤:先要确定哪些产品需要进行捆绑销售,再确定针对性的捆绑策略,第三步是选择正确的捆绑模式,第四步是计算定价。捆绑定价过程中要遵循一些策略及原则,例如以畅销直销产品带动其他高利润的非畅销直销产品销售,可降低畅销直销产品的价格,驱动高利润产品的销售,从而提高整体利润。新的直销产品进行市场推广时,也可以采取"搭便车"的营销策略,通过捆绑销售策划销售新产品。许多直销企业的新产品正是通过此策略完成前期市场推广,并取得市场占有率的。

直销产品捆绑销售的益处显而易见,不但能吸引消费者的注意力,还可刺激整体销售额的攀升。将直销产品进行组合销售,直销企业可以通过操纵组合中的价格,获得更大的利润。如通过降低基本直销产品的价格,提高捆绑产品的销售;进行产品组合广告的投入,降低广告费用;通过共享销售队伍,降低直销企业的销售成本,拓宽相关产品的销售渠道。但是,直销产品捆绑定价的实施需要相应的条件,很有可能面临着限制竞争和损害消费者利益的责难。因此,提醒消费者的是:"下次你买捆绑销售的东西时,不要觉得捡到便宜了,而应当意识到,实际上你需要付的钱更多了。"

2.3 定制化在产品组合定价中的运用

信息经济时代,消费者越来越需要个性化产品和服务。直销企业要根据顾客的个性化需要,为消费者提供定制化产品和服务,提高顾客所能感受的消费价值。所以,定制化在产品组合定价中运用得好,就可以大大提高直销企业的经济效益和社会效益。

2.3.1 定制化价格策略可以增加潜在利润

许多直销企业的管理人员都知道不同的消费者对同一产品的价值有不同的看法。然而,他们却往往制定统一的价格,而不是根据顾客感觉中的消费价值,向不同的顾客收取不同的价格,许多直销企业因此而失去了大量的潜在收益。顾客愿意按照他们感觉中的消费价值为某种产品支付最高的价格。然而,直销企业制定统一价格,最多只能获得50%的潜在利润。

直销企业采用定制化定价策略,按照消费者愿意支付的价格向不同的消费者收取不同的价格,就可能获取这两类潜在利润。因此,直销企业应根据消费者感觉中的消费价值,对市场进行细分,为优惠价格规定一系列的限制性条件,用"篱笆"将不同的细分市场隔离开来,既防止那些认为产品价值较高、愿意支付较高价格的顾客按优惠价购买产品,又吸引那些认为产品价值较低、只愿支付较低价格的消费者按折扣价购买产品。

2.3.2 主要的定制化定价技巧

德国企业管理咨询专家西蒙(Hermann Simon)和巴特彻(Stephan A.Butscher)对欧美企业的定价策略进行了大量的调研。他们认为企业可采用以下五类创新的定价技巧,根据顾客愿意支付的价格,实施定制化定价策略,提高企业的经济效益。这些,都是值得中国直销企业借鉴的。

①**多维定价策略**

多维定价策略是指企业采用两个或多个价格参数来制订产品的价格。例如,在液化气行业,企业通常按液化气的重量定价(如每磅液化气的售价为2欧元)。企业只能调整每磅液化气的单价,客户也很容易对各个供应商的价格进行比较。为能更灵活地定价,某供应商决定采用二维定价策略,即降低每磅液化气的售价,并按客户租用高压储气罐天数收取租金。客户按消费速度为每磅液化气支付不同的价格,消费快的客户为每磅液化气实际支付的价格低于消费缓慢的客户。该供应商从两个方面调整价格,更灵活地做好价格管理工作,向所有客户收取相同的单价,又可从消费缓慢的客户那里获得较多的储气罐租金。采用这类定价技巧之后,该供应商的利润增加了25%。

直销企业也可以采取这一定价方法。直销产品大部分是保健产品和美容产品。我们可以根据消费者重复消费的多寡来对不同消费者进行定价。比如，钙产品对中老年的保健很有帮助，一些中老年人长期使用钙产品，而且还带动了周围中老年人使用该产品。在这样的情况下，直销企业应该对长期使用钙产品的中老年人实行优惠价。这样，一方面提高了消费者使用产品的消费价值，另一方面也提高了直销企业的销售量，是两全齐美的好事。

②多人定价策略

采用多人定价策略的企业只对团体中的第一位顾客收取全价，而向其他顾客收取折扣价。这类企业认为团体中第二位顾客愿意支付的价格会低于第一位顾客愿意支付的价格。例如，某位公务旅行者愿意花费1000元购买机票，陪他出差的妻子却只愿支付600元。民航公司可制订以下三种价格：①每张机票的价格都定为1000元，这位公务旅行者的妻子就不会同行，民航公司只能获得1000元边际贡献（假定民航公司的变动成本可忽略不计）；②每张机票的价格都定为600元，民航公司就能获得1200元边际贡献。③采用多人定价策略，向第一位乘客收取1000元，向第二位乘客收取600元，民航公司就能从这对夫妻那里获得1600元边际贡献，比单一票价可获得的最大边际贡献（1200元）高出33%。在旅游、旅馆、会展、体育等行业里，采用多人定价策略的企业越来越多。根据巴特彻的调研，如果企业能详细了解团体成员愿意支付的价格，采用多人定价策略，通常可增加10%~15%的利润。

直销企业的产品销售也可以实行多人定价策略。还是以钙产品为例。如果两位老年夫妇的其中一人先购买了钙产品，使用后效果很好。另一人也想使用钙产品，直销企业可以按照多人定价策略，以较便宜的价格销售给其中的另一人。这种办法，在中国直销企业中还没有实施。如果实施这一办法，将会增加30%的钙产品的销售，对直销企业来说，这是一个很好的盈利途径。

③多种产品定价策略

近年来，许多名牌产品面临廉价、"无品牌"或私有品牌产品越来越激烈的竞争。不少知名企业并没有采取降价反击策略，而是以第二产品线、第二品牌、无注册商标、私有品牌、零售产品牌等形式，推出价格较低的替代产品。这样既保护原有的知名品牌，又开拓了新的细分市场。直销企业的产品组合定价过程中，也可以采用多种产品定价策略，这是全面扩大市场的一个重要办法。

采用多种产品定价策略的直销企业，必须做好替代品的设计和定价工作，既尽量防止替代品侵占原有名牌产品的直销市场，又要便于替代品从价格竞争者那里夺回直销市场份额。这就要求直销企业在以下几个方面将代替品与原有名牌产品区别开来，满足不同细分市场的不同需求。

价格。在大多数情况下，两类直销产品应有20%~40%差价。

质量。第二品牌的产品质量应低于原有名牌直销产品，但不能低于顾客可接受的质量标准，也不能低于廉价竞争对手的产品质量。

服务。与第二品牌相比较，直销企业应为原有名牌产品提供更全面、优质的服务。

品牌。直销企业可使用多种品牌也可使用相同品牌。两类品牌策略各有利弊，如果所有直销产品都使用相同的品牌，直销企业就可采取比较统一的竞争策略，增加第二品牌收复市场份额的可能性。如果直销企业的各种产品都是各个细分市场最欢迎的产品，那么也可采用单一品牌策略。各种直销产品使用不同的品牌，可降低直销企业营销活动的透明度，增大竞争对手的反击难度。如果直销企业必须在一个广阔的市场销售自己的产品，采用多种品牌策略也比较有利。此外，使用多种品牌，直销企业的各种产品就不必像单一品牌那样必须在其他各个方面有明显的差异。

销售渠道。如果第二品牌与原有的知名品牌有其他明显的差异，直销企业可通过相同的渠道销售两类产品。否则，直销企业必须通过其他渠道，销售第二品牌的产品。

2.3.3 做好定制化定价策略的实施工作

直销企业采用定制化定价策略，可极大地提高经济效益。然而，要有效地实施定制化定价策略，直销企业还必须掌握以下各类信息：

消费者对直销产品消费价值的看法；消费者需求的价格弹性；销售量变化对直销产品成本结构的影响；物流工作对直销企业及其直销产品成本的影响；新的定价体系对直销企业的影响。

直销企业可采用成本结构研究、管理人员判断和消费者调查等方法，深入了解消费者感觉中的消费价值；采用联合分析等统计分析方法，识别哪些因素会影响消费者感觉中的消费价值；使用决策辅助模型，分析不同的定价策略与价格水平对营业收入和利润的影响，了解各个消费者细分市场需求的价格弹性。此外，直销企业还必须坚持公平买卖的原则，关注每个消费者对直销产品价格公平性和合法性的看法。

▼3 中国直销新产品定价策略

直销新产品的定价是直销策略中一个十分重要的问题。它关系到直销新产品能否顺利地进入直销市场，能否站稳脚跟，能否获得较大的经济效益。因此，在这一节，我们主要讨论中国直销新产品的定价策略。

3.1 决定直销新产品定价的主要因素

直销新产品上市前的价格制定与新产品上市后的价格管理是评判一个直销企业新产品营销执行水平的一个重要标志。一般情况下，直销新产品的价格制定主要有六个因素。

3.1.1 直销产品自身的差异化

我们知道,美容化妆品在新产品定价策略上一直执行着一条高溢价的原则,为什么?因为美容化妆品本身体现了产品的高度差异化。在直销市场上,美容化妆品其推出的海藻香皂,防脱洗发水等新产品一投放中国市场是独树一帜的;无独有偶,养生堂也是一家执行高溢价的快速消费品直销企业,其推出的农夫山泉、农夫果园、尖叫、浆果奶昔等一直在中国市场上执行一条高价格道路,而养生堂恰恰又是一个塑造差异化的高手。因此,直销产品自身的差异化是新产品定价的一个十分重要的因素。

3.1.2 渠道也是影响直销新产品价格重要要素之一

什么样的渠道就有什么样的价格几乎成为中国直销市场新产品价格判断标准。即使是同样的直销产品,在不同的渠道也有不一样的价格。在传统营销中,同样是乳酸菌奶,餐饮渠道价格可以高达18~22元/盒,但在超市渠道可能仅仅是6~8元/盒,渠道很显然是形成价格剪刀差的一个不可忽视的因素。在直销行业也是如此。如同样是灵芝保健品,有的直销企业就定价很高,有的直销企业定价就比较低。为什么?因为直销企业的营销渠道不一样。因此,直销新产品选择什么样的渠道,基本上决定了直销新产品定价策略上的取向。

3.1.3 品牌是直销新产品定价长期性影响因素

必须承认,品牌对直销新产品价格影响十分明显,特别是耐用消费品,直销新产品价格定价策略必须要考虑品牌因素。同样的洗涤用品,安利的产品要比直销企业的价格高,因为安利的洗涤用品在国内直销市场一直走高端路线,所以他的价格要比我国民族直销企业的高。而国产品牌同规格的直销产品中,大型民族直销企业的价格又要比中小型直销企业的品牌高很多。这些都是品牌在其中起着推波助澜的作用。

3.1.4 技术水平、特别是原创性技术水平对直销新产品价格影响十分巨大

直销刚在中国起步时,我们很难理解当初安利产品在中国直销市场有如此高的价格,能够使用安利产品的人群被认为是高端消费人群。现在我们明白了这样一个道理:因为安利产品在刚刚登陆中国直销市场时,充当的是高技术产品的角色,工业设计水平很高,深刻地影响了中国直销市场消费者的购买欲望。因此,技术水平、特别是原创性技术水平对直销产品价格影响是十分巨大的。现在,我国民族直销企业的产品,特别是以中医理论来研制的直销保健品,其技术水平都属于原创性的技术水平,一旦新产品问世,其定价尤其在国际上的定价,应该可以相对高一些,有的甚至可以定得更高。

3.1.5 行业价格水平也会影响直销新产品的定价

制定任何直销新产品价格都不可能摆脱我们所身处的这个直销行业,因为直销行业价格水平会自动为我们的直销新产品设定上限。比如保健直销产品,在中国人健康保健意识尚未普及的情况下,即使是一般性的保健直销产品价格也较高,但一旦技术壁垒不再是制约中国保健行业的手铐,一旦规模效益成为直销行业特征时,所谓的高科技保健产品便很快在中国直销市场上回归价格真实。所以,直销行业价格水平也会影响直销新产品的定价。

3.1.6 消费者价值认知也是制定直销新产品价格一个重要指针

随着中国直销市场越来越成熟,很多聪明的直销企业学会了根据消费者对直销新产品的价值认知来制定直销新产品的价格。什么叫消费者价值认知?消费者价值认知,就是指消费者对直销产品购买价格与使用价值是能统一的感受程度。如果消费者的感受是"统一"的,那么直销新产品的价格就是正确定位;相反,如果消费者的感受是"不统一"的,那么直销新产品的价格就是错位了。现在,不少直销企业采用小范围试销的手段,不断在目标人群中测试直销新产品的市场价格,从而为直销新产品价格选择提供决策依据。这种办法是明智的,值得中国的直销企业效仿。

3.2 直销新产品定价步骤

直销新产品的定价有其规范的步骤。直销企业对新产品的成功定价并不是一个最终结果,而是一个持续不断的过程。它应经历以下几个步骤:

3.2.1 数据收集

直销新产品定价策略常常因为没有考虑到所有关键因素而失败。由于直销市场人员忽视成本,其定价决策仅仅是市场份额最大化,而不是利润最大;由于财务人员忽视消费者价值和购买动机,其定价忽略了分摊固定成本。没有收集到足够的有关竞争对手的信息而做出的直销新产品定价决策,短期看起来不错,一旦竞争者采取出乎意料的行动就不行了。因此,直销新产品任何定价分析要从下面开始:一是成本核算。要了解与直销新产品的定价决策相关的增量成本和可避免成本,包括制造、顾客服务和技术支持在内的销售增量变动成本(不是平均成本)、在什么样的产量水平下半固定成本将发生变化及其改变值、以某个价格销售的直销新产品可避免的固定成本,等等。二是确认消费者。要了解哪些是潜在的消费者,他们为什么购买这个直销新产品;对于消费者来讲,要告诉他们直销新产品的经济价值是什么;根据消费者感受到价值的差异以及非价值因素的差异,将消费者划分成不同的直销市场区间。三是确认竞争对手。要了解目前或潜在的能够影响该直销新产品市场盈利能力的竞争对手是谁;目前市场上竞争对手的实际交易价格(与目录价格不同)是多少;从竞争对手以往的行为、风格和组织结构看,他们的定价目标是什么,他们追求的是最大销售量还是最大利润率;与本公司相比,竞争者的优势和劣势是什么;他们的贡献毛益是高还是低,声誉是好还是坏,产品是高档还是低档,产品线变化是多还是少。

直销新产品定价的数据收集阶段,其三个步骤要分别独立完成。否则,如果负责收集顾客信息(第二步)的人员相信增量成本相对于价值来讲比较低(第一步),就会倾向于保守的估计经济价值。如果计算成本(第一步)的人员相信消费者价值很高(第二步),就会倾向于将产品的成本定的较高。如果收集竞争信息的人员(第三步)知道消费者目前偏爱的产品是什么(第二步),就会忽略那些尚未被广泛接受的高新技术带来的威胁。

3.2.2 战略分析

直销新产品定价的战略分析阶段,也包括成本、消费者和竞争三方面。不过此时各种信息开始相互关联起来。财务分析通过价格、产品和目标市场的选择来更好地满足消费者需要或者创造直销市场的竞争优势。直销企业选择目标市场要考虑为市场细分服务的增量成本以及直销企业比竞争者更有效地或者成本更低地服务于该市场的能力。竞争者分析一定程度上是为了预测竞争者对某个以深入到消费者细分为目的的直销产品价格变动的反映。将这些信息综合起来需要三个步骤:一是财务分析。对于潜在的价格、产品或促销变动,直销企业应该了解新产品销售量需要变化多少才能增加利润;对于新产品或新市场,销售量应至少达到多少才能回收增量成本;在直销新产品基准价格水平下,贡献毛益应该是多少;为了从减价中获取更多的贡献毛益,直销新产品的销售量应该增加多少;在提价变得无利可图之前,可以允许直销新产品销量减少多少;为了消化与决策相关的追加固定成本(如审批的费用),直销新产品销量需提高多少;已知与销售水平相联系的增量固定成本,销售直销新产品打入新市场需要达到什么样的销售水平才是有利可图的。二是市场细分。不同细分市场的消费者的价格敏感度不同,购买动机不同,为他们服务的增量成本也不同,如何给不同的细分市场定价,如何能够最有效地向不同细分市场的顾客传达直销新产品的价值信息,这是在市场细分中必须要考虑的。因此,直销企业应该注意如何在新产品投放市场之前区分不同细分市场的顾客;如何在市场细分之间建立"隔离栅栏",使低价市场不影响直销新产品在高价市场的价值;直销企业如何避免违反有关价格细分(price segmentation)的一些法定规则等。三是竞争分析。竞争者对该直销企业将要采取的价格变动会做出什么反应,他们最可能采取什么行动,竞争者的行动和反应将如何影响该直销企业的盈利和长期生存能力,这些都要认真分析。比如,已知竞争者的生产能力和意图,直销企业在盈利的前提下能达到什么样的目标,如何利用竞争优势选择目标直销市场,以避开竞争对利润的威胁;如果不能从无法避免的竞争对抗中获取利润,该直销企业应该从什么样的市场上战略性地撤回投资;如何利用信息来影响竞争者的行为,使该直销企业的目标更具有可达到性和盈利性。

3.2.3 制定战略

财务分析阶段的最终结果是得到一个"价格-价值战略"(a price-value strategy)。直销企业应该要有一个指导未来业务的规划,但是,在策略问题上是不可能在任何期情况下都"正确"。直销企业的一些战略错误,正是由于将策略强加于成本、消费者或竞争条件完全不同的另一个直销企业造成的。

决策过程不必像如上所说的那样非常程序化。不过建议大型直销企业将这一过程规范化。在大型直销企业中,成本、顾客和竞争的信息分别由不同的人掌握,只有规范的决策过程才能使管理者确信所有的信息都体现在定价决策中了。对于中小型直销企业来讲,这个过程则往往采取不太正式的形式来完成。为了获得成功,任何一个定价的直销企业管理者必须要知道它想要达到的目的是什么,做出正确结论需要了解什么信息,进行怎样的分析。

3.3 直销新产品定价策略

直销新产品定价的难点在于无法确定消费者对于新产品的理解价值。如果价格定高了,难以被消费者接受,影响新产品顺利进入市场;如果定价低了,则会影响企业效益。所以,直销新产品的定价策略必须符合整个直销市场。

3.3.1 有专利保护的直销新产品的定价可采用撇脂定价法和渗透定价法

有专利保护的直销新产品的定价可采用撇脂定价法和渗透定价法。下面,我们对此作一下认真分析。

①撇脂定价法

直销新产品上市之初,将新产品价格定得较高,在短期内获取厚利,尽快收回投资。这一定价策略就像从牛奶中撇取其中所含的奶油一样,取其精华,所以称为"撇脂定价"策略。一般而言,对于全新的直销产品、受专利保护的直销新产品、需求价格弹性小的直销新产品、流行的直销新产品、未来市场形势难以测定的直销新产品等,可以采用撇脂定价策略。

利用高价产生的厚利,使直销企业能够在直销新产品上市之初,即能迅速收回投资,减少了投资风险,这是使用撇脂策略的根本好处。此外,撇脂定价还有以下几个优点:一是在直销全新产品或换代新产品上市之初,消费者对其尚无理性的认识,此时的购买动机多属于求新求奇。利用这一心理,直销企业通过制定较高的价格,以提高产品身份,创造高价、优质、名牌的印象。二是先对直销新产品制定较高的价格,以后逐步降价保持企业的竞争力,而且可以从现有的目标市场上吸引潜在需求者,甚至可以争取到低收入阶层和对价格比较敏感的消费者。三是在直销新产品开发之初,由于资金、技术、资源、人力等条件的限制,直销企业很难以现有的规模满足所有的需求,利用高价可以限制需求的过快增长,缓解产品供不应求状况,并且可以利用高价获取的高额利润进行投资,逐步扩大生产规模,使之与需求状况相适应。当然,撇脂定价策略也存在着某些缺点:一是高价产品的需求规模毕竟有限,过高的价格不利于直销市场开拓、增加销量,也不利于占领和稳定直销市场,容易导致新产品开发失败。二是高价高利会导致竞争者的大量涌入,仿制品、替代品迅速出现,从而迫使价格急剧下降。此时若无其他有效策略相配合,则直销企业苦心营造的高价优质形象可能会受到损害,失去一部分消费者。三是可能出现直销新产品价格远远高于价值,在某种程度上损害了消费者利益,容易招致公众的反对和消费者抵制,甚至会被当作暴利来加以取缔,诱发公共关系问题。从根本上看,撇脂定价是一种追求短期利润最大化的定价策略,若处置不当,则会影响企业的长期发展。因此,在实践当中,特别是在消费者日益成熟、购买行为日趋理性的今天,直销企业采用这一定价策略必须谨慎。

②渗透定价法

渗透定价法,这是与撇脂定价相反的一种定价策略,即在直销新产品上市之初将价格定得较低,吸引大量的购买者,扩大市场占有率。利用渗透定价的前提条件是:直销新产品的需求价格弹性较大;直销新产品存在着规模经济效益。天狮的产品就是在具备这样两个条件的基础上,采用渗透定价策略,以低价在国际市场角逐,最终夺取了劳工东欧等国外大部分直销市场份额。

采用渗透价格的直销企业,无疑只能获取微利,这是渗透定价的薄弱处。但是,由低价产生的两个好处是:首先,低价可以使直销产品尽快为直销市场所接受,并借助大批量销售来降低成本,获得长期稳定的市场地位;其次,微利阻止了竞争者的进入,增强了自身的直销市场竞争力。

对于直销企业来说,撇脂策略和渗透策略何者为优,不能一概而论,需要综合考虑市场需求、竞争、供给、市场潜力、价格弹性、产品特性、企业发展战略等因素才能确定。在定价实务中,往往要突破许多理论上的限制,通过对选定的目标市场进行大量调研和科学分析来制定价格。

3.3.2 对一般性直销新产品可采用适中定价法

对一般性直销新产品,我们可以用适中定价策略进行定价。适中定价策略既不是利用价格来获取高额利润,也不是让价格制约占领市场。适中定价策略尽量降低价格在营销手段中的地位,重视其他在产品市场上更有力或有成本效率的手段。当不存在适合于撇脂定价或渗透定价的环境时,直销企业一般采取适中定价。例如,一个直销企业可能无法采用撇脂定价法,因为直销新产品被市场看作是极其普通的产品,没有那一个细分市场愿意为此支付高价。同样,它也无法采用渗透定价法,因为直销新产品刚刚进入直销市场,消费者在购买之前无法确定产品的质量,会认为低价代表低质量(价格—质量效应),或者是因为破坏已有的价格结构,竞争者会做出强烈反应。当消费者对价值及其敏感,不能采取撇脂定价,同时竞争者对市场份额及其敏感,不能采用渗透定价的时候,这时对直销新产品一般采用适中定价策略。

采用适中定价策略还有另外一个原因,就是为了保持产品线定价策略的一致性。例如,我国民族直销企业产品的定价水平是相当大一部分市场都承受得起的,市场规模远远大于愿意支付高价购买它的"运动型"(sporty)外形的细分市场。这种适中定价策略使得我国有的民族直销企业的产品供不应求的状况，达到数年不变的境地。为什么呢？因为我国有的直销企业产品生产线上已经有采取撇脂定价的产品，再增加一种新产品会影响原来高价直销产品的销售。因此，对直销新产品应该采用适中定价策略。

虽然与撇脂定价或渗透定价法相比，适中定价法缺乏主动进攻型，但并不是说正确执行它就非常容易或一点也不重要。适中定价没有必要将价格定得与竞争者一样或者接近平均水平。从原则上讲，它甚至可以是市场上最高的或最低的价格。大连美罗国际的灵芝产品具有很高的科技含量和可靠的性能，认知价值很高，所以虽然产品比同类产品昂贵，市场占有率仍然很高。与撇脂价格和渗透价格类似，适中价格也是参考直销新产品的经济价值决定的。当大多数潜在的购买者认为这一直销新产品的价值与价格相当时，纵然价格很高也应该属于适中定价的价格。

3.3.3 同类直销新产品可用竞争基准定价策略

竞争基准定价也叫竞争导向定价。竞争基准定价是以直销市场上相互竞争的同类产品价格为定价基本依据，以随竞争状况的变化确定和调整价格水平为特征的定价策略。同类直销新产品可用这一定价策略。

①通行价格定价法

通行价格定价法是竞争基准定价方法中广为流行的一种。定价是使直销产品的价格与竞争者产品的平均价格保持一致。这种定价法的目的是：①平均价格水平在人们观念中常被认为是"合理价格"，这样的直销产品易为消费者接受。②试图与竞争者和平相处，以避免直销市场激烈竞争而产生的不必要的风险。③一般能为直销企业带来合理、适度的盈利。这种定价适用于竞争激烈的均质产品，如同质保健产品的价格确定。

②主动竞争定价法

与通行价格定价法相反，它不是追随竞争者的价格，而是根据直销产品的实际情况及与竞争对手的产品差异状况来确定价格。一般为富于进取心的直销企业所采用。定价时首先将市场上竞争的直销产品价格与直销企业估算价格进行比较，分为高、一致及低三个价格层次。其次，将直销产品的性能、质量、成本、式样、产量等与竞争者进行比较，分析造成价格差异的原因。再次，根据以上综合指标确定直销产品的特色、优势及市场定位，在此基础上，按定价所要达到的目标，确定产品价格。最后，跟踪竞争产品的价格变化，及时分析原因，相应调整直销产品价格。

3.3.4 对品牌卓著的直销新产品实行声望定价策略

这是根据品牌在消费者心中的声望、信任度和社会地位来确定价格的一种定价策略。声望定价可以满足某些消费者的特殊欲望，如地位、身份、财富、名望和自我形象等，还可以通过高价格显示名贵优质，因此，这一策略适用于一些传统的名优产品、具有历史地位的民族特色产品，以及知名度高、有较大的市场影响、深受市场欢迎的品牌卓著的产品。比如,安利开发的新产品,一般在直销市场上定价很高,因为安利的品牌在中国消费者中耳熟能详,使用这些新产品使消费者感到某种心理满足。为了使声望价格得以维持,直销企业需要适当控制市场拥有量。我国有的直销企业的品牌新产品的生命周期为什么长?除了其优越的性能、精细的做工外,严格控制生产量也是一个很重要的因素。

▼4 中国直销产品价格调整策略

这一节,我们就中国直销产品价格的调整策略展开讨论。中国直销产品价格调整策略,是中国直销产品定价策略的重要组成部分。直销产品的价格不是一成不变的,直销企业必须要根据中国直销市场的变化情况,对直销产品进行价格的有效调整。如何调整直销产品的价格,这是关系到直销企业能否在直销市场上稳定发展的关键所在。所以,我们在这一节将着重对中国直销产品价格调整的策略作一深入研究。

4.1 相关直销产品的最优价格调整策略

在现实中,多数直销企业不止生产一种产品。如果直销业生产多种产品,而且这多种产品在需求上是相关的,其中有替代品或互补品,那么直销企业在制定各产品的价格时就要考虑到这些相关产品之间的相互影响。我们用需求价格弹性、需求交叉弹性等有关概念,在假定直销企业的经营目标是销售收入最大化和利润最大化的基础上,分别建立了相关产品价格调整的数学模型,并结合实例进行了计算。这里所建立的数学模型,为直销企业产品的价格决策提供了一种定量分析的工具。

4.1.1 直销产品需求价格弹性和需求交叉弹性

需求价格弹性指的是在一定时期内某种直销产品的需求量变动率与其销售价格变动率之比,它反映了直销产品需求量对其销售价格变动反应的灵敏程度,其计算公式为:

$$E = -\frac{\Delta Q/Q}{\Delta P/P} \tag{1}$$

式中,E 为需求价格弹性系数;Q 为直销产品需求量;ΔQ 为直销产品需求量的变动量;P 为单位直销产品价格;ΔP 为单位直销产品价格的变动量。在通常情况下,由于直销产品需求量与价格成反方向变动,$\Delta Q/\Delta P$ 为负值。为了使 E 值为正值,以便于比较,所以在公式(1)中加了一个负号。

需求交叉弹性表示在一定时期内一种产品需求量的相对变动对于另一种相关产品价格相对变动的反应程度,它是某直销产品需求量的变动率和它的相关产品价格变动率的比值。假设有两种直销产品 A、B,产品 A 的价格为 P_A,价格变动为 ΔP_A;产品 B 的需求量为 Q_B,需求量变动为 ΔQ_B,则产品 B 的需求交叉弹性系数

E_{BA} 的计算公式为:
$$E_{BA}=\frac{\Delta Q_B/Q_B}{\Delta P_A/P_A} \quad (2)$$

公式(2)反映了直销产品 A 的价格变动百分之一,产品 B 的需求量将变动百分之几。如果 $E_{BA}>0$,说明 A、B 两种产品是替代品;如果 $E_{BA}<0$,则为互补品;如果 $E_{BA}=0$,说明 A、B 两种产品互不相关。利用公式(1)、(2),可以分析某种直销产品价格变动对直销产品本身需求量的影响以及对相关直销产品需求量的影响,为直销企业进行市场预测和经营决策以及制定正确的价格策略提供依据。

4.1.2 以直销企业销售收入最大化为目标的产品价格调整策略

假定某直销企业生产两种相关产品 A 和 B,其产量和价格分别为 Q_A、Q_B 和 P_A、P_B,产品 A 的价格可以变动,产品 B 的价格保持不变,直销企业的目标是实现销售收入最大化。那么直销企业应如何调整产品 A 的价格,使之达到既定的目标?
直销产品 A 价格调整前直销企业总销售收入为:
$$TR_1=P_AQ_A+P_BQ_B \quad (3)$$
直销产品 A 价格调整后直销企业总销售收入则为:
$$TR_2=(P_A+\Delta P_A)(Q_A+\Delta Q_A)+P_B(Q_B+\Delta Q_B) \quad (4)$$
于是直销企业总销售收入的变动额 ΔTR 为:
$$\Delta TR=TR_2-TR_1=(P_A+\Delta P_A)(Q_A+\Delta Q_A)+P_B(Q_B+\Delta Q_B)-(P_AQ_A+P_BQ_B)$$
$$=P_A\Delta Q_A+\Delta P_AQ_A+\Delta P_A\Delta Q_A+P_B\Delta Q_B \quad (5)$$
令直销产品 A 价格调整幅度 R_A 为:$R_A=\frac{\Delta P_A}{P_A} \quad (6)$

又由公式(1)、(2),可得:
$$\Delta TR=-P_AQ_AR_AE_A+R_AP_AQ_A+(-E_AP_AQ_AR_A^2)+E_{BA}P_BQ_BR_A \quad (7)$$
由公式(7)可见,总销售收入变动额是直销产品 A 调价幅度 R_A 的二次函数,记为 $f(R_A)$,则:
$$f(R_A)=\Delta TR=-P_AQ_AE_AR_A+P_AQ_AR_A-E_AP_AQ_AR_A^2+E_{BA}P_BQ_BR_A \quad (8)$$
令 $\alpha=\frac{P_BQ_B}{P_AQ_A}$ 则公式(8)为:$f(R_A)=P_AQ_AR_A(1-E_A-E_AR_A+\alpha E_{BA}) \quad (9)$
要使直销企业总销售收入增加,必须 $f(R_A)>0$,即 $R_A(1-E_A-E_AR_A+\alpha E_{BA})>0$,即
$$\begin{cases} R_A<0(降价) \\ R_A>\frac{1-(E_A-\alpha E_{BA})}{E_A} \end{cases} 或 \begin{cases} R_A>0(涨价) \\ R_A<\frac{1-(E_A-\alpha E_{BA})}{E_A} \end{cases} \quad (10)$$

由公式(10)可知,若 $(E_A-\alpha E_{BA})<1$,则 $0<R_A<\frac{1-(E_A-\alpha E_{BA})}{E_A}$ $f(R_A)>0$;若 $(E_A-\alpha E_{BA})>1$,则 $\frac{1-(E_A-\alpha E_{BA})}{E_A}<R_A<0$,$f(R_A)>0$ 由 $f'(R_A)=0$,可得极值点:
$$R_{AO}=\frac{1+\alpha E_{BA}-E_A}{2E_A} \quad (11)$$

不难看出,R_{AO} 居于上述调价区间的中点。又因为 $f''(R_A)=-2E_AP_AQ_A<0$,所以 R_{AO} 为极大值点。根据 R_{AO} 调整直销产品 A 的价格,可以使直销企业销售收入最大。若 $R_{AO}<0$,则直销产品 A 要降价;$R_{AO}>0$,产品 A 要涨价;$R_{AO}=0$,则产品 A 的现行价格为最优价格,不必调整。如果直销产品 A、B 互不相关,即 $E_{BA}=0$,则有
$$R_{AO}=\frac{1-E_A}{2E_A} \quad (12)$$

直销企业生产单一产品或互相独立的产品,可利用公式(12)调整产品的价格,

以实现销售收入最大化的经营目标。

上述讨论可推广到一般情况。设直销企业生产 n 种相关产品,假定某种产品 j 价格调整时其余产品价格保持不变,则产品 j 的最优调价公式为:

$$R_{jo} = \frac{1 - E_j + r_j \sum_{\substack{i=1 \\ i \neq j}}^{n} \beta_i E_{ij}}{2E_j} \tag{13}$$

其中 $r_j=1/P_jQ_j$, $\beta_i=P_iQ_i$ ($i \neq j$), E_{ij} 为直销产品 i 的需求交叉弹性,E_j 为直销产品 j 的需求价格弹性。

4.1.3 以直销企业利润最大化为目标的产品价格调整策略

在市场经济条件下,直销企业生产产品的目的往往是为了获得更多的利润,因此寻求使企业利润最大化的产品价格调整幅度,有着更重要的经济意义。直销企业的利润等于销售收入扣去总成本,总成本包括总固定成本和总变动成本,总固定成本不受产品销售量的影响,而总变动成本则随产品销售量的变化而变化。当直销产品价格变动引起产品销售量变动时,单位产品的变动成本一般不发生变化。仍假定直销企业生产 A、B 两种相关产品,直销产品 A 价格调整时,产品 B 的价格保持不变。已知产品 A、B 的单位变动成本为 V_A、V_B,则产品 A、B 的单位产品贡献 M_A、M_B 为

$$\begin{cases} M_A = P_A - V_A \\ M_B = P_B - V_B \end{cases} \tag{14}$$

由于直销产品价格由变动成本、固定成本和利润三部分组成,所以贡献等于固定成本加利润。直销企业得到的贡献,扣除固定成本的支出,剩下部分就是企业的利润。因此为了使直销企业利润增加,直销企业对产品 A 的价格调整应使总贡献的增量大于零。产品 A 价格调整前,直销企业的总贡献为

$$TM_1 = M_A Q_A + M_B Q_B \tag{15}$$

直销产品 A 价格调整后,直销企业的总贡献为:

$$TM_2 = (M_A + \Delta P_A)(Q_A + \Delta Q_A) + M_B(Q_B + \Delta Q_B) \tag{16}$$

于是直销企业总贡献的变动额 ΔTM 为

$$\Delta TM = TM_2 - TM_1 = M_A \Delta Q_A + \Delta P_A Q_A + \Delta P_A \Delta Q_A + M_B \Delta Q_B \tag{17}$$

由公式(1)、(2)可得:

$$\Delta TM = -M_A Q_A E_A R_A + P_A Q_A R_A - P_A Q_A E_A R_A^2 + M_B Q_B E_{BA} R_A \tag{18}$$

由公式(18)可见 ΔTM 为 R_A 的二次函数,记为 $g(R_A)$。要使直销企业利润增加,直销产品 A 的价格调整要使 $g(R_A) > 0$。

$$g(R_A) = R_A Q_A R_A \left[1 - \frac{M_A}{P_A} E_A + \frac{M_B Q_B}{P_A Q_A} E_{BA} - E_A R_A \right] \tag{19}$$

令 $\theta = M_A/P_A$, $\delta = \frac{M_B Q_B}{P_A Q_A}$ 则 $g(R_A)$ 为:

$$g(R_A) = P_A Q_A R_A (1 - \theta E_A + \delta E_{BA} - E_A R_A) \tag{20}$$

要使 $g(R_A) > 0$, 必须令 $R_A (1 - \theta E_A + \delta E_{BA} - E_A R_A) > 0$, 即

$$\begin{cases} R_A < 0 \\ R_A > \dfrac{1 - (\theta E_A - \delta E_{BA})}{E_A} \end{cases} \text{或} \begin{cases} R_A > 0 \\ R_A < \dfrac{1 - (\theta E_A - \delta E_{BA})}{E_A} \end{cases} \tag{21}$$

若$(\theta E_A-\delta E_{BA})<1$,则 $0<R_A<\dfrac{(\theta E_A-\delta E_{BA})}{E_A}$,$g'(R_A)>0$;若$(\theta E_A-\delta E_{BA})>1$,则 $\dfrac{1-(\theta E_A-\delta E_{BA})}{E_A}<R_A<0$,$g'(R_A)>0$。由 $g'(R_A)=0$,可得极植点

$$R'_{A0}=\dfrac{1-(\theta E_A-\delta E_{BA})}{2E_A} \qquad (22)$$

不难看出,R'_{A0} 居于上述调价区间的中点。因为 $g''(R_A)=-2P_AQ_AE_A<0$,所以 R'_{A0} 为极大值点。根据 R'_{A0} 调整直销产品 A 的价格,可以使直销企业利润达到最大。若直销产品 A、B 互不相关,即 $E_{BA}=0$,则公式(22)可变为

$$R'_{A0}=\dfrac{1-\theta E_A}{2E_A} \qquad (23)$$

现设直销企业生产 n 种相关产品,某直销产品 j 价格调整时,其余产品价格保持不变,则使直销企业利润最大化的产品 j 的最优调价公式为:

$$R'_{j0}=\dfrac{1-\theta_j E_j+r_j\sum_{i=1}^{n}\mu_i E_{ij}}{2E_j} \qquad (24)$$

其中 $\theta_j=M_j/P_j$,$r_j=1/P_jQ_j$,$\mu_i=M_iQ_i$。

4.1.4 实证分析

某直销企业生产两种需求上可以互相替代的产品 A、B,已知 $P_A=180$ 元,$P_B=150$ 元,年销售量 $Q_A=12$ 万件,$Q_B=10$ 万件,单位产品的变动成本 $V_A=80$ 元,$V_B=70$ 元。又已知 $E_A=1.5$,$E_{BA}=1.44$,直销企业总固定成本为 1500 万元。试分别以销售收入最大化和利润最大化为目标确定直销产品 A 的价格调整策略。

首先计算价格调整前企业的销售收入 T_R 和利润 T_P:
$T_R=P_AQ_A+P_BQ_B=180\times12+150\times10=3660$(万元)
$T_P=T_R-(Q_AV_A+Q_BV_B)-TFC=3600-(12\times80+10\times70)-1500=500$(万元)
若以直销企业销售收入最大化作为产品 A 的调价目标,则计算如下:

由于有
$$a=P_BQ_B/P_AQ_A=\dfrac{150\times10}{180\times12}=0.694$$
$$E_A-aE_{BA}=1.5-0.69\times1.44=0.50064<1$$
$$\dfrac{1-(E_A-aE_{BA})}{E_A}=\dfrac{1-0.50064}{1.5}=0.3329$$

即当提价幅度大于零小于 33.29% 时,可以使直销企业销售收入增加。由公式(11)可算出 $R_{A0}=16.645\%$,根据 R_{A0} 调整产品 A 的价格,可使直销企业销售收入达到最大。

$\Delta P_A=P_A\cdot R_{A0}=180\times16.645\%=29.96$ 元

即产品 A 涨价 29.96 元,可使企业销售收入达到最大,这时企业的销售收入为
$T_R\text{max}=(P_A+\Delta P_A)(Q_A+\Delta Q_A)+P_B(Q_B+\Delta Q_B)$
$=(P_A+\Delta P_A)(Q_A-R_{A0}E_AQ_A)+P_BQ_B(1+R_{A0}E_{BA})$
$=(180+29.96)(12-16.645\%\times1.5\times12)+150\times10(1+16.645\%\times1.44)$
$=3749.99$ 万元

与价格调整前的销售收入相比,销售收入增加了 89.99 万元。如果直销企业以

利润最大化为目标,则具体计算如下:

$M_A = P_A - V_A = 180 - 80 = 100$ 元

$M_B = P_B - V_B = 150 - 70 = 80$ 元

$\theta = M_A/P_A = 100/180 = 0.5556$

由于 $\delta = \dfrac{M_B Q_B}{P_A Q_A} = (80 \times 10)/(180 \times 12) = 0.3704$

$\theta E_A - \delta E_{BA} = 0.5556 \times 1.5 - 0.3705 \times 1.44$
$= 0.3000 < 1$

有 $\dfrac{1-(\theta E_A - \delta E_{BA})}{E_A} = \dfrac{1-0.3000}{1.5} = 0.4667$

即当直销产品 A 提价幅度大于零小于 46.67%,可以使总贡献增加(总利润增加)。由公式(22)可算出 $R'_{A0} = 23.335\%$。根据 R'_{A0} 调整产品 A 的价格,可以使直销企业利润达到最大。

$\Delta P_A = R'_{A0} \times P_A = 23.335\% \times 180 = 42.00$ 元

即直销产品 A 涨价 42.00 元,可以使直销企业利润最大,企业最大的总贡献 TM_{max} 为

$TM_{max} = (M_A + \Delta P_A)(Q_A + \Delta Q_A) + M_B(Q_B + \Delta Q_B) = (M_A + \Delta P_A)(Q_A - R'_{A0} E_A Q_A) + M_B Q_B (1 + R'_{A0} E_{BA}) = (100+42)(12 - 23.335\% \times 1.5 \times 12) + 80 \times 10 (1 + 23.335\% \times 1.44) = 2176.38$(万元)

扣去总固定成本 1500 万元,则直销企业的总利润为 676.38 万元,比价格调整前多 176.38 万元。总而言之,为使直销企业的销售收入和利润达到最大化,直销产品 A 的价格应由 180 元分别涨到 209.96 元和 222 元(在产品 B 价格不变的条件下)。

4.2 直销产品削价及提价策略

直销企业为某种产品制定出价格以后,并不意味着大功告成。随着直销市场营销环境的变化,企业必须对现行价格予以适当的调整。调整直销产品的价格,可采用减价及提价策略。直销企业产品价格调整的动力既可能来自于内部,也可能来自于外部。倘若直销企业利用自身的产品或成本优势,主动地对价格予以调整,将价格作为竞争的利器,这称为主动调整价格。有时,直销产品价格的调整出于应付竞争的需要,即竞争对手主动调整价格,而直销企业也相应地被动调整价格。无论是主动调整,还是被动调整,其形式不外乎是削价和提价两种。

4.2.1 削价策略

削价策略是定价者面临的最严峻且具有持续威胁力量的问题。直销企业削价的原因很多,有企业外部需求及竞争等因素的变化,也有企业内部的战略转变、成本变化等,还有国家政策、法令的制约和干预等。这些原因具体表现在以下几个方面:一是直销企业急需回笼大量现金。对现金产生迫切需求的原因既可能是其他产

品销售不畅,也可能是为了筹集资金进行某些新活动,而资金借贷来源中断。此时,直销企业可以通过对某些需求的价格弹性大的直销产品予以大幅度削价,从而增加销售额,获取现金。二是直销企业通过削价来开拓新市场。一种直销产品的潜在消费者往往由于其消费水平的限制而阻碍了其转向现实消费者的可行性。在削价不会对原消费者产生影响的前提下,直销企业可以通过削价方式来扩大市场份额。不过,为了保证这一策略的成功,直销企业有时需要以产品改进策略相配合。三是直销企业决策者决定排斥现有市场的边际生产者。对于某些直销产品来说,各个企业的生产条件、生产成本不同,最低价格也会有所差异。那些以目前价格销售产品仅能保本的企业,在别的企业主动削价以后,会因为价格的被迫降低而得不到利润,只好停止生产。这无疑有利于主动削价的直销企业。四是直销企业生产能力过剩,产品供过于求,但是企业又无法通过产品改进和加强促销等工作来扩大销售。在这种情况下,直销企业必须考虑削价。五是直销企业决策者预期削价会扩大销售,由此可望获得更大的生产规模。特别是进入成熟期的产品,削价可以大幅度增进销售,从而在价格和生产规模之间形成良性循环,为企业获取更多的市场份额奠定基础。六是由于成本降低,费用减少,使直销企业削价成为可能。随着科学技术的进步和企业经营管理水平的提高,许多产品的单位产品成本和费用在不断下降,因此,企业拥有条件适当削价。七是直销企业决策者出于对直销商要求的考虑,以较低的价格购进货物不仅可以减少直销商的资金占用,而且为产品大量销售提供了一定的条件。因此,直销企业削价有利于同直销商建立比较良好的关系。八是政治、法律环境及经济形势的变化,迫使直销企业降价。政府为了实现物价总水平的下调,保护需求,鼓励消费,遏制垄断利润,往往通过政策和法令,采用规定毛利率和最高价格、限制价格变化方式、参与市场竞争等形式,使直销企业的产品价格水平下调。在紧缩通货的经济形势下或者在市场疲软、经济萧条时期,由于币值上升,价格总水平下降,直销企业产品价格也应随之降低,以适应消费者的购买力水平。

削价最直截了当的方式是将直销企业产品的目录价格或标价绝对下降,但直销企业更多的是采用各种折扣形式来降低价格。如数量折扣、现金折扣、回扣和津贴等形式。此外,变相的削价形式有:赠送样品和优惠券,实行有奖销售;给直销商提取推销奖金;免费或优惠送货上门、技术培训、维修咨询;提高产品质量,改进产品性能,增加产品用途。由于这些方式具有较强的灵活性,在直销市场环境变化的时候,即使取消也不会引起消费者太大的反感,同时又是一种促销策略,因此在直销企业中运用越来越广泛。

确定何时削价是调价策略的一个难点,通常要综合考虑直销企业实力、产品在市场生命周期所处的阶段、销售季节、消费者对产品的态度等因素。比如,进入衰退期的直销产品,由于消费者失去了消费兴趣,需求弹性变大、产品逐渐被市场淘汰,为了吸引对价格比较敏感的购买者和低收入需求者,维持一定的销量,削价就可能是唯一的选择。由于影响削价的因素较多,直销企业决策者必须审慎分析和判断,并根据直销产品削价的原因选择适当的方式和时机,制定最优的削价策略。

4.2.2 提价策略

提价确实能够增加直销企业的利润率,但却会引起竞争力下降、消费者不满、直销商抱怨,甚至还会受到政府的干预和同行的指责,从而对直销企业产生不利影响。虽然如此,在实际中仍然存在着较多的提价现象。其主要原因是:

应付直销产品成本增加,减少成本压力。这是所有直销产品价格上涨的主要原因。成本的增加或者是由于原材料价格上涨,或者是由于生产或管理费用提高而引起的。直销企业为了保证利润率不致因此而降低,便采取提价策略。

为了适应通货膨胀,减少企业损失。在通货膨胀条件下,即使直销企业仍能维持原价,但随着时间的推移,其利润的实际价值也呈下降趋势。为了减少损失,直销企业只好提价,将通货膨胀的压力转嫁给直销商和消费者。

产品供不应求,遏制过度消费。对于某些直销产品来说,在需求旺盛但生产规模又不能及时扩大而出现供不应求的情况下,可以通过提价遏制需求,同时又可以取得高额利润,在缓解直销市场压力、使供求趋于平衡的同时,为扩大生产准备了条件。

利用顾客心理,创造优质效应。作为一种策略,直销企业可以利用涨价营造名牌形象,使直销产品消费者产生价高质优的心理定势,以提高直销企业知名度和产品声望。对于那些革新产品、贵重产品、生产规模受到限制而难以扩大的产品,这种效应表现得尤为明显。

为了保证提价策略的顺利实现,直销企业提价时机可选择在这样几种情况下:直销产品在市场上处于优势地位;直销产品进入成长期;季节性直销产品达到销售旺季;竞争对手产品提价。此外,在方式选择上,直销企业应尽可能多采用间接提价,把对直销产品提价的不利因素减到最低程度,使提价不影响销量和利润,而且能被潜在消费者普遍接受。同时,直销企业提价时应采取各种渠道向消费者说明提价的原因,配之以产品策略和促销策略,并帮助消费者寻找节约途径,以减少消费者不满,维护企业形象,提高消费者信心,刺激消费者的需求和购买行为。

至于直销产品价格调整的幅度,最重要的考虑因素是消费者的反应。因为调整直销产品价格是为了促进销售,实质上是要促使消费者购买产品。忽视了消费者反应,直销产品的销售就会受挫。只有根据消费者的反应考虑调价幅度,才能使直销企业的价格调整策略收到好的效果。

4.3 对价格变动反应的应对策略

对直销产品价格的变动,各方的反应是很强烈的。这种反应主要来自两个方面,即消费者和竞争者。

4.3.1 消费者对价格变动的反应

不同直销市场的消费者对直销产品价格变动的反应是不同的,即使处在同一直销市场的消费者对直销产品价格变动的反应也可能不同。从理论上来说,可以通过需求的价格弹性来分析消费者对价格变动的反应,弹性大表明反应强烈,弹性小表明反应微弱。但在实践中,直销产品价格弹性的统计和测定非常困难,其状况和准确度常常取决于消费者预期价格、价格原有水平、价格变化趋势、需求期限、竞争格局以及直销产品生命周期等多种复杂因素,并且会随着时间和地点的改变而处于不断地变化之中,直销企业难以分析、计算和把握。所以,研究消费者对调价的反应，大多是注重分析消费者的价格意识。价格意识是指消费者对直销产品价格高低强弱的感觉程度，直接表现为消费者对价格敏感性的强弱，包括知觉速度、清晰度、准确度和知觉内容的充实程度。它是掌握消费者态度的主要方面和重要依据，也是解释直销市场需求对价格变动反应的关键变量。

价格意识强弱的测定，往往以消费者对直销产品价格回忆的准确度为指标。研究表明，价格意识和收入呈负相关关系，即收入越低，价格意识越强，直销产品的价格变化直接影响购买量；收入越高，价格意识越弱，直销产品价格的一般调整不会对需求产生较大的影响。此外，由于良好的口碑宣传使消费者更加注意直销产品价格的合理性，同时也给直销产品的价格对比提供了方便，因而良好的口碑宣传对消费者的价格意识也起着促进作用，使他们对直销产品的价格高低更为敏感。消费者可接受的直销产品价格的界限是由价格意识决定的。这一界限也就规定了直销企业可以调价的上下限度。在一定条件下，直销产品的价格界限是相对稳定的，若条件发生变化，则对直销产品价格心理界限也会相应改变，因而会影响直销企业的调价幅度。

依据上面介绍的基本原理，我们可以将消费者对直销产品价格变动的反应归纳为：

第一，在一定范围内的直销产品价格变动是可以被消费者接受的；提价幅度超过可接受价格的上限，则会引起消费者不满，产生抵触情绪，而不愿购买直销企业产品；降价幅度低于下限，会导致消费者的种种疑虑，也对实际购买行为产生抑制作用。

第二，在直销产品知名度因良好的口碑宣传而提高、收入增加、通货膨胀等条件下，消费者可接受直销产品的价格上限就会提高；在消费者对产品质量有明确认识、收入减少、价格连续下跌等条件下，消费者可接受直销产品的价格下限就会降低。

第三，消费者对某种直销产品削价的可能反应是：直销产品将马上因式样陈旧、质量低劣而被淘汰；直销企业遇到财务困难，很快将会停产或转产；直销产品价格还要进一步下降；产品成本降低了。而对于某种直销产品的提价则可能这样理解：很多人购买这种产品，我也应赶快购买，以免价格继续上涨；提价意味着产品质量的改进；直销企业将高价作为一种策略，以树立名牌形象；卖主想尽量取得更多利润；各种直销产品价格都在上涨，提价很正常。

4.3.2 竞争者对价格变动的反应

虽然透彻地了解竞争者对直销产品价格变动的反应几乎不可能，但为了保证调价策略的成功，主动调价的直销企业又必须考虑竞争者的价格反应。如果直销企业没有估计竞争者反应进行调价，往往难以取得成功，至少也不会取得预期的效果。

如果所有的竞争者行为相似，直销企业只要对一个典型竞争者作出分析就可以了。如果竞争者在规模、市场份额或政策及经营风格方面有关键性的差异，则各个竞争者将会作出不同的反应，这时，直销企业就应该对各个竞争者分别予以分析。分析的方法是尽可能地获得竞争者的决策程序及反应形式等重要情报，模仿竞争者的立场、观点、方法思考问题。最关键的问题是要弄清楚竞争者的营销目标：如果竞争者的目标是实现企业的长期最大利润,那么本企业降低直销产品价格,它往往不会在价格上作相应反应,而在其他方面作出努力,如加强口碑宣传、提高产品质量和服务水平等;如果竞争者的目标是提高市场占有率,它就可能跟随本企业的价格变动,而相应调整直销产品的价格。在实践中,为了减少因无法确知竞争者对价格变化的反应而带来的风险,直销企业在主动调价之前必须明确回答以下问题:直销行业产品有何特点?本企业的直销产品在直销行业中处于何种地位?主要竞争者是谁?竞争对手会怎样理解我方的价格调整?针对本企业直销产品的价格调整,竞争者会采取什么对策?这些对策是价格性的还是非价格性的?它们是否会联合作出反应?针对竞争者可能的反应,直销企业的对策又是什么?有无几种可行的应对方案?在细致分析的基础上,直销企业方可确定价格调整的幅度和时机。

4.3.3 直销企业的对策

竞争对手在实施价格调整策略之前,一般都要经过长时间的深思得失,仔细权衡调价的利害,但是,一旦调价成为现实,则这个过程相当迅速,并且在调价之前大多要采取保密措施,以保证发动价格竞争的突然性。直销企业在这种情况下,贸然跟进或无动于衷都是不对的,正确的做法是尽快迅速地对以下问题进行调查研究:竞争者调价的目的是什么?竞争者调价是长期的还是短期的?

竞争者调价将对本企业直销产品的市场占有率、销售量、利润、声誉等方面有何影响?同行业的其他直销企业对竞争者调价行动有何反应?本企业有几种反应方案?竞争者对本企业每一个可能的反应又会有何反应?

在回答以上问题的基础上,直销企业还必须结合所经营的直销产品特性确定对策。一般说来,在同质直销产品市场上,如果竞争者削价,直销企业必须随之削价,否则大部分消费者将转向价格较低的竞争者;但是,面对竞争者的提价,直销企业既可以跟进,也可以暂且观望。如果大多数直销企业都维持原价,最终迫使竞争者把价格降低,使竞争者涨价失败。在异质产品市场上,由于每个直销企业的产品在质量、品牌、服务、包装、消费者偏好等方面有着明显的不同,所以面对竞争者的调价策略,直销企业有着较大的选择余地:第一,直销产品价格不变,任其自然,任消费者随价格变化而变化,靠消费者对直销产品的偏爱和忠诚度来抵御竞争者的价格进攻,待直销市场环境发生变化或出现某种有利时机时,企业再做行动。第二,直销产品价格不变,加强非价格竞争。比如,直销企业加强口碑宣传攻势,增加销售网点,强化售后服务,提高产品质量,或者在包装、功能、用途等方面对直销产品进行改进。第三,部分或完全跟随竞争者的价格变动,采取较稳妥的策略,维持原来的市场格局,巩固取得的直销市场地位,在价格上与竞争对手一较高低。第四,以优越于竞争者的价格跟进,并结合非价格手段进行反击。或是比竞争者更大的幅度削价,或是比竞争者小的幅度提价,并强化非价格竞争,形成产品差异,利用较强的经济实力或优越的市场地位,居高临下,给竞争者以毁灭性的打击。

4.4 心理策略的运用

在这里,我们介绍两种心理策略的应用:一是非整数调价策略,二是适时调价策略。这两种心理策略运用得好,对直销企业的产品调价是很有裨益的。

4.4.1 非整数调价策略

非整数调价策略,是一种典型的心理调价策略。这种策略的心理依据,是利用消费者对直销产品价格的感知差异所造成的错觉而刺激其购买。这种调价策略就是给产品制定一个带有零头数的价格,使价格的最后一位数是奇数,或者接近于零(如98,99),这种带零头的价格叫非整数价格。

非整数调价策略之所以能取得较好的实践,主要具有以下明显的心理功能:

①给人造成价格偏低的感觉

例如,价格调整为99元的直销产品,给消费者的直接感受是价格在100元以下;倘若定价为101元,则给消费者的感受便是"100多元",虽然两种价格实际上相差无几,但在消费者心理上的差距却相当悬殊。

②给人留下定价精确的印象

带零头的非整数调价给消费者的另一种明显感觉是,直销产品的调价非常认真、精确,进而产生一种可信赖感。相反,对于那些整数价格,则会给人留下一种定价粗糙的感觉,容易引起一些疑问,如"看样子这价格里有水分,要不然,为什么刚好是一个整数呢?"

③给人一种数字中意的感觉

采用带零头的非整数调价策略,就是有意识地选择人们偏爱的数字,投其之所好,促进营销;或为了避开人们忌讳的某个数字,以免引起反感。非整数调价策略意在根据购买者的某种特殊心理,利用一些巧妙的数字安排,给购买者造成某种错觉,从而满足其特殊需要,刺激购买。当然,事物总是一分为二的,这种价格调整策略虽然在实践中有效,但也不能把价格搞得过于繁琐,否则,可能会适得其反。

4.4.2 适时调价策略

适时调价也是一种心理策略。运用得好就能达到事半功倍的效果。

①直销产品提价心理策略的运用

从价格竞争的角度来看,直销产品提价会引起消费者的不满心理。因此,直销产品提价应讲究一定的心理策略,使消费者能够理解并接受。

第一,掌握时机,适时提价。任何一种直销产品的提价,消费者都会表现出一时的不适应性。因此,直销产品的提价必须掌握时机,要在条件具备的形势下进行,以避免消费者不良心理现象的产生。比如,在国内市场上总体价格水平处在高位时,而且一直居高不下的条件下提价,客户一般都难以觉察,即使觉察到了也能表示理解。

第二,提价幅度不宜太大,速度不宜太快。从目前情况看,我国直销产品的竞争力,仍然体现在价格优势上,消费者最关心的问题仍然是我国直销企业产品价格稳定问题。因此,直销企业应根据消费者的这一心理因素,尽量控制提价的幅度和速度,即提价的幅度宜小不宜大,提价的速度宜慢不宜快。要循序渐进,不能急于求成;要走小步,走一步看一步,而不能走大步,千万不能企求提价一步到位。

第三,宜被动提价,不宜主动提价。消费者对直销企业主动提价和被动提价会产生两种不同的心理反映。所谓主动提价,从某种意义上说,就是在同行业中率先提价。被动提价,就是等竞争对手的同类产品价格提高以后自己才提价。这么做,既可以巩固老客户,还可以发展新客户。而且,对于以后的被动提价,消费者也会理解和接受。

第四,宜间接提价,不宜直接提价。直接提价,是指直销企业随着生产成本的增加和市场因素的变化而直接提高直销产品的价格。直接提价与主动提价一样,会引起消费者的不满心理,给直销企业带来不必要的麻烦和损失。间接提价,是指直销企业维持产品价格不动,而是采取诸如提高购买起点、降低折扣率、佣金率等方法。这种方法的采用,往往可以达到拓宽市场,增加销售。但间接提价,有时对直销商不利,所以需要做必要的解释工作或采取别的行之有效的补救措施。

②直销产品降价心理策略的运用

消费者对直销产品降价通常会产生两种截然不同的反应:一是感到直销产品价廉,经不住价廉优惠的诱惑而产生强烈的购买动机;二是因价格下降而产生对直销产品质量的怀疑,从而抵制其购买欲望。为此,直销产品降价应着重考虑以下心理策略:

第一,降价次数宜少不宜多。消费者对直销产品提价会产生不满心理,而对产品降价则会表现出一种不以为然的心理反映,特别是对那些频繁降价的产品,更是不予以理睬,有的甚至会产生一种反感情绪。因为在消费者中存在一种普遍的心理定势:"一分钱,一分货"、"好货不降价,降价无好货"。如直销企业频繁地给直销产品降价,可能给消费者造成这样的错觉:一定是因为产品质量差,即使降了价也销不出去,才被迫一次又一次地反复降价的,所以消费者企盼着直销产品继续降价。因此,产品降价的次数要尽量少,最好能争取一步到位。

第二,降价幅度应能引起消费者的注意。直销产品降价的目的在于促销,因此降低幅度必须足以引起消费者的注意,使之动心,以刺激其购买行为。假若降价幅度过小,与原价相差无几,就难以引起消费者的注意和兴趣,便无法实现促销之意图,特别是一些处于淡季或款式过时的直销产品,若降价幅度过小,消费者则更不屑一顾。但是,降价幅度也并非愈大愈好,若降价幅度过大,就可能弄巧成拙,勾起消费者的重重疑虑,认为是质量低劣,才大幅度处理销售的,从而不愿意购买。通常,产品降价幅度以 10%~30% 为宜。

第三,灵活运用直接降价与间接降价策略。直接降价是指直接降低某种直销产品售价的方法;间接降价是指维持原价格不动,只是采取增加折扣率或佣金等办法来销售直销产品的方法,实际上属于一种变相降价的方法。两种方法各有利弊,直接降价容易刺激竞争对手的相继降价竞销。而间接降价有一定的隐蔽性,可以暂时避免因刺激竞争对手而导致的全方位的降价竞销。但由于没有给直接用户带来好处,从而很难达到应有的促销目的。

第四,宜主动降价,不宜被动降价。主动降价,是指在同类直销产品中率先降低价格,以达到促销目的的降价方法。被动降价,是指在竞争对手降价后,自己的直销产品才开始降价的方法。在直销市场竞争激烈的情况下,如果直销企业的产品质量与竞争对手的产品质量相当或略优于竞争对手,主动降价往往可使企业占居有利地位,从而扩大直销市场占有份额,甚至有可能挤垮竞争对手。即使直销企业的综合力量比较薄弱,采用主动降价方法,也可使企业占居主动地位,带来一线生机。主动降价方法,一般只适用于市场供求平衡或供大于求的直销产品,被动降价带有一定的逼迫性,一般都是在处于无奈的情况才采用。

第6章 中国直销信息不对称及政府的作用

在这一章,我们主要研究中国直销信息不对称及政府作用的问题。在一个不完全竞争的状态下,中国直销信息不对称现象的出现是正常的,问题的关键是我们如何认识这种现象,如何解决这种现象,从而使中国直销的发展有一个比较公开、公正、公平的竞争环境。所以,我们在讨论中国直销信息不对称的同时,还要着重讨论政府在这方面的积极作用。政府在解决中国直销信息不对称中的作用到底是什么,这是我们学习这一章需要把握的重点。

1 一般均衡与经济效率及市场失灵

在这一节,我们从微观经济学的角度讨论直销行业一般均衡与经济效率以及市场失灵的问题。讨论这一问题,主要是为了下面两节研究中国直销信息不对称及政府的作用提供理论依据。

1.1 直销行业一般均衡分析

为了对这一问题作深入的研究,我们先对中国直销行业的一般均衡作一下具体分析。

1.1.1 均衡的涵义

经济学中的均衡概念自提出之日起就包含了双重含义,并沿着不同的轨迹演进。在马歇尔经典的教科书里就谈到"生物学和机械学关于相反力量均衡的概念"(马歇尔,1890,《经济学原理》,商务印书馆,1965)。在生物学的均衡里,马歇尔着重谈的是个体在各种力量作用下成长、衰老的均衡。并认为,生物学的均衡要较物理学的均衡来得复杂。机械学或者物理学中的均衡在经济领域中的主要运用就是各个局部市场的分析,因为物理学中的均衡往往将大至星球、小至粒子简化为一个个抽象质点,研究这些质点在各种力作用下保持静止或匀速运动的状态。局部市场的均衡又包括了静态和比较静态分析,也可将比较静态分析视为长长的时间链中的离散动态分析。

而生物学中食物链条、动植物与外部环境、资源的复杂相互作用,则在经济学中演绎出一般均衡分析。一般认为,1874 年法国经济学家、洛桑学派的带头人瓦尔拉斯在其《纯粹经济学要义》一书中正式提出了一般均衡论,核心内容是用几个代数方程组描述生产、需求、交换、分配和资本形式,在供求平衡、完全竞争、自由交换的条件下,确定均衡价格,达到充分就业、市场结清,生产者获得最大利润、消费者得到最大效用。

一般均衡理论的起源最早可追溯到魁奈的"经济表"。马克思的"社会再生产图式"则将"经济表"所描述的"静止状态"的简单再生产扩展为"扩大再生产"。一般均衡模型首次是由瓦尔拉斯 1954 年提出,存在性的更为一般的处理同年由门肯兹、阿罗和德布鲁给出,权威性的现代处理属于德布鲁(1959)、阿罗和哈恩(1971)。按照瓦里安(1984)的定义,局部均衡所讨论的是单一市场。因此,必然隐含着一个假设,除了被研究的价格以外,其他价格都是固定的。而一般均衡则具有两个特征:一是所有的几个都是变量;二是所有的市场都必须出清。一般均衡与局部均衡的区别并不在于引用的变量数目多少。一般均衡把经济学系统当作一个整体,而局部均衡则是把这一整体中的一部分分割出来,观察一部分变量之间的关系,而把其他部分视为常量。当系统接受一个外来冲击时,在局部均衡模型中,这一冲击只是沿着指定的渠道传递,而一般均衡模型则更确切地描述了在经济系统中牵一发而动全身的整体性。局部均衡着眼于一个或几个经济部门内部的联系,或几个经济变量之间的关系。而一般均衡更为强调经济系统中各部门、各变量之间的相互作用。一般均衡理论的证明分为存在性、稳定性与唯一性的证明。存在性是通过布劳威尔不动点定理完成的。布劳威尔不动点定理说明,一个闭的、有界的凸集的连续自映射有一个不动点(詹姆斯·M·亨德森,理查德·E·匡特,《中级微观经济理论数学方法》,北京大学出版社,1988)。一般均衡的不动点是一种多市场均衡的价格集合。由于一般均衡分析反映了所有市场相互联系的性质,所以但凡有一个市场失衡,则全部市场失衡,只有经过所有市场的调整,才可达到一般均衡。一般均衡的静态稳定性条件称为希克斯条件,动态稳定性可参照微分方程组动力系统的均衡平稳性研究。大多数存在性证明表明,多市场系统有一个或多个均衡点。唯一性证明表明,满足存在性证明的系统亚组有唯一的均衡点。

1.1.2 直销行业应用一般均衡分析

现在，我们运用上述理论，分析一下中国直销行业对一般均衡分析方法的应用。

①投入产出分析

投入产出分析，是研究经济系统各个部分间表现为投入与产出的相互依存关系的经济数量方法。这里包含两层意思：一是投入是进行一项活动的消耗，如直销产品生产过程的消耗包括系统内各部门产品的消耗（中间投入）和初始投入要素的消耗（最初投入）。二是产出是指进行一项活动的结果，如直销生产活动的结果是为本系统各部分生产的产品（物质产品和劳务）。

我们以静态价值型投入产出模型为例说明直销投入产出的模型结构，在此基础上进行动态和非线性的演化。

投入方程组：$\sum_{i \neq 1}^{n} x_{ij} + D_j + v_j + m_j = x_j$

在该式里，x_{ij} 表示生产的 i 产品中作为 j 产品的中间投入部分，D_j 表示固定资产折旧，v_j 表示劳动报酬部分，m_j 表示劳动者创造的社会纯收入，如利润、税金等。x_j 或 x_i 表示第 i 部门的总产品或总投入。

产出方程组：$\sum_{j=1}^{n} x_{ij} + y_i = x_i$

这里的 y_i 表示最终直销产品。

若为投入产出模型中的实物 I-O 表，则只有行向关系（产出方程组），而无列向关系，因为列向投入品的计量单位并不一致，劳动按小时计算，资本则按元计算，所以列向无法加总。

上面两个式子是统计平衡的结果，所以我们可以看出直销企业的投入产出分析在本质上是一种统计分析，但它与一般统计分析的不同之处在于，一是横向、纵向必须平衡，二是里边的 $(x_{ij})a*b$ 一般必须为方阵，这是为了保证可逆。可说明如下：

令 $a_{ij} = \frac{x_{ij}}{x_j}$ 表示直接消耗系数，$h_{ij} = \frac{x_{ij}}{x_i}$ 表示分配系数。

于是可得到 $AX+Y=X$（直销产品产出方程组的矩阵形式），其中 $A=(a_{ij})_{n \times n}$，$Y=(y_1, y_2, \cdots, y_n)T$，$X=(x_1, x_2, \cdots, x_n)T$。进一步有 $(I-A)X=Y$，从这里也可看出，如 A 不为方阵，则无法进行 I-A 的运算，从而原方程组可能无解。

②CGE 模型简介

作为政策分析的有力工具，可计算的一般均衡（Computable General Equilibrium，简称 CGE）模型经过 30 多年的发展，已在世界上得到了广泛的应用，并逐渐发展成为应用经济学的一个分支。

CGE 模型最重要的成功在于它在经济的各个组成部分之间建立起了数量联系，应用到直销领域，可以使我们能够考察来自直销经济此一部分的拉动对直销经济彼一部分的影响。对于投入产出模型来讲,它所强调的是直销企业的投入产出联系或关联效应。而CGE模型则在整个经济约束范围内把直销行业和各种直销经济力量(直销企业、营销团队等)联系起来,从而超越了投入产出模型。这些约束主要包括:对于直销企业预算赤字规模的约束,对于劳动、资本和土地的约束,以及直销产品对环境考虑(如空气和水的质量)的约束等。

运用到直销领域,CGE模型所分析的基本经济单元是生产者(含直销商)、消费者、政府三个方面。在CGE中,直销企业力求在生产条件和资源约束之下实现其利润优化。这是一种次优解(Sub-optimal)。与直销企业相关的有两类方程:一类是描述性方程,例如直销产品生产者的生产过程、中间生产过程等;另一类是优化条件方程,可以用科布—道格拉斯或常替代弹性(CES)方程来描述。关于消费行为,也包括了描述性方程和优化方程。直销产品消费者优化问题的实质,是在预算约束条件下选择产品的最佳组合,以实现尽可能高的消费效益。一般来说,政府的作用首先是制定有关政策。在CGE中通常将这作为政府变量。同时,政府也是消费者,政府的收入一部份来自直销企业和直销商的税和费。

这里,我们要讨论一下中国直销市场均衡的问题。CGE的直销市场均衡及预算均衡包括如下几方面:一是直销产品市场均衡。产品均衡不仅要求在数量上,而且要求在价值上。二是直销要素市场均衡,主要是包括直销员在内的人力市场均衡,也就是直销企业招募直销员要不存在制度障碍。三是直销资本市场均衡,投资要等于城乡居民用于直销产品消费的储蓄。

③可计算非线性动态直销投入产出模型

这种直销投入产出模型考虑把投入产出分析与CGE结合起来。

生产函数为:

$$Y_i = Y_i(x_{1i} \cdots x_{ni}, K_{1i} \cdots K_{ni}, L_i)$$

其中 x_{ji} 为直销产品生产过程中第 i 部门中间投入的第 j 部门产品的数量;K_{ji} 为第 i 部门所投入的第 j 部门固定资本产品的数量;L_i 为劳动工时投入量。

固定资本形成方程:

$$K_{ij}(t+1) = K_{ij}(t) - \delta_j K_{ij}(t) + I_{ji}(t)$$

其中 K_{ji} 为第 i 部门投入第 j 部门固定资本产品的数量。

生产函数形式多样,第一层的生产函数为:

$$Y_i = \min\left\{\frac{X_i(t)}{g_i}, \frac{V_i(t)}{h_i}\right\}$$

第二层的 x_i 为列昂剔夫型生产函数,而 V_i 则为CES型生产函数。

第三层的 k_i 为CES型生产函数。

各种直销产品供给与需求的平衡方程可表示如下:

$$Y = A(p, \cdots, pn, r, w)Y + B(p_1, \cdots, pn, r, w)[Y(t+1) - Y(t)] + C(t)$$,其中中间投入系数矩阵 $A(\cdots\cdots)$ 与直销企业固定资产使用系数矩阵 $B(\cdots\cdots)$ 是直销产品价格、直销企业土地、厂房等的租金与直销企业工作人员的工资率和直销人员的报酬率的函数。

1.2 中国直销经济效率分析

上面我们分析了直销行业的一般均衡,现在我们要讨论的是中国直销经济效率的问题。

1.2.1 经济效率高是直销企业生存和发展的重要原因

经济效率是中国直销业生存和发展的关键,也是与其他营销方式竞争和比较,最终体现直销优越性的根本所在。一句话,经济效率高是中国直销企业生存和发展的重要原因,中国直销经济是在社会主义市场经济条件下的具有较高效率的经济。

①马克思主义政治经济学的效率观点

讲求经济效率,是马克思主义政治经济学的一个基本内容。马克思主义认为,一个社会要生存和发展,关键在于它所从事的生产活动要有效率,在公有制社会中,经济效率是程度很高的经济规律。正如马克思指出的,"共同的生产既然已经作为前提,时间规定自然就成为主要的了。社会需要用于小麦和牲畜等等上面的时间越少,它得以从事于其他生产的物质的和精神的时间就越多。……社会的全面发展,它的享受和它的活动,都视时间的节约而定。一切的经济,最后都归结为时间的经济。"时间就是劳动时间,就是活劳动时间和物化的劳动时间。在生产上所用的时间,就是其所费的活劳动和物化劳动。马克思认为,这种劳动的节约,"成为共同生产基础上的第一个经济规律。甚至可以说,这是程度很高的规律。"

在社会主义市场经济中起基本调节作用的是价值规律,而价值规律的作用,首先迫使和促使包括中国直销企业在内的所有企业,都按照甚至低于(如果要想获得超额利润的话)社会必要劳动时间进行生产;其次才是产品生产交换者之间等价交换。简言之,价值规律,第一是经济效率,第二才是等价交换。有较高的经济效率,应当是社会主义社会最基本的一个最主要特征,也是最为重要的一个特征。所以,社会主义制度之所以比资本主义优越,就应当在于它能创造出比资本主义更高的生产率来,比资本主义制度能更快地发展生产力。

②低效率始终是中国经济发展的风险

整个国民经济和社会生活中潜伏的许多危机都源于我国经济整体效率的太低。国有企业占有我国全社会大部分的资产、人才和技术,应该为社会做出它应有的贡献。但是,它对整个社会的有用财富贡献与它所占有的资产、人才和技术相比是不相称的。我们不能不承认,国有企业从总体上讲效率不是太高的。从现代经济讲,企业效率的一个重要标志是它的资产盈利率。1995年,国有企业的资产盈利率〔(列支在成本中的利息+税后利润)/企业的总资产〕平均约为5%~6%,而且连续几年持续下滑;而其负债率平均高达89%(据18个试点城市负债调查),其中贷款负债率在65%左右;实际贷到国有企业的贷款利率达16%以上;年底国有总资产约为48,000万亿元,按照试点城市的负债情况,国有净资产不到6,000亿元。从理论上讲,有这样一个经济关系或者法则:国有企业利润或者亏损=国有总资产×(资产盈利率-贷款利率×负债资产平均付息率)。按此保守计算,理论上国有企业1995年亏损至少在1800亿元左右。至于实际统计数字要比此数小,是不摊折旧、不摊其他费用、利息进递延资产、虚报利润、不核销坏帐损失等等的一种虚假表现。经过20多年的经济改革,国有企业的资产盈利率有了较大提高,但是,与民营和私营企业相比,其盈利率还不是很高,从总体上看还没有超过10%的水平。国有企业总体上的这种效率低的情况如果得不到抑制和改善,一方面将蚕食国有企业目前所剩的净资产部分,不多的国有净资产家底必然会逐年被吃光;另一方面亏损要转嫁给银行,侵蚀银行的债权资产,在银行货币体系中堆积大量的不良资产,使国有银行货币体系的风险越来越大。

需要特别指出的是,现代社会主义市场经济是货币信用经济,国有货币信用经济在市场经济中比国有实物工厂经济显得更为重要,其中银行货币体系是国有经济的核心命脉。国有经济能不能生存、能不能壮大、能不能发展,决定于国有银行货币体系的安全、稳定和强壮。而国有的银行货币体系的不稳定和脆弱,则表明国有经济是不稳定和危险的。我们认为,国有企业每年有一部分破产并不可怕,因为市场经济的原则就是优胜劣汰。最大的危险是,整个国有经济者低效率运行,侵害国有银行货币体系,最后有可能使国有银行货币体系出问题,实际也意味着整个国有经济出现问题。

③中国直销:社会主义市场、效率和发展生产力

建立社会主义市场经济体制,这是为了有效率地发展生产力的一种必然选择。解决了社会主义的首要任务是发展生产力这一理论问题,我们还要彻底解决社会主义怎样发展生产力的问题。邓小平同志强调,"发展生产力要讲究效果"。选择社会主义市场经济体制的根本原因在于:以计划为主要手段发展生产力的效率太低,虽然规模在扩张,数量在增长,但是国民经济和社会生活的质量太低,老百姓在生产力发展中得到的实惠与发展速度不成比例;而以市场为主要手段发展生产力,消耗低、投入相对少、产出相对高、质量高,老百姓在发展生产力中能真正得到实惠。因此,社会主义选择市场经济,主要目的在于能比资本主义有更高的经济效率。中央提出国民经济增长要从粗放型模式转向集约型模式,说到底是一个效率问题。效率就是投入产出,就是质量,而投入要经过体制环节(体制模式)形成产出和质量。因此,增长模式的转变决定于体制模式的转变,即从计划经济模式转向市场经济模式。

中国直销的发展在这方面进行了比较成功的探索。社会主义生产的目的,是满足人民群众日益增长的物质文化生活需要,是提高人民群众的物质文化生活水平。中国直销正是在这方面提供了成功的经验。比如,中国直销业在社会主义条件下,持续和快速地提高经济效率,解决发展中的就业和剩余劳动力转移问题,作出了重要贡献。在社会主义市场经济条件下,一个起码的前提就是城镇劳动者总体上能不能正常就业和正常上班,能不能正常领到工资;农业过剩的劳动力能不能转移,在非农产业就业。因为,只有加快劳动生产率的增长,提高经济效率,才能从根本上解决我国忧心的城镇职工就业和农业剩余劳动力转移问题。实际上,劳动生产率只有快速度增长,实际收入才能快速度增长。收入快速增长的作用有两个方面:一是储蓄和投资的能力增加,从而扩大生产和经济的规模,容纳更多的劳动力就业;二是居民消费规模扩大,随着收入的提高,消费结构也发生变化,给产业的发展提供市场容量,给新产业的发展创造需求,同时消费结构的变化也刺激第三产业的发展,从而创造新的就业空间,吸纳更多的劳动力就业。这几年来,中国直销业每年都要解决2000万城乡居民的就业,创造了比传统行业还要高的劳动生产率。这一事实说明,中国直销业是在社会主义市场经济条件下,快效率地发展生产力的一个值得

各级政府大力支持的行业。

1.2.2 中国直销经济效率的实现

假设:在一个简单的经济系统中,有经济主体(直销企业或消费者)1和2,并存在两种资源:土地(L)和机器(M),生产且消费两种产品:保健品(W)和美容化妆品(C)。则:

生产函数为:

$W=fw(Lw,Mw) C=fc(Lc,Mc)$

效用函数为:

$U_1=f_1(W_1,C_1) U_2=f_2(W_2,C_2)$

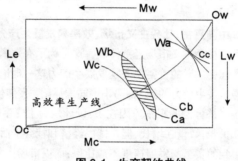

图6.1 生产契约曲线

在直销企业生产过程中,资源投入可以有多种组合。如果通过重新配置资源投入能够获得更多的一种或两种直销产品的产出,则过去资源投入的配置就是无效率的。生产契约曲线上的任意一点都代表着一种资源配置状态下高效率的生产方式:

$$MRTS(m,l)c=MRTS(m,l)w$$

这里需要注意的是,在生产契约曲线上仍然有无穷多个切点,因而有无穷多种高效率资源配置状态。因此仅从直销生产过程无从确定经济效率,如果某种资源投入没有直销市场价格或者市场价格过低,也会扭曲直销资源配置的效率。

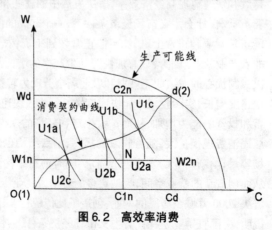

图6.2 高效率消费

在消费过程中,直销产品可以有多种分配方式。如果通过重新分配直销产品,能够获得更多的满足,则以前直销产品分配就是无效率的。消费契约曲线上的任意一点都代表着一种直销产品分配状态下效率最高的消费方式:

$$MRS(w,c)_1 = MRS(w,c)_2$$

这里需要注意的是曲线上有无穷多种高效率直销产品分配状态。高效率生产可能性线上的任意一点都具有与之相对应的直销产品最大可能供给量的组合,而每一种组合又对应着一条新的消费契约曲线。如果某种直销产品没有市场价格或者市场价格过低也会扭曲产品分配的效率。

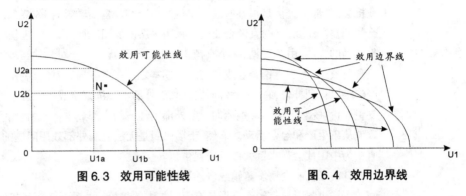

图6.3　效用可能性线　　　　　　　图6.4　效用边界线

在效用边界线上,可以排除以下几点:生产契约曲线之外的直销生产投入组合;消费契约曲线之外的所有直销产品分配方式;没有落在效用边界线上的所有效用可能性线。效用边界线代表着一种帕累托效率,其经济状态已经达到这样一种程度,任何人的境况都不可能更好,同时也不使其他人境况变坏。

1.3　中国直销市场失灵分析

市场是市场经济的主体要素和集中表现,是经济运行和资源配置的基础。但市场不是万能的,它存在着功能上的局限和缺陷,即市场失灵。分析认识中国直销市场失灵的一般形式及原因,探讨直销市场失灵在我国的特殊表现,对于促进中国直销业的健康发展具有重要意义。

1.3.1　直销市场失灵的形式及原因

我们根据经济学关于市场失灵的内容和生成机理,来分析概括具有一般性的中国直销的市场失灵。

①**市场机制无法调节垄断性直销企业的发展**

具有自然垄断因素的直销企业,规模经济已达到差不多要垄断直销市场的程度,以致于从社会角度看,若不把所有的生产集中在一个企业,就会造成资源的很大浪费,或者将生产分散到许多单位,平均成本就会昂贵得多。如安利公司、雅芳公司在刚进入中国直销市场时就有类似的特点。如果把这些垄断直销企业交给市场而不加以限制,就会产生两难选择:多家企业共同竞争能带来中国直销市场的供需平衡,但会造成直销资源的浪费,如直销人力资源可能得不到优化配置;独家经营可获得规模效益,但直销企业很可能利用其垄断地位,以限产提价的办法来操纵直销市场,侵蚀消费者权益,获得超额利润。所以,依靠市场调节无法调节垄断直销企业的发展,从而使直销资源不能达到合理配置。

②**市场机制不能解决直销的外部效用问题**

效用应包括外部经济和不经济,或正外部效应和负外部效应。外部经济使某些生产和经营可以提高别人或社会的效益。例如,直销经济的发展会提供很多人的就业机会。外部不经济是指某些经济单位的生产和经营活动,损害或降低了别人或社会的利益。比如,有的直销企业暗中采用多层次的团队计酬方式,也伤害了许多从事直销的人员。由此可见,一个直销企业的生产经营活动会对其他当事人产生正效应和负效应。由于直销企业成本与社会成本之间存在差异,市场机制调节下生产外部经济难以得到补偿,它是一种额外支出,而外部不经济则将成本强加于他人而无需支付代价。既然人们不承担他们引起外部不经济的全部成本,一些直销企业必将过度地从事生产和经营活动。显然,市场机制是无法克服外部效用问题的,甚至阻碍直销为中国社会带来巨大效益的提供。

③**市场机制会诱发直销经济的不稳定**

市场机制引导直销经济增长有无限扩大的趋势,这是由于市场机制的规律决定了直销企业的目的是价值增殖、降低成本、扩大生产,使增殖的动力具有无限性;另一方面,又由于市场决定供给者要想实现其价值增殖,就必须面对市场需求,而对各种具体产品的直销市场需求数量则有相对和绝对的界限。因此,无限增长的供给具有经常超过直销市场需求量的趋势。结果,有可能出现直销经济增长的周期性乃至周期性的直销经济的衰退。

④**市场机制可能引起直销经济结构的失衡**

在市场经济中,直销产业结构的合理化是以市场机制的调节为基础的。但是,在一定时期和一定条件下会引起直销产业结构的失衡。从长期看,价格波动及直销产品生产者和经营者在利润动力的驱使下,新产品的开发可能使产业结构朝着合理的符合需求的方向发展。但是,在一定时期内直销产品价格的变动并不能反映长期价格趋势,这就有可能导致直销经济结构失衡,造成社会资源的失效或无效。另一方面,单纯的市场机制调节直销经济结构,是以社会劳动的巨大浪费为前提的。单纯依靠市场机制的作用,则直销经济结构调整的政治和社会成本过高。市场机制调整直销经济结构会无情地使一些处于困难的直销企业破产,从而必然造成直销人员的失业和社会资源的浪费。

1.3.2 中国直销市场失灵的国情特性

我国是一个历史悠久的发展中的社会主义大国,中国直销市场失灵具有自己的特殊性。我国原有产品生产的基础差,市场经济的观念相对落后。从理论看,社会主义胜利后,在理论上对产品生产的认识走过了一条从否定到肯定的过程。现在已明确了社会主义经济是市场经济。对社会主义市场经济的误解，加上传统轻商的意识或观念，会严重阻碍市场的发育。从实践看，旧中国产品生产不发达，新中国建立以后，产品生产也没有得到应有的发展。历史与现实构成我国产品生产不发达的基础，这必然制约我国直销市场经济的发育。另外，我们正在建立和发展社会主义市场经济，它不是发达市场经济的初期状态，也不是至少不完全是我国经济内部自身发展的结果。这种市场经济具有一定程度的外来性，其市场的扭曲与变形是必然的，从而也会为中国直销的市场失灵提供了可能。

市场机制难以消除我国的二元经济的结构特征，这是中国直销市场失灵的关键所在。改革开放以来，我国市场化程度的加深，的确使二元经济结构强度有所缩小，但最近的一项研究报告则表明：在市场机制全面启动后，我国的二元经济结构特征再次强化，此其一；其二，我国是一个发展中的大国，不可能实现没有农业发展的工业化，也就是说应该在工业化的同时实现农业的现代化。现实的矛盾在于：如果放慢城市产业的升级速度，将会使我国在国际竞争中失去存在和发展的机会；但如果一味地让城市经济优先发展，又会由于农业的萎缩和停滞而再度打断工业化进程。正是这一矛盾，使得我国的直销经济在发展过程中会发生市场失灵的情况。如农村经济发展迟缓，使直销企业与农村经济的对接很难形成良性的状态，直销企业和农民的利益关系也很难调整。一些直销企业利用农副产品作原料，但农民却得不到实惠的情况，就是一个明证。

1.3.3 信息不对称是中国直销市场失灵的重要原因

市场机制有效率配置资源功能的发挥，受制于严格的前提条件。其中一个前提条件是信息结构对称，供求主体、买卖双方对同一产品、服务、要素把握的信息大致相当，任何一方都不会因为独占信息优势在交换关系中获取更多绝对剩余，不会出现因信息力量对比过于悬殊导致利益分配结构严重失衡的情况。在直销活动中，信息结构不对称的情况比比皆是。

不对称信息会导致中国直销市场的失灵。按照信息经济学的定义，信息结构不对称是指交易双方中有一方拥有另一方所不知道的信息。信息结构不对称是使欺骗等机会主义行为产生内生交易费用的根源之一，也会使处于不同信息地位的直销产品供求双方的风险和收益结构失衡，将会严重损害直销产品消费者的经济利益。

从信息经济学的角度来看，直销企业提供直销产品和服务，是典型的买卖双方信息不对称情况。直销企业不仅在生产产品方面具有绝对技术优势，而且在现行制度下，直销产品定价及服务方案方面也有绝对信息垄断和控制权，而消费者不仅是直销产品价格的接受者，而且消费者由于对专业领域所知极其有限，只能是处于被动的受操纵地位，很有可能享受不到到与其付费相对称的服务。直销企业与消费者供求双方博弈的结果，只能是由消费者承担内生交易费用。这种信息结构不对称的矛盾还会导致社会资源的严重浪费，同时也加剧了社会摩擦。事实也证明了这一点。一些直销企业在供求信息完全不对称的情况下，从消费者那里攫取了相当的消费者剩余，造成了许多社会问题，增加了一些社会不安定的因素。可见，信息不对称是中国直销市场失灵的重要原因。

▼2 中国直销市场信息不对称描述及规制

上一节我们主要讲了中国直销的市场失灵，这一节主要讨论中国直销信息不对称的市场。我国的直销发展才17年的时间，整个直销市场信息不对称的情况还是比较多的。因此，研究中国直销市场的信息不对称，这是中国直销经济学关注的一个重要方面。

2.1 直销信息不对称理论的内涵、构成及其影响

信息不对称理论是美国的三位经济学家约瑟夫·斯蒂格利茨、乔治·阿克尔洛夫、迈克尔·斯彭斯在上世纪70年代提出的经济学理论，为此他们获得了2001年的诺贝尔经济学奖，可见信息不对称理论对当代经济市场的贡献非同寻常。信息不对称理论应用到中国直销领域是很有意义的。在这里，我们主要了解一下直销信息不对称的内涵、构成及其影响。

2.1.1 直销信息不对称理论内涵

从中国直销经济学角度来说，该理论的核心内容是：当直销产品的卖方对产品质量比买方有更多的信息时，低质量的直销产品将会驱逐高质量的直销产品，从而使直销市场上的产品质量保持下降。如果把它引申到更广泛的领域，直销信息不对称理论可以理解为某些参与者拥有但另一些参与者不拥有直销经济信息，从而导致利益单方倾斜，产生不公平，妨碍公正进程。直销信息不对称理论所讨论的信息是指影响直销经济双方利益的信息，而不是指各种可能的信息。该理论按内容可以分两类。第一类不对称信息是直销双方知识的不对称，指一方不知道另一方诸如能力、身体健康状况等信息，这是外生的、先定的，不是双方当事人行为造成的。这类直销信息不对称，指的是隐藏知识或隐藏信息。第二类不对称信息是指在签订合同时，直销双方拥有的信息是对称的，但签订合同后，一方对另一方的行为无法管理、约束，这是内生的，取决于另一方的行为。对于这类信息不对称，我们称它为隐藏行动。比如，某直销企业从资料和面试中了解到某人可以胜任直销员的工作，但是招募后该直销员的努力程度是无法预知和控制的，这就是信息不对称理论中称之的"隐藏行动"。

因此，信息不对称理论是指在直销市场经济活动中，各类人员对有关信息的了解是有差异的，掌握信息比较充分的人员，往往处于比较有利的地位，而信息贫乏的人员，则处于比较不利的地位。在中国直销经济活动的实践中，我们可以发现，直销市场中卖方比买方更了解有关产品的各种信息。掌握更多信息的一方可以通过向信息贫乏的一方传递可靠信息而在市场中获益；买卖双方中拥有信息较少的一方会努力从另一方获取信息，但直销市场信号显示在一定程度上可以弥补信息不对称的问题，让信息较少的一方得到更多的直销信息。信息不对称是市场经济的弊病，要想减少直销信息不对称对中国直销经济产生的危害，政府应在直销市场经济体系中发挥强有力的作用。

2.1.2 直销市场中信息不对称的构成

直销企业与直销员、消费者之间的信息不对称,经常为双方带来各种问题。如果直销企业不完全了解消费者需求,不做充分的直销市场研究,致使生产出来的产品不被消费者接受,造成企业资源和直销员个人资源的巨大浪费。如果消费者受到直销企业宣传的误导,选择自己本来不需要的直销产品,或者直销企业抓住了消费者关注的要素,并据此生产出消费者需要的直销产品,同时消费者接受企业的产品概念,但在消费过程中发现所选择的直销产品与直销企业的承诺不相符。而在以上两个方面的信息不对称中,直销产品消费者由于其理性的有限,信息不充分,信息获取成本过高,将处于更加不利的位置。

决定直销产品价格的主要驱动力,很大程度上是产品概念。消费者一般认为,直销企业发展的产品概念与产品的内涵之间的关系应该是一致的,由此造成消费者从"产品消费"向"概念消费"的转化。这为部分短视的直销企业设置了利益陷阱,即他们可以通过在短时间内卖出概念,使自己的劣质产品销售出去。所以,品牌既可以成为消费者忠诚直销产品的标识,也可以成为消费者回避直销产品的依据。所以建立诚实、可靠、重信用的品牌形象,对直销企业长远发展至关重要。卖概念的品牌长期来看都是昙花一现,因为直销产品概念包装越漂亮,消费者在选购产品后的满意度越低;越多消费者接受直销产品后,最后导致越多消费者会停止购买。所以,宣传出去的概念应该是直销企业的一种承诺。消费者尝试直销产品与消费者能持续购买直销产品最大的区别是:前者,消费者接受了直销产品概念;而后者,消费者接受了直销产品本身。

换一个角度讲,品牌的忠诚度则可以理解为直销企业针对消费者,良性地运用信息不对称。因为消费者在购买直销产品时,由于信息不完善,理性决策的能力有限,从而选择自己熟悉的直销产品,进而放弃了直销市场中获得更适合自己的消费品的机会。我们知道,信息对称是需要付出成本的,这种成本只有在不对称的损害风险大于"信息收集+加工+决策"的成本时成为必要。所以,当如果直销产品涉及的决策风险较低,收集正确决策所需成本较高时,消费者将倾向于忠诚已经使用过的直销产品。另外,在中国的直销市场上,产品同质性强,消费者购买产品没有什么风险,也没有必要收集更多的信息,从而没有品牌选择的决策必要,产品品牌忠诚度也相对较低。

而面对我们现在的直销市场,消费者品牌消费的决定可以被区分为两种消费心理:在直销信息相对充分的情况下,消费者认为所选择的直销产品是最适合自己的;或是选择的产品可能不是最适合的,但不愿意(不必要)为最优选择付出(时间)成本。直销产品的销售一般不是通过广告宣传来打造品牌的,而是通过直销员的口碑来实现的。从传播学的角度考虑,直销产品宣传往往首先能打动创新型消费者和早期使用者。因此,如果口碑宣传与直销产品实质不一致,传播效应将不会触发随后的过程,即不会有多数消费者购买直销产品。同时,创新型消费者和早期使用者也会从购买行为中学习到对不良口碑宣传环境的适应,增加对尝试购买产品的风险意识,顿化对直销员口碑宣传的反应。这样的结果,将会使消费者敢于尝试的人群减少——而这一稀缺元素正是中国直销行业进步的非常重要的关键。

2.1.3 直销信息不对称对消费的影响

下面的研究我们将集中在产品概念与品牌忠诚对消费者购买直销产品的影响上展开。直销信息对消费的影响是可想而知的。北京新东方直销咨询顾问中心设计了多个数学模型，就直销信息不对称对中国消费者消费的影响，作了系统的研究。通过这次的系统研究，他们在数学模型上发现了反映各类直销产品在不同地区信息不对称的水平，以及这种状态在时间维度上的发展状况。因为某一类直销产品的价格构成将是反映直销产品概念丰富程度的重要指标。他们在研究中，以直销产品价格的深度反应直销市场概念的丰富水平，发现直销产品价格的深度，可以通过各类直销产品的价格离中趋势来作反映。经过对各类直销产品的价格标准差无因次处理(价格标准差/平均价格)，他们有了如下发现：在某一城市市场中，各类直销产品的价格离中趋势相差非常悬殊，由此，他们推定各类直销产品的概念丰富程度相差很大，而且差异程度同时与地域相关。这主要由于参与竞争的直销企业采取两种不同的策略造成：产品趋同策略(如保健品)或差异化经营策略(如化妆品)。

另外，如果进一步考虑各类直销产品的规模，在研究中将直销行业二维空间中进行定位，结果会发现有四个方面的情况：

第一，一些直销产品的规模较小，同时直销产品概念的丰富程度较低，将其定义为昙花直销产品；

第二，一些直销产品的规模较小，但直销产品概念丰富，建议直销企业进一步推广那些有生命力的概念；

第三，一些直销产品的规模已经较大，但直销产品概念的丰富程度较低(在一般情况下，这是消费者经过相当长的时间，对产品＋感念选择的结果，此时的直销产品多处在成熟期)，在发现新概念之前，直销产品的成本领先将是较好的市场策略；

第四，一些直销产品的规模较大，同时直销产品概念也很丰富，这种情况下，直销产品的类别有可能进一步的分化，细分市场可能演化并独立成新的直销产品类别。

信息不对称对消费者购买直销产品的影响是什么呢？从以上分析，大家就可以看到，信息不对称对消费者购买直销产品的影响主要是直销产品概念对消费者的影响。我们应该要观察消费者对直销产品新概念的接受速度，并以此指标来反映直销产品新概念引入的成功度。同时分析重复购买(重复消费)发生的条件与程度，并以此指标来反映直销产品本身对新概念的拟合程度。经常困扰直销企业的一个问题是新的直销产品上市后如何评价其表现，怎样算成功？怎样算失败？如果不成功，是因为直销员口碑的问题，还是企直销产品本身的问题？新产品上市与历史上其它产品上市相比好在哪里，差在哪里？等等。大连一家直销企业，通过对一款新产品上市后连续或6个月的月度直销市场占有率依次计算，并将其分解为尝试购买、重复购买两方面的贡献，同时进一步区分出重复购买来源于哪个月的首次尝试购买，结果发现，由于尝试购买与直销员的口碑宣传、直销以"健康屋"形式进行有极大的相关性；而重复购买一般意味着这款新直销产品被消费者接受。重复购买的程度(次数和数量）则反映了消费者对直销产品满意度。在信息不对称的条件下被直销员口碑宣传说服的消费者,在直销产品购买后,我们要了解有多少比例对直销产品满意或不反感,从而在下次需要时再次购买。所以当新的直销产品上市后尝试购买很少而造成的总市场占有率低,则与口碑宣传、"健康屋"管理不到位有直接关系。这一事例同时还告诉我们,在新的直销产品上市后,若尝试购买比例较高,重复购买程度不够,一般可以推断是直销产品出了问题,或者是因为直销产品本身质量有问题,或者是直销产品概念的口碑宣传上有夸大其辞的嫌疑。可见,直销产品如果本身出了问题,消费者一般尝试购买后就不会再继续重复消费了。直销企业应该关注和重视这一问题。

2.2 直销市场规制

直销信息不对称的情况,应该由直销市场规制来解决。中国的直销市场,一方面直销信息不对称情况严重,一方面直销市场规制不健全,从而使中国的直销出现了发展不健康的现象。这一问题的有效解决,对法治下的中国直销健康发展意义重大。

2.2.1 直销信息不对称是诱发传销的温床

传销的一个基本特征就是信息不对称。国家工商、公安部门破获的几起特大传销案,都无一例外地说明了这一点。在中国,有一些直销企业和传销企业,利用自己掌握信息充分的优势,在经营中搞非法活动,对消费者造成了很大的伤害。一般情况下,直销信息不对称会诱发以下七种非法直销或传销:

①"金字塔"计划倾向

我国还没有直接认定"金字塔"计划的行政法规,在《直销管理条例》和《禁止传销条例》中也没有提到"金字塔"计划,但用"限制多层次销售"的提法就明确了"金字塔"计划是在政府取缔之列。为了避免不必要的歧义,我们在这里只是提"金字塔"计划倾向这一概念。目前我国的很多非法传销公司和少数准直销企业都使用的计酬计划,基本都属于"金字塔"计划倾向的。对于"五级三阶制"、"双轨制"等计酬计划,目前在我国都会被认定为有"金字塔"计划的倾向。所以,许多非法传销公司和一些准直销企业利用直销人员信息闭塞的弱点,大肆宣导所谓海外合法和海外允许的"五级三阶制"、"双轨制"等计酬计划,吸引了很多梦想一夜暴富的直销人员参与了非法直销和非法传销。

②据点式销售

所谓据点销售,主要是指一些非法传销公司和组织在某些不受人注意的地方租用房屋,然后以欺骗手段将不明真相的人骗来,并利用受骗的人不断地欺骗他人继续前来进行传销。这种手法通常利用一些落后、偏远的地方,欺骗的幌子主要是为他人找工作。有些非法组织利用这种手段逃避监管,可以欺骗数以万计的民众和大量的钱财,甚至可达上千万元。为什么他们要用据点式销售呢?因为这些地区落后偏僻,信息闭塞。因此,信息不对称便使他们能蛊惑人来进行传销的障目之叶。

③虚拟经营

虚拟经营是指非法传销公司利用互联网进行圈钱的行为。这是中国近几年出现的新动向,而且有持续发展扩大的趋势。采取这种手法的公司和组织既有国内的,也有境外的;有些是有公司注册的,有些根本就没有机构;有的是在境内利用网络,有的根本就是利用境外的服务器;有的有产品,有的根本没有产品,只是所谓的网页等虚拟的东西;有的采取网上的支付手段,有的采取网上和网下相结合的手段。上述种种都是为了逃避法律的监管。由于互联网的管理本身就存在很多不完善的地方,因此容易造成信息不对称的情况出现。事实也是如此。许多非法传销公司在网上提供一些虚假信息,让直销人员上其当而参与非法传销。

④团伙欺诈

团伙欺诈主要是指非法传销公司和组织在欺骗过程中利用团伙形式,所谓志同道合的人在一起实施金字塔计划。一般都是发起者几个人联合起来,各自分工,形成严密的系统。有的甚至可以让十几个人来做一个人的工作,或真或假,或恶或善,或明或暗,造成信息失真,常常是一个人感受到一个庞大的群体压力。这也是信息不对称造成的后果。

⑤压力式洗脑

这是指非法公司利用洗脑式的所谓培训对被欺骗来的人施加压力或者打气,以便使这些人转变观念为他们服务。他们使用密集型的和强迫参加的方式,使用的理论通常是金钱利益诱惑、成功榜样诱惑等,加上团伙的压力,使信息不对称情况表现得十分严重。

⑥虚假宣传

虚假宣传,这是信息不对称的典型表现。主要有几类虚假宣传:一是食品被宣传为有保健功能的产品;二对是保健食品的宣传超出其审批的功能;三是在收入上进行夸大宣传;四是用各种没有公信力的机构和信息进行证明式的宣传;五是完全信口开河式的宣传。非法传销公司中则十分猖獗,甚至毫无顾忌。

⑦价格欺诈

价格欺诈也是在信息不对称的情况下发生的。据调查,非法传销组织的产品通常是采取批量订购方式。他们订购保健食品后,一般加价在20倍以上,导致制造成本只占销售价格3%~5%左右,远远高于保健食品产业平均成本率(10~15%),存在着明显的价格欺诈。通常,一个非法传销组织利用这样的手段,攫取了大量的非法利润。在他们的产品价格构成中,奖励的比例在50%左右(事实上他们所说的奖励一般都会有沉淀,即发不出去,这部分钱也被发起人占有了);生产成本5%,管理及销售成本15%。利润率可达30%左右。

2.2.2 直销市场规制

原始的传统市场失灵是以垄断的存在、公共物品、外部性等因素相联系;新的直销市场失效则是以不完全信息为基础。这两种市场失灵存在着区别:原始的传统市场失灵在很大程度上容易确定的,如外部性带来的负效应的大小和范围是容易测度的。其范围也容易控制,政府进行市场规制相对容易。由于现实中的直销市场都是不完备的,信息总是不完全的,道德风险和逆向选择问题对于所有市场来说是各有特点,因此,中国直销市场失灵是普遍存在的,这就增大了政府规制的难度。在这里,我们先说说一般市场。一般市场本身也有一定的克服信息不对称功能。对此,芝加哥大学经济系教授詹姆斯·赫克曼教授比喻为:信息市场不完善好似一头又高又壮的水牛身上长了一个肉赘,我们不能因此而否认其整体的强健。但是仅靠水牛的强壮就能驱除自身的肉赘吗?显然不能,克服信息不对称带来的市场失灵,政府将发挥着不可替代的作用,这一点连西方极端的自由学派经济学家也不否认。比如,在保险市场上人们购买保险是因为他们想抗拒风险,但如果所有投保人都因为投保而掉以轻心,那么被保险事件将会频繁发生,保险金的数额也将增加。假设投保事物毁于火灾,而造成火灾的主要原因是人们在床上吸烟。原则上,保险公司可以在保险契约上要求不要在床上吸烟,但不能被强制执行。保险公司可以在每个保户卧室都安装上电视监视器,但这会被认为是对个人隐私权的侵犯。对于类似的规范,政府可以通过对香烟征税的方式减少人们在床上吸烟。通过征税如果使"道德风险"减少而获得的福利抵消或大于由征税带来的负效应,政府能够通过征收税收而减少或禁止香烟生产,其他任何私人或私人集团不能做到这一点。而任何保险公司都不能通过强制性的向香烟生产企业征税的办法来实现减少因吸烟造成火灾的损失。

现在我们来研究一下直销市场。直销市场与其他市场一样,也需要政府规制已经没有争议,但政府规制的幅度在直销理论界存在分歧:一种理论认为政府管得越少越好,另一种理论认为政府要管得宽一些。对直销市场的政府规制的幅度大致可分三类:第一类它包括定义产权、保护产权、执行合同。这就是通常所说的政府所扮演的第三方——"守夜人"的作用。这一点已经没有争议。第二类它包括某些法律和规制。比如《直销管理条例》、《禁止传销条例》、《公司法》、《反垄断法》、《产品质量法》和一些与人体健康安全和环境保护有关的的规制。虽然有少数学者反对政府在这些领域的干预,但大多数经济学家认为对这些领域适当的规制的正面收益大于干预带来的成本。从美国、韩国等发达国家的实践来看,这类对直销市场的政府规制措施呈现加强的趋势。第三类政府对直销产品的价格管制。这类规制从短期来看,对于维护整个直销市场的稳定有积极意义。但是,目前没有充分的证据证明这些干预对直销经济发展有长期的正面作用,其负面作用——比如造成价格扭曲、寻租、腐败——常常十分明显,而且过度规制可以引发对政府的信任危机。从我国目前直销经济发展的实际情况来看,对第一、二类的内容政府规制可以加强,对于第三类,要实行有限的规制向放松规制的转变。因此,在信息结构严重不对称的情况下,政府尤其应当充分发挥自己的职能,最为重要的是供给适当的制度,规范直销交易的基本规则,保证直销交易双方成本、风险和收益的均衡,使直销交易双方的信息地位大致平衡,维持信息结构的相对均衡,避免任何一方拥有并利用垄断信息获取过多的剩余,避免显失公平的利益格局。由于消费者明显不具备信息优势,直销产品供给方通常对其产品和服务具有更多的信息,政府制定游戏规则时必须注意对消费者权益的维护,一方面,政府应当规范直销产品供给方的信息披露制度;另一方面,还要想方设法降低信息的传递、交换、使用成本,使消费者群体和单个消费者个人都能够较为容易地获取充分的直销信息,并且以较低的成本使用公共直销信息。惟其如此,政府的有效作为才能弥补直销市场的失灵,社会资源才能实现有效率的配置。

信息不对称增加了直销市场的风险,增强了非价格机制(人格化交易)在配置直销资源中的作用。这一理论昭示:直销资源配置不是在市场拍卖,直销产品价格的确定只是将来偿还一定数量的一种承诺,而这种承诺可以不履行,即承诺不可信,或者说存在信誉风险。直销资源配置,重要的不仅仅是知道使用者如何"承诺",而且还要了解实际上使用者能否偿还,即承诺是否可信。在一定意义上可以说,直销资源配置中,"信誉"是一种难以测度的无形价格,成了比有形价格更为重要的因素,也就是说,承诺可信成了价格以外的最重要的影响直销资源配置的因素。因此,信息不对称理论给我们的基本启示是:承诺可信是降低直销交易费用、提高直销市场效率之根本,而承诺可信机制的建立仅靠政府规制是远远不够的,更远非经济学家就能找到的治愈缺乏诚信的灵丹妙药。这就引出了直销中的商德的问题。因为我们在下面要专门讨论道德规范的问题,所以在这里就不多加论述了。

2.2.3 直销市场规制的基本原则

中国直销的市场规制要遵循以下三个基本原则:

①国家干预适度原则

国家干预适度原则,就是要求国家干预直销经济生活要从社会公益的角度出发,把握适度、得当。在国家干预适度原则中,"适度"是一个高度抽象的、弹性的标准。直销市场失灵要产生效率损失,国家干预则是为了最大限度地挽回这种效率损失。但是,由于国家也是一个有限理性的经济主体,它在干预经济活动挽回一部分效率损失的时候,也可能会导致效率损失。当国家干预能以最低的效率损失挽回最大的效率损失时,就是最佳的、最理想的国家干预,即国家干预的适度。

自亚当·斯密后世界经济理论的发展蕴育了国家干预适度原则的经济理念。斯密时代,市场机制在经济发展中尚未充分发挥作用,因而其经济理论核心是解除对"看不见的手"的禁锢,将国家干预经济的职能限制在极小的范围内。其后,李斯特经济理论充分注意到了国家干预职能的积极作用,但他的国家干预思想实际上主要是贸易保护主义。再后,凯恩斯经济理论强调国家对经济的全面干预,这种极力推崇国家干预优越性的理论在北美和西欧二战后经济恢复中得到各发达国家的认可,发挥了重要的作用。然而,当发达国家经济复苏后,再推行这种政府意志主导的经济政策,就显然不符合资本主义经济自由发展的本质要求了。因此,从上世纪70年代开始凯恩斯主义遭到了广泛的批评。供给学派正是在抨击凯恩斯主义的浪潮中诞生的,它主张削弱国家干预,重视市场自发调节机制,迎合了回归自由主义的思潮。总之,这种态势体现出一种弹性变化:反对国家干预(亚当·斯密)→宣扬国家干预(李斯特)→鼓吹国家干预(凯恩斯)→削弱国家干预(供给学派)。与之相应,各国经济政策总是围绕着国家干预这根轴心线上下波动,始终在寻找一个最佳的平衡点,试图实现对国家干预经济的适度把握。

在中国,政府对直销的适度干预原则正在形成。我国改革开放以后,客观上要求市场自发调节机制和国家宏观经济调控机制同时发挥作用。然而市场机制发挥作用时可能会出现"市场失灵",这使得国家必须干预市场机制,维护市场自发调节。因此,国家干预直销经济运行已成为发展市场经济的必然。我国民法调节直销经济活动已成为历史,国家干预成为中国直销经济运行的时代特征。然而,不论是反垄断立场上的左右摇摆,还是反不正当竞争的大同小异,国家干预中国直销经济应该掌握一定的"度","适度"可以促进直销经济发展,"不适度"(干预过度或干预力度不够)则会影响直销经济的前景,一句话,国家干预适度则是中国直销经济长盛不衰的保证。

2005年我国直销法规的出台和实施,昭示了国家干预适度原则的成功运用。我国虽然与西方发达国家对直销的立法轨迹不同,但对国家干预适度的把握应该较为得当,并取得了理想的绩效。美国干预直销市场调节时对不正当竞争行为似乎关注并不很多,韩国干预直销市场调节时侧重在行业的规范。中国在干预直销市场调节时则注意建立社会主义直销市场机制和培育民族直销企业的发展。由此可见,我国对直销市场的政府规制的最终目标,是试图通过对国家干预适度的把握,以保障直销市场机制调节功能的充分实现。

②保护公平竞争原则

保护公平竞争原则是指国家要为直销行业创造一个公平的竞争环境和竞争条件,使直销企业能够在相同的条件和外部环境中参与竞争,促进竞争机制在直销市场中发挥积极作用。在此原则中,我们对公平竞争加上"保护"之修饰,表明国家在维护直销市场经济及其竞争秩序中的积极能动作用,表明政府有市场规制所保护的公平竞争决不是法对直销市场主体的一般性要求,而是从宏观层次追求充分、适度的直销市场竞争,通过抑制微观之正当、公平的竞争以实现宏观的直销公平竞争。同时,"保护"公平竞争也表明了政府在这方面的积极性义务,表明政府在追求公平竞争的直销市场机制时的政策性和强制性,以及法律法规对国家或政府在这一问题上的限制。

保护公平竞争原则是在市场规制在弥补市场的缺陷、克服民法调整直销市场经济关系的局限性过程中确立的。随着直销市场不正当竞争的不断加剧,我国直销市场主体间的公平竞争化为泡影,经济关系走出了民法所维护的秩序范围,时代呼唤新的法律形式的出现。我国直销法规作为一种崭新的法规形式,从起草之初就以创造直销市场平等竞争条件和维护直销公平竞争秩序为己任,强调对直销公平竞争的保护。法律原则是对法律价值的反映和提炼,正是由于保护公平竞争这一直销市场规制的基本价值目标,在人们的观念层次及整个市场规制的运转机制中所占据的重要地位,才决定了它将被作为直销市场规制的一项基本原则。

保护公平竞争原则作为直销市场规制的基本原则之一,也当然具有国家干预性和社会本位性特征。国家干预性是保护直销公平竞争原则最明显的特征。市场规制在本质上就是国家为弥补民法调整的不足而自觉地干预直销市场的产物。国家干预性特征使该原则与民法的平等互利原则区别开来,两者分别代表了社会整体调节机制和社会个体调节机制。社会本位性是保护公平竞争原则的另一大特征。直销市场规制保护的既不是单纯的国家利益,也不是完全的市场个体利益,而是同这两者既有密切联系又有明显区别的社会公共利益。直销市场规制对社会公共利益的维护是通过对公平的市场竞争秩序的维护来实现的,无论是对直销垄断结构和直销垄断行为的规范,还是对不正当直销竞争行为的制止,以及对消费者权益的特别保护,都是以社会公共利益为出发点和归宿的。保护公平竞争原则的这一特征实际上是对国家和直销市场主体行为的引导和限制,要求国家和直销市场主体都必须对社会共同尽责。

③社会公益原则

社会公益原则是指国家规制直销市场经济生活要以社会公益为基本的出发点和最终归宿。也就是说,在国家干预直销市场、调整市场结构、规范市场行为、维护市场秩序、保护和促进公平竞争的过程中要始终以社会公益为基本尺度。在此原则中,我们所强调的"社会"是严格区分于"国家"的,而"公益"则涵盖了政治、经济以及道德等社会各方面的诸多利益。具体说来,社会公益原则应当包括"社会公共利益至上"和"社会整体效益优先"两层涵义。首先,社会公共利益至上。在直销市场规制领域,一切价值判断都应以社会公共利益为最高标准,这个标准应当贯穿于整个直销市场规制的法制建设过程中。不论是《直销管理条例》,还是《禁止传销条例》,虽然原则上都要依据供求规律、市场竞争规律等经济规律,来实现保障直销市场机制有效运作,维护有效的直销竞争,但对符合经济规律却有损于社会公共利益,酿成弊害的垄断和限制竞争、不正当竞争的行为,这两部《条例》都是加以限制的,以保护直销竞争者和消费者的利益。其次,社会整体效益优先。保证社会整体效益的不断取得,始终都是直销市场规制所要追求的最终价值目标。直销市场规制法以鲜明的整体效益价值倾向,在协调直销市场经济中个体效益与社会整体效益的矛盾时,以维护社会整体效益为根本指导准则。传统民法理念认为,个体追求效益最大化的行为会最终实现社会的整体效益,但其调整经济关系的历程使我们清楚地看到,无限制的个体效益的追求不可避免的导致市场垄断的出现,扼杀了其他个体的效益追求,最终牺牲了社会整体效益。因而,直销市场规制只有在国家干预适度的前提下,以社会整体效益优先为宗旨,才能补充民法调整的不足,真正协调个体效益与社会整体效益之矛盾,为直销市场经济创造一个良好的运行环境。当然,社会公共利益与社会整体效益不会永远协调一致,这两个标准在直销经济发展过程中必然会并且经常会产生冲突,那么"社会公共利益至上"与"社会整体效益优先"何者更为先呢?中国直销经济学认为,要以社会公共利益为先,由社会整体效益做出一些让步或牺牲。因为,从根本上说,只有满足了社会公共利益的需求才能够实现社会的稳定,只有实现了社会的稳定才能促进中国直销经济更快更好地发展。所以,从中国直销经济长远发展的角度看,当社会公共利益标准优于社会整体效益标准时,二者是相一致的,是并不矛盾的。

2.3 道德规范的作用

这里说的道德规范,是指直销企业在生产经营中应自觉遵守的各种行为准则和规范的总和。它是直销企业社会责任观念的一部分,是直销企业文化的重要内容之一。在直销信息不对称的情况下,直销企业道德规范已成为企业竞争力的源泉,中国一些国际性的大中型直销企业,如安利、雅芳、如新、天狮、珍奥、新时代、蚁力神、南京中脉等,都有自己的企业道德规范,都把培育企业道德规范作为本企业追求的主要目标。

2.3.1 道德在克服直销市场失灵中的优势

市场是资源配置的手段,它在形式上是一种经济现象,但由于它是由具体文化背景下的人操作的,其实质是一种文化现象。同样的市场体制由不同文化背景下的人去操作,会产生不同的运行结果,因为不同的文化背景会有不同的法律和道德的结构及存量。所以我们的结论是:直销市场的运行需要与之相适应的强有力的道德框架、社会凝聚力和有理性的政府干预来支撑,市场体系及政府干预并不能确保市场获得最高效率。外国一些先进的直销市场制度植入我国后"水土不服"的主要原因,就是因为制度可以轻易移植,而文化则不可能被移植。很显然,我国直销市场有效运行的基础一方面是法律,另一方面是道德,两者形成互补态势,缺一不可。在目前合作精神和道德规范走下坡路而政府对市场进行广泛干预的情势下,运用道德规范预防和克服直销市场失灵显得更为迫切。

道德与法律有着不同的作用机理和功能,它们在一定程度上互为优缺点。法律是一种外在性规范,而道德是一种已被内部化的规范;法律规范不可能也不应该覆盖人的行为的方方面面,而道德则可能影响人的所有行为;法律着重于抑制人的非理性,而道德则更多地倾向于激发人的理性;法律依靠强制性命令而运作,道德则依靠内心服从而运作;法律的实施存在着被抗拒的可能,而道德则会被主动遵循;法律的预期目标的实现是以高额监督成本和执行成本为代价的,而道德对秩序和效率的贡献则是无代价的。"道之以政,齐之以刑,民免而无耻;道之以德,齐之以礼,有耻且格。"对于法律的功能局限和道德的特殊功能,孔子在两千多年前就已经作了精辟的阐述。鉴于此,我们应该设定经济法的功能界限,正视经济法的功能局限,重视道德等伦理规范在预防和克服中国直销市场失灵中的特殊功能。一是道德预防直销市场失灵。个人追求自身利益的自由与社会合作之间的失衡使直销市场不能有效运行,过度地追求自身利益而缺乏社会合作导致了诸如外部性、公共产品、过高的交易费用等直销市场失灵。如信用和诚实的丧失直接导致了在订约、履约过程中的许多防御性支出,从而增加了直销交易成本。而交易双方相互信任则可使直销交易费用最小化,促进正常直销交易行为的开展。如德国学者彼得·科斯洛夫斯基所言:"道德行为降低了交易支出费用,所以提高了市场的能力,减少了市场失灵的概率,减少了对国家强制合作的刺激。"二是道德促进直销法规的实施。当相互信任尚未成为一种商业道德时,法律虽可以制定,但由于缺乏道德基础,其作用和约束力极其有限,虽然也可以依赖国家的强制力来实施,但成本相当高昂,还会严重侵损民众的福利。而道德伦理是一种内部化的规范,它主要利用传统文化沉淀中的善恶标准而非强制力来调整人的行为,从而在一定程度上实现人的行为交往的规范化和经济运行的有序化,因此道德可以降低政府的制裁和监督费用,降低法律的运作成本,从而促进了克服直销市场失灵的法律的实施。如在政府与民众之间存在严重的信息不对称,民众拥有垄断性信息时,制度可能会被民众对策化,即"上有政策,下有对策"。比如,我国的直销法规不允许多层直销的出现,一些直销企业通过发展"店推店"的形式,搞法人多层次直销。关于法人多层次直销,在我国直销法规中没有加以限制,可以采用。但如果搞假法人,这样的多层次直销与自然人多层次直销是毫无二致的,政府一旦发现将会加以严厉打击。可见。制度的执行因而会产生巨额监督成本和制裁成本,从而使制度预期目标得不到实现。在这种情形之下,道德这种低成本的规范对我国直销法规实施的促进作用就会更明显。

2.3.2 要用道德规范规定直销企业的经营行为

不同的企业道德规范会导致企业不同的经营行为。在社会主义市场经济体制下,直销企业不但是一个经济实体和利益主体,而且还是一个社会组织。直销企业作为经济实体,要强调经济效益,追求利润最大化,而作为社会组织,就要承担起自己的社会责任和义务,注重社会效益。直销企业的生存和发展离不开整个社会,直销企业应与社会的利益和谐一致,因此,不能为了直销企业的利益而牺牲社会的利益。直销企业一旦把利润作为唯一的追求时,就会把自己束缚在急功近利的小圈子里,在经营行为上就难免把直销员作为获利的工具,把消费者视为市场份额和获利的对象。尤其在直销信息不对称的情况下,过于急功近利甚至会诱发出不道德的和违法的行为。直销企业的利润一旦发生问题,直销员便会成为首当其冲的受害者,企业也就丧失了人心,便不会有较大的和长期的发展。从直销市场竞争的发展来看,直销企业目标越来越趋向于伦理化。经营卓越的直销企业,特别注重树立为社会服务的信念,并把它作为制订企业发展战略的基本原则。而缺乏社会责任、不讲道德规范的企业,就不可避免会在激烈的直销市场竞争中被淘汰出局。有远见、有作为的直销企业家总是把追求公众满意、造福社会作为自己的崇高职责和神圣使命。大连珍奥把"服务社会、便利人民、开发产业、富强国家"作为企业道德规范;大连美罗把"只为人类健康而存在"作为企业的道德规范,等等,表现出一种强烈的历史使命感和社会责任感。

2.3.3 要用道德规范维护直销企业的信誉

在社会主义市场经济条件下,直销企业走向市场,参与竞争,有的在竞争中不断开拓市场,做大做强;有的则在市场竞争中逐步丧失市场,从而举步维艰,甚至倒闭、破产。这看似无情,却很公正,因为市场是直销企业生存的基础,没有了市场,直销企业就要关门。而直销企业靠什么占领市场呢?一靠品牌,二靠信誉,而好的品牌是靠良好的信誉支撑的。有了好的信誉,可以使直销企业拥有市场,拥有消费者,从而获得丰厚的利润。因此说,信誉是直销企业的生命,是直销企业的发展之道,也是直销企业孜孜以求的目标。良好的信誉是直销企业的无形资产和无价之宝。信誉好的直销企业也可能因为某种非自身的原因而造成损失,但只要它品牌还在,信誉还在,它就可以重新崛起,赢得市场。天狮集团在上世纪90年代因一些具体原因造成了市场萎缩,但他们凭借信誉和品牌,打开了国际直销市场大门,在俄罗斯和东欧一些国家获得了成功。直销企业良好的信誉来之不易,必须始终如一地恪守企业道德规范,百倍加以爱护,并随着直销企业的发展和社会的需求赋予其新的内涵,因为再好的信誉也会被不道德的行为所毁坏。"见利思义"、"以义谋利"是直销企业的必然选择。直销企业靠欺诈手段、靠不讲道义的行为可以赢得一时之利,甚至暴利,但决不会长久。有作为的直销企业决不会为了一时的蝇头小利而毁了企业的良好信誉。恪守道德规范,恪守信誉至上的观念,是直销企业的美德,更是直销企业之必需,它要求直销企业的每一个部门、每一个车间、每一道工序、每一个职工,甚至是每一个直销员,都要把对直销企业信誉的维护,贯穿于产品设计、工艺操作、质量检验、包装运输、市场销售、售后服务等各个方面,转化为自觉的行动,因为任何一个环节出了问题,都将影响直销企业的信誉。

2.3.4 要用道德规范调节和平衡与直销企业发生的各种关系

直销企业作为一个经济行为主体,无论是"经济人"的角色,还是"社会人"的角色,都需要协调平衡各种关系,为直销企业的生存和发展创造良好的内外部环境。直销企业道德作为道德的一种特殊形态,同样具备道德的功能,即能够以善恶评价的方式调整直销企业内部、直销企业与直销企业、直销企业与社会的相互关系。从直销企业的外部环境来看,除了要处理好依法经营、照章纳税、维护生态环境、注重可持续发展这些与国家、与社会环境大的关系外,更重要的是处理好与消费者、与其他直销企业尤其是同行业的关系。消费者是直销企业的"上帝",吸引消费者、满足消费者的需要是直销企业的职责,但能否始终如一信奉此信条,则有赖于直销企业道德观念和高度的社会责任心。法国有一家大商店,凡在此购买的产品,在两周之内如发现同一产品在别处更便宜,一经查实,便会得到其差价的退款,这充分表达了该商店对顾客的尊重和理解。中国的直销企业应该向法国的这家大商店学习。市场经济是得民心者得市场。市场经济的本质是竞争经济,没有竞争就没有市场经济,但这种竞争不能是恶性的,而应是理性的、有规则的、自律的,是在合理地配置直销资源的条件下,公平合理地进行质量、价格、服务、品牌等全方位的竞争。同时,还要注重合作协调,讲求利益共享,实现"双赢",否则,直销企业间不顾行业整体发展而恶性竞争,就会造成两败俱伤、甚至众败俱伤的结局。

在传统行业里,最早提出"和商"理念的荣事达公司,于1998年推出了《市场竞争道德谱》,其目的也是希望其他家电企业不要自毁市场。直销企业也应有个《直销市场竞争道德谱》。直销企业不仅有义务创造好的产品,还有义务创造一个公平有序的竞争环境,这也是建立社会主义市场经济体制的客观需要。从直销企业的内部环境来看,重要的是协调好部门之间、人际之间的关系,而这些关系仅靠组织手段和制度难以做到,因为领导的公正和制度的严明,也不可能对所有的问题都作出是非明确的裁决,而企业道德规范却能够较好地解决这个问题。当企业道德规范一旦为直销企业中的成员所认可,便会自然而然地成为评价好与坏,判定功与过的标准和尺子。背离企业道德规范的行为,不论有多么冠冕堂皇的理由,因为它违背了直销企业的整体和根本利益,都会受到共同意识的压力和公共舆论的谴责,乃至自己良心的不安,促使其自动纠正错误行为。而那些为了实现直销企业崇高目标而舍弃部门和个人利益的行为,就会受到公共舆论的褒奖,成为人们推崇的楷模。因为从根本上说,对直销企业有好处的就是对部门、个人有好处的事情。这种思维方式、行为模式和处世之道一旦成为直销企业的传统、习惯和惯例,就会形成一个人际和谐的内部环境,就会更好地促使部门、职工、直销员之间形成相互信任的情感交流和互相负责的道德规范,促使人们自我管理、自我调节、自我塑造、自我激励,自觉地从事有利于直销企业发展的工作,直销企业的凝聚力就会得到进一步强化,始终保持旺盛的生命力和持久的内驱力。

3 政府在直销信息不对称中的作用

直销信息不对称阻碍中国直销经济的发展,那么作为政府应该发挥什么作用呢?这个问题就是本章所要讨论的主题。从中国直销经济学的角度研究这一问题,我们要把研究的触角始终延伸在整个直销市场,因为直销信息的不对称直接作用于整个直销市场。这样的研究,才能彰显出政府在直销信息不对称中的特殊作用。

3.1 纠正直销市场失灵

直销市场失灵是指在有些情况下仅仅依靠直销产品的价格调节并不能实现直销资源配置最优化。直销市场失灵的存在引出了政府干预的必要性。政府的作用并不是代替直销市场机制,而是补充直销市场调节的不足,解决直销市场机制所解决不了的问题。

3.1.1 直销市场机制解决公共物品与外部性问题的局限

在直销经济发展中,有些公共物品和外部性是可以通过直销市场调节来解决的,关键在于明晰产权。就公共物品而言,有些公共物品在一定条件下可以成为准公共物品或私人物品,通过市场机制来提供,但并不是所有公共物品都可以变为私人物品。这时直销市场就无法解决这类纯公共物品问题,从而要求助于政府的作为。在产权明晰的情况下,有些外部性问题也可以通过市场机制来解决,但并不是所有外部性问题都可以用这种方法解决。这时就需要政府出面解决一些外部性问题。因此,当直销市场本身无法克服市场失灵时,政府的干预就显得很有必要。这就是说,在中国直销经济发展中,如果政府能用市场方法解决直销市场失灵问题,就尽量采用市场方法;只有市场无法解决或者不能用市场方法解决时,政府再用行政或立法方法来解决直销市场失灵的问题。

我们在上面说过,中国直销市场的失灵与传统市场不同,主要是由直销信息不对称造成的,因此存在着不确定性与风险性。不确定性是指直销市场上可能出现一种以上的情况,但我们并不知道会是属于哪一种的状态。为了说明直销市场失灵的不确定性,我们使用了概率和风险这两个概念。概率是是0与1之间的某个数,它衡量某些可能发生的事件的机会多少。概率为0表示事件不会发生,概率为1表示事件肯定会发生,即确定性。概率为0.5表示事件发生的可能性有一半。在有些情况下,可以根据过去的资料来判断直销市场竞争中某一种事件发生的概率。但有些情况下则要在历史资料的基础上推断直销市场事件发生的概率。例如,直销企业将一种从未有过的新产品推上市场成功的概率有多大,则要利用相关资料(例如其他类似直销产品成功的情况及相关市场预测)来进行推测。如果直销市场上一个事件未来的可能结果可以用概率表示就是风险。这是不确定性和风险的区别。中国直销经济学更多的是研究风险条件下人们在直销市场上的行为。在有风险的情况下,人们在直销市场上行为的目的是使未来直销经营的预期收入最大化。直销经营未来的预期收入是考虑到直销风险时的收入,可以根据风险的概率来计算。例如,某人购买某种直销产品共支出1000元,其获得20%红利的概率为0.4,获得10%红利的概率为0.4,无红利的概率为0.2。在这种情况下,购买这种直销产品的未来预期收益为:

$(1000 元 \times 0.2) \times 0.4 + (1000 元 \times 0.1) \times 0.4 + (1000 元 \times 0) \times 0.2 = 80 元 + 40 元 + 0 元 = 120 元$

在这样的预期收益的驱使下,直销信息不对称下的道德危害与逆向选择将会出现。道德危害就是拥有信息多的一方以自己的信息优势来侵犯拥有信息少的一方的利益,实现自己利益的可能性。逆向选择是指在信息不对称情况下,拥有直销信息少的一方作出不利于另一方的选择。这时,市场上正直的直销员就没法开展营销,优质的直销产品也无法占据直销市场。这就是逆向选择。这种逆向选择不利于直销企业,也会不利于整个直销市场的交易活动。在道德危害和逆向选择的情况下,直销市场机制解决公共物品和外部性问题的局限,就暴露在整个直销市场,只有依靠政府来解决这些直销市场失灵的问题。

3.1.2 要注意政府失灵的问题

在市场失灵的情况下需要政府进行干预。那么,是不是有了政府的这种干预,直销市场经济就完善了呢?我们用美国经济学家布坎南提出的公共选择理论证明,就会发现政府干预也不一定能解决直销市场失灵问题,因为政府有时也会失灵。什么叫公共选择理论?公共选择理论就是用经济学方法分析政治领域中的决策行为。布坎南的这种理论把决定政策的政治领域看作是和物品市场一样的市场。他认为,在这个市场上,政策的供给者是政府官员和政治家,需求者是选民,选民手中的选票相当于消费者的货币。某种政策的产生是政治市场上均衡的结果。在民主制度下,官员能否连选连任取决于选举。如果选民具有完全了解每一种政策对自己利益的影响,并以此为依据来进行投票,官员就只要按选民的意志来办事才能连选连任。这时,官员的个人利益与选民的社会利益一致,官员即使从自己个人利益出发,所制定的每一项政策也是符合社会利益的。这时就不存在政府失灵问题。但在现实中,这种情况并不存在。首先,选民是理性无知的。这是因为选民要能对政策作出判断,必须具有完备的信息,这种信息包括政策运行的理论,政策效应分析及其他相关信息。要获得这种信息必须付出极大的代价,比如要学习各种专业理论,阅读各种报刊,收集并分析相关信息。但政策对自己的影响总是有限的。一项对自己有利的政策,不会只对自己有利,而是对许多人有利,自己分享到的好处极为有限。其次,政府与选民之间信息是不对称的。政府官员拥有的信息多,选民拥有的信息少,官员就可以利用自己的信息优势,使政策有利于自己。第三,现代社会的民主并不是选民直接表达自己意愿的直接民主,而是由议员代表他们表达自己意愿的间接民主。社会分为不同的利益集团,选民分属于不同利益集体,没有完全相同的利益。不同的议员代表不同的利益集团,无法作出有利于整个社会的决策。因此,由于以上原因,政治过程得出的均衡,即作出的决策,并不一定符合整个社会利益。这时政府就会有可能失灵。政府失灵指用政府取代市场并不能保证消除市场失灵,实现资源配置最优化。由于政府引起的资源配置失误就是政府失灵。

在中国直销经济发展中,有没有政府失灵的情况呢?我们可以用一个官僚主义行为模型来说明这个问题。根据市场失灵理论,政府需要提供公共物品,尤其是纯公共物品只能由政府提供。那么,由政府提供这种公共物品能不能实现资源配置的最优化呢?根据市场经济原则,当一种物品的边际成本与边际收益相等时,就实现了资源配置最优。我国的政府是人民的政府,没有经济利益集团的背景。但是,地方政府由于实行地方保护主义,对中央政府提供的公共物品不在当地直销市场运用,结果在那个地方的假直销、真传销泛滥,严重影响了全国的直销经济的健康发展。这就告诉我们,当直销资源没有得到最优配置时,即使中央政府没有失灵,但一旦产生了地方政府的失灵,也会给中国的直销带来灾难。因此,在中国,直销市场会存在失灵,纠正直销市场失灵的政府干预也有可能引起失灵。所以,在中国直销经济发展中,能由直销市场解决的尽量由市场解决,直销市场解决不了的,只有求助于政府的作为,这样做的目的无非是为了尽量减少政府的失灵而已。

3.1.3 纠正直销市场失灵

直销市场经济具有任何其他机制和手段不可替代的功能优势:一是经济利益的刺激性,二是市场决策的灵活性,三是市场信息的有效性。此外,市场经济的良性运行还有利于避免和减少直接行政控制下的低效和腐败等。但是,直销市场经济也有其局限性。由于市场机制的自发性、盲目性和滞后性,常常导致虚假需求和生产的盲目性,对经济活动的远景缺乏导向;市场机制容易助长投机行为,从而破坏市场运行的有序性和稳定性等等。

①直销市场失灵的表现方式

由于直销市场经济条件下每个人追求个人利益的最大化,并不能保证其经济行为不影响社会整体利益,加上直销市场经济并非尽善尽美,其运作效率是建立在一些假设条件之下的,若条件不能满足或不完善,直销市场失灵就不可避免。从中国目前直销经济运行的实际情况来看,直销市场经济的作用仍在不断扩大,直销市场失灵的问题也逐步表现出来。一是市场机制带来直销经济宏观总量的失衡。市场调节实现的直销经济均衡是一种事后调节并通过分散决策而完成的均衡,它具有相当程度的自发性和盲目性,由此产生周期性的经济波动和经济总量的失衡。这方面的经验教训,在中国不可不谓十分深刻。二是市场机制下不可避免造成信息失灵。在不完全信息市场上,消费者通常对所要购买的直销产品缺乏足够的信息,往往是通过价格、生产规模等来做出相应判断。从另一个角度看,市场经济中的直销企业也难以预测消费者的需求,而且还面临同类直销企业的竞争,信息不完备对他们影响更大。三是市场机制在组织与实现公共产品的供给上的困窘。这个问题我们在下一节专门论述。

②改变直销信息不对称的状况

纠正中国直销市场失灵,关键是要改变直销信息不对称的状况,这方面政府的工作是很多的。首先,政府要直接提供直销经济信息。政府直接提供直销经济信息并由直销市场主体无偿使用,可以克服直销市场主体在信息提供问题上的"搭便车"现象。因为政府有以税收为方式的财富汲取能力,这种能力是政府所特有的。政府还是一种非营利性的组织,不像企业那样时时进行利润的核算,这使政府无偿提供直销经济信息成为可能。但政府提供的直销经济信息是否必然有效?这需要我们回答以下两个问题,即政府理性是否必然要强于私人理性?政府理性在多大程度上可以增强私人理性?如果政府理性低于私人理性,则由政府提供信息成为不可能,也没有私人主体会去相信并采用政府提供的信息。因此,政府理性和私人理性在直销经济发展中会有不同的强度,在私人信息领域,私人理性要强于政府理性;在非私人信息领域,政府理性有可能要强于私人理性。在政府理性要强于私人理性之处,私人理性可以借助于政府理性而得到增强,直销市场主体的有限理性在一定程度上就可以得到克服。这是政府理性的主要功能,也是相关制度的主要作用。

由政府直接提供直销经济信息,克服市场直销信息不足的主要法律载体是《直销管理条例》和《禁止传销条例》。我国直销法规不是以指令形式直接配置资源的法律形式,而是以指导形式优化市场主体决策的法律形式。这既能在一定程度上克服直销市场主体的有限理性,增加直销市场主体的有效信息拥有量,弥补直销市场不能提供充分信息的缺陷;又能降低直销市场主体所需承担的信息成本,从而激励其做出生产、交易等各种决策。这是一方面。另一方面,它既能增强直销市场主体的理性,又能降低直销市场的不确定性,由此对直销市场交易形成强有力的支持,从而促进直销市场体制的发展。

其次,政府要对直销信息的私人生产及交易的公力支持。在直销市场体制中,信息既是一种对交易的支持物,也是一种交易的对象。信息之所以能够作为一种物而被交易,是因为信息具有的内在价值和稀缺性,交易信息能够给信息的生产者和使用者带来效益。但信息的弱排它性使其他主体产生"搭便车"的心态和行为,因而使直销信息生产者很难获利,从而影响其对直销信息的生产。这使公力对直销信息生产和交易的支持成为必要。政府公力支持的主要功能是,降低直销信息生产主体的排它成本,减少直销信息的正外部性,确保直销信息生产者获得应该获得的利益,从而激励更多、更优的直销信息提供。因为直销信息的弱排它性不仅会使直销信息生产主体的排它成本增加,还会使直销信息主体不敢进行交易,从而不能实现其投资的目的,急需获取信息的直销市场主体则没有拥有最佳直销信息量而不能使其决策最优化。政府运用公权对信息产权进行直接保护,一方面可以降低直销信息主体对其所拥有信息的排它成本,另一方面也可以增强直销信息主体对其所拥有信息的安全感,从而促进信息交易,增加信息产出。需要注意的是,直销信息具有公共产品的特性并不是指所有信息都具有同等强度的特性。相对于非公共产品,直销信息的排它性确实很弱,但不同信息的排它强度是有差异的,有的信直销息产品的排它性较强,有的直销信息产品的排它性较弱。随着直销经济情势的变迁,直销信息的公共产品特性也会变迁。有的直销信息产品由于有高科技的支持而发展出一种廉价的收费方式,从而使其公共产品的特性变弱甚至消失,这使某些直销信息由私人提供并实行有偿使用成为可能,而政府的公力支持则使这种可能性进一步的增强。但并不是所有的直销信息都可以由私人提供,对于具有纯粹公共产品特性的直销信息还是应该由政府予以提供。此外,对在政府公力支持下由私人主体生产和交易的直销信息,如果政府的支持成本过高,则政府应该放弃这种支持,由政府自身直接提供相关的直销信息。

③要发挥民间组织纠正直销市场失灵的作用

如果说政府对直销市场失灵是第一次纠正,那么,民间组织就是第二次纠正。民间有哪些途径或方式可能纠正直销市场失灵呢?第一,在不断完善直销市场游戏规则的前提下,将直销市场失灵内部化,即由直销市场主体通过谈判交易,或通过法律途径解决某些市场失灵的问题。第二,加强直销行业内生制度建设。由于直销行业外生制度的监管和执行成本都比较高,因此,要加强直销行业组织内生的制度建设,即组织的自身建设。有效的直销行业组织和经济组织,一方面可以有效地纠正直销市场失灵,另一方面可以有效地抑制和克服自身的失灵。第三,通过直销组织间的互补,来纠正市场失灵和组织自身的失灵。这事实上也是完善制度安排的问题。这三个方面都是不容易做到的。首先,尽管以内部化方式纠正直销市场失灵,效率是很高的,但能够内部化市场失灵的直销市场,是行为规范、机制成熟和规制健全的直销市场。对于中国来说,形成这样的直销市场尚需较长的时间。其次,对直销组织的监管是一个世界性难题。对转轨中的直销组织进行监管,难度就更大些。再次,直销组织间的互补机制,是以直销组织的有效性为前提的。显然,这对于中国来说同样需要时间。例如,中国的直销民间组织大约在什么时候能够在这个互补机制中发挥补充市场和政府的作用,我们现在还是很难估计得到的。

值得注意的是,民间对直销市场失灵的第二次纠正,并不总是在第一次政府纠正后才发生的;第二次纠正包含对直销企业失灵和政府失灵的纠正。特别需要指出,民间直销组织是政府职能和行为的极好补充。其一,在有限政府和责任政府的前提下,政府职能是有边界的,诸如直销行业内的协调性事务是政府职能所不及的,需要直销行业协会或直销商会才能有所作为;其二,政府行为是公益性的,这也是纯公共物品是没有价格的原因。准公共物品是非营利性的,可以适当收费,其最高点是成本(指单个企业或其他社会主体获得这一服务的成本)。由于规模经济、信息优势等原因,直销民间组织在大多数情况下,可以用低于成本的收费提供准公共服务。现在为什么中国还没有成立直销协会或直销商会?许多直销企业担心服务成本过高而实际作用很小,给直销企业带来实惠少,恐怕是一个主要原因。由此也说明,直销民间组织自身建设的状况,在很大程度上决定其能否在有效纠正直销市场失灵方面发挥作用。

3.2 直销公共物品和公共政策的提供

上面我们提到了公共物品的问题。在这里我们着重谈一下直销公共物品和直销公共政策的提供问题。这是解决中国直销信息不对称问题的关键。

根据社会资源的生产与消费、成本与收益的分析角度,可以将社会资源分为私人物品与公共物品两类:私人物品在消费上具有排他性和竞争性,消费和生产是可分的,也就是说有可能界定私有物品的产权,在市场充分竞争的条件下,可以降低成本,节约资源。公共物品则不然,在消费上具有非排他性和非竞争性,也就是说,公共物品的消费具有不可分性,不可能有效地界定产权,而且,在一定范围内,不论消费量的增减,都不会影响公共物品供给的边际成本的变化。在市场充分竞争的条件下,公共物品的有效供给就可能发生问题。这是因为,不能有效的界定产权,就不会有人对此负责,消费具有不可分性,就无法保障公共物品的供给费用征收,同时又会使消费者在消费公共物品时大手大脚,挥霍浪费,于是,公共物品的供给会发生供给不足、供给质量和效率低下等问题。如何解决中国直销信息不对称的问题,正确的答案就是需要政府提供直销公共物品和直销公共政策。

3.2.1 提供直销公共物品的种类

政府需要提供哪些直销公共物品呢?通过对中国直销发展的实践的考察,政府在直销经济发展中为了改变直销信息不对称的情况,应该提供如下种类的公共物品:

①公有私益物品

公有私益物品的产权属性为公有。从产权形成的来源看,公有私益物品主要有两类公有产权,一种是基于国家法律确定为公有的,宪法、法律对于某些自然资源宣布为国有,如土地、水源、草场等,但从自然资源的形成来看,并不存在公有主体的投资。另一种是公有主体投资形成的,如福利房。所谓私益,就是指在消费过程中使用权和收益权是独立的,可排他的,确定收费的标准应当是以国家保护和延长公共物品的使用寿命的必需费用为下限,如用于放牧的草场有偿使用,以使用者的消费收益为上限。

那么政府向直销行业提供什么样的公有私益物品来改变直销信息不对称的状况呢?北京新东方直销咨询顾问中心对此作了问卷调查,92%的答卷者认为政府应该建立一个直销信息披露的公共媒体,比如中国政府办的直销报刊或网站。直销发展到今天,中国政府一级的直销媒体尚未出现,人们对直销信息的获取多半是通过一些私有直销网站和报刊上,因此,获取的直销信息可信度就不一定很高。如果中央政府的工商和商务部门共同办一个"中国直销信息权威网"和一份《中国直销经济导报》,直销企业、直销员和消费者有了一个共同的全国性的公用信息平台,就能从宏观层次传递正确的直销信息,在较大程度上打破直销信息不对称的格局。所以,政府抓紧提供像公有共用的媒体那样的公有私益物品,这是解决直销信息不对称问题的当务之急。

在直销领域,公共物品的公有私益方式有其存在的合理性:一方面,投资由公有制主体承担,能够基于直销公共利益把握投资方向,调集公共资源保障有效供给,运用公共权力对于具体的供给活动及其过程进行监督,确定相应标准,划分私益直销单位和直销个人,收取适当使用费;另一方面,使用者在占有权、使用权和收益权方面的产权相当明晰,如果通过法律契约约定双方的权利和义务,能够处理好直销领域公共物品的保障供给与合理使用的关系。但是,直销领域公有私益方式可能会受到以下因素的干扰:如公共物品的定价不合理,过高则压抑了公共物品使用者的积极性,过低可能发生公有资产流失现象,使公共物品的社会效用下降。因此,要严格规定直销领域公共物品的使用资格条件,特别对负有提供直销领域公共物品职责的承包者的资格要有严格规定,防止素质低下、能力欠缺的社会主体取得承包权而造成直销领域公共物品的权益受损。确定直销领域公共物品使用收费的合理标准,运用经济杠杆,调节直销领域公共物品产权者和使用者的利益关系,既要保证公共物品的成本补偿,又要让使用者感到有利可图,积极开发利用,形成供给与消费的良性循环。

②私有局部公益物品

私有局部公益物品的产权属性为私有,投资主体为企业,企业所以在公益事业上投资,主要是看中其有一定的市场收益。这一方面是出于其产业结构的关联性和依存度,以及发展公共关系、塑造企业形象的需要;另一方面也是政府为促进公益事业往往采取税费优惠政策,使企业投资公益事业觉得有利可图。在中国,企业和个人在直销领域投资生产和提供私有局部公益物品的情况比较多。比如,龙传人办的"龙传人实名直销网站"(绿色分销网)就是其中比较典型的一例。"龙传人实名直销网站"的网址是"www.lcr88.com",网站开设了"政策法规"、"环球直销"、"直销学术"、"百家争鸣"、"百花齐放"、"名家专栏"、"直销文化"、"直销制度"、"培训教育"、"分队建设"、"实战技巧"、"纵横市场"、"时政经济"、"渠道模式"、"营销通道"、"分销战略"、"经营管理"、"电子商务"、"自主创业"、"财富智慧"和"龙传人专栏"等21个栏目,直销信息的涉及范围很广,只要认真浏览这个直销专业网站,中国直销的基本信息就可以一览无余了。这里需要指出的是,企业和个人投资直销公益事业,必然要求按照直销市场规则投资、运营和收费,其收费标准的下限是保本水平,即收回投资,其正常标准是从事该公益事业的企业或个人的平均赢利水平,高于这一水平则是满意标准。局部公益物品在消费主体范围上有特定性和有限性,能够以较小的投资规模满足直销领域特定对象的需求。这类直销公共物品的供给具有产权明晰、利益动机强烈和市场效率的特点,经营特色、管理水平和服务质量都比较高,能够实现相对满意的消费权益。所以,即使在此类直销公共物品的供给中有公有主体的投资,而且所占比重还较大的情况下,仍然具有相对的竞争优势。

直销领域公共物品的私有局部公益方式,也有其存在的合理性:投资渠道多元化和社会化,可以在公有制主体之外广泛筹集资金,组织社会资源;公共物品的投资主体和消费主体一体化,可以减少使用管理成本,调整相互关系;在有限的范围内共同消费,合理分摊费用,有利于提高直销领域公共物品的效用。直销领域私有局部公益方式,同样存在着两个问题:一是投资者进入直销公益事业的机会成本损失和成本收益比较。当投资者进入直销公益事业，就意味着放弃非直销公益事业的投资，因此必然存在机会损失。如果投资直销公益事业的回报率低于投资非直销公益事业的回报率，投资者的经济利益动机将大打折扣。二是局部公益范围内的有限对象如何确定。这种对象主要是以社区关系为纽带，比如直销图书馆，凡社区常住居民就可以享有优惠待遇。当然，这部分对象是长期稳定的服务对象，也就为直销公益投资者带来长期稳定的投资回报。

③公有公益物品

公有公益物品的产权属于公有，消费具有不可排他性，是最为典型的公共物品。比如，国防安全和环境保护，由于投资量巨大，外部经济性效应显著，投资回收困难，消费具有不可分性，容易发生"搭便车"行为，简言之，社会效益显著而经济效益不够显著，适合产权公有和共同消费。但是，这类公有公益物品的有效供给往往不足，使用效率不高，浪费现象严重。在中国直销经济发展中，能不能运用市场机制将这类公共物品的供给改革为公有私益和私有公益的方式，以解决这类公共物品的有效供给和合理消费的问题，这是值得政府考虑的问题。比如直销监察机构建设，政府的工商、商务、公安等部门建设花费的成本很高，我们应该从中央到地方，层层筹建由政府监管部门代表、直销企业代表、直销理论专家和直销员代表等参加的直销协会，把国家工商、商务、公安等部门的一部份监管职能转移到各级直销协会。这样，一方面可以减少直销领域公有公益物品的供应，以节约国家的监管成本；一方面还能形成立体交叉式的直销监管网络，促进中国直销经济进一步的健康发展。

3.2.2 直销公共政策提供的"公共"原则

政府如何提供直销公共政策？政府提供哪些直销公共政策？不是这里讨论的主要问题。因为随着时间的推移和环境的变化，政府提供直销公共政策的方式和内容也会发生变化。因此，在这里我们主要讨论直销公共政策制定和提供的"公共"原则。

要改变直销信息不对称的状态，政府必须遵循"公共"原则来制订和提供直销公共政策，唯其如此，才能使公共政策有利于中国直销经济朝着健康的方向，实现可持续发展。

①直销"公共"原则的内涵

直销公共政策是政府用来处理或解决直销领域的公共问题或公共目标的，可见，"公共"指向的目的性是直销公共政策的本质属性。这里所谓"公共"原则，大致表达如下几个内涵：

一是指政策问题取向的公共性。即在直销公共政策分析过程中坚持以公共利益的实现为原则。公共利益是一个结构复杂的系统，各直销主体间的此得彼失，影响着直销公共利益的实现，甚至影响着正常的社会秩序。因此，政府作为"一个国家或社会的代理机构"，在借助政策手段行使公共权力、承担公共责任、解决直销公共问题的过程中，必须谋取公共利益，而不能在私人领域侵犯私权，或为少数人甚至政府自己谋取私利。"公共"原则要求,要以直销公共利益的实现问题为纲领性的政策问题进行公共政策分析,使政府决策能够更有效地约束、引导各直销主体,包括政府自己在直销公共领域内以其秩序化的活动增进公共利益,并"中立"地使之为中国直销业各个直销主体所平等分享。

二是指政策目标取向的公共性。即在直销公共政策分析过程中坚持以代际目标的实现为原则。从一个历史过程来看,"公共"原则要求,通过公共政策分析,使政府决策得以把政府的行为目标,规范、约束在既立足成立多年的直销企业和加入直销多年的直销员的利益要求,又确保新成立的直销企业和新加入直销的直销员,以及将来要成立的直销企业和将来要加入直销的直销员的利益要求的取向上。唯有如此,才能体现政府行为在直销企业、直销人员代际之间的公共性、公平性。"发展才是硬道理"。从某种意义上讲,只有当代和未来连续、不间断的发展,即持续发展,才能真正确保整个直销业公共利益的实现。

三是指政策问题范围取向的公共性。即在直销公共政策分析过程中坚持以整个发展系统全面、协调的发展为原则。直销可持续发展应该是当代政府纲领性的政策。政府不能违背"公共"原则,默许甚至鼓励直销企业对公共资源"各取所需"式的无节制开采与利用,默许甚至鼓励直销企业在直销市场上无序竞争,默许甚至鼓励直销企业侵害消费者利益。因此,从直销政策问题认定的范围来看,"公共"原则就是要求政府就所有制约直销可持续发展的问题,包括从自然界到人类社会、从当代直销人到未来直销人的各种有关发展问题,实行有序而系统的解决。

②我国直销公共政策分析对"公共"原则的偏离

从可持续发展这一基本角度看,我国直销公共政策分析由于在若干环节上的局限,使公共政策难以真正体现公共利益要求,偏离了"公共"原则。主要表现在以下方面:一是直销公共政策分析理念对"公共"原则的偏离。在中国,直销经济与传统经济好象是"水"与"油"的关系,两者格格不入,相互不能融通。问题的根子在哪呢? 主要原因就在于政府对直销公共政策的分析理念偏离了"公共"原则。直销经济是我国国民经济的重要组成部份,政府制订和提供直销公共政策,对传统企业来说应该也是有益的。但是,我国目前的直销公共政策与传统企业的发展关联度基本没有,缺乏了在服务直销经济发展的同时还要服务整个经济发展的"公共"性。二是直销公共政策分析过程对"公共"原则的偏离。不少学者认为,直销公共物品生产的资源配置问题不能通过经济市场来解决,而要通过政治市场来解决。因此,政府的直销政策分析过程,多是凭借政治市场进行博弈的过程。这个问题需要政府认真解决。在社会主义初级阶段,政府还不具备足够的精力,按政治市场的要求去准确地收集信息,并形成与整个社会的公共要求相一致的偏好。这就使政府与其各个部门之间难以获得有效的沟通,形成对公共利益的共识所需要的充分信息。其结果是,政府及其部门之间政出多门,难以协调中国直销发展系统内部诸因素间的矛盾,误导出包括政府在内的各直销主体对直销公共资源的无序利用。三是直销公共政策分析的公平目标对"公共"原则的偏离。直销公共政策分析的公平目标,是指政策执行之后,政策的标的团体所分配到的直销资源,所享受到的直销效益,所负担的直销成本等公平分配的程度。公平应该是直销主体间的和谐统一,它既是一种客观状态,又是一种主观判断。从伦理上讲,公平是指直销各主体分享资源与环境利益的平等权利。然而,功利主义的倾向使一些直销主体难以克服超出公平的目标偏好,很难理性、自觉地要求公共政策分析着眼于直销各主体之间公平地分配公共资源,并使之成为其直销政策诉求的主要取向,谋求中国直销业的可持续发展。

③直销公共政策分析应如何体现"公共"原则

直销公共政策从本质上是导向未来的。从可持续发展的角度看,在直销公共政策分析中体现"公共"原则,就是使直销公共政策要兼顾能既立足当代、又能面向未来,既能面向人类社会、又能兼顾自然生态的公共利益。只有这样,人类才能真正在自然限度内合理地开发、利用和保护自然,并使其利益得到持续实现与尊重,进而使经济、社会可持续发展具有可靠保障。那么直销公共政策分析如何体现"公共"原则呢?首先,直销公共政策分析的理念必须反映"公共"原则。在直销公共政策分析的指导思想上,应该把直销经济当作是中国国民经济的重要组成部份,对公共政策的制定与提供不能游离于宏观经济政策之外。这样,才能在发展整个国民经济的大背景下制定和提供符合中国国情的直销公共政策。其次,直销公共政策分析的主体必须遵循"公共"原则。政府是直销公共政策分析最重要的主体。在直销公共政策分析过程中,能否遵循"公共"原则,既影响着政府自身的权威性,又考验着直销公共政策的可操作性。这就提示我们,着眼于直销各主体的公共利益,着眼于整个国民经济的发展,这是政策对直销公共政策分析的一个基本点。直销公共政策分析主体理应在各种干扰面前不为所动,在坚持"公共"原则中不徇政府私利,力戒价值偏好,真正协调整个直销行业各利益主体的利益。否则,中国直销可持续发展将难以实现。第三,直销公共政策分析的公平目标必须体现"立体"要求。政府必须通过"公共"原则下强制性的政策规范,体现直销公共政策分析的公共目标的立体性,使中国的直销立足于人与自然间的互惠互利,实现人类对于资源、生态、环境的共同利用。只有这样,才能确保具备中国直销经济可持续发展的基本条件。

3.2.3 防止直销公共政策失效

在直销公共政策系统设计过程中,我们可以通过对可能造成政策系统失效的各种因素进行分析,并绘制逻辑框图,从而预测直销公共政策系统失效原因的各种可能组合方式及其发生的概率。直销公共政策系统容易引起失效的因素有:直销公共政策自身的结构要素、直销公共政策环境与直销公共政策条件、直销公共政策实施组织与人员、直销公共政策实施的技术与手段,等等。

中国直销公共政策的失效主要有以下几种类型:

①以时间变量作为衡量标尺的直销公共政策失效类型

中国直销公共政策失效可以分为早期失效、中期失效、后期失效。早期失效是指直销公共政策实施初期即发生的失效,其问题既可能出在直销公共政策的制定方面,也可能出在直销公共政策的执行方面,还可能出在直销公共政策的受体方面。中期失效是指直销公共政策执行到一定阶段发生的失效,其问题可能是直销公共政策本身的短期效应所致,也可能因直销公共政策的老化、疲劳、磨损或执行疲劳所致。后期失效是指直销公共政策实施临近结束时发生的失效,它也是一种退化失效,这种失效是正常的,它表明这一直销公共政策应当让位于新的直销公共政策。直销公共政策退化表明政策已经过时,目标群体已开始设置种种障碍来抵制,直销公共政策资源完全被耗损掉了,因此,直销公共政策退化失效又称直销公共政策耗损失效。

②**以程度变量作为衡量标尺的直销公共政策失效类型**

中国直销公共政策的失效也可以分严重失效、轻度失效、完全失效、部分失效。严重失效又叫致命失效,是直销公共政策本质失效或是直销公共政策失败,它会导致直销公共政策的主体与客体双方的严重损失,甚至引发巨大的社会动荡。直销公共政策的严重失效大多是完全失效,或相当大部分的失效。轻度失效是直销公共政策早期失效或偶然失效的特征,它可能发生在直销公共政策实施的个别环节、个别区域。轻度失效既可以是直销公共政策执行中的失控、失调导致的,还可能是严重失效的初期表现。完全失效与部分失效是从直销公共政策发生作用的整体与部分来说的。完全失效则是直销公共政策实施根本起不到原先设计的作用。完全失效若发生在直销公共政策执行的初期与中期,则说明直销公共政策本身是不科学、不合理的;若发生在直销公共政策实施的后期,则说明直销公共政策的有效期已经结束。部分失效多半发生在一定的范围与环节上,引起的原因既可以是直销公共政策自身的缺陷,也可以是执行中的失误。

③**以持续变量作为衡量标尺的政策失效类型**

中国直销公共政策失效还可以分为突变失效、间歇失效、渐变失效。突变失效是指直销公共政策实施中由于某些偶然的因素作用或执行中某些既定因素发生重大改变而导致的政策失效,这种失效是直销公共政策执行的设计中难以预料到的。如果这些偶然因素的作用是暂时的,则可以等其消失后继续恢复直销公共政策的效能,如果这一偶然因素不可能立即消除,则可以通过对直销公共政策的调整来保证政策按原先的设计要求发挥效能。但是如果发生改变的是一些原先政策设计中既定的重要变量,这种突变失效也可能是直销公共政策完全失效的前奏。间歇失效是指影响直销公共政策实施的某些因素周期性起作用而产生的政策失效。导致失效的原因是多方面的,可能是直销公共政策执行中对标准的把握时紧时松,也可能是直销公共政策实施所需要的资源时有时缺等。间歇失效应当抓紧防治,因为多次间歇性失效累加起来,就会出现大的直销公共政策失效。渐变失效是直销公共政策负向功能逐渐增大的失效现象,它是直销公共政策实施中某一类阻碍因素或抵抗力量不断上升的结果。

防止中国直销公共政策的失效,这是关系到直销信息不对称情况改善、中国直销市场失灵现象矫正的重大问题。因此,我们必须把防止中国直销公共政策失效真正列入政府工作的议事日程。具体说,要做到"四个防止":

①**防止直销公共政策相关低度化**

所谓直销公共政策相关度指的是直销公共政策方案与直销公共政策目标的

关联程度。如果直销公共政策方案直接指向直销公共政策目标体系，则称直销公共政策相关高度化；反之，直销公共政策方案与直销公共政策目标体系之间的关系呈现为非对应关系，则称为直销公共政策相关低度化。如果直销公共政策相关度低，政策方案实施后，就不容易甚至不可能达到预期的政策目标，当然也就无法解决政策问题，甚至导致政策失效。所以，我们在直销公共政策制定过程中，一定要使政策方案直接指向政策目标体系，这样，才能真正防止中国直销公共政策相关低度化。

②防止直销公共政策调控疲弱化

所谓直销公共政策调控疲弱化，是指直销公共政策执行主体对政策运行的控制疲软和弱化。主要表现在：一是政策沟通差；二是政策控制力度小。我们在直销公共政策执行中，必须加强政策制定部门与政策执行部门之间、执行机构体系之间、政策执行机构与政策目标团体之间的沟通，如果这些方面的沟通少或虽有沟通却解决不了相互间的矛盾与摩擦，直销公共政策就会因种种内部的冲突而失效。同样，如果执行机构对政策控制的力度不足，直销公共政策执行就会失真、走样、扭曲，同样也会导致政策失效。

③防止直销公共政策效应短期化

直销公共政策效应短期化是指公共直销政策在实施后，只对浅层的政策问题产生暂时影响，未能触及深层的问题，有些现象虽一时得到控制，但随后又会死灰复燃。导致直销公共政策效应短期化的原因很多，主要的有目标与方案设计短期化及政策执行过于表层化等。因此，我们在制定直销公共政策时，千万不能满足于设立一些容易达到的短期目标，政策方案也不能只着眼于实现短期成效，不去研究政策问题中处于深层的矛盾，只图头疼医头，脚疼医脚，做表面文章。因为这样的直销公共政策必然不能真正解决政策问题的。

④防止直销公共政策运行阻隔化

直销公共政策要能发挥效用，必须确保直销公共政策运行畅通无阻。在直销公共政策运行中，容易发生阻隔的现象大多集中在执行阶段。引起直销公共政策实施过程阻隔的因素很多，比如直销公共政策执行的组织不健全、政策投入不到位、政策环境发生变化等。所有这些都会妨碍直销公共政策的贯彻执行。因此，制定出来的直销公共政策再好，再具有科学性、合理性，如果不能真正付诸于实践，直销公共政策的效用还是发挥不出来。对于这一点，必须引起各级政府特别是中央和省一级政府的高度注意。

3.3 政府对直销市场的强制干预

我们在上面已谈到了政府对直销市场失灵的适度干预，但是，有的时候光是适度干预是解决不了问题的。因为直销经济和传统经济不同，传销和各种诈骗活动很有可能随时发生在其间。因此，在政府对直销市场适度干预的同时，在必要时要进行强制干预。

3.3.1 政府对直销市场强制干预的必要前提

政府对直销市场的强制性干预不是随便什么时候都可以发生的，必须要有必要的前提条件。什么是政府对直销市场强制干预的必要前提呢？按照直销经济学的解释，发生以下两种情况，政府就可以对直销市场加以强制干预了：

①直销市场失灵情况十分严重

市场调节这只"看不见的手"有其能，也有其不能。一方面，市场经济是人类迄今为止最具效率和活力的经济运行机制和资源配置手段，它具有任何其他机制和手段不可替代的功能优势，但是另一方面，市场经济也有其局限性，完全摒弃政府干预的市场调节会使其缺陷大于优势，导致直销市场失灵，因而必须借助政府这只"看得见的手"来纠补直销市场的失灵。因此，在直销市场失灵十分严重的情况下，政府就应该对直销市场加以强制性干预。一是当直销市场影响国民经济综合平衡和稳定协调发展时要加以强制干预。我们在前面说过，市场调节实现的经济均衡是一种事后调节并通过分散决策而完成的均衡，它往往具有相当程度的自发性和盲目性，由此产生周期性的经济波动和经济总量的失衡。因此，当直销市场影响国民经济综合平衡和稳定发展的时候，政府对直销市场的干预不能只是采取一般性的措施，应当实行强制性干预。二是当自由放任的市场竞争最终走向垄断时要加以强制干预。因为生产的边际成本决定市场价格，生产成本的水平使直销市场主体在直销市场竞争中处于不同地位，进而导致某些处于有利形势的直销企业逐渐占据垄断地位。同时为了获得规模经济效益，一些直销市场主体往往通过联合、合并、兼并的手段，形成对市场的垄断，从而导致对市场竞争机制的扭曲，使其不能发挥自发而有效的调控功能。这个时候如果政府不加以强制性干预，中国的直销市场就会出现寡头垄断，对中国直销经济的协调和谐发展形成很大的冲击。三是当市场机制无法补偿和纠正经济外在效应时要加以强制干预。所谓外在效应，按照经济学家贝格、费舍尔等人的看法，是指"单个的生产决策或消费决策直接地影响了他人的生产或消费，其过程不是通过市场"。也就是说，外在效应是独立于直销市场机制之外的客观存在，它不能通过直销市场机制自动消弱或消除，往往需要借助直销市场机制之外的力量予以校正和弥补。显然，经济外在效应意味着有些直销市场主体可以无偿地取得外部经济性，而有些当事人蒙受外部不经济性造成的损失却得不到补偿。这个时候，政府就要对直销市场加以强制性干预了。不然的话，一些直销企业就会蒙骗直销产品消费者，消费者的利益就不能得到有效保护。

②传销活动十分猖獗

我国虽然有《禁止传销条例》的出台和实施，但是，传销是不会从我国直销市场上自动退出的。从目前的情况看，传销的种类有以下几种：经营者通过发展人员、组织网络从事无店铺经营活动，参加者之间上线从下线的经营业绩中计提报酬；参加者通过交纳入门费或以认购产品(含服务)的方式取得加入、介绍或发展他人加入的资格，并以此获取回报；先参加者从发展的下线成员所交纳的费用中获取收益，且收益数额由其加入所谓先后顺序决定；组织者的收益主要来自参加者交纳的入门费或以认购产品等方式变相交纳的费用;组织者利用后参加者所交付的部分费用支付先参加者的报酬维持运作;其他打着"双赢制"、"电脑排网"、"框架营销"等旗号,或假借"专卖"、"代理"、"网络营销"、"特许加盟"等名义,或采取会员卡、储蓄卡、彩票、职业培训等手段发展人员、组织网络从事传销和变相传销活动。这几年,全国工商行政管理机关严厉打击传销和变相传销违法活动,规模化、公开化的传销活动已得到有效遏制,但地下传销活动十分隐秘且猖獗。当前传销和变相传销活动的性质已经转变为"拉人头"欺诈活动,实质上已构成了刑事犯罪。传销网络完全依靠下线人员缴纳的金钱维系运作,与各国普遍禁止的"金字塔"欺诈如出一辙。近几年,参与传销和变相传销的人员大多来自于农村或经济欠发达地区,知识层次相对较低。但近期一些在校学生,应届毕业生,退伍军人参与传销和变相传销的情况日益增多。此外,利用互联网从事传销和变相传销的行为日益突出。非法组织利用互联网发布信息,介绍传销方法,收取高额入门费,组织传销网络。此类违法行为发展速度快,传播范围广,具有很大的欺骗性和社会危害性,给打击传销和变相传销工作带来了新的困难。在这样的情况下,政府对直销市场的强制性干预就显得十分必要。这方面的强制性干预,主要体现在如下重点:

一是继续将打击传销和变相传销列为各级工商行政管理机关的工作重点,常抓不懈。针对重点地区、重点人群的问题,特别是当前学生、复转军人受骗参与传销活动增多的新情况,会同公安、教育等有关部门进行研究和布置。切实加强对诱骗学生、复转军人等群体参与传销和变相传销案件的打击、防范工作,深挖传销和变相传销组织,严惩组织者和骨干分子。

二是进一步狠抓大要案件。工商要与公安等有关部门协调配合,查处一批社会影响大、涉案地区广、严重危害社会稳定的传销案件和诱骗在校学生参与传销的案件,严惩组织者和骨干人员,震慑违法分子;对从事传销和变相传销的企业坚决予以取缔。

三是通过电视、广播、报刊、网站等多种形式,广泛宣传国家打击传销和变相传销的法律法规及有关政策,使广大群众知法、懂法、守法,营造良好的社会环境;宣传执法机关打击非法传销取得的成果,公布大要案件,震慑违法犯罪分子,狠狠打击传销和变相传销活动。

3.3.2 政府对直销市场强制干预的基本原则

政府对直销市场进行强制干预,要坚持以下原则:
①以人为本原则
明确提出"坚持以人为本,树立全面、协调、可持续的发展观",是以胡锦涛同志为总书记的党中央对改革开放和社会主义现代化建设指导思想的新发展。以人为本这一思想体现了马克思主义的原理,植根于中国优秀传统文化的土壤,反映了当今时代发展的要求,凸现了中国特色社会主义的发展理念、执政理念和价值观念。什么是以人为本?以人为本,就是要把人民的利益作为一切工作的出发点和落脚点,把人民群众作为推动历史前进的主体,不断满足人的多方面需要和实现人的全面发展。

因此，政府对直销市场进行强制管理一定要体现以人为本的原则。人是直销活动最重要的资源，在对直销市场进行强制管理中切忌"民可使由之，不可使知之"。坚持以人为本的原则，主要表现在两个层面：一是以自然人为本，二是以社会法人为本。在对直销市场进行强制干预的过程中，我们一定要做到既要以自然人为本，也要以社会法人为本。以自然人为本，就是政府对直销市场进行强制干预，目的是为了保护广大消费者的利益。一旦直销市场失灵，受害的首当其冲的是广大直销产品消费者，如果政府不对其实行强制干预，那么广大消费者的利益就不能得到有效保护。因此，政府对直销市场进行强制干预，首先要坚持以自然人为本的原则。直销企业是社会法人。政府对直销市场进行强制干预，也要以社会法人为本。直销市场失灵，直销企业也是受害者。比如，如果直销市场上传销十分猖獗，直销企业就要受到传销的冲击，影响其发展。此时的政府的强制干预，就是为了保护直销企业的切身利益。因此，以社会法人为本，也是政府强制干预直销市场以人为本的重要内容。

②依法行政原则

依法行政是正在推进政治体制改革的中国对政府行政机关提出的一项基本要求，也是新时期中国政府行为的基本方式和准则。《行政许可法》的核心即是使政府的权利和职能限定在有效地提供优质的公共服务产品、创造有利于市场经济发展的法治环境上。我们要求政府对直销市场的强制干预，就是体现了依法行政的原则。

规范政府机构及其职能是政府对直销市场实行强制干预的重要环节。中国对直销进行管理的部门是国家工商和商务两家行政单位。为了更好地实施对直销市场的强制干预，国家工商和商务部门必须要做到政府机构职能法定化和工作职能的切实转变，保证对直销市场强制干预的职能仅仅限于法律所赋予的决策、执行和监督职能的范畴。

对直销市场的强制干预所体现的依法行政原则，实际上是由法律优先原则和法律保留原则两部分组成的。法律优先原则，直观的意义是，在对直销实行强制干预时，法律对行政权处于优先的地位。实质的意义是指，在对直销实行强制干预时，行政机关应受既存法律的约束，不能采取与法律相抵触的行政措施。从这个意义上说，法律优先原则是无条件、无限制地适用于政府对直销市场进行强制干预的行政活动。法律保留原则的基本涵义是，行政机关只有得到法律的授权才能进行对直销市场的强制干预活动。法律优先仅仅是消极地要求国家工商、商务部门按照现存法律对直销市场进行强制干预，而法律保留则是国家工商、商务部门积极地要求进行对直销市场强制干预的内在动力。

③讲求效率原则

行政效率是行政管理活动中的行政产出与行政投入的比率。提高效率的根本途径就是精兵简政和改进行政手段。精兵即精简机构和人员（尤其是官员）；简政就是要优化职能，同时规范行政程序和方法；改进行政手段就是要实现办公自动化。提高对直销市场强制干预的行政效率，是工商、商务行政管理的重要目标。因此，我们在对直销市场进行强制干预过程中，一定要体现讲求效率的原则。

提高对直销市场强制干预的行政效率，需从加强行政权力监督入手。行政效率与行政权力存在着密切关系,二者密不可分。行政效率的内容,就其本质而言,是对行政权力的运行方向和运行时效进行有效控制的反映。行政效率通常是指行政管理活动中单位时间内消耗了一定成本之后取得的效果。行政效果具有极强的方向性,具有正、负值之分。只有在行政效果是正值的前提下,追求行政时效才有意义;一旦行政效果成为负值,追求行政时效就成为南辕北辙的行为。因此,在行政效率中,行政效果及其正、负值就成为极为重要的内容。而行政效果中的正、负值结果,正是行政权力的运行存在两个相反方向的产物。这就告诉我们:要想提高对直销市场强制干预的行政效率,就必须首先从对行政权力的运行监督入手,加强对行政权力及其全部运行过程的制约,这是保证对直销市场强制干预的行政效果保持正值,进而提高整个直销行政效率的重要途径。

要通过监督行政权力的授权环节,保证对直销市场强制干预的行政效率。行政权力的授权环节包括行政首长的产生、机构设置、人员编制等,毫无疑问,这些环节必然涉及到行政管理中的投入成本和投入质量。在行政效率的分子式中,单位时间和成本消耗是分母,因此,花费的时间越少,消耗的成本越低,取得的分值越大,就表明行政效率越高。反之,则行政效率越低。成本消耗包括了国家为某项行政管理所实际投入的人力、物力和财力。在对直销市场进行强制干预前,一般首先要产生行政首长。通过合法性监督和民主性监督,把对直销市场采取强制干预的行政权力,真正授予具有较高政治素质、道德素质和行政能力素质的人手中。机构设置是使行政权力得以有效运行的组织保证,也是全面影响行政效率的成本、时间、效果等要素的重要一环。因此,对进行直销市场强制干预的机构设置实施监督,既是合理授权的环节,又是节约行政管理成本和时间,提高行政效果质量的首要前提。行政人员是行政管理的权力主体和运作者,是提高行政效率的力量源泉。要从实际需要出发,既考虑强制干预直销市场的任务程度,也要考虑强制干预直销市场的人员素质,尽量做到节约人力投入和经费投入。

3.3.3 政府对直销市场强制干预的主要手段

以宏观调控和为直销市场提供服务为主要内容的直销市场行政干预的主要手段,主要包括行政立法、行政指导、行政合同以及行政检查等。

①加强行政立法为直销市场创造良好的法制环境

市场经济要求直销有一套明确、公开、公平和公正的行为规范。行政机关必须围绕着"社会主义市场经济体制"这个中心加强行政立法工作,行政立法不仅调整直销市场参与者的权利义务关系,而且规范行政机关的行政活动。第一,要在立足现实的基础上对直销进行超前性立法。我国的直销市场经济是在政府引导下进行的,因此对直销的行政立法决不能囿于对已经出现的社会关系的制约和规范,而应当进行超前性立法,以便为直销市场经济体制的建立提供及时指导,从而避免直销法律法规的空白。所谓超前性主要指行政立法工作要在广泛调查、充分论证的基础上,针对直销市场中已经出现但时机尚未成熟,或者尚未出现但又是直销市场经济的必然现象且必须予以规范的社会关系,制定具有预测性的法规、规章,或直接移植技术性较强的规范来保证直销市场的有效运行,以避免产生直销行为无法可依的现象。第二，对直销行政立法在内容上应该侧重强制命令，同时提供有效服务。计划体制下，行政立法习惯制定限制性、禁止性和义务性规范，以行政权的绝对强制力将企业束缚在命令的规范之内，而使其丧失了自主经营的的权利。有人认为，市场经济下行政权收缩，直销企业主体权利要求高涨，权力的行使应以服务市场为指导思想。就中国的一般市场而言，这种认为是正确的，但是，中国的直销市场是一种特殊市场，在中国，必要的强制命令也是服务直销市场的一种特殊手段。所以，正确的提法是：对直销行政立法在内容上应该侧重强制命令，同时提供有效服务。《直销管理条例》与《禁止传销条例》就体现了这一点。

②**确立和完善管理直销的行政合同行为**

行政合同是行政机关为执行公务，与公民、法人或其他组织之间达成一致意见，确认变更或消灭相互权利义务关系的协议。行政合同与民事合同相比，其最大的特征是订立合同的目的在于完成一定公务的需要，而非仅仅为满足合同当事人的自身利益，必须以公共利益的实现为前提条件，并只能在实现公共目的的过程中得以实现。行政合同的这种特征反映了行政合同成立的前提是行政机关与相对一方的双方意见一致，而不是单纯的行政机关意志的体现。行政合同的这种特征反映了行政权在我国直销市场经济基础下合法限度，在权利得到满足条件下的权力的合理行使。在确立和完善管理直销的行政合同行为中，行政机关对直销企业涉嫌传销的，一定要带有命令色彩，可以不重视直销企业的意见和权利要求，变更行政合同的内容约定履行相应的义务。另外，行政机关千万不能将行政合同简单地视同一般民事合同或经济合同，放弃了自己在行政合同签订和履行过程中具有的法定特权，不及时对直销活动进行必要的监督、检查和督促，放任直销企业随心所欲，致使行政合同无法履行或不能履行，严重损害了国家利益和公共利益。对直销实行地方保住主义严重的地区，更要注意这一点。

③**重视行政检查，加强行政机关对直销的宏观调控制力**

行政检查是行政机关依法对相对方遵守法律、法规和规章，以及执行行政命令和决定的情况进行了解的行政行为。行政检查是一种典型的间接管理方式，是通过行政机关对企业守法情况和执法情况进行全方位的了解来决定其管理内容的一种行为方式。同时，行政检查又可以检验行政立法的可行性，并为行政立法的完善提供资料和依据。但是，在当前的行政管理领域，对直销的行政检查并未受到重视，甚至仍被视同为行政处理。另一方面，由于立法和执法上存在的缺陷，在对直销行政检查的运用上也存在不少问题，一是行政机关运用行政检查进行管理直销缺乏必要的立法保障，大多是运用红头文件或会议进行运动式检查，致使许多检查走过场；二是行政机关对直销运用行政检查手段缺乏必要的法律限制，导致检查权被滥用，假借行政检查之名，行吃、拿、卡、要之实。上述问题的存在反映了对直销行政检查制度需要亟待完善。

第7章　中国直销的博弈与策略决策

我们在第1章绪论中谈到,中国直销经济是一种"博弈经济"发展为"经济博弈"的现象。回顾对这个问题的论述,我们就会看到,中国直销经济无不处处存在着博弈现象。既然有博弈,中国直销经济就有策略决策的存在。因此,在这一章中,我们着重讨论的是中国直销的博弈与策略决策。

中国直销的博弈与策略决策,是中国直销经济学的重要内容。说其重要,是因为中国直销经济的发展,特别中小型直销企业的生存和发展,离不开各个方面的博弈和策略决策。因此,我们在这一章主要讨论三个方面的问题:一是中国直销博弈与策略决策的关系,二是中国直销的博弈,三是中国直销的策略决策。

▼1 中国直销博弈与策略决策的关系

有人说经济学就是一门研究如何做出选择的学问。在现实的社会经济生活中,企业或个人为了自身利益的最大化都要面对市场会做出自己的最优决策。不同的市场情形会影响经济主体人不同的决策行为。就直销经济而言,在完全竞争市场条件下,直销企业会根据给定直销商品的市场价格计算出生产和供应到市场上的商品的数量,以实现最大的利润。而寡头市场的情形要比完全竞争市场复杂得多。直销企业大量面对的是信息不完全的市场,不知道面对强大的竞争对手该如何做出抉择。直销市场的时效性又要求直销企业必须在信息不完全的情况下尽快做出决策。在这样的决策中存在着三个合理的假设为前提。第一是理性的"经济人"。每一个直销行为主体都依据自身利益的最大化作为行动的出发点。第二是每一个行为主体做出的决策都不是在真空的世界中。现实的世界使得一个人的生存必须以他人的生存为前提。这种相互依赖的关系使得一个直销行为主体的决策会对其他为直销主体产生重要的影响,同样,其他直销行为主体的决策也会直接影响着这个直销行为主体的决策结果。第三是寡头市场的情形。直销行业里面只有少数几家企业,甚至只有两三家企业,每一方的市场份额都很大,就形成了寡头市场。由于竞争对手很少,每一个直销主体的行为产生的后果受其竞争对手行为的影响都很大,那么这样的决策就带有了博弈的色彩。所以,中国直销博弈与策略决策是相互紧密联系在一起的。在这一节,我们主要论述他们两者之间的关系,同时还涉及到直销企业与政府的关系。

1.1 直销博弈释义

什么叫博弈?博弈论(game theory)所分析的就是两个或两个以上的比赛者或参与者选择能够共同影响每一个参加者的行动或策略的方式。简单地说,博弈论是研究决策主体在给定信息结构下如何决策以最大化自己的效用,以及不同决策主体之间决策的均衡。博弈论由三个基本要素组成:一是决策主体(player),又可以译为参与人或局中人;二是给定的信息结构,可以理解为参与人可选择的策略和行动空间,又叫策略集;三是效用(utility),是可以定义或量化的参与人的利益,也是所有参与人真正关心的东西,又称偏好或支付函数。参与人、策略集和效用构成了一个基本的博弈。博弈论的核心思想是:假设你的对手在研究你的策略并追求自己最大利益行动的时候,你如何选择最有效的策略。举两例说明之:

1.1.1 囚徒困境

"囚徒困境"是博弈学中的一个经典,为了说明中国直销的博弈,先介绍这个经典。"囚徒困境"说的是两个囚徒一起做坏事,结果被警察发现抓了起来,进行隔离审讯。如果他们都承认犯罪,每人将入狱三年;如果他们都不坦白,由于证据不充分,每人将只入狱一年;如果一个抵赖而另一个坦白并且愿意作证,那么抵赖者将入狱五年,而坦白者将得到宽大释放。这样两个囚徒面临着如何选择的问题。从表面上看,他们应该互相合作,保持沉默,以便能得到自由。但他们不得不仔细考虑对方可能采取什么样的选择。甲犯不是个傻子,他马上意识到,他根本无法相信他的同伙不会向警方提供对他不利的证据,然后获释而去,让他独自坐牢。这种想法的诱惑力实在太大了。但他也意识到,他的同伙也不是傻子,也会这样来设想他。所以甲犯的结论是,唯一理性的选择就是背叛同伙,把一切都告诉警方,因为如果他的同伙笨得只会保持沉默,那么他就会是那个获释出狱的幸运者了。而如果他的同伙也根据这个逻辑向警方交代了,那么,甲犯也只需服刑三年而不用五年。同样乙犯也会有这样的想法。结果只能是两个囚犯都坐牢服刑三年。

对于甲来说不管乙采取什么策略,他选择坦白总是比较有利的。同样对于乙来说选择坦白也是比较有利的。我们设想一下甲面临的选择:甲犯如果坦白,不论乙采取怎样的选择,甲的选择总是最好的。甲如果抵赖,不论乙采取怎样的选择,甲的选择总是最坏的。很显然甲的选择是一种占优策略。在两个(或全部)博弈者都采取占优策略时,我们称其结果为一种占优均衡。因为进行博弈的两个囚徒都采用了占优策略,从而造成了这种均衡状态。从中我们还可以得出这样一个结论:每一个囚犯要想获得最大的利益不仅取决于自己的策略,同时还取决于对手的策略。

1.1.2 两直销寡头垄断者是否会采用垄断价格

假设直销市场上的产品供给只有两个直销企业来提供,每一个直销企业具有相同的成本和需求结构,每个直销企业都将考虑是采用正常价格,还是抬高价格形成垄断,并尽力获取垄断利润。

我们继续假设,这两个直销企业在直销市场 A 区域中有最大的联合区域,在他们采用高价策略时,共赚到 300 万元的利润。如果直销企业之间合谋并且设置垄断价格,A 区域中的情况就会出现。在采用正常价格竞争策略的直销市场 D 区域,每个企业则盈利 10 万元。在这一对抗博弈的例子中有两种策略:即一个企业采用正常价格,另一个则采取高价格策略。如果在直销市场 C 区域中乙采用高价格策略,而甲则削价,甲会占领了大部分直销市场,并且赚取了最高利益,此时乙实际上亏损了。在 B 区域中甲以高价策略为赌注,而乙的正常价格则意味着甲的亏损。但是,由于甲选择了正常价格的占优性策略,无论乙怎样做,甲都会获利较多。另一方面,乙没有占优性策略,这是因为如果甲采用正常价格策略,乙也要采用正常价格,如果甲实行高价,乙也要实行高价,乙现在处在"两难处境"之中。那么乙是否会采用高价策略,并希望甲也紧随其后?或者为了安全而采用正常价格而出售?可以肯定的说,乙还是应该以正常价格出售。这是因为乙会站在甲的立场上来考虑。无论乙采取何种策略,甲都会采用正常价格策略。这是甲的占优策略。因此,乙会假定甲将采取其占优策略方式以找出自己的最佳策略。这种把自己的策略建立在假定对手会按其最佳利益行动的基础上来解决问题的方法被称为纳什均衡(Nash equilibrium)。纳什均衡也被称为非合作性均衡,是指一个在其他博弈者的策略给定时,没有一方能够改善自己的获利的状况。也就是说在博弈者甲的策略已定时,另一个对手不可能做得更好,反之亦然。每一种策略都是针对其对手策略的最佳反应。在分析纳什均衡的过程中我们可以看到每一方选择策略时都没有合谋,他们只是选择对自身最有利的策略,而不会考虑社会福利或任何其他群体的利益。我们注意到看到,这两家直销企业无论是甲还是乙,都无法从这种均衡(D 区域)中得到更多的利润。如果甲转移到高价格策略,他的利润就会由 10 万元变为 -20 万元,而当乙从正常价格出售的纳什均衡状态抬高其价格时,他的利润就会由 10 万元变为 -30 万元。

综合上述两个例子我们引出了占优策略和纳什均衡的概念。不难看出在给定其他博弈者策略的前提下,当没有一方能够改善其策略时,才会出现纳什均衡。而占优策略则是指无论其他博弈者采取什么策略,该博弈者的策略总是最好的。对于纳什均衡,直销企业是根据其竞争者的策略而相应采取的最佳策略;对于占优策略,直销企业采取的使它能够做到的最好的策略,因而可以说占优策略也是一种纳什均衡。

1.1.3 直销与进化博弈理论

为什么同样一项直销经济制度在某个地方对直销经济发展有积极的推动作用,而在另一个地方对直销经济发展却起着消极的阻碍作用?为什么能够有效降低直销交易费用的直销策划机构在一些地方会出现而在另一些地方却不能出现?为什么同样的直销管理方法在一个直销企业显示出高效率而在另一个直销企业却不具有效率?诸如此类的问题,新古典经济学利用均衡分析法都无法给出令人满意的答案。均衡分析法的最大缺陷是把直销经济系统中参与人看作是互不联系的单个人(仅研究单个生产者或消费者的行为),该方法忽略了直销制度环境、社会环境及人文环境等对直销参与人行为的影响,单纯考察某个条件与结果之间的一一对应关系。因而,无法对直销中出现的诸多现象给予合理的解释。博弈理论尽管把直销参与人之间行为互动关系纳入到了模型之中,但依然没能跳出新古典均衡分析法的基本框架,并且由于其对理性赋予更强的假定,使得该理论与现实脱节。直销进化博弈理论则一反常规,从一种全新的视角来考察经济及社会问题,它所提供的直销局部动态研究方法是从更现实的社会人出发,把其所考察的问题都置于一定的环境中进行更全面的分析,因而,其结论更接近于直销的现实且具有较强的说服力。

由此,直销引出了进化博弈理论。在这里,我们先给出一个具有代表性的例子——大型直销企业与中型直销企业的博弈,在此基础上再进一步给出直销进化博弈理论的基本内容及其研究方法的基本特点。

假定一个竞争环境中只有大型直销与中型直销企业两种类型,它们为了生存和发展需要争夺有限的直销资源。大型直销企业一般实力比较强,必要时在竞争中可能大幅度降价。中型直销企业实力比较弱,竞争时在强敌面前常常退缩。如果大型直销企业与中型直销企业相遇并竞争直销资源,那么大型直销企业就会轻而易举地获得全部直销资源,而中型直销企业由于害怕强敌退出争夺,从而不能获得任何资源;如果两个中型直销相遇并竞争直销资源,由于它们均胆小怕事不愿意战斗,结果平分直销资源;如果两个大型直销企业相遇并竞争有限的直销资源,由于它们都因为实力强而相互残杀,直到双方受到重伤而精疲力竭,结果虽然双方都获得部分直销资源但损失惨重,入不敷出。假定竞争中得到全部直销资源为 50 个单位;得不到资源则表示其适应度为零;双方重伤则用 −50 来表示。于是大型直销企业、中型直销企业进行的直销资源竞争可以用一个对称博弈来描述,博弈的支付矩阵如图 7.1(大型直销企业我们用 A 表示,中型直销企业我们用 B 表示)。

	A	B
A	−25, −25	50, 0
B	0, 50	25, 25

图 7.1 大中直销企业博弈支付矩阵

A 与 B 博弈代表两种不同策略。由经典博弈理论,我们可以知道该博弈有三个纳什均衡,即(A,B)、(B,A)及一个混合策略(1/2A,1/2B)。经典博弈理论所面临的最大缺陷就是无法得出该系统最终会选择哪一个均衡。进化博弈理论引入突变因素的影响就能很好地解释这一点。假定在该竞争环境中,初始时只有 B,那么中型直销企业群体将会保持这种状态并持续下去。现在假定由于某种因素的影响而在该群体中突然来了一个 A,开始时整个群体中 B 数量占多数,因此,A 与 B 见面的机会多且在每次竞争中都能够获得较多的资源而拥有较高的适应度,而 A 随着时间的推移,数量越来越多,B 在竞争中所获得的资源就越来越少,其数量不断地下降。但如果整个群体中由 A 组成,那么由于 A 与 A 之间常常发生争斗且受重伤,大型直销企业的数量也会不断地减少。如果在 A 群体进入 B,那么 B 的数量就会不断地增加(相对于 A,B 会以更快的速度增长)。因此,A 与 B 群体唯一的稳定状态就是各为一半。

进化博弈理论的基本均衡概念是:如果一个群体(原群体)的行为模式能够消除任何小的突变群体,那么这种行为模式一定能够获得比突变群体高的支付,随着时间的演化突变者群体最后会从原群体中消失,原群体所选择的策略就是进化稳定策略。系统选择进化稳定策略时所处的状态即是进化稳定状态,此时的均衡就是进化稳定均衡。下面对进化稳定策略的给出定义,用符号表示如下:

$x \in A$ 是进化稳定策略,如果 $\forall y \in A, y \neq x$,存在一个 $\Sigma_y \in (0,1)$。不等式 $u[x, Sy+(1-S)x] > u[y, Sy+(1-S)x]$ 对任意 $\Sigma \in (0, \overline{\Sigma}_y)$ 都成立,其中 A 是群体中个体博弈时的支付矩阵;y 表示突变策略;$\overline{\Sigma}_y$ 是一个与突变策略 y 有关的常数,称之为侵入边界(Invasion Barriers);$Sy+(1-S)x$ 表示选择进化稳定策略群体与选择突变策略群体所组成的混合群体。实际上 $1-\overline{\Sigma}_y \in (0,1)$ 相当于该吸引子对应吸引域的半径,也就说进化稳定策略考察的是系统落于该均衡的吸引域范围之内的动态性质,而落于吸引域范围之外是不考虑的,所以说它只能够描述系统的局部动态性质。至于系统是如何进入吸引域的原初的进化稳定策略定义所没有给予足够的重视。

要准确地理解进化稳定策略概念就必须正确理解突变者和侵入边界的含义。我们可借助于前面的例子来理解。在 A、B 博弈中,当该竞争环境中只有 A(或只有 B)时,这时系统已经处于均衡状态,但它们都是不稳定的均衡,因为这两个均衡都可以被突变者侵入。开始时,假定该竞争环境处于 A 均衡,如果由于某种原因而进入 B 时,那么随着时间的演化,整个竞争系统最终就会稳定于一半为 A 一半为 B 的状态,即混合策略纳什均衡是进化稳定的。这说明该博弈中两个纯策略纳什均衡是不稳定的。因为,当系统处于纯策略所表示的状态时,只要存在突变者系统就会离开这种状态,所以它们都不是进化稳定的。相反混合策略纳什均衡却不一样,即当系统处于一半是 A 一半是 B 时,如果由于某种因素使得系统偏离该状态,那么系统会自动恢复到原来状态。

1.2 直销策略决策的定义

下面,我们来具体讨论直销策略决策的定义。在讨论中,我们采用"剥茧抽丝"的方法,先讨论什么叫策略,然后讨论什么叫决策,再讨论什么叫策略决策,最后讨论什么是直销策略决策。这样讨论,主要是为了使读者能够在理解上得到逐步深化的效果。

1.2.1 什么叫策略

这里先讲一个怎样娶到比尔·盖茨的女儿的小故事：

一位优秀的商人杰克,有一天告诉他的儿子:"我已经决定好了一个女孩子,我要你娶她。""我自己要娶的新娘我自己会决定。"儿子说。杰克对儿子又说:"但我说的这女孩可是比尔·盖茨的女儿喔！"儿子乐了:"哇！那这样的话……"

在一个聚会中,杰克走向比尔·盖茨:"我来帮你女儿介绍个好丈夫。"比尔说:"我女儿还没想嫁人呢！"杰克咬着比尔的耳朵说:"但我说的这年轻人可是世界银行的副总裁喔！"比尔乐了:"哇！那这样的话……"

接着,杰克去见世界银行的总裁:"我想介绍一位年轻人来当贵行的副总裁。"总裁说:"我们已经有很多位副总裁,够多了。"杰克晃了晃脑袋说:"但我说的这年轻人可是比尔·盖茨的女婿喔！"总裁乐了:"哇！那这样的话……"

最后,杰克的儿子娶了比尔·盖茨的女儿,又当上世界银行的副总裁。

这个故事告诉我们"什么是策略"的内涵。策略,就是寻找解决问题的方略。换言之,策略的定义就是解决问题的最巧妙的计策。

1.2.2 什么叫决策

通俗地说,就是从两个以上的备选方案中选择一个的过程就是决策。一种较具体的定义是:所谓决策,是指组织或个人为了实现某种目标而对未来一定时期内有关活动的方向、内容及方式的选择或调整过程。在这里,我们介绍一下路易斯、古德曼和范特(Lewis,Goodman and Fandt,1998)的说法,他们将决策定义为"管理者识别并解决问题以及利用机会的过程"。对于这一定义,可作如下理解:第一,决策的主体是管理者(既可以是单个的管理者,也可以是多个管理者组成的集体或小组);第二,决策的本质是一个过程,这一过程由多个步骤组成;第三,决策的目的是解决问题或利用机会,这就是说,决策不仅仅是为了解决问题,有时也是为了利用机会。

1.2.3 什么叫策略决策

我们认为,策略决策就是指管理者为了实现某种目标,运用解决问题最巧妙的办法,对将来的一系列活动方向、内容及方式进行识别、选择和调整的过程。策略决策遵循的是满意原则,而不是最优原则。对策略决策者来说,要想使策略决策达到最优,必须满足如下三个方面的条件:一是容易获得与决策有关的全部信息;二是真实了解全部信息的价值所在,并据此制订所有可能的方案;三是准确预期到每个方案在未来的执行结果。但在现实中,上述这些条件往往得不到满足,因此只能作出相对满意的策略决策。

1.2.4 什么是直销策略决策

分析到这里,我们再一起来讨论直销策略决策的定义。我们知道,直销企业的

决策主要可以分以下几类:

①从时间上分有长期决策与短期决策

从时间长短上看,直销企业决策有长期决策和短期决策。长期决策是指直销企业今后发展方向的长远性、全局性的重大决策,又称长期战略决策,如投资方向的选择、人力资源的开发和营销组织规模的确定等。短期决策是为实现长期战略目标而采取的短期策略手段,又称短期战术决策,如企业日常营销、物资储备以及生产中资源配置等问题的决策都属于短期决策。

②从重要程度上分有战略决策、战术决策与业务决策

从决策的重要性上看,直销企业的决策有战略决策、战术决策与业务决策。战略决策对直销企业最重要,通常包括企业目标、方针的确定、企业机构的调整、企业产品的更新换代、技术改造等,这些决策牵涉直销企业的方方面面,具有长期性和方向性。战术决策又称管理决策,是在直销企业内贯彻的决策,属于战略决策执行过程中的具体决策。战术决策旨在实现直销企业各环节的高度协调和资源的合理使用,如直销企业生产计划和销售计划的制订、设备的更新、新产品的定价以及资金的筹措等都属于战术决策的范畴。业务决策又称执行性决策,是直销企业日常工作中为提高生产效率、工作效率而作出的决策,牵涉范围较窄,只对直销企业产生局部影响。属于业务决策范畴的主要有:直销企业工作任务的日常分配和检查、生产进度的安排和监督、岗位责任制的制订和执行、库存的控制以及材料的采购等。

③从决策主体上分有集体决策与个人决策

从决策的主体看,直销企业的决策有集体决策与个人决策。集体决策是指直销企业领导层多个人一起作出的决策,个人决策则是指直销企业负责人作出的决策。

④从涉及的问题上分有程序化决策与非程序化决策

从决策所涉及的问题看,直销企业的决策有程序化决策与非程序化决策,也叫规范性决策与非规范性决策。直销企业中的问题可被分为两类:一类是例行问题,另一类是例外问题。程序化决策涉及的是直销企业的例行问题,而非程序化决策涉及的是直销企业的例外问题。

⑤从环境因素上分有确定型决策、风险型决策与不确定型决策

从环境因素的可控程度看,直销企业决策有确定型决策、风险型决策与不确定型决策。确定型决策是指在稳定(可控)条件下进行的决策。在确定型决策中,直销企业决策者确切知道自然状态的发生,每个方案只有一个确定的结果,最终选择哪个方案取决于对各个方案结果的直接比较。风险型决策也称随机决策,在这类决策中,自然状态不止一种,直销企业决策者不能知道哪种自然状态会发生,但能知道有多少种自然状态以及每种自然状态发生的概率。不确定型决策是指在不稳定条件下进行的决策。在不确定型决策中,直销决策者可能不知道有多少种自然状态,即便知道,也不能知道每种自然状态发生的概率。

⑥从决策目标上分有定量决策和定性决策

从决策的目标上看,直销企业决策有定量决策和定性决策。定量决策是指决策目标与决策变过等可以用数量来表示的决策。如直销企业管理中有关提高产量降低成本之类的决策就属定量决策。定性决策是指决策目标与决策变量等不能用数量来表示的决策。这类决策一般难于用数学方法来解决,而主要依靠直销企业决策者的经验和分析判断能力。

⑦从决策目标数量上分有单目标决策和多目标决策

从决策目标数量多少上看,直销企业决策有单目标决策和多目标决策。单目标决策就是指决策的目标只有一个的决策。单目标决策是直销企业研究决策问题的基础,他们处理决策问题的大多数方法,都是从研究单目标决策开始的。多目标决策就是指决策的目标有两个或两个以上的决策,如直销企业工资总额确定目标与生产和产品销售利润目标是矛盾的,所以其这方面的决策也是多目标的。

不管中国直销企业有什么样的决策,都得讲究策略,所以策略决策对中国直销企业的发展是至关重要的。至此,我们可以对中国直销企业策略决策给出定义了。直销企业策略决策是指直销企业决策者根据最高满意度的要求,为达到直销企业最佳经济效益、生态效益和社会效益的根本目标,研究和采用最巧妙的解决问题的方略,对企业生产、销售、人力资源管理、企业文化建设等各个方面的多方案作出科学的识别、选择和调整的全过程。

1.3 直销博弈与直销策略决策的关系

直销博弈与直销策略决策之间的关系是十分紧密的。没有直销博弈就也不需要直销策略决策,没有直销策略决策就无从谈起直销博弈。下面,我们一起为主讨论一下直销博弈与直销策略决策之间的关系。

1.3.1 直销策略决策的目的是为了更好地直销博弈

直销博弈与直销策略决策的第一个关系,就是直销策略决策的目的是为了更好地直销博弈。我们知道,直销博弈的与否,与直销策略决策有很大的关联。如果直销策略决策不当,那么直销博弈就很可能失败。实际上,直销企业的每一个策略决策,都是围绕直销博弈展开的。比如,20世纪90年代,天狮的到海外直销的策略决策,就是为了谋划到海外进行直销博弈而作出的。如果当时天狮的领导不作出到海外直销的策略决策,那么也就没有天狮在东欧国家进行直销活动的举措。这就告诉我们,当一个直销博弈发生前,就一定会有一个直销策略决策的产生。所以,直销策略决策的目的就是为了更好地进行直销博弈。

如何使直销策略决策更好地服务于直销博弈?我们认为,直销企业需要做到以下"三个必须":

①直销博弈前的策略决策必须要理性的

什么叫理性策略决策?理性策略决策就是指根据客观事物发展的规律进行策略决策。因此,直销策略决策要更好地服务于直销博弈,直销企业一定要做到理性决策。比如,我国直销法规实施后,一些中型直销企业采取缓申直销牌照的策略,这就是一种理性的表现。为什么?这是因为国家对直销牌照的发放和管理也是在摸索过程中,中型直销企业应该等大型直销企业先申请领取直销牌照后,看看国家对申牌直销企业的管理方式、管理力度,然后在此基础上研究申牌为最佳时机。实践证明,许多直销企业采取这一策略决策是正确的。

②直销博弈前的策略决策必须要带有战略性的

直销博弈前的策略决策不是一般的决策,而是带有战略性的。什么叫战略性?就是策略决策产生的直销博弈结果会影响整个直销企业的发展方向。这样的策略决策,才能保证直销博弈朝着策略决策指引的方向进行。因此,直销企业在研究直销策略决策时,必须考虑企业的发展方向和发展目标,不能为了一些短期效应而作出错误的策略决策。比如,直销市场定位问题,在作出策略决策时一定要带有战略性。一些直销企业在申请直销牌照时把直销市场定位在某个省区域内,等企业做大做强了再向其他省、市拓展直销市场。这样的策略决策,对直销企业以后在市场上开展有序竞争无疑是有利的。

③直销博弈前的策略决策必须要知己知彼

要使直销策略决策更好地服务于直销博弈,还有一点必须加以注意,这就是直销博弈前的策略决策应该是知己知彼的。中国的直销市场秩序有一个从无序到有序的过程,市场竞争也有一个从恶性到良性的过程。因此,直销企业在作出一个策略决策前,一定要对整个直销市场作一个比较客观的分析,只有知己知彼的策略决策,才能使直销博弈取得成功。在中国直销发展过程中,为什么一些直销企业的生命周期只有一两年时间,除了一些其他原因外,恐怕策略决策没能做到知己知彼是一个主要原因。

1.3.2 直销博弈过程中还有直销策略决策的出现

直销博弈前要先实行策略决策,那么在博弈过程中有没有策略决策呢?我们的回答是肯定的。直销博弈前的策略决策,由于各种原因在直销博弈过程中出现了这样那样的问题,此时应该对原来的策略决策或是修正,或是重新作出。因此,直销博弈过程中,还会有直销策略决策的出现。

①对策略决策的局部修正

有这样一种情况:有的直销企业在博弈过程中,发现原来的直销策略决策有的地方不一定符合已经开展的博弈实际,这时,直销企业应对原先的策略决策作局部的修正。比如,对竞争对手的实际情况原来了解不正确,在直销博弈中发现策略决策某些方面实施不了。一旦这样的信息反馈到直销企业,就应该很快对原来的策略决策作出局部修正,以利于下一步的直销博弈的正常进行。如果不对这样的策略决策作出局部修正,直销企业在直销博弈中就会走弯路,甚至导致直销博弈的全面失败。

②对策略决策的进一步完善

还有一种情况,就是直销企业在博弈前所作出的策略决策不全面,这时,直销企业就要对原来的策略决策作进一步的完善。完善的过程,是直销企业博弈不断走向成功的过程。比如,直销企业在作出策略决策前,由于对国家政策性因素考虑不周,在博弈中受到国家有关政策的限制。直销企业应该在第一时间根据国家的有关政策,对原先作出的策略决策不够完整的地方加以完善,这样,才能使直销博弈跳过"受挫点"继续博弈,直至最后博弈成功。

③重新作出策略决策

直销企业还有一种很糟糕的情况,就是原来的策略决策的方向是根本错误的,不重新作出策略决策,直销博弈就会彻底失败。这时,直销企业应该赶快调整决策方向,重新作出符合实际的策略决策。比如,在直销市场竞争中,有的直销企业只考虑短期效应,因此作出的直销策略决策从根本上犯了方向性的错误,如果不作重新决策,直销企业就会地博弈中一败涂地。但是,如果马上从考虑短期效应转向考虑长远利益,重新作出符合直销市场竞争规律的新的策略决策,就很有可能变被动为主动、变失败为胜利。

1.3.3 直销博弈检验直销策略决策的正确与否

实践是检验真理的唯一标准。直销策略决策的正确与否,只能是由直销博弈来进行检验。大凡直销博弈成功者,往往就是直销策略决策正确的结果;反而言之。大凡直销博弈不成功者,往往就是直销策略决策不正确的结果。因此,直销企业一定要通过直销博弈过程来检验直销策略决策。

①直销企业要从博弈一开始就要观察策略决策方向正确与否

直销企业应该从直销博弈一开始,就要对直销策略决策的方向是否正确加以观察。为什么我们在这里要强调"一开始"呢?因为这"一开始"对直销企业的博弈是否成功至关重要。一项直销博弈,关键是看这"一开始"是否走对了路。如果"一开始"就有方向偏差的博弈,这就说明直销企业的直销策略决策的方向不正确。因此,直销企业不要忽视这"一开始",应该从直销博弈和第一步就要检验直销策略决策的方向对否。如果"一开始"就看不出直销策略决策的对与错,那么直销博弈必定也是盲目的,不可能取得直销博弈的成功。所以,直销企业一定要从直销博弈一开始,就要观察直销策略决策方向是否正确。

②执行直销博弈决策的当事人一定要对每一个步骤写出分析报告

对于执行直销博弈决策当事人来说,在直销过程中一定对每个执行步骤写出详尽的分析报告。我们发现,有些直销企业在直销博弈过程中,一般不要求具体执行者写出分析报告。这是博弈工作流程的一个缺陷,应该补上这一很有必要的工作流程。对直销博弈每一个流程写出的分析报告,一方面可以分析直销博弈过程中的流程连接程度,另一方面可以看出直销策略决策在直销博弈中的执行程度。写直销博弈步骤分析报告的过程,也是检验直销策略决策有没有科学性的过程,所以,执行直销博弈决策当事人一定要把写好每一个直销博弈步骤的分析报告,当成一件事关直销博弈能否成功的大事做好。

③直销企业领导要敢于承担策略决策失误的责任

直销策略决策一般都有直销企业领导层作出的,因此,一旦发觉直销策略决策有失误,直销企业领导要敢于承担由此而产生后果的责任。这是责任的承担,是直销博弈检验直销策略决策的重要环节。只有敢于承担责任,才能使自己保持清醒的头脑,分析直销策略决策出现问题的真正原因,才能使下次的直销策略决策不再马虎了事。如果一个领导也不敢承担责任,那也就失去了直销博弈检验直销策略决策的意义了。

▼2　中国直销中的博弈

中国直销中的博弈有多种多样，在这里我们主要介绍中国直销行业中的合作博弈与非合作博弈、重复博弈、序列博弈等。研究中国直销中的博弈，对于我们了解中国直销业的竞争态势是很有帮助的，因此，在这一节，我们将应用微观经济学的一些基本原理，对中国直销行业中的博弈行为作一下认真讨论，以便使我们能正确认识中国直销中的博弈。

2.1　直销行业的合作博弈与非合作博弈

博弈论可以分为合作博弈和非合作博弈。合作博弈与非合作博弈二者的主要区别，在于人们的行为相互作用时，当事人是否达成一个具有约束力的协议，如果有，就是合作博弈，反之，则是非合作博弈。合作博弈理论强调的是团体理性，不讨论合作的达成过程，而是直接讨论合作的结果与利益的分配。合作博弈的基本形式是联盟博弈，它隐含的假设是存在一个在参与者之间可以自由流动的交换媒介（货币），每个参与者的效用与它是线性相关的。这些博弈被称为"单边支付"博弈，或可转移效用博弈。非合作博弈论的重点是个体理性、个人最优决策。按照参与人行动的先后顺序，非合作博弈可以化分为静态博弈和动态博弈。现在，我们分别讨论一下中国直销中的合作博弈与非合作博弈。

2.1.1　直销行业的合作博弈

直销行业的合作博弈是多方面的，我们选择几个方面进行讨论，以使我们对直销行业的合作博弈有个基本全面的了解。

①社会面子下的合作博弈

人类的行为大多能被两种优先利益——经济利益和社会认可——所解释。撇开特定文化氛围的标准博弈论势必影响现实中人类行为预测的准确性，因此仅注重生产行为而忽视对人的行为造成重大影响的社会心理的认可必然使博弈的均衡所预测的战略决策与现实相左。众所周知，面子心理是中国一个重要的社会心理特征，它必然会影响博弈参与人的行为和决策态度。积淀于中国深层文化的面子心理对日常决策起着举足轻重的作用，面子代表中国广受重视的一种声誉，这是在人生历程中步步高升，藉着个人努力或刻意经营而累积起来的声誉。中国直销企业亦然，不过它所追求的是社会面子。所谓社会面子，就是指直销企业在经济发展中的声誉或荣誉等。中国直销企业往往为了这些社会面子，会在企业发展过程中进行合作博弈。

设博弈在直销行业内部进行，为简便见设有两个参与的直销企业 i,j（事实上结果可推广至 n 个参与企业情形）。由于面子表明对方对自己长期累积起来的声誉的一种认可，所以面子若得到认可，该参与人就会得到极大的心理满足以及社会对该参与人更高的尊重和其他潜在收益，我们把这些有形、无形的各种收益总和引起的心理满足程度称为面子效用或支付,记为σ。设每个参与人都有两种选择:认可(合作c)和不认可(背叛d)对方的面子。当两方面子都得到认可时他的支付为σ^*,σ^*;若一方认可对方面子而自己面子被对方认可即背叛时支付为$\underline{\sigma},\overline{\sigma}$,如有的人靠贬低对方以抬高自己的身价;若双方都不认可对方的面子,他们会由于失去面子而失去社会的尊重,面子支付都为0,因此我们得到社会面子基本博弈模型,如图7.2所示:

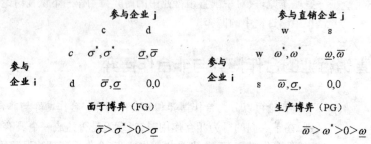

图7.2 社会面子博弈模型

生产博弈,我们取著名的"囚徒困境"博弈,w 表示努力工作(合作),s 表示偷懒。每个参与直销企业采取 w 和 s 两种策略,这里的生产是个广义概念,它表示所有涉及经济行为的活动。用 P 表示生产博弈。

我们假定组织中的参与直销企业 i 和 j 进行重复博弈(RG),由于重复次数不确定,所以我们在无限的重复博弈框架下讨论参与直销的战略选择、均衡以及合作行为。设无限重复面子、生产博弈分别用 F^∞、P^∞ 表示。设时间是离散的,对未来的贴现系数为 $0<\delta<1$。假定博弈参与人选择强触发战略(unrelenting trigger strategies):如果对方合作,该参与人将永远采用合作战略;如果一方背叛,另一方将永远采用背叛战略,这种触发战略是对背叛者的最优惩罚。我们还假定参与直销企业的历史信息是公共知识,即是信息完全的。参与直销企业 i 在 t 期的决策函数是 $\max(\sum_{\tau=t}^{\infty}\delta^{\tau-1}P_i(\pi^t s_t))$。

这里 P_i 是支付,$\pi^t(s_t)$ 是路径战略。

为应用方便先给出两个定义:

定义1:如果参与直销企业 i 或 j 在社会面子博弈和生产博弈中同时合作或同时背叛则称该参与直销进行的社会面子博弈和生产博弈是强连接的;如果他们可在两个博弈中表现不同的合作(或背叛)态度则称两博弈是弱连接的。

定义2:记 $K_f=\dfrac{\sigma}{1-\delta}-\overline{\sigma}$ 为面子博弈的合作利得,$D_p=\overline{\omega}-\dfrac{\omega^*}{1-\delta}$ 为生产博弈的背叛利得。

K_f 是社会面子博弈中合作支付与背叛支付之差,表明合作优于背叛剩余支付,也是合作的驱动力所在。D_f 表明生产博弈中背叛的驱动力。

下面,我们用模型加以分析:

假定博弈参与的直销企业在完全信息和强触发战略威胁下重复博弈的 Pareto 优超完美 Nash 均衡达成协调。当社会面子博弈是强连接时,参与直销在两种博弈中间时选择合作或背叛,设两种支付具可加性,则强连接静态博弈的支付矩阵为:

		参与直销企业	
		(c w)	(d s)
参与企业	(c, w)	$\omega^* + \sigma^*, \omega^* + \sigma^*$	$\overline{\omega} + \underline{\sigma}, \underline{\omega} + \overline{\sigma}$
	(d, s)	$\overline{\omega} + \underline{\sigma}, \underline{\omega} + \overline{\sigma}$	0, 0

图 7.3 连接静态博弈支付矩阵

如果 $\overline{\omega} + \underline{\sigma} \leq \frac{\omega^* + \sigma^*}{1-\delta}$ 即 $\frac{\underline{\sigma}}{1-\delta} - \overline{\sigma} > \overline{\omega} - \frac{\omega^*}{1-\delta}$，即 $K_f \geq D_p$，那么，其合作是可行的。当社会面子博弈是合作的，即 $K_f \geq 0$ 时，有 $(\omega^* + \sigma^*)/(1-\delta) > \sigma^*/(1-\delta)$ 即生产博弈的合作提高 i 和 j 构成的组织的支付或效益，当 $K_f < D_p$ 时，说明社会面子博弈合作带来的剩余支付不足以消除生产博弈的机会主义行为。如果参与直销在社会面子博弈中合作为($K_f \geq 0$)，那么在 $K_f \geq D_p > 0$ 的情况下两个博弈的强连接对直销行业和直销企业都有利。假如 $K_f < D_p$，两个博弈的强连接对直销行业无影响而使参与的直销企业受到损失。

在 $K_f \geq D_p > 0$ 中，直销行业中的社会面子合作可以促进生产的合作，因此也增加直销行业的效益，此时社会面子的认可能转化为对生产力的提高的促进。社会面子合作的利得可作为实施生产合作的可置信的威胁(*credible threat*)。在 $K_f < D_p$ 中，生产中的机会主义的利得大于维系社会面子合作所带来的潜在利得，即社会面子合作所得不足以约束在生产博弈中的机会主义行为。因而生产中的机会主义也必然破坏面子博弈中的合作。归根结底，直销企业之间无时不在面子合作和生产背叛的驱动力权衡，必要时为生产背叛所得而抛弃社会面子。另一方面，只有当社会面子的潜在损失超过生产博弈中的机会主义所得时，才促进生产合作，使组织成员在社会面子与生产的交融环境下更有效的合作。

下面我们讨论一下基于社会面子合作无差异($K_f = 0$)的博弈的弱连接。

我们用 σ^τ 和 ω^τ 分别表示参与直销企业在面子博弈和生产博弈在 τ 期的支付，这里 $\sigma^\tau \in \{\underline{\sigma}, 0, \sigma^*, \overline{\sigma}\}$，$\omega^\tau \in \{\underline{\omega}, 0, \omega^*, \overline{\omega}\}$，弱连接意味着第 t 期每个参与的直销企业最大化 $\sum_{\tau=t}^{\infty} \delta^{\tau-t} U(\sigma^\tau, \omega^\tau)$，这里 $U_\sigma, U_\omega < 0, U_{\sigma\sigma}, U_{\omega\omega} < 0, U_{\sigma\omega} = U_{\omega\sigma} < 0$，$U$ 是联合效用函数且对变量单调二次可微的凹函数，这里假定了两个博弈支付是替代的并且从一个博弈获得的边际效用是在另一博弈获得支付的减函数。如在现实中，直销企业的的精力、时间、兴趣的限制可能为迎合社会面子而忽视直销生产活动的投入。为简单起见，我们把效用函数标准化，即 $U(0,0) = 0$，记 $U(0, \sigma) = U(\sigma), U(\omega, 0) = U(\omega)$。

当两个博弈不连接时，有：

		参与直销企业 j	
		w	s
参与直销企业 i	w	$U(\omega^*, \sigma_i), U(\omega^*, \sigma_j)$	$U(\underline{\omega}, \sigma_i), U(\overline{\omega}, \sigma_j)$
	s	$U(\overline{\omega}, \sigma_i), U(\underline{\omega}, \sigma_j)$	$U(\sigma_i), U(\sigma_j)$

以下我们讨论的是两个博弈弱连接对组织合作的影响。假定社会面子博弈合

作无差异,即在 F^∞ 中

$$K_f = \frac{U(\sigma^*)}{1-\delta} - U(\bar{\sigma}) = 0 \qquad (1)$$

当 P^∞ 与 F^∞ 不连接时,在 中合作维持条件是:

$$\frac{U(\omega^*, \sigma^*) - U(\sigma^*)}{1-\delta} \geq U(\bar{\omega}, \sigma^*) - U(\sigma^*)$$

左端是去掉面子合作支付的净生产合作的贴现值,右端是去掉社会面子合作支付的一次背叛的收益,上式亦即:

$$\frac{U(\omega^*, \sigma^*)}{1-\delta} - U(\bar{\omega}, \sigma^*) - \frac{\delta U(\sigma^*)}{1-\delta} \geq 0 \qquad (2)$$

当 与 弱连接时,在 中的合作维持条件是:

$$\frac{U(\omega^*, \sigma^*)}{1-\delta} - U(\bar{\omega}, \bar{\sigma}) \geq 0 \qquad (3)$$

虽然是弱连接,但考虑 U 的单调性,上式保证合作比较强,由于 $U_{\sigma\omega}<0$ 则:

$$[U(\bar{\sigma}) - U(\sigma^*)] - [U(\bar{\omega},\bar{\sigma}) - U(\bar{\omega}, \sigma^*)] > 0 \qquad (4)$$

利用(1),有 $\quad \dfrac{\delta U(\sigma^*)}{1-\delta} = U(\bar{\sigma}) - U(\sigma^*) \qquad (5)$

(5)代入(4)得 $\quad \dfrac{\delta U(\sigma^*)}{1-\delta} = U(\bar{\sigma}) - U(\sigma^*) \qquad (6)$

(6)式左端系(3)左端减去(2)式左端,这说明 P^∞ 与 F^∞ 弱连接时,合作的条件更强,更具约束力,由此我们发现,当社会面子博弈合作与背叛无差异时,即 $K_f=0$,生产博弈与社会面子博弈的连接能促进直销行业的合作。

当生产博弈与社会面子博弈弱连接时,参与直销企业就可以用打断在社会面子博弈中的合作以威胁在生产中的偷懒者。

我们再来讨论无 K_f 限制的弱连接。上面我们讨论了 $K_f \geq 0$ 条件的博弈连接对直销行业合作的影响,现在我们从整体上考察博弈的连接情形。首先比较连接与不连接情况下合作条件的强弱。当两博弈不连接时,维持社会面子合作与生产合作的条件分别是

$$\frac{U(\omega^*, \sigma^*)}{1-\delta} - U(\omega^*, \bar{\sigma}) - \frac{\delta U(\omega^*)}{1-\delta} \geq 0 \qquad (7)$$

$$\frac{U(\omega^*, \sigma^*)}{1-\delta} - U(\bar{\omega}, \sigma^*) - \frac{\delta U(\sigma^*)}{1-\delta} \geq 0 \qquad (8)$$

合作条件是(7)(8)同时成立,显然

$$\frac{\delta[2U(\omega^*, \sigma^*) - U(\sigma^*) - U(\omega^*)]}{1-\delta} - U(\bar{\omega}, \sigma^*) + U(\omega^*, \bar{\sigma}) - 2U(\omega^*, \sigma^*) \geq 0 \qquad (9)$$

如果 P^∞ 与 F^∞ 弱连接,合作维持条件是(3),为了比较博弈连接、不连接时合作条件的强弱,(3)、(9)左端相减得:

$$\frac{\delta[U(\sigma^*) + U(\omega^*) - U(\omega^*, \sigma^*)]}{1-\delta} - [U(\bar{\omega}, \bar{\sigma}) + U(\omega^*, \sigma^*) - U(\bar{\omega}, \sigma^*) - U(\omega^*, \bar{\sigma})] \qquad (10)$$

上式为正等价于

$$\delta[U(\sigma^*) + U(\omega^*) + U(\bar{\omega},\bar{\sigma}) - U(\bar{\omega}, \sigma^*) - U(\omega^*, \bar{\sigma})] > U(\bar{\omega},\bar{\sigma}) + U(\omega^*, \sigma^*)$$
$$- U(\bar{\omega}, \sigma^*) - U(\omega^*, \bar{\sigma}) \qquad (11)$$

因为 $U_{\sigma\omega}<0$,则(11)式右端为负。左端若为负则(10)式恒为正;如果左端为负则由(11)式得

$$\delta < \frac{U(\bar{\omega}, \bar{\sigma}) + U(\omega^*, \sigma^*) - U(\bar{\omega}, \sigma^*) - U(\omega^*\bar{\sigma})}{-[U(\sigma^*) + U(\omega^*) + U(\bar{\omega}, \bar{\sigma}) - U(\bar{\omega}, \sigma^*) - U(\omega^*, \bar{\sigma})]} \Leftrightarrow \delta < 1 \quad \text{(假设)}$$

因此(10)式恒正,亦即(3)式比(9)合作条件较强,合作驱动力更大,因此,生产

博弈与面子博弈的连接总能促进两个直销企业博弈的合作。

在直销行业中,参与直销企业合作与否取决于背叛利得与连接博弈的惩罚力量的比较,虽然某参与直销企业能通过在两个博弈中同时背叛以提高其支付,但对偏离合作均衡的行为可通过两个博弈合作的打断进行惩罚。在两类博弈支付可以替代的情况下,同时打断两类合作更具威胁效力。

通过以上分析,我们可以得出如下的结论:在社会面子心理起重要作用的文化氛围下,不能忽视和回避社会面子的互动对生产博弈的影响。因为反映于联合效用的社会面子的潜在收益会影响生产博弈的战略选择,也因而影响了直销行业的合作性。我们证明更符合特定文化背景的社会面子博弈与生产博弈的连接,更有力促进直销行业的合作。生产博弈涉及经济利益,社会面子博弈的支付事关社会面子得到认可的反映心理和潜在价值的效用水平,二者的结合影响各个直销企业的战略选择和决策。尽管为了经济利益可能会撕毁社会面子(如不公平、不规则竞争),但权衡失去社会面子遭受的潜在损失又会使各直销企业趋于整体上的合作。在这里,我们是在理性假设的前提下研究博弈连接对合作的影响,非理性参与直销企业可能会由于社会面子偏好而放弃经济利益或为了追逐经济利益而完全不顾社会面子。另外,这里是假定参与直销企业对博弈结构具有完全信息,至于不完全信息和非理性的情况有待进一步讨论,我们在下面作具体研究。

②**不完全信息条件下的合作博弈**

为了说明不完全信息条件下直销行业的合作博弈,我们先设计以下的不完全信息下的合作博弈模型:

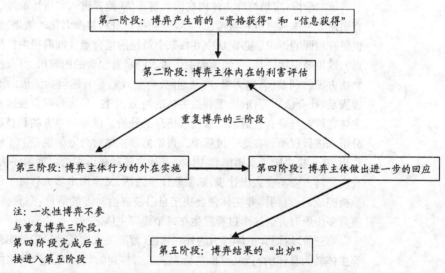

图7.4 不完全信息条件下的合作博弈模型

该模型的前提是:第一,建立在合作博弈论情形中,适合于两个直销企业双方在合作形式下共同达成某种目标的现实范式,并不符合非合作博弈理论范畴。第二,该模型的直销行业的博弈方处于不完全信息状态下,即从单个对方或多个对方得到的信息并不完整,需要在博弈进行过程中观察对方的博弈行为以获取更多信息。第三,博弈主体:直销行业的博弈发生在某一个自我(a self)或某一个个体(a body)或某一个群体(a group)(可用符号 A 表示)与另一个或几个自我(selfs)或某一个或几个个体(bodys)或某一个或几个群体(groups)(可用另一符号 B、C、D 等表示)之间。用符号表示即：直销行业的博弈在 A、B、C 等主体与 D、E、F 等主体之间发生。第四，该模型假设任何一种模型范围内的博弈都有一个理想的均衡点。这个均衡点并不以直销博弈双方不同的博弈选择而发生改变，而是一个客观的存在。均衡点符合直销行业的普遍选择规律，也可理解为不合作博弈中"纳什均衡"研究某一群体的"最优选择"概念。

不完全信息条件下直销行业的合作博弈模型的内容是：

第一阶段：博弈产生前的"资格获得"和"信息获得"。直销博弈主体获得博弈资格、参与博弈过程的重要原因在于主体本身的属性和能力能够产生一定的效益，这种效益对于自身来说，需要成本的付出，对于对方来说，则是纯粹的收益。正是这种牵引力使得对方认为你拥有了与其博弈的资格。

每一个直销博弈主体在参与到博弈过程前，都要获取自身的信息和对方的信息并进行分析。对于自身信息的获得与分析往往没有任何困难，但对对方的信息获得就会遇到种种困难，原因在于：对方要参与博弈，要达到自身综合收益的最大化，不可能将所有信息披露给另一主体。这样由于某个主体对信息距离的远近造成了信息不对称现象。

由以上分析可以得出结论：只有直销博弈主体由于其本身的属性和能力赋予它博弈的资格，再在直销主体对信息获得并分析的基础上，双方才可进行博弈。这两方面是博弈的前提条件。

第二阶段：直销博弈主体内在的利害评估（博弈进入实质性阶段的第一步）。某直销博弈主体从自身利益考虑，无疑要获得自身利益最大化的结果，但考虑到对方也要有相同的诉求，必定从中寻找某个最佳的结合点（即前提中提到的最佳均衡点）。这里要说明的是，直销博弈主体追求的利益包含的内容极为广泛：它不仅包含物质方面的利益（营销力量、产品通路、企业效益等），还包括无形的资产（声誉、心理满足、社会认同等，取决于利益主体的经历、个性、目标等综合性因素）。直销博弈主体通过对自身利益诉求的程度和信息的分析，以及对对方的利益诉求和信息的分析来进行权衡。在这个过程中，直销博弈主体对对方信息量的了解起到了关键作用，它直接决定了直销博弈主体对其他主体利益诉求的程度的评估，而这个评估会决定对方会不会做出让步，如果能让步的话，又能作出多大程度上的让步。以上分析完成后，直销博弈主体便会决定自己披露给对方的信息：究竟披不披露，或者披露多少给对方。这个过程发生在每个博弈主体之间。

第三阶段：博弈主体行为的外在实施（博弈进入实质性阶段的第二步）。直销博弈主体转为具体的行动（可以是行为、表达、传递），其目的是向其他博弈主体传递信息。各直销博弈主体由于处在非完全信息状态下，对其他各方的信息掌握并不完全，在自身披露一部分信息给对方后，也要从对方的意思表达中获取信息，来重新计算自身的收益和对方的收益。在这一过程中，每个直销博弈主体都期待博弈结果（落于理论上的最佳均衡点）与自身估算的结果相一致（落于自己估算的最佳均衡点）。

第四阶段：博弈主体做出进一步的回应（博弈进入实质性的第三步）。直销博弈主体在获知对方的信息并进行收益计算分析后，还要进行一次信息的再次披露或者诉求的再次表达,或者二者兼有。这种信息的披露是直销博弈主体再次分析新得到的对方信息的结果。这种情形分为两个层面:一是如果博弈是一种单向一次性博弈,那么博弈过程到此而止,进入第五阶段。二是如果博弈是一种重复性博弈,那么博弈过程将继续,即回到第二阶段,重复从第二阶段到第四阶段的过程。需要指出的是,这一过程虽然相同,但直销博弈各方所掌握的信息和要表达的意思可能会完全不同。

第五阶段:博弈结果的"出炉"(博弈结束)。无论博弈是单向一次性博弈还是重复性博弈,都会有两种情形发生:一是直销博弈各主体根据各方的再次意思表达而确定一个均衡点而博弈成功。需要指出的是,这种成功只是一种相对的成功,因为各直销博弈主体商定的均衡点并不一定与理想的均衡点重合。评价博弈成功的程度与实际均衡点和理想均衡点之间的距离成反比,成功程度高的直销博弈所确定的实际均衡点与理想的均衡点会无限接近,反之则会拉远。二是如果直销博弈没有达成协议,没有达成均衡点,则直销博弈宣告失败。

现在,我们对直销企业在我国直销法规实施后的企业转制中的不完全信息条件下的合作博弈,作一具体分析:

我国直销法规实施前,大部分直销企业的奖金制度是多层次销售下的团队计酬。实施直销法规后,团队计酬被被视为"传销",因此一定要改制。一个直销企业转制过程是企业管理者、政府和直销员的三方博弈,其中直销员的谈判能力是最弱的。我们在现实中观察到的现象是,政府往往可以要求直销企业接受按30%规定的个人计酬方式设计奖金制度,而直销员则往往较被动地接受转制方案。当然,直销员的被动也是相对的,如果转制过程造成直销员利益受损,那么,直销员又可以通过有关途径影响政府行为并给企业管理层施加压力。所以,在直销企业的转制中,博弈的结果主要取决于政府和企业管理者的相对谈判能力,而直销员只获得其保留效用,即报酬相对不变。

首先,我们定义博弈的主要参加者政府和直销企业管理者的效用函数。我们假定政府的效用(V)等于其获得的实际收入(税收等),直销企业管理者的效用(U)等于其分享的税后利润减去其在企业中投入的努力(E)。在直销企业转制之前,由于政府所要管理的企业数目、资产及经营规模越来越大,使政府对直销企业进行监督的成本大为提高,导致了政府和直销企业之间严重的信息不对称问题,因此,我们假设直销企业管理者的努力程度(E)是由(1)式所示的管理者的最优规划决定的。在这个规划中,直销员的人数(L)和报酬水平(W)都是给定的,直销企业的实际经营状况就取决于企业管理者的努力程度。

$$\underset{E}{Max} \quad U = \theta(1-\tau)(Y-WL)-E \tag{1}$$

$$\text{s.t.} \quad Y = h\ln E$$
$$U \geq \underline{U}$$
$$E \geq \underline{E}$$

其中:U表示直销企业管理者的效用;τ为政府对企业利润征税的税率;θ为直销企业管理者在税后利润中获得的分成;Y为企业的总产出;W为直销员的报酬水平;L为直销员的总人数;E为直销企业管理者投入的努力。由于我们假设直销企业的其他生产要素(包括劳动力投入和物质投入)都是外生给定的,直销企业不可以随意地解聘招募的本企业直销员,于是,直销企业的产出就由企业管理者的努力决定,即 $Y=h\ln E$。在这样一个简单的生产函数中,直销企业的产出是管理者的努力水平的凹函数,h 表示的是管理者的人力资本存量,它代表了直销企业生产的"技术"水平。我们假设管理者的人力资本是一个随时间而进行积累的变量,人力资本积累采取 logistic 函数的形式,即:

$$h = \frac{H}{1+\exp(a-bt)} \qquad (2)$$

其中,H 表示人力资本积累的上限值,a、b 为两个参数,$a, b>0$,t 表示时间。$U \geq \underline{U}$ 是一个参与约束条件,它表示直销企业管理者在经营企业时至少获得他的保留效用。如果直销企业管理者在其最优决策下不能得到这个保留效用,那么,由于直销企业是当地财税重要来源,为了维持其运转,政府会借助收入补贴保证直销企业管理者获得其保留效用。同时,我们还假定政府作为监督者可以为直销企业管理者设置一个最低努力水平约束 $E \geq \underline{E}$,最低努力水平是可以观测的。对于直销企业管理者来说,他有两种选择:一是如果在没有政府收入补贴的情况下,其最优努力决策所带来的效用水平低于其保留效用,那么他预期政府会对其进行收入补贴,这样的话,他就只会提供最低的努力水平。即使他的努力水平更高,政府也无法通过观测来确定其努力水平,从而无法计算怎样一个收入补贴能够保证管理者可以获得其保留效用。所以,如果仅通过自身的努力无法获得保留效用的话,那么,直销企业管理者的最优选择就是提供一个最低努力水平,等待政府来补贴。这时,直销企业既可能是亏损的,也可能是微利的。二是直销企业管理者通过自身的努力可以获得一个超过保留效用水平的效用,所以他会选择一个超过 $\underline{E}$ 的最优努力水平,这时直销企业一定是盈利的。

相应地,政府也有两种策略选择:一是,补贴。由于最低努力水平是可以观测的,如果政府观察到直销企业管理者仅投入了 $\underline{E}$,那么,其一定是无法通过自身努力获得其保留效用的,这样的话,政府为了维持直销企业的运转,将对管理者提供收入补贴。二是,不补贴。直销企业管理者投入了高于的努力,如果政府观察到这一点,那么,政府可以判断管理者一定是可以通过最优努力决策达到或超过其保留效用水平的,这时,收入补贴就没有必要了。

接下来,为了简化问题的讨论,我们先研究(1)式所示的规划取内点解的情况,这时参与约束条件和努力约束条件均取大于号,在这样一个最优规划下,如果我们用 E_1 表示直销企业管理者的最优努力水平,那么容易解得:

$$E_1 = \theta(1-\tau)h \qquad (3)$$

如果用 U_1 和 V_1 分别表示直销企业在不转制的情况下管理者和政府的效用水平,那么,我们也可以将 U_1 和 V_1 理解为在直销企业转制的合作博弈中的威胁点(threat point)。经过简单的计算便可以得到:

$$U_1 = \theta(1-\tau)(h\ln E_1 - WL) - E_1 \qquad (4)$$

$$V_1 = (1-\theta)(1-\tau)(h\ln E_1 - WL) + \tau(h\ln E_1 - WL) \qquad (5)$$

接下来,我们考虑一个直销企业转制的合作博弈模型,在这个模型下,管理者和政府通过谈判决定直销企业资产的转制价格 P,运用纳什议价方法,这个合作博弈模型可以写作:

$$\max_P N = \alpha \ln(U_2 - U_1) + (1-\alpha)\ln(V_2 - V_1) \qquad (6)$$

其中,N 表示博弈的纳什积(Nash product),α 和 $(1-\alpha)$ 分别表示直销管理者和

政府的议价能力，U_1 和 V_1 表示在直销企业转制的合作博弈中博弈双方的威胁点。在转制过程中，由于涉及到转制的成本以及直销市场的变化，因此，实际上直销企业的所得便会发生变化，于是直销企业管理者和政府的效用就需要重新写作：

$$U_2 = (1-\tau)\pi_2 - E_2 - P - C \tag{7}$$

$$V_2 = \tau\pi_2 + P - C \tag{8}$$

由于我们假设直销企业最终转制成了一个单层次直销下个人计酬方式的企业，管理者仍然需要付出自己的努力 E_2，以及直销企业转制后产品价格 P。直销企业转制过程中发生的成本被不失一般性地假定为被政府和管理者对称地分担，放松这一假定并不会影响在此的结论。当直销企业获得转制成功以后，企业的产出仍然取决于管理者的努力，与转制前不同的是，这时直销企业的税后利润随直销市场的波动而变化。于是，直销企业管理者的最优努力水平可以由下列最优规划解得：

$$\underset{E}{Max}\ U_2 = (1-\tau)(h\ln E - WL) - E - P - C \tag{9}$$

s.t. $Y = h\ln E$

由于直销企业是私有的企业了，因此，管理者的努力水平和企业的利润完全取决于管理者的最优决策。如果用 E_2 来表示企业转制后管理者的努力水平的话，很容易解得：

$$E_2 = (1-\tau)h > E_1 \tag{10}$$

由此可见，由于转制有可能提高了直销企业管理者的剩余索取权，改善了对管理者的激励，所以管理者的努力水平提高了，企业的绩效将有所改善。将(10)式所表示的管理者的最优努力水平代入企业转制的合作博弈，可以解得：

$$P = B_m - \alpha B \tag{11}$$

其中 $B_m = (1-\tau)\pi_2 - E_2 - C - U_1$，$B = \pi_2 - E_2 - 2C - U_1 - V_1$。(11)式的经济学含义是非常有意思的，它说明在转制过程中的直销产品价格取决于谈判双方的相对谈判能力，以及谈判双方能够在转制所带来的收益(B)中能够分得多少，P 只是一个协调利益分配的机制，其结果是使得利益的分配让双方满意(最大化纳什积)。

上面我们分析了转制前管理者最优努力水平超过最低努力水平要求的情况，如果由(1)式所示的最优规划取角点解的话，那么管理者的努力水平将为 V_1，而政府将为管理者提供收入补贴使其获得保留效用 U_1。这时，如果企业能够实现转制的话，管理者和政府的威胁点都会发生相应的变化，管理者的威胁点将变为 V_1，而政府的威胁点则变为提供收入补贴时的某个收入，不妨记为 V_1。相应地，企业转制时的集体资产价格决定式子(11式)中的 U_1 和 V_1 都应替换为 U_1 和 V_1。

尽管直销企业转制后管理者可能获得了更多的激励，直销企业的绩效有所提高，但是因为转制过程本身是要花费一定成本的，因此转制是否发生还要看个人理性条件是否能够得到满足。在假定转制前直销企业管理者努力水平已经超过 的情况下，我们将个人理性条件用下面两个式子表示，也就是说，通过转制，管理者和政府的效用水平都有所提高。

$$U_2 = (1-\tau)\pi_2 - E_2 - P - C > U_1 \tag{12}$$

$$V_2 = \tau\pi_2 + P - C > V_1 \tag{13}$$

经过整理,发现上述两式是完全等价的,即:
$$\pi_2 - E_2 - 2C > \pi_1 - E_1 \tag{14}$$

而上面这个式子成立时,集体理性条件也就满足了。(14)式经过进一步整理可得:
$$h[-\ln\theta - (1-\theta)(1-\tau)] - 2C > 0 \tag{15}$$

不难发现,(15)式的左式就是 B 的变形。研究该函数的性质,可以得到以下一组条件:

$$\frac{dB}{dh} = -\ln\theta - (1-\theta)(1-\tau) \quad \begin{cases} > 0 & \text{当 } 0 < \theta < 1 \\ = 0 & \text{当 } \theta = 1 \end{cases} \tag{16}$$

$$\frac{dB}{d\tau} = h(1-\theta) > 0 \tag{17}$$

$$\frac{dB}{d\theta} = 1 - \frac{h}{\theta}\tau < 0 \tag{18}$$

对上述几个奖金转制条件进行一下讨论是很有意思的,因为,我们关心的是人力资本积累对于直销企业奖金转制的影响。由于我们考虑的 $\theta < 1$ 的直销企业,管理者的人力资本积累水平越高,直销企业奖金转制所带来的收益越是可能超过其成本。而直销企业管理者的人力资本又取决于其初始水平、积累时间和其他一些相关参数。在这样的一个分析框架下,我们可以较好地理解直销企业转制的时机选择。给定其他条件,管理者人力资本初始水平越高,积累的时间越长,直销企业转制的条件就越是成熟。

以上分析了直销企业奖金转制的可能性受哪些因素的影响。这一讨论给我们的印象是,当其他因素(包括转制的成本)给定时,只要奖金转制的收益足够大,那么奖金转制总是可以构成帕累托改进的一种选择。而在实践中,我们看到了像安利、天狮、如新等直销企业奖金转制的成功,为我们提供了很好的可资借鉴的经验:

首先,我们从中可以看到制度变迁的路径依赖性。在直销企业的奖金转制过程中,制度变迁的路径依赖性主要表现在两个方面。第一,由于存在制度变迁的成本,低效率的直销企业不大可能实现转制,作为起点高的大型直销企业可能存在的一些低效率未能通过奖金转制得以纠正。第二,直销企业奖金转制过程普遍存在着所谓"内部人控制"的问题。企业管理者日益积累起来的人力资本逐渐确立和巩固了他们的"内部人控制"地位,因此,奖金转制过程中的"内部人控制"现象,尽管在理论上讲完全可能存在一些能力更强的外部人可以替换内部人,但是由于历史因素形成的"内部人控制"可能导致的一些低效率被锁定,从而体现出奖金制度变迁的路径依赖性。

其次,直销企业奖金转制的实践所隐含的道理是,人力资本积累、技术的进步与制度变迁在经济增长过程中是相互作用的。一方面,当存在制度变迁的成本时,人力资本的积累将提高制度变迁的收益,从而促使制度变迁。另一方面,一旦当制度发生变迁以后,一些经济行为人获得了更多的激励,从而诱使其行为发生转变,这时,人力资本积累和技术进步的路径就可能发生变化。

假设人力资本积累的上限(H)是直销企业管理者努力水平的函数,管理者越努力,其人力资本积累的上限越高,即 $H=H(E)$,$H' > 0$。这时,直销企业奖金转制前管理者的最优规划可以重新写作:
$$\underset{E}{Max}\ U = \theta(1-\tau)(h\ln E - WL) - E$$
$$\text{s.t. } h = \frac{H(E)}{1+\exp(a-bt)} \tag{19}$$

其一阶条件为：
$$\frac{\theta(1-\tau)}{1+\exp(a-bt)} \cdot \left[H(E) \cdot \frac{1}{E} + \ln E \cdot H'(E) \right] - 1 = 0 \tag{20}$$

将上式的左边写为函数 F，再利用隐函数求导法则对 θ 求比较静态，可得：
$$\frac{dE}{d\theta} = -\frac{dF/d\theta}{dF/dE} \tag{21}$$

不难证明，$dF/d\theta > 0$，而 $dF/dE < 0$ 是上述最优规划得到极大值的二阶条件，因此，(21)式符号为正。也就是说，当直销企业的管理者在利润中的分成比例提高后，管理者将提高其努力水平，于是人力资本积累的路径将发生变化。通过这个分析，我们可以区分奖金制度变迁过程中两种技术进步的含义：在奖金制度给定的情况下，技术进步沿着既定的路径发生，然而，当奖金制度发生变化以后，那么技术进步的路径本身就发生了变化。进一步地说，我们还可以获得另外一个重要的启示：在一个制度正在发生剧烈变革的经济中，仅仅将技术进步处理为一个外生的和持续的过程的增长理论和计量经济学模型是不够彻底的，这一点对于理解奖金制度转型经济的增长特别重要。

第三，在直销企业奖金的转制实践中，可以看到旧的奖金制度具有耐久性和稳定性。如果说制度变迁的路径依赖性指的是初始状态下的一些低效率难以彻底消除的话，那么制度的耐久性则是指制度在一定的历史阶段并不发生变化的状态。对于制度的耐久性，现有的文献往往强调规模递增或网络外在性使得制度变得稳固，等等。而在这里，由存在奖金制度变迁的成本，并且人力资本的积累过程和由此带来的制度变迁收益的积累都是渐进的，因此直销企业旧的奖金制度的耐久性和稳定性就会得以表现。这一点，我们必须真正理解，这是我们认识直销企业奖金转制博弈的关键。

③"补偿原则"不利于市场中直销合作博弈的合同约束

为了维持合作的局面，争取双赢的结果，合约就成为维系合作的纽带。制度经济学认为合约的意义在于降低了交易成本，但他们并没有明确指出交易成本的来源是什么。合作博弈的理论表明，合同所降低的交易成本就是合作的收益高于不合作的收益的那一部分收益差值。合同既然是市场中的制度产物，它显然也提高了市场的"效率"，市场似乎可以自行解决效率的问题了，但市场本身并不具备对合约的约束。根据纳什均衡，主动破坏或者违反合约也属于市场理性行为，而合同的维持反而不是均衡结果。可见，仅在市场内部合作是无法维系的，必须依赖来自市场以外的力量，这个力量就是法律。在我们前面说的直销博弈中，法律的作用就是改变直销博弈参与者不同战略的相对收益值，令 $T>R>P>S$ 不再成立，至少要令 $T<R$，使直销合作博弈通过信守合约成为均衡结果。但是，在涉及到维系市场合作行为的合同法时，中国的法学理论并不主张惩罚，而以补偿作为最基本的原则。这一原则的理论基础是：法律只需要保护市场成员的权利，其余的事情，交给市场自己解决。纳什均衡告诉我们，在直销市场内部产生合作动机（争取双赢）的同时，也产生破坏合作的动机（单方面利益最大化），因为直销市场本身不可以解决合约的约束，合作博弈必须依靠法律来维系。但以不惩罚为原则的法律，是起不到维系直销

市场合作的作用的。

直销合约中的违约行为有两种，一种违约并不存在主观故意，违约行为也不带来任何高于合同收益的收益。这种违约显然并不为违约方带来任何超过合同收益的收益，不存在主观故意的动机，但并非等同于在直销博弈中选择不合作战略，这样的违约适用"补偿原则"也许是合理的。但另一种违约，存在违约收益，即超过合同收益的收益。根据纳什均衡，也就存在违约的动机。违约是利益最大化的必然结果，是法律有责任防止的不合作战略。对于这样的违约，"补偿原则"起不到任何维系直销合作、规范直销市场行为的作用。不加区分地使用"补偿原则"的结果是执法程序的简化，避免没有经验的法官们做复杂的判断；另一个结果是减少兴讼的动机，在减少直销合作中官司数量的同时，也可能减少可能给法官带来的利益驱动。

"补偿原则"最大的缺陷是不同意对直销市场中的不合作行为赋予成本，而没有法律赋予的成本，维系直销市场合作的合约就失去了约束性；没有约束力的合约，就没有直销市场中的合作；没有合作，直销市场将不仅没有效率，市场本身也会崩溃。法律本身并不相信、并不应该对不合作行为赋予成本，但法律为什么会在直销市场行为中采取他们并不相信的"补偿原则"呢？其原因在于他们以为直销市场理性不需要法律的约束就可以达到合作均衡，他们并不理解，大多数情况下，合作均衡仅仅发生在受约束的合同存在的情况之下。本来，经济学家有责任提醒法学家，法律必须为直销市场提供合同约束，但直销市场仅仅在法律约束的条件下才有效率这一结论，是经济学家难以接受并羞于启齿的。博弈理论告诉我们，直销市场需要法律的，远远不只是界定产权那么简单，它还需要法律对市场中的不合作赋予成本，构成合同的约束力，直销市场中的博弈均衡才有可能从不合作向合作转移，市场才有效率。所以，"补偿原则"是不利于市场中直销合作博弈的合同约束的。

2.1.2 直销行业的非合作博弈

什么叫非合作博弈？非合作博弈是与合作博弈相对而存在，是指双方行为在没有约束力的协议下的相互作用。非合作博弈是现代博弈论的研究重点。比如两家直销企业A、B合作建设一条"肽"直销产品的生产线，协议由A方提供生产"肽"产品的技术，B方则提供厂房和设备。在对技术和设备进行资产评估时就形成非合作博弈，因为每一方都试图最大化己方的评估值，这时B方如果能够获得A方关于技术的真实估价或参考报价这类竞争情报，则可以使自己在评估中获得优势；同理，A方也是一样。至于自己的资产评估是否会影响合作企业的总体运行效率这样的"集体利益"，则不会非常重视。这就是非合作博弈。合作博弈强调的是集体主义、团体理性，是效率、公平、公正；而非合作博弈则强调个人理性、个人最优决策，其结果是有时有效率，有时则不然。下面，我们用进化博弈基本动态理论对中国直销行业中的非合作博弈作一下分析。

我们在上面已讲到了进化博弈理论。进化博弈理论强调系统达到均衡的动态调整过程，认为系统的均衡是达到均衡过程的函数，也就说均衡依赖于达到均衡的路径。在直销活动中，模仿者动态是进化博弈理论的基本动态，它能较好地描绘出有限理性直销个体的群体行为变化趋势，由之得出的结论能够比较准确地预测直销个体的群体行为。

①直销单群体确定性模仿者动态

在直销活动中,一般的进化过程都包括两个可能的行为演化机制:选择机制(Selection Mechanism)和突变机制(Mutation mechanism)。选择机制是指本期中能够获得较高支付的策略,在下期被更多参与者选择;突变机制是指参与者以随机(无目的性)的方式选择策略,因此突变策略可能获得较高支付也可能获得较低支付,突变一般很少发生。新的突变也必须经过选择,并且只有获得较高支付的策略才能生存下来。按所研究的直销活动中群体数目不同,进化博弈动态模型可分为两大类:直销单群体动态模型与直销多群体动态模型。直销单群体动态模型是指所考察的对象只含有一个直销群体,并且直销群体中个体都有相同的纯策略集,个体与虚拟的参与人进行对称博弈。直销多群体动态模型是指所考察的对象中含有多个直销群体,不同直销群体个体可能有不同的纯策略集,不同直销群体个体之间进行的是非对称博弈。博弈中个体选择纯策略所得的支付不仅随其所在群体的状态变化而变化,而且也随其他直销群体状态的变化而变化。

直销单群体模仿者动态模型是指把同一个直销业态环境中所有的人群看作为一个大群体,而把直销群体中每个团体都程式化为一个特定的纯策略。直销群体在不同时刻所处的状态一般用混合策略来表示。所谓模仿者动态是指使用某一纯策略的直销人数所占比例的增长率等于使用该策略时所得支付与直销群体平均支付 之差,或者与平均支付成正比例。假定直销群体中每一个个体在任何时候只选择一个纯策略,比如,第 j 个个体在某时刻选择纯策略 S_i(当然由于突变或策略转移,同一个体在不同时刻可以选择不同的纯策略)。$S_k=\{s_1,s_2\cdots s_k\}$ 表示群体中各直销个体可供选择的纯策略集;N 表示群体中直销个体总数;$n_i(t)$ 表示在时刻 t 选择纯策略 i 的直销个体数。$x=(x_1,x_2\cdots x_k)$ 表示直销群体在时刻 t 所处的状态,其中 x_i 表示在该时刻选择纯策略 i 的人数在群体中所占的比例,即 $x_i=n_i(t)/N$。$f(s_i,x)$ 表示直销群体中个体进行随机配对匿名博弈时,直销群体中选择纯策略的个体所得的期望支付。$f(x,x)=\sum_i x_i f(s_i,x)$ 表示直销群体平均期望支付。

下面给出连续时间模仿者动态公式,此时直销动态系统的演化过程可以用微分方程来表示。在对称博弈中每一个直销个体都认为其对手来自于状态为 x 的群体。事实上,每个直销个体所面的对手是代表直销群体状态的虚拟个体。假定选择纯策略 S_i 的直销个体数的增长率等于 $f(S_i,x)$,那么可以得到如下的等式:

$$\frac{d n_i}{d t} = n_i(f) \cdot f(s_i, x)$$

由定义可知 $n_i(f)=x_i \cdot N$,两边对 t 微分可以:

$$N\frac{(dx_i)}{dt} = \frac{dn_i(f)}{dt} - x_i\sum_{i=1}^{k}\frac{dn_i(f)}{dt} = \frac{dn_i(f)}{dt} - x_i\sum_{i=1}^{k}f(s_i, x)n_i(f)$$

两边同时除以 N 得到:$\frac{dx_i}{dt} = [f(s_i, x) - f(x, x)] \cdot x_i$

上式就是对称博弈模型中模仿者动态公式的微分形式。可以看出,如果一个选择纯策略 S_i 的直销个体得到的支付少于群体平均支付,那么选择纯策略 s_i 的直销个体在群体中所占比例将会随着时间的演化而不断减少;如果一个选择纯策略的直销个体得到的支付多于群体平均支付,那么选择策略 s_i 的直销个体在群体中所占比例将会随着时间的演化而不断地增加;如果直销个体选择纯策略 s_i 所得的支付恰好等于直销群体平均支付,则选择该纯策略的直销个体在群体中所占比例不变。从上面的公式推导过程可以看出,模仿者动态仅仅考虑到纯策略的继承性,而没有考虑到混合策略的可继承性。如果允许混合策略也可以被继承,那么在模仿者动态下,进化稳定策略等价于渐近稳定性。

下面我们考察表矩阵所示的对称博弈:

0	1	1
-2	0	4
1	1	0

图 7.5　对称博弈矩阵(1)

该博弈有唯一对称的纳什均衡(1/3,1/3,1/3),且均衡时的期望支付为 2/3。这个均衡并不是进化稳定均衡,因为它能够被策略(0,1/2,1/2)侵入;又因为在平衡点处雅可比行列式的特征根是 -1/3 和 -2/3,该均衡状态是动态系统的汇(Sink),因此均衡是渐近稳定的,所以对称博弈的渐近稳定均衡并不一定是进化稳定均衡。

从模拟者动态方程可以看出,支付函数的正向变换或者位移变换则为 $f^* = \alpha f + \beta$,$\alpha,\beta > 0$ 只改变直销群体演化速度而不影响直销群体演化路径。因而,在进行分析时,我们可以对支付矩阵进行必要的简化处理,求出 $x_i, x_j > 0$ 的两个直销群体相对增长率:

$$\frac{d[\frac{x_i}{x_j}]}{dt} = \frac{\dot{x}_i x_j - \dot{x}_j x_i}{x_j^2} = \frac{x_i}{x_j}[f(s_i, x) - f(s_j, x)]$$

上式说明,直销个体博弈时,获得相对较多支付的直销群体则具有更高的增长率。

② 直销多群体模仿者动态

下面给出多群体模仿者动态方程:

$$\frac{dx_i^j}{dt} = [f(s_i^j, x) - f(x^j, x^{-j})] \cdot x_i^j$$

其中,上标 ($j=1,2,\cdots,K$) 表示第个群体,其中 K 表示有 K 个群体;表示第 j 个群体中选择第 $i(i=1,2,\cdots,N_j)$ 个纯策略的个体数占该群体总数的百分比;x^j 表示群体 j 在某时刻所处的状态,s_i^j 表示第 j 个群体以外的其他群体在 时刻所处的状态;表示群体 j 中个体行为集中的第 i 个纯策略;表示混合群体的混合策略组合,s_i^j 表示混合群体状态为 x 时群体 j 中个体选择纯策略 s_i^j 时所能得到的期望支付;$f(x^j, x^{-j})$ 表示混合群体的平均支付。

直销多群体模型并不是对直销单群体模型的简单改进,由单群体到多群体涉及到一系列的如均衡及稳定性等问题的变化。在直销多群体博弈中,传统的进化稳定均衡概念就显示出其局限性了。同时,在模仿者动态下,同一博弈在直销单群体与直销多群体时也会有不同的进化稳定均衡。下面我们通过单群体与多群体的区别来给予说明。考察表矩阵所示的对称博弈:

A	0,0	1,1
B	1,1	0,0

图 7.6　对称博弈矩阵(2)

"行"代表虚拟参与人,也就是直销群体状态;"列"代表直销个体。

由经典博弈理论知道,这个博弈有两个非对称纳什均衡(A,B)、(A,B)和一个混合策略纳什均衡$(A/2,B/2)$,即直销群体中一半直销个体选择策略A,另一半直销个体选择策略B。由于我们现在仅考察单一群体情形,即直销群体中个体无角色(Role)区分,因此不可能分离出两类直销个体,所以这个系统不可能收敛到非对称纳什均衡(A,B)、(A,B)。在模仿者动态下,尽管没有单个直销个体选择混合策略,但这个混合策略纳什均衡却是该动态系统唯一进化稳定均衡且是渐近稳定均衡,下面证明它的渐近稳定性。

令$\theta_t(A)$表示在时刻t直销群体中选择策略A的个体所占比例,那么此时直销群体中选择策略B的直销个体所占的比例为$1-\theta_t(A)$,选择策略A所得的期望支付为$1-\theta_t(A)$,而选择策略B所得的期望支付为$\theta_t(A)$,直销群体平均期望支付为$2\theta_t(A)(1-\theta_t(A))$。

于是就可以得到如下一维模仿者动态方程:

$$\dot{\theta}_t(A)=\theta_t(A)[1-3\theta_t(A)+2\theta_t^2(A)]$$

从微分方程可以得出,当$\theta_t(A)<1/2$时,如果直销群体中选择纯策略A的直销个体数少于一半时,选择A的直销个体数就会增加;当$\theta_t(A)=1/2$时,直销群体中选择纯策略A个体数保持不变;当$\theta_t(A)>1/2$时,如果直销群体中选择纯策略A的直销个体数大于一半时,选择A的直销个体数就会减少。也就是说,只要群体中偏离一半选B,一半选B,系统就会自动回复到混合策略均衡$(A/2,B/2)$。因此混合策略纳什均衡是渐近稳定的,图7.7是该动态系统的相图。

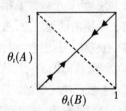

图7.7 混合策略动态系统

下面引入直销个体角色区分继续分析上面的博弈,直销单群体时由于群体中直销个体无角色区分,因而无法分离出不同群体的直销个体;直销多群体时就不同了,不同角色的直销个体可以从群体中分离出来。尽管博弈的支付矩阵没有变化,但却有不同的模仿者动态方程。

同样,该博弈有两个非对称的纳什均衡(A,B);(B,A)和一个混合策略纳什均衡$(A/2,B/2)$。直销单群体时,博弈不可能收敛到两个非对称纳什均衡;直销多群体时,由于直销个体之间有角色区分,因而直销群体中就可以分离出不同角色的直销个体,这样就不能排除两个非对称纳什均衡。在直销单群体中混合策略是渐近稳定的,但在这里混合策略纳什均衡却不满足稳定性条件。通过解模仿者动态微分方程可以得到,该动态有五个平衡点$(0,0)$;$(1,1)$;$(0,1)$;$(1,0)$;$(1/2,1/2)$,由各平衡点处可比行列式的特征根可以判断出:平衡点$(0,1)$;$(1,1)$是系统的源;平衡点$(0,1)$;$(1,0)$是系统的汇;平衡点$(1/2,1/2)$是系统的鞍点。这就告诉我们,直销非合作博弈的平衡不是静态的,而是动态的。

2.1.3 非合作博弈下的集体行动的困境:理论阐释与实证分析

直销行为是一种典型的"集体行动"形式,而集体行动的逻辑或曰集体行动的困境是客观存在的社会现象,是行动个体理性行为的非合作博弈结果。个人自私的行为并不一定能够而且在许多情况下产生最佳的社会共同结果,个人理性并不能保证集体理性。因此,直销企业公共管理危机的出现似乎在所难免。公共管理危机的克服有赖于行动个体的行为自主性,但更多地仰赖于制度的安排。因为制度是长期迭演博弈所选择的均衡结果,它是行动个体由不合作走向合作的路径依赖。

①直销"集体行动困境"的理论模型

古希腊哲人亚里士多德(A.Aristole)曾经断言:"凡是属于最多数人的公共事务常常是最少受人照顾的事务,人们关怀着自己的所有,而忽视公共的事务;对于公共的一切,他至多只留心到其中对他个人多少有些相关的事务。"而使这一断言模式化的公共选择分析模型影响最大的有三个:公用地悲剧、囚徒窘境博弈和集体行动的逻辑。

1968 年英国科学家哈丁(G.Hardin)在美国著名的《科学》杂志上发表了《公用地的悲剧》(The Tragedy of the Commons)一文,此文描述了理性地追求最大化利益的个体行为是如何导致公共利益受损的恶果。哈丁设想古老的英国村庄有一片牧民可以自由放牧的公共用地,每个牧民直接利益大小取决于其放牧的牲畜数量,一旦牧民的放牧数超过草地的承受能力,过度放牧就会导致草地逐渐耗尽,而牲畜因不能得到足够的食物就只能挤少量的奶,倘若更多的牲畜加入到拥挤的草地上,结果便是草地毁坏,牧民无法从放牧中得到更高收益,这时便发生了"公用地悲剧"。同时,尽管每个牧民决定增加饲养量考虑到现有牧畜的价值的负效应,但他考虑的只是对自己牧畜的影响,并非所有牧畜的影响。于是,最优点上的个人边际成本小于社会边际成本,纳什均衡总饲养量大于社会最优饲养量。正如哈丁所说:"这是悲剧的根本所在,每个人都被困在一个迫使他在有限范围内无节制地增加牲畜的制度中。毁灭是所有人都奔向的目的地,因为在信奉公有物自由的社会中,每个人均追求自己的最大利益。"

著名的"囚徒困境"博弈模型也说明了:在一次博弈的情况下,人们不遗余力地追求自身利益最大化,而博弈结果对于集体来说往往并非帕累托最优状态。假设两个合谋犯罪的嫌疑犯被警察抓住,分别被关在两个不能互通信息的房间进行审讯。警察告诉他们:如果两人都坦白,则各判刑 5 年;如果一人坦白一人抗拒,则坦白者立即释放而抗拒者重判 8 年;如果两人拒不认罪,则他们会被以较轻的妨碍公务罪各判 1 年。对该博弈中的两个博弈方来说,各自都有两种可供选择的策略即,坦白或抗拒;共有四种可能结果,其中,最好的得益是 0,最坏的得益是 −8。假定 A 选择的是坦白,B 的最优选择是坦白;假定 A 选择的是抗拒,B 的最优选择同样是坦白。事实上,(坦白,坦白)不仅是纳什均衡,而且是一个占优战略选择。而(抗拒,抗拒)不是纳什均衡,因为它不满足个人理性要求;订立攻守同盟也没有用,因为没有人有积极性遵守协定。因此,两个囚徒决策时都以自己的最大利益为目标,结果是无法实现最大利益甚至较大利益。

美国著名经济学家奥尔森(M.Olson)演绎的"集体行动的逻辑"(The Logic of Collective Action)说明个人理性不是实现集体理性的充分条件,其原因是理性的个人在实现集体目标时往往具有搭便车(free-riding)的倾向。奥尔森批驳了传统的集体行动观,即由具有相同利益的个人所形成的集体是要为他们的共同利益而行动的,认为"除非一个集团中人数很少,或者除非存在强制或其他特殊手段以使个人按照他们的共同利益行事,有理性的、寻求自我利益的个人不会采取行动以实现他们共同的或集团的利益"。在奥尔森看来,集团的共同利益实际上可以等同或类似一种公共物品,任何公共物品都具有供应的相联性(jointness of supply)与排他的不可能性(impossibility of exclusion)两个特性。公共物品的两个特点决定集团成员在公共物品的消费和供给上存在搭便车的动机,即使个人不为公共物品的生产和供应承担任何成本也能为自己带来收益,因为公共物品的消费并不排斥不承担成本者的消费。

与囚徒窘境描述的一次博弈所导致的个人理性与集体理性的矛盾稍有不同,奥尔森阐述的是 n 人存在的场合下,反复式的迭演博弈所导致的集体非合作性结局;与哈丁叙述的个体理性导致集体非理性的过程稍有不同,奥尔森阐述的则是存在共同利益的情况下,理性的个体不会为共同利益采取合作性的集体行动。尽管如此,三种分析模型在本质上仍然是一致的。集体行动存在着困境,人类对公共事务的管理并非轻而易举。中国古代"三个和尚没水喝"、"滥竽充数"的故事,俗话中的"林子大了什么鸟都有"、"众口难调",古典经济学中的"劣币驱逐良币",安徒生童话中的"皇帝的新装",说明的实际上也是集体行动困境的问题。奥尔森在为桑德勒(T.Sandler)《集体行动》一书的序言中写道,所有的社会科学研究范畴,几乎都是围绕两条定律展开的。第一条定律是"有时当每个个体只考虑自己的利益的时候,会自动出现一种集体的理性结果";第二条定律是"有时第一条定律不起作用,不管每个个体多么明智地追寻自我利益,都不会自动出现一种社会的理性结果"。

以上关于公用地悲剧、囚徒窘境博弈和集体行动的逻辑的阐述,构成了中国直销"集体行动困境"的理论模型。

②直销团队"集体行动困境"的现实考察

集体行动未必能导致集体利益或公共利益,由 n 人组成的直销团队的公共事务管理就是如此。在现实的直销团队公共管理中,为数不少的人抱着"我要先做我的沟通"、"别人的沟通对象我不会去帮忙"的消极心理,直销个体对团队公共事务采取漠不关心甚至非合作的态度。这种"搭便车"的心态是造就直销团队集体行动困境的根源,也是直销团队公共事务管理出现危机的肇因。如果集体行动不加以规制,那么直销团队公共管理过程中将会出现下列现象:第一,公共产品供给短缺。公共产品具有非竞争性和非排他性。直销团队的共公产品一般是非物质产品和服务,如团队的行为规范等,倘若大家都遵守直销团队的行为规范,那所有人的福利都会增加。但问题是,如果一些人占便宜、搭便车、"不出智",这种纳什均衡使得直销团队公共产品供给出现短缺、公共福利无法提高。第二,公共资源利用无度。直销团队的公共资源主要是指直销市场信息资源。在实践中,我们发现有的直销员对团队的市场信息资源不加以保护,背着他人到处使用,结果使团队的直销信息资源遭到严重破坏,影响了整个团队的直销业绩。第三,公共秩序混沌失序。直销团队应该要其运作秩序的,但由于集体行动的盲目自发,或少数直销员私自破坏,造成直销团队中直销员在直销市场经济中的无序竞争。

第四,公共组织效率缺失。直销团队集体行动如果没有很好地进行组织结构的设计和组织制度的建构,那么直销团队就会成为"大锅饭"的温床,"自利性"就会腐蚀"公共性"。

③直销团队"集体行动困境"的治理路径

美国新制度主义政治学的主要带头人之一印第安纳大学教授埃莉诺·奥斯特罗姆(Elinor Ostrom)建构了公共池塘资源(the common pool resources)模型,从理论和实证的角度阐述了运用非国家(集权)和非市场(私有化)的解决方案解决公共事务的可能性,认为"人类社会中大量的公共池塘资源问题在事实上不是依赖国家也不是通过市场来解决的,人类社会中的自我组织和自治,实际上是更为有效的管理公共事务的制度安排。"她的制度分析方法给予直销团队集体行动困境的解决颇多启示。我们认为,直销团队"集体行动困境"的解决可以通过如下的政策配置或制度安排来达到目的:第一,市场交易,降低外部性。直销团队公共物品的消费是非排他的和不可分割的,我消费,你也消费,我付出成本进行消费,你不付出成本也可得到同样的消费,这表明正外部性的存在。为了降低外部性,使收益与成本对称,对直销团队公共产品提供引入市场交易的办法不妨可以一试,比如,对直销信息源使用者实行收费等。第二,沟通协调,自主治理。直销团队公共产品的供给,少不了协商机制和契约机制。没有协调就无法达成团队公共事务管理的契约,也就无法形成直销团队公共管理的秩序安排。因此,直销团队通过沟通协调、自主治理,就能较好解决直销团队"集体行动困境"的问题。第三,理性激励,合理监督。如何要求直销员的个体行为去为集体作贡献,如何促使直销团队中分散的个体形成"组织合力"从而发挥"1+1>2"的组合效应,从而克服"集体行动困境",使直销员所在的直销团队具有越来越强的相容性,必须解决集体与个人之间的利益关系问题。奥尔森教授设计了一种动力机制——"选择性激励"(selective incentives),认为"激励必须是'选择性的',这样那些不参加为实现集团利益而建立的组织,或者没有以别的方式为实现集团利益作出贡献的人所受到的待遇与那些参加的人才会有所不同"。选择性激励要求对直销团队的每一个直销员区别对待,赏罚分明。也就是说,对于那些为直销团队利益的增加作出贡献的直销员,除了使他能获得正常的集体利益的一个份额之外,再给他一种额外的收益,如奖金、红利或荣誉。

2.2 直销经济运动中的重复博弈

重复博弈是指同样结构的博弈重复多次,其中的每次博弈称为"阶段博弈"。重复博弈是动态博弈中的重要内容,它可以是完全信息的重复博弈,也可以是不完全信息的重复博弈。在这里,我们主要讨论和研究中国直销经济运动中的重复博弈。

2.2.1 直销经济运动中的双向重复博弈现象

直销经济运动中的双向重复博弈现象,就是部分直销专卖店对上向直销企业争取超过补贴支付平均水平的边际效用;对下向直销员和消费者减少沟通成本的幅度和数额,其结果是获得了双重边际收益。

①**直销双向重复博弈的定义及其特点**

博弈即一些个人、队组或其他组织,面对一定的环境条件、在一定的规则下,同时或先后、一次或多次,从各自允许的行为或策略中进行选择并加以实施,并从中各自取得相应结果的过程。

所谓直销经济运动国的双向重复博弈现象,是指介于直销企业与直销员与消费者之间的营销组织,为获取更多的直销企业的补贴支付和向直销员与消费者减少成本费用的双向运行中,实施的动态的两三次或者其他有限次数的博弈行为。其特征是阶段博弈之间没有物质上的联系,参与人的总支付是所有阶段博弈支付的贴现值之和或加权平均值,目的是为了达到设定的预期的利润目标。

②**直销双向重复博弈的行为和策略实施**

向上(对直销企业)的重复博弈主要是充分反映直销专卖店的客观困难和问题,影响直销企业在补贴支付方面的决策实施,从而获得更多的扶持资金。一般来说,直销企业对直销专卖店补贴支付的实施,采取了固定转移支付和过渡性转移支付的综合考核办法,固定转移支付的计算范围包括店面的装潢设计、直销产品的宣传、直销人员的培训等内容。过渡性转移支付安排一部分资金解决开业前过渡期的人员经费。根据这两个方面确定补贴支付系数,结合直销企业实际可供转移的财力,确定一个不同地区专卖店的补贴支付比例和程度。作为一个直销专卖店来说,要取得相应的平均或者略高于其他专卖店的补贴支付资金,就必须反映本专卖店的特殊情况和问题,影响直销企业补贴支付的决策,使补贴支付资金最大化地向本直销专卖店倾注。假设直销企业补贴支付资金为 A,各种因素为 BS,对直销专卖店平均补贴支付资金为 $A/BS=C$。通过博弈,增加了可供补贴支付的可变因素 D,那么博弈者通过博弈后的补贴支付额为 $C+C_1$,即超过了平均补贴支付的额度 C 之外又获得了 C_1 的好处,使直销专卖店的边际效用得到增加。

向下(对直销员和消费者)的重复博弈主要是指在争取到了补贴支付资金后,直销专卖店对直销员和消费者的决策的具体实施中所采取的子博弈现象。不可否认,绝大多数的直销专卖店能根据直销企业的要求,按照预定的利润分配结构,合理地对直销员和消费者提供直销产品。但是也不可否认,有一些直销专卖店在实施的博弈中偏离了直销企业的要求,出现了一些有利于自身利益最大化的倾向。向下的重复博弈的方法是多样的,如"截留"一部分用于直销员培训等方面的补贴资金。还如按规定直销专卖店对消费者让利的一部分让得少了,等等。

双向重复博弈的一个重要特点是策略的选择不可能只考虑本阶段的利益,而必须兼顾其他阶段的得益。因此计算双向重复博弈的总得分有两种方法:一种是计算双向重复博弈的总得分,即博弈方对上对下重复得益的总和;另一种是计算各阶段的平均得益,即总得益除以重复次数。我们先说第一种计算方法:假设直销专卖店从直销企业获得的补贴支付资金为 C,直销员和消费者的利益为 B,直销专卖店最终得到直销企业补贴支付应当为 D,那么公式应当是 $C-B=D$;由于直销专卖店重复博弈的实施使直销员和消费者利益打了折扣,结果是直销员和消费者利益 B 并未能得到全部,或者说是减少了一部分,即 $C-(B-B_1)$,那么直销企业的转补贴付多增加了一部分,即 $D+C-(B-B_1)$。第二种计算方法是计算重复博弈的总得益将其相加。双向博弈的结果是 C_1 与 $C-(B-B_1)$ 之和,即专卖店向直销企业争取的边际效用与向直销员和消费者"截留"的边际减少的数额。

③改变直销双向重复博弈偏差的对策

改变直销双向重复博弈偏差,主要是直销企业要运用行政的、经济的、纪律的、法律的手段和办法,对双向重复性博弈的偏差现象及时进行纠正。所谓运用行政性的手段,就是直销企业要切实加强对直销专卖店的督查;所谓经济的手段,就是对部分直销专卖店不认真按直销企业规定运作的将其补贴资金收回或者减少;所谓纪律和法律的手段,就是宣布若干"几不准"的规定,并写进双方合作的合同内,凡是违反这些"几不准"规定的,要依法处理。

2.2.2 建立直销重复博弈信用机制

诚信有三种境界:第一是以契约为基础的诚信,即企业信守合同,按照自己的承诺办事。第二是信息非对称条件下的诚信,即掌握较多信息的一方,把真实情况告诉不掌握全部信息的另一方,由其自主进行选择。第三是完全考虑当事者利益的诚信,即当事者一方不仅仅从自己的利益出发而是在追求自身利益的同时,充分考虑另一方的利益,告诉对方应该怎么做利益才最大。三种境界以后者为最高。在信息不对称下,在直销经济活动中,如果双方之间的交易是一次性的,结果一定是诚信缺失。但是,如果双方能够预期到要继续交易,那么,受长期利益的驱动,形成重复博弈,就会相应增加交易双方诚信的可能性。按照这样的思路,直销企业要永久经营,必须加强诚信建设,通过科学的方法,建立起直销重复博弈机制,减少信息不对称对直销产品的负面作用,确保中国直销业稳健、稳定和持续发展。

①"委托—代理"关系重复博弈的数学模型

直销企业与直销员的关系,实际上是一种"委托—代理"关系。用重复博弈的数学模型,可以分析在"委托—代理"关系中双方在重复博弈情况下的合作机制。假定 A 是委托方(直销企业),B 是直销员,AB 双方互为博弈对手,会出现以下 4 种博弈的可能性。如图7.8:

	B 诚信	B 不诚信
A 诚信	①(10, 10)	②(-110, 110)
A 不诚信	③(20, -10)	④(-100, 100)

图 7.8 "委托—代理"双重博弈的四种可能

从中可以看出,在"委托—代理"制模式中,均衡点只有一个,即 AB 双方都讲诚信,才能继续"委托—代理"关系,否则,任何一方吃亏都不能使合作关系继续;有一点值得关注:A 不诚信的话不能保证自己一定获益,而 B 不诚信的话则成为最大获益者。

从现实状况分析,A 进入直销市场的门槛很高,一般直销企业不可能获得直销许可证,同时,A 还受到国家直销法规的约束和国家监管机构的监督,A 不诚信的可能性几乎为零,所以可以假定③、④两种情况不存在;B 进入市场的门槛较低,同时,B 受到的监管主要来自 A,如果 A 在监管上存在漏洞,加上"委托—代理"关系存在的信息不对称性,则 B 诚信与否是直销交易活动中的关键要素,从追求自身的最大利益的角度,②是 B 的最佳选择,因为只有在不诚信时才有机会实现自己利益的最大化,但 B 必须向 A 隐瞒自己的不诚信,以继续获益,这是欺诈性重复博弈问题。

直销企业司与直销员之间的"委托—代理"关系,从起点开始的各个时段上都存在短期与长期合作关系的转化。显然,在"委托—代理"制中最理想的合作关系是第一种,稳定性最佳,管理成本最低,因此,诚信应成为博弈者的主动选择,要把一次性博弈转化为重复博弈,即短期合作转化为长期合作。第二种情况是最危险的,给保险公司造成的风险最大。

②重复博弈信用机制的建立

直销体制是典型的"委托—代理"制,其佣金支付方式决定了对直销员的激励导向。目前,对于正处在不断增长阶段的中国直销市场,直销企业对新市场的开发尤为重要,谁占领了新市场,谁就掌握了未来发展的主动权。因此,各直销企业都将改革佣金制度作为激励直销员展业的重点。绝大多数新直销员都希望将佣金按周、按旬或按月发放,因为他们不清楚自己能否在直销行业里干得持久,早点将钱拿在手中是上策;当随着时间的推移,佣金有稳定增长时,他们继续努力做长久的信心就增强了。在这种理想状态下,"委托—代理"制的重复博弈机制就自动建立了。这属于上面数学模型中的第一种情况,代表了大多数直销员与直销企业的合作模式。直销企业应重点防范的是第二种情况,因为它利用欺诈性重复博弈损害了企业和消费者的利益,也破坏了直销企业和直销员整体的信誉。那么如何把一次性博弈转化为重复博弈,又如何化解欺诈性重复博弈风险呢?这里提出以下解决思路。

第一,注重长效激励机制的培育

经济学认为,人的社会行为的基本动机是谋求个人利益的最大化。诚信也一样,它是人们在重复博弈、反复切磋过程中谋求长期的、稳定的物质利益的一种手段。在直销经济领域,诚信首先是基于利益需要而作出的一种策略选择,而不是基于心理需要而作出的道德选择。作为社会人,直销员的行为还要受到社会道德规范的限制。因此,在直销的激励机制中要注重长效机制的培育。长效激励机制要有利于直销团队的诚信建设,而诚信建设又带给直销员长久的经济利益,因此,它可以成为直销团队日常管理工作的动力。信息不对称是"委托—代理"制必然存在的现象,而且也将要长期存在下去,只有建立一套行之有效的长效激励机制,才能谋求直销业务稳定健康的发展,使"委托—代理"双方即直销企业与直销员实现长久共赢。

第二,建立信用信息体系

建立一个有效的直销信用信息体系,对于直销企业、直销员、消费者作为交易主体之间的信息不对称,能够起到积极的作用。有效的直销信用信息体系,实际上是直销企业、直销员、消费者的"保险信用数据"的详细记录体系,运用现代发达的电子信息技术,每个交易主体都可以实现即时的信用信息查询,这样能够大大地矫正各个直销交易主体之间的信息不对称,在一定的程度上降低由于信息不对称形成的直销信用风险。

根据目前的营销管理模式,直销企业应发挥管理优势,建立直销机制的信用信息体系,防范信息不对称带来的风险,以下两种体系的建立具有代表性:一是建立直销员信用评价体系(信誉奖励机制)。通过对直销员在一定时期内的绩效、业务质量、行为规范等进行定期考评,根据考评结果对直销员的信用品质进行科学评价,建立信用等级,正向引导直销员自觉约束自己的行为,提高服务品质,提高信用度,有效规避信息不对称带来的直销管理风险。二是建立风险预警体系(信誉惩罚机制)。根据直销员在一定时间内销售情况,运用信息技术,通过设立预警指标,电脑自动生成预警分值,从中筛选出可能存在问题的直销员名单,进行排查,对于查出确有严重违规行为的直销员,必须按照规章制度和法律手段惩处,并建立信息发布制度或"黑名单"通报同业制度,给予信誉惩罚,坚决遏止利用信息不对称进行违规展业的行径,同时也教育全体直销员遵纪守法、诚信服务,树立良好的直销展业风气。三是建立直销企业与消费者的对话平台。在电子信息、通讯技术和互联网传播飞速发展的今天,与消费者的联系方式也日益便捷,从家庭详细地址、电话号码、手机号码、EMAIL地址等,都可以建立与消费者的联络。这样就可以使直销企业及时发现少数直销员的违规行为。

③创造重复博弈条件,重建社会信用

信用贫困,已成为制约中国直销经济发展,影响中国直销企业竞争能力提高的重大问题。因而走出信用建设悖论、重建社会信用成了中国直销业最为热门的话题之一。在现阶段,要重建社会信用,必须按"重复博弈"的要求对信用建设进行新的制度安排。

微观经济主体行为的短期效应是我国直销经济发展中的一个极为普遍的通病,正是在一锤子交易中,信用遭到了极大的破坏。直销经济主体行为应该是:首先,要求经济主体必须是自主的经济人,时刻以追求自身利益最大化为目标。对直销企业而言,明确产权关系,合理构架公司治理结构是首当其冲之事;其次,要求直销企业的经营权不再掌握在寻求短期绩效的经理阶层手中;第三,要求我们的政府行为长期化,在引导和调节直销市场时要多采取一些放水养鱼的财政、税收和金融政策,切不可竭泽而渔。只有长期存在的理性直销经济人,才可能有永不间断的重复博弈。

建立包括所有直销成员(法人和自然人)在内的信用信息资料库并向全社会公开。大量私人信息的存在和信息的不对称,是"囚徒困境"产生的基本前提。让直销博弈双方拥有对方更多的公共信息,使重复博弈在合作的基础上进行得更久。要让这种信息资料库既可以使博弈双方更好地树立自己的信誉和声誉,又可以让博弈的另一方更好地了解自己。

加强市场监督体系的建设，动员全社会力量来监督直销失信行为。对失信行为的监督惩罚是直销信用建设极为关键的部分。在重复博弈中对失信行为的惩罚是通过"以牙还牙"式的报复来实现的，这毕竟会影响当事双方的经济效益。动员社会力量监督失信行为，则更有针对性地对失信者进行惩罚。

健全的直销信用法律体系，是保证上述条件实现的重要前提。直销市场经济是法治经济，因而要规范直销经济主体的信用行为和信用关系，没有健全的法律作为保障，直销信用体系的建立是不可能得到实现的。

2.2.3 必须使直销重复博弈达到动态均衡

直销重复博弈必须要达到动态均衡，这是直销重复博弈所要追求的目标。没有动态均衡的直销重复博弈，博弈双方是达不到"双赢"的目的的。

什么叫直销重复博弈的动态均衡？直销重复博弈动态均衡是指直销博弈双方通过重复博弈后，都能在既定的目标阈值内提到共生。我们应该从以下有三个方面来认识直销博弈动态均衡这个定义：

①直销重复博弈动态均衡的前提是合作

我们知道，一旦产生重复博弈，就一定是直销双方因为利益的不一致而多次博弈的反映。如果我们假设直销博弈双方是相互对立的，那么他们之间就只能是一次博弈，因为通过一次博弈后利益受挫方就不会再与对方进行博弈竞争。因此，这里所说的直销重复博弈，应该是直销博弈双方在直销经济发展中存在着共同利益，但这种共同利益的取得和分享必须通过重复博弈后才能实现。从这个意义上说，直销重复博弈的过程蕴涵着直销博弈双方合作的因素。因此，直销重复博弈要达到动态均衡，首要的前提要把竞争当成是一种特殊的合作，而不能当作是一种互相残杀。

②直销重复博弈动态均衡的基础是对称

我们在上面说过，重复博弈是动态博弈中的重要内容，它可以是完全信息的重复博弈，也可以是不完全信息的重复博弈。但要实现直销重复博弈的动态均衡，我们认为，应该要有信息基本对称的这样一个基础。如果信息不完全对称，那么直销重复博弈就实现不了真正意义是的动态均衡。当然，在直销重复博弈过程中，很有可能一开始博弈双方的信息不是很对称的，但是，在信息不很对称的情况下，直销博弈双方都要显示良性竞争的诚意，逐步形成信息基本对称的局面。在这种情况下的直销重复博弈，才有可能最终达到动态均衡的的目的。比如，直销企业与直销员的重复博弈，一开始不可能处在完全信息的状态。在重复多次博弈过程中，博弈双方逐步建立了信任感，信息不对称的状况很有可能得到逐步改变。在信息基本对称的情况下，直销企业与直销员的重复博弈最终会日臻均衡。

③直销重复博弈动态均衡的约束是规则

要实现直销重复博弈的动态均衡，除了需要"内德"的修养外，还需要"外法"的约束。在这里，我们所说的"外法"就是直销重复博弈双方约定的规则。如果直销博弈双方没有一定规则约束，重复博弈就不可能达到动态均衡。比如，恶性竞争就是直销重复博弈不能实现动态均衡的一个"毒瘤"。在直销重复博弈过程中，如何防止恶性竞争的出现，这就需要博弈双方制定相关的规则。有了直销博弈双方都能接受的规则,直销恶性竞争的可能性就小得多。所以,实现直销重复博弈的动态均衡,就必须要有规则的约束。

2.3 直销经济运动中的序列博弈

序列博弈也叫顺序博弈,是指对局者选择策略有时间先后的顺序,某些对局者可能率先采取行动。在现实的直销决策活动中,很多时候各博弈方的决策有先后之分,这就免不了有一个次序问题。在这里,我们将着重研究中国直销的序列博弈。

2.3.1 直销序列博弈也是一种动态博弈

依据是否考虑决策的时序问题,博弈可以划分为静态博弈和动态博弈。静态博弈不需要考虑决策的时序问题,即参与人选择行动时并不知道对手采取什么具体行动。动态博弈则需要参与人的行动有先后顺序并且后行动者能够观察到先行动者所选择的行动。直销序列博弈的次序性,就决定了直销博弈的动态性,所以,直销序列博弈也是一种动态博弈。

①直销序列博弈具有时序性

直销序列博弈是具有时序性的,这是直销序列博弈具有动态性的最直观的特征。我们举这样一个例子:有两家直销企业,同时研制一种相同的直销产品。一般情况下,两家直销企业都希望自己首先将直销产品进入直销市场,但在实际过程中,同时进直销市场的可能性并不大,因为双方对对方的信息都掌握不了,谁也不知道对方到底何时将新研制的产品进入直销市场。这样,两家直销企业将新研制的直销产品进入市场就有了先后的次序,这先后次序就是时序。这就告诉我们,直销序列博弈不是静态的,而是具有动态的基本特征。

时序性不只是说明了直销序列博弈的时间流的动态特征,而且还说明了博弈双方决策思维动态的特征。比如,先行者什么时间先行,先行后对后进者采取什么对策?后进者什么时间进入,进入后如何反制先行者?这些决策思维是在根据当时的实际出现的情况作出的,并根据可能出现的不利因素提出第二决策方案。这就告诉我们,直销序列博弈的时序安排(时间流)是由直销博弈双方的动态的决策思维(意识流)所决定的。

②直销序列博弈具有多维性

直销序列博弈不只是博弈的双方,可能还会有第三方。这就是直销序列博弈的多维性。我们还是以上面的例子加以论证。两家直销企业都要向直销市场推出刚研制的相同的直销产品,除了两家直销企业的序列博弈外,还有第三方的力量的作用。比如,产品的市场准入由谁说了算,直销企业肯定是没有这个市场准入的批核权。负责市场准入批核权的一方,就决定了两家直销企业新产品进入直销市场的时序。所以,直销序列博弈的多维性也决定了其具有动态的基本特征。

直销序列博弈的多维性体现了精炼贝叶斯博弈原理。精炼贝叶斯博弈是不完全信息动态博弈均衡概念。它表示在博弈中参与者的行动有先有后,后行者可观察并预测到先行者可能采取的几种行动,但并不知道先行者选择某种行动的内在原因是什么;而先行者也知道后行者可能要采取的几种对应行为,却也不清楚其行动的具体原因。因此,先行者想给后行者一种信息,并促使后行者采取的行动对自己是最有利的;而后行者却想从先行者行动中去伪寻真,找到其行动的真正原因,从而采取最有利于自己的行动。直销企业在多维性动态序列博弈中,可以通过一种协调机制平衡直销博弈双方的利益。也就是说,直销多维性动态序列博弈中的矛盾,是可以通过谈判、沟通和协调来解决的。这其实就是一种不完全信息的博弈过程。

③直销序列博弈具有可信性

直销序列动态博弈中有一个可信性的问题。我们假设,在直销动态博序列弈中,直销博弈方 A 是先行动一方,如果后行动的直销博弈方 B 将对直销博弈方 A 采取不利的行为即选择反制策略,这就相当于后者对前者施加了一种威胁,反之相当于一种许诺。而作为先行动的直销博弈方 A 是否应该相信后行动者会采取对自己有利或不利的行动? 这就是动态博弈中可信性问题。由于我们所讨论的直销序列博弈问题是建立在个体行为理性基础之上的,因此,对于直销博弈方 B 来说,在"反制"和"不反制"两种策略选择中,他宁愿选择反制,因为采取反制以后给他带来的支付是大于不反制策略下的支付,因此他的唯一选择就是以反制策略应对直销博弈方 A 的行为,显然,这对直销博弈方 B 的反制威胁是可信的。事实上,如果直销博弈方 B 的反制威胁是可信的,直销博弈方 A 决不会无视这个威胁的存在,那么他在先行动时,就不会铤而走险地选择对 B 不利的行为。因为根据逆推归纳法,直销博弈方 A 在第一阶段选择对 B 有利行为的支付为大于选择对 B 不利行为的支付,那么直销博弈方 A 在第一阶段理性地选择了对 B 有利行为的策略,所以双方仍能相安无事。

但是,如果直销博弈方 B 采取的反制威胁是不可信的,那么该博弈的结果会是什么样的呢? 在博弈进入第二阶段时,直销博弈方 B 在两种可选策略下的支付发生了根本性的变化,即当直销博弈方 A 选择对 B 不利行为时,直销博弈方 B 选择反制应对的支付小于不反制策略下的支付。在每个个体行为理性的假设下,直销博弈方 B 不会选择反制策略,因为它不会给自己带来比不反制更好的结果。相反,选择不反制策略,双方通过市场竞争,把"蛋糕"做得更大,其结果是双赢的。显然,这时直销博弈方 B 的反制威胁对于直销博弈方 A 来说是不可信的,直销博弈方 A 也知道博弈方 B 的理性选择是不反制。这样,一个不可信的威胁改变了双方博弈的路径及其结果:即第一阶段直销博弈方 A 选择对 B 不利行为,第二阶段直销博弈方 B 选择不反制,双方博弈的结果是各自的支付为理想状态。

2.3.2 直销序列博弈中先行者的优势:以直销申牌为例

对于直销企业申请牌照而言,存在着这样的博弈机理:①灰色直销的吸引力下降,直销员和消费者会看淡灰色直销,因为灰色直销会给直销员带来一种危机感,容易被人说成进行传销之嫌;②由于先领到直销牌照的直销企业,会立马形成一种"牌照效应",直销员的队伍会迅速扩大,直销市场会很快拓展,因此,的确存在"先行者有利"的策略行为。

当然,如果国家管理部门监管严格,先行申请领牌的直销企业可能较之后行申请领牌的直销企业"吃亏"。这是因为国家管理部门由于缺乏系统的管理经验，对先行申请领牌的直销企业实行监管严格，而先行申请领牌的直销企业的奖金制度转型还刚刚开始，也不可能再继续用原来多层次直销的奖金制度，因此，可能有相当数量的直销员会流失到灰色直销企业中。不过从长远的利益看，先行申请领牌的直销企业有着更多更及时的资讯信息，对政策反应更为敏感，对直销发展趋势的研判及对"先行者有利"的认识较之后行直销企业更为成熟。正因为如此，还是有许多直销企业极力争取提前领到直销牌照。

在中国，第一批拿到直销牌照的不是大型直销企业，而是中型直销企业。为什么愈是实力大的直销企业愈不想先行申牌，愈是中型直销企业却要先行申牌呢？因为在严格执行我国直销法规的大背景下，由于大型直销企业"船大调头难"，他们所考虑得是如何先把奖金制度的"转制"实行"安全着陆"，并没有考虑先行申请领牌的重要。而中型直销企业的考虑则不同，他们在实力上是竞争不过大型直销企业的，因此，对于先行申请领牌应该是他们与大型直销企业进行有利竞争的重要策略，尽管具有一定的风险，但他们认为机会成本愈大，所冒的风险愈大，同时"先行申牌策略"也会越有利，博弈的结果只能是"先行申牌"直销企业有更高的回报率。

那么"先行申牌"的直销企业在直销序列博弈中会有哪些优势呢？通过分析，其优势主要体现在如下方面：一是"牌照效应"诱致市场效应。在中国民众的眼中，凡是有国家颁发的直销牌照，这样的直销企业是政府支持发展的直销企业，其直销产品也一定是深得市场欢迎的，因此，"直销牌照"效应很快会转成为市场效应。我们分析，只要按照国家对申领直销牌照的有关政策规定办，拿牌的直销企业开拓直销产品市场的势头是很强劲的。这正是申牌直销企业所企盼的。二是直销牌照是中型直销企业抗衡大型直销企业的"利器"。大型直销企业的优势并不在直销牌照上，大型直销企业的优势正是中型直销企业的弱势，如企业的科技开发能力和资金实力，中型直销企业是不能与大型直销企业相比的，所以，中型直销企业一定会把直销牌照当作他们与大型直销企业抗衡的"利器"。这一"利器"如果运用得好，是能够在与大型直销企业在竞争中抗衡"一阵子"的。为什么说是"一阵子"，这是因为大型直销企业不会永远不申请直销牌照的，等他们奖金制度转制成功后也会立马申领直销牌照的，到那时，中型直销企业具有直销牌照的优势会逐渐消退。三是直销队伍建设会很快形成新的规模。有了直销牌照，许多直销员会很快聚拢在这些直销企业中，直销员队伍很快会形成新的规模。而大型直销企业由于没有先行申领直销牌照，很有可能有一部分直销员流向拿牌的中型直销企业。这种情况的出现，就体现了申牌直销企业在直销队伍建设上的优势。

2.3.3 直销序列博弈中的竞争策略

在直销序列博弈过程中，体现了直销博弈双方不同的竞争策略。下面我们来举两个例子加以说明：

第一个例子：直销法规实施后，两家实力相当的直销企业都要开拓上海直销市场。A直销企业率先进入上海直销市场，他们采用了产品创新竞争策略。这家直销企业深知上海直销市场开拓的艰难,因而他们首先了解上海消费者在市场上购买产品情况,感到上海人购买产品最基本的目的是为了获得产品所提供的实际利益和效用,即产品的核心。他们认识到,在上海,一种产品能否被消费者所接受,不仅决定于生产者能向社会提供什么样的产品,更重要的是取决于该产品是否给消费者带来实际的利益,使其需求得到满足,谁能够更好更快地设计、制造出适应消费者需求的产品,谁就拥有更大的营销竞争力。于是,这家直销企业把新研制的直销产品投放上海市场,收到了理想的效果。所以,产品创新是这家直销企业参与市场竞争最基本的竞争策略。

B直销企业发现A直销企业利用产品创新竞争策略在上海直销市场获得了成功,他们没有采取降价手段来与A直销企业竞争,而是采用品牌竞争策略与A直销企业在上海直销市场进行博弈竞争。他们认为,上海人很讲究产品的品牌,直销企业应根据产品、环境及企业本身等因素来选择适当的商标策略,并逐步树立自己的品牌形象:第一,在直销环节上采用著名商标来带动新产品的销售;第二,在统一商标下推出一系列商品,以显示企业的实力;第三,使用知名大学的科研力量研制产品,有助于提高企业声誉,同时减少不必要的宣传费用,从而降低促销成本,取得竞争的优势地位;第四,面向不同消费者或性质不同的商品分别采用不同的个别商标,这样有利于消费者购买。实施品牌策略后,B直销企业也在上海赢得了较大的直销市场。B直销企业在上海直销市场上的成功,说明这样一个道理:产品的品质、特征、造型、商标和包装等都是产品在市场上出现时物质实体的外在特征,产品的这些形式虽然不涉及产品的实质,但当这种形式与产品的实质内容协调地统一起来时,将给上海消费者带来欢快、享受、安全等心理上的满足。于是,B直销企业通过塑造产品形象来提高竞争能力,因而起到较好的促销作用。如果B直销企业也用A直销企业产品创新的竞争策略,那么B直销企业会在序列博弈中处于被动境地,很难打开上海直销市场,甚至会在上海直销市场上被无情淘汰。

第二个例子:广州的直销市场也是很难使直销企业立足的。C直销企业在进入广州直销市场时,采用了包装竞争策略。产品包装是"无声的推销员",一个造型美观、色彩艳丽、含义深刻、设计独特,并便于随带的包装,能够在众多同类同质的直销产品中被消费者所注意和选购。因此,C直销企业认为正确的包装策略有利于商品销售的竞争,有效地促进销售。他们在进行产品包装的竞争时,采用了以下策略:第一,生产同样质量水平产品在所有产品的包装物外观上都采用相同的图案、色彩、这种类似包装策略能起到壮大企业声势,扩大影响,促进销售的效果;第二,利用组合包装策略,将多种有关联的商品组合包装在同一包装物中,可以一物带多物增加销售量,使消费者较快的接受新产品,促使新产品避开激烈的市场竞争顺利上市;第三,再使用包装策略。即包装物不但能包装商品,在商品用完后,包装物还可作其他用途,以给购买者尽量多的额外利益,诱发购买动机。第四,在商品包装里面附送赠品券或实物赠品,借以吸引消费者购买或重复购买。这种附赠品包装策略给消费者一种艺术性的优惠,比简单地降价让利于消费者具有更强的竞争力。C直销企业进入广州不到一年时间,就获得了很大成功。

D直销企业也不示弱,他们也参与在广州直销市场的序列博弈。D直销企业采用销售服务竞争策略与C直销企业竞争。销售服务是指营销者围绕着促进产品销售和帮助消费者使用所进行的一系列活动。充分反映消费者或用户要求的全方位的销售服务是竞争力的有效保证。这是因为，消费者在商品交换活动中所获得的需求满足感，不仅表现在购买过程中，主要还体现在使用商品的消费过程中。D直销企业认为，在大多数直销企业产品的制造能力和更新换代能力逐步接近的情况下，销售服务的竞争将是营销者之间竞争的主要方面，因为，消费者只会选择那些能够提供尽可能多的附加值的商品。D直销企业在实施全方位服务竞争策略中划分了三个阶段：第一，售前服务。主要是向消费者传达直销产品的知识，促使消费者了解、熟悉直销新产品，因而产生购买欲望。第二，售中服务。主要是使消费者顺利地做出购买决策，并提供方便的购买条件。如，协助购买者挑选直销产品，并做到送货上门等。第三，售后服务。主要是指导消费者如何使用、保护直销产品。在序列博弈中。D直销企业也在广州直销市场上打开了一片"天地"，直销产品很快让广州消费者得到了认同。

通过分析上面两个例子，给我们的启迪是：直销企业在序列博弈过程中，应该认识到直销市场竞争千万不能雷同，必须在市场环境改变之后作出相应的变化，非价格竞争是现代市场营销竞争发展的趋势，把握了这样一个方向，并同时制定出切实可行的非价格竞争策略，才能在激烈的直销市场竞争中最后赢得市场和占领市场。

▼3 中国直销的策略决策

因为中国直销策略决策的定义，我们已在第一节中作了阐述，所以，在这一节我们将只对中国直销的策略决策的类型进行具体分析。在这里，我们主要介绍三种中国直销的策略决策：一是极大化极小直销策略决策，二是混合直销策略决策，三是先入为主直销策略决策。

3.1 直销极大化极小策略决策

我们先来看一篇短文：未来的金融服务会如何发展？换句话问就是，今后哪些金融机构能够活下去？对此问题，Master Card（万事达）国际组织亚太区首席策略顾问王月魂分析指出，未来金融业发展的趋势有两种：一种是"极大化"，在全球化的趋势下，大型跨国银行集团逐渐形成，未来这种超级银行大约会剩下20家以下，这些大型银行团具有经济规模的优势，轻松便能打入当地市场。另一种是"极小化"，在大型银行集团之外，那些专业经营小市场的银行能生存。

这些银行会专注于特定的金融领域，靠着扎实与深入经营和服务而获利。这篇短文用了"极大化"和"极小化"的概念，实际上就是经济学中常提到的极大化极小策略。中国直销的策略决策中，一个常用的就是极大化极小策略决策。下面，我们就来认真讨论这一问题。

3.1.1 直销极大化极小策略决策的涵义

纳什均衡的实现极其依赖个人理性。直销各博弈方和策略选择不仅仅取决于自己和理性,而且也取决于对手的理性。正如图7.9中例子所示,这可能是一种谨慎选择。

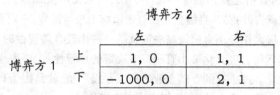

图7.9 极大化极小策略

这是一个极大化极小策略的例子。在这个博弈中,采取"右"对博弈方2是一个上策,因为采用这个策略时不管博弈方1选什么,博弈方2的结果都是比较好(赚到1而不是0)。因而,博弈方1应该期望博弈方2采用"右"的策略,在这种情况下,博弈方1采用下(并赚到2)比采用"上"(并赚到1)要好。很明显,该结果(下,右)是这个博弈的一个纳什均衡,且可以证明这是一个唯一的纳什均衡。但要注意博弈方1最好能肯定博弈方2是理解这个博弈并且是理性的,因为万一博弈方2犯错误用了"左",那对博弈方1来说代价可太大了。

如果A直销企业是博弈方1,应该怎么做?如果A直销企业是比较谨慎的,并且考虑到博弈方2可能不完全清楚博弈或不一定理性,他就会选择"上",这样他就会将保证能赚到1并且不会有损失1000的可能性。因为这种策略就是最大化可能得到最小利益,因此就被称为极大化极小策略(maxmin strategy)。假设B直销企业为博弈方2,A直销企业和B直销企业都采用了极大化极小策略,结果是:(上,右)。极大化极小策略是保守的,而不是利润最大化的策略,因为A直销企业即博弈方1赚到利润只有1而不是2。注意,如果A直销企业很清楚B直销企业采用极大化极小策略,他就会宁愿采用"下"(并赚到2),而不是按极大化极小策略采用"下"。

分析到此,我们认为,极大化极小直销策略决策的涵义是:直销企业在博弈过程中,采用比较保守谨慎的策略,不追求利益最大化但作最大化努力。极大化极小直销策略决策的目的是减少直销企业的投入和经营的风险,以确保直销企业的正常发展。利用极大化最小策略决策的一般以中小直销企业居多,因为这些直销企业实力不够强大,经不起信念任何风险,所以,在一般情况下,只能选择这一策略决策,但也不排队少数中小直销企业看准直销市场走向,实行与之相反的策略决策,以获得意外的高额利润。

3.1.2 直销极大化极小策略决策的基本特征

极大化极小直销策略决策,在中国直销市场还不那么成熟的今天,特别对中小直销企业来说，有着重要的选择意义。之所以有重要的选择意义，这是由极大化极小直销策略决策的几个基本特征所决定的。

①**选择的理智性**

选择极大化极小直销策略决策，体现了直销企业的一种理性。在中国，直销市场的投机性和风险性都比较大，稍不加注意，就很有可能掉进"鲜花铺满的陷阱"中。我们发现，在直销行业刚入中国不久，国内一些传统企业也进入了直销行业，结果成活率不是很高。失败的一个很重要的原因就是一些传统企业进入直销行业时，认为直销是营销的唯一高超手段，结果花巨资加以投入，换来的却是严重亏损。这就告诉我们，直销企业在直销市场上进行博弈，一定要注意理智地选择策略决策。极大化极小直销策略决策就是一种比较有理智性的策略决策，我们应该加以灵活运用。极大化极小直销策略决策的理智性，主要表现在不是盲目地追求利益最大化。过去有的直销企业之所以亏损严重，就是因为盲目选择了利益最大化的策略决策。这个教训，我们应该牢牢记住。

②**实施的谨慎性**

选择了极大化极小直销策略决策，在实际操作过程中也体现了谨慎性。为什么会在实际操作中会产生谨慎性，这是因为极大化极小直销策略决策在选择过程中就显得比较理智，所在在操作中也就会显得更加谨慎。比如，直销企业在实施极大化极小直销策略决策时，不会因为理智地选择而忘记谨慎的实施，因为谨慎实施是理性选择的延续和深化。如果在实施中不那么谨慎，那就说明选择时也是不那么理智的。只有理智选择极大化极小直销策略决策，才能在实施过程中坚持谨慎的原则，也就是说，只有理智加谨慎，才能完成极大化极小直销策略决策从选择到实施的全过程。我国中小直销企业在运用极大化极小直销策略决策时，应该不仅仅在选择时要特别理智，就是在实施中也应该格外谨慎。只有这样，中小直销企业才能在直销经济博弈中，减少不必要的风险，以不断增强自己的实力。

③**结果的均衡性**

结果的均衡性，这是选择和实施极大化极小直销策略决策的理想目标。我们这里说的"均衡"是指经济学上的纳什均衡。什么叫纳什均衡？纳什均衡就是指一组满足给定对手的行为各博弈方所做的是它所能做的最好的策略或最好的行为。由于各博弈方没有偏离它的纳什策略的冲动，因此这种策略是稳定的。我们知道，直销博弈双方肯定都想达到博弈的最优效果。但是，在信息不对称的情况下，直销博弈双方都不会采取盲目行动，而是选择理智的令他自己满意的最佳策略，并且没有改变这一策略的冲动，因而直销博弈双方的博弈结果，一定会达到纳什均衡的效果。当然也不排除博弈对手采取错误的选择的可能，但只是特例，不在这里专门研究之。

3.1.3　直销极大化极小策略决策的个案分析

为了进一步认识和了解极大化极小直销策略决策，我们在这里对一家直销企业应用极大化极小直销策略决策的个案进行一次分析。

2005年11月，我国《直销管理条例》正式开始实施，安徽的一家传统保健品企业决定加入直销行业,他们的主打产品是以酶为主要原料生产的保健品。在传统市场上产品销路一般,在直销市场上还没出现同类产品。应该说没有同类产品,在直销市场会有买卖的"亮点"。但是,这家企业没有盲目进入直销市场,而是首先分析进入直销市场的风险在哪里。通过市场调研和分析,他们认为,进入直销市场并不等于产品就有了很好的通路,关键看消费者有没有对产品的强烈购买欲。于是,他们选定了与广州的一家直销企业进行博弈竞争。广州这家直销企业的产品和安徽这家直销企业的产品相似。两家企业通过分析比较,广州的直销企业的整体优势要大于安徽直销企业,所以安徽直销企业在进入直销市场时选择了产品价格下调的策略,让利给消费者。由于消费群体与广州直销企业是不是很相同,因此,两家直销企业在各自的直销市场经营而相安无事,实现了"双赢"的目标。

这个例子说明了什么问题呢?我们应该这样理解,安徽那家直销企业进入直销市场时采取了极大化极小直销策略决策,在作了极大化努力后而获得了极小的利润,这是一种理智谨慎且保守的策略决策。实施这一策略决策最大的好处是,安徽直销企业进入直销市场后把可能出现的市场风险给规避了,从而使自己在直销市场上先站稳了脚跟。我们认为,对于刚进入直销行业的传统企业或想要进入直销行业的传统企业,一开始不能冒很大的风险,应该采用极大化极小直销策略决策。这对于传统企业成功进入直销行业有着极其重要的意义。

3.2 直销混合策略决策

上面我们研究的所有直销博弈中,所作的行为策略基本上都是纯策略(pure strategies)。可是,在有些博弈中纯策略不一定是博弈中最佳策略。也就是说,有的策略用了纯策略后不会出现纳什均衡,因而就不是最好的直销策略决策。所以,我们在这里将讨论另外一种策略决策,这就是直销混合策略决策。

3.2.1 直销混合策略决策的基本涵义

要知道什么是直销混合策略决策,我们先应理解什么叫混合策略决策。只有先理解了混合策略决策的概念,我们才能知道什么是直销混合策略的基本涵义。那么什么是混合策略决策呢?我们现在用一个对硬币博弈这个经典例子来说明这个问题。

在这个博弈过程中,每方选择硬币的正面或反面,以及双方同时显示各自的硬币的面。

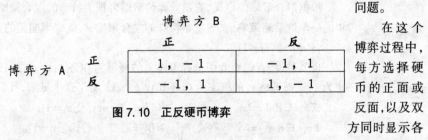

图 7.10 正反硬币博弈

如果两人的硬币面相同(即两个正面或两个反面),博弈方 A 赢一元钱,B 输一元钱,反之,B 赢一元钱,A 输一元钱。上图表示该博弈的支付矩阵。

该博弈按纯博弈策略就不存在纳什均衡。假设博弈方 A 出正面,这时 B 当然会出反面,但是当 B 出反面时,A 也会出反面。这里不存在一种正反面的组合能同时满足 A 与 B 的,为此,A 与 B 不断地改变策略。虽然按此纯策略该博弈不具有纳什均衡,但是混合策略却有纳什均衡。混合策略是指在给定一组选定概率的条件下,博弈者从两个以上(含两个)选择中随机地作出一种选择。在本博弈中,博弈方 A 可以投掷硬币,即以 1/2 的概率赌正面及以 1/2 的概率赌反面。如果 A 与 B 都采用这种策略,我们可以达到纳什均衡:给定对手行为的前提下双方都处于最佳状态。唯一需记住的是这个博弈的结果是个随机事件,但对于博弈双方而言,他们的预期报酬或叫预期得益,都是为零。

设 Q:直销企业甲与直销企业乙是一个博弈的两个局中人。他们的纯策略集分别记为:

$$S=\{s_1,s_2,\cdots s_n\} \text{ 和 } T=\{t_1,t_2,\cdots t_m\} \tag{1}$$

x 与 y 是两个概率向量,即:

$x=(x_1,x_2,\cdots x_n)T; x_i \geq 0(i=1,2,\cdots n); \sum x_i = 1$

$y=(y_1,y_2,\cdots y_m)T; y_j \geq 0(j=1,2,\cdots m); \sum y_j = 1$

若 x 表示对直销企业甲的纯策略集 S 的全体策略的一种概率选择;y 表示对直销企业乙的纯策略集 T 的全体策略的一种概率配置,即:

直销企业甲以概率 x_1 选择策略 s_1,以概率 x_2 选择策略 s_2……以概率 x_n 选择策略 s_n。

直销企业乙以概率 y_1 选择策略 t_1,以概率 y_2 选择策略 t_2……以概率 y_m 选择策略 t_m。

则称 x 为局中人直销企业甲的混合策略;称 y 为局中人直销企业乙的混合策略。

混合策略的实践意义是表示局中人对各个纯策略的偏好程度,或是对多次博弈达到均衡结局的各个纯策略选择的概率估计,因此体现了主观概率的意义。

分析至此,我们就可以清楚地知道什么是直销混合策略的内涵了。直销混合策略决策就是指直销博弈双方在根据一组选定的概率的情况下,在直销博弈过程中两种或两种以上可能的行为中随机选择的策略决策。

3.2.2 纯策略:直销博弈中特殊的混合策略决策

根据混合策略的定义,直销博弈纯策略可视为特殊的混合策略。例如直销企业甲的一个纯策略策略 $s_i \in S$ 就是特殊的混合策略 x':此概率向量的分量取值为:$x'_i=1, x'_j=0 \quad (j \neq i)$。

也就是说,直销企业甲选择策略 s_i 的概率为 0(不妨设 $i \neq 1$),选择策略 s_i 的概率为 1,选择策略 s_n 的概率为 0(不妨设 $i \neq n$)。有了这个见解,我们将记:

$$X=\{x \in Rn| x=(x_1, x_2\cdots x_n)T; x_i \geq 0(i=1, 2\cdots n); \sum x_i = 1\}; \tag{2}$$

$$Y=\{y \in Rm| y=(y_1, y_2\cdots y_m)T; y_j \geq 0(j=1, 2\cdots m); \sum y_j = 1\}。 \tag{3}$$

X 为直销企业甲的策略集或混合策略集。Y 为直销企业乙的策略集或混合策略集,以及 $(x, y) \in X \times Y$ 为博弈的混合策略结局。

注意到纯策略集 S 是一个有限集,由它生成的凸集,也就是单纯形,可表示为:

$$C = \{c \in E^n \mid c = \sum_{i=1}^{n} x_i s_i, x = (x_1, x_2, \ldots, x_n) \in X, s_i \in S, i = 1, 2 \ldots n\}$$

可见，直销企业甲混合策略集 X 与纯策略集 S 生成的凸集（单纯形）1—1 对应（在数学上称为同构），因此可以把直销企业甲混合策略集 X "看成"由纯策略集 S 拓展的凸集（单纯形），而且集 S 是集 X 的极点子集。同理可以把直销企业乙混合策略集 Y "看成"由纯策略集 T 拓展的凸集（单纯形），而且集 T 是集 Y 的极点子集。按照这样的理解，就不难把握混合直销策略决策的概念，即直销企业甲每一个混合策略 x 表示了由全部纯策略 $s_i \in S$ 以凸组合方式产生的一个策略。

3.2.3 直销混合策略决策结局的盈利函数

设：博弈中的直销企业甲与直销企业乙各自的纯策略集 S 和 T，以及各自的混合策略集 X、Y 分别由式(1)、式(2)和式(3)定义。直销博弈的盈利矩阵模型为：

直销企业乙

	t_1	t_2	$\cdots$	$\cdots$	t_m
s_1	a_{11}, b_{11}	a_{12}, b_{12}	$\cdots$	$\cdots$	a_{1m}, b_{1m}
s_2	a_{21}, b_{21}	a_{22}, b_{22}	$\cdots$	$\cdots$	a_{2m}, b_{2m}
$\vdots$	$\vdots$	$\vdots$	$\ddots$		$\vdots$
$\vdots$	$\vdots$	$\vdots$		$\ddots$	$\vdots$
s_n	a_{n1}, b_{n1}	a_{n2}, b_{n2}	$\cdots$	$\cdots$	a_{nm}, b_{nm}

$$x = \begin{pmatrix} x_1 \\ x_2 \\ \vdots \\ x_n \end{pmatrix}$$

$$y = (y_1 \quad y_2 \quad \cdots \quad y_m)^T$$

我们定义直销企业甲的盈利矩阵为：

$$A = \begin{bmatrix} a_{11} & a_{12} & \cdots\cdots & a_{1m} \\ a_{21} & a_{22} & & a_{2m} \\ \vdots & \vdots & \ddots & \vdots \\ \vdots & \vdots & & \vdots \\ a_{n1} & a_{n2} & & a_{nm} \end{bmatrix}$$

直销企业乙的盈利矩阵为：

$$B = \begin{bmatrix} b_{11} & b_{12} & \cdots\cdots & b_{1m} \\ b_{21} & b_{22} & \cdots\cdots & b_{2m} \\ \vdots & \vdots & \ddots & \vdots \\ b_{n1} & b_{n2} & & b_{nm} \end{bmatrix}$$

则定义直销混合策略结局的盈利函数如下：

(1)任取 $s_i \in S$，任取 $y \in Y$，定义结局 (s_i, y) 的盈利函数为：

$$u_1(s_i, y) = (a_{i1} \quad a_{i2} \cdots a_{im}) \begin{pmatrix} y_1 \\ y_2 \\ \vdots \\ y_{xm} \end{pmatrix} = \sum_{j=1}^{m} y_j a_{ij} \tag{4}$$

(2)任取 $t_j \in T$，任取 $x \in X$，定义结局 (x, t_j) 的盈利函数为：

$$u_2(x, t_j) = (x_1 \quad x_2 \cdots x_n) \begin{pmatrix} b_{1j} \\ b_{2j} \\ \vdots \\ b_{xj} \end{pmatrix} = \sum_{i=1}^{n} x_i b_{ij} \tag{5}$$

(3) 任取 $x \in X$，任取 $y \in Y$，定义结局 (x, y) 的盈利函数为：

$$u_1(x, y) = (x_1 \quad x_2 \cdots x_n) \begin{bmatrix} a_{11} & a_{12} & \cdots & a_{1m} \\ a_{21} & a_{22} & \cdots & a_{2m} \\ \vdots & \vdots & \ddots & \vdots \\ \vdots & \vdots & \ddots & \vdots \\ a_{m1} & a_{n2} & & a_{nm} \end{bmatrix} \begin{pmatrix} y_1 \\ y_2 \\ \vdots \\ y_m \end{pmatrix} = \sum_{i=1}^{n} \sum_{j=1}^{m} x_i a_{ij} y_i \tag{6}$$

$$u_2(x, y) = (x_1 \quad x_2 \cdots x_n) \begin{bmatrix} b_{11} & b_{12} & \cdots & b_{1m} \\ b_{21} & b_{22} & \cdots & b_{2m} \\ \vdots & \vdots & \ddots & \vdots \\ \vdots & \vdots & \ddots & \vdots \\ b_{m1} & b_{n2} & & b_{nm} \end{bmatrix} \begin{pmatrix} y_1 \\ y_2 \\ \vdots \\ y_m \end{pmatrix} = \sum_{i=1}^{n} \sum_{j=2}^{m} x_i a_{ij} y_j \tag{7}$$

将式(6)给出的 $u_1(x,y)$ 的定义与(4)给出的 $u_1(s_i,y)$ 的定义作联系分析，以及将式(7)给出的 $u_2(x,y)$ 的定义与(5)给出的 $u_2(x,t_j)$ 的定义作联系分析，容易得出 $u_1(x,y)$ 以及 $u_2(x,y)$ 有下列等价的表达式：

$$u_1(x, y) = \sum_{i=1}^{n} x_i u_1(s_i, y) \tag{9}$$

$$u_2(x, y) = \sum_{j=1}^{m} y_j u_2(x, t_j) \tag{10}$$

以上就是直销混合策略决策结局的盈利函数分析。通过这一分析，我们就会明白直销博弈的两个直销企业如何协调达到"双赢"的。在直销混合策略决策过程中，由于有着充分的随机性，这就给参与博弈的两个直销企业之间就可以在没有纳什均衡的情况下进行有效协调，进行友好竞争，从而达到共同创利、共同发展的目的，实现博弈中的纳什均衡。不妨我们进一步展开分析：

设：博弈的局中人直销企业甲与直销企业乙各自的纯策略集 S 和 T，以及各自的混合策略集 X、Y 分别由式(1)、式(2)和式(3)定义。

若一个混合策略的结局$(x,y) \in X \times Y$满足下列条件：

(1) $u_1(x, y) \geq u_1(s_i, y)$ $\quad \forall s_i \in S$ （11）

(2) $u_2(x, y) \geq u_2(x, i_j)$ $\quad \forall i_j \in T$ （12）

则称混合策略的结局(x,y)是纳什均衡。

因为可以把直销企业甲混合策略集X"看成"以纯策略集S为极点子集而拓展的凸集（单纯形）。因此根据定义在凸集上的函数（称为凸函数）的性质，可以证明，若式(11)成立，则下式也必然成立：

$u_1(x, y) \geq u_1(x, y^*)$ $\quad \forall x^* \in X$ （13）

若式(12)成立，则下式也必然成立：

$u_2(x, y) \geq u_1(x, y^*)$ $\quad \forall y^* \in Y$ （14）

式(13)及式(14)表示：x是直销企业甲对直销企业乙选择了策略y后的最优策略（条件盈利最大），以及y是直销企业乙对直销企业甲选择了策略x后的最优策略（条件盈利最大）。由于在博弈中直销企业甲和直销企业乙都选择"理性"行动，这样双方的博弈将在结局(x, y)下达到了纳什均衡。

3.3 直销先入为主策略决策：以市场进入为例

如果直销企业 a 和直销企业 b，在刚刚形成的直销市场中，他们先入为主，形成寡头垄断，几乎瓜分了整个市场的利润。设 a + b=100, a=50, b=50，那么这个市场几经达到均衡，这种状况将维持下去。这就是直销先入为主策略决策带来的结果。现在给它一个刺激，假设有直销企业 c 要进入，那必将影响到 a 和 b 的利益。因为大家都是在同一个直销行业中，所以彼此应该相互了解，信息透明。直销企业 a 和直销企业 b 为了维护自己的利益，就一定会选择斗争。支付矩阵如图 7.12。直销企业 c 的进入成本就会非常高，他的最优选择是会转向其他的行业或是经营地点。

	c	
	斗争	接受
进入	−10 40	10 20
不进入	0 50	0 50

	c	
	斗争	接受
进入	−10 40	10 20
不进入	0 50	0 50

图 7.12 市场进入支付矩阵

这显然是完全信息的静态博弈，好像过于简单地就把直销企业 c 排出了直销市场。但事实不是这样的，我们并没有考虑进入直销市场的其他因素，比如产品优势、服务质量、老板心态等。如果直销企业 c 具备了进入直销市场的条件，只要一进入直销企业 a 和直销企业 b 的市场，毫无疑问会将抢走 a 和 b 两家直销企业的市场。从理论上分析，直销企业 a 和直销企业 b 的直销市场被直销企业 c 抢走了一半,也就是 $(a+b) \times 50\% = 50$。如加上进入直销市场的成本为 -10,最终直销企业 c 将得到 40。而 a 的 b 两家直销企业只能各得到 25,并不像上图中显现的那么乐观。不管进入的成本有多高,只要进入的话,直销企业 c 发展的前景看好。但是,理论上的分析不一定与现实相符。先进入直销市场的直销企业 a 和 b,他们已经稳定了相当大的市场,不会因为直销企业 c 的进入就会使直销市场很快萎缩,因此,在正常情况下,$(a+b) \times 50\% = 50$ 的情况不会出现,可能出现的是 $(a+b) \times 80\% = 80$,而这 80 已不是原来 100 的概念,80 的含金量要比原来的 100 要大,说明直销企业 a 和 b 的市场份额在不断加大。这就是先入为主直销策略决策运用成功的结果。

另外,直销企业进入的并不是孤身一人,可能还有直销企业 d、e、f 等的进入。其实,进入直销市场各个直销企业之间存在着竞争关系,共同的目的都是要进入这个市场。他们虽然都是低廉的成本,但是或多或少仍存在着差异。这样也就形成了竞争中的优势与劣势,都有不同的筹码。但是对手之间并不知道对方是什么筹码,所以属于不完全信息的类型。而且,在直销市场中,他们之间出现的不公平竞争(如寻租)的机会都是不确定的,所以各个直销企业的行为将更加复杂。我们假设有直销企业 c 和直销企业 d。如果市场透明,那么他们的报酬很简单。如图 7.13

	d 进入		不进入	
进入	X	40−X	40	0
不进入	0	40	0	0

图 7.13 市场透明进入报酬

直销企业 c 和直销企业 d 最终都会争着进入某区域的直销市场,但是由于存在差异,所以直销企业 c 或直销企业 d 都不愿有人和他们瓜分利润,都会采取一定的手段试图把竞争者排除在外。如果 d 的意图未知,这时候 c 就要考虑 d 究竟对进入直销市场的期望有多大?是不是势在必得?如果 d 的决心很大,那么 c 就会非常困难的进入。要是 d 可行可不行,c 就不用担心大多了。所以由于 d 的不确定,c 的行为也会采取一定的变化。他们之间的报酬也就有了相应的改变。如图 4:

	d 竞争		不竞争	
(强势)进入	30	−10	40	0
(强势)不进入	0	40	0	40
(弱势)进入	−10	30	20	20
(弱势)不进入	0	40	0	0

图 7.14 行为变化后报酬

在这种形势下,直销企业 c 考虑到直销企业 d 的不同种类采取不同的行动。设直销企业 d 是弱势的机会就是 X,是强势的机会是 1−X,那么直销企业 c 要竞争必须要保证自身效益 $E > 0$。即:$E = -10 \times (1-X) + 30 \times X > 0$,解得 $X > 0.25$。就是说,只要 $X > 0.25$,c 就会选择与 d 竞争。说明这个直销市场的参与者是好斗的,互相竞争的几率很大,各个直销企业在不知不觉中为自己大大地提高了进入成本,最后必定会导致在某区域直销市场上"多个和尚没水吃"的局面。所以,只有实行了先入为主的直销策略决策,才能使先进入直销市场的直销企业避免过高的进入成本,从而有效地体现先进入直销市场的各种优势,达到直销企业对直销市场先入为主的阶段性博弈目的。

另外,直销企业 c 在考虑直销企业 d 的同时,d 也会反过来注意 c 的情况,则事情将变得更加复杂。我们知道,进入直销市场效率低的根本原因不是市场本身因素,就是直销市场进入的成本太高,而这个压力并不是来自进入者,而是其他同行的竞争所引起的。这个例子是一个不完全信息的静态博弈,体现了在信息不对称的情况下,决策者的无奈与盲目,说明了信息对均衡有重要的意义。信息在直销企业之间的分布会直接影响均衡及其结果,这种影响有时甚至是很微妙的。比如考虑两个直销企业进入直销市场都很盲目,因为看不见对方的真正行为,那博弈的结果就会不同;如果一个盲目的直销企业和一个不盲目的直销企业同时进入直销市场,结果也会不一样。一般的情况下盲目的直销企业会先进,因为他不知道对方的行动,所以如果他选择"不管对方先进或后进,我进!"的策略是可以置信的,而不盲目的直销企业选择这样策略的威胁却是不可信的。这就告诉我们,信息对于直销企业进入直销市场博弈,在均衡方面是有重要意义的。因此,在信息不完全的情况下,直销企业要实行先入为主的直销策略决策,就应该不需要过多地考虑对方的行动,患得患失会导致后进直销市场,加大以后进入直销市场的成本。当然,如果有尽量多地了解对方意图的条件,那就对直销企业先行进入直销市场便更有利了。

第8章　中国直销的知本、智本与社会资本

中国直销凝聚着直销企业和直销员的知识、智慧和社会资本，所以它是融知本、智本、社会资本为一体的经济运动模式。这一章，我们在讨论中国直销的知本、智本的同时，还将重点讨论直销企业的社会资本，从而令读者从中领悟到中国直销比传统营销更具有先进性、科学性和革命性。

▼1　中国直销的知本

中国直销业的发展，"知本"的推动因素很大。因此，我们一定要认真研究中国直销中的"知本"现象。通过研究，我们就会发现，直销经济是一种知识经济，是当今"知本主义"时代的特殊经济。

1.1　知识型直销企业固定知本增值模型

在知识经济时代，知识型直销企业在社会财富的创造中扮演日益重要的角色，它们的价值来源不再是资本、技术和劳动力投入，而主要来源于知识。在这些直销企业中，一项很重要的工作就是知识管理。知识管理就是运用集体的智慧来提高整体的应变和创新能力，让直销企业实现对组织知识和个人知识、显性知识和隐性知识的共享。或者说，知识管理是对知识的获取、存储、学习、共享使用和创新的管理过程。

1.1.1 直销固定知本的概念

在探讨直销固定知本增值的有关问题之前,我们首先要弄清楚知识资本本身的属性。

①**直销知本的涵义**

何谓直销知本,简单地说,就是指以知识为主体的、参与直销企业经营活动并为直销企业创造价值的资本形态。它是相对于传统的物质资本而言的,是知识型直销企业最为重要的资源,是一种潜在的、无形的、动态的、能够带来价值增值的价值,是直销企业真正的市场价值与账面价值的差距,是物质资本与非物质资本的合成。

斯图尔特提出了知识资本的 h-s-c 结构,指出知识资本的价值体现在人力资本(human capital)、结构性资本(structural capital)和顾客资本(customer capital)三者之中。我们认为,就直销企业而言,人力资本是指直销企业员工所具有的各种技能与知识,它们是直销企业知识资本的重要基础,这种知识资本是以潜在的方式存在,往往容易被直销企业所忽视;结构性资本是指直销企业的组织结构、制度规范、组织文化等;顾客资本则指直销市场营销渠道、顾客忠诚、企业信誉等经营性资产。人力资本、结构性资本、顾客资本三者相互作用,共同推动直销企业知识资本的增值与实现。

②**直销固定知本的含义和构成**

固定知本是知识资本的一种。我们根据知识型直销企业对知本的控制程度将知本划分为直销固定知本与直销变动知本。所谓直销固定知本,是指那些直销企业控制程度比较高的知本,只要直销企业不对其加以作用(如删、改、添等),这些知本从内容到数量都不会发生变化。这类知本通常是格式化的、规范化的、系统化的,一般存在于直销企业内部的各类文档和电子数据库中。比如直销企业内部的产品说明、科学公式、计算机程序以及直销企业在经营实践中总结并明示的各种经验和规律等。而与直销固定知本相对应的一个概念是直销变动知本。所谓直销变动知本,就是指那些控制程度比较低的或者说是不能为直销企业完全控制的知本。这类知本更多的时候是开放的,直销企业不能对其完全占有,知本的内容与数量往往在直销企业的控制之外发生变化。

按照斯图尔特提出的知识资本 h-s-c 结构,直销企业对于人力资本与顾客资本的控制程度是十分有限的,因此根据直销固定知本的定义,我们认为直销固定资本将集中于直销企业的结构性资本中。而更确切地说,我们认为以下三类知本将具更强的"固定性",构成知识型企业的固定知本。

第一,经营管理经验资本

这类知本是指直销企业的管理者在从事经营管理过程中所获得的一些经验,特别是对直销企业经营活动、管理工作的一些规律性的认识以及广大员工和直销员在业务操作方面的一些技巧、诀窍。当然所有的这些都是已经被结构化的、被加以编码后存储在企业的知识库中的。

第二,知识产权资本

知识产权资本是一种权利资本,即智力成果所有者对创新性智力活动成果依法享有的权利的实现与使用所带来的知识积累、增值与无限制使用。知识产权资本又可细分为版权资本(copyright capital)与工业产权资本(industrial property capital)。在中国的直销企业中,一般工业产权资本多于版权资本。工业产权资本主要是直销产品的配方构成、工艺流程等。

第三,日常基础性知本

这类知本是指与直销企业日常经营活动或者直销业务运作相关的一些基础性的理论、知识,包括那些关于直销企业自身及其直销产品与服务的基本知识、说明、介绍等。比如直销企业的产品说明书、客户服务手册、员工手册以及直销企业内部的规章制度等。

③直销固定知本的重要意义

上面我们在划分直销企业知本的依据时已经说明了直销固定知本对于知识型直销企业的重要意义,这也是我们为什么在这里只讨论直销固定知本增值的原因。在知识型直销企业里,知识成为直销企业投入的最重要资源。我们知道,可控性强、风险小的资源必然要比可控性较低、稳定性较差从而风险大的资源,对直销企业的稳健经营与长远发展更为有利。而固定知本正是可以被直销企业所完全占有和控制的,是直销企业知识资本中风险最小的部分。亦即说,增加固定知本的数量、提高固定知本的质量将直销对企业的发展十分有益。特别是当直销企业能够将其核心竞争力或者说竞争优势建立在其直销固定知本之上,那么直销企业对直销市场风险以及内部关键员工流失的风险承受能力将变得更强。

但是,我们在这里并没有否定变动知本的意思,尽管直销企业对变动知本的控制程度不大,但它们却是知识型直销企业实现固定知本增值所必不可少的,在很多情况下变动知本往往能够发挥出更加积极的作用。

1.1.2 直销知本定位系统

在研究知识型直销企业固定知本增值模型之前,我们要将直销企业的知识资本(包括固定知本与变动知本)定位,建立知识型直销企业内部的知本定位系统(knowledge capital position system, KCPS),为直销企业的知本增值运作搭建一个平台。在建立 KCPS 的过程中,我们将主要利用直销企业的"知识仓库"与"知识地图"这两个工具。

①知识仓库

知识仓库是一种特殊的信息库,远比数据库和一般的信息库复杂。它不但存储着知识条目,还有相互关联事件、知识的使用记录、来源线索等信息。它通常收集了各种经验、备选技术方案以及各种决策支持知识,并通过模式识别、最优化算法和人工智能等对信息、知识进行分类,提供决策支持。

直销企业内部的固定知本和一部分显性的变动知本可以存储在企业的知识仓库中,通过设定科学的分类标准,并结合一定的编码技术,使得这些知本获得结构化的定位。

②知识地图

知识地图是为知识信息的共享、传播和存储服务的一个工具,它通过将知识用知识点的形式来描述并对知识点的打分来展示每个员工的知识分布。知识地图能有效组织直销企业内部的知识和专家信息,员工在需要时可非常方便地查找到所需要的专家并且直接交流,从而可以高效优质地完成任务。

建立知识地图的思路是:系统管理员将对知识的划分输入知识地图系统,包括行业划分和具体知识点等;员工需要对知识地图中已有的知识点根据自己的喜恶进行兴趣打分,因为这将关系到员工对相关知识的应用与发挥;员工还要针对已有的知识点公正、客观地对自己和别人进行打分,从而使直销企业员工的知识结构和程度有一个较客观的展现。如表 8.1 所示:

表 8.1 员工知识结构评分表

	领导知识	协调知识	技术知识	营销知识	…
员工 A	5	4	4	3	…
员工 B	3	4	5	5	…
…	…	…	…	…	…

知识地图通过数字将每个人的知识能力量化,直销企业可以通过查询知识地图方便地找到所需要的人才。因此,我们可以借助知识地图将知识型直销企业的隐性知识定位。

总之,知识型直销企业在开展知本增值活动之前,首先要建立起内部的 KCPS,因为它构成了知本增值的软硬件基础,并且随着知本增值活动的开展,直销企业的 KCPS 平台也将不断地得到发展和升级。

1.1.3 固定知本量质交替增值模型

前面的论述已经涉及到了固定知本对降低直销企业知本风险的重要性,在此将致力于构建一个知识型直销企业固定知本增值模型,力争对直销企业知本增值做出有益的尝试。

①增值环节与增值程度

知识型直销企业固定知本增值的过程涉及直销企业知识管理的各个环节,包括对知识的获取、分类、整理、存储、分享、应用以及创新等,每一环节都将影响到知本增值的效果。对于这些环节进行分析归并,直销企业固定知本增值的主要环节为知本的获取、知本的转移和知本的创新。

固定知本的增值程度包括两个层次,即量增值与质增值。量增值是指直销企业固定知本数量上的增加,这方面的成效将使得直销企业在数量上拥有更多的固定知本,但新增加的固定知本能够给直销企业带来价值增加的效率与直销企业原有的知本是相当的;质增值是指直销企业增加的固定知本的质量比以前有所提高,表现为新增的固定知本使直销企业价值创造的效率比原先更高。但事实上,质增值的过程中也包含了使直销企业固定知本数量增加的方面,只是我们更强调它所能够带来的直销企业固定知本质量的提高。相对来说,质增值要比量增值在增值程度上更深一些。

增值环节与增值程度的关系可以用图 8.1 表示:

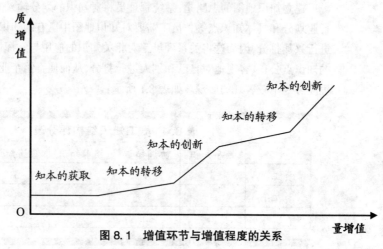

图 8.1　增值环节与增值程度的关系

由图 8.1 中可以看出,直销企业知本的获取过程主要是一个量增值的过程,而知本的转移则是一个以量增值为主、伴随着一部分质增值的过程,至于知本的创新则重点在于质增值,所带来的量增值是质增值的必然结果。

②固定知本量质交替增值模型

基于上面的认识,我们提出了知识型直销企业的固定知本量质交替增值模型,如图 8.2 所示:

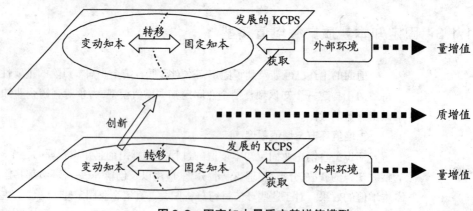

图 8.2　固定知本量质交替增值模型

模型揭示了知识型直销企业固定知本增值的过程,其含义表述如下:

第一步,直销企业通过各种方式从外界获取其发展所需的固定知本和变动知本,并在直销企业内部建立初步的知本定位系统(这时的 KCPS 可能还并不十分成熟,信息技术的应用程度也不高)。而后直销企业以此为平台,通过变动知本向固定知本转移的过程实现固定知本的第一次量增值,同时固定知本也在向变动知本转移,使得变动知本增加。

第二步,随着直销企业推动知本转移过程的持续进行,直销企业的固定知本量和变动知本量在数量上都不断增加,这时起源于变动知本的第一次知本创新将会出现,它将使固定知本实现质增值,固定知本在质量上将实现一次飞跃,数量上也将显著增加,同时直销企业的 KCPS 也将获得一定发展。

第三步,直销企业将在上一次质增值的基础上,以发展的 KCPS 为平台,进行固定知本与变动知本之间的知本转移,同时直销企业也会从外部环境继续补充固定知本,实现固定知本的再次量增值。

总之,随着模型作用的延续,直销企业的固定知本将以上述这种量增值与质增值交替进行的方式不断在数量与质量上获得发展。

而从模型建构的过程中我们也可以看到,直销企业可以通过知本的获取、知本的转移和知本的创新这三个环节来控制模型作用的发挥,进而来影响直销企业固定知本的增值效果。因此在下面的论述中,我们将深入研究影响模型效果的三个增值环节的运作策略。

③ 三个增值环节的运作策略

第一,直销企业知本获取的运作策略

直销企业的知本可以通过投资于人力、设备、设施、方法或通过技术开发项目等方式从企业内部获得,也可以通过资助大学研究、合资、许可证贸易或完全购买等方式从外部获得,知本的获取直接决定了直销企业知本增值后续活动的效率。如果直销企业所获取的都是一些不良"知本",那么不难想象直销企业知本转移和知本创新环节将会遭遇到多大的困难。知识型直销企业必须在正确的时间、正确的地点获取正确的知识,从而形成直销企业的良性知本。通常我们认为直销企业固定知本获取的运作策略包括两个方面:

首先,通过购买知识获取固定知本。获取固定知本最直接、最有效的途径就是购买知识,比如到技术市场购买技术专利、向咨询机构购买咨询方案或者兼并拥有知识的直销企业。当然并不是所有的直销企业间的购并行为都是出于获取知本这一目的,但很多时候即便是直销企业出于其他目的的购并行为也同样会使企业获得固定知本。

如果一家知识型直销企业希望通过兼并获取其他直销企业的知识进而形成固定知本,通常可以有三种方法:一是由于知识储存于掌握知识的人的大脑里,因此可以从这些直销企业中"挖人"(通过猎头等方式),使这些知识的掌握者将其所掌握的知识格式化、系统化、规范化地明示出来,成为本直销企业的固定知本;二是可以直接购买那些已经文档化的结构性知识,充实到直销企业的固定知本中;三是购买能体现被兼并直销企业知识的工作方法或流程,再经过自身的分析、整理形成自己企业的固定知本。

而在以兼并其他企业的方式形成固定知本的过程中,直销企业需要注意三个方面的问题:一是知识在获取过程中可能会出现丢失。这是由于知识与特定的人和特定的环境存在有机的关系，知识的买方可能无法获取卖方的全部知识。在接管的过程中，直销企业由于不确定性以及由此导致的内部工作流程和网络的中断，使一些拥有知识的人不得不重新选择，有时他们将带着知识离开直销企业。二是可能会破坏直销企业原先能创造知识的文化环境。知识的优点之一在于它只能在创造知识的环境中才能得到发展，而知识的这种特点可以防止竞争对手轻易得到那些需要投入大量时间和财力进行开发的知识。但是，如果这种知本获取过程改变了直销企业原先创造知识的环境，那么即使兼并了其他企业也还是达不到知本获取的目的。三是新旧知识的重新融合问题。虽然有些兼并行为本身就表明直销企业希望以此增加企业的固定知本容量，但是在实践中却可能存在一些阻止充分接受和消化新知识的障碍。事实上，即使明知被兼并方的工作方法和程序比自己的更有效，人们通常仍然不愿意改变自己原先习惯的工作方式和流程，致使所获得的知本无法转化为本直销企业的知本。这些问题说明，在获取知识的过程中，直销企业必须相当谨慎。成功的知识获取需要人们付出努力，去发现和评估被兼并企业的知识，在并购发生的前后去尽力保护拥有知识者和创造知识的环境，并积极地促进新旧知识的顺利整合。

其次通过租赁知识获取固定知本。除了购买知识外，直销企业还可以通过租赁知识来获取固定知本。最常见的一种租赁方法是直销企业在经济上支持高校或研究机构，以换取知识的使用权或其他的利益。实际上，直销企业在租赁知识的过程中租赁的是知识的创造源，例如直销企业聘请咨询顾问，企业根据顾问的声誉支付酬金，从而共享顾问的知识，或用这些知识解决某个特定问题。虽然很多时候直销企业只能暂时接触到知识的创造源，但某些知识却可以永久地留在企业中，从而成为企业的固定知本。当然对于那些非常深奥的专业知识，在短暂的咨询期间内，即使是经过精心整理，直销企业所能获得的固定知本也是有限的。

第二，直销企业知本转移的运作策略

知本的转移将是知识型直销企业固定知本量增值的重要来源，并且高质量的知本转移过程中还将伴随着固定知本的质增值。事实上，知本的转移过程往往是基于知本的分享与应用，因此这一过程将不仅仅只是简单的变动知本向固定知本转移的过程，也还伴随着固定知本向变动知本转移以及固定知本之间、变动知本之间的转移，这几个转移过程都会直接或间接地影响固定知本的增值。

如果对知本的转移进行深入分析我们会发现，知识型直销企业的知本转移将可以细分为九种情况，每一种情况都将影响到直销企业固定知本的量增值。一是，不同个人之间的知本转移。个人之间的知本转移主要问题是如何使直销企业内不同员工之间进行良好沟通。从战略角度来说，就是如何改进直销企业内人们之间的知识技能转移，其中最重要的核心因素是信用，人们究竟在多大程度上愿意共享他们已有的知识，这个问题的答案使战略管理者将直销活动关注于信用建设、团队建设等方面。

二是，个人到与直销企业关联的外部组织的知本转移。个人到现直销企业关联的外部组织结构的知本转移，是指直销企业的人员是如何将知本转移到与直销企业关联的外部环境的。策略问题在于直销企业的人员应如何提高消费者、直销员、股东们的能力。这个问题的答案使直销企业关注于让员工帮助消费者了解产品和摆脱繁琐手续以及举办产品座谈会、消费者培训等活动。

三是,与直销企业关联的外部到个人的知本转移。直销企业人员能从与直销企业关联的外部组结构如顾客、供应商、伙伴等获得许多反馈的意见、经验、新技术知识。因此外部到个人的知本转移是指直销企业人员如何从外部组织中学习知识的问题,与第二部分的知识转移方向相反。通常直销企业内部都能获取这类知识,但这些知识很分散,很难加以评估利用。它的策略问题在于直销企业的顾客、供应商如何提高直销企业人员的知识能力。这个问题的答案使管理者关注于培养直销企业的员工与组织外人员的良好关系。

四是,个人向内部组织的知本转移。直销企业应该将个人的零散隐性知识转化为群体的知识库,为大家所共享。这里存在的策略问题是我们如何能提高将个人的知识转化为系统知识模板的转化率。通常的方法是建立一种定期的员工个人经验采集机制,并结合一定评判标准和激励措施,使这种直接贡献于固定知本增值的转移活动得以高效开展。

五是,内部组织向个人的知本转移。它与第四部分相反。一旦个人的知识为系统所获得,它就应给予其他人共享,这样人们才能提高运用知识的能力,否则这种系统投资就是浪费。但问题是直销企业如何能通过系统、工具来提高个人的知识能力。这个问题的答案在于提高系统的人机界面中学习过程的效率以及直销企业如何创造一种模拟互动的学习环境。安利、雅芳、如新、天狮等直销企业使用定制化的模拟系统来加速员工学习的做法,值得提倡。

六是,不同外部组织之间的知本转移。顾客互相之间会对直销企业的产品服务做什么样的评述,以知识的观点来看,传统的顾客满意度调查应加入更多的活动事项来增加顾客及股东之间的知本转移。但问题是直销企业如何才能促进消费者、直销员、股东之间的对话,从而提高他们的知识水平。这个问题的答案在于增加能促进战略合作的活动,以提高直销企业的形象及产品的品牌知名度。如举办产品座谈会,可能会收到很好的效果。

七是,外部组织向内部组织的知本转移。外部组织向内部组织的知本转移主要是指直销企业能从外部学习知识以及这种学习如何转化为行动的过程。但问题是从消费者、直销员学习来的知识如何来改进直销企业的流程及产品和服务。这个问题的答案是授权呼叫中心解释消费者的抱怨、创立战略联盟为新产品产生新思想等。比如南京中脉充分使用直销人员来搜集消费者信息,然后他们分析数据,将结果反馈给直销人员,从而使他们掌握大量的顾客知识与商情。

八是,内部组织向外部组织的知识转移。该部分的问题在于直销企业的系统、工具、流程如何提高消费者、直销员的知识能力。这个问题的答案在于多开展使直销企业的系统、工具、流程能更有效地服务于消费者的各种活动,如产品追踪、上门服务等。因此,直销企业应建立顾客信息数据库,所有的员工都要求填上他们与客人见面获得的信息,这些信息及顾客的资料被储存并打印出来分发给员工,以保证所有的消费者获得个性化的服务。

九是,不同内部组织的知识转移。内部组织通常是直销企业的业务核心力量,它的核心策略问题是一个个业务部门的系统、工具、流程应如何有效地整合。这个问题的答案在于重组数据库、建立整合的IT系统、改进办公室的设计等。

第三，直销企业知本创新的运作策略。

知本创新过程指直销企业整体的固定知本扩大并由此产生出新概念、新思想、新体系的过程。知本创新过程是在知本获取和知本转移的基础上进行的，当知本的获取和知本的转移成为日常业务的一环，组织学习也成为直销企业文化之时，不企业就具备了知本创新的条件。直销企业应该及时组织员工学习企业战略，使知本创新与企业战略保持整合性，并要在战略实施过程中积极地运用知本创新的结果，真正使知本创新转化为直销企业的竞争优势。

需要指出的是，直销企业的知本创新活动起源于直销企业的变动知本，创新的主体主要是直销企业的人力资本，即企业的广大员工。因此，我们这里所谓的知本创新事实上包括两个过程，如图8.3所示：

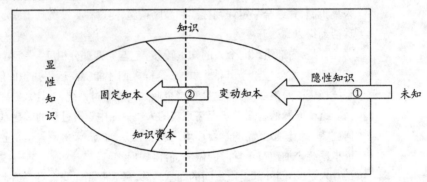

图8.3 知本创新解析

从图8.3中我们可以发现，直销企业的知本创新包括两个过程，一个过程如图中①所标识，是直销企业的人力资本通过各种创新方法从未知中获得有知（属于隐性知识）的过程；另一个过程如图中②所标识，是直销企业的人力资本将所获得的创新知识外化，或者说是直销企业的变动知本固定化的过程，它属于直销企业内知本转移的一种。

从知本创新过程中我们可以发现，直销企业知本创新运作策略成功与否在于能否有效地激励员工参与到知本创新的过程中来。而事实上，直销企业通常激励员工知本创新的措施包括两个方面的内容，即内部激励与外部激励。内部激励重在激发员工参与知本创新的自主性与积极性，使创新本身成为员工的内在动因；而外部激励则主要是直销企业通过建立各种各样的奖惩激励机制来促使员工投入到企业的知本创新当中。因此，知本创新的运作策略包括两个方面：

一是营造一种鼓励知本创新的组织氛围。在这方面，直销企业应从四个方面加以考虑：其一，积极持续的反馈。直销企业高级管理者对富有创造性的下属要不断给予鼓励，激励他们不断创新，否则就会挫伤其积极性，同时也会使高级管理者对创造性行为缺乏兴趣。其二，把握正确的方向。直销企业的高级管理者要雍容大度但却不纵容姑息，能够正确识别创造性人才合理的激进行为与空想家的喋喋不休。

其三，正确面对失败。直销企业的高级管理者要允许下属犯错误,使他们有机会从失败中汲取经验教训来重新进行实验与革新,否则畏惧失败将会压制下属的积极性与创造性。其四,平衡自由与组织纪律的关系。自由与组织纪律的合理组合才是直销企业培育创造性才能的最佳土壤。创新需要自由,而组织纪律又是团体行为正常有效运行的关键。

此外,还需要强调的一点是,要保证所有员工的利益和行为都与直销企业的根本目标保持一致。因为事先不知道谁将会参与到创造性活动中来,什么时候将有创造性发生,因此要保证直销企业内的每个员工都保持一种积极的心态,认识并积极应对潜在的、有创造性的设想。每个直销企业都有各自的目标,如果每个人都朝着相同的目标努力,那么直销企业的目标就能最终实现。直销企业只有保持一致,才能具有一致的创造性活动。

二是建立有效的知本创新激励机制。除了通过建立积极的企业文化形成员工的内部激励之外,直销企业更要通过多种多样的激励方式和科学的评估体系来形成知本创新的激励机制。也就是说,在这一机制中不仅要包括对员工的奖惩措施,还要包括对员工的知本创新贡献的一个科学评价方法。一般的运作思路有四个方面:其一,直销企业要把员工的知本创新努力程度与成效作为考核其绩效的一个重要指标,为此,直销企业会要求员工定期提交至少一定数量的创新成果,比如直销企业可以要求员工在一个季度内提交至少一条创新型的思路等。其二,直销企业把员工的创新成果即固定知本的质增值部分加入到企业的 KCPS 之中,使之可以被全体员工所分享,形成固定知本向变动知本的转移。同时要求员工将那些能够给其工作带来改进或启发的新增固定知本记录下来,并定期向直销企业反馈其所记录下来的固定知本。或者直销企业可以要求员工给那些新增的固定知本按照既定的标准打分,并要求员工在既定的时间内完成并上报其评分结果。其三,直销企业根据员工上报的记录统计出各项新增固定知本的被记录频次,或者统计出员工的打分,由高到低排序,对于那些得分最高或者被记录频次最多的创新成果的提交人员给予相应的奖励,而对于那些未完成企业规定的创新指标的员工则实施既定惩罚措施。其四,直销企业需要制定与创新绩效相挂钩的激励措施,包括物质激励与精神激励两个方面。直销企业可以综合运用基本薪酬、津贴、加班补助、奖金以及利润分享、股票认购权以及诸如保健计划、非工作时间的给付、较宽裕的午餐时间、特定的停车位甚至动听的头衔,还有参与决策、承担较大的责任、个人成长的机会、较大的工作自由、活动的多元化和丰富化等因素,构建直销企业全方位、多维度的激励措施,促进直销企业内部知本创新活动的进行。

1.2 中国直销知本存在的价值取向

知本是一个新概念。在中国,只有在这个时代使知识成为独立的力量,而且成为主流的力量时它才有其真正意义,它意味着"工业文明的核心资源货币"向"信息文明的核心资源知识"转向,从价值取向的角度看,资本的社会意义远远不如"知本"。因此,我们必须要认识和了解中国直销知本之所以能存在的价值取向。

1.2.1 直销知本:知识经济新范畴

知识经济是继农业经济、工业经济之后的一种新的经济形态,其支柱产业是高新技术产业,如信息技术和生物医药技术等。要研究知识经济,首先要弄清楚"知本"这个概念。马克思认为:货币不是资本,只有被用于营利增值目的时,货币才成其为资本。同样,知识不是"知本",只有被用于营利增值目的时,知识才成其为"知本"。农业经济时代最重要的生产要素是土地和劳动力,工业经济时代最重要的生产要素是资本和劳动力,而知识经济时代最重要的生产要素是知识(或者说"知本")。"知本"有两种人格化主体(有人把它称为"知本家"):企业家和技术创新者。不同于工业经济时代的"资本雇佣劳动","知本雇佣资本"成为知识经济时代典型的治理模式,当然这需要有个前提条件,那就是"知本"的增值能力必须大于资本。具体地说,就是直销企业知本家在知识经济中的核心作用和支配地位是有条件的,就是直销企业知本家必须能够创造足够的财富。

1.2.2 直销企业家应是"资本"与"知本"的统一

"知本"作用的发挥是无形的,或者说信息不对称很严重,比如企业家坐在办公室可能是在思考企业发展战略,也可能是在想晚上去卡拉 OK 厅唱"明天会更好"。所以"知本"的激励问题就显得尤为重要。"无恒产者无恒心"。在工业经济时代,资本型的直销企业家会尽心尽责的为公司工作,因为收益多半是自己的;而知识型的直销企业家一般是不投入资本的,这就需要给与直销企业家和技术创新者一定的股权和期权激励,使他们成为直销企业的所有者。作为一个真正的直销企业家,它必须是"资本"与"知本"的统一。

在传统领域中,这样的例子比比皆是。1990 年武汉化工学院教师杨继林辞去教职,凭借其专利技术"高效防腐耐高温交换器"驰骋商海;1993 年又到华中科技大学化学系任教授,研制成功了"胰岛素口腔喷剂",通过成功融资,组建了湖北华工生化工程有限公司,不仅是股东之一,还任总经理。通过资本和"知本"的"亲密接触","华工生化"现在发展前景很好。杨继林教授就是一位资本与"知本"集于一身的典型的知识经济时代的企业家。在直销领域,这样的例子也是很多。大连美罗国际董事长夏励刻苦钻研多糖技术,成功地开发多糖系列的灵芝专利产品,被人们誉为"多糖之父",令日本同行刮目相看。通过与大连美罗药业的股份合作,使多糖系列灵芝产品在直销市场上供不应求。从中我们看到,直销企业家应该既是"资本家",同时更是"知本家"。

据《国际金融报》报道:知识经济时代的直销市场竞争,说到底是人才的竞争。谁赢得了人才,谁就会抢占科技创新的制高点,就会成为"通吃"的赢家。这一点已经为越来越多的人所认同。而如何才能赢得人才,如何才能充分激发和调动科技人员的积极性和创造性,需要解决的问题很多,其中一个很关键的问题就是直销企业如何给"脑袋"定价,让知识资本充分体现自己的价值。

给脑袋定价,首先碰到的问题是由谁来给脑袋来定价。改革开放以来,尊重知识、尊重人才的大环境正在逐步形成，分配制度也进行了较大的改革，知识资本的价值越来越高，越来越多的知识分子依靠自己的聪明才智致富"发财"，我们的社会已经涌现了一批知识富翁，这当然可喜可贺。然而，给"脑袋"定价的问题尽管在政策上有了一些规定，但还没有得到真正合理的解决。比如技术入股问题，根据国家工商局的规定，技术入股限定为25%，之后，国家科技部等7部委在《关于促进科技成果转化的若干规定》中将这一比例放宽到35%。但这其中有一个条件，就是必须经过技术鉴定部门的鉴定，看看它到底值不值35%。其实，这一比例是不是很科学或者说很合理呢？很值得商讨。再者，新技术之所以新，就是因为过去没有，有了就不叫新，技术鉴定部门也是很难鉴定的。事实上，我们确实也没有必要硬要给它定个刚性的比例。股权分配是两家（或更多）投资者之间的事情，新建企业（包括高新技术企业）中出资各方占有多大的产权份额，完全应该由出资者自己协商决定，政府没有必要进行干预。这就是说，只要技术提供方与资金提供方能够取得共识，完全可以提高技术和知识产权的股份比例。美国硅谷为什么新发明、新技术不断涌现，成为科技创新者云集的"天堂"，最重要的原因就是知本的价值完全是由市场来决定的。所以，我们认为，直销企业应该根据新产品的市场销售情况，自己给"脑袋"定价，不必按照与市场经济脱轨的某些政策条文来测定。因为，给"脑袋"确定一个合理的价格，这不仅是体现直销企业尊重知识、尊重人才的需要，也是鼓励竞争、激励创新的关键。只有让"知本"物有所值，直销企业才能在国际国内吸引人才，留住人才，真正做到人尽其才、才尽所用。

1.2.3 正确认识直销"知本家"

资本家是工业文明中一个社会形象不怎么好的群体。虽然他们推动了生产力，带来了现代文明，但他们的动机完全是让资本增值，为了这个动机也干出不少血肉横飞的残酷恶事。"知本家"是信息文明中解放"新技术革命中的电脑和互联网技术"的生产力，"最终建立起信息新文化"的知识分子。在知识取代了物质资本第一地位的时代，知识分子登上历史舞台，未来的中国直销业必将接受"知本家"风暴的洗礼。

在中国直销经济发展过程中，我们有必要搞清楚谁是"知本家"、什么才是作为新概念的知本等问题。强调"知本家"这个概念不仅是为了强调知识技术的重要性，"知本家"则是信息时代的产物。有人说"知本家的时代存不存在，首先取决于信息社会存不存在"，这是有一定道理的。只有信息技术革命引起了社会形态本质上的变化，知识真正取代了物质资本第一的地位，直销企业知本家才能真的走上历史舞台。谁是直销企业"知本家"？我们认为，在直销行业，在经过简单的知识贸易阶段之后，一些先知先觉者已步入了知识资本阶段，这批人才是直销企业为"知本家"。也就是说，直销企业的"知本家"与直销新产品发明者的区别是知识资本阶段和知识贸易阶段的根本性差别。

在这里，我们必须明白这样一个事实：知识发展为知本，是资本的胜利而不是知识的胜利。因为资本之所以能让新知识技术占有控股权，这是直销企业遵循资本增值的逻辑,认识到知识的重要性的结果。直销企业资本家预期新知识技术能在未来为他带来巨大盈利才会在现阶段接受知识资产的高估价。一旦这种未来盈利实现,直销企业资本家先期投入的资本就有可能几十倍增长,而知识却并未增长。有人说在这个过程中知识转化为生产力给人类造福,但在知识贸易阶段知识占少数股的时候它也能造福人类,这与我们的讨论无关。有人说这个过程中知识资本给直销企业知本家带来比直销企业资本家更大的利益,从而对新知识技术的产生起到前所未有的推动作用。这个观点虽正确的。但这恰恰又证明"知本家"的暴富是资本家为刺激知识创新设置的一个激励机制,它靠的是知识分子从其榜样"知本家"那里看到巨大财富刺激,靠的是对金钱和利益的渴望。而它付出的代价是,不能使迅速转化为巨大财富的知识备受冷落,而且资本成为衡量知识价值大小的首要标准。

事实上,知识能够变成知本,还有一个必要条件:金融市场的发展完善。没有风险资本以及它带来的运作体系和惯例,就不会诞生直销"知本家"。风险投资的目的就是承担高风险获取高收益。它赌的是风险资本家对新兴产业和技术的判断力。风险投资的收益是全或无的,赌对了占10%的股权也会是许多倍的高收益,赌错了占100%的股权也是零。正因为风险投资有其特殊性,它不需要占到足以影响经营的股权,IT技术、生物工程等新兴领域的知识者才能以无形资产和创新精神取得控股地位。在没有风险资本存在的地方,知识基本上只能靠贸易换取利益。如果没有风险投资,像美罗国际董事长夏励这样的直销"知本家"也就不会诞生了。

直销知识资本之所以能占控股权恰恰也是因为它要冒高风险。知识分子投入时间和智力研究新知识技术同样是一种投入。由于高新技术失败的概率太高,如果对这种智力资本投入采取以前的"知识贸易"方式,成功以后得到的收益不大,那么他们研发新技术的积极性也就受到影响,采取"知识资本"方式让知识产权拥有者占据直销企业控股权,一旦成功收益极为巨大。承担高风险带来的高回报激励新知本的产生。所以,直销知本的运营服从的还是货币资本运营的规律。所以,我们认识直销"知本家"的关键在于以下几点:

第一,直销新经济首先是经济。直销新经济必须遵循那些具有普遍意义的经济规律,即使到了网络时代,我们对付的还是人,直销企业的目的还是为了追求利润。在直销市场刚开拓时的某个直销企业可以说收益递增(因为没有达到市场饱和)、可以用虚幻的商务模式鼓舞资本市场信心,但从长远来讲,直销新经济中的直销企业也要有收入和盈利,也要拥有相对优势和核心竞争力,也要服从"靠资本驱动、靠资本再生资本"的经济规律。直销新经济不等于网络,直销企业要加入新经济的竞争,大可不必把它搞得过于高高在上、神秘莫测,乃至遥不可及,而是认认真真找出新、旧经济中资本作用的真正分野是什么,从而考虑怎样获得收入和盈利的实际问题。

第二,知识要转化为资本必须服从直销市场和直销资本运作的游戏规则。要做直销"知本家"最重要的不是新技术,而是感知未来,把握未来生活"范式转换"的能力。"范式"是来自科学哲学家库恩的概念,它的本意是指科学知识遵循的原则和体系。抓住未来生活的范式转换,敏感把握其中的商机,在直销新经济中取得巨大的成功,这是直销企业"知本家"的重要选择。当找到未来之全面商机并据此研发出新技术后,还必须按风险投资的游戏规则来准备商务计划。只有具备了成功的商务计划,良好的盈利前景,稳定且配置得当的管理团队等因素才能获得直销风险投资的青睐,迈出创业的第一步。如果抱着知本战胜资本的心态片面强调技术恐怕很难找到合适的投资者,直销"知本家"就很难十月怀胎,呱呱坠地。

第三,不仅仅运用知本,更要学会运用资本。在推动直销产品和服务盈利性的最大化同时要推动直销经济协同效应最大化,因此直销"知本家"一定要补上资本运营知识这一课,只有对金融资本的真正了解,直销"知本家"才能在直销新经济中长袖善舞。

1.2.4　走进直销知本主义时代

随着我国科学技术的不断进步,中国直销知本主义时代的脚步声离我们越来越近。

在西方发达国家,知识和信息已取代资本和能源在经济中的地位,成为最重要的资源,知识经济已成为一种新的经济形态;作为知识经济的标志性企业,微软一个公司的财富已相当于世界第十国;而在中国,继"知识经济"的舆论热潮之后,一批主要集中于IT业的知识精英已步入知识资本阶段,迅速崛起为"知本家"群体;类似于美国高校创业计划竞赛的大学生创业计划也已植根于我国的大学校园,"风险投资"和"大学生老板"成为了最令无数青春眉飞色舞的谈资。在直销行业,云集了一大批知识精英,直销"知产阶层"正在形成,中国直销知本主义的新的时代悄然走来。直销知本主义时代具有这样一些鲜明的特征:知识有可能使直销"知本家"不再依附于土地或资本而成为独立的现实力量,并将成为权力、市场、资本之外支配社会资源流向和财富分配的"第四只手";通过知识的解放,一部分知识分子将以直销"知本家"的面貌独立地出现在舞台的中央,成为中国知识经济、知识社会的重要代言人。

我们用"知本主义"为这个就要到来的直销新时代命名,希望"以知识为本"能够成为全社会的一种信念、一个原则、一种制度安排的基础,因为我们的环境虽然有所改善但离知识创新的要求毕竟还有不小差距,游戏规则从根本上仍然还不太有利于知识的解放和知识经济的发展;我们还希望能使人们走出对直销知识经济的认识误区——直销知识经济不仅仅是一种技术、一个产业、一种经济形态,更是一种社会形态、一个历史阶段。

1.3　中国直销知本的风险

直销企业"知本风险"管理,是直销企业针对知识资本资源在经营与运用过程中产生的风险而制定的管理制度和管理方式。它包括对人力资本、智力资本、知识产权资本的风险管理。直销企业建立"知本风险"管理制度,就是要将其列入企业经营管理序列,运用管理体系来保护、激励企业的知识创新,防止知识流失和知识产权被非法侵占,保持企业知识资本运行的最佳状态和最大活力,实现最佳的知识资本资源效率与效益。

1.3.1 直销知本经营风险较大

有一个现实必须引起我们的高度重视,这就是跨国巨头正通过推行本土化专利战略,企图从技术源头切断中国高新技术产业的发展命脉。其手段包括在中国设立专利部门,从国家知识产权局高薪挖走资深专利审核专家等等。资深专利事务专家警告中国企业:中国企业知本经营风险在加大。这样的现实,同样威协着中国直销业。

近年来,以西门子、IBM、摩托罗拉等为首的跨国巨头纷纷在中国设立专利事务部门,大量、大范围、大幅度申请各类专利,尤其是高新技术发明专利,类似跑马圈地。西门子、摩托罗拉还从我国专利事务的最高管理机关——国家知识产权局,高薪各挖走一名资深专利审核专家。中国加入WTO后,这场没有硝烟的战争正在进一步升级。和有备而来的外资企业相比,中国企业专利意识要淡薄得多。大型跨国企业每年专利申请数量动辄过千,2000年IBM专利申请量为2886件,AT&T目前拥有的有效专利高达3万多件,仅专利维护费用一项就达600万美元之巨。相比之下,中国大中型企业平均专利拥有量不足1.5件。就中国直销业的情况看,外资直销企业的许多产品都帖上了"专利"的标签,而中国的民族直销企业产品申请专利的很少。如果长期发展下去,中国独有的直销产品的核心技术很有可能被外资直销企业"偷"去,成为他们的专利产品。这一点,不能不引起我们高度的警觉。

如果专利意识薄弱,我国直销企业将会吃上大亏。国内一家直销企业与日本一家化妆品企业合作谈判时,对方列出用于产品的10多项专利,要求我方直销企业支付高达500万美元的专利使用费。幸好我方直销企业领导未一口答应,通过调查发现,10多项专利中过期专利7项,刚申请未经审查的2项,真正有效的专利仅1项。如果不加调查一口答应,就会使我国直销企业蒙受损失而悔之晚矣。

1.3.2 直销知本流失现象普遍

随着直销经济的深入发展,直销市场竞争也会日趋激烈,并且技术竞争成为了中国直销市场竞争的主要方式。据悉,我国直销人才流动的平均年限为1年,跳槽频率高于发达国家的直销企业。与此相关,怎样保护自己的商业秘密,尤其是技术秘密,成为中国直销企业普遍面临的课题。

据北京新东方直销咨询顾问中心的一项调查表明,目前外资直销企业的人才流失现象并不多,而中国民族直销企业中,人才流失的现象却十分严重。职业经理人在直销企业工作两年以上的很少,大部分的职业经理人在直销企业工作只有一年多的时间就跳槽了。直销企业中的营销人才的不稳定也是比较普遍的。直销团队在一个直销企业的时间最长的也只有三年时间,大部分的直销团队在一个直销企业中的时间一般也只有一年多时间。直销人才的流失,严重地影响了民族直销企业的健康发展。

在技术竞争日益激烈的今天,高技术直销企业一定要学会保护自己的商业秘密。首先,在雇用员工过程中,要订立比较完备的知识产权条款和商业秘密保守条款。对于员工利用工作职务而开发的技术(或技术诀窍),一定要明确其产权属于直销企业;对于员工因各种原因离职,要约定竞业避止条款(即不从事与原工作相竞争的业务)或商业秘密保守义务。其次,对于侵犯直销企业商业秘密的单位,要利用《反不正当竞争法》所赋予的权利,以法律手段维护自己的权益。事实上,《反不正当竞争法》为直销企业维护自己被侵犯的权益提供了很大程度的保护。依据该法第20条规定,经营者违反本法规定,给被侵害的经营者造成损害的,应当承担损害赔偿责任,被侵害的经营者的合法权益受到不正当竞争行为损害的,防止被初次披露,若商业秘密因某种原因而被披露,则从披露中获悉而加以使用的,则不构成不正当竞争行为。这一条款,是直销企业保护自己商业秘密的重要武器。

1.3.3 充分认识直销知本风险

随着知识经济与全球化进程加快,人力资源与知识资本资源建设愈来愈成为未来直销企业发展的战略重点。经济学家指出,"知本"资源以其极大的创造力与快速的流动性,在给企业带来巨大效益的同时,也给企业带来一定的风险。在知识经济时代,直销企业更应关注"知本"风险管理。

美国是知识经济与高新科技企业发展最快的国家,不少美国企业较早地提出"知本"风险管理理念。在美国硅谷,不仅高度集中了高新技术产业和企业,还创新出"知本风险"管理与发展的运行机制。在硅谷内,企业与企业之间、发明者与生产者之间、科技创新与风险投资家之间都是相互联接、相互依存、相互影响、相互发展的"知本风险"管理与效益实现的有机整体,共同追求科技产品利润最大化。英特尔、微软、思科等企业,都建立了"知本"风险管理制度,确保企业获得知识资本的最大收益。如在组织机制上,普遍增设了知识主管职位;在利益机制上,实行了知识资本与企业风险经营紧密挂钩,给予知识创新、科技项目收益风险报酬激励;在产权机制上,给予科技人员风险股票,扩大科技在企业中的产权份额;在风险防范上,制定和实施"知本风险"管理规章制度,有效制约知识资本资源流动风险等等。中国的直销企业,应该认真学习美国企业"知本"风险管理的经验。

强调"知本"风险管理,是因为直销企业中的人才、知识和科技等"知本资源"已经上升为第一资源的地位,其在运行中同样会出现像物流、资金、生产流程中的风险,并且其风险程度比其他方面要大得多。近年来,我国因知识资本流动给企业带来的风险损失巨大,一些国有企业因未能及时认识和加强"知本风险"管理,使大量的科技人才流失,其中不少人带走了企业的专有技术,并在同行业中从事竞争性工作。在中国直销行业中,一些直销企业对知识产权风险管理不够,使企业知识、品牌权益被非法侵占等现象时有发生。因此,中国直销企业一定要充分认识"知本"风险管理的重要性和紧迫性,从直销企业的组织和运行机制上全面强化"知本"风险管理,从法制上建立和健全企业"知本"风险管理制度,从而确保直销企业科技创新与知识竞争发展。

▼2 中国直销的智本

上一节,我们主要讨论了中国直销的知本,这一节我们讨论的主要对象是中国直销的智本。在收集研究了130个国家的智商测试后,英国的一位研究人种智商的学者得出了一个令亚洲人感到既惊讶又高兴的结论。他的研究结论是:中国人、日本人、朝鲜人是全世界最聪明的人,他们拥有全世界最高的智商,平均值为105,明显高于欧洲人和其他的人种。不管这一结论正确与否,我们必须正视中国人在直销经济活动中所释放出来的智慧,进而成为中国直销经济发展中与资本同行的"智本"。

2.1 直销智本家的出现是一种趋势

中国直销智本家的出现,这是直销经济发展到一定阶段的产物。只有出现直销智本家,中国的直销才能出现"质"的发展;没有智本家的出现,中国的直销的发展只能维持在初级阶段。

2.1.1 中国直销发展的初级阶段不可能有直销智本家

什么叫直销智本家,这既是一个理论问题,又是一个实践问题。从理论角度看,直销智本家的含义是以智本运营的直销企业家。这里有两层内涵:一是直销资本家本身就是直销智本家,二是为直销企业服务的以智本公司进行运作的直销智本家。从实践角度看,直销智本家一般都是在直销事业发展中,在运用资本的同时紧紧依靠智本,并逐步使智本的作用超过资本的作用。所以,直销智本家在中国直销发展的初级阶段是不可能出现的。

同传统经济发展一样,一个行业发展的初级阶段都是以资本积累为主的。比如,中国纺织工业的发展,是在农业提供足够的原始资本积累的基础上发展起来的。没有中国农业为之积累足够的原始资本,中国的纺织工业就只能是家庭作坊式,不可能形成像今天这样工业规模。直销行业也不例外。中国的直销行业还处在成长期,直销企业的老板大多数是属于直销资本家,而不是直销智本家。为什么?这是因为:一是直销企业的发展目前仍然是以资本为主,没有足够的资本运作,直销企业就很有可能随时倒闭。因此,直销企业的老板只能是直销资本家。二是直销企业的智本运作不是没有,而只是智本的作用在直销企业的发展中远比资本小。智本运作只处于一种战术地位,还没有上升到战略地位,所以,其作用是不可能超过资本的。三是直销企业老板的"智本"普遍不多,对直销企业的战略思考缺乏宏观层面,因而往往与国家的政策要求有一定的距离,甚至有的直销企业老板的法制观念淡薄,导致直销企业遭受灭顶之灾。

2.1.2 今后 5~10 年是中国直销智本家出现的黄金时期

中国的直销已经完成了发展初级阶段的过程,或者说,中国直销业的发展已开始从初级阶段向中级阶段过渡。这样的判断,主要依据以下三个方面的原因:一是我国一部向直销企业的原始资本积累的任务已基本完成。17 年的发展历程,使中国民族直销企业有了长足的发展,有了一批像天狮、大连珍奥、南京中脉、北京新时代等大中型直销企业,这是令中国直销业值得骄傲的事。这些直销企业的原始资本积累的过程已经初步结束,现在发展的路子应该转向智本运作。二是中国直销企业老板的智本正在逐步丰富。我们发现,许多直销企业老板纷纷到中国著名高等学府学习深造。在北大、清华,每年都有很多直销企业老板读 NBA,这是一个可喜的现象,至少说明中国直销企业的老板在丰富自己的智本。三是中国以智本运作的专为直销企业外包服务的公司将会越来越多。在中国,目前以智本运作专为直销企业外包服务的专业公司已经出现。我们相信,随着中国直销经济的不断发展,直销企业对以智本运作的外包服务的需求量将会越来越大。这是符合直销经济发展规律的,政府应该加以提倡和鼓励。由此可见,中国直销智本家将在今后的 5~10 年,将会是出现的黄金时期。

今后 5~10 年是中国直销智本家出现的黄金时期,这意味着中国直销的发展走上了"质"的提高的阶段。这里有三个主要标志:第一,直销企业家本身就是直销智本家。5~10 年,中国有许多直销企业家其具有丰富的智本,而不再是仅仅具有资本的直销企业家了。第二,直销企业家的管理已不再是物本管理和人本管理了,而是一种智本管理。智本管理是中国直销企业管理的高级阶段,只有实行智本管理,直销企业家才能算是合格的直销智本家。关于直销企业智本管理的问题,我们将在下面着重论述,这儿只是提一下就行了。第三,直销企业接受智本运行外包服务成为一种需要。直销智本家不一定是出在直销企业内,以智本运行方式为直销企业提供外包服务的公司老板也是直销智本家。只有当中国的直销企业接受智本运行外包成为一种需要的时候,中国直销智本家也就会如雨后春笋般地出现。

2.1.3 出现直销智本家是中国直销经济发展的规律

为什么说出现直销智本家是中国直销经济发展的规律呢?这是因为直销智本家的出现这是中国直销经济发展的一种必然。这里,我们只从直销咨询业的发展来加以阐述。中国的直销业发展会遇到许多瓶颈,解决这些瓶颈光靠直销企业本身是远远不够的。有些发展瓶颈,直销企业自己能够解决,但有些发展瓶颈,直销企业自己是解决不了的。比如,直销企业整个战略定位,有的直销企业本身就解决不了,这就需要直销咨询机构加以外包解决。"做一家直销企业不如帮一批直销企业",这是直销行业中许多智本公司成立的初衷。美国一家直销企业,由直销咨询公司进行整合人力资源开发、营销策划、企管咨询、战略规划和品牌管理五项服务,不仅为直销企业解决短期问题,也帮助他们做了一些基础性的工作,从而使直销企业得到了规范化和长远性的发展。这样的例子在中国也有。南京一家直销企业就是在直销专业咨询公司的策划下发展起来的。因此可以这样说,出现直销智本家这是中国直销经济发展的一种规律。

2.2 人力资源开发是直销智本培固的基础

人力资源是指劳动者创造财富的能力,是表现在劳动者身上的、以劳动者的数量和质量所体现的资源。北京新东方直销咨询顾问中心对我国直销企业的人力资源状况作了抽样调查,得出了一个重要结论:中国直销行业人力资源的开发是直销"智本"培固的基础。

2.2.1 中国直销企业人力资源开发利用现状分析

据北京新东方直销咨询顾问中心对中国10家直销企业的抽样调查,目前中国直销企业人力资源开发利用现状是:

①**人力资源总量欠丰富,增长速度比较缓慢**

2006年,被调查的直销企业人力资源总量(含直销员队伍)约为85万人,比2003年、2004年和2005年的65万人、78万人和83万人分别增加20万人、7万人和2万人,呈逐年递减趋势,年均增长速度比较缓慢。

②**人力资源中的性别、年龄结构体现了直销行业的特点**

从性别结构看,直销从业人员女性居多。2006年,10家直销企业从业人员中,男性占25%,女性占75%,反映出直销行业中女性的就业机会较男性多。从年龄结构看,直销从业人员平均年龄为38.7岁,其中,以35~44岁年龄组的人员居多,占了总数的35.87%;24岁以下和55岁及以上比重较少,分别只占6.66%和6.62%。这些性别和年龄结构体现了直销行业的特点。

③**人力资源学历结构和职称结构优化不够**

2006年,10家直销企业从业人员中,研究生、本科、专科、中专(含技校、职中)、高中及以下学历者所占比重分别为0.12∶0.82∶8.57∶12.67∶77.82。这就告诉我们,直销企业人力资源学历结构不是属于优化的状态。直销企业人力资源职称结构也不是很理想。10家直销企业的专业技术人员共125人,其中高级、中级、初级职称和未聘人员所占比重分别为6∶24.37∶53.86∶15.77。这样的职称结构显然是不适应直销企业发展要求的。

④**人力资源引进数量不足,层次亦不够高**

目前直销企业人才引进数量不是很多,10家直销企业中,设在广东、上海的直销企业引进人才多一些,其他地方的直销企业人才资源的引进很少。从引进的人才情况看,层次也不是很高。人才资源引进数量少和层次不高的原因是,层次高的重要人才一般在直销企业都稳定不住。有一个直销企业的CEO,是一个不错的人才,但由于人才引进机制不健全,他2006年就跳了三次槽。

⑤**教育发展及人才培养难以适应直销经济发展的要求**

长期以来,由于受传统观念的影响,我国的教育强化了升学应试功能,忽视了学生基本的素质教育,使得片面追求升学率、理论脱离实际的现象普遍存在;教育内容陈旧,师资队伍知识结构老化,设备条件落后,教育经费严重短缺,难于培养与国际接轨的处于科技前沿的高层次、高水平人才,缺乏参与国际信息交流的条件手段;人才培养模式雷同,结构单一,专业设置过窄且过于相似,办学统一模式,缺乏个性,难于适应综合化和多样化的人才需求。目前,在全国所有高校都没有开设直销经济这门课。在知识经济时代,以上弊端越来越成为制约直销经济进一步发展的障碍。

2.2.2 直销人力资源发展战略与规划目标

根据以上的分析,中国直销企业人力资源发展战略是:以邓小平理论和"三个代表"重要思想为指导,坚持人力资源开发为中国直销业总体需求和阶段性需求服务的原则,确立以"知"为本的社会发展观,全面提高人力资源的能动性,充分挖掘人力资源的再生性,不断提高人力资源的增值性,合理利用人力资源的时效性,造就一支与中国直销业发展进程相适应的素质优良、结构合理、创新实干的人力资源队伍。

①直销人力资源开发整体化战略

建立以直销市场配置为基础,政府宏观调控为主导,培养、交流、使用和管理相互促进、相互协调的直销人力资源开发运作机制,通过自我开发、家庭开发、学校开发、单位开发和政府开发,不断提高直销从业者的才能,促进直销人力资源整体素质的提高。

②直销人力资源开发国际化战略

直销人力资源国际化,包括直销人才资源来源的国际化、直销教育培训机构的国际化和开发、使用、配置、管理等机制、方式的国际化。国际化战略的目标:一是要开发、培养出国际通用型的直销人才;二是要大力引进国际上高素质的外籍直销人才和国内高素质的国际性的本国直销人才;三是直销教育培养渠道、运作机制与国际接轨,培养通晓国际经济、社会、信息、法律和直销市场规则的复合型直销人才。

③直销人力资源开发产业化战略

直销人力资源开发既是未来直销经济发展的基础性产业,又是促进直销生产力提高的服务性产业。因此,中国直销行业应有步骤地推进人力资源开发产业化进程,核算成本和效益,以提高人力资源开发的效率和形成市场开发运作机制,尽快积累中国直销经济发展所需要的人力资本。

④直销人力资源开发社会化战略

直销行业要充分发挥国家人力资源政策的导向功能、协调功能、分配功能、规范功能,制定和完善劳动人事政策、教育科技政策及劳动报酬政策,消除各方面对人才开发的负面影响,使直销人力资源在全社会范围内实行最优化配置。

在确定直销人力资源发展战略的基础上,中国未来人力资源开发总目标是:未来5~10年,把北京、上海、广州建成规模化的直销人力资源基地,以适应中国直销业发展的需要。2010年,率先把上海、广州建成国际性直销人力资源基地。

2.2.3 直销人力资源开发的对策措施

中国直销行业人力资源开发的对策措施主要是:

①直销人力资源教育开发

发展直销高等教育。高等院校要开设直销经济理论课,重点培养直销精英,大幅度提高直销研究生在直销行业的占比。地方职业学校有条件的也应开设直销经济理论课,培养直销专门技术人才。大型直销企业也可以自己办或与高校联办直销商学院,培养自己企业的直销专门人才。

②直销人力资源培训开发

直销行业要建立多层次、多学科、多形式的与职业技术教育相衔接的直销职业技能培训体系。充分利用高校、科研机构的力量,提升直销培训机构的培训质量,使直销从业者掌握从事直销经济活动所必需的技能,变可能的人力资源为现实的人力资本。逐步开放直销培训市场,引进国际国内大型的直销职业教育培训组织或机构,提高职业培训的层次和水平。建立和实行现代企业培训制度,把直销企业办成"学习型"、"知识型"企业。

③直销人力资源配置开发

直销行业要建立社会化的考试、考核、鉴定和督导评估制度。直销专业技术人员的职称评审和技能人才的技能鉴定实行社会化评估,打破部门、行业和单位的限制,同时允许个人直接申报,进行考试或考核。要健全直销教育督导和教育评估制度,改革直销科技成果评价体系。直销应用研究成果要以取得知识产权,特别是取得发明专利授权为主要评价标准,直销技术开发成果要面向市场和社会,以经济效益、社会效益和专利申请与授权为主要评价标准。科技成果的经济效益和市场竞争力,应作为直销企业科技人员职称评定,工资调整和参加评奖的重要依据。直销行业要建立统一开放的竞争有序的直销人力资源市场。建立人力资源信息网,实行用人单位岗位余缺和用工信息申报制度,对直销人力资源信息实行动态管理。

④直销人力资源使用开发

直销行业要科学合理地使用人力资源,实现使用与开发并举。要按照用人所长、避其所短的原则,通过合理设计工作岗位,明责授权,加强监督检查,奖优罚劣,建立企业文化等手段,增强直销从业者的主人翁意识,激发其主动性、积极性和创造性,为社会主义现代化建设创造良好的经济效益和社会形象。直销就业结构与直销产业结构要实现同步、协调转换,增加就业岗位,使直销产业结构的调整与直销劳动力的合理配置同步进行,实现直销经济增长与直销就业增长同步发展新格局。

⑤直销人力资源引进开发

直销行业要认真贯彻"对高素质人力资源不设防"的指导思想,大力引进直销经济发展所需的各类人才。对于博士、硕士和国内著名专业性大学的应届本科毕业生实行"先办理落户,后落实单位"的主动引进政策。直销企业对大学本科以上学历,中级以上职称人员和技师的引进,按政策实行备案制,同时政府要实行人口机械增长指导性计划管理,免收城市基础设施增容费,其配偶和子女可随同迁移。对院士、博导、博士、学科带头人和科技专家等高精尖人才的引进,直销企业要给予一次性的物质补助或奖励。要大力引进国外直销智力,鼓励国外高素质的直销人才来中国直销企业长期就业、短期工作或进行讲学、项目合作与研究开发。未在中国落户的国外高素质人才,可享受与国民同等的养老、医疗、子女升学等社会保障待遇。

2.3 智本管理:直销企业管理的更高阶段

直销企业要想操作好智本运营,仅有一般性管理知识是不够的,仅仅明晰知识产权法律和制度也是不全面的。智本运营能力是管理能力特别是洞察力与战略性思考、知识产权组合能力、资本运作概念力的复合,建立在对关键要素的把握能力之上,是今后一个时期直销企业管理者亟待重点提升的能力之一,是由直销管理者向直销智本家转型的前提。

智力资本管理与经营是直销企业关键路径要素和战略实施的重要内容与方式。智本经营是智力资本的战略管理过程,直销企业智力经营的战略实施包括智力资本的识别、测量、投资、革新、调配、移植、扩散与集群等过程。直销企业根据在具体业务经营中识别与测量到的智力资本的实际值与设定的智力资本战略值进行对照,以决定对智力资本的进一步经营和管理。因此,智本管理这是直销企业管理的更高阶段。

2.3.1 直销企业智本管理是相对于物本管理和人本管理的管理新阶段

直销企业发展初期的管理思想萌芽,是将全部的可用资源作为管理内容,随着认识的不断深入,管理从对物源(物)的管理,发展到对物流(事)的管理,这一阶段直销企业管理理论称为"物本管理",它是管理学的基础。

从物源管理到物流管理再到物流的组织参与者(人)的管理,这一脉络是十分清晰的。"以人为本"的思想正是在这样长期的管理实践中,逐步被人们所接受和认识的,并成为现代管理的理念支撑。可以说,人本管理的形成,是管理学家在充分认识到管理的核心与关键,是在抓住"管理过程中的人"这个概念后提出的。"人本管理"的思想在客观上有一定的历史局限性。由于人格的多样化和多重性,现代人本管理的思想始终没有明确回答管理的过程中以人的哪种属性为根本立足点的问题。更没有解决好"人本管理"的实质内容(物化人的本质,把人作为一种资源,即人力资源的思想)和基本观点(发挥人的主观能动性,创造性地开展工作)这二者之间所存在的根本矛盾。

伴随着知识经济时代的到来,直销企业管理适应环境的变迁发生了一系列的变革。从集权到分权,从生产导向到消费导向,从机器管理到人本管理,从细密分工到流程再造,强化对人的管理显得日趋重要,人的智力日益成为现代价值体系中具有基础和主导地位的核心价值,特别是如何强化对信息和知识的有效管理成为现实性要求。直销企业管理者关注的目光不能不集中到人的智力上来,并进而形成以人的智力为核心的"智本管理"的思想。并且,在对人进行剖析与研究的过程中,直销企业管理者逐步认识到,人本的关键是人的智力。即人可以在管理的过程中作用于物的力量,或者说是智力资源,这也是直销企业在发展之初提出人本管理思想的内在原因和本质内容。因此,直销企业经过长期的发展,研究的核心经历着从物质资源(物)——物流资源(事)——人力资源(人)——智力资源(智)这样的演进和发展。需要指出,提出"物本—人本—智本"的管理阶段划分,不是后者排斥前者,直销"智本管理"时代的到来,并不排斥"物本管理"还起着作用,只不过是对智力资源管理的比重越来越大。

2.3.2 直销智本管理的主要对象是智力资源

资源一般是指生产资料的来源。物力资源是自然形成的蕴藏在客观世界的原始物体,又是可以提供物力生产力的资源。智力资源则是人类经过自身脑力劳动一系列作用加工下所形成的创新成果,是可以形成智力技术、提供智力科技生产力而进一步又推动直销经济发展的来源。两者的共同点是可以形成生产力的来源,而区别点是两种不同性质的生产力的来源:物力资源一般是指自然先天形成的,而智力资源是由人自身脑力活动而后天形成的。它本身就是人类智力作用(集成作用、创新作用)加工的成果。所以,物力资源的科技开发是对没有经过任何智力加工,处于原始状态的有形物体的首次开发,而智力资源的科技开发是一种二次智力作用的深度开发;物力资源是具体有形的"物体"(矿物、水力、土地等等),而智力资源是一个人类脑力活动和加工作用的智力化过程,这个过程的成果用物化"资料"形式(论文、著作、专利、Know-how、信息库等)储存起来,它并不是具体有形物体,但却蕴藏着巨大有形能量。智力资源包括千变万化的各行各业的数据、信息、知识、理论、技术、专利、Know-how、设计、软件等。它们充满在五大知识来源——生产源、社会源、网络源、文件源、人脑源之中,不但是多源的、海量的,而且是杂乱的。在智力时代,直销企业为了科技创新,驱动智力经济的发展,必须利用已有智力资源进行再创造的开发。也就是说,任何一个创新过程都是对已继承智力资源的再创造过程。科学研究首先就要分辨,搜集已被人类继承下来的有用的智力资源。

一般来说,直销智力资源的形成是从数据开始的,经过一系列的智力集成作用,使数据经过赋予物理意义而成为信息,而系统化信息就是知识,规律化知识经过创新形成了理论。将数据、信息、知识、理论及专利、Know-how 等储存起来,就形成为直销专业的知识。而智慧则是人类在智力资源与知识工具相互作用下,进行长期思维和实践过程中积累形成的一种具有辨别力和创造力的潜在能量。直销智力资源的开发与管理,也就是运用智慧能量的创造能力,进行信息集成、知识发现、理论创造、技术发明、产品更新等等的开发与管理。

智本管理是直销企业组织活力的源泉。高质量的产品是由高质量的人才产生出来的,而高质量的人才是由高质量的管理艺术组织起来的。先进的技术不能弥补落后的管理,而先进的管理可以弥补落后的技术。美国著名管理学家彼得·德鲁克指出:"有效的管理可能是发达国家的主要资源。也是发展中国家的主要资源。"智力管理就是以管理者的智慧创新能力作为实施管理的驱动力,更注重大的作用和人际沟通,更依赖团队,运用集体的智慧提高应变和创新的能力。社会发展变化极其迅速,直销企业不具备应变能力,就无法生存;缺乏创新能力,就不能发展,甚至因为老产品卖不出去或不适应顾客的需要而最终招致直销企业倒闭。有了应变和创新能力,直销企业就能兴旺,就能发展。

2.3.3　智本管理的根本任务是对智力资源与物力资源进行协调管理

提出"智本管理"的概念,主要是为强调以直销企业管理者的智慧创新能力来管理智力资源,并不排斥直销企业管理者对物力资源的管理,相反是要从每个直销企业的实际情况出发,更好地协调智力资源与物力资源的管理与开发。众所周知,要达到系统的全局优化,系统应由一个"控制中心"对系统明确的目标进行全过程控制以达到全局最优的目的。但是复杂系统由于它的子系统(或系统单元)很多,其间关系又非常复杂,有的子系统还有受非还原论的自然法则所支配的问题。因此它不可能具有很确定绝对的唯一最优解,而只能对各子系统的参数进行调节协商以接近"相对优化目标"。虽然有些直销企业也已认识到协调是一种控制,但对复杂系统来说,优化决策强调协调更准确。这表现在:一是复杂系统只可能有经过"协商"的相对优化目标,并没有绝对、唯一的最优解析解,且"目标"本身也会随着系统发展进程而反复重新构造和重新调节修正;二是复杂系统并不一定要有唯一的控制中心,也可以是并行网络的全面调节;三是目标既不是唯一的,也不一定由控制中心所操作,那么最优化过程实质上是对各个子系统的参数进行全面调节与协商。因此,复杂系统的优化决策应强调一个协商与调节的过程。

当代社会工业经济向智力经济的转变,在产业结构调整上表现为经济重心由制造业向服务业转移。智力经济时代的制造业和服务业逐步一体化,而且服务产业将占越来越重要的地位,特别是提供知识和信息服务将成为社会的主流,以至"数字经济"、"网络经济"、"虚拟经济"成为智力经济时代的新特点。因而,直销企业智本管理不是以稀缺资源为主要依托,而是以智力资源为主要依托,是通过知识对物力资源进行合理配置,实现该资源的优化利用,并开发出新资源,由此引致大批新的知识密集型产业的兴起,激发经济结构的重大变化和社会结构的根本转型,实现所谓"系统的全面优化"。正是从这个意义上,提出直销企业智本管理,实际上是直销企业智本管理者对多个单元"智力资源集成体"进行的有效组织和治理,是一种对智力资源和物力资源的协调管理,是直销企业管理的更新更高阶段。

▼3　中国直销的社会资本

上面我们主要讨论了中国直销的"知本"和中国直销的"智本",在这一节我们将要讨论中国直销的"社会资本"。社会资本与固定资本和货币资本是不同的,中国直销的社会资本是中国直销企业发展的"关系资本",讨论和研究中国直销的"社会资本",目的是为了让读者了解中国直销企业的发展过程不仅仅是直销企业的行为,也是整个社会的行为。

3.1 中国直销社会资本的概念及其测量

在对社会资本的研究当中,直销企业的社会资本是一个非常重要的概念。在直销行业,经济活动的主体主要是直销企业。对于直销企业从事经济活动的经济学与社会学结合研究,社会资本是一个很好的切入点。但是,对于什么是直销企业的社会资本,这一概念的内涵到底是什么,这是我们在这里讨论的主题。

3.1.1 概念内涵

最早对企业的社会资本问题进行研究的专著是边燕杰和丘海雄署名的《企业的社会资本及其功效》。在这一专著中,他们提出了企业的社会资本的概念。认为"社会资本是行动主体与社会的联系以及通过这种联系涉取稀缺资源的能力……能够通过这些联系而涉取稀缺资源是企业的一种能力,这种能力就是企业的社会资本"。并进一步将企业的社会联系分为三类:纵向联系、横向联系和社会联系。所谓纵向联系是指"企业与上级领导机关、当地政府部门以及下属企业部门的联系",所谓企业的横向联系"指的是企业与其他企业的联系",所谓社会联系指的是企业除纵向、横向联系之外的其他社会联系。

不可否认,企业法人代表对企业的活动具有非常重要的作用,但毕竟不是企业活动的全部,尤其在所有权与经营权分离的企业,法人代表活动的局限性就更加明显。边燕杰和丘海雄也认为:"企业的法人代表是整个企业的核心,也是一个企业形成、发展和运用社会资本的关键人物","但企业的社会资本不限于企业的法人代表。企业的其他管理者和经营者,其中层经理和专业技术人员以及从事生产、销售的第一线工作人员,也都可能在形成、发展、运用企业社会资本的过程中发挥作用"。以企业的法人代表的社会联系替代整个企业的社会联系有着相当大的局限性。其所得出的结果只是企业法人代表的社会资本,而不是企业的社会资本。

直销行业中,在一个产权明确、制度合理的直销企业里,直销企业法人代表的社会资本是可以并且会为直销企业所利用的。比如,在中国的民营直销企业中,法人代表就是产权所有者(或主要所有者),并且也大都直接经营直销企业,他的社会资本当然会为自己的直销企业所利用。但是国有控股的直销企业或股份集体企业中的情况显然不一样。正因为如此,我们在有关章节中引发了种种关于直销企业产权制度、代理人制度、治理结构等问题的讨论。如果国有控股直销企业的领导人(包括法人代表和管理经营者)都是全心全意为直销企业服务的,那么社会资本也就为直销企业所用。但我们不能排除这样的现象:国有控股企业法人代表的社会联系或社会资本有可能为直销企业所用也可能不为直销企业所用,或者部分为直销企业所用,或者直销企业的社会联系或社会资本为直销企业领导人所用,用来为个人谋私利。

分析到此,我们可以这样理解:中国直销社会资本的概念内涵直销企业法人代表的社会联系并不等同于直销企业的社会联系,直销企业法人代表的社会联系或社会网络在为企业所用时,这种社会联系和社会网络才能转化为直销企业的社会资本。

3.1.2 直销社会资源和社会资本的关系

资本是这样一种东西,它是要投入经济生产活动之中并且得到产出的。一般的人力、物力并不是资本,比如,金钱并不是资本,但是用来投资的金钱就是资本。我们可以用金钱来进行消费,也可以用来投资,只有用来投资的金钱才是资本。同样,对于直销企业的社会网络和社会资本的关系也可以作这样的理解,即社会网络并不是社会资本,只有当投入到直销生产经营活动中的社会网络才是直销企业的社会资本。

要理解直销社会资源与社会资本的关系,我们先来了解一下国内外有关专家的看法。

①**布迪厄的看法**

最早提出社会资本概念的是布迪厄(P. Bourdieu)。在他看来,资本是积累的劳动,这种劳动使得占有者以具体化的方式占有社会资源。资本是获取生产利润的潜在能力,也是进行自身再生产的潜在能力。在这样的意义上,"资本包含了一种坚持其自身存在的意向,它是一种被铭写在事物客观性之中的力量……资本……体现了社会世界的内在结构,即铭写在这个世界的现实中的一整套强制性因素,这些强制性因素以一种持久的方式控制了它所产生的作用,并决定了实践成功的可能性"(布迪厄,1997)。布迪厄把资本划分为三种基本的形态:经济资本、文化资本和社会资本。"社会资本是实际的或潜在的资源的集合体,那些资源是同对某种持久性的网络的占有密不可分的,这一网络是大家共同熟悉的、得到公认的,而且是一种体制化关系的网络"(布尔迪厄,1997)。布迪厄是从社会网络的角度来看社会资本的。"特定行动者占有的社会资本的数量,依赖于行动者可以有效加以运用的联系网络的规模的大小,依赖于和他有联系的每个人以自己的权力所占有的(经济的、文化的、象征的)资本数量的多少"(布尔迪厄,1997)。但是在上面这一段话中,布迪厄并没有把社会网络和社会资本完全等同起来,网络并不等于社会资本,只有"可以有效加以运用的"网络才是社会资本。

②**科尔曼的看法**

科尔曼在对社会资本的论述中,把社会结构资源作为个人拥有的资本财产,即社会资本。"社会资本的定义由其功能而来,它不是某种单独的实体,而是具有各种形式的不同实体。其共同特征有两个:它们由构成社会结构的各个要素所组成;它们为结构内部的个人行动提供便利……社会资本是生产性的,是否拥有社会资本,决定了人们是否可能实现某些既定目标……社会资本存在于人际关系的结构之中,它既不依附于独立的个人,也不存在于物质生产的过程之中"(科尔曼,1999)。科尔曼特别强调社会资本的生产性。"物质资本和人力资本为生产活动提供了便利,社会资本具有同样作用"(科尔曼,1999)。科尔曼对社会资本生产性的强调表明,他尽管认为"社会资本存在于人际关系的结构之中",但是,只有投入使用的才是社会资本。

③**林南的看法**

在对社会资本的研究中,林南作出了重要的贡献。他认为,社会资源是通过人们直接和间接的联系而获取的资源。对于这些资源的获取和使用是暂时的和借用的，而社会资本是人们动用了的社会资源。它主要是从社会网络中得到的(Lin,1999)。在2001年发表的一篇论文中，林南说："资本是在市场中具有预期回报价值的资源投资，而社会资本是嵌入于社会网络中,在有目的之行动中可以获得或调用的一种资源。"(林南,2001)

从上述三人的论述中,我们得出的结论是：我们要从"效用性"和"生产性"来理解中国直销企业的社会资本,进而来测量社会资本。其中关键的问题是：要区分社会资源和社会资本。资源是潜在的资本,资本是动用了的、用来投资的资源。直销企业的社会网络是社会资源而不直接等同于社会资本；直销企业的社会资本是动用了的、用来从事生产性和经营性的经济活动的社会网络或社会资源。

3.1.3 直销企业的网络测量和费用测量

对于直销企业社会资本测量的思路之一是网络测量。从测量的角度出发,怎样把直销企业从网络中得到资源的能力与网络本身区分开来，这是一件困难的事情。所以,我们对中国直销企业社会资本的测量还是从网络来进行的。具体地说,是从网络规模、网顶、网差和网络构成四个角度来测量。这样,一方面把直销企业的社会联系完全形式化,促进了对于微观社会结构明晰的、图示的和数量化的认识；另一方面,从直销企业生产的角度来看,网络测量也摸清楚了直销企业的社会资源。

然而,从网络的角度测量直销企业的社会资本,遇到的问题是：首先,测量的主体不是个人的,而是作为群体的直销企业；个人的网络关系是清晰的、相对简单的,而直销企业的网络则是复杂的、纵横交错的。并且,直销企业的网络也并不是企业中个人网络的简单相加,群体越大,其网络则越复杂,其网络规模甚至可能是倍数的增长。其次,直销企业网络和个人网络具有相容、相异或不相容的问题。直销企业中的个人,即使是董事长或总经理一类的人,他的活动也可以分作为了企业的公务活动和为自己的私人活动。这两类活动在人们的日常生活中经常交错在一起。如前所述,在产权不明和没有一个合理的企业治理结构和"委托—代理"制度的情况下,公私之间的网络纠缠一起,很难分清。第三,布迪厄认为,社会资本的生产是人们在社交活动中时间、精力和经济资本的投入过程(Bourdieu,1986)。这一观点提醒我们,对于社会资本的测量可以从生产投入的角度来进行。在经济活动中,直销企业的投入可以划分为三部分：一是物质资本的投入；二是人力资本的投入；三是社会资本的投入。物质资本的投入,人们是用金钱来衡量的；人力资本的投入,也是用金钱来衡量的；为什么社会资本的投入不可以用金钱来衡量呢？我们认为,可以用花费在社会关系上的费用来衡量直销企业社会资本的投入。从投入费用的角度来测量直销企业社会资本的主要好处在于：一是直销企业把对社会资本的计量与对物质资本和人力资本的计量统一起来,可以互相比较；二是如上所说,逐一理清直销企业广泛的社会联系是很困难的研究工作,上述测量方法可避免这一难题；三是可以非常明确地推算直销企业社会资本的投入产出,建立相应的会计制度。

3.1.4 直销企业社会成本费用测量的一个案例

2006年4~8月,北京新东方直销咨询顾问中心对10家直销企业进行了一次问卷调查。由于随机抽样的困难,本次调查采用方便抽样,共回收了有效问卷80份,其中直销企业家填写了38份,其余为职业经理人。在问卷中,对直销企业的社会资本用两个指标进行了测量:一是干股;二是公关费用。在开办直销企业过程中,民营企业采取股份制的形式,其中有些股东拿的是干股,即并不实际投入金钱和物质的东西,但还是占有一定的股份,并可以分红。据了解,直销企业中的干股有两种:一种是技术入股,实际上是人力资本投入;另外一种是关系入股,实际上就是社会资本投入。问卷首先采用了一组四个问题来测量干股:①您的企业注册登记时共有几位股东?②他们当中有没有人拿干股?③干股占您的企业全部股份百分之多少?④拿干股的股东是因为有技术或者专利吗?结果有27人回答了第一个问题:其中有13人说只有一位股东,有24人回答说有2位以上的股东,有一人说的她的直销企业有15位股东。如果把只有1位股东和有15位股东的直销企业排除,那么,在这10家直销企业中,股东最少的是2位,最多的是9位;25人回答了股东中有没有人拿干股的问题:其中20人说有,5人说没有;18人回答了干股占她们企业全部股份的比例问题:最小值为2%,最大值为60%;17人回答了拿干股的股东是不是因为技术或者专利的问题:其中9人肯定是技术或专利的干股,6人说不是。

然后,问卷问到目前直销企业的股东中有没有人拿干股的问题,结果15人对这个问题作了明确回答:其中8人说有,7人说没有。有18人回答了干股占直销企业股份的比例:最小值为8%,最大值为37.5%,平均值为19.08%。其中有13人说直销企业股东中拿干股的人是因为有技术或专利,另外6人的回答则不是。在这6家有股东占有非技术干股的直销企业中,有2人没有回答所占比例,有一家占11%,一家占13%,还有2家都占20%。这两组数据的结果非常接近,使我们认识到:对直销企业的干股进行测量是可能的,当然也不是太容易,从数据的缺失可以看出这一点。

如果说以非技术干股或关系干股的方式,可以测量出与直销企业建立了稳定社会关系者的收益,或者直销企业向相关人士购买社会关系的投入,那么,从直销企业公共关系费用的开支则可以看出直销企业在处理外在社会关系上的花费或投入。问卷所列举的10项开支中,有28人(其中包括有在直销企业担任高级职位的职业经理人)回答了直销企业的公关、招待费用情况:最小值为0,最大值为40%,中位值为5%,众数为10%,平均值为6.65%。此外,还有20人回答了直销企业开支中各种捐赠的情况:最小值为0,最大值13%,中位值为1.4%,众数为0,平均值为2.36%。直销企业的公关、招待费用就是直接在社会关系上的花费,直销企业的捐赠也和处理公共关系有关,但是,前者更多的是直销企业与私人建立和维持社会网络的费用,后者则更可能是在向社会公众塑造直销企业形象的花费。

那么,直销企业的社会资本投入是否有效?本次调查用营业额(销售收入)的客观指标和直销企业家对本企业在同行业中地位评价的主观指标来测量直销企业的绩效。现在,我们用公关招待费作为自变量,营业额和直销企业家评价作为因变量,来看看它们之间的相关情况。营业额被平均分为三个部分,最小、居中和最高;公关费用也分成三个部分:4.6%及以下,5%~8%,8%以上,以保证三组数量均衡。结果显示:在公关比例与营业之间的 Gamma 系数是 −0.271,显著度是 sig = 0.037,表明两者是负相关,即公关费用越高,营业额越低,或者营业额越高,公关费用越低。至于公关费用比例与直销企业家对自己企业的主观排名关系,在控制营业额前提下,两者在各组的 Gamma 系数是:营业额最低组,G = −0.0842,显著度为 0.824;营业额居中组,G = −0.661,显著度为 0.001;最高组,G = −0.417,显著度为 0.237。由此可见,除了营业额最低的一组 Gamma 系数为正以外,在其他两组都是呈负相关;其中中间组公关费用比例越高,直销企业家在行业中的自我评价越低,或者相反,自我评价越高,公关费用越低。

这几个指标的测量也许存在偏颇之处,所得相关关系也许还可以做出别的解释,但很显然,直销企业所投入的建构社会关系网络的费用与直销企业绩效之间并不如人们所期待的那样有强烈的正相关关系,也就是说,社会资本对直销企业的作用未必是正向的、强烈的相关关系。

3.2 直销企业家伦理行为与社会资本的积累

直销企业家的伦理行为与直销企业家社会资本的积累是有内在联系的。正确的伦理行为,是直销企业家社会资本积累的重要保证。

3.2.1 新经济社会学生产函数:人与人之间关系是社会资本变量

无论是理性资本主义还是官僚资本主义,核心内容都是围绕"资本"而运转的一种组织制度或行为方式。布罗代尔曾经指出,只有将"资本主义"与"资本"和"资本家"两个术语联系在一起才能确定前者的含义。布罗代尔认为,"资本"是可触知的现实,是一整套容易鉴别的资源,处于无休止的运作之中;"资本家"是筹划或试图筹划将资本纳入连续不断的生产过程之人;"资本主义"大体上是通常很少出于利他目标的一种营营不息的行事方式(布罗代尔,1997)。熊彼特则认为,资本是一种杠杆,企业家借此杠杆可以控制他所需要的各种具体商品,因此,熊彼特将资本定义为"可以在任何时候转交给企业家的一宗支付手段的数额"(熊彼特,1997)。从经济学角度来看,资本是一些具体的能够增值的资产,资本依其所有者可以划分为私人资本和社会资本,后者是指一个国家在一定时点上所持有的商品储备总量,在性质上它与私人资本并无差异,因此我们可以粗略地认为社会资本概念在经济学中是不存在的。

从社会学角度来看,资本不仅表现为一些具体的有形物品,而且还可以体现在企业所拥有的人际关系上:企业所有者个人及其所领导的决策群体的社会声望是企业所拥有的社会资本,相对于物质资本或"物质"杠杆而言,这些基于个人品行而产生的社会信任是企业家动员社会稀缺资源的"精神"杠杆。由此,经济社会学将社会资本引入企业的生产函数之中。如果说20世纪60年代以前新古典经济学的生产函数是由物质资本和人力资本两类要素组成的话,那么,20世纪80年代以后新经济社会学则将生产函数扩展为物质资本加人力资本再加社会资本三类要素组成。假设用 pk 表示物质资本,用 hk 表示人力资本,用 sk 表示社会资本,用 YE 代表新古典经济学的生产函数,用 YS 代表新经济社会学的生产函数,则新古典经济学和新经济社会学的生产函数可以分别表示为:

$$YE = f(pk + hk) \qquad YS = f(pk + hk + sk)$$

从上述生产函数构成内容来看,经济学关注的是物质资本对产出的贡献率,即使马歇尔(Alfred Marshall)将企业家的管理能力、舒尔茨(T.W. Schultz)将人力资本变量引入生产函数,经济学家所关注的仍然是经济主体(包括有才能的企业家及受过良好训练的技术工人)的具体管理及操作能力。也就是说,经济学所强调的始终是人与物之间的关系或者说是人对物的控制能力,而社会学所引入的社会资本变量强调的却是人与人之间的关系,是作为直销企业的领导者即企业家的个人品行对企业的生产函数所产生的影响力。

所以,直销企业家社会资本的本质内涵是信任以及因信任而产生的社会声望或社会权威。从社会学角度来看,社会交换有三种动机:爱、无知和恐惧。我们认为,无知和恐惧主要源于信息沟通障碍,随着信息时代的到来应该变为次要的动机,而"爱"则应该成为社会交换最主要的动机。良好的个人品行是信任、声望和"爱"产生的伦理基础。直销企业家的社会资本就是因企业家良好的个人品行而产生的动员社会稀缺资源的能力,它是通过直销企业的社会交换能力而表现出来。

3.2.2 直销企业社会资本的划分

我们以直销企业为圆心,依据直销企业可以实现的社会交换的距离和密度,将直销企业的社会资本划分为企业外部社会资本和企业内部社会资本两大类。

①直销企业外部社会资本是指企业对外交往以及取得外部资源的能力,主要包括直销企业的社会网络和共生契约

社会资本具有多种表现形式,但一般认为社会网络是其最重要的表现形式。直销企业的社会网络是指直销企业在产品的产购销过程中与其他贸易伙伴所发生的一些长期性和重复性的社会联系。社会网络对直销企业生产函数的影响可以概括为两种效应:第一,网络规模越大,能为直销企业提供的信息、资金等稀缺资源就越多;第二,网络密度越高即网络成员之间的互动越频繁,为直销企业提供的社会资本的质量就越高。对于第一种即网络规模效应,学界基本上已经达成共识。对于第二种即网络密度效应,目前还存有争议。我们认为,网络密度与社会资本正相关假设可以从两个角度加以论证:其一,从社会互动角度来看,直销企业社会网络密度较高意味着网络成员之间保持较为紧密的联系,在联系密切的网络中,成员之间一般都保持较高的互惠性期望和较为明确的惩罚性规则,因而网络能为成员提供真实的收益(或成本)。其二,从经济学实证角度来看,我们可以提供许多经济交往的经验数据对此加以经验支持。比如,在世界贸易发展史上,贸易格局曾发生如下规律性变化:二战之前,世界贸易主要发生于发达国家与发展中国家之间,二者之间的贸易数额占世界贸易总量的50%左右;而在20世纪60~80年代,这一比率下降到26%~34%,发达国家之间的贸易数额跃居世界首位,占世界贸易总量的45%~55%,这种趋势一直保持到当代。这就告诉我们,贸易网络虽属经济网络,但它的变化趋势同样可以说明社会网络的发展规律,因为无论是经济网络还是社会网络,促使其发展并导致其结构发生裂变的根本动力只有一个,这就是社会分工。由于社会分工不够发达因而行为主体需要资源互补,所以产品互补性的贸易(发达国家与发展国家之间的以制成品与原材料相交换为主的贸易形式)成为战前贸易的主流;而当社会分工有了高度发展之后,人们更需要在文化、技术、社会意识形态相同或相似的起点上进行沟通和交流,因而在竞争基础上进行的合作性贸易(发达国家之间的以制成品相交换为主的贸易形式)就成为战后国际贸易发展的主要特征。我们认为,直销企业密度较高的社会网络拥有相似但并非完全相同的资源,这些资源更为其网络成员所急需。反过来说,正因为直销企业需要某种资源,而这种资源又恰好被其网络所拥有,所以直销企业才需要同其网络成员发生频繁互动,因此,密度较高的网络必定对其成员提供较多或质量较高的社会资本。

共生契约相当于一种攻守同盟,它是在经营同类产品的直销企业之间为了共同利益而建立的一些书面或口头协议。共生契约可以帮助契约中的直销企业学会在市场竞争中生存,减少市场交易成本。但对契约之外的直销企业而言则是增加了交易成本,因为攻守同盟为网络内部的直销企业撑起一把保护伞,同时为网络外部的新生直销企业进入该行业设置了一道壁垒,因此一般认为共生契约增加了网络内部成员的社会资本,同时增加了整个社会的交易成本,而交易成本一般会减少社会福利。

②直销企业内部的社会资本主要包括三大要素,依其对企业生产函数的贡献率可以将其排序为:企业家个人品行、员工个人品行以及企业产品的社会形象

直销企业家的个人品行位于企业内部社会资本三要素之首,而直销企业外部社会资本又是依靠直销企业内部社会资本推动、建立和扩张的,因而直销企业家个人品行实际上变成直销企业社会资本之中最重要的变量。这是直销企业内部社会资本的第一个变量。

直销企业家的个人品行主要是指直销企业家的伦理道德行为。除此之外,还可以从社会互动角度,从以下两个方面分析直销企业家个人道德水平的培养过程:一是从先赋资本角度来看,遗传及家庭(或家族)声望对直销企业家品行具有重大影响,前者决定其个人的可教育程度及可塑性大小,后者则是其个人社会资本的先天占有量,它可以是正数(当家庭声望较高时),也可以是负数(当家庭声望较低时)。二是从社会交往角度来看,受教育程度及工作经历都可以塑造个人气质,较高的文化素质有助于增加直销企业家的社会责任感。

员工个人品行对于直销企业社会资本的影响主要体现在员工的敬业精神方面。这是直销企业内部社会资本的第二个变量。员工的工作成效只要符合直销企业工作标准就应视其为合格职工,但经验研究表明,在许多成功的直销企业当中,

职工的努力水平常常超过直销企业要求其达到的努力水平,效率工资理论对此给出了较好的解释。但是,阿克罗夫(George A.Akerlof)认为,职工并非根据正规的、制度化的工作标准来工作,而是根据非正规的努力准则来工作的,这些努力准则并不是个人拥有而是集体所共有的,源于职工之间的情感比如友谊,或者出于职工对企业的情感比如忠诚而产生的一些不成文的规定。如果直销企业职工按照这些标准工作,其劳动成果超出直销企业标准的余额相当于职工送给企业的礼物。作为对员工超常努力及其高昂士气的一种奖励,直销企业回赠给员工以高于市场出清水平的工资即效率工资,这样,在直销企业及其员工之间就实现了"礼物交换"。从阿克罗夫的礼物交换模型当中,我们可以发现社会规范对员工及对直销企业双方的内在影响,具有互惠性质的社会规范内化于员工及直销企业家的伦理道德之中,对直销企业内部社会资本的积累产生了积极的影响。

直销企业内部社会资本的第三个变量是企业产品的社会形象也即通常所说的"品牌效应"。直销产品作为人类劳动的物化凝结,本身没有思辨能力或行为能力,从表面上看与以"信任"为核心思想的社会资本概念似乎相去甚远。但是,我们认为,直销产品作为人类劳动的物化形态反映了其生产者的价值理念,直销产品一旦被生产出来并流向直销市场,直销企业家及其员工的伦理思想就会通过这一媒介形式传递给消费者。如果说直销企业家及其员工的个人品行是"静止的"社会资本,那么直销产品则是"流动的"社会资本,它会无声地传递直销企业的价值理念,为直销企业带来巨额物质资本。关于产品信誉对企业经营的影响,信息经济学奠基人乔治·施蒂格勒(George J. Stigler)曾有简短而精彩的描述,他说"商誉"这个概念,可以定义为"顾客无须不断搜寻(即只须偶尔核实一下)就会不断光顾"(施蒂格勒,1996)。信誉可以保证消费者对于某种品牌直销产品的信心,节约消费者的搜寻成本,有助于增加直销产品生产者和消费者双方的经济福利。

3.2.3 道德规范:正确处理人力资本和社会资本的关系

对人力资本和社会资本的关系梳理,将有助于直销企业更加准确地把握人力资本的局限,同时也就凸现出社会资本在直销企业发展中的重要作用。人力资本和社会资本的区别概括如下:第一,人力资本关注于个体,社会资本则关注于网络和社会关系;第二,人力资本的前提假设是经济理性,认为信息是透明的,而社会资本则认为,任何事物都是通过社会价值观和社会规范的形塑而成的;第三,人力资本采用受教育年限和资格来衡量它的获得,而社会资本是通过社会义务和公众的契约强度来衡量的;第四,人力资本产出是根据个人的收入和个人的生产能力来衡量的,而社会资本则通过生活质量来衡量它的产出。

在理论和实践中,社会资本和人力资本的关系并非是一种敌对的对抗关系,但是,直销企业到底如何能够使人力资本和社会资本和谐统一下降呢? 我们认为,在道德规范的约束下,正确处理人力资本与社会资本的关系,这是直销企业的一个十分重要的选择。爱丁堡大学的斯库勒(Schuller)教授在1997年的研究发现,一些个体总是沉浸在他们学习的课程之中,而没有一点把所学的东西和别人分享的意识,包括朋友、同事、家庭和更广阔的社会环境。人力资本因受教育程度的不断提高而提高,但这种提高是以削弱人际沟通和人际关系为代价的。如果直销人力资本的积累确实独立于社会环境之外,那么这种人力资本至多只有很有限的社会和经济价值,而且这种人力资本也很可能会消逝。在这种情况下的关系就是个体层面的。需要明确指出的是,社会资本不仅仅维持在个体层面关系上,社会资本更体现在社会层面,在不同的(教育的和非教育的)社会机构之间的沟通、合作和良性竞争中,将有助于社会学习的提高。因此,中国直销企业的人力资本,实际上是放大了的社会化的人力资本,从本质上说也就是直销企业的社会资本。这就给我们提出了这样一个问题:在人力资本社会化与社会资本人力化中,中国直销企业应该恪守什么样的道德规范? 我们认为,人人为我、我为人人的和谐合作精神,这是中国直销企业领导在正确处理社会资本和人力资本关系中的职业操守。

直销企业的社会资本与物质资本、人力资本这两种经济资本相比既有相似性,也有区别。相同的特点包括:一是,社会资本与物质资本、人力资本一样是通过积累而成的。像信任、惯例以及网络这样的社会资本存量有自我强化和积累的倾向。直销企业一次成功的合作能够在合作双方之间建立起联系和信任,而在此次合作中建立的社会资本又会有利于将来在完成其他任务时的合作。就像常规资本一样,那些拥有社会资本的直销企业往往会积累更多的社会资本。直销企业社会资本的使用能增加而不是减少自身的供给,如果不使用它,它就会减少供给。二是,直销企业的社会资本也需要不断地更新。社会资本的价值随时间的推移会逐渐降低,所以它与人力资本、物质资本一样需要不断更新,否则将丧失其价值。实践表明,无法保证期望与义务关系历时长久而不衰,没有定期的交流,规范也就无法维持。总之,直销企业的社会资本必须在不断更新中尽力维持。三是,直销企业的社会资本与经济资本都具有生产性。正如科尔曼所说:"像其他形式的资本一样,社会资本是生产性的,使某些减少它就无法实现的目的完成成为了可能。"四是,直销企业的社会资本与经济资本一样具有层次性。就直销企业老板来说,社会资本既可以是一个人的,也可以是企业共同体的。对于一个直销企业,社会资本的主要作用是维持直销企业的稳定和行动的相对一致性,明确企业的认识感,从而提高企业内部个人或制度的行为效率。具体到个人、组织上,社会资本的多少直接决定了直销企业动员资源的能力。社会资本的层次性一方面体现在不同的直销企业中社会资本的存量不同,扩展度不同;另一方面体现在直销企业中个人由于所处的地位不同,拥有的各种资源不同,控制的社会资本也有所不同。从社会资本与物质资本、人力资本这两种经济资本的相似性上看,中国直销企业的道德规范应该体现在锁定在诚信的基础上。因为只有诚信,才能使直销企业的社会资本生产和积累越来越多,才能使直销企业的社会资本不断加以更新和拥有更多的层次性。反之,直销企业由于诚信缺失,社会资本将会越来越少。

直销企业社会资本与物质资本、人力资本不同的特性有:一是,直销企业的社会资本表现为人与人之间关系,存诸于人际关系的结构之中,它既不依附于独立的个人也不存在于物质生产的过程之中。二是,直销企业的物质资本可以是有形的也可以是无形的,如物质资本是有形的,可见的物质是其存在形式;人力资本是无形的,它存在于个人掌握的技能和知识中,表现为劳动者的经验和受教育程度。而社会资本却是无形的,它以社会关系的形式表现出来,是一种能感觉得到,却看不见,摸不着的东西。三是,直销企业物质资本既可以为公共物品也可以为私人物品,而社会资本则具有公共物品的性质,一旦形成就不仅仅是一个人能使用它,它只能存诸于两个以上的人中间。这也决定了社会资本的不可转让性,尽管它是一种具有使用价值的资源,但它难以被轻易地交换。从社会资本与物质资本、人力资本不同的特性中,我们看到,中国直销企业的道德规范应该锁定在"公共"性上。直销企业的社会资本既然是从社会中来的,就应该回到社会中,让相关的人员都能获益。如果直销企业的社会资本只为一己所有、一己所用,那么直销企业就会游离整个社会,社会资本对直销企业的发展就会形成负面效应。这是直销企业在发展中的一个大忌,应该引起高度注意。

3.3 社会资本:建立和谐直销企业的理论基础

直销企业积累社会资本的根本目的是什么?有人说是为了提高直销企业的经济效益,这话实际上表达得不完整。直销企业积累社会资本固然要提高经济效益,但这只是其中的一个方面,而且还不是主要方面。直销企业积累社会资本的根本目的,是为了在中国和谐社会中创建和谐直销企业。

3.3.1 和谐关系与沟通顺畅是直销企业最重要的生产元素

当全民都在为建立和谐社会付出努力的同时,直销企业应该考虑如何建立一个和谐的企业。"家和万事兴"。一个员工与老板、员工与员工间相处愉快、乐于合作的直销企业,其生产力一定较高。尤其是知识经济、服务业经济崛起的今日,团队合作取代了单打独斗,企业再造工程(Business Process Re-engineering)则以整合型任务取代了分工细密的流程,和谐关系与沟通顺畅也成了直销企业最重要的生产元素。如何维护直销企业内的合谐正是每一个经理人面对的严峻挑战,尤其在中国的直销企业中,派系纠葛、内斗内耗、谣言四起、各自为政恐怕是很多直销企业管理者经常面对的头痛问题,也是需要解决的重大议题。

一如和谐社会的讨论,和谐直销企业议题的理论基础之一是社会资本理论。依照美国社会学大师科曼(Coleman)的定义,社会资本正是人际关系结构中的某些要素,促成人们合作的行为。换言之,有了这些要素,一群人的互动会产生合作,因而产生一加一大于二的力量,反之,则互相内耗,互扯后腿,一加一反而小于二。社会学者布朗(Brown)将社会资本总结为三大类:微观层次的社会资本、中观层次的社会资本以及宏观层次的社会资本。微观层次的社会资本研究个人如何通过建立社会关系来获得所需资源——如信息、工作机会、知识、影响力、社会支持以及长期合作等——的途径。中观层次的社会资本探讨了社会结构问题,包括个人因其在社会结构中所处特定位置而对资源的可获得性,如中心者可以取得领导地位与非正式权力,中介者则有媒介交易的利益,"桥"更可以在两个团体间取得沟通有无的商业机会以及渔蚌相争下的渔翁之利。另外的结构研究则指向团体层次,一个团体的权力集中度、是否有小团体以及关系是否紧密都会影响此一团体的内部和谐与工作绩效。而社会资本的宏观分析关注的则是团体、组织、社会或国家相互信任、自我组织并表现公民行为的情况。

与布朗这种三层次分类方法不同地,管理学者阿德勒与匡(Adler & Kwon)采取了一种两分的分类方法。他们将微观层次和部分中观层次的社会资本合称为"外部社会资本",因为它产生于某一行动者的外在社会关系,其功能在于帮助行动者获得外部资源。而宏观社会资本与部分的中观社会资本则被他们称为"内部社会资本",因为它形成于行动者(群体)内部的关系,其功能在于提升群体的集体行动效率。前者归属于个人而且服务于个人的私人利益,因此被管理学者列纳等(Leana & Van Buren)称为"私人财货"(private goods)社会资本。后者则正好相反,它被视为一种"公共财货"(public goods),因为它归属于某一群体,而且服务于该群体的集体利益。很明显,建立和谐直销企业的理论基础是建基于"内部社会资本"或"公共财货"社会资本之上的。

什么是直销企业创造"公共财货"社会资本,进而形成和谐人际关系结构的具体要素呢?

首先,诸项要素中首推信任。社会学者怀特利(Whiteley)在研究国家社会资本的起源时,鉴于只有那些包含了善意的社会关系才可能产生出合作行动,他认为只有两种类型的信任才可能构成社会资本——对于个人(包括家人和一般意义上的他人)的信任以及对于国家的信任。类似的理论也存在于政论家福山(Fuguyama)对现代企业崛起的研究,他直接将社会资本等同于社会信任,并指出英美文化中信任建基在宗教、认同与法治上,所以信任基础较广,可以产生大型现代组织,反之,中国与意大利因为信任限于家族范围,所以组织规模较小。中国的直销企业要创造"公共财货"社会资本,必须要在社会上与方方面面建立互信机制。直销企业容易产生信任危机,这是由直销的特殊性所决定的。因此,直销企业与社会各个层面建立良性互动的信任机制,这是创造"公共财货",进而形成和谐人际关系结构的重要途径。

其次,除了信任关系之外,直销企业关系管理研究一定要探讨关系网络结构,也就是中观层次的社会资本。已有的研究指出,权力集中度高的组织不利于知识创造,小团体多的结构也不利于信息流通与知识传播,关系密度高的团体则并不如预期有利于新知传递,但密度太低的团体则不免冲突较多。一个团体的结构型态深深影响其中成员的合作精神与相互信任。因此,中国直销企业一定在从研究关系网络结构入手,注重中观层次社会资本的积累。一个直销企业处在什么样的社会关系结构中,就决定了这个直销企业积累的是什么样的社会资本以及这些社会资本积累的多寡。中观层次社会资本的积累,这是直销企业创造"公共财货",进而形成和谐人际关系结构的又一个重要元素,中国直销企业必须在社会关系结构中准确定位,以利社会资本的广泛积累。

第三,自我组织与公民参予是另外一个要素。政治学者普特南(Putnam)研究了"公共财货"社会资本与民主政治的发展,并发现在意大利地方民主政治的发展中,社会资本丰富的省份政治较有效能而经济得以发展,相反地,社会资本缺乏的省份则在民主化后内斗较多而行政效能不彰。他在说明美国社会资本的衰减时,从两个方面测量了美国的社会资本:首先是美国人的政治参与情况,用投票率和对政府的信任程度来表示;其次是美国人参与公共事务的情况,用美国参加各种自愿性社会组织的人数来表示。他根据这种测量的结果,得到了美国的社会资本正在衰减的结论。

中国直销企业如何促成员工自我组织及中国老百姓的参与行为?这正是增进直销企业内社会资本的重要要素,也是构建和谐直销企业的重要要素。中国老百姓对直销企业的认同率还没有西方国家高。西方国家老百姓认为直销是一种很正常的营销方式,只要没有欺诈行为,只要没有误导宣传,就应该成为法律法规允许的正当行业。在中国,由于传销的极大破坏力,还有很多老百姓对直销不够认同。中国直销企业要创造"公共财货",进而形成和谐人际关系结构,就应该遵循"公民参与"的原则,让更多的老百姓认识进而认同直销,只有这样,才能在中国和谐社会中建成和谐的直销企业。

3.3.2 信用对直销企业社会资本的创造

经济全球化把世界的人、财、物纳入到同一个舞台,把人类的不同利益追求及实现方式聚拢到同一空间。全球化的实质是为了追求利益最大化而在全球范围内企业的竞争,首先来自技术领先、服务周到,把诚信视作自己生命的理念竞争。对我国直销企业而言,在现有的条件下,诚信无疑是直销企业增强国内国际竞争力的固本之策。在这里,我们主要分析信用对直销企业社会资本创造的作用以及信用是如何提升直销企业的关系竞争力的。

①信用的功效

我国目前市场交易中因信用问题而造成的无效成本已经占到了中国 GDP 的 10%~20%,直接和间接经济损失每年高达 5855 亿元,相当于中国年财政收的 37%,国民生产总值每年因此至少减少 2 个百分点。中国直销企业发展的情况也是如此。有的直销企业因信用的缺失,出现了市场大面积萎缩的现象;有的直销企业因信用的缺失,导致了与社会严重不和谐的情况;个别直销企业因信用的严重缺失,最终偃旗息鼓,面临倒闭。这说明因失信而产生的过高的交易费用已严重阻碍了我国直销经济的发展,可见,信用是直销市场经济的有效资本。信用资本是建立在相互信任、互利合作、共赢共享基础之上的社会关系,以诚信、合作、规范为共同准则,以信誉为基础的人际信任关系。信用至少在直销经济发展中具有以下几个功效:

一是节约交易成本。良好的社会信用会为直销市场主体之间的交易提供最节约的信用搜索费用,不信任导致的交易费用既是一种无形的消耗,也是一种附加的开支。正像美国思想家弗兰西斯·福山所分析的那样:"反观人们彼此不信任的社会,企业运作只能靠正式的规章和制度,而规章制度的由来则需经过谈判、认可、法制化、执行的程序,有时候还配合强制的手段。以种种法律措施来取代信任,必然造成经济学家所谓的交易成本上升。如果一个社会内部普遍存在不信任感,就好比对所有形态的经济活动课征税负,而高信任度社会则不须负担此类税负。"只有直销市场经济主体具备契约精神和基本的道德信用,发挥信用在交易中独特的资本功效,才能真正降低契约风险,减少监督成本,节约交易纠纷费用,节省流通费用。所以,在一定意义上可以说,信用是直销企业的一种重要的生产力。

二是促成重复博弈。作为直销市场主体的"局中人"在参与经济活动中,其行为的决策和选择,是一种"策略博弈"的过程。从交易活动的持续性和短暂性来看,有"重复博弈"和"短期博弈"。应该说,直销交易双方的良好信用,为多次合作或长期合作的"重复博弈"奠定了基础,更为重要的是,在"重复博弈"的行为类型中,由于直销双方良好信用发挥了储蓄的功能,产生了"信誉效用",减少了交易费用,使得所有直销局中人的利益都得到了应有的保障,实现了利益的均衡和效用的最大化,并形成了社会经济利益实现的有序化,形成了个人利益与他人利益均衡的双赢格局。而在"短期博弈"中,由于直销局中人的以往信用历史,没有机会在下次的交易中充分展示和发挥作用,守信就很难成为人们行为选择的偏好。因此,博弈的形态是直销市场秩序的重要标示,而信用又是构成博弈类型的基本要件。

三是消解逆向选择。逆向选择产生的客观条件,是直销市场交易信息的不对称性,主观条件是直销交易一方的隐瞒不实所致。对逆向选择的消解,除了强制性的约束力外,还要借助直销企业道德的自律性,即直销企业在道德良心和正义的荣辱价值观的支配下,具有强烈的道德责任意志,诚实信用,自愿放弃逆向选择的机会,避免投机性。根据发达国家市场经济建设的经验,社会法规的灭亡性和惩处的严厉性是消解逆向选择不可或缺的外部机制,而人们诚信的自律性,则是消解逆向选择的内部机制。应该说,信用是遏止直销经济活动中的逆向选择的治本之策。

四是淳化社会风气。社会风气是一个民族或地区的群体心理倾向、价值观念和行为方式的综合。由于信用内涵于社会风气之中,且是社会风气的一种具体的表现形式。因此,直销企业良好信用的形成,无疑就是对社会风气的一种淳化。

②信用对直销企业社会资本创造的作用

合作,作为一种社会关系的应有连结状态,是现代社会发展的内在要求,而作为社会关联的实际样态,则是社会资本结出的硕果。诚信作为社会资本的重要内容,则对直销企业社会资本的创造具有重要的作用。

信用是直销企业社会资本形成的基础。社会资本构成要素有:规范和价值观、网络和后果。作为规范和价值观的资本,是一种"心灵的习惯",表现为直销企业所具有的、与信任和互惠及合作有关的一系列态度和价值观。作为网络的社会资本,表现为直销企业与各种社会组织的建立和维系。由于交互作用是人类社会的本质特征,因而,由一定的权利和义务、社会利益、兴趣爱好等社会需要形成的各种组织就构成了社会运行的基本单位,这些正式或非正式的社会组织即形成了社会的网络系统。而人们之间的信任和互惠的行为准则和信仰,则是组织内部和谐及外部协调的基础。因此,信用的观念、规则要求及其信用活动的表现,直接关涉到直销企业社会资本的形成。亦即说,直销企业社会资本的获取,所需要的是整个企业上下普遍拥有道德规范,需要具备忠诚、信实、可靠的美德,普遍对彼此产生信任之前,直销企业就必须先采纳一整套信用、诚实等规范。这是直销企业社会资本形成的先决条件。

信用是直销企业社会资本创造的基本条件。直销企业社会资本的创造,需要一定的信用预设资源。信用关系的形成,常常需要借用已存有的一定的信用资源,因为只有通过以往的交往经验或信誉记录,表明对方能够履约,并对置信方履约的行为预期有信心,信用关系才能建立。现代信用经济的运行机制根本上是以契约关系为基础,以履行契约为核心的。信用是契约的基础,契约是信用关系的表现形成和维系信用的手段。作为信用的隐契约并不是指有形的协议,更重要的是一种契约精神和契约观念。从结构上看,直销经济的信用体现为三个层次:技术层次,如各种信用工具;制度层次,即交易中反映信用关系的规则和约定;价值心理层次,如人们的契约精神、信用观念等。这三个层次共同构成信用制度,缺少任一层次,直销经济信用及信用关系都会受到影响,必然导致直销市场交易难以发生,即使交易发生,不正常的信用关系也将为以后直销交易中产生的各种问题埋下隐患。信用制度是通过正式的制度安排和非正式的制度安排两种形式形成的。正式的制度安排所形成的信用制度,主要表现为对直销交易双方的行为进行约束,确定其维护自身信用的各种规则。它主要是以法律约束为中心的各种交易规则,是外在的、公开的、有规定可依的层面。非正式的规则、隐性的制度、习俗、交易习惯、意识价值等非正式的制度安排所形成的信用制度是长期演化形成的,是内在的、隐性的但却是直销企业自然和必须遵守的。

信用好坏影响直销企业社会资本的效能。信用作为社会资本的重要构成要素,其表现状况直接关系着直销企业社会资本的功效。因为信用、诚实等道德,具有连锁性的正负反应。诚实守信的实践活动,具有一种自我存量的正强化和积累倾向,从而扫除未来交往关系缔结的障碍;而欺骗失信的言行,具有的是自我存量的负强化倾向,它对未来交往关系的建立发射的是破坏力。所以,直销企业社会资本要推动协调和行动来提高社会效率的功能,必须以良好的社会信用作为传输带。

③直销企业社会信用体系构建

现代诚信是建立在市场经济基础之上的,其本性是人格独立和平等,现代诚信不局限于熟人、地区、小团体,而是覆盖整个社会。对我国直销企业目前诚信状况而言,从诚信制度建设入手是当务之急。直销企业信用制度建设要从以下几个方面入手:

建立完善的产权制度。市场经济下的诚信,是以财产所有权的明确界定和独占为前提,以财产使用权的交易为内容的。信用关系的实质是产权关系,产权不明则交易不清,交易不清则信用不立。没有明确的产权,于是信用在博弈中流失,财富在博弈中耗散,成本在博弈中积聚,也无法积累社会资本。直销企业产权的明晰是建立完善的信用制度的前提,因此,建立完善的产权制度对直销企业社会信用体系的构建十分重要。

完善信用规则和制度。我们应加强法规在信用规则与制度中的地位,通过法律法规的权威性来增强约束力。加强直销市场经济诚信的立法和执法,出台类似《公正信用报告法》、《公平信用机会法》之类的有关法规,让不守信用的直销企业没有空子可钻,同时要加大执法力度,增强惩罚度。

建立信用管理体系,发展我国的信用管理行业。在中国,我们要建立全国统一的直销企业的信用联合征信系统。经济发达国家之所以信用经济也比较发达,原因之一是他们有一整套与经济相适应的诚信制度。有了国家信用管理体系以及相应的征信对象的信用数据信息,直销双方就可以大大降低获得对方信用信息的成本,很容易鉴别对方的信用状况。目前,我国银行业已经建立了个人征信系统,收集整理个人的信用资料,该系统的存在,将使个人、企业不断增强诚信观念,重视自身的诚信记录,诚信形象,从而增强个人、企业的社会资本。我国的直销行业,也应借鉴银行业的经验。

3.3.3 在建立和谐直销企业中积累社会资本

中华五千年文化自古崇尚"和谐"。孔子有曰"礼之用,和为贵",荀子认为"万物各得其和以生"。如今,在我国像"和气生财"、"家和万事兴"、"万事和为贵"等"和谐"思想观念早已深入人心。在建立和谐直销企业积累社会资本这与中国传统文化是息息相关的。

①和谐直销企业的内涵

构建和谐直销企业并不是要改变企业原有的性质、地位、作用,也不是要重新组建"和谐直销企业",而是在现有基础上,将"和谐"的理念与直销企业发展目标相结合,并贯穿在直销企业的价值观、发展观和管理实践中,把直销企业办成科学发展、富有活力、活而有序、活而不同的经济实体和社会"细胞"。

富有活力。社会主义和谐社会首先应当是充满活力的社会,作为社会"细胞"的直销企业,理所当然是富有活力的。相对而言,民营直销企业具有较强的活力,这是不争的事实,问题是过去对民营直销企业活力的理解过窄,仅仅看作是他的企业机制和体制的活力。因此,在创建和谐直销企业中要把不断增强企业活力的问题,作一个重要内容加以落实。

活而有序。和谐社会必定是有序的社会,和谐直销企业作为和谐社会的有机体,既要富有生机和活力,又要活而不乱,活而有序。这个序指直销企业的开停并转、生产经营、内外管理、市场竞争、行为方式等各方面有章可循。有章可循,社会才能井然有序和稳定健康的发展,直销企业才能活而有序和长盛不衰。

和而不同。创建和谐社会、和谐直销企业,并不是要千篇一律,更不是否认矛盾。和谐是建立在不同基础上的,不同是活力的源泉。但是,"不同"一定要保持一定的范围和适宜的"度"之内。这就要求在创建和谐直销企业的进程中,要努力提高利用和谐理念和科学发展观协调各方面利益关系,处理好各种矛盾的能力;努力构建直销企业与客户、竞争对手、社会、政府、自然之间的全面和谐。同时,要挖掘直销企业内部潜力,确保核心竞争优势,这正是和谐直销企业所具有"和而不同"的特征。一言以蔽之,创建和谐直销企业是为了达到和谐而不千篇一律,不同而又不彼此冲突,和谐以共生共长,不同以相辅相成。直销企业做大不是目的,做强做久才应该成为真正的追求。如果不能做强的直销企业,仅仅追求大,倒不如做精。

这不仅是直销企业自身合乎理性的选择,也是直销企业的最佳配置资源。

②创建和谐直销企业的重要性

创建和谐直销企业是我们的历史使命和时代责任。《资治通鉴·赤壁之战》中说:"如其克谐,天下可定也。"作为一个直销企业,面对构建和谐社会的大课题,不能坐而论道,应脚踏实地创建和谐直销企业,唯有如此,才能为构建社会大和谐培育出和谐的"细胞"。

构建和谐直销企业是直销企业参与构建社会主义"和谐社会"的应有之义。"和谐社会"是由"和谐家庭"、"和谐学校"、"和谐社区"以及"和谐企业"等众多"和谐细胞"组成的。因此,要构建社会主义和谐社会,必须从构建这些"和谐细胞"入手。构建和谐直销企业不仅是构建社会主义"和谐社会"的重要内容,更是构建社会主义和谐社会的有力保障。

构建"和谐企业"是直销企业发展的必然要求。长期以来,在传统的企业管理模式下,一些企业内出现了种种"不和谐"现象,比如企业之中党群、干群关系紧张;职工之间彼此猜忌,团队意识淡薄;片面追求经济效益,忽视环境与社会效益;漠视职工身体健康和安全,重大伤亡事故时有发生;社会责任意识弱化等等。这些问题已经严重危害了职工的利益,损害了企业的形象。因此,消除这些不和谐现象,构建和谐企业是直销企业发展的大势所趋,是直销企业职工的共同愿望。

③在构建和谐直销企业中积累社会资本

构建和谐直销企业不是一蹴而就的,构建和谐直销企业,要着眼于直销企业基层,要立足于职工工作生活,要着力培育和谐的企业"细胞"。这样,直销企业才能在和谐中积累更多的社会资本。

以科学发展观为统领。发展是硬道理,发展是构建和谐直销企业的重要基础。直销企业发展始终是企业稳定和进步的物质基础,直销企业竞争力的不断增强需要建立在企业物质财富不断增加的基础之上。所以,构建和谐企业强调以发展求和谐、增和谐,如果不发展,就谈不上和谐。同时,直销企业的发展不是盲目的发展、超现实的发展,而是以科学发展观为指导的科学发展,是以人为本的、全面的、协调的、可持续发展。因此,要在构建和谐直销企业中积累社会资本,我们一定要坚持以科学发展观为统领。

以营造和谐劳动关系为重点。创建和谐直销企业,至关重要的是营造和谐的企业劳动关系。这是因为劳动关系是当代中国最基本的社会关系,劳动关系也可以说是现代社会是否和谐的晴雨表、风向标。在直销企业中,营造和谐的劳动关系显得更直接、更重要,这就要求我们做到尊重劳动者、保护劳动者、善待劳动者。特别是对直销员的劳动成果,直销企业一定要加以尊重和保护,不能随便加以侵占。

先进企业文化建设是构建和谐直销企业的精神支柱。先进的企业文化反映着企业精神,代表着直销企业发展方向,体现着职工群众的根本利益。先进的企业文化可以确保直销企业发展方向的正确性和目标模式的科学性,为构建和谐直销企业提供强大的精神支柱。要在直销企业员工中逐步形成以和为真、以和为善、以和为美、以和为贵的共识,进而形成与构建和谐直销企业要求相吻合的企业运行体制和企业人际关系。只有把先进企业文化作为构建和谐直销企业的精神支柱,才能在构建和谐直销企业中积累更多的社会资本。

以沟通交流为平台,理顺直销企业内部关系。一是正确处理好直销企业内上下级单位、职能部门之间的关系,实现直销企业系统中各部分与要素和谐。积极促进直销企业内计划实施、安全质量、人力资源、财务、物资、销售等各职能部门互相协调、相互配合,实现各职能部门整体功能的最大发挥。二是正确处理好直销企业与职工、职工与职工的关系。"企"字无人则止。构建和谐直销企业,促进企业与职工和谐是根本。职工既是和谐直销企业的主体,又是"和谐"的创造者。只有企业与职工和谐了,直销企业构建其他方面的和谐才有了根基和依托。三是正确处理好直销企业与直销员的关系。直销员是直销企业开拓市场的主力军,虽然不是直销企业的正式员工,但对直销企业的发展有着举足轻重的作用。因此,直销企业一定要处理好企业与直销员之间的关系。

以合作双赢为宗旨,处理好直销企业的交际关系。作为直销企业的管理者,要树立"在竞争中合作"思想观念,不能把直销企业之间的关系简单地理解为就是"你死我活"的对立关系。如果直销企业只想着击败竞争对手,不愿合作,拒绝联合,结果只可能是被直销市场所淘汰。要正确处理好直销企业与新闻媒介的关系。新闻媒介是直销企业的"代言人"。直销企业可以通过新闻媒介了解社会动态和经营环境,获得更多的有利于发展的信息。直销企业可以通过新闻媒介,将企业介绍给社会,帮助企业树立形象,提高企业知名度,以利于企业的不断发展。直销企业还要正确处理好与消费者的关系。消费者是直销企业的"上帝",直销产品优劣的"审判官"是消费者,因此,直销企业一定要正确处理好与消费者的关系,在正确引导消费者消费的同时,要千方百计保护消费者的合法权益,千万不能做损害消费者利益的蠢事。

以奉献社会为原则,处理好直销企业的社会关系。一是正确处理好直销企业与地方政府的关系。地方政府是国家的行政管理机构,是直销企业的管理和监督部门。对直销企业来说,与地方政府建立了良好关系,就可以及时了解国家的政策动向,就可以得到政府的积极支持,从而展示企业的良好形象,调整其他外部关系。二是正确处理好直销企业与环境的关系。要把直销企业所在地当作自己的家园,时刻注意企业形象,高度重视环境保护,坚持安全文明生产、绿色环保生产,促成直销企业与环境相和谐。三是正确处理好直销企业与社会的关系。最重要的就是强化社会责任意识,增强社会责任感,勇于承担社会责任。要把直销企业自身发展与社会共同发展紧密联系起来,积极参加社会公益事业,争做优秀的"社会公民",促进直销企业与社会的更加和谐。

第9章 中国直销企业与中国家庭的经济行为

在这一章,我们主要研究的是中国直销企业与中国家庭两方面的经济行为。中国直销企业与中国家庭的经济行为,就构成了整个直销的基本过程。所以,对中国直销企业与中国家庭经济行为的研究,这是我们理解中国直销经济学的一个很重要的方面。

▼1 中国直销企业的经济行为

中国直销企业的经济行为,决定着整个直销市场的发展趋向。因此,我们必须对中国直销企业的经济行为的研究,一定要做到有规律可寻。

1.1 中国直销企业的奖金制度

中国直销企业过去的奖金制度,根据具体情况的差异,有以下多种不同的外在表现形式:一是从折扣比率计算方式区分,有归零和累计,如安利(中国)公司;二是从奖金制度设计特征区分,有美式、日式和台式,如美国安利公司、日本的日宝来福公司、中国台湾的伟新公司;三是从设计结构上分,有经典的积分制、代数制、矩阵、双轨等,其中双轨制是极受争议的一个特例。奖金发放时间有年薪制、月薪制、周薪制、日薪制。累计时间有短期累计(两月、三月、半年或一年)、长期累计(一年以上);累计可分为有限累计(业绩奖金部分累计)和无限累计(直达最高奖衔,全部累计)。我国直销法规实施后,奖励制度只允许单层次个人计酬。

1.1.1 奖金制度的细节设计与分析

一套奖金制度应当是客观的。对直销企业来说,它必须能最大限度地激励直销员为公司销售更多的产品。对直销员来说,它也必须能为自己付出的辛勤劳动带来丰厚的回报。因此,对直销企业老总、营销体系(团队)领导人和从未接触过该公司但又期望在该公司一展身手的新进直销员来说,创立、分析和选择一套能够产生三赢局面的直销奖金制度是必须的。

下面将从奖金制度细节的设计与分析着手,配以一些简单明了的制度实例,具体谈谈如何让一种奖金制度产生最大的激励效果。

① 拨出比率

直销公司支付给直销员的奖金有多有少,一旦某个百分比的拨出比率被决定后,基本不会由于各部分、各级别分配方式的不同而改变,除非它预定拨出的比率比较低,以后可以额外地从盈利中增拨一部分,以加强对杰出直销员的激励。当业绩奖金所占营业额的百分比决定之后,公司会以各种不同的奖金名义将奖金分配给直销员。公司分配业绩奖金的方法大致可区分为:激励新人发展销售网络、加强销售的"业绩奖金";加强对体系培训和管理,以使得自己的营销系统(团队)得到健康发展的"领导奖金";让直销员产生对公司的凝聚力,把自己的前途和公司的前途联系在一起的"福利制度"。

关于拨出比率,有两种相反的意见,一种认为拨出比率高比较好,因为有吸引力;另外一种意见认为,拨出比率低更合理,更能让市场接受。而直销企业在设定奖金制度的时候,首先考虑的也是拨出多少的问题。据资料显示,安利(中国)公司拨出比率约30%,而如新(中国)的拨出比率都接近60%。

到底哪个好呢?这个问题是没有定论的。同样的成本,如果拨出比率高,对直销员的激励程度也成正比地提高,但同时意味着售价也跟着升高,当价格超出一定的范围,就与直销产品本身的价值脱节了。"老鼠会"(Rat Club)或"金字塔销售计划"就是利用高拨出比率做诱饵,单纯地依靠炒作奖金制度的方式使销售额达到几何增长,让少数人的收入在短期内达到天文数字,以此来骗取新人的加入,购买一大堆自己根本不需要也卖不掉的直销产品。

也有可能部分公司会告诉直销员,它所拨出的奖金比率高达60%,以此来吸引他们加入。但这里的60%是大有文章可做的。首先,很少有直销公司能"实打实"地拨出它所宣称的如此高的奖金比率。所谓"实打实",是指直销公司拨出其全年营业额的60%。比如,当一个直销公司有"平级奖金"存在的时候,它的拨出比率就没有60%了,原因很简单,"平级奖金"是按照系统(团队)业绩计算的,当业务做到最高阶,下面有人与其同级的时候才能获得的,而如果这些人是直销公司所招募的第一层销售员,其系统(团队)所创造出来的那份"平级奖金"最终是被直销公司拿去的。这就是人们常说的"沉淀"。

②价格的分析及初级奖金的计算方法

在初级奖金(业绩奖金)部分,直销公司拨出的体系奖金金额,是由其当月体系业绩所产生的奖金基数(base)和当月达到的奖金比率(rate)的乘积所决定的。比如:当奖金基数是2000元,奖金比率为3%时,则奖金为60元。所谓奖金基数,通常也称之为营业额(Business Volume,简称 BV),它是公司所销售的产品的价格,定义为公司所销售产品的价值或价格,它可以是零售价,也可以是直销员价格(优惠顾客价),也可以是扣除税金和管理成本之后的"净营业额",它可随物价的波动而弹性调整,其总额与销量成正比。当直销公司采用零售价作为奖金基数时,公司会把零售利润和折扣算在一起,当作奖金在下个月一起发还给直销员,但这样做会让公司多交一些营业税,所以采用这种方式的直销公司是相当少的。由于零售价格包括零售利润和直销员的进货价格,而直销员的进货价格也包括了公司的税金和杂费,因此,很多直销公司采用了一种比较合理的做法,就是以"净营业额"作为计算奖金的基数,这个数值一般定在直销产品价格的85%,也有少数是定在80%,甚至是60%左右的。

在当今瞬息万变的全球市场经济中,物价波动相当频繁。当物价指数增加或减低时,即使商品的销售数量并未增加或降低,销售金额也必然发生变动。尤其对国际性直销公司而言,不但必须考虑本国的通货膨胀问题,还必须考虑到国际汇率不稳定的问题,这样一来,单纯的营业额,在动态的直销市场里,并不能客观反映实际的销售能力。为了解决这个问题,就有必要引入"积分额"的概念。"积分额"不随物价的波动而调整,它能真正代表销售直销产品数量大小的能力,其数值可以真正反映出实际销售能力的高低。这样做的另一个好处是,当它开拓一个新的国家(或地区)的直销市场,它不需要修改佣金制度,只需要变动一下直销商品的价格和积分,就能适应当地的情况了。

那么如何以积分额来决定奖金比率呢? 这里以美商如新公司在中国市场所销售的一种产品为例加以说明。如新的奖金制度是全球统一的,只在中国有许仍的不同,它采用了业界首创的全球业绩连线,跨国计佣制度。这种制度有两大好处,一来可以规避和调控各国的汇率风险,二来能更好地激励直销员参与开拓新兴市场。现在国内的天狮公司也基本采用了它的理念,只是在具体操作上表现有些的不同。

③"归零"和"累计":级差奖金制度计算折扣比率所采用的两种不同方式

"归零"和"累计"是新人最常听到和提到的两个词汇。很多人听到归零就皱起了眉头,但事实上,直销界最著名的几家公司,诸如安利、如新和立新世纪采用的都是归零制度。

众所周知,直销员的业绩奖金是根据其业绩和奖金比率进行计算的。在同样的销售量下,加大对新人的奖金比率,有助于提高新人的奖金,在初期鼓励新人加大活动量。累计制度就是出于这样的考虑问世的,之后不久便风靡全球,采用这种制度而成功的典范是大连珍奥。和归零制度的区别是,它可以通过个人和小组的累计销售,取得业绩奖金部分的最高折扣比率,而归零公司必须当月达到完成的业绩,才可取得相应的比率。这样,在初期,如果销售额一样,累计公司的直销员就可能比归零公司的直销员能获得更多的奖金。但在后期,情况正好相反。归零公司的直销员可以获得相当大的级差,而累计公司因为大家都是平级,所以就没有级差了,作为一个体系的上手领导人,下手体系的业绩越高,自己越没钱赚,因为奖金都让下手员工自己"累计"了。如果要想获得更高的奖金,上手领导人必须开辟新的直销市场,或者让体系往下发展,和自己脱离,这样才能让自己领取这个体系的领导奖金。因此,如果一家公司要采取累计制度,在设计制度、分配拨出比率的时候,不能把业绩奖金部分所占的比重提得太高,否则,会闹出一大帮人都是最高级别,却一大帮人都没钱可赚的笑话。

在这里,需要指出的是,设计累计式奖金制度的时候,很可能遇到这样的问题:当直销员达到最高级别时,如果不开新线,他所呈现出的收入曲线会是平行甚至是递减,即使再努力也无法让自己的奖金因此而增加,这就是业界所谓的"封顶",它是由累计制度本身的特性所决定的,在分配累计制度的业绩奖金方面,一个直销公司可以采用整体计算方式或分级计算方式。所谓整体计算,指的是如果一个新人当月达到最高比率,那么所有的业绩都是以最高比率结算;而分级计算方式,是按照业绩奖金计算表所开列的折扣比率计算奖金。举例说明:假设奖金分配表只有2个级别:5000分,5%;11000分,11%,某君加入当月达到11%的最高比率。A公司采用的是整体计算方式,那么某君的折扣就是 $11000 \times 11\% = 1210$ 元;B公司采用的是分级计算方式,那么某君的折扣就是 $5000 \times 5\% + 6000 \times 11\% = 910$ 元。

为说明"归零"和"累计"的不同,我们以美国安利公司的制度为例加以说明。由于安利采用归零制度,当某直销员第一个月的积分为200PV时,其奖金比率为3%;假设下个月的积分为1200PV,其奖金比率变为9%;第3个月积分降为1000PV,奖金比率跌到6%,比率会随每个月积分额的增减而改变。这就是"归零"的特征。同样的制度,如果是累计计算,由于积分可以无限相加,只要累积到某个程度,就可以达成某个奖金比率,因此该直销员虽然在第3月的业绩只有1000PV,但由于他的积分累计到了2400PV,奖金率就变成了12%;以后,只要他继续做下去,即使销售能力完全没有提升,最后却总能达到21%的最高奖金比率。

由于奖金是奖金基数和奖金比率的乘积,从收入的角度来看,在一定时间内,在固定销售能力的情况之下,同样的销售额,采用累计制要比"归零制"取得更多的收入。但是,如果我们从奖金比率的角度看,同样的奖金比率在不同的制度下,会出现相反的结果。如在"归零"制度中,奖金比率的高低能直接反应个人或体系的销售能力,其奖金比率和个人与体系的销售能力成正比,因此,一个达到21%奖金比率的直销员,其个人或组织的销售能力肯定具有21%的水准,而他所在的体系一个月10000PV业绩的奖金总额,也必然可达到2100元的水准。但在累计制度里,虽然其奖金比率同样是由积分额所决定,但由于每个人的积分都是累积而来,因此即使是同样10000PV,能获得最高的21%奖金比率,但其个人或组织的销售能力却可能很低,如果当月只做了200PV,虽然能拿到21%的比率,可一个月的实得奖金却只有42元。一个是2100元,一个是42元,是不是我们的计算有错误呢?显然不是。我们只能说,相同的奖金比率在不同的奖金制度下,其意义的差异可能很大,甚至大到不可思议的程度。造成如此巨大差异的原因在于,累积制度取消了奖金比率和销售能力之间的关系,使你无法按照奖金比率去判断一个拥有21%最高奖金比率的直销员的实际销售能力,以致奖衔失去了它本应代表的意义。

在这里,我们还要分析一下激励的负面作用即"囤货"的问题。任何奖金制度都可能产生不愉快的甚至让人头疼的囤货,这在归零公司和累计公司都是一样的。囤货从本质上讲,是一种动机不纯正的购货行为,它的目的不是为了销售更多的商品获取零售利润,而是为了获得更高的奖金比率。这在归零的直销公司,具体表现为某一个月为了冲上某一级别;在累计的直销公司,表现为一开始就买很多,以获得较高的折扣率。囤货的后果是:直销公司因为无法确知市场正常的需求量而可能盲目扩大再生产导致产品积压、资金周转困难;直销员因为无法消化那么多的货而低价倾销,搞乱市场,与同一直销公司的其他直销员形成恶性竞争。而要避免出现这样的问题,由直销公司和体系组织良好的、理念纯正的教育培训,是客观必要的。有些直销公司已经认识到这样的局面无济于提高对直销员的激励,所以采取了一种变通的方式,即在一个月内完成全年12个月"最低要求"所需要的业绩,然后,平均分配给每个月。这种做法是错误的。对于直销公司来说,这样的好处是不言而喻的,因为假如有直销员当月买完了全年的业绩,而下个月公司宣布破产,因已经过了无因退货期,公司也已免除了产品购回的责任,直销员的损失是很大的。

事实上,在累积制中,存在着另一种不公平现象:如果一个直销员有钱,他可以一下子买到最高比率,然后,他可以把这些产品慢慢处理掉,每样产品,他都可以获得最高比率的折扣;此外,他每推荐一个新人,在那人达到最高奖金比率之前,可以拿足他全部的级差。而一个没有钱的直销员,只能从零开始奋斗。因此,累积制的奖金制度比较有利于有钱人。有人可能会问,归零制度不同样如此吗?显然不是。如果有直销员在归零公司采用同样的方式,他将无法晋升到更高级别,他的"特权"只有当月有效,和一个由零开始奋斗的直销员相比,他的富有没有丝毫的优势。

1.1.2 安利经典奖金制度介绍

①我国直销法规实施前安利(中国)公司奖金制度

安利公司给予销售代表的不仅仅是他们对于物质上的渴望,更给了他们事业与精神上的追求。安利步步引导销售人员从低需求走向高需求,同时也逐渐提升了直销人员对企业的忠诚度,慢慢地融入到安利的文化中去,最后,在价值概念上与安利公司达成一致,真正稳定直销队伍。因此,这一经典的奖励模式被引入哈佛大学商学院的教材之中。

第一,奖金基本计算方式:积分额与售货额

安利事业的收入,决定于每月的效益积分。所有的产品皆订有两种数额:一种是不变的"积分额"(PV),一种是随通货膨胀而改变的"售货额"(BV)。每位直销商在安利事业的奖金收入,由其每月的业绩积分所决定。而业绩的积分额(PV)由其每月的销货额(BV)所决定。因此,安利公司的所有产品皆订有两个数额:一种是积分额(PV)决定可以获得的业绩奖金标准,一种是售货额(BV)用以计算奖金的计算根本,现将二数额说明如下:

A.积分额(PV)。积分额代表直销员达到不同业绩奖金标准所必须付出的努力,此数额用以决定直销员每个月由3%~21%不等的业绩奖金百分比。积分额是每项产品的固定数额。由积分额累计的多寡来决定每个月由3%到21%不等的销售金额奖金百分比。

B.货额(BV)。售货额是指产品在各种附加价附加之前的物价金额。所谓附加价包括加值型营业税及零售利润等。售货额是作为用以计算奖金的计算基准。售货额会随通货膨胀而调整,因此,当产品价格因通货膨胀而上扬时,当直销员所销售的产品数量相同时,由于售货额的调整,他所获的奖金也会随之增加。

第二,业绩奖金的计算方法与收入示例

销售金额奖金的产生是依据每月订购和销售安利产品的总积分额来计算,但却以售货额为计算基准。简言之,积分额决定可以获得的销售金额奖金标准,而售货额则为这个百分比的计算根本。业绩奖金并非仅根据直销商自己的售货额计算,同时也包括他推荐的直销商所销售的产品售货额来计算。

为简化说明,以下范例均以下列前提假设:

A.货额与积分额的比率为目前32:1的情况下为计算基准,例如:当售货额BV为6400分,积分额PV即为200分。

B.设建议售价与售货额相同。事实上,产品的建议售价皆高于售货额,因此在实际计算时,收入应较范例的结果为高。

计算范例:

假设您推荐了7位直销商,每个人每月积分额皆为5000分,同时您自己也是5,000分,那么您的收入则如下所示:40,000积分额的9%是(40,000×9%):3,600元。应付出的效益奖金(5,000×3%×7)=1,050元,所保有的效益奖金为3,600-1,050=2,550元。加上5,000分的30%零售毛利1,500元,每月的收入是:4,050元,每年的收入是4,050×12=48,600元。

如果下级直销商也效法您的作法推荐他们的新直销商,那么业务将蒸蒸日上。假设您的7位下手直销商仍每月继续得到5,000分,而他们又各自推荐7位直销商,每位也都得到5,000分,则每一组的销售金额是4,000分。如果您个人每个月又保持5,000分,您的收入如下所示:285,000的21%销售金额奖金285,000×21%=59,850元,您应付出的销售金额奖金40,000×9%×7-25,200元,您所保有的销售金额奖金为4,650元,您自己5,000元的30%零售毛利1,500元,您每月的收入为36,150元/月,每年的收入36,150×12=433,800元。

第三,奖金制度基本结构

安利事业的所有奖金,除了零售利润外,还可分类为两种:固定奖金及特别奖金。

A.固定奖金。大致分成三种：一是月结奖金：业绩奖金 3%~21%（占售货额的百分比，以下皆如此类推）；领导奖金 4%；红宝石奖金 2%。二是季度奖金：明珠奖金 1%；翡翠奖金 0.25%；钻石奖金 0.25%；执行专才钻石奖金 0.25%。三是次奖金：双钻石奖金 50 万；三钻石奖金 100 万；皇冠奖金 200 万；皇冠大使奖金 300 万。

B.特别奖金。不同年度订定推出的特别奖励办法，可分成两种：一种是创业者奖金。为了鼓励直销商在拓展市场的同时，亦能兼顾所有组织网的稳固成长，此项奖金之计算范围涵盖国内市场及国际市场的业绩状况，再换算成奖金积分，符合者依其积分可领取奖金金额从数十万元至两千万元不等的奖金。二是跨世纪特别奖励办法。

第四，领导奖金的计算准则

安利公司根据直销商每月售货额，支付 4%奖金，安利公司负责计算并支付所有的 4%奖金。2.4%奖金是由直销网最低层算起，由下而上，而非由上而下。合格推荐人可以得到根据被推荐人售货额算出的奖金，或者是"最低收益保证额"。如果个人小组售货额不足以产生足够的售货额以达到"最低收益保证"，安利公司将调整其收到的 4%奖金，以达到"最低收益保证"。

②安利新奖金制度

获批直销经营许可，是安利（中国）发展历程中的一个重要里程碑，安利（中国）从此步入了一个全新的发展阶段。面向即将开启的直销新时代，为了获得更为稳健蓬勃、持续和谐的发展，公司依照《直销管理条例》及配套规章的相关要求，立足于现有的优势与基础，制订了全新的奖金制度。

在新的奖金制度下，公司将一如既往地秉持诚信经营、规范发展的理念，依法在获批直销经营许可的区域内开展直销活动，透过销售代表（即直销员，以下统称销售代表）与服务网点为消费者提供优质产品和优良服务。与此同时，公司亦为销售代表提供了全新的职业发展通路，商业道德及工作表现良好的销售代表将有机会被聘用为公司营销员工，在公司专业系统的培训下，获得不断的成长。

安利销售代表（直销员）：

安利销售代表，是指由安利（中国）及其分支机构在公司获批直销经营许可区域内依法招募，在固定营业场所之外将产品直接推销给消费者的人员。任何年满 18 周岁，且非公务员、现役军人、全日制在校学生、教师、医务人员、境外人员、无民事行为能力或限制民事行为能力的人员、安利（中国）的正式员工及法律、法规规定不得兼职经商的其他人员，同时不属于中国政府禁止的任何邪教和非法组织成员的人士，皆可向公司提出申请，并可在通过公司统一组织的拟招募销售代表业务培训及考试，获得安利（中国）颁发的直销员证后，成为安利销售代表。

销售代表应严格按照《直销管理条例》及配套规章的规定，以及与公司签订的推销合同，在安利（中国）一个分支机构所在省（自治区、直辖市、计划单列市）行政区域内已设立服务网点的地区推销产品、服务顾客。公司将按销售代表本人直接向最终消费者销售产品的收入按月为其计算并发放销售报酬，报酬总额（包括佣金、奖金、各种形式的奖励以及其他经济利益等）不超过销售代表本人直接向消费者销售产品收入的30%。

营销员工：

为了进一步加强对销售队伍的管理，同时为销售代表提供新的职业发展道路，安利(中国)推出了全新的营销员工制度。

营销员工的聘用及工作职责。未来，公司将尝试分阶段、分地区地聘用营销员工。具有一定安利销售工作经验、商德操守及工作表现良好、在连续6个月内有任何3个月的净营业额达到3,600元的销售代表，可在被考虑之列。公司将按照各地劳动法规的要求，与营销员工签订劳动合同，并在参考当地工资水平及其个人工作表现等各方面因素的基础上，为其定岗定薪，按月发放工资及奖金。营销员工的主要职责是从事市场营销，包括定点推广销售产品、产品示范讲解、产品展示展销、产品知识讲座等。

营销员工的绩效考核及培训晋升。为了对营销员工实施有效的激励及有针对性的培养，不断提升营销员工的专业水平及管理能力，安利(中国)将为不同职级的营销员工提供不同的培训课程。公司将定期对营销员工的定点销售绩效、推广工作绩效、行为操守和业务管理能力等多方面表现进行综合评核，表现优秀的营销员工可在完成相应的培训并通过考试后，从营销助理逐步晋升为营销主任、高级营销主任、营销经理、高级营销经理和营销总监，在营销能力、管理才干、商务知识和专业视野等方面得到不断的历练与成长。

服务网点：

为了向消费者及销售代表提供更加方便快捷的服务，安利(中国)将依法设立服务网点。

服务网点的设立。现有公司店铺即为安利直营服务网点。任何有意开设安利服务网点的人士，若依法持有工商营业执照，且其固定经营场所符合法规及安利(中国)对服务网点的要求，均可向公司申请设立加盟服务网点。公司将根据当地业务发展的实际需要，决定是否给予核准。营销员工的申请一经公司批准，须放弃员工身份。所有安利服务网点，都将依法在公司信息披露网站上向社会公众披露。

开设加盟服务网点，其经营场所需要满足以下要求：一是便于满足最终消费者、销售代表了解商品性能、价格和退换货等要求；二是不在居民住宅、学校、医院、部队、政府机关等场所；三是符合当地县级以上(含县级)人民政府关于直销行业服务网点设立的相关要求；四是具有一定规模，面积不少于20平方米；五是具备陈放安利产品，展示公司形象，进行产品示范的功能。

服务网点的功能。加盟服务网点将按与公司签订的服务网点合同，在安利(中国)授权范围内，为安利销售代表及消费者提供产品信息咨询、退换货等网点服务，以及按照合同约定提供营销服务，包括产品展示展销、产品示范讲解、新品上市发布、产品知识讲座等品牌推广活动，并向消费者收集有关产品质量、使用效果、消费动态等市场反馈信息，进行顾客满意度调查，为公司新产品的开发与推广提供建议。

在全面推行新业务制度的过程中，公司一方面将积极引导获得直销经营许可地区的现有营销人员逐步、平稳过渡到新的业务模式；另一方面，对于未获批直销经营许可的地区,公司也将在遵守法律法规要求的前提下,对当地营销人员作出妥善安排。

在公司获批开展直销经营活动的地区,现有销售代表可在完成公司统一组织的培训考试后,获得公司颁发的直销员证,从事在非固定地点的直销工作。现有经销商可按自身不同条件及意愿,选择陆续转为公司加盟服务网点、营销员工或销售代表。在未获得直销经营许可的地区,对于当地活跃且有稳定安利收入的销售代表,公司将本着确保和谐稳定的原则,对他们进行妥善安置,有序地聘用他们成为公司的营销员工或引导他们申办工商营业执照,在固定经营场所从事销售工作。

为了帮助现有经销商平稳过渡到新的业务模式,公司将给予其一定的时间进行考虑,并将酌情为积极工作、守规经营的经销商提供过渡期服务补贴。公司已在2007年3月31日完成各项过渡安排。自2007年4月1日起,对于尚未选定发展方向的现有经销商,公司将按市场实际情况与经销商个人的工作表现,安排其中有条件的为公司提供定点产品推广服务,并按预先约定、固定数额、定期核查的原则,向其发放季度服务费。公司希望广大经销商能够根据自己的实际情况,按公司的安排确定自己的目标,积极有序地选定身份,从而实现更大的事业发展。

获批直销经营许可,是安利(中国)发展历程中一个重要的新起点。为实现安利在中国更为稳健长远的发展,公司将在现有的稳固根基之上,重点做好"两个提升、三个加强"。"两个提升"是指通过构建完善的教育培训体系、推出全新的营销员工制度,提升人员素质;通过广设服务网点,为消费者及销售代表(直销员)提供周到细致的网点服务,提升服务水平。"三个加强"则是指通过执行严格的守则制度,加强规范管理;通过不断研发、引进优质产品,举办各类市场营销活动,加强品牌建设;通过先进的管理,加强营运效率。

1.1.3 奖金制度折射出直销企业的心态

直销企业的奖金制度,说到底就是一种分配制度。分配问题始终是经济学关注的领域。中国直销经济学对直销领域的分配问题也予以十分关注。直销企业的奖金制度的优劣的一个重要标准,就是这一奖金制度有没有正确处理好国家、企业、直销员三者之间的关系。因此,不同的直销奖金制度,折射出不同直销企业的心态。比如,实行双轨或滚动的传销奖金制度,就反映了直销企业短期炒作或圈一把钱的心态,他们不会考虑国家和直销员的利益,只要直销企业暴富什么都行。实行级差制的奖金制度,坚持单层次直销和个人计酬方式,就反映了直销企业要做大做久的心态。像这样的直销企业首先考虑的是国家的利益,其次考虑的是直销员的利益,然后再考虑企业的利益。安利、雅芳、天狮、珍奥、蚁力神、中脉等直销企业的奖金制度,就能很好地正确处理国家、企业、直销员之间的关系,因而他们的直销事业是长久的事业。这就是这些直销企业长寿基因之所在。

1.2 中国直销企业的市场目标

中国直销企业的目标市场定位,就是选定直销市场上竞争对手产品所处的位置,经过诸多方面的比较,结合本企业自身条件,为自己的直销产品创造一定的特色,塑造并树立一定的市场形象,以求目标顾客通过直销在心目中形成对自己产品的特殊偏爱。其实质就在于取得目标市场的竞争优势,确定直销产品在顾客心目中的适当位置并留下值得购买的印象,以便吸引更多的顾客。

如何确定直销企业的,对于企业市场目标,在市场直销战略体系中建立有利于企业及其产品的市场特色、限定竞争对手、满足顾客的偏好、提高企业竞争力,都具有很重要的意义。

1.2.1 直销企业的市场细分

直销市场上有成千上万的消费者并且迅速增加,他们有着各自的心理需要、生活方式和行为特点,购买心态有着很大的差异。就我国美容行业来说,仅从用户对各种敏感元件及传感器的需求看,差异性就很大。如美容院购买某产品的传感器芯体,有要国产的,有要进口原装的;有的不惜品质的可用、够用、实用性,一味追求高价格;有的为了追求低价格,而不顾产品的使用性。再以保健品为例,从消费者对保健品的需求来看,差异性就很大,有的为了追求短期显效,总是购买显效快的直销产品;有的是为了追求长期功效,总是购买显效持久的直销产品。直销企业面对着消费者千差万别的需求,由于人力、物力及财力的限制,不可能生产各种不同的直销产品来满足所有顾客的不同需求,也不可能生产各种直销产品来满足消费者的所有需求。

为了提高直销企业的经济效益,有必要细分直销市场。直销产品消费者的需求差异是直销市场细分的内在依据。只要存在两个以上的直销产品消费者,便可根据其需求、习惯和购买行为的不同,进行直销市场的细分。况且在市场竞争中,一个直销企业不可能在营销全过程中都占绝对优势。为了在直销市场上进行有效的竞争,直销企业必须评价、选择并集中力量用于能发挥自己相对优势的市场,这便是市场细分的外在强制,即它的必要性。直销市场细分后,每个直销市场变得小而具体。直销企业一旦了解了消费者的需求,就可以根据不同的直销产品制定出不同的直销市场营销组合策略,来适应消费者不断变化的需求。否则,离开了市场细分,所制定的直销市场营销组合策略必然是无的放矢的。

1.2.2 直销目标市场定位原则

掌握直销产品消费者心理,从而使自己提供的直销产品在消费者心目中占据有利地位,这是直销市场定位的一个基本原则。因此,直销市场定位的起点是消费者的消费心理。只要把握了消费者的消费心理,并借助恰当的手段把这一定位传播给目标消费者,就可以收到较好的直销效果。在直销市场中,仅仅做到这一点还是不够的。心理定位毕竟需要兑现,成为直销产品的实际定位。在掌握消费心理的同时,也要琢磨直销产品,使品牌的心理定位与相应产品的功能和利益相匹配,这样,直销目标市场定位才能成功。

直销目标市场定位需要直销企业的市场研究、定位策划、产品开发以及其他有关部门的密切配合。仔细分析直销目标市场定位内涵不难发现,定位是为了在消费者心目中占据有利的地位,这个"有利地位"当然是相对竞争对手而言的。从这个角度讲,直销目标市场定位不仅要把握消费者的心理,而且要研究竞争者的优势和劣势。因此,所定位的直销目标市场,应具备以下两个条件:一是直销目标市场内所有的消费者必须具备几个基本相同的条件,比如收入、受教育的程度、职业、消费习惯等,这样才能明确地划分出直销目标市场的范围。二是直销目标市场必须具备一定的市场规模。因为,规模小的直销目标市场购买力相应也小,如果投资过大,直销企业就会得不偿失。

在实践中,直销企业应注意以下几个直销目标市场的定位战略。

①初次定位与重新定位

初次定位指新成立的直销企业或新产品在进入直销市场时,直销企业必须从零开始,运用所有的市场营销组合,使直销产品特色确实符合所选择的直销目标市场。

重新定位(二次定位或再定位),是指直销企业变动直销产品特色,改变目标顾客对其原有的印象,使目标顾客对其产品新形象有一个重新的认识。重新定位对于直销企业适应直销市场环境、调整市场营销战略是必不可少的。一般来说,直销产品在直销市场上的初次定位即使很恰当,但在出现下列情况时也需考虑重新定位:一是在直销企业产品定位附近出现了强大的竞争者,挤占了本企业直销产品品牌的大部分市场,导致本企业产品市场萎缩和品牌的目标市场占有率下降;二是消费者的偏好发生变化,从喜爱本企业直销品牌转移到喜爱竞争者的直销品牌。但是,直销企业在重新定位前必须要慎重考虑两个问题:一是直销企业将自己的直销产品品牌定位从一个目标子市场转移到另一个目标子市场时所付出的全部成本有多大;二是直销企业将自己直销产品品牌定在新位置上营业额究竟有多大。

②对峙性定位与回避性定位

对峙性定位,又称竞争性定位,或称针对式定位。它指直销企业选择靠近于现有竞争者或与其重合的直销市场位置,争夺同样的直销产品消费者。彼此在产品、价格、分销及促销各个方面区别不大。比如,大连美罗国际的灵芝产品与南京润在的灵芝产品在直销市场上的定位,就是属于对峙性定位。对峙性定位的一个前提条件,就是直销市场上对这类直销产品的需求量必须很大,两个或两个以上的直销企业在直销市场上不会形成恶性竞争。

回避性定位,又称创新式定位。它是指直销企业回避与直销目标市场竞争者直接对抗,将其位置定在直销市场上某处空白领地或"空隙",开发并销售目前市场上还不存在的、具有某种特色的直销产品,以开拓新的直销市场。上海安而雅的美容产品,是中国直销市场上独一无二的,其他直销企业的相似产品是根本不能与之比拟的。这种直销市场定位就叫回避性定位或叫创新式定位。

③心理定位

心理定位是指直销企业从消费者需求心理出发,积极创造自己产品的特色,以自身最突出的优点来定位,从而达到使消费者心目中留下特殊印象和树立市场形象之目的。心理定位应贯穿于直销产品定位的始终,无论是初次定位还是重新定位,无论是对峙性定位,还是回避性定位,都要考虑消费者的需求心理,不断赋予直销产品更新的特点和更突出的优点。

1.2.3 分类:直销目标市场定位策略

直销目标市场定位的一个很重要的策略就是分类。分类主要是指直销产品消费分类和直销产品分类:

①消费者分类

可以将直销产品消费者对象归纳为以下几类:

女性消费者市场。无论是在国内,还是在国外,女性公民都是美容产品的主要消费者。直销企业的美容产品要想打开市场,必须能够抓住女性公民的购买欲,或者能够吸引男性公民为女性购买。

中老年消费者市场。中老年消费者,特别是老年消费者在使用保健产品的消费者中占有绝对的比重。根据北京新东方直销咨询顾问中心对1,300位保健产品使用者的调查,平均年龄为50岁。上海、广东、江苏、浙江等省、市50岁以下的保健品使用者更是高达52.8%。所以,保健品直销必须瞄准中老青年消费者。

具有较高文化水准的职业层市场。到目前为止,教师、大学学生、科技人员和政府官员在使用直销产品的比例较高。正是因为这个原因,我国的直销产品在具有较高文化水准的职业层有着较大的市场。

中等收入阶层市场。直销产品消费者的收入大多在中高收入水平上。瞄准中高收入这一市场,直销企业就需要推出中高档的直销产品。心脑、肝脾保健产品在这类市场中大有作为。许多直销企业开发了这类直销产品,在直销市场上的表现力很不错,深受中等收入阶层消费者的欢迎。

②商品分类

认真仔细地研究商品的属性,科学地筛选适应直接销售的商品,是直销企业营销成功的重要因素。如果直销企业很少或根本不进行直销商品的市场分类,只靠主观臆断决策,或只凭借传统市场的营销经验匆匆入市,要想拓展直销市场是非常困难的。因此,我们在消费者分类的同时,还在对直销商品进行分类。适合于直接营销的商品,按其商品形态的不同,可以分为三大类:实体直销商品、软体直销商品和在线服务直销产品。

实体直销商品的选择。实体商品,就是指有包装的固定的直销产品,国家商务部规定的几种直销商品就是实体商品。直接销售实体直销商品的过程,是一种面对面的买卖方式。虽然从理论上说任何商品都可以以这种方式进行交易,但在实际生活中,仍有许多商品并不适合直接销售。如汽车、金银首饰等。灵芝保健品很适合做直销商品。上海绿谷生命工程有限公司、大连美罗国际有限公司生产的灵芝类保健产品,在直销市场上很受欢迎。

软体商品的选择。软体商品是指直销企业的资讯提供和服务的销售。虽然这部分商品是无形的,但它们在直销中占有极为重要的地位。这方面,安利公司提供的软体产品比其他直销公司都要规范,所以直销实体产品消费者对此都有很高的评价。安利公司的直销员对实体直销产品的售后服务真正做到了"家",而且建立了可行的服务流程,所以直销商品在消费者的心目中形成了良好的品牌形象。这是值得我国民族直销企业学习的。

在线服务产品的选择。许多直销企业开始运用电子商务形式进行直销,收到了良好的效果。网络提供的在线服务产品,就是我们上面说的实体直销产品。

电子商务跻身于直销行业有其特殊的优势。比如,人们在直销企业网上看到了他(她)所急需的直销产品,就会马上引起购买欲,从而通过电子商务的流程,在最快的时间内完成交易。这和直销员面对面销售相比,减少了许多不必要的麻烦,增加了直销企业和消费者之间的亲近感。

1.3 中国直销企业产品结构间歇性调整

要实现中国直销企业的市场目标,中国直销企业的产品结构就必须要实行间歇性调整。这是中国直销企业谋求不断发展的重要环节。中国直销企业产品的同质性现象很严重,这就更需要对直销企业的产品结构作间歇性的调整。唯其如此,中国直销企业才能拓展直销市场,求得更大发展。

1.3.1 概念与数学模型演绎

要理解什么叫中国直销企业产品间歇性调整,首先要考察中国直销产品生产存在的基本问题。中国直销企业生产的直销产品,大多数是健康保健产品,而且同质性现象比较严重。中国的直销产品消费者已经成为理性消费者,他们对直销产品的消费要求比对传统销售产品的消费要求要高得多,因此,如果中国的直销产品不经常调整产品结构就可能导致直销市场的萎缩。所以,相对于传统销售产品而言,直销产品具有间歇性更替的特点。根据中国直销产品需要间歇性更替的特点,我们给中国直销企业产品结构间歇性调整下如下的定义:直销产品在消费者需求的约束下,根据直销市场对直销产品需求结构的变化而对中国直销企业产品结构所作的阶段性调整。

下面,我们用数学模型对中国直销企业产品结构间歇性调整加以演绎。我们提供的数学模型为:

$$P_t - P_{t-1} = kE(p_{t-1}) \tag{1}$$

用这个数学模型演绎，我们就能比较清晰地看到中国直销企业产品结构调整的过程。P_t 是 t 时期的直销产品的价格，P_{t-1} 则是 t-1 时期的直销产品的价格。K 为正常数。如果 t-1 时期存在正的需求 $E(p_{t-1})$，就会诱致直销企业在下一个时期对直销产品的出厂价为：

$$P_t = P_{t-1} + kE(p_{t-1}) > P_{t-1} \tag{2}$$

这说明，t 时期直销产品价格高于 t-1 时期的直销产品的价格。高的原因是：t-1 时期的直销产品的价格走低，产品不受消费者欢迎，市场销路不畅，于是就更换新的市场走俏的直销产品，从而获得了高于 t-1 时期的 t 时期的直销产品的价格。数学模型的演绎尽管不那么直观，但使我们得到了以下三个方面的认识：

① 中国直销企业产品结构静态稳定期是相对短暂的

如果直销产品实际价格低于市场均衡价格，那么中国直销企业产品结构的静态稳定期就会被打破。由于直销产品的需求对象、需求地域、需求时间等的不同，t-1 时期的直销产品的价格 P 不可能稳定在一个较长时间内。当直销产品供过于求，t-1 时期的中国直销企业产品结构就趋于不稳定。直销企业为了获得更多的效益，必然在 t 时期内更换新的直销产品，调整产品结构。

② 中国直销企业产品结构间歇性调整是个过程性的调整

t-1 时期也好，t 时期也好，并不是一天两天的时间概念，而是有一个产品替换的生产过程。假设需求函数与供给函数分别为：

$$D_t = aP_t + b \tag{3}$$

$$S_t = AP_t + B \tag{4}$$

t-1 时期的直销产品需求为：

$$E(p_{t-1}) = (a-A)P_{t-1} + b-B$$

把它代入(1)式，得：

$$P_t - P_{t-1} = k[(a-A)]P_{t-1} + b-B \tag{5}$$

计算 P_t，得：

$$P_t = [1 + k(a-A)]P_{t-1} + k(b-B) \tag{6}$$

一阶差分方程描述了数学模型所暗含的直销产品变动时间的轨迹。这一时间轨迹，就决定了中国直销企业产品结构间歇性调整是个过程性的调整。

③ 中国直销企业产品结构间歇性调整与市场周期波动密切相关

假设 $D_t=0.5P_t+100$，$S_t=-0.1P_t+50$，$k=6$，根据需求函数和供给函数代入，则为：

$$-0.5-(-0.1)=-0.4<0$$

动态分析法要求 $-1<1+k(a-A)<1$，代入相应的值，得：

$$1+k(a-A)=-1.4$$

这表明，左边的不等式不成立，中国直销产品市场要发生剧烈的波动。这种阵发性波动，在 t-1 时期会存在，在 t 时期也会存在。可见，直销产品市场的波动是有周期性的，只是波幅与波长有所不同而已。显然，中国直销企业产品结构间歇性调整是随着市场周期性波动而发生的，两者有着密不可分的联系。

1.3.2 价格是中国直销企业产品结构间歇性调整的决定性因素

从数学模型推导看,中国直销企业产品结构间歇性调整是由直销产品价格不合理因素决定的。微观经济学认为,价格是买卖双方竞争的结果,买卖双方竞争的力量与对方的需求和竞争成正比,直销产品的最低价格等于生产该产品的报酬。价格方程是:

$$P=S+[BN/(BN+bn)]L \tag{7}$$

其中,P 为直销产品价格,S 为直销企业生产直销产品的报酬;B 和 N 为买方的需求和竞争,BN 即为卖方力量;b 和 n 为卖方的需求和竞争,bn 即为买方力量,L 为卖方想得到的最高价与买方愿出的最低价之差,$[BN/(BN+bn)]L$ 则为买方能够接受的最低价的加价额。

价格方程告诉我们,当直销产品价格 P 与 $S+[BN/(BN+bn)]L$ 等于 0 时,中国直销企业产品结构与直销市场需求结构之间是相互适应的;当大于 0 时,如果直销商通过地区差价(一般而言,直销产品在全国是一个价,但经销商为了减少库存,也有可能削价把直销产品销到别的地区),从价格歧视中获得大于 0 的效益,直销产品结构与直销市场需求结构也是相互适应的;当小于 0 时,直销产品结构与直销市场需求结构不相对称,就必须作必要的调整。

下面,我们用价格方程对"钙"与"肽"两种直销产品作一分析,来看一下价格对直销产品结构间歇性调整的决定作用。先分析"钙"产品。一公斤"钙"产品价格为 150 元,价格组成是:直销企业生产一公斤"钙"产品的各种报酬 S,加上直销企业能够接受高于最低价的加价值。通过成本分析,因"钙"产品加工成本大,生产一公斤"钙"产品的各种报酬 S 已超过一公斤"钙"产品的价格 P,所以,直销企业实际上并没有得到高于消费者最低价的加价值,致使直销企业想要的产品最高价与消费者想出的最低价之间差数 L 呈负扩大。由此可见,消费者的需求和竞争(B 和 N)已超过了直销企业的需求和竞争(b 和 n),消费者的力量(bn)比直销企业的力量(BN)要大得多。得出的结论是:直销企业生产一公斤"钙"产品利润只有 10 元左右,价格方程的等式不成立,即 $P<S+[BN/(BN+bn)]L$。再谈"肽"产品生产。直销企业生产一公斤"肽"产品,所需的各种报酬 S 要远大于"钙"产品。城乡居民的购买行为确保了直销企业所需的高于"肽"产品最低价的加价值,因而使直销企业想要的产品最高价和城乡居民愿出的最低价之间的差 L 呈正扩大,导致"肽"产品的收入超过"钙"产品的收入。由此可见,生产"肽"产品的直销企业,其需求和竞争(b 和 n)已超过了城乡居民的需求和竞争(B 和 N),显示了直销企业的力量(BN)强于城乡居民的力量(bn)。得出的结论是生产一公斤"肽"产品的利润为 50 元,价格方程为 $P \geq S+[BN/(BN+bn)]L$。通过以上分析发现,由于价格的因素,直销企业可能不会生产钙产品,而很有可能生产"肽"产品。这就表明价格的诱致性,会使直销企业根据产品以市场的对应变化不断寻求直销产品的最佳效益,对直销产品结构进行间歇性调整。

分析到此,我们还不能完全说明这个问题。因为,价格是有地区性的。在甲地同一个直销产品价格可能是 $P<S+[BN/(BN+bn)]L$,在乙地,同一直销产品价格可能

是 $P \geq S+[BN/(BN+bn)]L$，这里有个价格歧视问题。因此,我们分析价格是直销产品结构间歇性调整的决定因素时,不能不对价格歧视对直销产品结构间歇性调整的影响作一分析。价格歧视是指买方不可能在一个市场而到另外一个(或几个)市场上购买直销产品,直销企业可以根据不同的地区价格而获得以高补低的差价格行为。在直销产品结构调整中,一些直销企业迅速生产多个市场需求的直销产品,经进行多范围消费,实际上就是一种价格歧视行为。如果,直销企业从两个或两个以上的市场实行价格歧视,其利润就不断增多,直销产品结构间歇性调整的频率就加大,实行价格歧视后的利润是多个直销市场上获得的总收益与总成本之差,即 $\pi = R_1(q_1)+R_2(q_2)\cdots+R_n(q_n)-C(q_1+q_2\cdots+q_n)$。$q_1$、$q_2$ 和 q_n 是指在多个直销市场上的直销产品销售量,$R_1(q_1)$、$R_2(q_2)$ 和 $R_n(q_n)$ 是其收益函数,$C(q_1+q_2\cdots+q_n)$ 是其成本函数。假设 $\pi=0$,证明每个直销市场上的 MR 必定不等于整个直销产品产出 MC,如果 MR 不等,直销企业就会通过把低 MR 直销市场上的直销产品销售转移到高 MR 直销市场,在不影响总成本的前提下增加直销企业的总收益。

1.3.3 不完全竞争下直销产品结构间歇性调整的规模报酬

直销企业进行产品结构间歇性调整会产生规模报酬。规模报酬可以用齐次生产函数来定义。假设:

$$q(tx_1,tx_2)=t^k q(x_1,x_2) \tag{8}$$

其中,k 是一个常数,t 是任何一个实数,则这个生产函数就是 k 次齐次的。如果 x_1 和 x_2 两种投入随 t 增加,直销产品产出也会随 t^k 增加。当 $k>1$ 时直销产品结构间歇性调整的规模报酬是递增的;当 $k=1$ 时,规模报酬不变;当 $0<k<1$ 时,规模报酬则递减。因此规模报酬的定义是,直销产品结构间歇性调整过程中直销产品产出对多项投入比例增加的规模形态的直接反应。

直销产品结构间歇性调整时齐次生产函数如何表现 $k>1$ 的,主要是生产对偶性形成的规模报酬。直销产品结构调整经济形为的间歇性表现为直销企业在调整过程中需要花时间寻求直销产品产出与直销产品成本之间的对应关系。从理论上讲,就是直销企业要在生产函数与成本函数对偶性中进行直销产品结构调整方向的选择。请看,由生产函数 $q=f(x_1,x_2)$ 规定的直销产品的等产量线及成本最小化的一阶条件 $-dx_2/dx_1=r_1/r_2$,通过解方程得:

$$x_1=\Phi_1(r_1/r_2,q)$$
$$x_2=\Phi_2(r_1/r_2,q) \tag{9}$$

其中,x_1 和 x_2 是成本最小值,表示直销企业投入价格比率和规定的直销产品产出水平的函数。我们对成本方程 $C=r_1x_1+r_2x_2$ 进行微分,根据 $r_1=\lambda f_i$ 的一阶条件,则:

$$\partial c/\partial r_i=x_i+\lambda[f_1(\partial\Phi_1/\partial r_i)+f_2(\partial\Phi_2/\partial r_i)]=x_i>0 \quad i=1,2 \tag{10}$$

其中,λ 是有约束的成本最小化问题中的拉格朗日乘数,括号内的项沿等产量线等于 $q/r_i=0$。成本函数 $C=\Phi(q,r_1,r_2)+b$ 对于直销投入价格的偏导数,等于直

销投入成本最小值,即:
$$x_1 = \partial c(q, r_1, r_2)/\partial r_1$$
$$x_2 = \partial c(q, r_1, r_2)/\partial r_2 \tag{11}$$

可见,由于直销产品可变成本函数在投入价格上是一次齐次的,所以它的偏导数在投入价格上是零次齐次的,且决定直销投入价格比率。这就启迪我们:生产函数与成本函数的对偶性,使直销企业在 $k>1$ 的规定下,通过实现成本最小化(x_1, x_2),达到直销产品产出的最大化,从而使直销产品结构间歇性调整的规模报酬加大。

1.3.4 直销产品结构间歇性调整的动态均衡

既然价格是直销产品结构间歇性调整的决定因素,那么,由于价格的杠杆作用,直销产品结构间歇性调整就具有动态均衡的特点。供给函数表明,直销产品价格产业化后,直销产品结构调整不可能立即完成,只有在直销市场上都能反映出直销产品供应结构的变化。亦即说,从原来的直销产品受价格影响后,到新的直销产品在市场上亮相,需要一个时间流,这样才算直销产品结构间歇性调整完成了一个过程,达到了基本动态均衡。

直销产品结构间歇性调整的动态均衡大体是经过这样一个过程:$D_{t-1} - S_{t-1} = 0$,此时 P_{t-1} 与之相适应,表现为基本均衡;由于直销产品市场供应充裕,导致 $D_{t-1} - S_{t-1} < 0$,此时,P_{t-1} 呈明显下降趋势,出现了直销产品价格不均衡的状态。直销企业便把调整直销产品结构付诸实施,于是就出现了 $D_t - S_t = 0$ 的现象,P_t 适应了此时需求函数与供给函数的对应格局,形成了新一轮直销产品结构间歇性调整的基本动态均衡。从中我们可以看出,直销产品价格轨迹是直销产品结构间歇性调整时的函数。为了证明这一问题,我们设计了如下示意图:

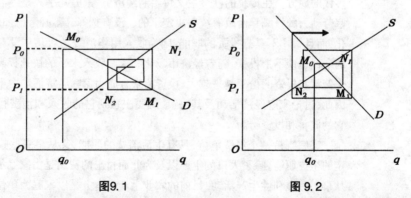

图9.1   图9.2

假设开始直销产品供给数不等于均衡数量,令开始直销产品供给为两图中的 q_0,对应的价格是 P_0,直销产品消费需求为 P_0M_0。价格 P_0 诱致直销企业在下一个时期的直销产品供给量扩大到 P_0N_1,价格立即下跌 P_1。因而直销产品需求量为 P_1M_1,等于那个时期的直销产品供应量 P_0N_1。价格引起了直销产品结构的调整,P_1 诱致了

P_0N_2 的直销产品供给。这种过程会不断地继续,形成一个蛛网模型。直销产品价格水平是波动的,但通过需求曲线与供给曲线的交点或以看出,在图 1 中,直销产品价格是趋向于均衡水平的,但在图 2 中直销产品价格的波动是趋向于越来越大,直销市场呈现剧烈的波动。图 1 和图 2 表示直销产品价格动态性稳定的变化过程,因此,由价格引起的直销产品结构间歇性调整也是要经过从波动到动态均衡的基本过程。

▼2 中国家庭的经济行为

中国家庭的经济行为与中国直销紧密相联、息息相关。所以,我们在这一节主要讨论中国家庭的经济行为。在研究中国家庭经济行为过程中,我们一方面要对家庭这个社会单元作一些理性描述,另一面我们还将对其经济行为的研究侧重在消费领域而不是生产领域。

2.1 对中国家庭模式及其经济行为的简单描述

在微观经济活动中,有两个最基本的经济单位,一个是企业,另一个是家庭。企业通常被作为生产者来看待,是一个财富生产和赢利的单位,它虽然也是生产资料的消费实体,从而也有特定意义的消费职能,但是企业最基本、最本质的活动是生产。家庭是微观经济活动的一个综合体,既有消费的职能,又有储蓄、投资和获取收入的职能。作为消费者,家庭行为的基本目的是效用最大化,用最少的花费获取最大数量的享乐和满足;作为劳动者,家庭又追求收入最大化,用最少的时间获取最多的报酬;作为投资者,家庭也必须考虑如何将扣除消费后的收入剩余用在能生更多钱的地方。在传统的社会主义供给制经济下,家庭几乎只是纯消费单位,不但家庭劳动力的报酬是由政府统一决定了的,没有选择,不必考虑如何追求收入最大化,而且根本不具有投资的职能,因为收入用作消费之后几乎没有剩余,少得可怜的余钱也谈不上投资。随着经济市场化和家庭收入水平的快速提高,家庭预算中用作储蓄和投资的份额越来越大,投资愈来愈成为家庭经济活动中不可忽视的行为。因此,讨论家庭经济活动及其决策,既要注意到它的收入和消费行为,又要注意到它的储蓄和投资行为。

家庭既是一个消费单位,具有生活消费的职能,又从事一些投资活动,具有一定的生产职能。除了人口的生产以及为此而付出的费用是由家庭承担以外,家庭还从事一些赢利性生产活动。目前的农业生产基本上是以家庭为单位来展开的。作为生产单位,劳动力主要是由有劳动能力的家庭成员组成,只有在紧张忙碌的季节才请一些临时性短工帮忙,生产的成果除了向国家缴纳税费,以及给临时短工付工钱外,都留给家庭自己,留下的生产成果除了家庭成员自己消费外都拿到市场上去销售。因此,农民家庭既从事农林牧副渔业的直接生产,又从事简单的贸易,以卖者的身份参与市场交易活动。在这一点上，城镇私人业主和个体户家庭与农民家庭相似，他们都从事直接生产和贸易活动，都通过直接生产投资活动来达到赢利目的，因而这种城乡家庭具有企业的性质。在城镇，还有一类家庭，他们不从事直接生产和贸易活动，除了消费活动外，也进行赢利性投资，但是这种投资不是与直接生产过程相结合，投资资本既不是用于购置机器设备和其他生产工具的生产资本，又不是投向商品批发和零售业的商业资本，而是以金融业为对象的货币资本。我们研究家庭的投资行为，主要对象不是具有企业性质的那一类家庭，不是拥有生产资本和商业资本的家庭，而是只在金融领域从事货币资本经营活动的家庭。

家庭投资的一般形式，基本行为是用钱生钱，其资本采取货币资本形态。但是，除了以赢利为目的货币资本投资外，家庭还要进行非赢利性投资活动，如购买人寿保险和健康医疗保险等。在赢利性投资方面，既要对风险和保险作出选择，又要对时间和空间、短期和长期作出选择。在长期投资中，健康投资和教育投资是家庭的一个重要的行为。

2.2 家庭生命周期与家庭直销产品消费行为

家庭消费行为是中国直销经济学研究的重要内容。随着市场经济在我国的逐步建立和完善，家庭消费与市场的联系越来越紧密。直销市场经济的实践呼唤中国直销经济学研究的理论工作者对家庭消费行为进行进一步深入的研究。影响家庭直销产品消费行为的因素主要有家庭本身和收入。家庭因素具体包括：家庭职能、家庭规模、家庭结构、家庭地位和家庭生命周期等。在这里，我们仅对家庭生命周期与家庭消费行为的关系进行探讨。

确定家庭消费行为的因素很多，主要有恩格尔系数、消费热点指向、消费方式及其内容、消费模式等。考虑到处于家庭生命周期不同阶段上的恩格尔系数具体数值很难获得，我们仅从理论上定性描述家庭生命周期与确定家庭消费行为的其他三因素即家庭消费热点指向、家庭消费方式、家庭消费模式的关系。

2.2.1 家庭生命周期与直销产品家庭消费热点指向

家庭是一个社会细胞，又是一个经济细胞。家庭具有生产创收功能、生活消费功能、生育教育功能和发展社会的功能。

家庭生命周期是指家庭从建立到结束全过程所经历的时间。有的学者将其划分为六个阶段：单身阶段，新婚阶段，"满巢"阶段，"空巢"阶段和丧偶独居阶段；也有的学者将其划分为七个阶段：单身期、初婚期、生育期、满巢期、离巢期、空巢期和鳏寡期。本书的划分则是这样六个阶段：新婚期、家庭拓展期、拓展完成期、家庭衰减期、空巢期和鳏寡期。新婚期是指从夫妻双方组成家庭开始，到第一个孩子出生为止；家庭拓展期是指从第一个孩子出生开始，到最后一个孩子出生为止；拓展完成期指从最后一个孩子出生开始，到第一个孩子离家为止；家庭衰减期指从第一个孩子离家开始,到最后一个孩子离家为止;空巢期指从最后一个孩子离家开始,到夫妻一方死亡为止;鳏寡期指从夫妻一方死亡开始,到夫妻另一方死亡为止。笔者的划分与前两种的区别在于没有单身阶段。

家庭消费热点指向是家庭消费品或劳务的重点或兴趣所在,它反映家庭消费支出的重要投向。家庭消费热点指向基本上可以体现家庭消费层次和质量,它主要受制于家庭消费水平本身。就整个国家而言,家庭消费热点指向往往部分也是国家政策引导的结果。显然,处于家庭生命周期的不同阶段,家庭的收入水平是不相同的,家庭的人口负担也各异,从而,家庭的实际消费水平也是不相同的。这样,处于家庭生命周期不同阶段家庭的消费热点商品或劳务是有很大区别的。我们按照个人随年龄变化的生活历程,将家庭分为若干个不同的阶段,列举了各个阶段人们的行为特征和兴趣商品。尽管这种家庭生命周期的划分方法不够科学,但从其列举的各个阶段人们的兴趣商品当中,还是可以大致看出中国家庭生命周期不同阶段的家庭消费热点商品或劳务。

"青年新婚"阶段大体上就是家庭生命周期的第一阶段即新婚期,因此,中国家庭新婚期的热点商品就是住房、家俱、美容护肤等。家庭生命周期的第二阶段——家庭拓展期基本上可以用"青年父母"阶段来代替,因此,中国家庭拓展期的热点商品或服务是:住房,健康和营养食品,保健服务,儿童早期用品等。家庭生命周期的第三、四、五、六阶段,即拓展完成期、家庭衰减期、空巢期和鳏寡期很大程度上可以分别由"中年已婚,有孩子"、"成年晚期"、"不久要退休"、"已经退休"四阶段来代替,这四阶段兴趣商品就主要是保健品、美容化妆品。中国是一个发展中国家,家庭直销产品消费水平暂时还相对较低,但随着中国经济快速发展的现状和家庭消费水平快速提高、家庭消费结构和层次迅速变化,中国直销产品无疑是家庭生命周期不同阶段的热点商品。

2.2.2 家庭生命周期与直销产品家庭消费方式

中国家庭直销产品消费方式是指直销产品的家庭消费所表现出的外在形式。从宏观上来说,直销产品家庭消费方式主要取决于社会生产方式,尤其取决于社会生产力的发展水平和社会文明的发展程度。直销产品宏观家庭消费方式变化是社会文明、社会进步的重要特征之一。随着经济的发展、社会的进步,直销产品宏观家庭消费方式是社会化的开放形式。从微观上来说,直销产品家庭消费方式表现为保健健康型的服务性消费。显然,直销产品微观家庭消费方式受家庭行为特征的影响较大,而且,在某种程度上,一定的家庭行为特征往往可以决定一定的微观家庭消费方式。由于家庭行为特征在家庭生命周期的不同阶段是不尽相同的,因此,处于家庭生命周期的不同阶段,微观家庭对直销产品的消费方式也就有所不同。

处于家庭生命周期的新婚期,直销产品家庭消费方式(指的是微观家庭消费方式,下同)的主要特点是高档次、享乐型。新婚期人们没有什么经济负担,消费的直销商品力求档次高,尽情享受。处于拓展期,直销产品家庭消费方式的特点则主要是大众型、室内化。拓展家庭孩子的出生和增加使得家庭负担明显加重,尽管收入也在增加,但人们还是要购买大众化的直销产品,如一般的保健品,以尽量减少不必要的开支;为了照顾家庭和孩子,也为了节支,消费活动主要在家庭内。拓展完成期直销产品家庭消费方式的特点可以概括为:上档次和大众化并重。尽管拓展完成期家庭人口达顶峰,但收入水平也最高,人们有能力购买一些高档次直销产品。衰减期直销产品家庭消费方式可以表述为上档次、适当享乐型。处于这一阶段的人们收入达到顶峰,孩子们又陆续离开家庭独立生活,家庭的可随意支配收入较高,因此,这一阶段的家庭消费方式在某种程度上近似于新婚期:消费追求享乐,但又不是新婚期的简单重复,因为进入不惑之年的人们出于健康、储蓄等方面的考虑,消费也讲究适度。空巢期直销产品家庭消费方式的特征基本为大众化和奢侈化并重、追求服务也讲究适度。空巢期家庭的人们大多还在工作(或一方在工作),收入尚可,可以适当进行一些奢侈消费,但人已接近老年,消费的大众化也是重要内容。这一阶段家庭的人们出于身体保健、自我修身方面的原因,服务性消费的内容有一定程度增加。鳏寡期家庭的消费方式可以概括为:室内化、保健型。鳏寡期家庭的老年男性或老年妇女由于健康状况下降或社会交往减少,基本消费活动均在家中进行;保健型消费在他或她的日常消费中所占比重较大。

2.2.3 家庭生命周期与直销产品家庭消费模式

这里的家庭直销产品消费模式指的就是家庭消费类型及其不同组合。西方学者从考察"家庭文明"或"家庭目标"的角度,对家庭类型进行了如下划分:

第一类家庭被称为"以家庭为中心的家庭"。这类家庭的凝聚力很强,上一代人与下一代人之间的隔阂少。家庭中一般以孩子为中心。家庭重视储蓄,重视孩子的教育和前途。

第二类家庭被称为"以事业为中心的家庭"。这类家庭的主人有很强的事业心,家庭的支出、家庭主人的精力和时间主要投放于事业的发展上。这类家庭的支出中,作为家庭地位象征的支出、用于家庭社交活动的支出是比较突出的。

第三类家庭被称为"以消费为中心的家庭"。这类家庭的主要愿望既不在家庭生活方面,也不在事业方面,而是竭力要提高目前的生活水平。于是,同生活享受有关的商品或劳务的支出、各种奢侈的支出、经常性的旅游支出等等,占据了这类家庭的消费支出的一大部分。

除上述三种类型的家庭以外,也还存在一些综合型的家庭,即以家庭、事业、消费当中的二者或三者并重的家庭。

我国学者从家庭消费决策的角度将家庭消费类型划分为以下四种:

第一种类型是重智力倾向家庭。这类家庭重智力投资,购买大量书籍,订阅大量报刊;购置各种贵重乐器和音像出版物,甚至购买电脑,以提高家庭成员的个人素质。

第二种类型是重用品倾向家庭。这类家庭注重购买各种家用电器和设备,而且还要不断更新,以便在自己充分享受的同时,显示自己家庭的气派和地位。

第三种类型是重健康倾向家庭。这类家庭注重家庭成员的健康,注意增加吃的营养;爱好体育锻炼,不惜体育消费的开支。爱好逛公园和旅游。

第四种类型是重爱好倾向家庭。这类家庭成员有收藏爱好,如集邮、收藏古玩、字画等;或者喜欢养花、爱好摄影等。家庭消费支出比较集中于所爱好的某一方面。

无论是西方学者还是我国学者关于家庭消费类型的上述划分,都是针对不同家庭而言的,而不是针对家庭生命周期不同阶段的。但不难发现,处于家庭生命周期的不同阶段,家庭直销产品消费类型及其组合即家庭直销产品消费模式是不尽相同的,甚至有些是很不相同的。一般来说,处于家庭生命周期新婚期的家庭直销产品消费模式,偏向于西方学者划分的家庭消费类型的第二种和第三种的组合,即"事业与消费二者并重"的模式,家庭的大部分支出用于事业方面和生活享受方面;或者偏向于我国学者划分的第一种和第二种的组合(部分也有第三种的成分),即"智力倾向和用品倾向二者并重"的模式,家庭既重智力投资,又不放弃购置高档直销商品进行享受。拓展期和拓展完成期的直销产品消费模式则在很大程度上偏向于西方学者的第一种类型或我国学者的第一种类型,家庭要将主要精力和主要消费支出用在孩子身上,对孩子进行智力投资,同时购买健脑的直销产品,以提高孩子的文化科技素质。处于衰减期,家庭的直销产品消费模式往往是西方学者的第一种类型和第三种类型的组合,即"家庭与消费二者并重"的模式,直销产品家庭消费既重视孩子的需要,又不忽视自己一定程度的享受;或者是我国学者的第一种类型和第二种类型的组合,从这个角度而言,这一阶段的直销产品消费模式与新婚期有某种程度的相似。空巢期和鳏寡期的家庭直销产品消费模式在一定程度上偏向于西方学者的第三种类型(尤其是空巢期),或者偏向于我国学者的第三种类型,健康方面的直销产品的消费支出占较大比重。

2.3 家庭制度与家庭直销产品消费行为

家庭制度与直销产品家庭消费行为是密切相关的。因此,我们应该从家庭制度角度去研究直销产品的家庭消费行为。

2.3.1 从家庭组织的性质和功能看直销产品家庭消费行为

家庭是人类历史上出现最早的社会经济组织,近代以来,家庭结构和家庭行为的确发生了很大的变化,但是,家庭的一些基本性质和功能依然保持。我们可以从家庭组织性质和功能,分析一下直销产品家庭消费行为:

①**家庭是一个重要的产权主体,直销产品消费是家庭共同行为**

无论是古代社会,还是现代社会,家庭都是一个经济单位,都有家庭的财产和预算,家庭的生产和消费,因而也就有家庭的产权。家庭财产是由夫妇以及父子的个人财产构成的,即使在西方社会中,夫妇的个人财产划分得比较清楚,但是,作为一个家庭,其财产也就不是个人财产,而是共有财产,用于家庭的共同的生产和消费。在这种情况下,家庭产权也就不是个人产权,而是一种共有产权。然而,家庭产权也不同于其他共有产权。因为,家庭是以亲情和血缘为纽带连接起来的,家庭组织和家庭结构既不同于企业,也不同于政府,家庭关系也不同于企业中和社会中的人与人的关系。由此我们可以看到,直销产品消费是家庭这一产权主体的共同行为,而不是个人行为。比如,老人身体不很健康,全家人就会购买直销保健品给老人服用,以提高老人的身体素质。

②**家庭是生产的组织和机构,直销产品消费是家庭的一种投入行为**

在家庭生产过程中,其投入包括市场购买品、自有时间以及各种环境条件,其产出包括孩子、声望和尊严、健康、利他主义、忌妒以及精神享受。因此,家庭生产是人本身的生产或人种的繁衍,是家庭服务和家庭消费的生产和供给,是人力资本的投资和再生产。虽然随着社会经济的发展和现代化的进步,家庭生活的很多方面可以社会化,家庭的某些服务和需要可以通过社会生产来满足。工资率的一种补偿上升说明增加了劳动时间和对商品的需求,并减少了分配在大多数家庭活动的时间,因而,在家庭和市场之间存在着一种替代的关系,但是,有很多方面是无法替代的。例如,人本身的生产。从技术上来看,家庭生产和家庭生活的一些方面是可以替代的,有些也的确被替代了,但是,替代的社会成本和代价是巨大的,有的甚至是灾难性的。这一点集中表现在儿童和老人的家庭生活中。在现代社会中,儿童的抚养教育和老人的生活保障都可以由社会和集体来承担和进行,但是,缺乏家庭教养的儿童和没有家庭保障的老人及其相互作用,也许是社会病态的基因。我们分析这些情况,就是要我们必须明确:作为生产的组织和机构,直销产品的消费这是家庭的一种投资行为。在家庭,消费就是投入。因为,消费是一种家庭生产,所以,家庭人员的身体保健或美容护肤,这是一种家庭生产方面的投入。

③**家庭是亲情的源泉和情感的寓所,直销产品消费是稳定家庭关系的积极行为**

家庭由夫妇和子女组成,夫妻关系和父(母)子(女)就是最基本的家庭关系。前者因婚姻事实而生,后者因生育事实而成,前者是一种后天获致性的关系,后者是一种先天赋予性的关系,二者共同的基础是情感。夫妻关系主要因爱情而缔结,虽有其他因素介入,但是,以爱情为基础的夫妻关系是比较稳定的,也是其他关系无法相比的;父(母)子(女)亲情因生命的延续而相ící,比爱情更为恒定,是一种最基本的人际关系。因此,家庭生活是人生首先经历又贯穿始终的社会生活。东西方的社会结构和文化传统有很大的差别,父(母)子(女)关系和家庭生活在个人一生中的地位和作用,在程度上有很大的不同,但是,不能否定和改变这一天然关系和基本活动。一个人从降生到老死,不能离开家庭生活,儿时仰赖父母的关怀照料;成年后要组织自己的家庭,生养自己的儿女,相互寄托自己的感情;老年以后,也需要家庭的照料和亲人的温暖。这是其他人无法给予的。特别是在现代社会经济条件下,快节奏的社会生活使得人们的精神压力很大,心情非常紧张,身体疲惫不堪,家庭生活的舒适、安谧和温馨,就显得更加重要而有意义。因而,在作家的笔下,家庭被描写成宁静的港湾,温暖的窝巢,是一个令人神往的地方。从这个意义上说,直销产品消费应该是稳定家庭关系的积极行为。因为,购买用于保健或美容的直销产品,这是体现了家人的亲近,体现了家庭的温馨。所以,直销产品是稳定家庭关系的"粘合剂"。

2.3.2 从家庭结构和家庭模式看直销产品家庭消费行为

家庭结构和家庭模式是指家庭的构造方式,即家庭由怎样的家庭关系组成,不同的家庭成员处于怎样的地位和扮演怎样的角色。在一夫一妻制度下,最基本的家庭关系是夫妻关系和亲子关系,其他家庭关系都是由此派生出来的。因而,这两种关系的不同联结方式就形成了不同的家庭结构,夫妻双方各自在家庭中的地位和相互关系的性质就决定了家庭模式。一定的基本家庭模式必然有与其相适应的家庭结构,而不同的家庭模式也形成家庭结构的一种特殊类型。各种类型家庭在社会经济生活中的地位、作用及其变化,是由经济、社会、文化等多方面的因素决定的。现在,我们从我国现代家庭结构和家庭模式看直销产品的家庭消费行为:

①**在传统父系父权制家庭和现代夫妻平权制家庭中的直销产品消费**

父系父权制家庭是传统社会的家庭模式,在这种家庭模式中,家庭关系具有男尊女卑、夫(父)主妇(子)从的性质。这是由于在传统社会中,社会生产力低下,家庭的基本活动和功能是从事农业生产和维持生存,个人的独立地位和自由权利尚不能确立,从而决定了男性家长在家庭中的支配地位。其他的家庭和亲属关系也以男方为主,择偶和结婚也以父母的意愿为转移。这样的家庭在中国仍然很多,主要集中在农村和西部经济不发达或欠发达地区。这类家庭目前很少购买直销产品进行消费。原因很简单,男性处于家庭的核心地位,所以他们对保健类的直销产品还能消费一部分,但对美容化妆类的直销产品基本上不消费。所以,直销企业对这类家庭要注意"挖潜",改变他们的消费观念,主动消费直销产品。这项工作虽然难度大,但这块直销市场的份额比较大,直销企业一定要下大气力做好这项工作。

夫妻平权制家庭是现代社会的家庭模式。在这种家庭模式中,夫妻之间和父子之间的关系具有了平等的性质,亲属关系也具有了双向性,形成了双系亲属制,即平等地对待夫妻双方的亲属,择偶和结婚也以本人意愿为准。这是由于生产力的发展和工资率的提高,为妇女的社会劳动和社会参与创造了条件,个人独立地位和自由权利的确立,奠定了夫妻平权的基础。如果把我国农村和城市的家庭作一比较,就可以发现,在农村中,传统父系父权制家庭较多,其影响较大,而在城市中,则以现代夫妻平权制家庭为主。这类家庭消费直销产品比较多。我们发现,在这类家庭使用保健类和美容化妆类直销产品特别多,安利和雅芳的产品在这些家庭都能见到。这就说明,夫妻平等式家庭对质量好、效果佳的直销产品一般都很认同,使用频率都是很高的。我国的直销企业应该不断为这类家庭多设计开发一些新的直销产品。

②**在现代核心(包括夫妻)型小家庭和传统联合(包括主干)型大家庭中的直销产品消费**

前者是指由夫妇及其未成年子女组成的家庭,其家庭规模较小,家庭人口较少,后者是指由多代和多对夫妇组成的主干家庭和联合家庭,其家庭规模较大,家庭人口较多。多代和多对夫妻同堂型的家庭是一种古代社会的家庭模式,随着经济的发展、社会保障对家庭保障的替代,思想观念的变化,多代同堂的家庭不断减少,现代社会的家庭类型以核心家庭(包括夫妻家庭)为主。与传统多代和多对夫妻同堂的家庭不同,现代核心型家庭的生命周期,通常包括三个阶段:从结婚成家到生育小孩的两人家庭,从小孩出生到结婚分立的两代人家庭,小孩分立以后的两人家庭或空巢家庭。在这三个阶段中,家庭生活的主要内容不同,家庭行为也不一样。前两人家庭的家庭生活主要是创造和建设,包括家庭财富的创造和夫妻感情的积累,后两人家庭的家庭生活主要是相互扶持和老年保障,在这两个时期中,家庭的劳动分工往往与传统习惯和成家时的条件有关,而与性别的关系不大。两代人家庭是家庭生活中最丰富多彩的一个阶段,这个时期(特别是其前半期)的家庭分工则主要取决于性别的不同。至于这个时期中妻子花在家庭劳动上的时间,既与工资率的变化有关,也取决于其他很多条件。随着社会经济的发展和现代化,孩子数量的减少和平均寿命的延长,两人家庭的数量会有一定程度的增加,但大致会稳定在一个水平上。分析到此,我们就会发现,现代核心型家庭生命周期的第一个阶段,都存在着直销产品消费的极大可能性。比如,第一阶段期,牛初乳保健产品适合了小孩生长和发育的需要,许多家庭大多是这一产品的忠诚消费者;第二阶段期,年轻妈妈要注意外表美,需要购买美容化妆品,年轻爸爸由于工作强度大,需要缓解疲劳和工作压力的保健品,这就为直销企业为他们提供直销产品有了现实的可能性。第三阶段,为了使老年人延年益寿,晚辈为他们购买许多促进身体健康的保健品,直销企业专门为老年人开发的直销产品成了他们的生活必需品。所以,现代核心型家庭的确是直销产品消费较多的家庭。至于传统联合型家庭,直销产品的消费也是很多,其消费结构应该与现代核心型家庭相似。

③在单亲家庭和双亲家庭中的直销产品消费

单亲家庭是指由父或母一方与未成年子女组成的家庭,这种家庭的出现或者由于死亡,或者由于离异,或者由于未婚先育而又不能正式结婚,不论何种原因形成,这种家庭都是不完整的。因此,单亲家庭也可称为不完整的家庭。双亲家庭也有矛盾、冲突和危机,有很多不尽人意的地方,但其家庭结构是完整的,因而也可以称作是完整的家庭。二者相比,单亲家庭会对家庭生活和社会生活造成很大的负面影响。鳏(寡)居者的家庭缺乏夫妻的乐趣,其子女也得不到父(或母)亲的慈爱,随陷于情感的破损和精神的创伤之中。国内外的大量事例表明,单亲家庭子女的性格比较怪癖,好坏的分化也比较突出。随着经济的发展,妇女工资率的提高以及思想观念的变化,引起未婚先育和夫妻离异的增多,单亲家庭的比例会有一定的增加。这两类家庭是社会需要关注的。直销企业应该用价廉物美的直销产品作为载体来凝聚家庭成员的亲情。从调查的情况看,这两类家庭虽使用直销产品不是很多,但凡使用直销产品的,都对和谐家庭起到了其他物质产品所不能起到的凝聚作用。

④在无子女家庭和独生子女家庭中的直销产品消费

在传统社会,子女多少与生育观念关系很大,但基本上因应自然而成。例如,中国传统社会由于"不孝有三,无后为大"等思想的影响,多子女家庭很多,无子女家庭很少,既使夫妇不育,也要抱养孩子。在现代社会,随着经济的发展,养育子女成本的增加和观念的变化,无子女家庭和独生子女家庭的比例也会有所增加,但如无国家政策干预,不会有突然的戏剧性变化。政府的福利政策有可能增加孩子的数量,政府的限制性政策会减少孩子的数量,从而改变按子女数量划分的家庭结构。目前,中国社会中独生子女家庭的大量增加,主要是政策干预的结果。这种情况不仅会对家庭行为(主要是人力资本投资行为)产生很大影响,而且会对整个社会关系和经济的发展产生重大的影响。在独生子女家庭中,父母会购买儿童保健产品呵护孩子,同时父母也会根据自己的情况购买直销产品(如妈妈购买美容化妆品,爸爸购买减缓疲劳的保健品)。对于这块直销市场,直销企业应该不断开拓。

2.3.3 从家庭生活和家庭职能的社会替代上看直销产品家庭消费行为

家庭是一种最古老的制度安排,也是一种变化很大的社会制度。这种变化是基于社会经济的发展,不仅体现在家庭结构和家庭行为的变化上,而且反映在家庭生活和家庭职能的社会替代上,也就是说,一部分家庭生活社会化了,一些家庭职能变成了社会职能。家庭职能和家庭生活的社会化是由于分工的发展和工资率的提高,人们的一部分生活服务的家庭供给成本超过了社会供给的成本,因为,这些活动的社会供给具有专业化分工经济和规模经济的优势。家庭生活和家庭职能被神龛替代后,人们就要追求一种高质量的生活,而直销产品的有效供给正是这种高质量生活的重要内容。

生活保障原本是家庭的重要职能。在现代经济条件下,社会保障对家庭保障的替代是一个非常重要的经济社会现象。从技术上说,这种替代是没有任何困难的;从经济上来说,这种替代也有其合理性。事实上,社会保障是随着工厂制度的建立和工人运动的发展而出现的一种制度安排,其作为社会的一种安全阀,曾经对现代文明的发展起了重要的作用。但是,完全的社会保障不仅成为福利国家政策的一大负担,降低了社会经济的效率,而且破坏了家庭中的父子亲情和慈孝关系,造成了巨大的社会问题。因此,在现代社会中,家庭保障仍然有其不能取代的巨大价值。比如,目前我国很多城市居民的家庭中,子女成家分立以后,父母依然健在,收入和生活也有一定保障,然而,父母为子女规定,每月必须给双亲一笔赡养费,多少不等,有的很少,只有象征意义。但必须每月按时给付,不能三月五月,一年半载一次给付。其直接的经济意义也许不大,但情感上和精神上的满足却非同一般。因为,社会保障虽然可以满足父母的物质需要,却无法使其得到情感上和精神上的慰藉。此举在于提醒子女不要忘记自己的孝敬义务。但是,社会在进步。现在好多子女改变了这一孝敬方式,经常买一些保健产品孝敬父母,如脑白金产品走进千家万户就是一个明证。因此,直销企业的产品就很有可能成为子女孝敬父母的情感产品。从这个意义上说,直销产品实现了社会保障和家庭保障的互补,不仅可以使家庭更为稳定,而且可以使社会更加和谐和更加安全。

▼3 中国直销企业与中国家庭经济行为的联系

在研究直销企业经济行为和中国家庭经济行为后,在这一节我们将着重讨论中国直销企业与中国家庭两种经济行为的内在联系。这是本章研究的一个落脚点和支撑点。

3.1 直销企业与家庭都是社会细胞

家庭和企业是社会经济发展到一定阶段的产物。作为"社会细胞"的家庭和直销企业与社会始终有着千丝万缕的联系,从而构成了中国社会的一个细胞链。研究这个细胞链,实际上就是研究中国直销企业和中国家庭两种经济行为的"关键链"。

3.1.1 社会责任:直销企业是社会的细胞

企业社会责任(Corporate Social Responsibility,CSR)的含义比较宽泛,企业与其他社会成员和社会角色以及环境的关系都被纳入这一概念。依照这一概念,直销企业在获取利润之外还具有许多目标和义务。因此,很有必要弄清楚什么是直销企业社会责任的本质,然后据此给出企业社会责任的定义,阐明直销企业社会责任是其成为社会细胞的表现形式。

①**直销企业社会责任的概念辨析**

国内较早涉猎该问题的刘俊海认为,"以其受激励与约束的行为规范为准,公司社会责任可以分为道德意义上的责任(moral responsibility)和法律意义上的责任(legal responsibility)。"这样表述的实质是为了表明,公司的社会责任不过是一种"义务",即"应当最大限度地增进股东利益之外的其他所有社会利益",因而社会责任意味着"公司绝对营利性的一种修正",表示"公司营利本质的相对性",以至于认为把公司社会责任称为"公司的社会义务"更为严谨些。我国法学界的另一位学者把这种"义务观"表述得更明白:"从总体上看,企业社会责任是一种综合性的义务,它包括了企业对社会的法律义务和道德义务。……例如,环境保护是企业的一项具体的社会责任,企业按照环境保护法规定的标准预防和治理环境污染,此乃企业的法律义务;企业依照比环境保护法的要求更为严格的标准预防和治理环境污染,这是企业的道德义务。"

这种把企业社会责任归结为法律责任和道德责任,并在本质上将其归结为义务的观点,是完全错位了。这种观点之似是而非在于它暗含着权利和义务对立的意味。这里有两个疑点。第一,如果可以把企业社会责任说成是"义务",那么,其对应的"权利"又是什么?对于"应当最大限度地增进股东利益之外的其他所有社会利益"这种"义务",恐怕很难找出其对应的"权利"。如果这种权利是指最大限度地增进股东利益,就与此说之初衷违背;如果这种权利不存在,那么,姑且不论其对应的义务如何能够产生,凭什么指望企业有履行这种义务的动力?第二,如果认为,传统企业理论主张"公司绝对营利性",而企业社会责任则表示"公司的社会义务",并且后者的作用就在于修正前者,那么是否可以一般地认为,"义务"可以修正"权利"?显然这是一个荒唐的想法。试问,儿女赡养父母的义务在多大程度上削弱了儿女享受父爱和母爱的权利?反过来说,父母抚养和保护子女的义务又在多大程度上妨碍了父母管教子女的权利?如果把跨国公司获取利润视之为权利,推行企业社会责任视之为义务,那么,既无法令人相信跨国公司在国际上推行企业社会责任的真正动机就是用后者去抑制前者,也不能证明跨国公司在国际上推行企业社会责任的后果就是削减了自己的利润。

因此,中国直销经济学认为,直销企业社会责任不能一般地表述为"法律责任"和"道德责任"。第一,尽管直销企业社会责任的外延与法规有一定的重合,但是,直销企业应当遵守的所有法定义务充其量只是企业社会责任的一小部分。以直销员和消费者这两种与直销企业关系最密切的非股东利害关系人为例,法律对于直销员权利和消费者权利的规定只是基本权利,还有更多的直销员利益和消费者利益处在法律的保护之外,需要企业与这些利害关系人作为"时间变量"用市场方式来协商解决。比如,企业应当支付多少报酬给直销员才是合理的这个问题,经济学的答案是取决于要素市场的均衡价格,但是,直销员是否能够得到劳动要素的均衡价格丝毫不能指望法律的帮助,反过来说,直销企业是否支付均衡价格给直销员也完全没有法律方面的压力,对此法律能做的不过是规定"30%"这种维持起码的人格和尊严的"必要条件",而"30%"与"均衡价格"之间可能是一个很大的变量,也就是说,直销员的"收益权"实现的"充分条件"至少不由法律提供。第二,法定义务的本质在于强制,如果责任人不履行义务,要靠国家强力的"执法"来约束责任人"守法";而直销企业的社会责任大部分都与法律无关,不能依靠司法力量和行政力量的干预来实现,只能取决于直销企业的认识和愿望,即必须联系到直销企业的动机才能推行。因此,关于直销企业社会责任的深刻理解,仍然应当到直销企业的动机中去寻找。

把直销企业社会责任一般地表述为"道德责任"也是不成立的。有学者对于跨国公司推行"生产守则"的研究,为我们解析这一困惑提供了有用的分析材料。所谓生产守则,是指"公司社会责任的一种形式,跨国公司通过内部约章,要求它的承包商和它的品牌生产商履行对东道国在环境和劳工权益方面的社会责任"。跨国公司运用生产守则,迫使加工制作其品牌产品的发展中国家的工厂遵守一定的劳动标准和环保标准,客观上推动了发展中国家的相关企业履行社会责任。因此,跨国公司在国际上推行生产守则的行为,成为跨国公司本身承担"企业社会责任"标志。但是,如果把跨国公司在客观上承担社会责任的行为解释为是主观上出于高尚的理念而担负道义责任,那么就抹煞了跨国公司的真实动机。跨国公司与其处于发展中国家的承包商和品牌生产商使用的劳工之间根本不存在法律上的雇佣关系,却要用生产守则去维护这些劳工的权益,这很容易使人产生跨国公司仅仅是由于高尚的动机才这样做的错觉。其实,跨国公司推行"生产守则"是出于实实在在的利益动机。因此,生产守则实质上规范的是卖家公司(承包商与转包商)

与工人之间的劳资关系,从而使得卖家公司成为生产守则实施的义务主体。显而易见,"买家主导型的商品链"中不均衡的权力结构,在生产守则的运作过程中得到了复制:买家公司占据主动地位,最大限度的收获推行生产守则可能带来的利润;卖家公司居于被动地位,不得不承担推行生产守则所增加的经营成本。因此,直销企业的社会责任的本质在于企业与股东之外的其他社会成员的利益关系对于企业利益的实现机制的重构。具体地说,就是直销企业股东以外的其他社会成员以消费者和投资者这两种身份出现,并且形成两个与直销企业命运生死攸关的巨大压力集团,在商品市场和资本市场这两条直销企业的生命线上与企业博弈。直销员利益、消费者利益、环境利益(环境对于社会整体的利益)这三大公众利益成为博弈的焦点。并且,这三大公众利益通过社会运动的激荡升华为社会的共同价值观,反过来成为社会大众的"道德棘轮",不但阻止民众从这种道德立场后退,而且迫使直销企业依照这种道德要求调整经营行为。直销企业背离这种道德要求,就会被社会大众唾弃,直销企业的产品失去销售市场。总之,直销市场竞争从此增加了一个"维度",即增加了社会公众利益的限制。这时,直销企业要想获利,在与同类厂商竞争时仍然必须按照边际成本等于边际收益原则来实现利润最大化。但是,这时直销企业的市场条件发生了质变,与同类厂商竞争的游戏规则现在被修改为按照公众的要求保障社会利益的同时与对手竞争。换言之,直销企业利益的实现以社会公众利益的实现为前提,直销企业如果不顾社会公众利益,就会首先失去参与竞争的资格。所以,对直销企业社会责任的定义可以表述为:直销企业社会责任,是指在直销企业产权制度以及承载企业的社会环境的当代演进中,企业与股东以外的其他社会成员的关系对于企业利益的重要性,使得直销企业在涉及到股东之外的其他社会成员的利益关系时所产生的主动维护这些社会成员的利益的内在要求。

②直销企业社会责任的形成条件

从以上分析中可以看出,直销企业社会责任的产生是一个历史进程,只有当社会演进到一定阶段,企业社会责任的本质才会形成。就是说,直销企业社会责任的产生必须依赖于指向直销企业的足够的社会压力,而这种压力需要具备哪些社会条件才能够出现呢?阐明这些社会条件,也就说明了直销企业社会责任的形成条件。

把"创造和谐社会作为公司社会责任的动力"的观点,触及了直销企业社会责任的形成条件的实质。如果把整个社会大约划分为政府、企业和民众三大力量体系,由于政府的宏观调控主要在于引导直销企业按照政府的经济政策目标来追求企业利益,又由于政府的执法行为只能涉及企业的法定义务,那么,对于大量处于非法定义务状态的直销企业社会责任,就取决于民众和企业这两大力量体系的制衡。因此,充分发育的、成熟的和谐社会才能承载各式各样的民众团体和组织,才能发起广泛而持久的社会运动,因而才能把体现社会大众共同利益的共同价值观确立为社会的道德准则令直销企业遵循,才有真正意义上的直销企业的社会责任。

但是,这种和谐社会要把足够的压力指向直销企业,至少还需要"垄断"的充分发展这个条件。一般认为,直销垄断组织的高度发展特别是跨国公司的形成,意味着直销企业在社会生活中具有了极其强大的权势。但这只是问题的一方面。问题的另一方面是,巨型直销垄断组织特别是跨国公司(如安利公司)才是消费者运动适合的施压对象。在自由竞争状态下消费者运动的作为是有限的。当生产某种直销产品的多个直销企业时,直销企业的成败取决于其面对其他厂商时的竞争力,这时,消费者选择的作用只是促成直销企业优胜劣汰。就是说,消费者的选择性购买行为促使直销企业降低直销产品成本和提高产品质量,即促使企业"向优"而不是"向善"。可以想像,这时消费者运动的抵制购买行为难以发挥作用。当直销行业有很多直销企业以及直销商品有许多品牌时,希望消费者抵制购买全部品牌即抵制整个直销行业是不现实的,而消费者抵制购买少数"恶"品牌,这样虽然可以打击"最恶者",却不能改变整个直销行业"善恶"的平均水平。况且,消费者抵制购买某个品牌对于直销企业的影响有限,这是因为,被抵制的直销企业这时很容易采用重新注册品牌甚至重新注册直销企业的方法来克服抵制购买的影响。因此,完全竞争市场的厂商并不真正害怕消费者抵制。但是,当"垄断"充分发展以至于在直销行业形成"寡头市场"时,极少数个别巨型垄断直销企业在行业内或者跨行业形成并且控制某种产品的生产和销售从而成为掌握该产品供给的"寡头",这时,"寡头"们可以通过协定共同制定直销行业的"产量—价格"策略,使得价格传导机制失灵,这样,直销市场需求的变动对于直销企业行为的影响减弱。"寡头"可以不顾直销市场需求的变化而保持垄断价格和垄断产量这种特性本来是"垄断"所形成的"强权",然而面对和谐社会的一致行动时这种"强权"就变成致命的弱点。例如,当消费者运动坚决抵制购买某个直销产品名牌时,由此引起的供给减少并不导致直销产品价格上升,因而不会像在完全竞争市场引起直销产品均衡价格向上移动,从而出现瓦解消费者抵制的情形;相反,该名牌的直销企业一方面往往正是因为名牌优势而成为"寡头",另一方面往往因为"资产专用性"而难以退出直销行业,这就使得该名牌直销企业既不能更换品牌也不能退出行业,其对付消费者抵制的唯一方法就是与消费者妥协,即通过解除消费者抵制的原因来重新赢得消费者信任。因此,巨型垄断直销企业凭借对价格机制的扭曲所建立的"垄断"权势反过来成为消费者抵制购买运动借以产生效果的条件,具有名牌优势的直销"寡头"可以不怕其他竞争对手,却必须小心对待自己在消费者中的形象,作为整体的消费者"仰仗"垄断而成为垄断直销企业的上帝。

③直销企业社会责任的特征

直销企业社会的基本特征是:

脆弱性。在直销企业社会责任发展的第一阶段,由于缺乏社会压力,企业社会责任往往依赖于法制的强制力量,因此,一旦出现执法松弛,直销企业实行社会责任的状况就可能恶化。即使直销企业社会责任的发展进入第二阶段,由于社会公众对于企业行为的认识和体验的差异,社会公众给予直销企业的压力也是不均衡的,也就仍然会有直销企业逃避社会责任。

两面性。直销企业以企业社会责任身份推行"生产守则",一方面,对于其他另类企业社会责任的发展有积极的推动作用;另一方面,也有不可忽视的负面影响。一般来说,直销企业推行"生产守则"的原因,是把面临的社会压力传递给其他另类企业。这种状况在中国也是常有的。比如,国外大型直销企业在中国推行"生产守则",虽然为中国民族直销企业树立了规范管理的楷模,但也给中国民族直销企业带来市场的冲击。

历史性。直销企业社会责任说到底是利益关系的产物,因此,直销企业社会责任必然是一种历史现象,它随着社会条件的演变而演变,并不仅仅取决于企业自己的动机。这是因为不是直销企业自身的道德观,而是社会共同利益所决定的社会公众的道德观驱动直销企业的社会责任。就是说,人权观念、人本主义、平等观念等社会理念通过社会运动作用于直销企业而形成直销企业社会责任。因此,不能从抽象的道义出发拔高直销企业的社会责任,而应当把它看成是一个社会过程,应当更加关注相关社会条件的演进,培育养成直销企业社会责任的社会环境。

3.1.2 内聚化和多元化:家庭是社会的细胞

德国社会学家穆勒里将婚姻的动机概括为三种,即经济、子女和感情,它们的重要性依据时代的变化而有所不同。在生产不发达的前工业社会,创造财富、增长经济是社会生活的第一需要。当经济获得一定程度的发展并产生私有制以后,财富的个人产权观念日渐加强,因而财富的传递与继承问题日渐突出,子嗣传承成为婚姻生活中的重要内容,婚姻的意义就在于缔结夫妻之间的契约,一切以家族需要为核心,个人需要和情感是无足轻重的。随着现代化进程中平等主义和个体主义观念的兴起,男女当事人在婚姻中的主体地位逐步获得社会承认和尊重,以个人幸福为本位的情感式婚姻取代传统的以家庭利益为本位的契约式婚姻,家庭的结构、功能、规模和形式等也由此发生了巨大的变化。可见,内聚化和多元化成为家庭这一社会细胞的表现形式。

①家庭的分类

根据婚姻基础的不同,家庭可分为两种。一是扩大家庭,即以亲子关系为纽带的,存在三种或更多代际关系的家庭联合体。扩大家庭注重代际之间的血缘关系,又被称作血亲家庭;由于年长的男子在家庭中享有最高的权力,也被称作父权家庭。在这种家庭中,世代、年龄、性别、亲属关系等因素相互关联、难解难分,从而限定了个人在亲属群体中的位置,并由此决定个人应有的地位、权利和义务。在任何时候,个人的利益都必须服从家庭群体利益。二是核心家庭,也称作夫妇式家庭,由夫妻和其未婚子女组成,其中以情感为基础的婚姻关系具有首屈一指的重要性。这种家庭的权力减少到最低限度,对个体具有最低限度的约束,个体只向法律和政府负责。正如C.C.齐默尔曼所说:"现代文明的顶点便是以家庭制度丧失许多控制个体的能力为代价的,在这种情况下,家庭不能或不愿再对个体进行控制,迫使个体为家庭做出牺牲。"在这种"原子式"家庭中,每个个体都可以进行自我选择。

一个社会中,什么样的家庭占主导地位,取决于社会经济制度和传统文化。W.J.古德从功能适应的角度论证了工业社会核心家庭存在的合理性。现代工业社会需要劳动力自由流动以利于经济发展,具有广泛的、强制性的经济和居住权利及义务的传统扩大家庭制度自然无法与此相适应。而结构独立的核心家庭由于和扩大亲属制度并无利害上的瓜葛,不受其妨碍,它能最快地搬到工作场所附近去,能更充分地利用就业机会,正好应合了工业城市固有的职业流动和地域流动的需要。

现代化的观念和知识革命也对家庭制度产生巨大的冲击。经济进步的观念强调社会的工业增长和变化,越来越多的传统和习俗丧失了它们的一般意义。工业社会中个人价值的实现取决于自致能力和成就,而不是天赋的家庭地位、财富和亲属关系。因此,工业和经济的膨胀使扩大的亲属关系纽带被削弱,血亲网络组织解体。个人主义宣称个人价值和幸福高于世系和家庭的延续,平等主义注重每个个体的独立平等,很少考虑性别、地位和长幼阶序。上述观念直接或间接地有利于解除扩大家庭的支配权。单居制则有助于核心家庭最终获得自由,并成为家庭的普遍化发展方向。综上所述,从扩大家庭转向核心家庭,即家庭结构的核心化乃是工业化和都市化特有的产物。

②家庭的功能

结构功能主义认为,社会进化自身显示出一种社会分化的过程,即由一个多功能的结构演变成几个更具专门化功能的结构。这些在结构上相互区别但又紧密相关的新的社会单位,在代偿原有单位的功能上是一致的,并有助于效率的提高。传统扩大家庭曾起着"工厂"、"学校"、"教堂"、"福利机构"的作用。当社会从以家庭为主的生产方式转向以工厂为主的生产方式时,劳动分工的种类增加了,家庭承担的社会责任则越来越少,许多曾经仅仅局限于家庭领域的职能逐渐被其他专业化机构替代。

工业革命明显地改变了经济生活与社会生活的性质,家庭不再是一个生产性、经营性的经济单位,其成员走出家庭到劳动力市场各寻雇主、各供其职。家庭经济功能的衰退最终普遍性地导致父系权威的下降。在传统农业经济中,父亲是至高无上的,他们凭借丰富的经验积累和熟练的生产技能,往往成为劳动力中的指导性角色,同时负担着培育子女的责任。城市生活相对剥夺了这种社会化的功能,工业技术和无数工作方式的急剧变化,削弱和限制了父亲对策略知识的控制,因此需要一个更正规的制度性环境,即学校来培养儿童。工业化也意味着儿童丧失了经济参与的权力,他们曾经是家庭经济生产的主力军,可现在却成了经济上的负担。生育孩子的经济价值的降低,导致了生育功能的弱化,与此相关的是赡养功能的转移。现代核心家庭中人口规模的缩小和代际关系的简化,给家庭生活的相互支持和救助带来严重的问题,照顾老人增加了家庭内部的紧张程度,家庭养老开始走向社会养老。家庭曾为社会提供主要的凝聚作用,由于社会变得更复杂,健全的法制机构开始取代家庭的保护功能。随着家务劳动的社会化,家庭的生活职能也将大大减轻。

家庭现在剩下的是"互爱、同情和理解以及其成员间的友谊"。从整体上看,家庭的社会功能虽然萎缩了,但是它现在负担着对其成员来说更为重要的情感功能。夫妇式家庭关系中增加的情感因素,是针对扩大亲属关系的缺乏和面对工业秩序的压力而提供的一种心理补偿。家庭与工作相分离,家庭与社会相分离,使富有意义的社区关系和邻里关系丧失殆尽,家庭成为更加私人化、隐密性的生活领域,个人对社区、扩大家庭的情感依赖被只有对家庭成员的情感依赖所代替。L.沃思对工业城市的认识非常深刻:个人关系的相对萎弱;人际关系的非个性化和分离、匿名性、表面性、短暂性;工作场所的流动性、不稳定性、不安全性的日益增加;社会结构的解体和疏远,所有这一切使家庭成员在心理上相互依赖的程度更高,在情感上相互支持的作用更为重要。家庭职能的聚焦化或内聚化倾向要求家庭充当个人的避风港,为其成员提供稳定的情感依恋,通过自身的亲和力来对付现实生活的纷繁复杂。

③**家庭的规模**

作为家庭经济、教育等功能削弱的必然结果,家庭规模正日渐缩小。按照家庭人口的数量,可将家庭分为大家庭和小家庭。它们通常是与扩大家庭和核心家庭相对应的。传统农业社会下大家庭的形成可以用高生育率来解释。高生育率首先是一种对高死亡率的适应。落后的医疗技术、低级的生活水平所导致的婴儿和儿童的高死亡率以及相对短和不稳定的期望寿命,要求一个高的生育率来保证一个社会的存在。传统社会建构于亲缘和家族关系的基础之上,一个家庭的社会力量取决于它规模的大小,孩子是家庭维护自己威望的保证,所以多子女成为一种必需。而且,在以家庭生产为主的农业经济体系中,子女是非常重要的生产力,子女越多,家中的劳动力越多,进而,父母年老时得到子女赡养的可能性也越大。用中国传统的说法就是"多子多福",子女代表了财富和老年保险,同时也是家族荣耀的希望所在。从这个意义上讲,"不孝有三,无后为大"的伦理文化是与大家庭的价值观和行为相契合的,也是高生育率制度化的保证之一。

由高出生率向低出生率、大家庭向小家庭的过渡,与工业社会中家庭结构的核心化过程是同一的。从经济的角度看,就业率、市场工资率不断提高,不仅用于抚养子女的时间和精力会受客观上的限制,育龄夫妇因生育孩子而放弃或者减少就业时间的机会成本,即称为时间的"影子价格"都会提高。呆在家里养育孩子特别是高胎次孩子的损失的增加,会使育龄夫妇减少生育而更多地参与就业。随着教育程度的普遍提高,初婚初育年龄的推迟,育龄周期相对缩短,生育数量自然就相对偏低。更主要的是,较高的教育和收入水平使妇女的生育观念和生育决策大大改变,她们摆脱了靠多生子女来获取地位、分担家务及养老的功利压力,从而可以转向追求对子女的质量提高而非简单的数量增殖上。在收入一定的情况下,对单个孩子教育投入的增加,也会抑制或减少对孩子的需求数量。

扩大家庭制度的破除,使新行为和新价值观模式的发展成为可能。在个人主义、世俗主义和理性主义价值观的影响下,核心家庭的夫妇只重视自己家庭的生育而不考虑家庭以外的态度,他们有自己的经济和社会责任,他们和子女的幸福是第一位的。工业化、都市化的浪潮更新了生产和生活方式,提高了生活水平。推崇小家庭的价值观同正出现的强调成功与卓越的价值观也是相一致的。除了这些社会的、经济的和观念的变化外,政治的和技术的因素,例如中国的计划生育政策、世界范围内避孕技术的提高与普及,对高出生率的控制和降低都起着直接的作用。

④**家庭的情感**

家庭的内聚化，意味着更多地强调小家庭成员之间的感情联系和个体的情感满足。夫妻感情纽带的强化会削弱、以至取代他们对扩大亲属群体所承担的义务和持有的忠诚，婚姻家庭的维系与稳固从外部因素转向内在因素。然而正是对感情因素的推崇，导致了夫妻之间关系的不稳定性，所以离婚率的增高也就不足为怪了。古德把这种婚姻脆化现象归因于夫妇式家庭的崛起与亲属扩大家庭制度的衰落。由于婚姻成为一种仅由情感满足来维持的一元结构，人们企望在婚姻中排他地满足个人的情感需要，一旦现实不尽如人意，婚姻解体的结局就在所难免。事实上，高离婚率总是诸多因素相互作用的结果。传统社会里，家庭以生产单位的面貌出现，所有的家庭成员都从事生产活动，经济上的相互依存往往会转变为感情上的相互依恋。新技术革命带来的生产社会化、教育社会化减弱了夫妻之间、亲子之间紧密的互动关系。同时，新经济体系中，专业化服务的发展使一度为妇女独占的家务由社会机构承揽，她们可以有更多的良机进入劳动力市场。妇女增长着的经济独立性，使她们摆脱了对男人的依附地位，并有更多的可能来解除失意的婚姻。

社区曾一度凌驾于家庭之上并控制着夫妻关系、亲子关系；集体的宗教仪式和道德规范强化了婚姻的神圣性，也增强了对离婚的羞耻感和憎恶感。社会流动的增长，削弱了社区与宗教机构对于家庭成员的控制和支持。而人们为了谋职谋生不得不远离家庭，家庭结构松散，夫妻间相互约束力减弱，感情沟通和信息交流障碍增加，这在一定程度上加剧了家庭的离散。如在中国，因出国留学或异地工作而与"留守女士"、"太空男士"离婚的人数有增无减。高速率的社会变迁，正更替着人们的行动价值。高度个人化的生活方式，即对不同生活道路的选择已经得到了广泛的认可，家庭形式因此呈现出多元化趋势，通常意义上的"即由血缘、婚姻和收养关系联在一起构成"的家庭只是众多选择中的一个而已。随着离婚率、晚婚率以及终身不婚率的上升，婚前性关系和性行为的日益普遍，所谓的"变异"家庭户却增长很快。除此之外，再构家庭、单身家庭、丁克家庭、同性恋家庭也在社会生活形式中占据相当比例并呈继续增长的前景。

⑤家庭的变革

继西方发达工业国家之后，中国开始了自己的现代化、产业化进程，以亲族为基础，以地缘和血缘为核心的村落共同体迅速向以现代企业、公司为基础，以业缘为核心的现代都市社会过渡。这一社会制度的变迁同样将不可避免地使得中国婚姻家庭生活形式发生广泛的变革。

根据人口普查资料，中国家庭户总数为27691万，其中一对夫妇与其未成年子女构成的标准核心家庭户占57.81%，而传统的扩大家庭则失去了自己的主导地位，如由一对老年夫妇与一对已婚子女夫妇及其子女组成的直系家庭户占17.9%，由父母与两对及以上已婚子女夫妇及其子女组成的联合家庭户则只占1.96%。此外，一对夫妇户占6.49%，单身家庭户占6.32%。需要说明的是，这里由一对夫妇构成的简单家庭，可能是新婚家庭，也可能是空巢家庭，还可能是丁克家庭，即夫妇双方都就业有收入，而不打算要孩子的家庭。丁克家庭，以及自愿选择独身的单身家庭在中国的出现，表明"不孝有三，无后为大"、"男大当婚，女大当嫁"等传统婚姻家庭观念，正受到追求个人生活幸福和价值实现的现代理念的挑战。亲家庭也是当下中国一种不可忽视的家庭形式，占家庭总户数的9.50%。单亲家庭包括两种情况，一种是由于离婚或配偶死亡造成的真正意义上的单亲家庭，它占总家庭户的5.06%；另一种是由于夫妻两地分居造成的单亲家庭，占总家庭户的4.44%。其中，因为离婚导致的单亲家庭数量的增长及其所带来的严重社会问题，正受到越来越多的关注。

除了前面提到的家庭功能、女性地位、社区、法律等方面的因素，市场经济对婚姻家庭的渗透和瓦解作用日益明显。现实的爱情婚姻本身并不纯粹，丘比特神箭的射向会受到阶级、收入、教育、种族、宗教背景的限制，与其说爱情创造一种特定的关系，倒不如说，在反复权衡既定的关系基础上才发展了爱情。换言之，在某些条件成熟或已经创造出来的时候，人们才允许自己去恋爱。随着市场经济在中国的确立，经济因素在婚姻家庭中重新受到重视。但是如果一味强化物质因素的作用，以金钱作为择偶及调整夫妻关系的主要砝码，经济关系超越亲情关系，感情臣服于财富，这就难免导致家庭根基的动摇。20世纪80年代初，中国的离婚率只有4.7%，90年代中期则达到12.3%，这个比例意味着每年有100多万个家庭解体，以及相当数量的单亲家庭的产生。事实上，无论是西方社会还是中国社会，已经有越来越多的人更倾向于从感情的角度而非法律的角度定义家庭为一个"情感单元"，如果这样的观念能成为社会的共识，那么所谓的"变异"家庭就会成为一种正常而非异样的生活形式。除了上述内在结构的改变，现代家庭在生活方式也在朝多元化、个性化的方向发展，无性家庭、通勤家庭、周末家庭、异居制家庭等新型家庭的兴起就是明证。

3.2 家庭经济行为是直销企业经济行为的基础

直销企业经济行为的基础是家庭的经济行为。没有家庭的经济行为，直销企业的经济行为就显得毫无意义了。

长期以来，国内外对微观经济学的研究，一直没有把家庭经济行为作为一个综合性主体进行研究，往往将家庭的生产经营行为视为企业行为，却将家庭的消费和投资（储蓄）行为视为居民个人行为，这样，家庭经济在微观经济学的视野中便消失了。例如，在西方著名的萨缪尔逊《经济学》中，虽然把家庭和企业作为两个行动单位，但萨氏眼中的家庭，只是"用出售生产投入（如劳动或财产）取得的收入去购买（消费）产品"的单位。最近在西方十分流行的第四本具有里程碑意义的经济学教科书即斯蒂格利茨《经济学》中，也仍然停留在"家庭消费商品，厂商供给这些商品"的论述上。即或是专门研究家庭经济问题并荣获诺贝尔经济学奖的美国著名学者加里·克尔的《家庭经济分析》和《人类行为的经济分析》等著作中，也主要是用经济学方法研究家庭里的非经济行为如婚姻、生育和家务等，基本上未涉及家庭生产以及家庭生活物质方面同"非物质方面"的内在经济联系。在国内，1993年上海人民出版社出版了在海外的中国学者肖经建撰著的《现代家庭经济学》，这可看作是国内较早研究和介绍现代家庭经济学理论的专著，但这本书基本上是贝克尔理论模式的中国版，其主要内容是时间使用、人力资本投资以及对婚姻市场的分析等,没有形成综合性的家庭经济范式。1994年林岗主编的《社会主义微观经济分析》一书提出"企业、农户和居民是依托市场展开经济活动的微观主体",对农户的经济行为赋予了应有的主体地位,这是经济理论上的一大进步。但该书把家庭经济行为仅仅局限于农户生产行为,并把家庭消费作为居民个人行为去研究,这样就把家庭经济的整体行为肢解了,未能建立起主体行为完整的家庭经济模式。1995年陈东琪、李茂生主编的《社会主义市场经济学》中明确提出了家庭经济行为概念这一个重要的创新。但该书界定的家庭经济行为也主要是家庭收入、消费和储蓄与证券投资和劳动力供给等,基本上未涉及家庭生产经营行为。总之,目前国内外对家庭经济行为的研究仍定位在"纯消费单位"的概念上,这既与现实不符,也同生产力的发展规律相悖,影响了微观经济学乃至整个市场经济学的发展。因此,在研究中国直销经济学的过程中,我们要牢牢把握家庭经济行为这一正确概念,真正认识中国家庭经济行为是中国直销企业经济行为的基础。

其实,在市场经济条件下,家庭是一个集生产、消费、投资为一体的微观经济主体。在这里,既不能简单地把家庭生产和投资行为与资本化的企业行为类同,也不能简单地把家庭收入和消费与纯粹的个人行为类同。因为家庭是以婚姻和血缘关系为基石的特殊社会群体,其生产、消费、投资具有直接的同一性并打上了这种特殊群体组织行为的烙印,有其独特的规律性。正是家庭经济行为的这种特殊属性,才成了中国直销企业经济行为的基础。

3.2.1 中国家庭与中国直销企业都属于具有"自主经营、自负盈亏"性质的经济实体

在人们的潜意识当中,家庭只是一个生活场所,而不是一个经济实体。其实,这是一个很大的误区,完全不符合现代家庭的实际。正是这个误区造成了现代市场经济从理论到实践过程中的一个盲点。微观经济学没有把家庭作为研究物件,宏观经济学也没有把家庭作为调控物件。然而,中国直销经济学如果不对家庭经济行为进行分析就不是完全意义上的经济学。无论是劳动价值论还是市场经济论,无论是资源经济论还是技术经济论,无论是货币经济论还是知识经济论,无论是增长经济论还是发展经济论,无论是经济管理论还是行为规制论,都无不直接与家庭和家庭经济行为有关。之所以如此,是因为家庭不仅仅只是存在着某种纯生活意义的经济活动(如消费),同时还存在家庭生产和家庭投资,且家庭生产又包括家庭自然经济为满足家庭成员需要而生产的部分,而且所有这些家庭经济活动都要以婚姻、血亲和供养关系为基石从而组成一个特殊的社会经济组织,具有"自主经营,自负盈亏"的经济实体性质。与直销企业经济实体相比,中国家庭经济实体的一个最具本质意义的属性在于,它是以供养关系为基础的利益共同体。而家庭供养关系又是建立在家庭血缘关系之上的一种物缘关系。由于这种物缘关系是人类在自身生产中为保存和发展种族而形成的一种血缘经济关系,即经济的自然实体因素与社会实体因素的相互融合。所以,家庭的生产、投资和消费基金在其

最基本层面都是围绕着这种特殊的利益关系来运行的,最终追求家庭幸福(福利)的最大化,使家庭成员的各种欲望在家庭资源的合理配置下得到最大限度的满足。正是这种家庭血缘经济关系才构成了社会稳定、社会发展、社会和谐的坚实基础。如果我们的社会经济活动、社会精神活动和社会制度活动连家庭供养关系都不能维系即不能保证家庭经济主体的地位,那么,整个社会就必然会出现混乱和倒退,这是任何一个国家和地区在制定经济社会发展战略和政策时都必须高度注意的。从这个意义上说,中国家庭的经济行为与中国直销企业的经济行为,都是一个"自主经营、自负盈亏"性质的经济实体的经济行为。

3.2.2 家庭存在"近似瓦尔拉斯均衡"①的内部交易市场为直销产品家庭消费提供了坚实基础

一般来说,家庭活动可分为生产活动、生育活动和消费活动,在生产活动中既有市场性的生产活动又有非市场性的生产活动,在消费活动中既有购买式的商品性消费又有自制式的劳务性消费,而生育活动既是生命的生产且又是对商品性消费和劳务的消费过程,所有这些不同形式的家庭活动都不是各自孤立的,有着相互直接的联系。家庭活动的三个组成部分,为中国直销产品的家庭消费提供了坚实的基础。

为什么有这样的结论?这是因为,以往人们把家庭的经济活动(指商品性消费)同非经济活动(如生育、劳务、婚姻、教育、娱乐、休闲等)绝然分开,于是就无法认识到家庭内部的经济回圈,更不可能把家庭作为一个经济实体来对待。然而,当我们从特定的经济学角度来分析,那么就会发现家庭内所有的活动都可以看作是具有不同功能的经济活动。这是因为家庭活动具有两个基本的经济要素,一是都要消耗一定的资源,二是都会产生一定的效用。在这里,资源使用与效用产出这种投入产出关系便构成了对家庭活动进行经济分析的理论逻辑。当然对于家庭活动所消耗的资源如果仅仅只停留在对物质资源和人力资源的分析上,那么,也难以对家庭非经济活动进行投入产出分析,这里还必须引进一个相互可以替代和比较的经济因素即稀缺的时间资源。家庭所有的活动都能给家庭成员带来效用,同时这些活动包括经济的和非经济的活动又都要消耗时间,这是其共同的基础。然而,任何一项家庭活动所占用的时间又是对其他家庭经济活动的替代。于是,家庭时间便具有了价值的特性即家庭的工资价值,等于家庭把这段时间用于有酬工作(包括家庭内商品生产和进入社会企事业单位就业)时所带来的货币收入。这样一来,就可以把时间价值作为家庭内部交易的价格,对各种家庭活动从投入产出的角度直接进行替代式的交易均衡,并形成家庭内部市场。在这个市场上,家庭经济的决策者对家庭生

---

① 1874 年,法国经济学家里昂·瓦尔拉斯第一个提出了一般均衡的数学模型并试图解决一般均衡的存在性问题。他从产品市场入手考察交换的一般均衡,从要素市场考察生产过程的一般均衡,然后进行一般均衡分析,并考察了货币交换和货币窖藏的作用,提出了其"货币和流通理论",从而把一般均衡理论由实物经济推广到货币经济。

产、家庭投资和家庭消费的资讯掌握是基本完全对称的,而且资讯变化的反馈速度快、准确度高,故家庭经济内部的交易费用很低,监督成本几乎为零,这样就可形成具有某种瓦尔拉斯均衡特色的直接均衡。因此,我们就提出了三个层次的"近似瓦尔拉斯均衡",即家庭生产过程中工作与闲散的直接均衡、家庭消费过程中市场购买式消费与家庭自制式消费的直接均衡、家庭收入分配中消费与储蓄(投资)的直接均衡。这三大均衡便形成了家庭经济与市场经济之间的循环系统。在这个循环系统中,消费占了十分重要的位置。因为,从某种意义是说,家庭消费也是家庭生产和投入的源动力。据我国统计部门统计,家庭消费中的健康消费占比约有20%左右,中国东部沿海经济发达地区的家庭健康消费的占比则更高。所以,我们就提出了这样的一个符合经济学原理的结论:家庭存在"近似瓦尔拉斯均衡"的内部交易市场为直销产品家庭消费提供了坚实基础。

3.2.3 利他规则这一调节家庭经济行为的基本规则,促进了直销产品的家庭消费

在市场经济条件下,家庭经济行为同直销企业经济行为有一个重大的区别,这就是直销企业奉行利己主义规则,始终追求利润最大化,而家庭经济则奉行利他主义追求家庭幸福(福利)最大化。在家庭里之所以能普遍实行利他规则,这是因为家庭成员之间具有直接的相互性,存在以血缘关系为基础的共有基因,利他主义是这种亲戚关系群体的"亲缘选择"。其具体表现:一是夫妻相互作用关系。夫妻双方的"关心"既表示情爱、性爱和物爱的最大满足,又表示家庭财产利益的夫妻共用,是家庭经济行为利他规则的基础;二是父母子女相互作用关系。这种亲子关系既是自然的又是社会的,两代人之间的相互关爱及其代际作用,一方面体现了建立在利他规则上的血统爱,另一方面又体现了作为对社会养老保险进行重要补充的家庭保险规则;三是兄弟姊妹相互作用关系。这是从亲子关系中衍生出来的旁系血亲关系。由于同祖同源的亲情和自幼生活在一起所培养起来的友情,因而具有实行利他规则的亲戚基因。正是由于利他规则是调节家庭经济行为的基本规则,所以家庭经济就不是一般概念上的市场经济,而是自然因素(如血缘)和社会因素(如供养以及市场)相结合的,以追求家庭幸福(福利)最大化为目标的亲缘经济。在这里,利他规则把家庭成员的个体联结成了一个有组织的整体,形成了利益共用、风险共担的家庭经济实体。如果不实行利他规则,家庭经济实体就不可能形成。此外,家庭经济实行利他规则也是适应市场竞争需要的唯一选择。因为家庭只有通过以"关心"为轴心的相互作用来实现整体对外(市场),它才有较强的抗冲击能力和竞争力,也才可能与直销企业一道成为市场主体。这正是家庭经济独有的优势,是直销企业和其他社会组织所无法比拟的。正是在这一点上,家庭内的利他规则便可与家庭外的利己规则互容,还能对直销市场经济运行起初次调节和消振的作用。换句很现实的话,就是家庭内的利他规则,就约束家中的年轻人孝敬老年人,这就为直销产品的家庭消费成为了现实,这是一方面;另一方面,家庭外的利己规则,就会使直销产品家庭消费上存在着选择性、实用性和功利性。

3.3 直销企业正确引导家庭经济行为

既然家庭经济行为是直销企业经济行为的基础,那么直销企业就应该正确引导中国的家庭经济行为。正确引导中国家庭经济行为,这是中国直销企业拓宽直销市场的一个十分重要的工作,不能马虎了事。

3.3.1 从关注"用户"到关注"人"

作为以赢利为首要目标的直销企业,关注自己直销产品的用户是天经地义的,但对于只追求市场份额多多益善的直销企业来说,这是很危险的做法。因为消费者的品牌忠诚度并不可靠,即使目前有很多用户在用该直销企业的产品,而且已经养成了一种购买习惯,但竞争者会源源不断地用新的产品去打破这种惯例,如果外来的刺激正迎合了消费者的内在需要,竞争者的营销就成功了,该直销企业的产品市场就会萎缩。

也许很多直销企业不愿意去关注用户以外的所有消费者,给出的理由是消费者根本难以捉摸。这种想法是十分错误的。消费者是可以捉摸的,只不过不能操纵罢了,直销企业要做的就是通过与消费者的互动,摸透他们的心思,进而达到引导其消费行为的目的。在当今直销产品趋于同质化的时代,消费者选择的机会实在太多了,如果对于已取得的成绩沾沾自喜,就会成为"井底之蛙",视野越来越窄,对于市场、消费者的认识越来越片面且狭隘。试想,这样的直销企业怎能把更多消费者揽入麾下,成为忠实的追随者呢?

从另一层意义上来讲,在中国这个人口大国里,直销企业关注的范畴从用户圈的框框里跳出来,数量必定以数倍增加,这样,视线范围内可及的、可以挖掘的财富资源也就更加丰富。根据中国直销产品的特点,直销企业更多的在关注老年人、中年女人。由于限于篇幅,这里我们主要讲一下老年人的直销产品市场。2005年中脉老年指数是通过零点调查在全国包括京沪穗在内的7个大中城市采取随机抽样的方式对60岁以上老人进行入户访问而获得的。访问最终共获得有效样本2225个,调查在95%的置信水平下抽样误差为±2.08%。2005年10月14日由中脉科技集团和零点调查年度合作编制发布的《中国老年人生活质量指数报告》以量化的方式,从老人的自我评价出发分宏观和微观两个方面清晰的描绘了中国城市老年人群的生活质量现状,第一次为了解老年人的生活状态提供了一个动态跟踪的量化工具。该研究是以零点调查"居民生活质量指标体系"为基础,采用德尔菲专家法确立最终评价的指标体系,该体系中的三项综合指标包括整体生活满意度、当前个人情绪和主观幸福感。为了从不同维度分析老年生活质量状况及其影响因素,该指标体系还包括19项分项指标,并且这19个分项指标被分成针对影响老年生活的宏观社会因素的宏观指标和针对个人生活环境的微观指标两个部分。2005年老年指数构成显示,微观指标对老年生活质量指数水平贡献较大。其中,社会安全感和个人经济状况分别是对老年生活指数水平影响最大的宏观和微观指标。2005年老年生活质量指数为67.4分,其中宏观指数66.1分,对总指数的贡献度为45.4%,微观指数得分68.7分,对总指数的贡献度为54.6%。这就告诉我们,中国老年人的生活质量指数虽然有了较大提高,但直销企业为老年人提供健康直销产品尚有很大的空间。所以有专家指出,关注老年人是直销企业赢得市场的关键。

3.3.2 从关注"人"到关注"人群"

直销企业只关注"人"还不够,还必须关心"人群",把纷繁复杂的消费者划分成群体来研究,划分不同人群的直销产品消费板块。下面,我们给大家提供一篇专访记,题目叫《白领族更是亚健康关注人群》(摘要):

白领族更是亚健康关注人群

全球目前有2到4亿人口正在为抑郁症苦恼;大约有20%到26%的女性,2002年7月,北京国际抗衰老医学中心一项研究成果表明:目前中国高收入人群的过速老化趋势已经超过欧美国家水平。另一项近年的城市调查发现,中国人口中只有15%属于健康人群。在这些数字的背后,亚健康问题再次浮出水面,成为人们关注的焦点。王育学,男,青岛大学医学院教授,亚健康理论创始人。日前,就亚健康及系列话题接受了新浪观察的专访。

新浪观察:对"亚健康"这个词,这些年我们听不算少了,但许多人包括我在内都还对"亚健康"一词还有一些疑问。准备地讲什么才是"亚健康"?"亚健康"到底算健康还是算疾病?作为亚健康理论的创始人,您可以解释一下吗?

王育学:在国外,没有亚健康这一说法,在美国也不叫病,而称之为不健康。在国际上,世界卫生组织相关论述是这样的:"健康不仅仅是没有虚弱和病痛,而且是躯体和心理社会上的一种完满状态。"按此说法,没有明确疾病也不算是健康。后来,《国际疾病和统计分类》又单独列出了一章,叫做"和健康有关的相关问题",列举了人体无明确疾病症但却有种种不适的症状。受到启发,为了更准确地对这部分人群定位和调研,我创建了"亚健康"这种概念,并把亚健康在粗线条地定义为:介于健康和疾病的中间状态,在相当高水平(县以上中心医院)经系统检查和单项检查,未发现有疾病,而病人自己确实感觉到了躯体和心理上的种种不适。这种情况,我们就称其为"亚健康"。

新浪观察:亚健康的危害究竟有多大?目前的发展究竟已呈一种什么样的情况?

王育学:就亚健康的全球发生率来看,根据联合国卫生组织(WHO)前不久公布的数据:全球目前有2到4亿人口正在为抑郁症苦恼。中国国内的情况,我本人从相关资料上得到的数据是这样的:中国保健科技学会国际传统医药保健研究会2002年从全国16个省、直辖市内过百万人口以上的城市调查发现,北京是75.31%,上海是73.49%,广东是73.41%。其中像北京这样的大城市的发生率大大高于别的城市。以中国现在的人口情况来看,只有15%属于健康人群;15%属于非健康人群,70%属于亚健康人群。而亚健康人群中尤以"知识分子和企业管理者的比例最高,约达七成左右"。而另一项研究成果表明:目前中国高收入人群的过速老化趋势已经超过过欧美国家水平。我自己做过一个5万例的人群调查(除台港澳),亚健康的正态分布率达到56.18%,其中大多数为20~40岁的青壮年,他们中有以白领为最。亚健康的危害,一共有几十种表现症状。有身体不适的,也有心理的。单就心理的就包括狂躁症、强迫症、焦虑症。

新浪观察: 以下这个问题是我们每个人都相当关心的:究竟都有哪些因素在诱发"亚健康"?

王育学: 亚健康的成因,系统地讲主要有三方面:第一,是人体自身的身体原因。我们当中的许多人的身体素质用中医的话讲,叫虚弱型。比如我们常见的许多小孩,长得不是又长又瘦的豆牙菜型就是较矮肥型的肥胖型。这里面绝大比例是属于遗传,也有一些是后天不良的生活习惯养成的。这些人一般都比正常人的体质差,比较虚,许多人都属于亚健康。第二,是不良的生活习惯和工作方式所造成的亚健康。这其中像我们常看到的男性抽烟,喝酒,长期熬夜等不良的生活习惯造成的人体不适,焦虑,抑郁等症状。这种情况在白领和知识份子身上体现得比较多。现在流行的白领职业病也多属于这种情况。第三,主要是心理方面的。我们讲,人作为生物的一种,和别的生物一样,都有一种"应激反应",在医学上,我们叫做正反馈。举个例子来说,我们平时电话里谈话的声音,本来分贝不大,但是我们可以通过扩音器一次、两次、三次地扩音后,可以把这种声音效果大到让人受不了,成为一种噪音。这种情况体现在人的身上就是对一些小事或打击想不开,而造成沉重的心理负担或压力,导致身体不适和亚健康的产生。第四,躯体疲劳。随着经济的发展,人们的生活节奏越来越快,活动范围越来越大。许多商务人士乘飞机来往于世界各地,一坐就是10多个小时,已是家常便饭。殊不知,长时间地乘坐和时差干扰特别容易导致静脉脱落,心肺脑血管等不适,有些虽然不是什么病,但是长期地积累对人体危害十分大。

新浪观察: 随着"白领病人"的日益增多,有人提出,应该修改一下"职业病"一词的定义,把"白领职业病"也列入"职业病",从而使这部分人得到和普通职业病一样的社会补偿。您赞同这种提议吗?

王育学: 对这种说法我持异议。因为说到底,"亚健康"也好,"白领职业病"也罢,都不算一种病,它只能叫介于健康和非健康的第三种状态,所以不能列入"职业病"的范畴。另外,对于职业病,联合国世界卫生组织的《国际疾病统计分类》上是有着明确的定义的。这种定义是非常详尽而周到的,细到各行各业。而包括中国在内的各个国家目前对包括职业病在内的疾病的定义,都是和联合国世界卫生组织的《国际疾病统计分类》保持一致的,不能随意进行改动。但讲到对这部分人进行相关的补偿,我倒认为未尝不可。从国外的情况来看,就有这样类似的通过政府和企业行为,对员工进行的变相补偿。这些好的经验我们都是值得借鉴的。

新浪观察：有人认为，处在亚健康状态的人群主要以白领和知识分子为主，从知识构成和社会地位来看，这些人绝大部分都是中国社会发展的中坚分子，不重视亚健康将是中国社会未来的巨大疾瘤。您做何评价？

王育学：我赞成这种观点。和大多数人的理解不一样，白领病人的现状绝不仅仅只是一部分人的生理或心理疾病，而是一种潜在的、严重的社会问题。从调查结果来看，这一人群的成病是在中国社会经济快速情况下，社会生活发生巨大变化而产生的。白领病人的出现有其深刻的社会根源。从另一方面来看，白领病人大多是处于25～45岁，收入与知识结构相对较高的人群。在现在和未来的20年，这一人群及他们的家庭都将是中国社会和经济发展的中坚力量。而伴随着白领职业病的发生，未来我们看到的很有可能会是一大批中年有力年富力强的社会栋梁的早逝，或其中一批人因为不堪压力而人格压抑过早退出社会舞台；更为严重的可能性未来不久大量夫妻双方或一方患有严重心理隐患，家庭不睦，子女教育不良，社会治安等系列社会连锁问题的发生。这许多的社会隐患，值得我们引起警惕。

新浪观察：我们中的许多人特别是年轻一族，其实都知道自己选择的生活方式对健康的危害，他们中的大部分也都身受"亚健康"之苦。但社会现状和压力迫使他们仍然把前途和职业列在了第一位。究竟该怎么选择才是最明智的，这种矛盾我们该怎么化解它？

王育学：我们讲，要在今天这样的社会，让大家还和几十年一样继续那样平静淡泊，与世无争的生活，这也是不太现实的。亚健康从根本上说，就是一种社会病。就我掌握的情况来看，几十年前和现在的情况大相径庭，包括"文革"时期也没有这样严重的情况。我的朋友廖承志是位糖尿病患者，在"文革"时被下放劳动，每顿就吃窝窝头，反而从前的毛病都没了。为什么呢？因为被逼到了那种处境，人反而一下子全想开了，该怎么样就怎么样呗。年轻人在面临这样的矛盾时，我认为心态很重要，有一个良好的心态胜得过吃十种补药。另外我认为主要还是通过对生活进行全方位的调整来达到一定的平衡。我目前正着手这方面的工作，比如说，有些先天性虚弱的人，根据他的身体特征，就不是适于从事某些行业，又比如说，加夜班到底该如何加法才能最大程度减少对人体的损害，加班以后又该怎样进行调理。这些都是非常细化的问题。相信不久会给大家一个答案。当然除了社会和我们医务工作者还需要得到政府的相关支持，通过政府行为对企业行为的干预进行宏观调控。比如说，大学教授能不能没有那么多的论文任务，这就是一个现实问题。

我们用了这么多的篇幅，提供了这么一篇专访，旨在告诉大家：直销企业必须在关注"人群"上下功夫。比如，白领族亚健康群体，直销企业就应该关注，并及时提供改善亚健康群体生活质量的保健品。目前专门为白领族亚健康人群生产和供应的健康保健产品还很少，直销企业应在这方面多做点文章。关注点聚焦在消费人群的意义不止于此,选择群体作为单位来研究消费者,归根结底就是把人的社会属性考虑了进去。人与人之间错综复杂的关联对直销产品消费行为的影响,可以说是根本性的,比如说直销企业在制定直接销售决策前做市场调研,以家庭为样本或以个人为样本,调查结果会相去甚远。哪种更科学,当然是前者,因为家庭是社会的细胞,直销产品大多是以家庭消费为主的。

3.3.3 从关注"人群"到关注"文化"

有这么一种说法:中国市场是世界市场的实验室,这其中影射的是中国市场的瞬息万变。消费者的心理、行为等等都会因时间、空间的不同而发生变化,那么直销企业如何应变?我们常说"以不变应万变",这"不变"的就是直销企业的文化。要知道,消费者并不是消极地接受来自产品的刺激的,消费者对直销产品的选择,很大程度上是选择直销企业对消费文化把握的准确。从这个角度来讲,直销企业之所以需要关注人群,与特定群体在文化上趋同是大有关系的。

也许你现在脑子里还有这样一个问号:为什么说中学生的保健品就很好销售?这就是看不见摸不着的文化在"作祟"。其一,这一代中学生是典型的独生子女,在家庭中稀缺的事实形成了"大熊猫现象",不仅仅是在家庭中有发言权、观点被尊重,越来越强的购买力也不容商家小觑。一项调查表明:把一个家庭的消费设为100%的话,孩子就掌控了44%的份额。其二,中学生这个年龄段的集体主义意识最为强烈,他们遵循一种伙伴生存的方式,你吃高档保健品,我也要吃高档保健品,这和白领群体互相排斥、不愿雷同的消费文化是不同的。由此可见,直销企业要理解消费者,不论研究人也好、人群也罢,最终的归宿是对现象背后消费文化的探索,从消费文化这个层面来揣摩消费者也是最明智的。

直销企业关注的是消费文化,而消费者关注的直销企业的产品文化。一个直销产品,从设计到价格,都体现了直销企业的价值取向,精明的消费者对此也是很注意研究的。所谓产品文化,是以直销企业生产的产品为载体,反映企业物质及精神追求的各种文化要素的总和,是产品价值、使用价值和文化附加值的统一。随着知识经济时代的到来,文化与企业、文化与经济的互动关系愈益密切,文化的力量愈益突出,这种文化色彩首先体现在企业的产品上。就是说,直销企业生产的产品决不仅仅具有某种使用价值,不仅仅是为了满足人们的某种物质生活需要,而且越来越多地考虑人们的精神生活需要,千方百计地为人们提供实用的、情感的、心理的等多方面的享受,越来越重视直销产品文化附加值的开发,努力把使用价值、文化价值和审美价值融为一体,突出产品中的人性化含量。换言之,直销企业产品不仅是技术和工具的产物,而且是员工崇高理想和自觉奉献精神的结晶;不仅凝结着一般的抽象的人类劳动,而且凝聚着职工无限的创造力,是企业员工群体特定的价值观、思维模式和心理的、知识的、能力的综合素质的体现。因此,直销企业不仅在关注直销市场上的消费文化,更要关注企业本身的产品文化。如果能做到这一点,直销企业才能真正正确引导中国家庭的经济行为,不断拓宽直销产品的广阔市场。

第10章 中国直销分销渠道与供应链管理

研究分销渠道与供应链管理,这是促进中国直销业健康有序发展的一个十分重要的问题。在这一章,我们把讨论这一问题的重点放在管理上。因为,真正有效的管理,才能使中国直销分销渠道保持畅通,才能使中国直销产品供应链得到优化整合。

▼1 中国直销分销渠道的基本分类

这一节,我们讨论的是中国直销分销渠道的基本分类,主要内容有:分销渠道的概念、职能、模式及基本分类;多层次直销在中国放开的前提;CDE营销是中国直销升级替代的渠道模式。

1.1 分销渠道的概念、职能、模式及基本分类

要研究直销产品分销渠道的分类,我们首先要了解分销渠道的基本概念和基本职能。分销渠道的概念及职能搞清楚了,我们才能正确地对中国直销产品的分销渠道进行分类。

1.1.1 直销产品分销渠道的概念和职能

直销市场上大多数产品都不是由生产者直接供应给最终顾客或用户的。在生产者和最终用户之间有着大量执行不同功能和具有不同名称的营销系统存在。所谓分销渠道,是指直销产品由直销企业向最终消费者流动所经过的途径或环节,或者是指直销企业将直销产品传递给最终购买者的过程中所使用的各种中间商以及实体分配机构的集合。承担实际完成将直销产品或服务送达目标顾客的一系列机构组成的通道称为分销渠道。在直销产品的流通过程中,直销企业出售直销产品是渠道的起点,消费者购进直销产品是渠道的终点。分销渠道决策的内容就是对这些中介机构的选择和管理。

在市场营销理论中,有两个与渠道有关的术语经常不加区分地交替使用,这就是市场营销渠道和分销渠道。所谓直销市场营销渠道,是指配合起来生产、分销和消费某一生产者的产品和服务的所有直销企业和个人。也就是说,直销市场营销渠道包括某种产品在产、供、销过程中的所有有关直销企业和个人,如直销企业、营销系统、专卖店以及最终消费者。所谓直销分销渠道,是指某种直销产品和服务在从直销企业向消费者转移过程中,取得这种直销产品和服务的所有权或帮助所有权转移的所有企业和个人,即指直销产品从直销企业转移到消费者或使用者所经过的途径。因此,分销渠道包括专卖店(因为他们取得了直销产品的所有权)和营销系统(因为他们帮助转移所有权)。此外,还包括处于渠道起点和终点的直销企业和最终消费者。

从经济理论的观点来看,分销渠道的基本职能在于把自然界提供的不同原料根据人的需要转换成有意义的直销产品组合。分销渠道对直销产品从生产者转移到消费者所必须完成的工作加以组织,其目的在于消除产品服务与消费者之间在时间、地点和所有权上的分离。分销渠道成员承担了许多关键职能,包括:①信息。收集和发布营销环境中相关者和相关因素的直销市场研究和情报消息,用于制定计划和帮助调整。②促销。开发和传播有说服力的供应商消息。③联系。寻找潜在消费者并与之进行联系。④调整。根据购买者的需求进行调整以提供合适的直销产品,包括生产、分类、组装与包装等行为。⑤谈判。达成有关价格以及其他方面的协议,完成直销产品所有权或使用权的转换。⑥实体分配。运输和储存货物。⑦融资。获得和使用资金,补偿分销渠道的成本。⑧风险承担。承担渠道工作中的风险。

1.1.2 直销产品分销渠道的基本模式

直销产品分销渠道的基本模式主要包括以下内容:
①分销渠道的主要参数
关于分销渠道的层次。在直销产品从生产者转移到消费者的过程中,任何一个对产品拥有所有权或负有推销责任的机构或个人,就成为一个渠道层次。根据直销产品在从生产到消费的流通过程中是否经过中间商转卖,一般将分销渠道分为直

接渠道与间接渠道。直接渠道又叫零层渠道,是指直销产品在从生产者流向最终消费者的过程中不经过任何中间商转手的分销渠道。例如通过采取邮购方式或电话、电视将其直销产品直接销售给最终消费者等。间接渠道是指含有一层或多层中介机构组成的分销渠道,是消费者市场上占主导地位的渠道类型。一层渠道含有一个营销中介机构。在直销产品消费者市场,这个中介机构通常是专卖店。二层渠道含有两个营销中介机构。在直销产品消费者市场,通常是专卖店和直销员。三层渠道含有多个营销中介机构。在直销产品消费市场,通常是专卖店、营销团队和直销员。

关于分销渠道的长度。分销渠道的长度是指直销产品从生产者到最终消费者的转移过程中所经历的中间环节数。显然,没有中间环节的直接渠道最短;经过环节、层次越多,销售渠道就越长。如零层、一层、二层、三层,即为渠道的不同长度。直销产品由生产者向最终消费者转移的过程中,经过两层或两层以上中介环节的分销渠道称为长渠道;不经过任何中介环节或只经过一层中介环节的分销渠道称为短渠道。

关于分销渠道的宽度。分销渠道的宽度取决于直销产品流通过程中每一个层次利用同种类型中间商数目的多少。数量越多,渠道越宽;反之,则越窄。分销渠道的宽度与直销企业的分销战略密切相关。而直销企业的分销战略通常是密集分销、选择分销,而不会采用独家分销。所谓密集分销,是指直销企业尽可能地通过许多负责任的、适当的专卖店、直销员推销其产品,以便广大消费者都能随时随地买到这些直销产品。所谓选择分销,是指直销企业在某一地区仅通过少数几个精心挑选的、最合适的专卖店推和直销员销其产品。选择分销适用于所有直销产品,但相对而言,直销产品中的选购品和特殊品最适合于采取选择分销。国家商务部对一些直销企业实行区域性营销,就属于选择分销。

②分销渠道的基本模式

由于直销企业的营销战略不同和消费者需求的差异,直销产品的分销渠道也是各异的,我们不用说安利和雅芳的营销方式的根本不同,就是安利与如新的营销方式就出现了同中有异的情况。但是,直销产品分销渠道的基本模式主要有以下几种:

直销企业—消费者:这是最短的销售渠道,也是最直接、最简单的销售方式。特点是产销直接见面,环节少,流通费用较低;同时有利于把握市场信息。但不利于以规模化为基础的专业性分工,降低了整体效率。

直销企业—专卖店—消费者:这是在2000年后中国直销界出现的一种销售渠道。其特点是中间环节少,渠道短,有利于生产者充分利用专卖店的力量来扩大产品销路。缺点:一是需要对零售商进行有效的控制;二是大规模专业化生产与零散的消费之间的矛盾,因零售的储存不可能太大而不能很好地解决。

直销企业—专卖店—直销员—消费者:大多数直销企业生产的产品类型多,需要专卖店先将产品集中起来提供给就地直销员。这种渠道适用于一般选购品、消费量较大的日用品等。

直销企业—专卖店—营销团队—直销员—消费者:这是最长、最复杂、销售环节最多的一种分销渠道。

1.1.3 直销分销渠道的基本分类

中国直销分销渠道基本上分为两大类,一是单层次,二是多层次。下面我们对这两种不同的类型分别作些阐述:

①关于单层次直销

单层次销售渠道也叫单层次直销。什么是单层次直销?单层次直销它指的是在直销企业的直销活动中,直销产品是经过一代直销商的层次就可以到达消费者手中。这种单层次也可以表现为直销员从连锁店中提货与结算并把产品销售给消费者,从而获得自己的销售佣金。在这种单层次直销中营销组织不可以无限代的延伸下去,而只是有限制地延伸一层。在这种单层次直销的营销模式中,销售是永远的主题。直销商还要维护好自己开发的老客户,并且为其提供细心周到的后期服务,以次来获取这个老客户源源不断的后续订单。

单层次直销是指直销人员(业务员)直属于公司,由公司招募、培训和控制,直销人员之间并无连带关系(如上线与下线)。营业额及酬金主要依赖于个人的销售业绩和成果。具体运作是"招募—培训—销售—服务"四个步骤,直销员与公司之间有招募式的雇佣关系。

单层次直销可实行多层管理,使直销员与公司有相对的雇佣关系,甚至有一定的底薪也可发展下线,但仍是公司的雇员。

②关于多层次直销

多层次销售渠道也叫多层次直销。什么是多层次直销?多层次直销指的是直销企业在具体开展的直销业务中,允许自己的直销产品经过若干层次的直销员的销售行为而进入到消费者手中。在多层次直销中,独立签约的直销商们往往都在努力打造自己的直销组织,只有他的营销组织不断扩大,才可以通过管理整个营销组织的绩效增长获取更多的利益。

在多层次直销中,营销团队成员与成员之间是有自己的秩序的,每一个直销员都有自己的编号,直销员之间可以组成一种无限发展、无限延伸的秩序,正是因为这种团队成员之间的结构层次的标准,所以它被称为多层次直销。当然,在此必须说明的是,在多层次直销中其产品销售的实际过程还是由一名直销商直接完成,其销售流程与单层次直销一样,直销员从公司或者从公司所开设的专卖店中提取产品。

多层直销的每位直销员都必须经由一个直销员的推荐并成为其下伙伴,以一传十、十传百的一种称为市场倍增理论(几何级数)的方式形成销售的网络。直销员与公司之间无雇佣关系,每个直销员就是一个独立的经销商,每月的酬金除了销售产品之外,经由他直接或间接介绍加入的直销商(下线)的业绩也并入计算,只是提成比例不同而已。这种方式的基本运作,是使"销售—推荐—培训—服务"无限循环的复制过程。这是一种由消费者变为销售者,其发展下线形成网络后变为经营者的过程。由于直销员与公司之间并无雇用关系,因而直销员的行为较难规范。因此,对直销员的素质要求较高,由于上线可以由下线的销售业现而抽取佣金,因此可以激励人们努力发展下线,拓展自己的网络,因而带动了直销企业的整体销售额,使销售呈快速增长。这种方式也很容易被不法分子所利用,而形成所谓的"老鼠会"。所以,我国直销法规规定,在现阶段,中国直销采用单层次直销而不实行多层次直销。

1.2 多层次直销在中国放开的前提

直销法规出台后,直销业界企盼政府放开多层次直销的愿望已不能成为现实。应当指出,政府取消多层次直销是从政治、经济、社会等方面综合考虑才作出的,我们应该不折不扣地执行。但是,这并不是说多层次直销就没有其存在的合理性。美国有80%的直销企业、全球有85%的直销企业、我国有90%的直销企业都是搞多层次直销的,占比如此之大,其存在的合理性也就不言而喻了。但是,具有合理性并不等于就有合法性。直销法规取消多层次直销就很明白地告诉我们,在现阶段,如果有企业搞多层次直销就是传销,就是不合法,就要遭受打击。所以,多层次直销虽有合理的成分,但在中国现阶段就不能存在、不能放开。

现阶段多层次直销不能放开,那么多层次直销在中国还有没有未来?我们认为,因为直销法规具有阶段性的时空特征,中国政府不可能墨守成规,随着经济社会的不断发展和人们综合素质的不断提高,多层次直销将会在中国逐步放开。从国外成功的经验看,多层次直销是有其存在的理由的,因此,我们对多层次直销应该一个正确全面的认识。

1.2.1 多层次直销是现代社会经济交往不可或缺的一种经济网络

对不同于市场交易制度的另一种制度安排,社会学家和人类学家做了大量的研究工作,其中网络关系的分析尤其重视。网络是二战后英国的社会人类学者提出并系统发展的一个概念,后来美国很多社会学家对网络的研究范围进一步扩大,网络分析日益成为社会学中很有影响力的领域。美国20世纪40年代兴起的多层次直销,其发展的理论基础就是当时在美国盛行的网络结构学。具有网络结构特征的多层次直销对缓解当时的西方经济危机起到了积极作用,因而逐步得到了美国政府的承认和支持。由此可见,多层次直销是现代社会经济交往不可或缺的一种经济网络。

①从交易与网络的基本特征的区别与联系上看多层次直销在中国存在的合理性

人们之间的经济利益关系包括两个方面:一是利益的差异性或对立性,二是利益的共同性或一致性。产生利益对立性的基础,首先是出于动物性的本能,如在资源稀缺的条件下,人们就会产生彼此之间利益的对立性;其次是由于人们赖以实现需要的经济社会形式不同,在社会财富总额既定的前提下,也会产生利益的对立。产生利益一致性的基础,一是人类作为不同于动物界类存在具有社会性,产生了超动物性本质的共同的、一致的需要,比如情感、安全等;二是基于赖以实现需要的经济社会形式的共同性,也会在内部产生共同一致的利益。

在利益对立性的基础上,不同个体之间以货币为媒介发生经济联系的形式是交易。交易的基本特征有：以个体自身利益最大化为出发点；以不同个体间的利益差别性或对立性为基础,以不同个体间的相互竞争为形式；不同个体间通过市场交换和价格机制才实现的彼此联系、交往与合作是间接的,因而具有间接的社会性；交易行为规则、制度、契约都是不同个体之间讨价还价、竞争和进行博弈的结果。

在利益一致性或在共同利益的基础上,不同个体之间产生的直接的联系、交往和合作的形式就是网络。网络的基本特征有：以实现共同利益为出发点和基础,以不同个体之间的相互合作为形式；不同个体之间未必通过市场价格就可以实现直接的联系、合作与交往,因而其行为具有直接的社会性；网络内规则和制度取决于在社会关系结构体系中的位置；网络行为的单位不是个人,而是关系共同体；网络内人们之间的交往具有持久互动的性质。

交易与网络是相互联系的。在交易关系和网络关系的基础上,形成了人际交往的两大体系和机制,这就是市场交易体系和机制与网络合作的体系和机制。市场交易的体系和机制,可以有效地调节人们之间利益的矛盾,通过市场竞争激发个体的活力,提高经济运行的质量和资源配置的效率。网络合作的体系和机制,则可以使人们更理智地面对共享的资源,按照共同利益准则和共同价值准则创造一种组织合作、共担风险的有效机制,提高社会经济运行和人民生活的质量水平。

分析了交易与网络的基本特征的区别与联系,我们就会惊讶地发现,多层次直销正是交易与网络不同基本特征之间发生联系的载体。众所周知,在资本主义发展前期,传统的网络形式并没有发生实质性的变化,束缚着市场经济的发展。随着资本主义的发展,尤其是第二次世界大战以来,各发达资本主义国家日益实现网络联系并促其发展,适应于市场经济发展需要的网络联系和网络组织层出不穷,当时在美国出现的多层次直销网络就是比较突出的一种。多层次直销网络之所以很快风靡全球300多个国家,之所以在中国有90%的直销企业实行多层次,这是因为多层次直销网络冲破了二战前传统网络组织阻碍市场经济发展的局限性,使交易与网络的基本特征有了发生联系的载体,从而使市场交易体系和机制与网络合作体系和机制在多层次直销内得到了有机的统一,显现了网络结构对交易诸元素人、财、物的整合作用。由此看来,多层次直销在中国的存在应该有其合理性。

②从网络合作体系和机制的功能及作用上看多层次直销在中国存在的可行性

作为社会经济运行不可或缺的市场交易体系和机制与网络合作体系和机制,各自有着不同的功能和作用。从根本上说,市场交易的功能及作用在于实现经济资源的有效合理配置；网络合作体系的功能及作用在于实现人们之间一致性的需要和利益,为经济个体的最大化行为和社会经济运行发展提供强有力的支持和保证。二者的根本目的,都是为了实现社会生产力的发展和国民福利水平的提高。

网络能促进人们之间共同利益准则和共同价值准则的形成与实现, 这符合多层次直销目标同一、利益分享的特点。市场交易以个体追求自身利益最大化的个体理性为基础的。个体追求自身最大化的行为,为发展社会经济带来了动力和活力,但扩大了人与人之间、人与社会之间、人与自然之间的对立。人与人之间、人与社会之间、人与自然之间的利益一致性虽然是客观的,但是通过个体的自利行为是不可能自然实现的,只有通过建立一种带有强制性的体现共同利益和共同价值的关系结构才能实现。多层次直销目标同一、利益分享的特点也是在多层次直销系统或团队中才能得到体现。没有系统和团队,只通过个人的力量想实现直销人员的共同目标和共同利益,是根本不可能的。所以,在安利,所有的系统和团队基本上都是这种体现共同利益和共同价值的关系结构。

网络为社会经济运行提供了一种新的激励机制、监督机制和约束机制,这符合多层次直销重视企业文化建设的特点。网络可以产生促使人们为共同的利益目标而奋斗的凝聚力和向心力,从而形成一种不同于物质刺激的新的激励机制。网络式人与人之间的关系,通过反复博弈形成了持久稳定的特点,互动双方为了各自的利益会努力寻找合作的办法与途径。同时,网络对于规范道德价值标准、监督和抑制追逐短期报酬行为,具有特殊作用。网络的这一作用就实实在在地体现多层次直销中。我们知道,多层次直销系统建设的一个十分重要的方面就是企业文化建设与传播,而全新的激励机制、监督机制和约束机制,就是企业文化的外在形式。凡是成就卓著的系统和团队,他们的成功之处就在于以企业文化的外在形式即全新的激励机制、监督机制和约束机制,凝聚系统或团队内所有直销人员的情感、智慧和力量,形成一种奋发向上、积极进取的氛围。安利、如新、天狮等直销企业有许多的直销系统,就具有这样的基本特质。

网络有利于人们的高层次需要的满足,这符合多层次直销崇尚集体意识、倡导互助合作的特点。多层次直销网络与其他经济网络一样,系统内直销人员追求那种超动物性生理需要之上的更高层次的需要,比如依靠团队的集体意识、倡导互助的合作意识、尊重系统领导的感恩意识及自我实现和自我发展的自强意识等,在多层次直销网络组织中都能得到实现和满足。

③从经济网络是社会经济发展不可替代的角色上看多层次直销在中国存在的必要性

在社会主义市场经济体制日益健全的今天,我们强调以个人自利最大化为动力和着力于构建在利益对立性基础上的人与人之间相互竞争和制衡的市场交易体系和机制,这无疑是正确的,但社会公共利益不可能自然实现,理性的自利行为往往导致社会非理性的后果。因此,社会公共利益不可能通过个体自利最大化的行为得以实现。为了适应社会经济发展的需要,我国必须建立经济网络、社会网络和行政网络。经济网络的定义是:经济网络是市场交易体系内部的网络,是某些经济个体基于某种共同的经济利益而实行网状合作的形式。根据这一定义,我们就清晰地看到多层次直销网络组织与其他经济网络(企业网络、消费者网络、行业网络、市场网络等)一样,在社会经济发展中有着社会网络和行政网络不可替代的作用:一是从市场交易制度上看,多层次直销网络使直销交易规则化,对促进行业的公平竞争和有序发展有着比其他网络更为有力的推动作用。安利的成功发展说明,在多层次直销中,一整套的直销交易规则使各系统内、系统与系统之间的竞争十分公平,没有像传统销售中那种非理性竞争的情况出现。二是多层次直销网络与其他经济网络一样,是一种共享资源,是属于公共产品或准公共产品。这种资源的公共性,为多层次直销系统的和谐发展创造了共享的条件。从这个意义上说,多层次直销网络的公共性是其生命力旺盛的主要原因所在。三是为个体实现利益最大化提供了支持。在多层次直销中,每个人的成功都是系统内所有成员支持的结果,没有系统内成员的支持,就不可能在多层次直销中取得成功。这已被许多成功人士的实践所证明了的。由此可见,多层次直销网络同其他经济网络一样,在社会经济发展中起着非经济网络不能替代的作用,所以,我认为多层次直销在中国的存在的确很有必要。

1.2.2 直销内在规律显示多层次直销本身没"过"

直销经济发展的内在规律是什么?多层次直销是否体现直销经济发展的内在规律?直销市场混乱是不是多层次直销的"过"?这是我们确定多层次直销在中国有没有未来的关键问题。

要知道直销经济的内在规律,我们首先要知道直销的基本定义。《直销管理条例》是这样定义的:"本条例所称直销,是指直销企业招募直销员,由直销员在固定营业场所之外直接向最终消费者推销产品的经销方式。"这里要把握三层意思:直销是直销企业与直销员共同完成的;直销是在固定营业场所以外完成的;直销是向终端用户推销产品的经销方式。

根据这一定义,我们就可以找到直销有如下几方面的内在规律:一是直销网络化。由于直销是在固定营业场所以外进行,所以直销应该有团队。实践告诉我们,直销员不可能凭单个的力量来提高自己的直销业绩,必须在自己的团队内通过互助合作才能使自己的直销业绩得到提高。可见,直销网络化是直销的一个基本规律。二是直销程式化。要在营业场所以外经销是直销概念的一个元素,因此,直销具有人员分散性和交易地点不确定性的特点。为使直销卓有成效,系统领导人将自己的直销方式和经验加以程式化,对直销人员进行培训复制。这在传统营销中是做不到的,这是直销的又一个基本规律。三是直销集成化。与传统销售相比,直销场所、人员结构、销售环节等是不同的,因此,直销必须是集成化的。具体地说,直销的过程是将教育培训、产品体验、企业文化传播、建立终端客户、人性化服务等集合成一个"板块"进行运作的过程。这也是直销本身的一个基本规律。

从直销的以上内在规律看多层次直销,我们就不难廓清围绕多层次直销而产生的许多疑惑问题。这些疑惑问题主要是:

①**多层次直销是不是"金字塔"式的传销?**

什么叫"金字塔"式的传销?《禁止传销条例》对传销的定义很明确:"本条例所指传销,是指组织者或者经营者发展人员,通过对被发展人员以其直接或者间接发展的人员数量或者销售业绩为依据计算和给付报酬,或者要求被发展人员以交纳一定费用为条件取得加入资格等方式牟取非法利益,扰乱经济秩序,影响社会稳定的行为。"说简单一点,就是通过"拉人头"来获得非法利益的,这才是"金字塔"式的传销。而多层次直销体现了直销本身的内在规律,通过网络化、程式化、集成化的运作,将直销产品直接销售到终端客户,既没有"拉人头"的情况,也没有非法牟利的现象。因此,多层次直销从根本说,它不是"金字塔"式的传销。这是一方面。另一方面,多层次直销不存在欺诈行为。只要遵循直销的内在规律运作,在多层次直销中根本不会出现欺诈情况,因为网络化、程式化、集成化的本身就是一双无形的"电子眼",谁要欺诈客户在直销过程中马上会暴露无遗。而"金字塔"式的传销从头到脚都是欺诈的行径,因为没有欺诈就得不到他们所需的非法利益。那为什么社会上有多层次直销是不是"金字塔"式的传销的疑惑呢？这是因为"金字塔"式的传销也是搞多层次的,这就给我们认识多层次直销蒙上了一层迷雾。但是,我们只要用直销的内在规律去作比较,就不难分清两者的根本不同点,这就是多层次直销是以诚信为基础,而"金字塔"式的传销则以欺诈为主要手段。

②多层次直销的团队计酬方式是不是违背了按劳分配的基本原则？

多层次直销团队计酬方式已被直销法规禁止,这是不是说多层次直销团队计酬方式就违背了我国宪法确定的按劳分配的基本原则了呢？这个问题也是多层次直销在中国有没有未来的关键问题。可以这样说,多层次直销团队计酬方式并没有违背社会主义按劳分配的基本原则。所谓按劳分配的"劳",是指体力和脑力两部分的劳动。《直销管理条例》规定:"直销企业支付给直销员的报酬只能按照直销员本人直接向消费者销售产品的收入计算,报酬总额(包括佣金、奖金、各种形式的奖励以及其他经济利益等)不得超过直销员本人直接向消费者销售产品收入的30%。"这里的"收入"主要是指体力劳动的一部分。但是,多层次直销中有相当一部分是脑力劳动,这部分报酬应该从直销企业的利润和受益的直销员收入中支付,多层次直销的魅力就在此。安利的发展之所以比雅芳快,关键就在于安利支付脑力劳动的报酬比雅芳要多得多。脑力劳动的报酬,不管以什么形式支付,只要主动缴纳税金,就是合法的。所以,多层次直销团队计酬不仅体现了我国多劳多得的社会主义分配原则,而且也和中央允许一部分人先富起来的政策不相悖忤,这是从宏观上分析的。从微观上看,团队计酬方式也是符合直销经济的内在规律的:第一,网络化运作是一种集体劳动,直销的分配当然要以团队计酬为主要方式了。第二,程式化运作中有相当一部分凝聚了系统或团队领导人的智慧,这就更有理由要搞团队计酬了。因为系统和团队领导人对直销员进行培训复制的报酬,只有在团队计酬中才能实现。第三,集成化运作是体力劳动和脑力劳动相结合的过程。在其中,脑力劳动占有很大比重。而脑力劳动付出者,大部分是团队的直销精英,他们的报酬理应比付出体力劳动的要多。

③直销市场混乱是不是多层次直销之"过"？

有人把过去直销市场的混乱与多层次直销联系起来,说什么"多层次直销是搅乱直销市场的罪魁祸首"。这种说法是毫无根据的。大家知道,直销市场混乱的原因来自两个方面,一是直销市场经营主体的原因,二是直销市场执法主体的原因。如果直销市场主体即直销企业和直销人员真正依法直销就不会出现混乱;如果直销市场执法主体即工商、公安等政府部门真正严格执法,也就不会出现或者说大大减少市场主体的违法经营。撇开第二个原因不说,就从第一个原因看,直销市场混乱也不是多层次直销惹的祸,这是因为直销经济发展的内在规律不可能驱使多层次直销扰乱直销市场。首先,多层次直销的网络是按照直销内在规律形成的,不是像传销那样人为搞"拉人头"而形成的。一个按照客观规律形成的多层次直销网络最需要的是公平、公正、公开的市场竞争机制,最怕的是直销市场不完全竞争的混乱局面。因此，从这点上看，多层次直销网络应该是维护直销市场有序性的主导力量，不会成为扰乱直销市场的罪魁祸首。二是多层次直销集成化的一个重要方面，就是道德规范和行业规范的集成。在安利，通过培训教育，直销系统和直销人员都能自觉遵守道德和行业的各项规范。在中国，我们很少发现安利公司的各个直销系统、直销团队和直销员，在过去直销市场混乱中有他们的影子。这就再清楚不过地告诉我们，多层次直销的集成化，为维护直销市场的有序发展起到了十分重要的作用。三是多层次直销的程式化，没有足够的力量去影响直销市场。换句话说，多层次直销程式化，这只是直销方式的复制过程，不可能产生那种能影响市场的具有竞争性、冲击性和对抗性的力量。所以，直销市场的混乱不是多层次直销的"过"，非法传销才是扰乱和破坏直销市场的罪魁祸首。

1.2.3 世界直销业需要中国开放多层次直销

犹如中国经济是世界经济的一部分一样，中国的直销也是属于世界直销的一部分。中国开放直销市场，这使中国经济全面融入世界经济体系开辟了新的领域。因为如果中国的直销不开放，那中国经济融入世界经济体系就不那么十分完整了。我国直销法规的出台，就标志着我国的直销在融入世界直销体系过程中迈出了坚实的第一步，因此受到了包括美国在内的西方国家经济界尤其是直销行业的普遍欢迎。但是，中国现在迈出放开直销的第一步虽然坚实，但步幅还不够大。正如西方有媒体指出的，中国的直销还没有完全与世界直销接轨。"没有完全"就是指中国放开的是单层次直销而不是多层次直销。也就是说，世界直销业希望中国早日放开多层次直销。

①中国是世界上直销市场最大的国度，但中国直销业的整体水平不高，放开多层次直销后国外大型直销企业就有可能占据竞争制高点

据美国的媒体估测，目前全球有高达850多亿美元的直销市场，其中在中国就有400多亿之巨。直销经济全球化是整个经济全球化的一个十分重要的组成部分。雅芳、安利等国外直销企业早就看上了中国巨大的直销市场，17年间在中国赚取了令世人惊叹的巨大利润。我国直销法规出台后，许多国外的实力强的直销企业正虎视眈眈，准备挺进中国的直销市场。在这样的情况下，世界直销业对中国只放开单层次直销就感到不那么满足了，他们希望中国的直销模式与世界占85%以上的多层次直销模式接上轨，因为多层次直销模式的魅力远比单层次直销模式来得大，这是一方面。其实更重要的是另一方面，这就是中国直销业的整体水平还很不高。由于中国直销业起步较晚，市场发育也不全，因此，不论是中国直销企业的规模还是中国直销企业的管理水平，不论是中国直销企业的产品质量还是中国直销企业的文化建设，不论是中国直销企业的国际化程度还是中国直销企业的软件建设，这些都与国外大型直销企业还有较大的差距，这正是他们的竞争力所在，所以他们很希望中国早日放开多层次直销，尽快占领中国直销行业竞争的制高点。对于这一点，我们必须要有清醒的认识。

②中国是世界上直销资源最多的国度，但中国直销业的配置能力不高，放开多

层次直销后国外大型直销企业就可能占有大部分直销资源

就直销资源而言,无疑中国是世界上最多的地方。就保健品来说,中国的品种就比世界任何国家要多,而保健品是做直销的最理想的产品。国外大型直销企业就可以到中国利用这些资源开发直销产品,其强劲的优势为我国民族直销企业所不能比的。这还不是主要方面,主要方面是中国的直销人力资源多得就令他们瞠目结舌。中国13亿人口中失业下岗的人,只要有10%的人做直销就是一个了不起的人力资源。国外大型直销企业看中的就是这一世界上最多的人力资源。如果采用多层次直销模式,他们运用自己的先进管理经验,以其迅捷的发展态势对中国直销企业造成强大的竞争压力。加之由于资金、技术等方面的原因,中国直销企业对直销资源的配置能力没有他们高,国外大型直销企业就极有可能占有我国大部分的直销资源,这正是他们希望中国早日放开多层次直销的原动力。所以,他们希望中国对放开多层次直销比我国民族直销企业要急迫得多。对于这一点,我们也要保持清醒的头脑。

③**中国是世界上直销环境最好的国度,但中国直销业的生态条件不高,放开多层次直销后国外大型直销企业就有可能占据中国直销大半江山**

中国是一个发展中的大国,正在按照和平崛起的目标奋进。因此,中国社会秩序比任何一个国家都要稳定的现实,使国外大型直销企业看到中国是世界上直销环境最好的地方,他们可以高枕无忧在中国开展直销。但是,中国的直销企业大部份就没有这样的切身感受,所以在发展中生态条件就没有国外大型直销企业那么好。如企业文化建设、企业制度建设、企业后劲建设等,大部份比国外大型直销企业要落后。就是不放开多层次直销,国外大型直销企业单层次直销的力度也比国内民族直销企业来得强。如果放开了多层次直销,那他们的直销力度比我国民族直销企业会更强。如真是这样的话,中国直销市场的大半江山肯定被国外大型直销企业所占据。所以,世界直销业希望中国政府早日放开多层次直销的要求,今后一定会频频通过经济外交的渠道来表达。对于这一点,我们更要有清醒的认识和理智的判断。

1.2.4 多层次直销在中国放开的前提

从以上分析看,如果我们现在就放开多层次直销,就极有可能造成国外大型直销企业对我国直销企业形成竞争的冲力和挤跨的压力。这也是政府目前不放开多层次直销的重要原因之一。但是,中国是一个对外开放的国家,我相信,中国政府待我国直销企业有了相当的竞争规模后一定会放开多层次直销的。

根据我国的国情,多层次直销放开的条件应该有如下内容:社会信用体系高度发达;民族直销企业的生产、销售规模占比要在60%以上;传销产生的社会基础不复存在;中国的经济已成为完全意义上的法制经济,国际社会普遍承认中国的市场经济地位;全社会行业监督管理体系完备;中国有适合自己国情的直销经济学理论体系。通过5至10年的和平发展,中国离世界经济、政治强国已不是很远了,人们的精神文明程度得到空前提高,法制意识、诚信意识已成为社会交往的主流意识。

在这样的社会信用体系高度发达的环境中,我国的民族直销企业凭借具有历史悠久的中国文化的独特优势,一定会得到空前的大发展,并会占据我国直销业的大半江山。同时,通过直销理论专家、学者的共同努力,中国特色的直销经济学理论体系已经初步形成。到那时,直销如同过去个体经营由"耻"到荣一样,成为人人羡慕的一个职业。

另外,5至10年我国经济与世界经济完全接轨,具备了放开多层次直销市场的国际环境。我国放开多层次直销市场需要有一个对我国有利的国际环境。现在,美国、日本等西方国家对我国经济的快速发展心存狐疑,阻碍中国发展的经济磨擦经常发生。5至10年内,由于我国经济与世界经济的完全接轨,中国市场经济地位在全球的确立,影响中国放开多层次直销的国际经济摩擦可能大为减少,这时,中国就具备了放开多层次直销的国际环境。5至10年时间并不长,但这是我国直销业在国内发展的黄金时期。我国直销业界一定要认真贯彻执行《直销管理条例》和《禁止传销条例》,加快我国直销事业发展的步伐,以依法直销的成就争取我国政府早日对多层次直销的解冻。因为放开多层次直销后,我国的直销就进入了在全球发展的黄金时期了。

1.3　CDE营销：中国直销升级替代渠道模式

　　CDE营销是指通过连锁店网(Chain Network)、直销人员网(Direct marketing network staff)、电子商务网(Electronic Commerce Network)"三网合一"的营销渠道。CDE营销是直销行业升级替代的渠道模式。CDE营销在欧美直销企业中运用比较广泛,中国的直销企业在这方面还需要认真改革,打开适合中国国情的CDE营销渠道。

1.3.1　正确认识中国直销"C"化模式

　　按照国际通行的划分方法,连锁经营分为直营连锁、特许经营、自由连锁三大类。安利、雅芳、仙妮蕾德等直销开店模式实际上分别是这三种连锁模式的代表。直营连锁(regular chain)是指连锁公司的店铺均由公司总部全资或控股开设,在总部的直接领导下统一经营,总部对各店铺实施人、财、物及商流、物流、信息流等方面的统一经营。直营连锁作为大资本动作,利用连锁组织集中管理、分散销售的特点,充分发挥了规模效应。特许经营(franchise chain)是指特许者将自己所拥有的商标、商号、产品、专利和专有技术、经营模式等以特许经营合同的形式授予被特许者使用,被特许者按合同规定,在特许者统一的业务模式下从事经营活动,并向特许者支付相应的费用。由于特许企业的存在形式具有连锁经营统一形象、统一管理等基本特征,因此也称之为特许连锁。自由连锁(voluntary chain)也称自愿连锁。连锁公司的店铺均为独立法人,各自的资产所有权不变,在公司总部的指导下共同经营。各成员店使用共同的店名,与总部订立有关购、销、宣传等方面的合同,并按合同开展经营活动。在合同规定的范围之外,各成员店可以自由活动。根据自愿原则,各成员店可自由加入连锁体系,也可自由退出。

纵观中国直销市场,我们发现中国直销已出现"C"化模式,即直销已有了企业自己的连锁网络。站在经销商的角度,从经销商的经营权与专卖店对他们所起的作用分析,现有店铺可概括为三大商业模式:一是以安利为代表的"纯人网"模式。安利公司的专卖店均为公司投资开设。安利店铺通常位于所在城市的繁华地段,交通便利;装饰风格统一,店内环境优雅整洁。迄今为止,安利(中国)用于店铺建设的资金累计达4.2亿元人民币,在全国31个省、市、自治区开设了150多家店铺,形成了一个颇具规模的全国性服务网络。安利公司自设专卖店的模式,对于经销商来讲,他们在公司专卖店的光环下,只需要纯粹地发展人脉网络。二是以雅芳为代表的"纯店网"模式,1990年,雅芳以传销的身份进入中国。1998年,中国政府打击非法传销,雅芳作为首批被允许继续在中国经营的直销企业,它却另辟蹊径,转型经营"店铺+无推销员"的模式,从此几乎让人忘记了她是中国直销界的企业。雅芳的店铺有四类:概念店、模范店、旗舰店和一般的加盟专卖店。概念店是雅芳直营的,现在全国有8家。概念店有一两百平方米,其作用主要是做形象,选址都在人流量最大的商业旺地,像广州的概念店就设在北京路、淘金路和农林下路。上海选在南京路、四川路,北京选在王府井、东单。三是以仙妮蕾德、天狮为代表的"店网+人网"的模式。在产品销售及服务过程中,仙妮蕾德的经销商几乎是店网和人网都在同时推进,双重渠道并行的制度有其独特的价值。围绕这样的三种商业模式,中国式的直销经营就有了一个可以参照的基础,也有了可以发展的比较,中国的很多的经销商也是在这样的基础上进行必要的价值创新。

用流程来实现标准化,用标准化来实现可复制性是连锁策略的核心思想。在这样的认识基础上,中国的很多直销形式的企业也把连锁作为其战略的一个发展方向,从而形成了中国式的直销模式。作为直销商加盟专卖店,与传统行业相比有着很多不同:直销商一般是先从事一段时间的直销后才开店,对所属公司和业务的开展有着较深入的了解,相对而言,投资风险要小些;而专卖店的运作主要靠团队的力量,有上级老师指导工作,团队伙伴维系销售业绩;另外,专卖店的功能也相对较多,包括了展示产品、人员交流、培训基地、产品销售等等。对于开店经营的直销商来说,深入认识到发展连锁经营的价值,以及理解连锁经营的本质,才能在具体的经营实践中有效实施连锁经营,把连锁经营作为组织发展的重要策略,对销售产生巨大的推动力。

这是因为:

①连锁经营是一种经营模式

这是连锁经营最基础的思想,也是关键的一条。成熟的商业模式是所有问题的中心,是复制思想在经营层面的应用,可以迅速实现企业规模的膨胀,抢占市场份额,最后提升企业的品牌。另外,要上升到生产的高度来谈连锁,不能只局限于商业、服务领域。商业服务领域的门店可以进行不断地复制,生产领域的生产车间也可以进行大批量的复制,实际上生产领域的复制还先于商业、服务领域的复制。这些都属于连锁经营的范畴,只不过我们谈论的更多的是商业连锁而已。看到可口可乐分装厂的全球膨胀,发现沃尔玛全球门店的迅速拷贝,看到麦当劳公司服务体系的全球扩张,这无疑告诉我们这就是复制,就是连锁经营的秘密。

②**连锁经营是一种管理标准**

连锁经营管理标准的核心是流程的设计与规范。没有标准化的操作流程规则和基于细节的管理化规范将给更大范围的投资扩展带来巨大的制约。开专卖店,不管是传统模式,还是直销模式,经销商都必须把握好进销存的管理。直销行业更是人情化的买卖,因为很多经销商的第一批客户都是自己的亲朋好友,直销行业又提倡"推崇老师"的感恩文化,在情感的牵扯下,很容易造成盲目相信与跟从。因此,经销商要开直销专卖店,一定要加强专卖店管理方面的学习,要对标准性的管理要有高度的认识。没有标准性的店面管理就很难开出更多的店,虽然这是个常识,但由于我们的忽视,就造成了许多相关的问题。所以,我们一定要把直销连锁看作是一种管理标准来加以复制。

③**连锁经营是一种企业组织形式**

连锁经营的组织形式主要体现在以产权为中心的机制运营,这里面有多种的产权形式,如分公司形式,企业有完全的控制权,属于直营模式;合作公司的形式,以分散的股份作为连锁经营的形式;加盟商形式,加盟者拥有完全的产权,企业只是在品牌、供货等方面和加盟者合作。这实际上与我们企业组织结构中的分公司、办事处、事业部有异曲同工之妙。在具体的直销式的连锁经营业务中,经营者要明白开店就是自己投资,要对自己的决定负责。

1.3.2 中国直销应该逐步走"E"化的道路

电子商务,英文表达为 E-Commerce,在目前的学术上并没有给出完整或者公认的定义,简单地讲就是,通过 Internet 技术电子的手段实现商务目的的一种现代商务方式。本来直销的发展就与计算机软件和硬件技术的发展有直接的关系。因此,中国的直销应该逐步走"E"的道路。

①**直销与电子商务结合的优势互补**

直销与电子商务在企业发展上有很多相似的地方,而在中国,这两个行业的有机结合将会给两个行业带来新的机会。

第一,市场资源的互补。电子商务是未来企业发展的重要方向,但在中国,电子商务还如同空中楼阁,虽然有众多的媒体,但缺乏市场资源的有效结合。在中国发展趋势良好的电子商务企业都有相应的市场资源作为基础。如 8848,它是建立在联邦软件连锁店的基础上。直销在中国发展还不够理想,但已积累了大量的市场资源,如果能有效地利用,将会迅速地推动电子商务的落地生根。

第二,营销手段的互补。电子商务拥有世界上最先进的营销工具——互联网,并利用这个平台在逐步发展互联网平台的数据库和各种商业应用软件,这是电子商务的手段优势,直销业可以借助这些工具进行跨企业的服务手段,则配合电子商务迅速有效地完成配送和售后服务。

第三,社会资源的互补。新经济时代的电子商务企业的膨胀比以往任何时代都容易获得资本市场的支持。直销企业所获得的社会资源远远不够,所以,这两个行业的结合将给直销带来更多的发展机会和更大的发展空间。

第四,服务手段的互补。电子商务的服务手段主要采取的是电子化的个性化服务,而直销的服务手段更多的时候是应用人员和多种媒介来进行。直销的热情销售、激情营销等营销、服务手段是电子商务电子化服务的有效补充。

第五,配送方式的互补。中国电子商务企业的配送问题是制约电子商务企业发展的重要瓶颈,而直销长期形成的配送队伍和配送方式可以帮助中国现阶段的电子商务有效地解决配送问题。而电子商务企业对配送管理所运用的数据库管理模式又是很多直销企业不能长远发展的原因。配送方式上的互补将会成为两个行业有机结合的结合点。

第六,管理方式的互补。作为新经济的代表,电子商务企业能够得到世界资本市场的支持,也有相应地采用国际化的管理模式,能够帮助企业决策更加科学和合理。而中国直销行业大多缺乏国际化管理的人才和经验,很需要引入国际化管理模式进行科学管理。把企业引向更高的平台。而直销行业拥有的是对中国市场的了解和熟练的市场操作经验,而这又是目前的很多电子商务公司所极度缺乏的。管理方式上,两者的结合将会创造中国营销业的黄金拍档。

②电子商务给直销业带来改变

电子商务给直销业带来的变化,主要表现在以下方面:

第一,参与人员的结构发生改变。因为最先接受和认同电子商务的人都是知识阶层,他们认定电子商务是未来商务活动的主要发展方向,而由于过去第一代参与直销的人员组成文化层次相对较低,因而这批知识阶层的人相对不认同直销的比较多。大家清楚,如果一种新思维和新生活方式如果得不到知识界的支持,就不会得到社会的支持。而电子商务与直销进行合理地整合之后,以全新的面貌展现给社会一个全新的行销方式,而且创立电子商务化综合直销模式的都是对电子商务和IT业很熟的年轻一代,是在知识经济时代长大的"新人类",他们敏锐地发现市场倍增需要与电子商务联接,合理地运用互联网地日益发展,进行全球化"空中运作",很快将过去繁琐的程序,变成无远弗界。从美国新组建的"新型电子商务化"直销公司在短时间内就运作成功的事例中不难发现,原来最不接受直销的"高端"人士,纷纷对这种方式趋之若鹜,甚至还担心由于自己一时地判断失误,失去一次争取时间、健康和财务自由的新机会。

第二,行销格局发生改变。为什么说电子商务能够实现直销的真正全球一体化呢?主要是指很多国际性的大公司过去曾辉煌的根本原因是与全球业绩联带有关,而近20年由于某些国家的政策原因,不得不放弃业绩联带,致使在中国营运10多年的安利公司近几年根本就没有出现过几个皇冠大使,尽管他们的货卖的还不错。而新出现的公司,完全采用空中运作,世界各地的分部不设业务门市、不报单、不收现金购物,资金流完全交给银行,物流完全由大型物流公司解决,而且过去最复杂的团队管理都采用了电子化管理,这点是直销业将来最大的变化之一。

第三,营销理念不设工厂只建管道的改变。随着社会分工越来越细,再加上人们看到沃尔玛、7-11店等分销管道的巨大成功,生产与销售的关系将会分得很清楚,这时由于电子商务的发展就必然产生一批以"管道为王"为理念的直销公司,而且不存在店大和客大相欺的问题。那种大而全的公司最终会因为成本过高而敌不过新型公司。总之,传统直销公司不嫁接电子商务就会被市场抛弃。

③直销与电子商务 B2C 的结合符合未来营销发展的方向

目前,流行的电子商务交易规则分类有 B2B、B2C、C2C。其具体含义是:"B2B"限制卖家和买家必须是合法的公司,在现实中更像一个展览会,交易场所出租给交易双方,商品是买和卖的信息,因而是不能最终消费的,代表公司是阿里巴巴;"B2C"限制卖家是公司,拥有交易场所,买家是个人,在现实中对应超市,商品是可以最终消费的,代表公司是 8848,卓越等;"C2C"不限制卖家和买家的身份,只提供一个最终消费品的供需信息交互平台,在现实中对应集贸市场,交易场所出租给交易双方,代表公司是易趣、淘宝。

什么叫 B2C 电子商务? B2C 的 B 是"Business"的缩写,意思是企业,2 则是"to"的谐音,C 是"Customer"的缩写,意思是消费者。B2C 就是企业对消费者的电子商务模式。我们向厂商购买商品,就是一种 B2C 的交易行为。在网上向厂商购买商品,就是 B2C 电子商务模式。B2C 电子商务是按交易对象划分的一种电子商务模式,即表示商业机构对消费者的电子商务,具体是指通过信息网络以电子数据信息流通的方式实现企业或商业机构与消费者之间的各种商务活动、交易活动、金融活动和综合服务活动,是消费者利用因特网直接参与经济活动的形式。借助网上交易平台,可以大大节省客户和企业双方的时间和空间,提高交易效率。这种形式的电子商务一般以网络零售业为主,主要借助于 Internet 开展在线销售活动。例如经营各种书籍、鲜花、计算机、通信用品等商品。著名的亚马逊(www.amazon.com)就是属于这种站点。按照为消费者提供的服务内容不同,B2C 模式的电子商务可以分为电子经纪、网上直销、电子零售、远程教育、网上娱乐、网上预订、网上发行、网上金融等多种类型。

直销与电子商务 B2C 的结合符合未来营销发展的方向。主要反映在:

第一,符合营销业向服务业转变的方向。现代社会的营销业不仅是追求商品与货币的交换,更重要的追求是通过有效的方式与尽量多的顾客保持良好的关系,并为他们提供围绕所销售产品的各种专业化的服务。直销是通过相对直销的方式与目标顾客保持良好的关系,所采用的传播方式是邮递、直接拜访、电话、目录等方式,在产品销售前、售后服务上都往专业化服务的方向上发展;而电子商务的核心理念是通过互联网或其他电子媒介与顾客进行直接联系,在售前、售后服务上都能透过电子平台与顾客保持直接的沟通并进行专业化的服务。未来营销业的发展的重要指标应该是获得服务和沟通的渠道畅通程度、便捷程度和专业化程度。

第二,符合个性化服务的发展方向。营销业未来发展的重要方向是个性化服务,为尽量多的顾客提供个性化的服务将会成为所有企业的一致追求。直销业都能在发达国家成为成熟的主流营销方式之一,就是因为直销对市场进行进一步的细分后更加注重根据不同的客户进行服务和营销诉求,而电子商务则是个性化服务的代言人,因为互联网提供的技术平台,使企业可以透过这个平台与每一个客户进行沟通,而顾客的需求也能够更加有效、完整被企业所了解。个性化服务的程度是直销与电子商务两个行业是否成熟的重要标志。

第三，符合企业虚拟化发展的方向。信息时代企业的发展不是像工业社会那样以消耗大量的社会资源为代价，而是以消耗尽量少的社会资源来为社会提供尽量多的社会财富。直销企业一般属于无店铺企业，企业的主要资产在于与众多客户保持的良好关系，企业的核心竞争力在于不断提升与客户建立良好关系的手段和能力。电子商务企业并不建立实质的销售店铺，只是通过电子化的手段来建立、延伸和维护顾客关系，其企业的核心竞争力也在于不断提升与客户建立和保持良好关系的手段和能力。

第三，符合企业以销定产的发展方向。现代企业的发展将会向以销定产为主方向发展。技术的日新月异使得工业化时代的大规模产品生产成为历史，任何一个新的产品的寿命周期变得越来越短，产品大量库存将会存在巨大的风险，以销定产能有效化解产品库存风险。直销与电子商务都能凭借其营销方式的独特、对客户的良好关系、直接有效的沟通作到以销定产。

第四，符合会员消费的发展方向。未来人们的消费习惯将会以会员消费为主要形态，而电子商务与直销都将拓展会员作为重要的营销工作落脚点，并把维护会员的忠诚度当作企业发展的根本推动力。两者的结合将会从多个角度、多种方式、多种层次来扩张会员队伍，建立会员忠诚度。

④直销与电子商务结合的案例——安利捷星Quixtar

声名显赫的大型日用消费品生产及销售商——美国安利公司，1959年成立于美国密执安州的一个小镇——亚达城。安利是全球规模最大的直销公司，员工超过6000人，厂房设施达390英亩，在四个国家拥有约3000公顷农场，在全球设有97个实验室，聘有570多名专业技术人员，拥有525项专利，另有319项正在申请中。自行生产600多种独有产品，旗下直销商人数达360万。

在创新变革理念推动下的安利公司，面对上个世纪末汹涌的知识经济大潮，继续迈出变革的脚步。1999年9月1日，安利与微软和IBM合作，创建了Quixtar(捷星)电子商务网站，并建立了以庞大的生产、仓储能力为依托的物流企业Access(捷通)公司，创造了大型企业整合过剩生产能力的成功范例。

为了简化运营，增强效率，更好地应对快速变化的全球市场，1999年11月史提夫·温安洛以每股18美元的价格收购安利亚太公司15%普通股股票，以搭建公司全球化架构。随后，他又进行机构重组，创建了新的母公司——Alticor(安达高)。其下属的子公司包括：Amway(安利)、Quixtar(捷星)、Access(捷通)和Pyxis Innovation，史提夫·温安洛和狄克·狄维士分别担任Alticor(安达高)公司的董事长和总裁。

短短几年时间，Quixtar(捷星)已发展成为全球最大的电子商务网站之一。成立后三年的营业额：1999年9月1日至2000年8月31日为5.18亿美元；2000年9月1日至2001年8月31日为7.51亿美元；2001年9月1日至2002年8月31日为9.58亿美元。三年累计发放会员佣金6.55亿美元，2003年3月31日的日营业额达到1050万美元，当天发放会员佣金达240万美元。

安利公司始终在研发未来十年即将流行的产品；Quixtar总揽了四大未来趋势：超级大卖场、分销店、人际网络、互联网络，其发展前景不可限量；目前仅在北美地区取代安利,不久的将来必然在全球取代安利。

1.3.3 直销"D"网与"C"网和"E"网的结合

"D"网就是直销人员网,亦叫直销人脉网。人是生产力中最具革命性和活力的,直销离不开人员的网络。但是,如果仅仅依靠人员的网络,直销显然是原始的,不能体现现代经济的特点。因此,直销的"D"网应该与"C"网(连锁网)和"E"网(电子商务网)紧密结合在一起,形成"三网合一"的态势。这是中国直销特色的方向。

下面,我们对天津泰达益生实行"互动营销、三网合一"的情况作一分析。泰达益生连锁平台为泰达益生采用的电子商务销售模式,它选用了当今世界上最先进的整合交互式营销模式即"互动营销"的市场运营模式。"互动营销"是建立在一套现代营销理论与先进营销手段为基础发展和形成起来的。他们实行"互动营销"的理论基础是:第一,市场利润是由经营者与消费者共同创造的。他们认为,今天的市场是买方市场,市场利润的取向决定于消费者的消费意向,只有通过商家和消费者的互动才能产生和形成利润。二是以"累积消费返利"的方式来刺激消费者的消费意向,并以此来达到锁定消费者的消费行为。三是以"累积批发制"来刺激经销商的经营行为和开发市场的积极性。四是以利益的互动和服务的全方位来锁定和扩大消费群,并培养顾客的忠诚度。五是以消费市场为基础,以互联网为信息处理连接平台,以特许连锁店为物流配送服务终端,以人力资源销售体系为销售主体,建立以人为本,以市场为导向,以互联网为工具,以特许连锁店为销售服务终端的现代化通路市场。

泰达益生互动营销的构架是:建立以消费市场为基础的通过对"信息互联网"、"店级服务网"、"人际消费网"这"三网合一"的消费、销售、服务一体化的网路市场,这就是泰达益生电子商务所采用的"互动营销"的销售模式。整个"互动营销"的市场构架分别由管理中心、物流配送销售服务系统、消费群体并通过互联网连结而成。其中管理中心分别由以下组成:①信息处理中心——信息流管理;②配供服务中心——物流配送管理;③结算处理中心——资金流管理;④人力资源开发管理中心——人力资源管理。物流通路分别由以下组成:①生产配供中心——工厂、公司(总部);②区域配供管理服务中心——区域代理商(或分公司);③物流配送服务站——特许加盟店。消费市场分别由以下组成:①专业销售服务人员;②经特许加盟店下属专业销售服务人员开发和服务的重复消费顾客群。

通过以上分析,我们可以看到,直销的"D"网应该有机地和"C"网、"E"网结合在一起,实现"三网"之间的优势互补,这样,才能使中国直销在市场经济条件下得到规律性的发展。

▼2 中国直销分销渠道组织与渠道行为

在上一节,我们讨论了中国直销的分销渠道的分类,那么,关于中国直销分销渠道组织与渠道行为问题,则是这一节需要讨论的主要内容。

2.1 直销分销渠道组织的概念及扁平化特征

直销分销渠道组织的概念,和传统分销渠道概念有相同的地方,也有不同的地方。不同的地方主要是因为直销与传统营销两种模式不同的,所以在概念上也就有不同的表述。

2.1.1 直销分销渠道组织的概念

对传统分销渠道,肯迪夫和斯蒂尔给下的定义是:分销渠道是指"当产品从生产者向最后消费者或产业用户移动时,直接或间接转移所有权所经过的途径"。这个概念的表述,实际上是告诉我们分销渠道是一种产品权属关系的转移过程,这种转移过程就是分销渠道的流动过程。

菲利普·科特勒认为:"一条分销渠道是指某种货物或劳务从生产者向消费者移动时取得这种货物或劳务的所有权或帮助转移其所有权的所有企业和个人。因此,一条分销渠道主要包括商人中间商(因为他们取得所有权)和代理中间商(因为他们帮助转移所有权)。此外,它还包括作为分销渠道的起点和终点的生产者和消费者,但是,它不包括供应商、辅助商等。"科特勒认为,市场营销渠道(Marketing channel)和分销渠道(Distribution channel)是两个不同的概念。他说:"一条市场营销渠道是指那些配合起来生产、分销和消费某一生产者的某些货物或劳务的一整套所有企业和个人。"这就是说,一条市场营销渠道包括某种产品的供产销过程中所有的企业和个人,如资源供应商(Suppliers)、生产者(Producer)、商人中间商(Merchant middleman)、代理中间商(Agent middleman)、辅助商(Facilitators)(又译作"便利交换和实体分销者",如运输企业、公共货栈、广告代理商、市场研究机构等等)以及最后消费者或用户(Ultimate consumer or users)等。而分销渠道则不包括供应商和辅助商,主要是指生产者与消费者之间取得产品所有权的所有企业和个人,其中包括生产者和消费者。

美国市场营销协会是美国市场调查者、市场学教育工作者以及在工商企业和政府部门从事市场营销工作的人员等所组成的组织,其总部设在美国芝加哥。美国市场营销协会早在1931年就有定义委员会,但到1960年该委员会才给分销渠道下了个定义,即:分销渠道是指"企业内部和外部代理商和经销商(批发和零售)的组织结构,通过这些组织,商品(产品或劳务)才得以上市行销"。这个定义只着重反映分销渠道的组织结构,而没有反映商品从生产者流向最后消费者或用户的流通过程。

那么,到底直销分销渠道组织的概念是什么呢?根据菲利普·科特勒和美国市场营销协会定义委员会所下的定义,直销分销渠道组织就是把直销企业生产的产品所有权真正转移到消费者手中的专业组织机构。理解这一定义,要把握三方面的内容:

①直销分销渠道组织的主要任务是把直销企业产品的所有权真正转移到消费者手中

直销企业生产的产品,最终是要服务于消费者的,这里就有一个产品所有权转移的问题。直销分销渠道组织的主要任务就是解决产品所有权从直销企业真正转移到消费者手中。认识和理解这一点,这是我们要了解什么是直销分销渠道组织的关键所在。诚然,传统营销也是解决产品所有权的转移问题,但是,传统营销在解决产品所有权转移过程中没有解决好所有权真正归缩问题。因为,在传统营销过程中,由于渠道过长,产品到消费者手中已经过多层产品福利的剥落,因此消费者手中的产品所有权,按实际价值比照,只剩下50%左右,其他的部分已被中间截留了。而直销分销渠道则不同,消费者手中的产品所有权的含金量要比传统营销多得多,因为没有中间层次的剥落和截留。所以,我们把"真正转移"四个字在直销分销渠道的概念中作了十分强调,旨在告诉大家直销分销渠道行为,实际上是对消费者产品所有权的保护。

②直销分销渠道是一个专业组织机构

与传统营销不同,直销分销渠道应是一个专业组织机构。这是直销分销渠道组织概念的一个重要内容。什么是专业组织机构?就是我们常说的直销系统或直销团队。在直销行业中,比较有名的"642系统"就属于这种性质的专业组织机构。这里要说明的是,这种专业组织机构并不是我们平时理解的那种需要批准成立的组织机构,它是在直销实践中逐步形成的一个营销系统或营销团队。在营销系统或营销团队内,用一种能凝聚人心的系统文化或团队文化,共同为一家直销企业营销产品。这样的专业组织机构应该是企业化管理,对系统或团队所有人员进行严格培训,对营销的模式进行不走样的复制。这种专业组织机构一定要严格执行我国的直销法规和国家的其他法律法规和政策,千万不能违规违法操作。

③直销分销渠道必须以产品为营销导向

直销分销渠道以产品为营销导向,这是直销分销渠道组织概念的一个重要内容。没有产品就形不成分销渠道,产品是直销分销渠道的重要载体。传销的一个显著特征就是不要产品,靠拉人头坑害别人。直销分销渠道组织则与其根本不同的,他们所做的一切就是为了推销直销企业生产的直销产品。如果没有产品在直销分销渠道中流通,那就等于无本之木、无源之水。所以,直销分销渠道组织概念中必须把产品作为主要内容,这是一方面。另一方面,如果没有产品作为营销导向,那么也就谈不上产品所有权的转移问题了。上面我们谈到,直销分销渠道组织的主要任务是把直销企业产品的所有权真正转移到消费者手中。如果没有产品为营销导向,直销分销渠道组织的主要任务也就无从谈起。从这个意义是说,直销分销渠道应该而且必须以产品为营销导向。

2.1.2 直销分销渠道组织的扁平化特征

什么是渠道"扁平"化?简而言之,渠道扁平化就是简化产品销售的中间环节,保障产品从生产商(厂家)到消费者之间的供应系统高效无损耗运作,达到节省成本,优化资源配置,提高营运效率,保障信息沟通的目的,从而实现企业的可持续发展。直销分销渠道组织一个显著的特征就是扁平化。

我们以美容化妆品行业为例,谈一下渠道为何要"扁平"的问题。

一些美容产品生产厂家在某些市场设立办事处,试运行扁平化管理,结果是投入和产出不成正比,最终还是不得不撤消办事处,招代理商做市场。之所以扁而不平,原因有三:一是缺乏终端影响力。厂家设立的办事处始终是经销商,而不是终端商。它的出现,并不会给终端美容院带来革命性变化。而老代理商与美容院之间由于地域原因,有自家人的亲近感,而且过往的合作关系,已经存在了一种深厚的互信互利关系。二是缺乏地域认知力。一个代理商与本区域里面的美容院长年协作,从招商、促销到客情关系都是了如指掌。这些隐形资源是厂家无法直接掌握,甚至也是无法调查的。在如此广阔的国内市场,全面取消当地土生土长的经销商而"空降"市场人员,在人才储备和区域市场运作经验方面是个不小的"槛"。三是缺乏资源吸引力。美容院到代理商处拿货是5折,如果到办事处拿货也是5折,那么吸引力很小,如果厂家追加配赠,在成本上并不划算。因为一个代理商同时做4~5个品牌,一些费用已经由好几个厂家的资源平摊掉了,而厂家的办事处不管是单品牌还是多品牌,费用独家承担,最终有多少能流入美容院手中,还是个未知数。

在许多地方,当地代理商的力量非常强大。他们不但占据着当地大部分市场份额,还在当地享有极高声誉,掌握了大量的社会资源,其影响力和号召力不容忽视。就算很多中小美容院有叛逆之心,由于势单力薄也不敢冒然造次,毕竟相对于厂家来说,代理商才是真正的"地头蛇"。至于大美容院,往往是代理商一手扶持起来的,从人员、资源方面颇多照顾,厂家想撼动谈何容易,更不说人情资源了。

而且,在如今品牌过剩的行业,稀缺的不是品牌,而是优秀代理商。在这个买方市场,厂家再强势也不敢公然换掉一个口碑不错的代理商。每个代理商手里都抓了一把品牌,就算被某个品牌扁平化掉了,也毫发无损,马上会有竞争品牌乘虚而入,于是原来的伙伴立马成了强大的敌人,后果不堪设想。更关键是,全国都有不少强大的代理商试图撇开厂家,利用自己的网络资源自创品牌,从"二传手"变为"发球员"。还没等到你裁撤,他已经自己制订规则玩去了。于是,渠道的安抚,成了扁平化失败后的又一个难题。渠道扁平化,需要的是天时、地利、人和,也需要"因地制宜"和"知己知彼",倘若是贸然推行,最终的结果是新生还是毁灭,难以预测。直销分销渠道组织对上述出现的问题,能得到较好的解决。从实践看,直销分销渠道的扁平,主要有以下好处:

①减少流通环节,增加利润率

长期以来,国内的美容化妆品企业一直沿用多层次架构的垂直调控销售模式,一个产品从厂家到消费者手里要经过"厂家、省代、分销商、加盟店、顾客"五个环节,对比直销模式的"厂家、顾客"来看,中间流通环节的增加无疑在降低渠道的效率,延误产品到达消费者手中的时间,物流费用在增加,资金周转周期加长,利润随之摊薄。如果把代理商环节的利润节省下来,既让利给消费者来提高产品的购买力,也可以让利给美容院来提高其忠诚度。

②强化终端影响,减少损耗度

对直销企业而言,分销渠道扁平化不仅拉近了生产者与美容院、顾客之间的距离,而且还是实现培训、促销、招商等服务的有效到达。可是长期以来,厂家提供的服务都是借代理商之手来完成,于是代理商可以轻易地截留活动促销品。而且,代理商的市场运作水平普遍不高,胃口却越来越大,让厂家难以招架。就算厂家投入大量人力、物力做推广活动,经过代理商一转手,真正能到达终端的东西更是大打折扣。

③提高网络质量,降低风险性

代理商的多品牌运作方式,会让一些优质美容院会按他的意愿做其重点推广的品牌,对于其他厂家来说无异于谋杀。一个代理商的倒戈会让整个区域的美容院全军覆没,出现"当年的开国功臣转眼间成了乱臣贼子"的情况。如果厂家直接与美容院沟通,能及时的制定完善的市场开拓方案,提供优质的培训和技术,还能把终端出现的问题迅速推广到全国,把品牌的口碑直接建立在目标群中。就算有个别终端的流失,也不至于像代理商流失一样影响大局。

④加强信息沟通,避免趋利性

代理商的趋利性决定了他在同时面临几个品牌的促销方案时,更多考虑的是配赠比率,而不是操作性。在具体的执行过程中,代理商往往也会进行调整,按自己的习惯而非品牌的需要来执行,甚至是干脆弃之不理,厂家根本就无法对市场进行操控。如果厂家直接面对美容院,营销政策可以准确无误地传达到终端,反馈信息也能够及时地返回厂家,从而保障了厂家在市场运作中不脱离实际,能更有效地把握商机。

2.1.3 直销专业渠道业已浮出水面

应该承认,传统营销渠道也有许多优势,比如,经过多年的积累和发展,不仅建立了较为成熟的销售渠道,而且在行业渠道方面具有独到的优势;原有渠道在长期的发展中,沉淀了许多行之有效的行销经验;原有渠道拥有完善的服务体系,其遍布全国各地的分支机构也为新产品的切入打下了良好的基础。

然而,仅仅依靠原有渠道并不能完全打开市场,原因在于:一方面,虽然原有渠道在长期的发展中已经具备相对完善的营销网络,可以直接带动产品的销售,但是由于直销产品在技术、服务上有诸多特殊要求,而原有渠道并不能分出更多的人力、物力来对新产品进行推广;另一方面,尽管原有渠道拥有广泛的用户资源,但是原有渠道销售的产品与直销产品往往分属不同领域,面对的用户也不尽相同,因此,直销企业在利用原有渠道的同时,建立直销产品的专业渠道势在必行。

针对此种情况,中国的直销企业从自身特点和发展战略出发,在力求分销渠道扁平化的基础上,采取了"几管齐下"的渠道发展策略。一是采用发展专业分销商的策略,使渠道体系逐步完善;二是直接扶持一批专业代理商,以减少渠道的中间环节,加快渠道的信息流通,真正实现专业渠道的扁平化;三是强化对专业分销与专业代理并存的发展战略,在谨慎处理好分销商与代理商关系的基础上,制定一整套完善的渠道政策和管理方法,最大限度地实现了渠道的扁平化和高效化。探究其渠道构建过程,不难看出直销企业在渠道搭建上的良苦用心。首先,充分发挥专业代理商的作用,使其与专业分销商同级并存。专业代理商优势不仅在于能最大限度地挖掘市场,而且由于其直接面对最终用户推广产品,能深入了解当地市场的需求,因此可以帮助厂商推出各种适合当地市场的、最行之有效的促销方案及品牌推广策略。同时,采用专业代理商能使渠道中的信息流更为通畅及时,不仅便于浪潮电脑公司根据反馈的市场信息及时做出决策,也使渠道构架得以实现最大的扁平化。因此,扶持专业代理商,不但体现了直销企业与专业代理商共同成长的战略,而且有利于培养渠道伙伴的忠诚度;其次,直销企业也同样注重专业分销商的优势。专业分销商经过多年的发展与成长,已经拥有一套自己的渠道体系,直销企业通过与专业分销商的合作,节省了重新开发渠道体系的时间与精力。同时,专业分销商也可以为直销企业发展更多的代理商,使专业渠道不断完善成熟。由此可见,中国直销专业渠道业已露也水面。

2.2 可控直销分销渠道的组织与管理

探讨中国分销渠道的模式与特征是直销界研究的一个焦点。这里,我们提出了可控分销渠道的概念,从直销企业掌控渠道的角度,讨论可控分销渠道的组织结构,并就可控分销渠道在运作中厂家总部和省级管理平台(销售分公司)的主要掌控职责进行了论述。

2.2.1 直销分销渠道的典型模式

掌控渠道、决胜终端已成为直销企业的共识与营销实践。渠道是直销企业至关重要的外部资源,尤其是在产品同质化、供大于求的直销市场中,谁拥有高效的渠道,谁就在较大程度上拥有了直销市场。一个直销企业拥有完善而畅通的可控分销渠道体系,能把产品快速、高效、低耗地从工厂分销到全国各地乃至世界,这是直销企业核心竞争的主要方面。事实上,建设与掌握营销渠道一直是我国直销企业营销工作的重点,出现了各具发展特点的渠道模式。主要有:

①以安利为代表的渠道模式:营销代表+网点负责人+营销部主管

中国直销法规实施后,安利便出台了《安利业务新纲要》。在这份全新业务纲要中,安利将推出一种"营销代表+网点负责人+营销部主管"的混合模式,三种人员将分别以"产品销售、品牌建设和管理培训为导向",打造全新的服务模式和业务架构。安利抛出的全新业务调整革新纲要,树立了一个解决多层次公司痼疾的行业标准。《安利业务新纲要》中显示,在新的营销管理架构下,安利销售代表将以非公司员工的身份,在非固定经营场所销售产品、服务顾客;而服务网点则由公司择优选拔的、拥有工商营业执照及符合公司要求固定经营场所的服务网点负责人进行经营,为销售代表及消费者提供信息咨询、售货、退换货等服务,但所有服务网点与销售代表均由安利(中国)直接管理与监督。而在涉及到的业务员和经销商新的工作计酬制度中,安利销售代表将继续按其直接向消费者销售产品的收入计算销售佣金,最高佣金比率为30%;服务网点负责人则采用预约定额的计酬方式,按其具体的服务内容及服务量,获得合同中预先约定的季度定额品牌推广服务费。

安利在全国所有省份设立分支机构、在近2000个县/市设立超过7000家的服务网点。为了将业务转型带来的不利影响降到最低,安利加大了对品牌推广、服务网点、教育工程、个人发展方面的投入,在全国主要业务区域广泛设立服务网点,提升品牌的知名度与美誉度,制定全面系统的人员教育培训方案。此外,安利用了至少2亿元的资金来稳定销售队伍。

对于安利推出的业务新政,业界表示出高度关注。对于团队计酬与多层次计酬这一敏感地带,该新纲要推出了两种独立的经营身份对其进行了规避——一个是销售代表(无固定地点),一个是经销商(有固定地点),给予经销商和推销员以独立经营身份是符合直销法精神的,而经销商以公司的传统渠道经营的合作者身份出现,已超出推销员(直销商)范畴,故不存在着团队计酬问题。此外,公司将渠道费用通过传统合作方式发放,这就保证了旗下原有大的经销商的利益。

②以雅芳为代表的渠道模式:零售+单层次直销

雅芳(中国)有限公司截至2006年6月30日,在获得首张直销牌照后四个月内,已经在中国招募了11.4万余名正式直销员,另有超过3.1万名申请者正处于审核流程中。

雅芳中国区总裁高寿康先生在接受《成功营销》记者采访时表示,"短期内招募到如此之多的正式直销员,这不但体现了雅芳在中国市场的巨大机遇,更使雅芳对未来在中国的发展充满信心"。目前已经有将近90%的雅芳专卖店转型为符合政府规定的服务网点,体现了专卖店店主投身直销事业的意愿。

这十万直销大军将成为雅芳打造新直销模式的重要力量,而这个模式则兼具零售和单层次直销的优势,完全遵循政府公布的直销相关法令法规。

作为中国首家取得直销经营许可证的直销企业,雅芳从拿到许可证的那一刻起就开始着手改变雅芳在中国的经营模式,力求严格遵守国家相应的直销法规。一方面着手改造雅芳,另一方面则是通过多种渠道宣传雅芳,开拓市场。为了加深中国广大民众对中国新直销模式的了解,他们进行了全方位的宣传。雅芳从今年3月开始推出名为"美丽精彩人生,从雅芳开始"的消费者咨询活动,并在全国各大电视媒体上推出广告,高密度、高频率地进行投放,雅芳希望凭借这个广告让大众熟悉和理解新直销模式。同时,为了配合广告,他们74个分公司在全国范围内铺开路演活动。公司员工走上街头,向感兴趣的民众宣传新直销模式,解答他们的疑问,以推广雅芳的新直销理念。他们还与中国电信进行合作,由中国电信向雅芳提供接听电话、收集和提供信息等服务。

在严格执行国家相关法规、确保与国家相关法规步调一致的前提下,为了适应新形势、发挥新作用,雅芳改造了自己的营销网络,服务网点为全国最多,而且覆盖面最广。针对直销员的订货问题,他们提供了四种方式:第一个是互联网,直销员可以在任何有电脑的地方进行订货;其二就是短信,直销员只要到雅芳艾碧网开通此项业务,就可以用手机短信来订货;其三是电话订货,直销员在全国任何地方拨打4008899668,以当地的电话费就可以订货;第四就是传真订货。雅芳的每个服务网点都可以提供上述四种服务。

为了解决订货付款问题,雅芳延续了百年的传统:针对不超过1000元人民币的定单,可以让直销员收到货以后再付款。这是给直销员的一个特殊支持,是别的直销公司不敢也不愿意提供的信用贷款。同时,雅芳也为直销员提供了多种付款方式:第一是网上支付,第二自动扣款,第三刷卡支付,最后是联名信用卡。服务网点可以向总公司提供直销员的具体交款信息。同时,他们还特别建立了直达配送系统,雅芳的直销员可以选择要求雅芳公司把货直接送到家里,或是选择由雅芳公司将货物送到服务网点,然后由直销员自己去拿货。雅芳有12个客服中心,可以迅速把货物送到服务网点和客户家里。目前雅芳90%的定单可以在24小时送到市内,48小时到郊县,72小时到省内。凭借强有力的配送系统,我们的产品可以在第一时间到达直销员手中,盘活了整个商业链。针对退换货的问题,直销员可以在雅芳的服务网点进行退货或是换货。凭借雅芳提供的最完善的服务网点体系,直销员可以免去往来奔波之苦,提高了销售效率。

雅芳的专卖店一方面承担了零售店的职能,同时又以服务网点的新面目现身于市场,最终雅芳的营销网络达到直销员、公司、服务网点构成"铁三角","铁三角"的中心任务就是对消费者负责,为消费者提供最好、最快的服务。

在招募直销人员的过程中,雅芳进行了严格的把关。首先,严格禁止所谓"七类人员"加入雅芳的直销队伍。在招募直销员的过程中,通过验证申请者的身份证,如发现申请者是位军人,就婉言谢绝他,邀请他成为我们的顾客;对于无民事行为能力的人员或其他直销企业员工,就需要进一步确认。其次,即便是深知中国人对合同有与生俱来的抵触心理,他们的工作人员还是要知难而进,不厌其烦地对合同进行解释,讲权利,论义务,可谓煞费苦心。最后就是强化对直销申请者的培训。首先严把培训人员关,规定只有持大学本科学历,在雅芳工作一年以上的职员才有资格成为培训人员。培训内容不仅仅包括直销的相关法律,还包括《消费者权益保护法》,培训结束后直销员还要接受雅芳公司的严格考试,公司规定只有取得80分以上的成绩才能上岗直销。

③以如新为代表的渠道模式:销售员工+直销员+直营店

凡是加入如新的销售人员都必须签订劳动合同,这个模式对海外以直销为主的公司来讲都是不可思议的,因为一般的海外直销公司是不以直营店或聘请签了劳动合同的职工来做这样的事情的。销售职工是他们的职工,公司对销售员工有更强的约束力,可以对不规范的销售员工的活动解除劳动合同;同时销售员工跟公司签订了劳动合同,就产生了双方的劳动关系,形成了对公司的忠诚度和向心力,这就能促进企业的稳健发展。再加上直营店是直接面向消费者,销售职工能很好地服务于广大的消费者,使消费者对于购货、退换货的任何要求都得到了满足和保障。同时,如新把兼职直销员招募和培训工作做好、做规范,还要做大,实行"两条腿走路"的方针。

如新招聘直销员,在上海大约有8个区可以做试点。保守地估计,他们将在试点区域里招聘到3000—5000名直销员来做兼职。同时,监督和管理直销员也是公司发展策略的一个管理程序。监督直销员有三部分:第一个部分就是企业如何规范兼职的直销员;第二,每一个符合《直销管理条例》规定的人员加入如新成为直销员都要持证上岗,直销员销售时不能要求消费者的最低产品购买量,也不能进行"购买如新公司产品能在短时间内成为富翁"等的夸大宣传;第三,凡是被国家批准的可以进行直销的企业的信息都必须在网上公开,这就包括直销员的信息,利用设定的兼职直销员的热线,让消费者来参与监督。

④以天狮为代表的渠道模式:分支机构+销售网点+销售人员+直销超市

1995年9月底,李金元到哈尔滨开拓市场,建立分公司,后又在沈阳、唐山建立分公司。截止今天,全国除了西藏地区外,全部建起了分公司。天狮人创造性地发明了中国特色的直销运营方式:分支机构+销售网点+销售人员。

天狮集团是一朵"墙内开花墙外香"的奇葩。从1998年开始,天狮营养高钙系列产品开始登陆了俄罗斯。当时有人担心俄罗斯政局不稳,金融危机已显现迹象。负责这一地区的销售人员对开发俄罗斯市场也没有多大信心。但是在商海里拼搏多年的天狮集团总裁李金元则坚定地认为:横跨欧亚的俄罗斯是个举足轻重的大国,不能有半点含糊和犹豫,不但要把俄罗斯分公司干好而且还要干大。尔后还在俄罗斯周边的乌克兰、匈牙利、波兰、德国和法国等东西欧国家都相继建立起了天狮牌保健品直销网点。尤其是德国发展非常迅速,许多消费者很快变成了直销商,发展成了几十万的营销大军。2001年5月,天狮在泰国曼谷举行了第二届国际年会。2002年在圣彼得堡隆重召开了第三届国际年会。天狮集团在2003年11月1日,又召开了一次重奖有功之臣的天狮柏林全球表彰年会,李金元总裁亲赴德国为直销成绩优异者颁发了100部宝马高级轿车,43艘家用游艇和32架家用微型飞机以及6栋豪华别墅。11月4日天狮集团在德国莱茵河上举行"天狮精英颁奖仪式"。水上43艘游艇北风破浪,陆上100部轿车驰骋,空中32架飞机翱翔的水陆空表演,蔚为壮观。此举震动了整个德国及欧洲。随后绅士风度的英国人也开始为中国天狮打工。据了解,天狮将以市场和研发并重的战略为指导,加大资本市场的各种资源整合力度,追求更大的市场份额。2004年9月在马来西亚首都吉隆坡召开了天狮国际年会。天狮集团共用21栋别墅、54架私人小型飞机、71艘豪华游艇、260辆名车奖励239名营销员。

天狮人借鉴国外市场经济的经验,结合中国国情,为产品消费者提供广泛的服务网点,得到广大消费者的拥护和赞成,为中国在国际直销市场,打开了一片蓝天,形成了独具特色的天狮直销理念。

2006年4月10日,天津天狮集团群英汇聚,全公司各阶层员工都在同一时刻关注着一个共同的话题——"直销超市"。这一天,天狮要启动"直销超市"项目了,并确定将"为全世界消费者提供优质的产品、教育和事业机会、提升生活品质,构筑和谐国际社会"作为集团的使命,将"世界直销行业的领跑者"作为集团的愿景,追求在创新、网络规模、客户满意度和销售收入的全面领先。

业界普遍认为,这一项目的提出是非常具有现实意义的。因为天狮为未来设定了非常明确的战略目标:2008年完成110亿美元的销售收入,并在3~5年内跨入世界500强。但如果仍然依赖原有业务模式和做法,这一目标将是天方夜谭,因此,天狮必须以创新型的思维,制定突破常规的增长战略才有可能实现这一宏伟的战略目标,实现世界500强的梦想。

在此背景之下,天狮制定的新的增长战略是非常及时,也是非常重要的。其核心内容可以总结为"彻底实现流通转型"、"构建真正的全球网络"——"直销超市"是天狮借以实现其宏图大志的主要增长窗体底端发动机之一。目的在于利用其作为展示、演示和教育的平台向社会邀约,实现向"流通型企业"转型,实现网络、产品、人力资源、物流、资金、信息等资源的整合。李金元对直销超市的概念和发展趋势阐述得十分精辟:"直销超市的创新是利用人力资源网、教育网、互联网、物流网、资本运营网,以及旅游网等六网互动,跨国界、跨地区、跨部门,把相关的业态整合在一起。其中教育是市场的前沿;文宣资料是武器,具有市场穿透力;营销是核心价值,是事业的发动机;信息网络是当今社会的前端和终端。直销超市的建立有利于扁平化的管理和销售。资本运作时,可以既是经营者又是股权者,但是物流的终端始终由天狮集团控制,以保证产品品质。"另外,据他介绍,直销超市中的产品呈现多元化发展趋势,今年年底最少要达到800个品种,明年的产品种类将达到1万~2万种。虽然数量众多,但是天狮对于进入直销超市的产品有着严格的要求,必须是大品牌、品质高、有卖点,另外还将做到"人无我有、人有我优",以期对消费者负责。

2.2.2 直销可控分销渠道的构建思路

直销可控分销渠道是在价值链各环节分工协同和长期稳定的互惠原则基础上,以达成直销企业的营销意图和市场拓展的策略,最终实现直销企业经营目标的一个整体协同的渠道体系。

①直销可控分销渠道的掌控性

直销可控分销渠道的掌控性主要表现在:客户资源的开发、整合、管理可控;渠道资源的组织、协同、管理可控;业务决策的及时、快速、管理可控;物流配送的市郊、低耗、管理可控;人员配置的合适、激励、管理可控。从掌控的角度来说,直销可控分销渠道应当是一种较宽较深的渠道。宽渠道可以充分感受市场信息,吸收市场养分。一般来说,宽渠道稳定性好,窄渠道可控性较差。如一个省级区域市场,只委托一家区域直销分销商(专卖店)进行销售,把区域市场交由该分销商负责操作,就很可能由于市场竞争和渠道建设及终端服务成本等因素,该分销商(专卖店)不愿意深入到小终端,因此渠道长度不够,整个渠道由于根基不深而容易出现波动,渠道的流量与流速都难保证,直销市场开发的力度不足。特别是一旦发生渠道倒戈的现象,就可能出现市场渠道断裂的情况。较宽的渠道有利于直销企业根据市场竞争需要来调控渠道成员的行为,不至于有太多的顾虑,企业掌控渠道进而把握市场也就容易多了。由此,省级管理平台根据具体情况数据可定在 $B=1\sim30$ 个,一般根据市场密度的大小,在省和特大型城市中建立平台(省级销售分公司)。地区分销商(专卖店)的数量可定在 $C=10\sim20$ 个,其渠道幅度范围以所在地区市场为宜,即一个省级渠道的宽度应保持 10~20 个单元。直销商数量可定在 $D=10\sim$

50个,渠道幅度以县级市场为宜,这样既可以保证有相应的分销密度,又让直销商有足够的生存空间。

②**直销可控分销渠道动态运行的指导思想**

直销可控分销渠道动态运行的指导思想是:根据渠道成员有效分工协同的原则,直销企业将主要致力于品牌经营、产品创新、营销支持等,确保在渠道内流动的产品具有较高的竞争力。而地区分销商则致力于产品的分销、通道的建设,确保渠道的宽度与深度,服务于终端。省级管理平台(销售分公司)将致力于前两者的有效协同,提供服务与支持,确保渠道的高效、稳定和可控。

③**直销企业的主要职责**

直销企业要赢得对分销渠道的掌控,关键在于是否有效地掌控价值链的关键环节,并在关键环节上培育起不可替代的竞争优势与地位,形成核心能力。直销企业构建自有的分销渠道,直接拥有渠道,是一种很有效的掌控方式,但直销企业也可以利用有能力有实力的直销系统(团队),借助他们的力量开展产品的分销,同时通过关键环节上的核心优势和渠道管理平台的服务介入来取得渠道的主导地位。一般来说,直销企业可以依靠优势资源,致力于强势品牌的塑造,不断开发推出创新产品和形成产品系列,使产品在品牌声誉、质量品质、技术含量、创新程度、系列程度、价格体系等方面拥有强有力的竞争力,形成市场对品牌的较高认知度,赢得市场与渠道的认同和依赖,从而实现对渠道的掌控。在物流方面,应该采取最短的路线,尽可能减少产品在途时间,加速资金周转。实际物流线是由总部直接发往地区分销商,各级管理平台不设仓库,但负责物流的管理与监控,产品配送单由平台签发后发往总部。这样做,一则可以强化物流业务与过程的管理;二则有利于总部采取最有效的配送方式,如委托专业配送企业;三则省级管理平台不设仓库可减少资金占压,防止"仓库黑洞"。在资金方面,各分销商的销售款应直接汇到公司总部,杜绝不合理的资金在途时间,提高资金的周转率。管理平台不设销售款账号,只负责销售款的管理与催缴。这种物流与资金流不进行中转的管理方式,可提高运营效率,减少管理失控,大大提升总部对渠道的掌控力度。直销企业与地区分销商的关系应该是一种分工协同、资源共享、长期稳定的合作关系,分销渠道各环节成员充分发挥各自的擅长,以合理互赢的利益机制,把各方的利益获取建立在渠道整体高效率的基础上,而不是某一成员的利益最大。

④**省级管理平台的主要职责**

省级管理平台是公司总部的派出机构,代替总部对下级渠道进行掌控,其核心职责是服务于渠道与终端。由于管理平台不进行具体的分销业务与经营工作,因此,总部对区域销售公司的"授权"与"掌控"的矛盾大大弱化,"将在外君命有所不受"的"诸侯现象"也大为减少,因为产生诸侯现象的条件如掌握业务关系和客户资源、财权、人事权等已不再具备。所以,省级管理平台职责的有效发挥是这一渠道模式可控的关键。从大的方面看,管理平台应致力于对分销外部资源的挖掘、鉴别和使用,特别是有实力的一流分销商和经销商、特别能干的直销员、重要的终端等,指导、支持渠道的经营与维护,协同各成员的工作,不断地整合和优化分销渠道的资源能力和结构,从而提高分销网络的整体运营效率。从可控的角度出发,管理平台的主要职责有：

对渠道理念的掌控。渠道的可控发展取决于多种因素，但经营理念与营销思路取得渠道成员的认同是非常重要的，所谓道不同不相为谋。如不少分销商愿意"走大户"，不愿"做终端"，这将直接影响直销企业对终端的掌控。因此，管理平台需将公司的经营理念与营销思路通过不同的途径灌输给所有渠道成员，获得他们的认同与支持，形成统一的渠道组织意识、经营观念与行为。

对市场信息的掌控。可控渠道建设一个重要方面是保持渠道动态信息的获取与反馈，为公司与渠道成员的决策提供依据，指导渠道各成员的协同行为。管理平台应派员深入一线市场，广泛开展直销市场调研，分析市场走势与需求变化，把握竞争动向，确保及时准确地获得市场信息。渠道的信息系统应该是多向互动开放式的，信息资源在渠道内可以共享，不受屏蔽，消除不对称，这样可以增强分销渠道的凝聚力。

对渠道资源的掌控。管理平台应对区域内分销商和经销商的经营理念、思路、业务能力、渠道覆盖、市场拓展能力等进行分类管理。对优秀的专卖店、直销商和直销员，应强调分工合作、互利共赢、长期发展思想，建立起忠诚稳定的渠道关系，培养形成一个渠道的核心成员团队，以防因某个关键成员的离开而造成渠道断裂和销售损失。对渠道力不足，销售量和效率达不到直销企业目标要求的专卖店和直销商，管理平台可派员进驻，与他们一起拓展和管理直销市场，建设好分销渠道。对于长期效率低下、不愿或难以服务于终端的专卖店和直销商应予以撤换。

确保渠道的稳定持续发展。要保证渠道合理的生存空间，避免渠道幅度过小而使渠道利润空间狭小，但也要避免过大而使市场留下空白。要不断帮助提升渠道的经营管理水平，做好渠道的增值服务。管理平台可以利用公司经营管理的积累，提供经营理念与思路，提供业务运营模式与方法，从而使渠道与直销企业的发展步伐保持协调，协同企业对渠道进行持续的投入。要注重抓好终端售点的工作，因为一旦终端售点获得较好的驱动，渠道稳定持续发展的动力就会大大增强。

提供促销方案的支持。管理平台应积极配合总部的促销活动，根据区域的特点充分解析总部的促销思路与方法，向渠道成员提供促销实施方案，并派员协同渠道进行促销活动。要确保渠道促销行为的频率、强度等与直销企业的市场运作相一致，达到有效利用有限资源，产生市场最强音。要控制渠道促销的节拍，避免过频使渠道疲于奔命，过疏使运作形不成连贯性，从而保持渠道旺盛的战斗力。

预防灰色友谊。管理平台向渠道派驻人员配合渠道进行市场运作，服务于中间商，时间一长，派驻人员与中间商会结下很深的友谊，这本身是一种好的资源。但如果派驻人员与中间商私下合作起来，向直销企业谋取利益，就会给企业带来损失，并造成渠道失控。因此，管理平台应预防这种情况的发生。例如，可以将业务流程重组，使之规范化、透明化；定期或不定期进行岗位调整与轮换等等，从而避免产生灰色友谊。

经营风险的控制。不要总希望专卖店和直销商多进货，要根据直销企业的市场目标和专卖店、直销商的经营能力、资金实力和承担风险的能力来决定进货规模，切忌过度给渠道塞货，造成渠道堵塞。管理平台还应帮助渠道对硬件与软件建设的投入、日常费用开支、渠道维护费用等进行分析,设定控制线,确保投入量与实际需要及有保障的产出率相匹配,防范经营风险。

2.2.3 直销企业分销渠道的适度控制

从直销企业的营销实践看,目前在渠道管理中备受困扰的问题是:为实现成本的节约和一流的运作效率,应如何对渠道进行适度控制。

①适度控制分销渠道的重要性

根据直销企业的营销实践,适度控制渠道的重要性主要表现在以下几方面:一是可使直销企业的产品或服务更顺利地实现其价值和进入消费领域。分销渠道是产品或服务从生产者流向消费者(用户)所经过的通道,若分销渠道不完善、建设滞后或控制不当都会影响企业经营目标的实现。二是可更好地发挥渠道的功能,提高直销企业的经济效益。分销渠道的功能主要有调研、寻求、分类、促销、洽谈、物流、财务和风险等,使产品(服务)在转移过程中创造了产品的形式效用、所有权效用、时间效用和地点效用。适度控制渠道可使上述的渠道功能得到更好发挥,使销售过程更顺畅,更有效节约交易成本,提高交易效率。三是对分销渠道的适度控制,是确立直销企业竞争优势的重要武器。在市场环境迅速变化和竞争日趋激烈的情况下,致使很多企业的生存发展情况,在很大程度上取决于其分销渠道系统的协调与效率,以及能否最好地满足最终消费者的需求。可以说如果直销企业不能对分销渠道进行有效地管理和控制,就无法有效地保护现有的市场和开拓新市场,也无法获得比竞争对手更低的成本,无法获得创造具有独特经营特色的竞争优势的条件。

②分销渠道适度控制的方法和策略

直销企业对分销渠道的掌控究竟应该把握在一个什么样的层面上,其控制的程度和层次应如何把握,我们要通过对影响直销企业分销渠道控制的因素和直销企业渠道控制方法与策略的分析研究,找到成功的解决思路。

影响直销企业分销渠道控制的因素主要有:一是顾客的需求因素。这里所说的顾客需求是指顾客愿意由分销渠道向他们提供什么样的服务。直销企业分销渠道的运作一般可提供四项基本服务:空间上的便利性,即产品、产品信息、销售点、技术帮助等考虑顾客居住地的远近程度;批量规模,即允许顾客每次购买的数量单位;交货时间,即顾客从订货到收到商品所需的时间;品种的多样化,即产品多样化的类型和程度。

这四项服务是通过分销渠道执行一定的职能和流程来实现的。分销渠道提供多少服务,则要取决于其所掌握的资源的多寡、直销企业的能力以及顾客对服务的需求。顾客需要分销渠道所提供的服务越多,参与渠道运作的成员就可能越多,直销企业对渠道的控制力就可能越弱。

二是渠道成员因素。渠道的功能是通过渠道流程,或渠道中不同成员的职能来完成的。而渠道的基本业务流程有实物流、所有权流、促销流、融资流、洽谈流、风险流、支付流和信息流等。这些流程将组成渠道的各类组织机构贯穿起来,形成一条通道。这些渠道的职能和流程客观上是可以由不同的成员来承担,而特定的机构往往只是从事其中一项或多项流程。由于每个机构的资源条件不同,因而使得其在完成某些流程时有优势、成本低,而在完成另一些流程时则情况相反。这会导致渠道成员机构在运作中往往都集中精力执行自己最有优势的职能(流程),把自己没有优势的职能向效率更高的成员转移,以使自己能获得较高的效益。这种变化虽然客观上能提高渠道的效率和整个渠道的竞争力,但原本由设定成员执行的职能一旦转移到其他机构,由其他机构成员承担后,渠道流程和职能实施情况也必然发生相应变化,直销企业对渠道的控制力也可能会随之降低。此外,渠道成员个体的经营管理能力方面客观存在差异性。

三是其他因素。影响直销企业分销渠道控制的因素还有技术、文化、自然、社会、政治等方面的因素。例如地理环境、市场范围的大小、生产中心的位置、人口密度等对直销企业分销渠道的控制力也有重要的影响。当直销产品产地比较集中而消费人口较分散,分销渠道较长、有较多直销商时,直销企业对渠道的控制力就会降低。又如法律法规也直接或间接地影响直销企业对渠道的控制力,例如当政府要通过许可证制度来限制某些企业进入直销渠道时,企业的渠道控制力也会因此受到影响。

从上述影响直销企业渠道控制因素的分析中,可以得出直销企业渠道控制的"度"应主要把握在使企业产品分销经营、适合内外部环境的层面上。产品分销经营、适合内外部环境,即渠道控制的效益应大于成本。要依据直销企业的能力、发展目标和顾客的需求等情况来综合考虑和评估。一般来讲,直销企业自建渠道的控制性最强,但直销企业的销售成本可能较高;而使用直销商分销,就意味着直销企业对渠道失去部分或全部的控制,从而在分销的投入力度和根据市场竞争而采取的对抗性行为方面将受到影响,但直销企业的销售成本可能较低。因此,直销企业须对渠道控制的效益和成本进行评估,根据自己的市场目标、经营能力、资金实力和承担风险的能力来确定渠道控制的规模和层次,切不可盲目,进行不切实际的控制。渠道效益成本的评估和控制线的设定(包括渠道成员的培育和淘汰),必须保持合理及时的动态调整,必须适应直销企业发展进程和目标以及市场环境要求的变化,这是分销渠道控制能否"适度"的依据和基础,也是这项动态系统工程的核心。

此外,从直销企业的角度讲,要保障对渠道进行适度有效的控制,还必须辅以各种有效的实操方法和策略。

掌控市场信息。直销企业渠道建设的一个重要方面是保持渠道动态信息的获取与反馈,为企业的渠道决策提供依据,指导直销企业的渠道行为。为此,直销企业应派员深入一线市场,分析市场走势与需求变化,把握竞争动向,确保及时准确地获得市场信息。

掌控渠道成员。直销企业要对专卖店和直销商或其他直销员等拥有一定数量和质量的控制权。这种掌控可以通过沟通、服务和利益等措施来实现:一是沟通。在决定是否销售直销企业的产品时,直销商都会考虑该企业的发展情况。因为市场机会是有限的,对甲企业产品的经销,就可能意味着放弃了乙企业同类产品的经销。因而他必须考虑经销这种产品的发展前景。因此,基于这一情况,直销企业一方面要用自己在市场上的地位与实绩来证明自己的优秀,另一方面要多与直销商沟通,不断地把自己的长远规划和美好前景向其阐述,使他们对未来有一定的"憧憬"。二是服务。直销企业可通过对直销商的培训与咨询,提供一个具体的解决问题的方案帮助直经销商实现销售、提高销售效率、降低销售成本、增加销售利润等来达到管理和控制渠道的目的。三是利益。每个渠道成员参与分销活动都是要以一定的利益作为保障,因此直销企业必须给渠道成员一定的利益空间,也就具备了利用利益控制渠道成员的条件。

利用品牌控制渠道。从渠道管理的角度看,直销企业可通过产品品牌对消费者的影响,实现对整个渠道的影响。因为对于直销商来讲,一个优秀品牌的产品意味着利润、销量、形象,更意味着销售效率的提高。一般而言,畅销的直销产品需要直销商的市场推广的力度较小,销售成本比较低,还会带动其他产品的销售。因此,直销企业只要在消费者层面上建立了自己良好的品牌形象,就可以对渠道施加影响,利用品牌优势而掌控渠道。

控制经营风险。直销企业要根据自己的市场目标、经营能力、资金实力和承担风险的能力来决定渠道的进货规模和支付条件,切忌过度给渠道塞货,造成渠道堵塞而引起经营风险。

2.3 契约型渠道组织与直销分销渠道冲突的解决

直销分销渠道的冲突怎么解决,这是渠道管理的一个重要方面。实践证明,契约型渠道组织的建立是解决直销分销渠道的冲突的一个重要途径。

2.3.1 直销渠道成员的冲突来源分析

菲利普·科特勒在其《营销管理》中指出:"必须根据它们的效率、贡献能力和适应能力来选择渠道。"渠道成员的冲突往往缘自于各自不同的渠道理念。而安利和雅芳正好是两种不同的渠道模式的代表。以单层次直销为主的雅芳,采取的是"零售+单层次直销"模式,而安利则采取的是"营销代表+网点负责人+营销部主管"的模式。安利与雅芳的冲突,实质上是两种分销体制的冲突,不能简单地评价这两种方式孰优孰劣。

同样作为直销企业,安利的目标是扩大其产品的市场份额,实现目标利润。而雅芳却是希望它所销售的所有商品能为它带来更大的单位利润,而不是销售某一特定产品来获得利润。这就是渠道的冲突。如果渠道成员间对某个问题(如产品销售价格)争执程度加剧,渠道冲突就会从由隐藏的或不公开的状态演变为明显的、公开的状态。在这个过程中还伴随着冲突双方态度和行为的变化,明显的冲突对渠道总体绩效具有建设性和破坏性两种作用。适度的冲突被认为是建设性的,因为它能够推动渠道组织变革,防止渠道组织僵化。但是过度的冲突却具有破坏性,它不仅会降低渠道组织的绩效,甚至可能会造成渠道组织瓦解。

归结其冲突产生的深层次原因,我们可以得出这样一个结论:利益分配和权力分配导致了直销分销渠道的冲突。那么,明确了利益和权力的分配是否就可以避免或减少直销分销渠道冲突的可能性呢?契约在利益和权力中的作用是否可以帮助我们建立一种渠道组织来减少直销分销渠道的冲突呢?这是我们下面要讨论的问题。

2.3.2 建立新型直销分销渠道:契约型渠道组织

解决直销分销渠道的过度冲突,这是渠道管理的重要方面。建立契约型渠道组织,这是直销分销渠道管理的重要手段。

①契约型直销渠道组织的涵义

直销渠道组织结构影响着渠道成员之间合作性质和水平、权力分配和控制以及冲突的性质和水平。直销的渠道组织结构是一种松散的联结,渠道成员是独立并且追求个体利益最大化的经济组织。直销渠道组织的整体利益虽然影响到每一个渠道成员的个体利益,但是成员之间的交易仍然呈现明显的短期行为的特征。直销渠道关系的建立需要经过艰苦的谈判和协商,但是直销渠道关系的终结却具有主观随意性。直销渠道成员满意的标准往往是在交易中谁获利,而不是直销渠道的发展合作关系。因此,直销渠道关系破裂的现象比比皆是,这就导致了许多直销企业为了把握对销售渠道的控制权而不惜重金铺设自己的销售网络,增加了巨额的经营销售费用。因此,建立一种契约型直销分销渠道组织,即以契约的方式明确直销渠道成员之间的权利和利益的分配,订立直销渠道的进入和退出机制,以降低交易费用,建立长期稳定的合作伙伴关系,达到共赢的目的。

②契约型直销渠道组织的模型

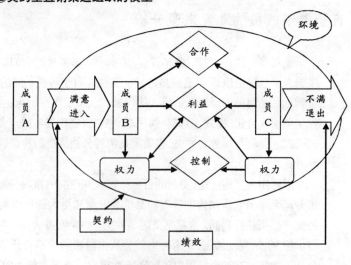

图 10.1 契约型直销渠道组织模型

我们提出了一个契约型渠道组织的模型,该模型描述了契约型直销渠道组织的构成及行为。概括地说,契约型渠道组织内的成员之间的相互影响因素包括:合作、控制、权力和利益。契约型直销渠道组织的绩效和交易成本是影响成员进入和退出的主要因素。环境是影响契约型渠道组织的外在因素。这一模型的理论阐述,不是本书的主题,故不详述之。但是,简单介绍这一模型,对建立契约型渠道组织有导向作用。

③契约型直销渠道组织的建立

直销企业和直销商相互持股,构成股份制契约型渠道组织。如新与其经销商就是股份制契约型渠道组织的典型代表。通过在每个省选定几家大的经销商,共同出资、参股、组建销售公司,组成"利益共同体",共同来操控区域市场。如新先将直销商横向一体化,以加强其规模,厂家给其提供管理、营销和财务等一揽子支持,在降低企业成本的同时,使得这种支持的效果更为显著,从而取信于直销商;再者,因合并而规模扩大的经销商对厂家支持的依赖性更强,如此厂商才能达到更高层次的协调一致。股份制销售框架加强了直销商的管理能力,它也就有能力掌控更多的下游客户,以压缩渠道层级,达到渠道扁平化。如新的成功就是股份制契约型渠道组织的成功。

在建立股份制契约型渠道组织的过程中,值得注意的一个关键因素是直销企业与直销商的股份比例的确定。这直接决定了渠道领导者的归属。一般而言,直销企业应持更多的股份,这样才能有效地管理直销分销渠道。当然,也可以让有丰富营销经验和有实力的直销商多占股,只要直销企业对直销商提供有效服务,也能管理好分销渠道组织。同时,要明确契约型渠道组织的进入和退出机制,确保渠道安全和渠道成员利益。现存的契约型渠道组织往往是建立在不完全有效的契约之上,没有明确的进入和退出机制,渠道成员的利益得不到保证,因而难以得到渠道成员的有效支持,难以真正发挥契约型渠道组织的作用。因此,我们要像如新那样,明确和建立契约型直销分销渠道组织的进入和退出机制,以确保契约型直销渠道组织的高效运转。

2.3.3 关系营销导向对于直销企业营销渠道行为的影响

关系营销自1980年代初提出以来,已经成为市场营销理论研究的一个重要方向。关系营销与传统营销的主要区别在于:关系营销是一种旨在建立、发展和维持关系交换(relational exchange)的营销活动,而传统营销则更注重间断性(上一次交易活动与下一次交易活动不相关)的交易活动。间断性交易以实物为基础,有一明确的开始与结束,且持续时间很短;关系交换以无形的感情、承诺、信任等为交换的基础,可以追溯到先前交换双方的活动,反映一个持续的过程,且持续的时间较长。因此,关系营销比传统的交易营销多了一个时间维度:关系营销具有非即时回报性,付出的一方并不要求接受的一方立刻给以等价的回报。历经20多年的发展,关系营销理论已经有了雏形,人们已经认识到了关系营销理论发展的巨大潜力。它在许多方面可以弥补传统营销理论的不足;它开辟了许多新的营销领域,标志着新的理论范畴的出现。然而,关系营销在理论的发展过程中还面临许多问题,其中如何加强关系营销的可操作性是最大挑战。尽管一直有人在做这方面的努力,但结果不尽人意。到目前为止,关系营销还没有一个类似于传统营销理论中 4P 组合式的操作工具。

关系营销导向对直销企业营销渠道的行为有着什么影响?这是我们需要关注的重要问题。这里我们主要研究一下关系营销导向对于权力使用的影响。

营销理念是直销企业进行营销活动的指导思想,体现了直销企业怎样看待交换活动、怎样看待自己、怎样看待顾客、怎样看待竞争者和怎样看待社会的意识。历史上占主导地位的营销理念已经发生过多次转变,从生产导向(production orientation)到产品导向(product orientation)和推销导向(selling orientation),再到市场导向(market orientation),进而发展为社会营销导向(social marketing orientation)、战略营销导向(strategic marketing orientation)和关系营销导向(relationship marketing orientation)并存的局面。关系营销导向与其他营销理念的最大区别,是它特别强调企业要与其交易伙伴以及其他重要的相关群体建立一种互惠互利、相互信赖、长期稳定、共同成长的合作关系,并藉此获取可持续的竞争优势。以这种营销理念指导企业的营销活动,在与交易伙伴打交道时,直销企业会首先站在交易伙伴的角度考虑问题,宁可自己少得利或不得利,也要优先保证交易伙伴的利益。直销企业坚信,只要这样做了,在将来它会得到报答。一般而言,关系营销导向越强,直销企业越是倾向于通过信任(trust)、联结(bonding)、沟通(communication)、价值观共享(shared value)、同情(empathy)和互惠(reciprocity)等要素建立、维持并发展与交易伙伴的关系。

那么关系营销导向是如何影响直销渠道中的权力使用呢?营销渠道理论倾向于把权力的使用分为使用强制性权力与使用非强制性权力两大种。实证研究的结果显示:一个渠道成员权力的大小是影响其使用权力的一个重要因素——权力越大,越倾向于少使用强制性权力,多使用非强制性权力。关系营销导向会直接影响直销渠道权力的使用。当一个直销企业具有较强的关系营销导向时,它更倾向于通过信任、联结、沟通、价值观共享、同情和互惠等方式与其交易伙伴建立一种互惠共赢、长期稳定的合作关系。此时,如果需要影响某一交易伙伴做一些它原本不想做的事情,这个直销企业会比较多地从交易伙伴的角度考虑问题,而不仅仅是考虑自己的利益。只有在认定某一项决定对双方都有利,或即使对对方不利但可以通过补偿而使其成为对对方有利时,这个直销企业才会针对对方实施影响力。在对对方施加影响时,它会较多地采用比较温和的方式,如使用奖励、认同、专家和信息等非强制性权力劝说对方接受自己的观点,从而主动地加以配合;同时,它会较少地采用比较强硬的方式,如使用威胁、惩罚等强制性权力压迫对方按照自己的意愿办事。相反,当一个直销企业具有较弱的关系营销导向时,它只是把交易伙伴看成是千千万万个买卖者中普普通通的一个,企业没有必要与之建立长期的关系。此时,如果需要影响这一交易伙伴,这个企业不大会顾忌交易伙伴的感受。因此,它更倾向于多使用强制性权力,而少使用非强制性权力。

关系营销导向还可能对直销渠道权力与使用权力之间的关系起调节作用,从而接间影响渠道权力的使用。在营销渠道行为研究中,研究结果倾向于支持权力与使用强制性权力之间的负相关关系,但是这一关系很不稳定。这意味着其他变量可能在调节着两者之间的关系。可能的调节变量很多,比如渠道氛围、渠道建立时间长短、渠道关系以及直销企业各自所采用的营销理念等。有研究表明,直销渠道成员对于其合作伙伴的信任明显地调节着两者的关系。基于这一研究结果以及信任与关系营销导向之间的关系,我们有理由相信关系营销导向也调节着直销渠道权力与使用强制性权力之间的关系:当权力与使用强制性权力正相关时,关系营销导向对两者的正相关关系有弱化的调节作用;当权力与使用强制性权力负相关时,关系营销导向对二者的负相关关系有强化的调节作用。

为什么呢? 当权力与使用强制性权力正相关时,一个直销企业的权力越大,它会越多地使用强制性权力。不过,当关系营销导向增强时,由于这个直销企业越来越重视与其交易伙伴建立长期稳定的合作关系,所以它会自觉不自觉地抑制自己对于强制性权力的使用。虽然这个直销企业对于强制性权力的使用依旧会随着权力的增大而增多,但是这种关系会被弱化,即随着权力的增大,企业会以较小的比例增加对于强制性权力的使用。相反,当权力与使用强制性权力负相关时,一个直销企业的权力越大,它会越少地使用强制性权力。这是因为它的权力越大,它的交易伙伴慑于它的力量会主动地采取合作行动,它使用强制性权力的必要将降低。当关系营销导向增强时,随着权力的增大,这个企业使用强制性权力的倾向会以更大的幅度降低。

▼3 中国直销渠道管理

中国直销渠道管理,这是关系到中国直销产品能否达到"销"(销售)与"消"(消费)有效对接的大问题。直销,从某种意义上说就是"直消",但从"直销"到"直消",也不是一件很容易的事。这就要求我们要切实加强中国直销的渠道管理。所以,中国直销的渠道管理是这一节所要研究的主要内容。

3.1 建立和控制直销渠道

中国直销渠道管理的第一步就是建立直销渠道。直销渠道的建立是一项系统工程,必须根据各个直销企业的实际情况,按照直销经济发展的客观规律,加以认真细致的落实。

3.1.1 直销渠道成员的选择和争取

选择直销渠道成员应该有一定的标准:如经营规模、管理水平、经营理念、对新生事物的接受程度、合作精神、对顾客的服务水平、其下游客户的数量以及发展潜力等。

选择和争取直销渠道成员的基本原理是:

①**计算期望利润**

良好的直销商是各直销企业争取的目标,他们一般正经营着某些竞争性品牌的产品。直销商是否经营一种产品主要考虑期望利润的大小,而期望利润又由以下因素决定:短期利润、预期利润、风险。

短期利润:主要指经营该产品的毛利,毛利＝单位商品的差价×销量。一般来说,直销企业刚开始经营目标市场渠道时,必须要给直销商以较高的差价,因为这时的销量是不确定的。日后,随着销量的上升,可以逐渐降低单位商品的差价。

预期利润:当期的利润并不是中间商决定是否加入直销渠道的唯一因素。直销商还要考虑直销企业未来的发展状况,即自己若成为直销企业的渠道成员后的预期利润的大小。如果直销商认为未来会有大的销量或高的利润,即使短期利润不高,他也可能会考虑加入。

风险:这也是直销商主要考虑的因素之一。利润高,但风险高,直销商不一定加入。利润低,但风险低,直销商也有可能加入。

因此,我们可以获得一个公式:期望利润 = f(短期利润,预期利润,风险),短期利润、预期利润与期望利润正相关,风险与其负相关。

②影响期望利润的各因素分析

短期利润:直销商计算短期利润时主要考虑差价的大小。差价的大小主要由直销企业来制定,但应由如下几个因素所决定:

竞争对手的价差:一般不能低于竞争对手的价差。

可能的销量:可能的销量要受竞争产品销量冲击,因此要显示与竞争产品相比之下的优缺点,包括产品、价格、促销、分销,以及中间商所了解的该产品在其他地方的销量、直销商对销售该产品的信心等因素的影响。可能的销量大,其价差可以小。根据以上情况,直销企业应该确定一个合理的差价。

预期利润:预期利润是建立在直销企业的经营管理水平、其他产品或该产品在其他市场的盈利能力、对直销商的扶持和优惠政策、信誉以及其业务代表的风貌、业务发展前景等基础之上。当然,预期利润的大小还与直销商的自身条件有关。

风险:一方面是市场风险,一方面是直销企业的政策风险和信誉风险。市场风险是指这种直销产品的盈利如何,是否存在产品向下游客户或消费者传递时的阻塞。直销企业的政策风险是指直销企业促分销政策的设计是否有利于减少市场风险。若承诺可以调换货,则无疑降低了客户的风险。直销企业的信誉风险是指直销企业对直销商的政策承诺能否兑现。市场风险不是由单个直销企业所能决定的,而直销企业的信誉风险和政策风险却是由其自身决定的。

③争取渠道成员的方法

由以上可知,直销商要根据直销企业和直销市场其他方面的信息进行决策,而这些信息又有很多是直销企业及其业务代表提供的。根据人的有限理性、信息不充分和不对称的原理,直销企业及其业务代表要通过各种渠道不断宣传以上各种有利于直销商加入销售渠道的各种信息,影响直销商的决策,促使其加入营销渠道。

3.1.2　对直销渠道的控制方法和策略

直销渠道控制的目标应是:渠道成员的合作与支持,在渠道控制中拥有主动权。其基本手段是:沟通、利润控制、库存控制和营销方案控制、掌握尽可能多的下一级直销商等。

①沟通

沟通是指直销企业的业务代表或其他成员要经常对直销商拜访。很多直销企业成功的一个经验就是定期拜访直销商。其作用之一,是加深了私人感情,特别是加深了直销商与直销企业的感情;作用之二,是使直销商对直销企业的政策更为理解,减少对一些问题的分歧,并通过直销商了解直销市场信息;作用之三,是对直销商进行业务指导;作用之四,就是增大直销商进入其他直销企业销售渠道的壁垒。中国是一个受儒教影响很深的国家,普通人对人情看得较重,直销企业与直销商保持良好的信誉关系、业务代表与直销商保持良好的私人关系,有助于在业务方面的合作与支持。但是业务代表又不可能与直销商保持太密切的关系,否则要损害直销企业的计划执行与利益,这也是应该注意的。而我国的直销商大都是下岗工人或农民,自身文化素质不高,管理水平比较落后。随着直销市场竞争的激烈,他们迫切需要提高自己的文化和管理水平,直销企业有这一方面的优势,可让业务代表不断对其进行辅导,运用专家力量增强对其影响力和控制力。

②利润控制

利润取决于销量和差价,并且与这两项正相关。若该直销商加入该销售渠道时,当时既没有社会平均利润率又没有高的预期利润,那么它就会有怨言,长期下去有可能会选择退出渠道。因此最重要的应是想办法扩大其销量。而销量小的原因有可能是直销商重视程度不够,营销资源投向别的产品,还有可能是经营不得法,或者是没有信心。对此一般有两类办法加以解决,一是直销企业帮助其分销产品,如直销企业可以帮助其发展下游客户;另一类就是提高直销商的销售积极性和提高其销售能力,如制造商可以帮助其制定分销方案、提供智力支持,等等。

③库存控制和促销方案控制

一个直销商一般经营一个直销企业的品牌产品,其把资金投入某直销企业产品的水平,反映了其对该直销企业的重视程度和积极性程度。而反映资金投入大小的一个重要指标就是库存的大小,增大其库存,就会促使其把更多的资源投入本制造商的产品,而这样做的结果一方面促使其扩大销售量,另一方面增大其退出该营销渠道或加入别的营销渠道的壁垒。而库存的多少又与促销方案、销售季节、直销商的库存成本等因素有关。促销方案力度大、市场销售旺季、直销商的库存成本低都会促使其扩大库存,而其中促销方案力度的大小是主要的。促销方案力度大,直销商销售积极性高,就会使商品周转较快,在新的促销方案的作用下,又会使其更加增大其库存,这样周而复始,就会使该中间商的库存越来越大。当然,如果处于市场淡季,应尽量减少直销商的库存,因为这时商品周转慢,库存成本很高,不利于发展直销企业与直销商的关系。但是,如果直销企业为直销商较大的库存进行一定的补偿,这时增大其库存又是可行的。总之,对库存的适当控制,也就在一定程度上控制了直销商,但是要以尽量不损害直销商利益为前提。

④掌握尽量多的下游直销商

目前中国的法律不健全,通过合同契约根本无法约束直销商,因此直销企业若想争取主动,必须掌握愈来愈多的下游直销商,以及未来的可替代该直销商的其他多个直销商,这样当遇到特殊情况时可以对其更换,而不会受其制约。因为渠道越长,可控性越差,如大的直销商对直销企业的一些促销资源发放不到位,政策执行时有折扣等,且向直销企业索要的代价越高,同时有可能改旗易帜,加入竞争对手的渠道。如果掌握下游直销商,若该直销商对直销企业的合作与支持达不到要求,由于下游直销商都是该直销商的客户,是该直销商的利润之源,同时直销企业又掌握了其他的可替代的直销商,那么从中选择一个可替代的直销商就很容易。因此,一方面掌握下游直销商,另一方面掌握可替代的其他直销商,就会在渠道管理和控制上占有主动地位。而掌握下游直销商的方法主要靠该直销商的市场开发,当然直销企业也可以去自主开发,而对可替代的中间商当然要靠直销企业的开发。

3.1.3 合理设计和改进直销渠道

为达到对直销渠道管理和控制的目的,还要根据市场条件和直销企业市场地位的变化,对直销渠道不断进行合理的设计和改进,争取渠道主动权和控制权。

随着时间的变化,直销企业的市场地位以及市场条件都会发生变化,适应这些变化,就必须对直销渠道进行合理的改进和设计,达到对直销商管理和控制的目的。作为一个直销企业,它理想的情况应是争取在与渠道成员的谈判中,自身地位上升,而直销商的地位下降。它们之间的关系是不可能平等的,平等只不过是一种暂时或表面的现象。一般直销企业刚进入一个目标市场进行销售时,主要依靠当地直销商的力量去销售,随着市场占有率的不断提高,该直销商感觉自身地位的不断提高,就有可能达不到与直销企业合作与支持的要求。而这时如果该直销企业通过该直销商掌握了众多的下游直销商,或由于商品的品牌力的提升吸引更多的各级直销商加入销售渠道,就可以缩短直销渠道或建立多级直销渠道。

3.2 "三种产权"的统一:直销渠道管理的最佳状态

直销渠道的管理必须要用产权理论来实行。根据美国经济学家 R.H. 科斯在《企业的性质》中的解释:"产权是指一种权利。"从产权产生的目的来看,产权是基于对社会福利最大化的追求,是为实现外部性内在化而作的制度安排。很多产权理论研究者因此把产权局限于法律意义上的产权,而忽视了其他几个层面的产权,如自然意义上的产权和道德意义上的产权。我们认为,直销渠道管理实际上是对产权的运用,只有当自然产权、道德产权和法律产权"三位一体"的时候,直销渠道管理才达到最佳状态。

3.2.1 对"三种产权"的解释

对权利的界定存在三种力量,分别体现为原始自然力量确认和保护的习惯权利、道德力量确认和保护的道德权利以及法律力量确认和保护的法律权利。马克思在《关于林木盗窃法的辩论》一文中对习惯权利作了精辟的论述,"这是从古至今就为占有者们所许可的,因此就产生了孩童的习惯权利"。追溯这种习惯权利得以确认和保护的力量源泉,表层上可以理解为人们的公认许可而形成的习惯,实质在于"人的自然依赖关系"决定的原始自然力量。以习惯权利为内容的社会关系构成了一种以原始自然力量为基础的产权关系,这种产权姑且界定为"自然产权"。

道德权利表示一种观念和意识的存在,它依赖于这种观念和意识的支配力量得以确认和保护。以道德权利为内容的社会关系是一种以道德力量为基础的产权关系,这种产权可以界定为"道德产权"。随着阶级和国家的产生,法律作为统治阶级的统治工具得以产生。法律以国家强制力作为保证力量,通过对权利进行确认和保护形成法律关系。这种体现法律意志和力量的社会关系构成了以法律权利为内容的产权关系,也就产生了现代法律意义上的"法律产权"。

道德权利可以表现为法律权利,习惯权利也可以提升为法律权利,但它们本身是可以不依赖法律力量而存在的。因此自然产权和道德产权均可以表现为法律产权,但客观上又存在独立于法律产权之外的自然产权和道德产权。如根据我国现行法律,基于道德力量产生的无因管理行为而形成的道德产权关系同时表现为法律产权关系;而基于道德力量产生的见义勇为行为产生的道德产权关系就未表现为明确的法律产权关系。

3.2.2 道德关系的产权分析

首先,我们谈一下道德的价值判断问题。道德表现为人们心灵深处的观念和意识,是一种价值观,通常是指那些用来明辨善恶的规则和原则。根据这些规则和原则,人们可以判断某种行为是正确的或错误的,决定着人们是接受还是反对某行为。不同社会区域不同时期的不同组织或个人的道德标准是不一定相同的。现实中有四种道德观:功利观、权利观、公平理论观和综合社会契约理论观。大量研究表明,在市场经济大环境下,功利道德观占据主要地位。但随着个人权利、社会公平以及可持续发展的日益被重视,道德标准有待重新塑造。

在道德观的指导下,人们就能够区分道德和不道德的行为。道德行为在我国伦理学界有不同的定义。罗国杰先生认为,人们在一定道德意识支配下所表现出来的有利于他人和社会的行为统称为道德行为。魏英敏先生等认为,出于明确的目的和本人的主观意志的自知、自主、自择的并有利于他人和社会集体的行为是道德行为,反之就是不道德的行为。这些观点实质上都是从道德行为的外部收益角度来进行价值判断的。这种只考虑道德行为的外部收益,不考虑道德行为的外部成本、内部成本和收益的道德观必然造成道德产品的过度供给和过度消费,扭曲了社会资源的配置,从而不利于社会整体的进步和发展,因而是片面的局部的道德观。道德行为产生的动机是多方面的,有可能是纯自利性或纯他利性动机,也可能是二者均在。但这不应该成为道德与否的判断标准,笔者认为,社会支持的道德观应该是有利于整体社会的进步和发展的道德观,标准在于道德行为的社会收益是否大于社会成本。

其次,谈一下道德行为与道德关系。道德行为是一种意志和观念的表现,是合乎道德观的行为。道德行为的直接后果是引起权利的再配置。如企业的捐助行为引起财产权利的再配置、舍命救人行为引起生命权的再配置等。从理论上讲,道德关系是在道德观(或道德规范)的指引下因为道德行为而产生的在利益相关者之间形成的道德权利义务关系。根据这一定义可以看出,道德观是道德关系产生的前提,没有道德观就不可能产生道德关系;道德行为是道德关系产生、变更和消灭的直接原因;道德关系的内容是利益相关者之间的道德权利义务安排。道德关系的主体是指与道德行为相关的利益主体。其中道德行为人是最主要的核心利益主体,是道德行为是否实施的直接决策者。与道德行为相关的利益主体还有作为公共部门的政府、道德行为的直接受益主体和道德行为的间接受损主体等。如张三舍命救落水者李四的道德行为产生的道德关系中,张三为道德行为人,李四为直接受益主体,政府部门因这种高尚道德行为对社会整体的良性导向而间接受益,而张三的父母、子女等直系亲属可能因此无人赡养成为间接受损主体。道德关系的客体是指道德关系的内容即权利义务共同指向的对象。主要包括物质、精神、人身及行为等客体。

第三,分析一下道德的产权制度。构建社会主义和谐社会需要发挥道德的规范和引导功效,其前提是有一个利于合理道德发展的产权制度环境。道德行为必然引起权利的再配置,客观体现为权利的让渡与交换。如果这种让渡与交换不存在外部影响,那么道德关系就成为道德直接主体之间的契约关系,社会缺乏对之干预的权利和权力的来源;如果这种让渡与交换不需要成本或成本最小,那么道德行为对社会的资源配置就不会产生负面影响,社会也就没有对之干预的必要。但现实情况却是道德行为具有明显的外部性、也可能存在着巨大的成本,因此政府对之进行正确的引导干预是必要的,而正确的引导干预需要有一个科学的道德产权制度。

道德行为的成本根据承担主体的不同可以分为直接成本和间接成本。直接成本是指道德行为人实施道德行为造成的权利让出或给自己带来的损失;间接成本主指道德行为对道德行为人以外的主体造成的损失。道德行为的成本根据其产生的原因可以分为行为成本和风险成本,如见义勇为的道德行为,其行为成本只是体力和时间的付出,而见义勇为还可能造成劳动能力甚至生命权的付出,所以存在风险成本。道德行为的收益也可以分为直接收益和间接收益。直接收益是指道德行为人因为道德行为而带来的自有效用。间接收益是指道德行为给道德行为人以外的主体带来的效用。

社会追求的是社会福利最大化,因此道德行为引起的产权交易只有在道德行为的总收益(社会收益)大于总成本(社会成本)时才符合社会目标。而道德行为的决策权属于道德行为人,道德行为人在决策中不可能站在社会成本收益分析的基础上,客观上就容易造成道德行为与社会目标的偏离,因此只有通过建立合理的道德产权制度才能够实现道德行为人目标与社会目标的一致。

道德行为的决策过程实质上是利益相关者之间的权利博弈过程。如果这种博弈是零和博弈或双赢的博弈,则"不存在解的选择问题,因为在这样的博弈中所有的纳什均衡都同样令人满意",但绝大多数情况是非零和博弈,最后的均衡状况就不一定令人满意。因此道德产权制度的重心在于解决非零和博弈问题。

3.2.3 "三种产权"的统一：直销渠道管理的最佳状态

根据上述分析，我们可以得出这样一个结论：自然产权、道德产权和法律产权的和谐统一，这是直销渠道管理的最佳状态。

直销企业与传统企业一个明显的不同处，就是正确处理利益相关者的关系是直销渠道管理的重中之重。利益相关者(stakeholder)是指"能影响组织行为、决策、政策、活动或目标的人或团体，或是受组织行为、决策、活动或目标影响的人或团体"。直销企业利益相关者包括两个层次：第一层是与直销企业利益紧密相关者，主要包括直销企业的股东、员工、客户和供应商等。第二层是与直销企业有一定的利益或利害关系，如广大的消费者、媒体、竞争者、社会团体、社会公众和工商、税务、法院、消费者维权机构及政府其他有关部门等。这里要指出的是，被大量招募的直销员虽然不是直销企业的正式员工，但在实际上，他们是直销企业十分重要的利益相关者；大量的直销商和直销专卖店，虽然不是直销企业内部的营销机构，但在实际上，也是直销企业十分重要的利益相关者；大量的直销产品消费者，虽然和直销企业只有"销"与"消"的关系，但在实际上，消费者是直销企业的"皇帝"，理所当然的是直销企业的最重要的利益相关者。

利益相关者管理的伦理基础是，企业利润最大化目标受制于社会公正和社会责任。我国直销企业在直销活动中必须通过自然产权、道德产权和法律产权的和谐统一，正确处理利益相关者之间的关系，才能使直销渠道的管理达到最佳状态。

①正确处理直销企业与消费者之间的关系，是直销渠道管理的出发点

直销渠道管理中，必然会出现直销企业与消费者之间的利益关系。一方面，消费者要树立维权意识，包括安全权、知情权、选择权、表达意见权和环境保护的要求等。另一方面，直销企业树立以消费者满意为宗旨，维护消费者的长期利益，切实承担社会责任。直销企业的责任主要包括：直销达到安全标准的直销产品，拒绝经销假冒伪劣产品；不使用欺诈手段，要让消费者明明白白地购买和消费；坚持诚实守信的原则，在平等互利的基础上进行交易，维护消费者的长远利益；倾听消费者的抱怨和投诉，并积极做出改进；直销达到环保标准的商品，最大限度地减少污染等。因此，正确处理直销企业与消费者之间的利益关系，这是直销企业渠道管理的根本出发点。离开了这个根本出发点，直销企业的渠道管理则就成为损害消费者利益的"黑洞"了。

②正确处理直销企业与直销商之间的关系，是直销渠道管理的关键点

直销企业的直销商是直销渠道中的重要力量，直销企业与直销商之间要坚持两个基本原则：一是合作与共赢的原则，包括诚实守信、平等互利、相互尊重、长期合作和共存共荣；二是处理好两者之间的相对独立与相互依赖的关系，保障供应渠道的畅通，防止供应链断裂。因此，正确处理直销企业与直销商之间的利益关系，这是直销渠道管理的关键点。直销企业一定要处处为直销商着想，帮助他们排忧解难，提供必要的培训、技术和返利支持，让他们的利益最大化。在直销渠道管理中，只有让直销商的利益最大化了，才能使直销企业的利润最大化。这个基本的道理,直销企业应该牢牢记住。

③正确处理直销企业与竞争者之间的关系,是直销渠道管理的致胜点

直销企业作为市场竞争主体,必须参与市场竞争。商业竞争规则以自律为基础,以道德和法律约束为基本手段。在竞争中讲伦理道德有利于直销企业获取长远利益,保证持续健康发展。公认的商业道德包括:自愿、平等、公平、互利和诚信等原则。我国的直销企业要加强竞争伦理建设,一是要坚持诚实守信的原则,重视公平交易,不打击、排斥竞争者;二是要坚持平等原则,促进直销企业与竞争者之间从对立到合作,避免两败俱伤;三是坚持互利互惠,实现直销企业之间的双赢。实际上,直销市场竞争归根到底是直销渠道的竞争,因此,只有正确处理好直销企业与竞争者之间的利益关系,才能使直销企业的渠道管理致胜。必要的渠道冲突,有利于直销企业之间展开竞争,但渠道的冲突过分激烈,会导致竞争的双方两败俱伤。所以,直销企业要在渠道管理中致胜,一定要处理好与竞争者之间的利益关系,做到公平竞争、文明竞争和互惠竞争。

3.3 渠道管理重点:与直销员建立和谐劳动关系

外部劳动力市场是直销企业制定人力资源管理战略和政策的重要考虑因素,劳动力市场的变动趋势影响着人力资源管理的运作方式。直销员这一非常规性员工的劳动力成为直销企业人力资源的重要组成部分,并对社会结构和直销企业渠道管理提出了挑战。因此,与直销员建立和谐的劳动关系,这是直销企业渠道管理的一个重点。

3.3.1 直销员:非常规性员工

非常规性员工是指不被看成是全日制雇员的临时工、非全日制员工和自我雇佣人员。非常规性员工一词最早是由 Audrey Freedman 1985 年在一项雇佣安全的会议上提出来的,所指的范围十分广泛,成为一个与所有全职、全薪典型工作安排不同的工作的总称。非常规性员工包括从最初的出租车司机、行政秘书、建筑工人、流水线工人等低技能群体,到现在出现的 CEO、助理教授、律师和软件设计人员。非常规性员工最早是在 20 世纪 70 年代早期引起人们的关注的,当时,由于经济、技术和社会环境的影响,市场要求企业快速、灵活地对消费者需求变化做出反应。大规模企业的市场优势逐渐消失,大企业纷纷进行"瘦身"行动:裁员、缩减规模,造成大量工人失业。传统的雇佣合同——对忠诚员工的终身雇佣正在瓦解,近年来,产生了另一种称为"弹性"形式的雇佣契约。

非常规性员工成长是企业缩编或企业再造的结果,受全球扩张、企业的周期循环或是季节性变动的影响。非常规性员工的发展还可以从劳动力市场中的供给面和需求面进行分析。从需求上看,为更为迅速地适应市场需求的变动,雇佣方寻求更加弹性化的雇佣方式。企业希望不用随着经营环境的改变而不断地调整人力资源,把企业的员工规模控制在一定范围内,节省相应的雇佣和解雇员工的成本。大量地使用非常规性员工代替企业的专职员工,由于工资和福利的差异,也可以节

省企业人力成本。有一项研究指出,多数企业需要非常规性员工的原因是为了获得弹性劳动力(81%),再者是为了获得具有特别技能的专家(48%),以及控制缩编后的员工人数(46%)。从供给方面来说,非常规性工作可以满足员工所期望的工作多元化、时间弹性化或者临时过渡等多种需要。随着社会、经济的变迁和劳动力构成多元化的趋势,工作场所以及员工需求也发生了巨大的变化,而且这种变化一直在不知不觉中演进。有些员工由于家庭原因不能适应企业的全职员工的要求,有些员工以非常规性工作充实工作经验和技能,作为寻找长期性、稳定性工作的跳板或者过渡期,还有一种类型的从事非常规性工作的工人是因为找不到长期、稳定的工作,是一种无奈的选择。

直销员与直销企业之间的关系,实际上是一种招募关系,不是直销企业的正式员工,因此,直销员也是直销企业的非常规性员工。

3.3.2 直销员这一非常规性员工增长对直销企业劳动关系管理的挑战

现有的人力资源管理哲学和思想是建立在一种所谓的忠诚和长期雇佣的假设基础上的,企业雇佣关系体现出情感——承诺的特征。虽然直销员这一非常规性员工为直销企业的人力资源成本和规划弹性起到了重要作用,但是,应该看到,这种类型的员工与直销企业之间是一种经济交易式的契约关系。直销员的招募对直销企业劳动关系管理提出了新的挑战。主要表现在两个方面:一是直销员缺乏对直销企业的认同度和归宿感。由于非常规性员工的特点和企业在使用中持有的临时雇佣态度,决定了这类员工在工作中不会对企业产生多高的认同度和归宿感。招募直销员对于直销企业的安全具有非常大的潜在危险,特别是对于知识、科技含量比较高的直销企业。直销企业的核心竞争能力来源于企业所拥有的不为人知或不可复制的资源、经验和能力,这是直销企业在市场竞争中克敌制胜的密码,一旦解密,可能会导致直销企业在市场中的优势尽失。直销企业招募了直销员之后,人才的流动加大,增大了直销企业的经营风险。比如,人才的流动可能会带走直销企业的许多核心机密和客户资源,这对直销企业的未来是一个致命的打击。二是直销员招募会增加企业潜在成本。从表面上看,招募直销员能够为直销企业带来很大的成本节约,但是,使用直销员在具体的工作中会形成一些潜在成本,抵消一部分原本可以节省的成本。这些潜在成本包括培训成本、流动成本。不论直销企业是雇佣全日制正式员工,还是招募直销员,都会发生培训成本和离职成本,而且正式员工的培训成本比非常规性员工的要高得多,但是由于直销员的短期性和高流动性,也就使得直销企业花在他们身上的培训成本和给企业带来的流动成本总体较高。

3.3.3 把与直销员建立和谐劳动关系作为渠道管理的重点

直销员的发展,体现了劳动力市场和直销企业雇佣关系的未来发展趋势。在构建和谐社会、和谐企业的形势下,直销企业人力资源管理和劳动关系管理策略都必须要进行调整,以发挥直销员的积极作用,降低负面的影响。因此,我们要把与直销员建立和谐劳动关系,真正作为直销渠道管理的一个重点。

①重新定位人力资源管理战略

直销企业面对的是愈加稍纵即逝、瞬息万变的市场环境,弹性化成为了人力资源管理的战略重心。弹性的人力资源管理不再把直销企业员工看成是同一的,而是根据其对直销企业的价值和市场稀缺性进行分类,分为核心员工、边缘员工、外部员工等,分别进行相应的管理策略。核心员工由直销企业内最主要的员工组成,处理企业内最关键的事务,他们被期望随着企业改变的需要不断学习新的知识和技能,所有新技术的转移以他们为对象,这是需要大力培育、关注、激励和保留的群体,是创造直销企业市场竞争优势的核心。边缘员工是由直销企业内次要员工组成,外部劳动力市场供给丰富,主要承担专业化和辅助性的工作,对企业价值不大。外部员工即直销员这一非常规性员工,主要是完成直销企业产品向最终消费者推销的任务。在弹性的人力资源管理战略下,直销企业既能够降低人力成本,又能够集中资源用好企业真正有价值的核心员工,充分利用外部劳动力市场的作用,适应产品市场的剧烈竞争。

②招募:直销员与直销企业劳动关系的特征

核心员工团队负责保持直销企业的基本的或常规性运转,在此基础上,主要通过使用非常规性员工的方式来调整直销企业劳动力数量的扩张与收缩。招募,这是直销员与直销企业之间劳动关系的主要特征。因此,直销企业在直销员招募规划中,意图要明确、计划要具体。直销员对直销企业的积极作用很大,但使用不当,也会有一定的风险,所以,科学的人力规划还是建立在对直销企业未来人才需求趋势和劳动力市场变动的准确把握的基础上,还要分析时点、区域、直销员的流动和知识、技能结构的变化。所以,科学的人力资源规划是直销企业人力资源管理的前提,也是招募好直销员的前提。

科学招募直销员,体现的是一种和谐的劳动关系。亦即说,招募直销员的"科学"的标准,就是看直销企业与直销员之间这种劳动关系是不是和谐。什么是和谐的劳动关系?和谐的劳动关系是指直销企业与直销员之间的劳动关系是建立在相互信任、相互依赖、互惠互利的基础上的。直销员是直销渠道中的一支生力军和主力军。直销企业与直销员之间建立了和谐的劳动关系后,直销员就会在直销渠道中表现积极,直销企业的产品也就会在直销渠道中畅通流动,直销员在直销企业利润激增中得到丰厚回报。

③把对直销员管理纳入人力资源一体化

人力资源一体化是直销企业发挥各岗位员工贡献价值的手段,将员工有效地融为一个有机的整体,实现企业的目标。直销员与企业员工队伍的一体化管理十分重要,也十分困难。直销企业可以从文化、培训、团队交往和薪酬方面消除两个群体的身份差异和认知差异。首先需要从培训着手,增进直销员对企业历史、文化的了解和认同,还包括对企业员工的观念培训。在两个群体融合之初,就将双方可能存在的各种冲突可能性消除掉。随着社会对于直销员队伍发展的认可,直销企业文化要适时、适度地将这种观念融入进来,把直销员看成是合作伙伴,倡导平等、尊重、包容的团队交往模式,相互借鉴和学习。薪酬差别可能是导致团队矛盾的主要原因。直销企业在确定直销员的招募时,要采用人性化的奖金制度,为直销员提供有较好的薪酬水平。培训、企业文化、团队交往的重视和薪酬差距的消弭,直销员人力资源一体化的程度就可以得到很大的提高。

④ **完善评估与激励机制**

员工价值的发挥,依赖于直销企业的有效激励,直销员也不例外。直销企业应该针对他们的需求结构制定相应的激励措施,比如,有些直销员只是希望多获得收入,基于绩效的现金激励就比较有效;有些直销员是为了获得灵活的工作时间,企业可以帮助他们制定弹性的工作时间。

▼4 中国直销物流与供应链管理

中国直销物流与供应链管理,这是本章最后一节要讨论的内容。在这一节,我们根据物流与供应链管理的基本原理,研究中国直销企业的物流与供应链管理,旨在告诉读者中国直销物流与供应链管理,较传统企业要先进、科学和规范,代表着中国现代化物流与供应链管理的基本方向。

4.1 直销物流的基本性质和物流管理

物流产业是现代经济的一大支柱产业群。为了促进我国物流产业的发展,有必要进一步深化对直销物流的性质以及直销物流与物流管理的关系等问题的认识。

4.1.1 直销物流的基本性质、职能与作用

下面,我们讨论一下直销物流的基本性质、主要职能和作用。

① **直销物流的基本性质**

直销物流的性质可以分为固有性质和非固有性质两类。物流的固有性质包括物的实体性质和运动性质。无论传统的还是现代的物流活动,人们所处理的无非是物的实体性质(物)和运动性质(流)的关系问题。"物的流动"是对物的实体性质和运动性质的科学概括,是对物流固有性质形象而准确的描述。要利用物的流动造福于人类,就必须伴之以人类有智慧的活动,这具体反映在物流服务、管理、技术和经济四个方面的选择优化活动中。直销企业通过物流服务为消费者提供物流产品,在经济效用原则指导下,通过管理和技术,实现消费者的效用最大化,满足消费者的要求,同时实现直销企业自己的利润最大化,从而促进物流产业经济的不断发展。这四个方面不是物流所固有的性质,因而称其为物流的非固有性质。它们与物流主体的意志和选择性相关联,决定了物流活动的目的性、方向性和效率性。

直销物流固有性质反映了"物的流动"这一性质,直销物流非固有性质揭示了"物的流动"效率改善的性质,前者是后者选择优化的客观对象,后者是前者选择

优化的途径和方法。只有前者而无后者,即只有物的流动而不考虑物流的服务、管理、技术和经济,那么,就可能为直销企业带来大量浪费和经济损失;反之,只有后者而无前者,即抽去了物流的固有性质,那么直销企业的物流服务、管理、技术和经济也就无从谈起。正是物流的固有性质与非固有性质相互联系、相互作用,从整体上构成了直销业物流发展的基本规律。

②直销物流的主要职能

所谓直销物流的主要职能,就是指直销物流活动特有的、区别于其他经济活动的职责和功能。物流基本职能的内容是进行商品实体定向运动。这是物流的共性。不管是哪一种社会形态,只要有商品交换存在,商流和物流就必然会发生。当然,这里说的商品交换,是广义的商品交换。即包括商业系统的商品流通,也包括物资系统的商品流通,还包括不同经济成分经营主体在市场上所进行的商品流通。

直销物流的基本职能从总体上说是从事直销产品实体运动的,是与直销产品使用价值运动有关的。因此,建立和健全必要的储、运输基础设施,是发挥直销物流职能的前提条件。在此基础上,直销物流总体功能得以通过商品运输、保管、装卸、包装、配送、流通加工及与此有密切关联的物流情报职能的发挥体现出来。

运输职能。由于直销产品产地与销地之间存在着空间的背离,有的直销产品是甲地生产,乙地消费;有的是乙地生产,甲地消费;有的是国外生产,国内消费;有的是城市生产,农村消费;有的是农村生产,城市消费。所以要使消费者或用户买到所需商品,必须使直销产品从产地到达销地,这一职能只有通过商品运输才能发挥。因此,物流的运输职能创造着物流的空间效用。它是直销物流的核心。

保管职能。直销产品生产与产品消费存在着时间上的不均衡。比如,日用产品大多是集中生产,分散消费,这就使产品流通的连续进行,存在着时间上的矛盾。要克服这个矛盾,必须依靠商业储存来发挥作用。通过商业储存,才能保证产品流通连续地均衡地顺畅进行,才能使产品连续地充足地提供给市场。所以说,保管职能创造着直销物流的时间效用,是直销物流的支柱,虽然,产品储存在直销产品流通过程中处于一种或长或短的相对停滞状态,但这种停滞状态是由直销产品的产销方式和产销时间决定的,它是产品流通的物质保证,是产品流通所必需的。正如马克思在分析商品流通与商品储存关系时指出的:"商品停滞要看作商品出售的必要条件","没有商品储备,就没有商品流通。"在直销产品储存中还必须对产品进行主动养护,防止产品在储存期间遭受各种损失。

包装职能。要能使直销产品实体在物流中通过运输、储存环节,顺利地到达消费者手中,必须保证直销产品的使用价值完好无损。因此,产品包装职能十分必要。合适的直销产品包装,可以维护产品的内在质量和外观质量,使产品在一定条件下不至因外在因素影响而被破坏或散失,保障物流活动的顺利进行。包装职能是运输、储存职能发挥的条件。

流通加工职能。由于直销产品产销方式的不同,生产性消费一般要求大包装、单花色、大统货、单规格、散装件,而个人生活消费则需要商品小包装、多花色、分规格、组合件等,这就需要在流通中进行必要的流通加工,才能适应商品销售的需要。流通加工是在直销产品从生产者向消费者运动的过程中,为了促进销售维护商品质量和实现物流效率,而对产品进行的再加工。流通加工的内容,包括装袋、分装、贴标签、配货、数量检查、挑选、混装、刷标记、剪断、组装和再加工改制等。流通加工职能的发挥,有利于缩短直销产品的生产时间,满足消费者的多样化需求,克服生产单一性与需求多样化的矛盾,从而提高直销产品的适销率。

配送职能。配送是指按用户的订货要求,在物流中心进行分货、配货工作,并将配好的货物送交收货人。配送在整个物流过程中,其重要性应与运输、保管、流通加工等并列,而形成物流的基本职能之一。它与运输职能的区别在于,在直销产品由其生产地通过地区流通中心发送给用户的过程中,由生产地至配送中心之间的商品空间转移,称为"运输",而从分配中心到用户之间的商品空间转移则称为"配送"。而它又不同于一般的流通加工职能,采取配送方式,通过增大订货经济批量来达到经济进货,又通过将用户所需的各种产品配备,集中起来向用户发货,以及将多个用户的小批量产品集中一起进行一次发货等方式,提高了物流的经济效益。

信息职能。如果把一个直销企业的物流活动看作是一个系统的话,那么这个系统中就包括两个子系统:一个是作业子系统,包括上述运输、保管、包装、流通加工、配送等具体的作业功能;另一个则是信息子系统。信息子系统是作业子系统的神经系统。直销企业物流活动状况要及时收集,商流和物流之间要经常互通信息,各种物流职能要相互衔接,这些都要靠物流信息职能来完成。物流信息职能是由于物流管理活动的需要而产生的,其功能是保证作业子系统的各种职能协调一致地发挥作用,创造协调效用。

③直销物流的主要作用

直销物流的主要作用有以下几个方面:

物流是保证商流顺畅进行,实现直销产品价值和使用价值的物质基础。我们知道,在直销产品流通中,商流的目的在于变换产品的所有权(包括支配权和使用权),而直销物流才是直销产品交换过程所要解决的社会物质变换过程的具体体现。没有直销物流过程,也就无法完成直销产品的流通过程,包含在产品中的价值和使用价值就不能实现。直销物流能力的大小,包括运输、包装、装卸、储存、配送等能力的大小强弱,直接决定着直销产品流通的规模和速度。如果物流能力过小,整个直销产品流通就会不顺畅,流通过程就不能适应整个直销企业发展的客观要求。

直销物流是开拓直销市场的物质基础,决定着直销市场的发展广度、规模、方向。从直销市场发展的情况来看,正是由于产品运输方式的变革为中国直销市场的开拓创造了物质前提。在当代,任何一个国家在竞争日益激烈的世界市场中要扩大自己的市场开拓能力,就必须重视物流的改善,否则,就会在竞争中失败。从国内的直销市场来看,直销物流状况直接影响直销市场产品供应状况,并且直接影响着消费者需求的满足程度。

直销物流直接制约直销企业生产力要素能否合理流动,直接制约直销资源的利用程度和利用水平。由于直销产品具有二重性,使用价值是价值的物质承担者这一基本特征,使直销产品的流通范围和流通时间在很大程度上受到产品使用价值本身特性的强烈制约,从而反过来对产品生产的增长速度和产品的商品过程起着决定性作用。有这样一种情况,直销资源优势由于物流条件的限制而无法转化为商品优势进入流通过程。可见直销物流的组织状况已经构成制约生产的发展和产品商品化程度的决定性条件之一。

4.1.2 直销物流管理:从信息化走向知识管理

物流管理的发展大致经历了三个阶段,即传统储运物流阶段、系统优化物流阶段和物流信息化阶段。传统储运物流阶段以仓储、运输为主要物流业务,并将仓储和运输看成是两个独立的环节,把商品库存看成是调节供需的主要手段,因而物流功能简单、系统性差、整体效益低。系统化物流阶段是将系统论的理论和方法应用于物流活动中,把物流活动的各环节看成是相互联系和相互作用的有机的整体,管理上寻求物流过程的整体优化,以提高物流系统的经济效益和社会效益。这一阶段人们对物流的认识已不再是原来仅指储存和运输的概念,而是包括包装、装卸、流通加工、配送、信息处理在内的物流系统。物流信息化以信息技术的应用为重要标志,实现信息标准化和数据库管理、信息传递和信息收集电子化、业务流程电子化。直销物流管理的实践告诉我们,物流信息化虽然使物流系统反应敏捷、效率提高、整体效益明显,但由于信息管理对象的局限性,难以实现物流系统智能化的目标,使得物流信息化必将走向知识管理阶段。

①直销物流信息化的价值

物流系统是由运输、储存、包装、装卸、搬运、加工、配送等多个作业环节(或称为物流功能)构成的,这些环节相互联系形成物流系统整体。在物流信息化之前,即使从观念上考虑了系统整体优化,但由于信息管理手段落后,信息传递速度慢、准确性差,而且缺乏共享性,使得各功能之间的衔接不协调或相互脱节。运输规模与库存成本之间的矛盾、配送成本与顾客服务水平之间的矛盾、中转运输与装卸搬运之间的矛盾等,都是直销物流系统经常需要平衡的问题。解决这些矛盾,需要利用现代信息技术对上述物流环节进行功能整合,联合运输、共同配送、延迟物流、加工、配送一体化等,都是直销物流功能整合的有效形式。

直销物流信息化通过物流信息网络,使物流各环节上的成员能实现信息的实时共享。处在销售终端的直销商(直销员)直接面对消费者,他们充分了解消费者的需求,能详尽地纪录客户的信息,直销企业与直销商(直销员)借助物流信息网络,几乎可以同时共享直销商所获取的市场信息以及直销商的经营状况,从而迅速调整各自的生产和运营计划;同样,物流信息网络也使直销企业的产品调整和销售政策能及时被其他物流成员了解,也有利于他们及时调整经营策略。在这种物流信息实时反应的网络条件下,物流各环节成员能够相互支持,互相配合,以适应激烈竞争的市场环境。

时间效应和空间效应是直销物流系统的两个主要功能。时间效应指通过直销产品库存消除产品生产与消耗在时间上的矛盾,使生产与消耗在时间空间上达到一致;空间效应指通过运输、配送等活动消除直销产品生产与消耗在空间位置上的矛盾,达到生产与消耗位置空间上的一致。直销物流信息化通过快速、准确地传递物流信息,使直销企业和物流提供商能随时掌握直销产品需求者的需求状况,直销企业实行准时制生产,物流提供商实行准时制配送,将生产地和流通过程中的库存减少到最低程度,直销企业与直销商(直销员)及消费者之间的距离被拉近,甚至达到"零库存"或"零距离",由此降低物流费用。

直销生产系统基本是以定单为依据,即采用定制化生产方式,以满足消费者的个性化需求。而且,满足消费者的个性化需求必须快速反应,这既是消费者的要求,也是生产者降低成本、形成竞争优势的需要。生产系统的快速反应必然要求物流系统与之匹配,即也要快速反应。只有物流信息化才能实现快速反应。安利完成消费者订单的全过程不超过 24 小时。

②基于知识管理的直销业现代物流

信息化对物流的发展发挥了重要作用,但它不能给物流系统带来创新价值,唯有知识管理才具有创新功能,使物流系统发生质的变化。物流信息化注重信息技术的利用和信息收集、处理、传递,管理对象主要是业务信息,即显性知识。但信息管理只能"使信息成为行动的基础的方式",不能使信息通过个人或组织的自身知识的作用而成为更有效的行为。任何员工接收信息后,必须结合自身经验、教训,经过思考方能做出行为决策。对于同种信息,不同人做出的决定不同,产生效益的程度也不同。可见对企业决策起实质影响的是人的经验、教训以及思维方式等看不见、摸不着的隐性知识,这是物流信息化利用信息技术无法收集的。同时,物流员工也难以利用物流信息系统借鉴、倾听员工获得的教训,参考最好的实践经验和物流专业知识进行知识复用和知识创新。因此,为了给物流决策提供更有价值的知识,提高员工知识水平和业务运作效率,直销企业必须充分利用隐含于人头脑中的自身知识,不仅要将它以可见、规范的形式在物流系统里传递,还要发挥自身知识的作用以挖掘信息中隐藏的隐性知识。这种管理理念的转换要求管理对象从以显性知识(业务信息)为主转向以隐性知识(自身知识)为主,即转向知识管理。

关于知识管理的定义,按照美国德尔集团创始人之一卡尔·弗拉保罗的说法是:"知识管理就是运用集体的智慧提高应变能力和创新能力,是为企业实现显性知识和隐性知识共享提供的新途径。"知识管理是将组织可得到的各种来源的信息转化为知识,并将知识与人联系起来的过程。知识管理是对知识进行规范的管理,以便于知识的发掘、获取和重新利用。更明确地说,知识管理是把信息、人与组织活动互联,在三者的交互过程中运用群体的智慧进行创新,以赢得竞争优势。因此,知识管理是在信息管理基础上延伸,它以信息资源的开发、收集、存储、整合、利用为前提,利用信息与人、组织的交互活动,将信息资源发展为企业的知识资源,实现知识创新的管理活动。

直销企业知识管理的物流系统以隐性知识为主导。人力要素的隐性知识,就是人的自身知识,包括经验、教训、技能、思维方式等,这些知识看不见,摸不着。直销企业管理者在进行决策时起决定作用的往往正是这些隐性知识,隐性知识对于企业管理与决策较显性知识更有效,更有价值。知识管理通过挖掘人力要素的隐性知识,将其转换为显性知识,与人共享、交流,为企业提供更为有用的决策依据。直销企业物流知识管理相对物流信息管理在功能上的创新,主要表现为以下四点:

第一,应用信息库和检索系统,建设知识库,为供应链管理者提供决策支持。传统物流企业由于信息交流速度和文档传输速度的限制,完成一个物流活动所需时间较长,且受人为因素影响很大。随着知识管理在物流业的应用,直销企业的供应、配送信息都会通过企业知识库和知识检索系统选择最优方案,或从知识库中找到由实践经验而来的方案,实现有效客户反应和科学决策。直销企业可以将商品信息电子化,编入品种、规格、材质等信息,并不断更新商品的隐性知识,如最近一段时间的市场需求特征、合理配送路线等。客户通过WEB方式查寻商品的编码,就可以找到所需商品的库存量、近期的市场需求特性,提高了订货决策的准确性;直销企业则能够利用知识库里的商品内容拟定将来的库存策略和制造计划。此外,直销企业利用员工的经验、教训和知识库处理供应链各环节信息,可以优化供应链网络,为选择供应商提高有用知识。直销企业通过检索知识库,参考实践经验,还可以在极短时间内拟定有效的配送计划和运输路径。

第二,提供业务操作的"实时FAQ"功能,减少业务出错率,缩短物流链运作时间。"实时FAQ"(Real Time Frequently Asked Questions)指实时通过网络提交业务问题,系统自动检索或提交给在线专家,并以最快速度反馈解决方案。工作在第一线的直销物流人员,能够实时将业务操作问题通过"实时FAQ"获得解决方案,大大提高了实际业务操作中的工作效率。接着,实时FAQ自动更新知识库,将新的问题及解决方案、操作经验等隐性知识进行保存,使其他员工在碰到同一问题时可以立即得到帮助。像配送人员在面对消费者的服务质疑时,能够通过实时FAQ提高回答的正确性。假设一位运输人员在途中遇到堵车,那么他可以通过实时FAQ找到可选的运输路线,保证了直销产品运输业务的正常运作,避免延误。

第三,实施知识激励机制,促进员工知识交流与共享。直销企业将考核制度与员工在知识交流、知识创新方面的成果结合,以此激励员工积极参与知识交流、共享,一方面可以发挥员工的主观能动性,提高直销企业整体知识水平并丰富企业知识资源,另一方面能促进隐形知识与显性知识的转换,推动知识创新。

此外,直销物流知识管理在功能创新方面,还表现在利用数据挖掘、人工智能技术获取物流业务信息中隐含的知识;利用在线学习物流知识、培训软件鼓励员工贡献自己的隐性知识;在知识的存贮和传播上,利用大型数据库技术、新型检索技术、智能代理、搜索引擎以及网络技术、组件技术,保证知识的交互性。知识管理技术可以帮助组织检测出微弱的信号,并根据需要调动人力和信息资源对不测事件做出有效反应,获得最大效益。

③促进直销物流信息化向知识管理转换的途径

直销物流信息化的关键是物流信息数据库管理、物流信息传输网络化和标准化、物流业务处理电子化,包括公司高层管理人员可以随时查询各地库存资料和经营资料,在经营活动中做出与实际相符的决策。国内大多数直销企业在实施物流信息化中,过于注重信息技术的使用,实际上只实现了技术层面上的信息化。只有实现了物流信息化,直销企业才能在此基础上走向物流知识管理。国外一些知名直销公司如安利、雅芳、如新早就开始着手实施知识管理项目,而我国直销企业大多还处在实施物流信息化的阶段,加快物流信息化进程已刻不容缓。

知识管理的核心是知识创新,其核心活动就是将直销企业内外部知识的互相传播,实现对知识的提升。这种传播体现在直销企业各个层面,无时不在,无处不在。知识由显性知识和隐性知识组成。显性知识体现为业务信息,具有规范化、系统化的特点,更易于沟通和分享,例如库存量、直销商资料、服务网点布局等;但隐性知识不容易表达出来,是高度个人化的知识,具有难以规范化的特点,因此不易传递给他人。隐性知识与显性知识的相互转换是知识创新的必然历程。隐性知识转换为显性知识,可以使植根于人头脑中的技能、经验等被相关成员分享,随着新的显性知识在物流系统内得到共享,其他成员开始将其内化,用它来拓宽、延伸和重构自己的隐性知识,或用它来将显性知识如业务信息转换为隐性知识,这些更新后的隐性知识再转换为显性知识,一个良性循环的知识创新系统由此形成。同样,在此良性循环系统中,隐性与隐性、显性与显性知识之间的互换和传递活动也时刻存在。换言之,隐性知识与显性知识的相互转换等同于螺旋上升的体系,知识在此体系中得到传播、整合、拓宽和延伸,进而形成创新性知识为直销企业所用。直销企业必须发现物流系统内外的知识螺旋活动,提倡隐性知识与显性知识的互换,创造有利于转换活动的环境,采用各种激励、辅助手段以促进隐性知识与显性知识的相互转换。

直销物流知识的收集与再利用只有与特定物流业务流程密切联系,才能有效地发挥作用,直销企业应该努力把知识融入公司的具体物流流程中,把知识共享和再利用的要领概念注入到所有物流流程中去。而不是把知识管理视为一个独立的覆盖全公司的信息技术构架。物流流程重组的主要内容是知识的识别、处理、共享、再利用、创新的运作机制,这与物流信息的收集、利用具有很大区别。前者需要人的主观作用,如识别、创新;后者使用先进的信息技术来实现。物流流程重组可以通过建立专门的知识中心,设立知识主管(CKO)来促进物流知识管理的实施。知识主管结合直销企业物流现状,创建知识管理的规划和运行机制,并组织实施;知识中心在CKO的管理下,保证知识收集、加工、共享与创新的业务流程的正常运作;物流各环节提交知识,知识中心为其分类、审核、存入知识库;物流成员可依据权限登录知识库查询所需知识。

4.1.3 直销模式变革后雅芳物流管理的成功分析

雅芳在中国的营运成本,由销售额的8%变成了6%。这绝对不是一个简单的过程。因为,营运成本整整下降2个百分点,对销售成本和制造成本几乎没有压缩空间的化妆品行业而言,其价值是无可质疑的。在这个过程中,雅芳选择的是一条先破后立之道,即彻底打碎其在中国原有的物流管理体系,再造一个新流程。

①改变直销模式后,雅芳的流程不得不革新

雅芳中国有限公司(以下简称雅芳)在中国的发展之路,并非一帆风顺。1990年,雅芳进入中国,成立了雅芳中国有限公司,总部设在广州。当时,凭着独特的营销模式和经营理念,雅芳已发展成为全美500家最大的企业之一。这家以经营化妆品和护肤品为主的大型中外合资企业,在中国各城市建立了75个销售分公司,并聘用了近两万名雅芳销售小姐进行门到门的直销服务。然而,这种直销模式在1998年我国政府大力打击"非法传销"的背景下终止了。雅芳不得不寻找一条适合中国国情的本土化销售道路。

雅芳的办法是"两条腿走路",通过在商业街开设专卖店、在百货商场和超市建立销售专柜这两种方式在中国迅速铺设销售网络。到2000年,雅芳在中国已经有了5000多家专卖店、1600多个专柜及多个零售网点。雅芳的供应链流程,也由"工厂仓库——各分公司仓库——雅芳小姐"变成"工厂仓库——各分公司仓库——经销商自提"。后者即雅芳通过长途陆运或空运的方式,将货物从广州运到全国75个分公司的仓库,然后由经销商到所属区域的各个分公司提取货物,并在专卖店或专柜向顾客出售。在新的供应链模式下,雅芳向中国国内销售了近1000余种产品,2001年的销售收入达到了8亿元人民币,然而这种销售模式的弊端也逐渐显现出来。

随着雅芳在中国销售额的扩大,各地仓库的库存额也随之增加。雅芳的调查结果表明,仓库分散以及信息不畅通,使货物库存的周转天数越积越多,库存额居高不下。此外,分散在各地75个大大小小的仓库,使得雅芳不得不投入大量的人力成本从事仓储、出纳、打单等营运作业。显然,这种以"分公司仓库"为中心的物流模式消耗大、速度慢、管理难,越来越不能跟上销售的步伐。另一方面,物流不畅直接导致经销商的满意度发生偏移。有数据表明,从1999年2002年,雅芳经销商的流失率一度高达20%。有一个例子是,一位住在新疆南部和田地区的雅芳经销商,去位于乌鲁木齐的雅芳分公司取货,必须带着钱,坐整整一天的火车到喀什,然后再转坐12小时的汽车才能到达目的地,而这样来回离店的时间差不多需要一个星期。这给经销商造成了很大困难并且浪费了他们的销售时间。而当经销商的满意度发生偏移时,将直接影响到雅芳对顾客服务品质的承诺。就这样,雅芳的供应链流程已经不得不做出变革。

②采取DRM重新塑造供应链

面对激烈的竞争,雅芳必须依托一个高效的供应链体系来支撑成本控制、运作效率、客户服务等一系列环节。从2000年年底开始,雅芳经过将近一年的摸索、研究,决定通过重新整合物流来提高竞争力。为此,雅芳自行开发了一套基于因特网的经销商管理系统(简称DRM系统),并拟定了一份集信息流、资金流、物流于一体的企业物流解决方案。雅芳称这套方案称为"直达配送"。在"直达配送"项目的脚本下,雅芳给自己设定了三个目标:提升顾客满意度、降低企业库存量、信息流资金流的整合借助物流改革一步到位。2000年10月,雅芳开始率先构筑基于因特网的DRM系统,实现企业组织与庞大业务体系的在线管理。通过DRM系统,经销商可以在因特网上查询产品信息,了解最新的市场促销活动。此外,借助DRM中的支付功能,经销商可以在网上订购产品,并通过银行的网上支付业务实行网

上结算。

为配合DRM系统的推广,雅芳取消了原来在各分公司设立的75个大大小小的仓库,在北京、上海、广州、重庆、沈阳、郑州、西安、武汉这八个城市设立八个区域服务中心。每个区域服务中心覆盖相邻省市的产品配送。雅芳生产线上的货物直接从广州运输并存放到八个区域服务中心,各地经销商通过DRM系统直接向雅芳总部订购货物,然后由总部将这些订货信息传到区域服务中心,各中心根据经销商所定货物,进行包装、分拣、验货,然后,由第三方物流公司在规定的时间内送到经销商手中。目前,这种门对门的送货服务在48小时内的到达率已接近87%。此时,雅芳的供应链体系转变为"工厂生产——区域服务中心——送达经销商"模式。那位住在新疆南部和田地区的雅芳经销商,如今进货时,再也不需要长途跋涉、肩扛手提了,只需要上因特网下订单,在线通过银行网上支付业务付款,然后就可以等着第三方物流公司在72小时内将货物送到店里,最后在网上签收就可以了。

③借助第三方成功实施变革

在雅芳流程再造的举措中,第三方物流企业扮演了举足轻重的角色。相对于以前企业"大而全、小而全"的发展态势,当今企业的竞争立足于发挥自身的核心竞争力已成为趋势。在这种背景下,雅芳的决策层决定发挥自身的产品研发、生产和销售优势,把企业物流剥离出来交给第三方物流企业去做,通过供应链的整合实现规模效益。

雅芳把自身和第三方物流企业的合作关系定义为战略合作伙伴关系。这是一种寻求企业、物流提供商、经销商三方多赢的机制。雅芳把全国划分为8个区域服务中心,每个区域对物流提供商进行独立招标。作为直达配送项目的负责人之一,张恒法每天都会接待很多前来投标的物流企业。目前企业物流最难解决的问题是"最后一公里"的问题。如果物流企业仅仅提供仓储、运输,没有做好末端配送这个环节,没有参与整个企业从最前端到最末端的供应链的全部过程,就不是真正意义上的第三方物流企业。雅芳谨记"稳妥"二字,开始了对第三方物流企业的删选,整个过程花费了近8个月。对第三方物流企业的选择,雅芳很看重经验,比如现在合作的两家物流企业都为DELL提供过"门到门"的配送服务;同时,雅芳也注重物流企业对物流的理解是否与己一致。目前,为雅芳的"直达配送"项目提供物流服务的第三方物流企业有四家:中国邮政物流、大通国际运输有限公司、共速达和心盟物流运输。

2002年3月份,雅芳在广州率先开展"直达配送"项目的试点工作,计划试验半年。在广州试点的同时,其他分公司和经销商纷纷要求加快进度,雅芳管理层决定尽快推展这项业务。于是,在"下面拉、上面压"的态势下,雅芳原本计划花费2年的"直达配送"项目全国推广工作,历时一年就提前完成。为了实现直达配送,雅芳额外投入很大一笔钱。因为从区域服务中心到经销商的配送费用是一笔很大的额外开支。然而,一切付出都是值得的,直达配送项目取得了显著的效果。有一组数据表明,实行直达配送后,经销商的流失率降到了10%,而且这种流失更多的是受房屋租期等非经销商因素的影响。"直达配送"使雅芳经销商的小本生意轻松方便了许多,并有效提升了经销商的忠诚度和雅芳品牌的美誉度。同时,雅芳降低了租金和人员成本。以前每个分公司需要几百平方米的仓库,现在实现了零库存;以前75个分公司共有600个员工负责收费、仓库、管理、打单等营运工作,现在分公司只专注于市场开发和销售业务,营运工作由八个区域服务中心负责,员工数量锐减至192个人。短短一年间,雅芳的产品销售量平均提高了45%,北京地区高达70%。此外,雅芳的库存管理也取得了显著的效益。产品的仓储和调拨从75个分公司集中到八个区域服务中心,在订单满足率有效提升的同时,库存水平持续下降。至此,雅芳的营运成本从8%降低到了6%,借力第三方物流企业为雅芳提供了第二个利润来源。而对广大的第三方物流企业来说,企业直营的销售末端也将为他们提供广阔的生存空间。

4.2 直销物流与供应链管理的关系

直销物流和供应链管理之间有什么样的关系?下面我们一起讨论和研究这个问题。

4.2.1 直销供应链管理的概念

供应链管理(Supply Chain Management,SCM)最早是在20世纪80年代末被提出来的,指的是对企业内部及与外部发生紧密联系的所有业务活动的统一管理,包括人力资源、财务、订单、采购、计划、生产、库存、运输、销售、服务在内的所有企业业务活动。随着市场竞争的加剧,企业的竞争动力从"产品制造推动"转向"用户需求拉动",由最终用户的需求决定整个链条上的企业活动趋向,供应链管理的发展随之从企业内部活动管理扩展到相关上下游企业之间的内部活动和相互联系活动的管理。供应链管理的信息化程度高低,决定了现代企业的发展命运。

直销供应链管理的基本概念是,以市场和消费者需求为导向,以直销企业为龙头,以提高竞争力、市场占有率、客户满意度和获取最大利润为目标,以协同商务、协同竞争和双赢原则为运作模式,通过运用现代企业管理思想、方法、信息技术、网络技术和集成技术,达到对整个供应链上的信息流、物流、资金流、价值流和工作流的有效规划和控制,从而将消费者、直销商、直销员、直销企业和服务商连成一个完整的网链结构,形成一个极具竞争力的战略联盟。

直销供应链管理的主要特点是:需求性、竞争性、协同性、完整性、紧密性、双赢性、复杂性、交叉性和动态性。面对新经济时代的市场竞争和直销企业发展趋势,未来的ERP将是一个全新的,集管理、技术和信息之大成的供应链管理系统。它的主要特点有:一是以进一步提高竞争力,市场占有率和获取最大利润为目标;二是以直销市场为导向,以消费者需求为中心;三是坚持开放、互动的供应链管理;四是实行协同商务、协同竞争和双赢的基本原则;五是运用先进的管理技术、信息技术、网络技术和集成技术;六是以现有的ERP为基础。它的主要扩展功能有:一是支持集多种生产类型、多种经营方式和多种产业为一体的供应链管理模式;二是支持协同商务、协同竞争和双赢原则的运作模式;三是支持市场分析、销售分析和消费者关系管理;四是支持包括先进计划与排产技术在内的各种计划和优化排产方法;五是支持电子商务;六是支持物流和配送中心管理;七是支持集团的资本运作管理;八是支持更大范围的信息集成和系统开放。

4.2.2 直销供应链管理涉及的内容

直销供应链管理主要涉及到四个主要领域:供应(Supply)、生产计划(Schedule Plan)、物流(Logistics)、需求(Demand)。直销供应链管理是以同步化、集成化生产计划为指导,以各种技术为支持,尤其以 Internet/Intranet 为依托,围绕供应、生产作业、物流、满足需求来实施的,主要包括计划、合作、控制从直销商到消费者的产品和信息,目标在于提高对消费者服务水平和降低总的交易成本,寻求两个目标之间的平衡(这两个目标往往有冲突)。直销供应链管理还包括以下主要内容:战略性直销商和消费者合作伙伴关系管理;供应链产品需求预测和计划;供应链设计集成化、供应链管理同步化、集成化生产计划供应、生产作业物流需求和各种技术支持;直销企业内部与其他上游企业之间物料供应与需求管理;基于供应链管理的产品设计与制造管理、生产集成化计划、跟踪和控制;基于供应链的消费者服务和物流管理;直销企业资金流管理;基于 Internet/Intranet 的供应链交互信息管理等。

在全球化大市场竞争环境下,任何一个直销企业都不可能在所有业务上成为最杰出者,唯有联合行业中其他上下游企业,建立一条经济利益链、业务关系紧密的行业供应链,实现优势互补,充分利用一切可利用的资源来适应社会化大生产的竞争环境,共同增强市场竞争实力。因此,直销企业内部供应链管理延伸和发展为面向全行业的产业链管理,管理的资源也应从企业内部扩展到了外部。在这种供应链的管理过程中,我们要实现以下两个方面的要求:

①直销行业要形成环环相扣的供应链

在整个直销行业要建立一个环环相扣的供应链,使多个直销企业能在一个整体的管理下实现协作经营和协调运作。把这些直销企业的分散计划纳入整个供应链的计划中,实现资源和信息共享,从而大大增强了该供应链在大市场环境中的整体优势,使每个直销企业均可实现以最小的个别成本和转换成本来获得成本优势,及时地获得最终消费市场的需求信息,使整个供应链能紧跟直销市场的变化。可以这样说,直销市场竞争将会演变成为这种供应链之间的竞争。

②要建立业务相关的动态直销企业联盟

在市场经济发达国家,为了加速产品流通,往往是以一个配送中心为核心,上与生产加工领域相联,下与批发商、零售商、连锁超市相接,建立一个企业联盟,把它们纳入自己的供应链来进行管理,起到一个承上启下的作用,最有效地规划和调用整体资源,以此实现其业务跨行业、跨地区甚至是跨国的经营,对大市场的需求做出快速的响应。在它的作用下,供应链上的产品可实现及时生产、及时交付、及时配送、及时交达到最终消费者手中,快速实现资本循环和价值链增值。所以,我国要在市场、加工/组装、制造环节与流通环节之间,建立一个业务相关的动态直销企业联盟(或虚拟公司),即为完成向市场提供商品或服务等任务而由多个直销企业相互联合所形成的一种合作组织形式,通过信息技术把这些直销企业连成一个网络,以更有效地向市场提供直销产品和服务,以完成单个企业不能承担的市场功能。这不仅使每一个直销企业保持了自己的个体优势,也扩大了其资源利用的范围,使每个直销企业可以享用联盟中的其他资源。例如直销产品配送环节是连接生产制造与流通领域的桥梁,起到重要的纽带作用,以它为核心可使供需连接更为紧密。这种广义供应链管理拆除了直销企业的围墙,将各个直销企业独立的信息化孤岛连接在一起,建立起一种跨企业的协作,以此追求和分享市场机会,并通过电子商务把过去分离的业务过程集成起来,覆盖了从供应商到客户的全部过程,包括原材料供应商、外协加工和组装、生产制造、销售分销与运输、直销商、直销员、仓储和客户服务等,实现了从生产领域到流通领域一步到位的全业务过程。

4.2.3 直销物流管理与供应链管理的关系

直销物流管理是供应链管理的一个重要组成部分,与传统的物流管理有着很大的区别。因此,了解直销物流管理的形成和发展,对于理解供应链管理思想的实质以及供应链管理中的物流管理的作用很有必要。

在物流管理出现之前,企业还没有一个独立的物流管理业务部门,只是被当作制造活动的一部分。上世纪80年代出现了集成物流的概念,把企业的输入与输出物流管理以及部分市场和制造功能集成在一起。供应链管理是90年代才出现的新的管理模式,并随之出现了集成供应链概念,通过和其他的供应链成员进行物流的协调寻找商业机会。

物流指的是供应链范围内企业之间的物资转移活动(不包括企业内部的生产活动)。直销企业物流管理已经把采购与分销两个为生产服务的领域统一在一起,形成的物流供应链。供应链管理实际就是直销物流管理的延伸和扩展。它关联着几个不同的管理概念:

①供应管理(Supply Management)

供应管理包括采购、库存、运输、订单处理等,与供应商的业务有关的,处理直销企业与供应市场之间的各类业务活动。

②后勤管理(Logistics)

后勤管理是指经过分销渠道到达最终用户的物料管理和信息管理。

③配送管理(Physical Distribution Management)

配送管理是指处理与企业最直接的用户,主要是一级用户,不涉及二级用户间的业务关系,把产品销售给用户,非直接的用户。

④物料管理(Materials Management)

物料管理是指供应链的中间部分物流和信息流。包括采购、库存管理、仓储管理、生产作业计划与控制、分销配送管理。即从原料的采购进厂、生产再到产品交给用户(第一级用户),不包括供应商的供应商和分销商的分销商及最终用户。

⑤供应链管理

供应链管理是跨企业范围的比物料管理更广泛的管理,它从战略层次上把握最终用户的需求,通过企业之间的有效合作,获得从成本、时间、效率、柔性等的最佳效果。包括从原材料到最终用户的所有活动,是对整个链的过程管理。

直销物流管理在供应链管理中的地位。一般认为,供应链是物流、信息流、资金流的统一,那么,直销物流管理很自然地成为供应链管理体系的重要组成部分。供应链管理与直销物流管理的区别在哪里?一般而言,供应链管理涉及制造问题和物流问题两个方面,物流涉及的是直销企业的非制造领域问题。两者的主要区别表现在:一是物流涉及原材料在直销企业之间的流动,而不涉及直销产品生产制造过程的活动;二是供应链管理包括直销物流活动和直销产品生产活动;三是供应链管理涉及从原材料到直销产品交付给最终用户的整个物流增值过程,物流涉及直销企业之间的价值流过程,是直销企业之间的衔接管理活动。直销物流管理在供应链管理中有着重要的作用。这一点可以通过价值分布来考查。物流价值(采购和分销之和)在各种类型的直销产品和行业中都占到了整个供应链价值的一半以上,生产价值不到一半。这说明供应链是一个价值增值链过程,应有效地管理好直销物流过程,提高供应链的价值增值水平。直销物流管理不再是传统的保证生产过程连续性的问题,而是要在供应链管理中发挥重要作用,如创造用户价值,降低用户成本;协调生产活动,提高直销企业敏捷性;提供用户服务,塑造直销企业形象;提供信息反馈,协调直销市场供需矛盾。要实现以上几个目标,直销物流系统应做到准时交货、提高交货可靠性、提高响应性、降低库存费用等。

4.3 绿色供应链管理:直销企业竞争策略

供应链的概念更加注重围绕核心企业的网链关系,如核心企业与供应商、供应商的供应商乃至与一切前向的关系,与用户、用户的用户及一切后向的关系。绿色供应链是在此基础上综合考虑环境的影响,其目的是使产品从原料获取、加工、包装、存储、运输、使用到报废处理的整个过程中,注重对环境的保护,从而促进经济与环境的协调发展。这就叫绿色供应链管理。直销行业的供应链就属于绿色供应链管理。

4.3.1 直销绿色供应链管理的特征

直销绿色供应链管理的主要特征是:
①充分考虑环境问题
传统的供应链管理是对供应链中物流、能流、信息流、资金流以及工作流进行计划、组织、协调及控制。它是以顾客需求为中心,将供应链各个环节联系起来的全过程集成化管理。它强调在正确的时间和地点以正确的方式将产品送达顾客,但它仅仅局限于供应链内部资源的充分利用,没有充分考虑在供应过程中所选择的方案会对周围环境和人员产生何种影响、是否合理利用资源、是否节约能源、废

弃物和排放物如何处理与回收、环境影响是否做出评价等等,而这些正是直销绿色供应链管理所应具备的新功能。

②强调供应商之间的数据共享

数据共享包含绿色材料的选取、产品设计、对供应商的评估和挑选、绿色生产、运输和分销、包装、销售和废物的回收等过程的数据。供应商、制造商和回收商以及执法部门和用户之间的联系都是通过Internet网来实现的。因此,直销绿色供应链管理的信息数据流动是双向互动的,并通过网络来支撑。

③闭环运作

直销绿色供应链中流动的物流不仅是普通的原材料、中间产品和最终产品,更是一种"绿色"的物流。在生产过程中产生的废品、废料和在运输、仓储、销售过程中产生的损坏件及被用户淘汰的产品均须回收处理。当报废产品或其零部件经回收处理后可以再使用,或可作为原材料重复利用时。

④体现并行工程的思想

直销绿色供应链管理研究从原材料生产、制造到回收处理,实际上是研究的产品生命周期的全过程。并行工程要求面向产品的全生命周期,在设计一开始,就充分考虑设计下游有可能涉及的影响因素,并考虑材料的回收与再利用,尽量避免在某一设计阶段完成后才意识到因工艺、制造等因素的制约造成该阶段甚至整个设计方案的更改。因此应用并行工程的思想,使材料的生产、产品制造过程和回收与再利用并行加以考虑。

⑤充分应用现代网络技术

网络技术的发展和应用,加速了全球经济一体化的进程,也为直销绿色供应链的发展提供了机遇。直销企业利用网络完成产品设计、制造,寻找合适的产品生产合作伙伴,以实现直销企业间的资源共享和优化组合利用,减少加工任务、节约资源和全社会的产品库存;通过电子商务搜寻直销产品的市场供求信息,减少销售渠道;通过网络技术进行集中资源配送,减少运输对环境的影响。

4.3.2 直销绿色供应链管理体系的基本内容

直销绿色供应链管理包括从产品设计到最终回收的全过程,其管理体系如下图所示。

①绿色设计

研究表明,产品性能的70%—80%是由设计阶段决定的,而设计本身的成本仅为产品总成本的10%。因此,在设计阶段要充分考虑直销产品对生态和环境的影响,使设计结果在整个生命周期内资源利用、能量消耗和环境污染达到最小化。

②绿色材料的选取

原材料供应是整个直销绿色供应链的源头,必须严格控制源头的污染。从大自然提取的原材料,经过各种手段加工形成直销产品,同时产生废脚料和各种污染,一部分被回收处理,一部分回到大自然中。从绿色材料的循环生命周期可以看出,整个循环过程需要大量的能量,同时产生许多环境污染,这就要求直销企业在原材料的开采、生产、产品制造、使用、回收再用以及废料处理等环节中,充分利用能源和节约资源,减少环境污染。

③绿色供应过程

供应过程就是直销企业在产品生产时,向原材料供应商进行原材料的绿色采购,从而确保整个供应业务活动的绿色化。一是供应商要绿色。直销企业选择供应商需要考虑的主要因素是:产品质量、价格、交货期、批量柔性、品种多样性和环境友好性等。积极的供货方把目光聚焦于环境过程的提高,对供货的产品有绿色性的要求,目的就是降低材料使用,减少废物产生。因此,供货方应该对生产过程的环境问题、有毒废物污染、是否通过 ISO 14000、产品包装中的材料、危险气体排放等进行管理。二是直销物流要绿色。直销物流主要是在运输、保管、搬运、包装、流通加工等作业过程对环境负面影响的评价。评价指标如下:

运输作业对环境的负面影响主要表现为交通运输工具的燃料能耗、有害气体的排放、噪音污染等。

保管过程中是否对周边环境造成污染和破坏。

搬运过程中会有噪音污染,因搬运不当破坏商品实体,造成资源浪费和环境污染等。

在包装作业中,是否使用了不易降解、不可再生资源、有毒的材料,造成环境污染。

④绿色生产

绿色生产是指直销产品过程的输入、输出和资源消耗以及对环境的影响,即由原材料到合格直销产品的转化过程和转化过程中物料流动、物能资源的消耗、废弃物的产生、对环境的影响等状况。

绿色工艺。直销企业在工艺方案选择的过程中要对环境影响比较大的因素加以分析,尽量根据车间资源信息,生成具有可选择的多工艺路线,提高工艺选择简捷化程度,达到节约能源、减少消耗、降低工艺成本和污染处理费用等。

生产资源。随着加工水平的提高,直销企业要尽量减少加工余量,便于减少材料的浪费和下脚料的处理,并考虑下脚料的回收、分类、处理和再利用。

生产设备。直销企业对生产设备的选择,要考核设备在实际运行过程中的能源、资源消耗及环境污染情况。

产品生产的宜人性。直销企业要提高绿色产品生产中的宜人性,通过改善生产环境,调整工作时间及减轻劳动强度等措施,从而提高员工的劳动积极性和创造性,提高生产效率。

重视环境保护。在直销产品整个生产过程中的各个环节上都不产生或很少产生对环境有害的污染物。

⑤绿色销售、包装、运输和使用

绿色销售。绿色销售是指直销企业对销售环节进行生态管理,它包含分销渠道、直销商的选择、网上交易和促销方式的评价等。

直销企业根据直销产品和自身特点,尽量缩短分销渠道,减少分销过程中的污染和社会资源的损失。

选用直销商时,应注意考察其绿色形象。

开展网上销售。作为新的商务方式,电子商务是很符合环保原则的,发展前景广阔。

在促销方式上,直销企业一方面要选择最有经济效益和环保效益的方式,另一方面更要大力宣传直销企业和直销产品的绿色特征。

绿色包装。消费者购买直销产品后,其包装一般来说是没有用的,如果任意丢弃,既对环境产生污染,又浪费包装材料。绿色包装主要从以下几个方面进行考虑:实施绿色包装设计,优化包装结构,减少包装材料,考虑包装材料的回收、处理和循环使用。

绿色运输。随着物流量的急剧增加带来车流量的大量增加,大气环境因此受到严重污染。直销企业的绿色运输主要评价集中配送、资源消耗和合理的运输路径的规划。集中配送指在更宽的范围内考虑物流合理化问题,减少运输次数。资源消耗指在货物运输中控制运输工具的能量消耗。合理规划运输路径就是以最短的路径完成直销产品的运输过程。

绿色使用。直销产品的绿色使用,主要是评价产品的使用寿命和再循环利用,使用寿命是延长产品寿命,增强产品的可维护性,减少直销产品报废后的处置工作。再循环利用是根据"生态效率"的思想,通过少制造和再制造方式,使得废弃产品得到再循环,从而节约原材料和能源。

⑥产品废弃阶段的绿色处理

工业技术的改进使得产品的功能越来越全面,同时产品的生命周期也越来越短,造成了越来越多的废弃物消费品。不仅造成严重的资源、能源浪费,而且成为固体废弃物和污染环境的主要来源。直销产品废弃阶段的绿色性主要是回收利用、循环再用和报废处理。直销产品的回收需经过收集、再加工、再生产品的销售三步完成;直销产品的循环再用是指本代产品在报废或停止使用后,产品在多代产品中的循环使用和循环利用的时间。直销产品报废处理要经过严格的绿色处理,或焚烧,或深埋。

4.3.3 直销绿色供应链管理的评价方法

对直销绿色供应链管理,我们设计了一套评价方法。

①直销绿色供应链管理的绿色度

目前"绿色"这个概念应用很广,如绿色设计、绿色制造、绿色供应链等。"绿色"被认为是一个显而易见的概念,至今没有一个明确的定义。综合国内外的研究,我们认为"绿色"是一个与环境影响紧密相关的概念,是一个相对概念。对直销绿色供应链的评价,通常是以相关的环境标准和法规为基准,当供应的环境影响符合要求时,即认为是绿色的。直销绿色供应链管理的绿色度可定义为绿色的程度或对环境的友好程度。

直销绿色供应链是以传统的供应链为基础,并结合制造技术、控制技术和网络技术等新的应用技术,其目标是对资源的合理利用、降低成本和减少对环境造成的严重污染。为了实现上述目标,通常采用开发新型供应过程、优化或改进传统供应过程这两个方面来实现绿色供应链管理。

②直销绿色供应链管理的评价体系

直销绿色供应链管理的评价,不仅是一个环境效益显著的行为,也是供应商取得显著社会经济效益的有效手段。实施绿色供应过程环境评价,最大限度地提高资源利用率,减少资源消耗,可降低制造成本;同时,实施绿色供应过程环境评价,减少或消除环境污染,可减少或避免因环境问题引起的罚款,减少不必要的开支。因此,直销绿色供应链的环境评价是一种战略经营决策,使直销企业无论从经济社会方面,还是从环境方面都受益很大。

根据上述直销绿色供应链管理体系的研究内容,建立绿色供应链管理的评价体系。绿色设计主要是对标准化设计、模块化设计、可拆卸设计和可回收设计进行评价;绿色材料主要是对绿色材料的加工属性、环境属性和经济性进行评价;绿色供应过程主要是对供应商和物流进行评价;绿色生产主要是对工艺设计、资源、生产设备、宜人性和环境保护进行评价;绿色流通过程主要是对销售、包装、运输和使用进行评价;产品废弃阶段主要是对回收再用、循环再用和废弃物的绿色处理进行评价。

③直销绿色供应链管理的评价方法

直销产品供应链绿色性的综合评价,实际上是解决评价对象多因子模式识别和排序问题。由于以上方法在建立环境系统评价指标上带有很大的主观性,如液体污染、噪声污染和清洁程度等定量指标很难做出估计,在决策中,只能借助专家的意见。而 AHP 是一种既有坚实的理论背景,又能客观地反映专家和决策者主观意见的简单、合理、可靠的数学结构方法。

在现实世界中,人们对事物的推理、判断、预测和决策等智力行为通常都是在问题领域的信息不完全、不确定、不精确或模糊的条件下进行的。知识推理是根据所获得的信息通过数据分析、推理,从而产生合理的决策规则而形成有用知识的过程。粗集理论(Rough Set)是由波兰科学家 Z.Pawlak 教授提出来的对不完整数据进行分析、推理、学习、发现的新方法。目前已成为人工智能领域中一个较新的学术热点,引起了越来越多的科研人员的关注。直销产品供应链绿色性的决策涉及到技术、经济、企业素质、企业实力、环境和产品特点等诸多因素,是一个多目标、多属性的复杂决策问题。其绿色性决策正确与否直接关系着供应链过程中的环境问题。直销绿色供应链管理采用上述理论,把 AHP 法、粗集理论和理想解排序法相结合,求得环境综合评价的最优解。

第11章 市场规则下的中国直销企业治理结构

市场规则下的中国直销企业治理结构，这是这一章需要讨论和研究的主要内容。为什么把市场规则与直销企业的治理结构联系在一起，这是因为在市场规则的规范下，直销企业治理结构才能体现社会主义市场经济的基本特征，才能符合建立社会主义市场经济秩序的基本要求。

▼1 中国直销市场规则的定义、构建及创新

中国直销市场规则，在中国直销经济发展中起着十分重要的作用。在这一节，我们主要研究的内容就是中国直销市场规则的定义、中国直销发展初期市场规则的构建和中国直销市场规则的创新。

1.1 中国直销市场规则的定义及主要内容

下面，让我们一起讨论一下中国直销市场规则的定义及主要内容。讨论这一问题的目的，是为我们后面研究中国直销企业治理结构作铺垫。

1.1.1 中国直销市场规则的定义

中国直销市场规则是国家为了保证中国直销市场有序运行而依据直销市场运行规律所制定的规范直销市场主体活动的各种规章制度,包括法律、法规、契约和公约等。中国直销市场规则可以有效地约束和规范直销市场主体的市场行为,使其有序化、规范化和制度化,保证中国直销市场机制正常运行并发挥应有的优化资源配置的作用。没有一个好的直销市场规则,直销市场秩序就无从建立,直销市场难以发挥它在资源配置中的基础作用。

1.1.2 中国直销市场规则的主要内容

中国直销市场规则可以分为市场进出规则、市场竞争规则、市场交易规则和市场仲裁规则等四个方面。

①市场进出规则

中国直销市场进出规则是市场主体和市场客体(即商品)进入或退出市场的行为准则与规范。

中国直销市场主体进出市场规则主要包括三方面的内容:

——中国直销市场主体进入市场的资格规范。按照直销市场开放、直销产业结构优化的要求和直销市场主体应具备的条件,各个直销市场主体从事生产经营活动必须具备合法身份。关于这一点,我国《直销管理条例》已作了明确规定,在第一章我们已作了介绍。

——中国直销市场主体的性质规范。按照我国直销的法律、法规和政策规定,根据市场的章程、组织机构,以及人、财物等生产要素及其组合,依法确认为直销企业为有限责任公司、股份有限公司、合伙企业和个体企业等,并确认直销市场主体的经营范围。

——中国直销市场主体退出市场的规范,如破产、歇业、兼并、收购等,要符合一定的法律程序。

中国直销市场客体进出直销市场规则主要包括两方面的内容:直销市场客体上市交易必须合法;直销商品的质量、计量及包装等必须符合有关规定,凡质量低劣、假冒伪造、"三无"(无商标、厂址、厂名)、过期失效、明令淘汰、有害身心健康的商品,不能进入中国直销市场。直销商品进出规则是使直销市场主体和直销商品进出直销市场的行为规范化,是保证中国直销市场有序运行的重要制度基础。

②市场竞争规则

中国直销市场竞争规则是国家为维护直销市场各主体之间等价交换、公平竞争,根据中国直销市场经济的内在规律和要求,依法确立的直销市场竞争行为准则与规范。

中国直销市场竞争规则是直销市场主体之间地位平等、机会均等竞争关系的制度体现。它主要由三个部分组成:

禁止直销不正当竞争行为。直销不正当竞争行为是指经营者采用欺骗、胁迫、利诱、诋毁以及其他违背公平竞争准则的手段,从事直销的市场交易,损害直销竞争对手利益的行为。直销不正当竞争行为主要有:一是欺骗性不正当竞争行为,包括假冒他人注册商标的行为、仿冒知名商品的行为、擅自使用别的直销企业名称的行为、伪造或冒用商品质量标志的行为、虚假广告宣传行为、欺骗性有奖销售行为与巨奖销售行为、欺骗性价格竞争与暴利行为等。二是侵犯直销商业秘密行为,即不正当地获取、披露、使用或允许他人使用权利人商业秘密的行为。三是诋毁直销竞争对手商业信誉与商品声誉的行为,即经营者以排挤直销竞争对手为目的,通过捏造、散布虚伪信息,对直销竞争对手商业信誉和商品声誉进行恶意诋毁、贬低,以削弱其直销市场竞争能力的行为。四是商业贿赂行为,即经营者在直销市场交易中,以秘密支付财物或其他报偿为手段,以取得有利于自己的交易机会和交易条件的行为。五是干扰直销市场正常交易,如强买强卖,利用顾客连环推销,即所谓"滚雪球制"或"老鼠会"等传销行为。

禁止限制直销竞争行为。限制直销竞争行为是指经营者滥用其拥有的市场优势地位和市场权力,或两个以上经营者通过协议等方式就交易价格、销售、交易条件等方面协调一致,妨碍公平竞争,损害直销竞争对手利益的行为。主要有:一是附条件交易行为,即违背购买者意愿采用搭售和附加其他不合理条件的直销交易行为。二是强迫性交易行为,即采用胁迫或其他强制手段从事交易,以及妨碍他人从事直销市场交易的行为。三是超经济强制行为,即利用行政力量,限制和破坏正常直销市场竞争的行为。四是低价销售排挤竞争对手的行为,即以排挤直销竞争对手为目的,在一定的直销市场和时期内以低于成本的价格销售直销商品的行为。五是限制直销竞争协议行为,即以协议的方式,共同决定直销商品的价格、产销量、技术标准、交易客户、交易地区等,从而限制直销市场竞争,牟取超额利润的行为。

禁止直销垄断行为。直销垄断行为是指通过独占、兼并、独家交易(只允许经销商销售某一家直销企业的商品)等形式,以达到完全、永久地排斥竞争对手,取得独占、控制和支配直销市场的目的。

③**市场交易规则**

中国直销市场交易规则是各市场直销主体在市场上进行交易活动所必须遵守的行为准则与规范。

中国直销市场规则的最主要内容包括:市场交易方式的规范和市场交易行为的规范两个方面。比如,直销层次的规定、退换货的约定等。

④**市场仲裁规则**

中国直销市场仲裁规则是市场仲裁机构在对直销市场主体之间的经济纠纷进行仲裁时必须遵守的行为准则和规范。市场仲裁规则最重要的是遵循公平原则。

1.2 中国直销发展初期市场规则的构建

中国直销市场规则的约束力度与效果同发展初期的特殊环境密切相关,尤其是竞争不充分、规模不经济等环境要素对直销市场规则的实施效果显示鲜明的约束效力。在这里，我们主要研究一下中国直销在发展初期如何构建直销市场规则的问题。

1.2.1 直销发展初期实施市场规则的特殊制约因素

我国政府对直销行业的经济调节职能将分解为动态调节和静态约束两种形式，其中动态调节的活动范围明显小于静态调节。直销法规出台前，我国政府对直销的管理，大多都是属于动态调节范围的管理实践。实施直销法规后，政府动态调节范围的逐步缩小，已成为对直销管理改革的必然趋势。代之以静态约束的政府职能将更为普遍，而静态约束则是通过市场规则规范直销市场主体的经济行为。市场规则的约束力度与效果又同过渡时期的特殊环境密切相关，尤其是以下几方面的环境要素对市场规则的实施效果显示鲜明的约束效力。

①**竞争不充分**

中国直销发展初期的竞争不充分，是约束直销市场规则效力的一大障碍。实施直销法规前，我国的直销本质上是一种"特许经营"（即14家转型直销企业是"特许"的）的体制，其开放程度最低，封闭性最强，不仅缺乏外部竞争，而且内部竞争也极度缺乏。若将我国直销法规实施前后相比较，我们可以得出如下情况：

由此可以看出，加入WTO前，我国直销的竞争程度最低；加入WTO后，我国直销明显提高了竞争程度；实施直销法规后，我国直销的竞争程度有了更大的提高。但是，我国直销竞争力的提高毕竟是一个渐进过程，而且这种竞争也不是那么十分

表11.1 实施直销法规前后竞争对照

	内部竞争	外部竞争
加入WTO前	无	无
加入WTO后	有	无
直销法规实施后	有	有

充分，主要原因是从事直销必须要有政府的"特许"。这种较低的竞争水平将对直销市场规则的实施将会产生明显影响。

直销市场的竞争水平低主要是由于政府"特许经营"所占比重较高形成的。政府"特许经营"在直销经济活动中的比重过大，通过行政垄断否定和排除了竞争，使得直销市场规则的实施同整个经济体制的改革进程密切相关，经济体制改革的推进需要建立相应的市场规则，否则，就会形成一个"公共规范误区"。例如，在我国的直销经济运行中，以"特许"为主要形式的政府动态调节范围将会缩小，因为随着直销行业的发展，只要符合直销法规规定就可以进行直销，无需申牌"特许"，但是，我国直销市场规则却尚未健全，不仅出现人们普遍批评的不公平竞争盛行，而且还出现了不少直销市场规则的误区。例如，生产和贸易是经济活动的基本分工，但目前的直销市场规则不允许其只贸易而不生产。实际上，这是我国直销市场规则的一

个误区。

同时,政府对直销的"特许经营"居于强势比重使得直销市场运行的无序现象多缘于普遍的产权界定失序。因为政府对直销"特许经营"在利益分配和资源使用方面具有较为明显的"公共产品"性质,特别是由于体制方面的原因,一些边界清晰的利益集团逐步形成,而资源使用中的产权界定又模糊不清,必然导致直销市场运行的混乱。在直销发展初期,既有一部分政府"特许经营"的直销企业,同时也有一部分灰色经营的直销企业。政府"特许经营"的直销企业,在独特的竞争状况下必然会大大降低直销市场规则的约束力度。尽管我们制定了许多规则,但直销的要素市场和资金市场发育仍相当迟缓,人力资源(主要是直销人员)的政府宏观管理同直销企业微观管理的脱节现象还较严重。这些情况也必然妨碍直销市场规则的约束力度。

②规模不经济

目前中国对直销的管理与建立社会主义市场经济体制的要求还有一定的距离,相信5年后中国对直销的管理将会有很大的改观。但现阶段中国对直销的管理地方政府的权力居于优势地位,部门权力居于弱势地位。在直销发展初期,区域级独立的直销产业化目标被区域级以经济发展速度为标志的综合经济发展目标所取代。尽管在传统的经济体制条件下形成的畸形价格结构大部分已消除,但直销产品生产的收益递减以及地方加工工业生产收益递增的生产率变动特征仍然对某些地区的发展十分不利。因此,在直销发展初期我国广泛存在的直销规模不经济现象比较严重。

在现阶段,我国直销的规模不经济对实施市场规则的约束主要表现在:

第一,直销经济生活中对竞争的威胁更多地来自不公平竞争,而并非来自直销市场份额过高所形成的垄断现象。从某种意义上说,不公平竞争造成的直销资源浪费比垄断条件下的资源闲置形成的社会成本更加昂贵。因为垄断降低直销资源配置效率主要表现为资源闲置,而不公平竞争造成直销资源浪费却完全是社会资源的净损失。

第二,某些在国际惯例中被当作垄断现象加以规范的直销市场行为在中国已失去其垄断性质。由于直销经济规模的分散和狭小、区域级独立的直销产业化目标和整个经济发展目标的驱动,以及直销经济发展初级阶段市场供给的可能性约束,导致直销企业生产的产品价格在一个时期内可能有明显下降。这一行为其实并非国际贸易规范所关注的运用低价竞销方式挤垮外资直销企业同类产品的限制性商业惯例,而是在市场供求资源产品在比重失衡的条件下,由于直销资源产品的本身均质性较强(即直销产品品种、规格、功能等使用价值特征),较为单一直销产品本身使用价值的开发前景亦较单一,试图利用直销产品的异质性实施产品多样化竞争的机遇较小,许多直销企业的产品价格指数会剧烈下降。显然,这一行为的实质并非限制性商业惯例所描述的行为过程。在价格竞争活动中,几乎没有哪家直销企业试图在降低价格战胜竞争对手之后,抬高价格减少产量而获得高额垄断利润的。再加上规模不经济,使得进入直销市场的卖方主体众多,也不同于直销垄断市场结构中卖方主体的数量特征。

③直销企业行为不规范

在中国直销发展初期，直销企业的各种行为特征既不同于传统企业的行为特征，又缺乏市场经济条件下有效的行为规范的约束，使得直销企业行为呈现出极不规范的状况。在没有市场规则约束的情况下，直销企业不规范的行为是多种多样的。据北京新东方直销咨询顾问中心的调查发现，市场运作的不规范的情况在中国的一些直销企业中还是比较多的。比如，不规范的直销队伍竞争在中国的直销企业中十分普遍。有的直销企业为了争夺直销人才，不惜重金到处挖，违背了人才资源市场管理的伦理。

1.2.2 中国直销发展初期实施市场规则的战略

直销市场规则的全面而迅速的确立是加快直销市场经济体制建立的重要方面。但是，我们不能不看到，同西方发达国家直销市场经济成长的历史进程相比较，中国直销发展初期又是一个相对激进的制度变迁过程；同时，在体制过渡期的制度变迁中又表现了鲜明的政府指导的作用，而政府指导就是通过政策支持实现的，政府政策同直销市场规则之间的矛盾与消长的关系如何认识、解决，就构成过渡时期直销市场规则实施的一对矛盾。而且直销市场规则的建立必须考虑其面临的特殊环境制约，因为特殊环境会制约着直销市场规则的实施效果。如果不考虑直销市场规则的实施效果，直销市场规则本身就会形同虚设，它带来的重大危害是使直销发展过程中形成一种淡化法纪意识的社会文化观念。

①直销市场规则的建立同现行政策实施的关系

若将政府作为一个直销管理中的认识主体来看待，中国直销市场规则的法制建设更是一个从自发到自觉的过程。政府自觉地支持直销发展的早期形态就是一系列"特许"政策。对部分地区和直销经济主体实施"特许"政策，实质上是我国渐进式和梯度式支持直销发展的组成部分，通过渐进或梯度战略率先赋予部分直销企业的经济参数反映均衡水平的政策环境，以便利用这些直销企业的自身优势吸引人们参与直销，从而显示强烈的发展效应。同时，也为后续加入直销的传统企业提供经验教训，具有降低后续加入直销的传统企业学习成本的功能。因而，在直销发展的初期阶段，实施并保留对直销企业的"特许"政策优惠是促进中国直销业健康发展所必要的。但是，对一部分直销经济主体的"特许"优惠实际上就是对另一部分直销经济主体的歧视。这种歧视显著地破坏了直销经济主体间的平等竞争条件。由此形成的直销市场的无序在很大程度上归因于这一政策歧视，可见，这种直销市场运行的无序现象是同直销市场规则的实施效果及其目的是相背离的。因此，我们在处理直销市场规则建立与现行政策实施的关系方面，应当考虑以下两个方面：

第一，切实将经济政策给定的"特许"优惠待遇，由直销经济主体间的优惠转向直销经济客体间的优惠，这样就可使经济政策所应体现的经济导向原则同直销市场规则所要求的公平竞争原则得到统一。

经济政策调节的本质功能应当体现在经济客体间的差别待遇上。只有使经济政策给定的优惠待遇体现在经济客体（直销市场）上，才能最终实现经济政策调节的目的。因为体现在直销经济主体间的优惠政策最终只能通过投资流向体现出来,即投入环节的要素配置,甚至在再投资这一环节中,若无多重鼓励措施,尚不能够保证已获得的投资利润用于再投资。体现在直销经济客体上的优惠政策否定了着眼于直销经济主体实施优惠政策所形成的起点不平等,这同直销市场规则所要求的公平竞争原则是一致的。随着我国直销经济向纵深发展,直销发展初期出现的有"牌"正当经营和无"牌"灰色经营的双轨制现象,将随着对直销经济主体的差别性待遇的取消而自然消失。政府将转向对经济客体实行差别性优惠待遇,即由向直销企业倾斜转为向直销产业倾斜,由产业性优惠转向功能性优惠。倾斜政策中所谓功能性优惠,举例来说,凡是有防止污染、自创优质品牌、改善民众生活质量等功能的直销企业即可获得奖励。功能性政策导向可对符合宏观意图的每一边际增量给予等同奖励,从而可对政策实施范围内的其他直销企业产生普遍的激励效应。

第二,对直销经济主体优惠的政策性成本转向由地方政府承担。

由于种种原因,在直销发展初期政府可能仍需保留部分直销经济主体的政策优惠。为使这一必要的最低限度的政策优惠同直销市场规则的实施不相抵触,应当鼓励由地方政府承担由此形成的政策性成本因素。由于政策优惠所带来的直销经济发展效应有一定的区域界限,主要表现为该区域内的就业扩大、投资增加、经济发展和市场繁荣,形成了经济发展的赶超效应。受益主体主要说来是一定限界内的地方政府。由地方政府承担减收增支因素,实际上是由受益主体承担政策优惠形成的政策性成本。同时,由地方政府承担部分直销经济主体的政策优惠的成本,实际上鼓励地方政府用自己可能获得的财政收入用于再投资,这是符合直销市场规则的根本原则的。另一方面,对直销经济主体的政策优惠所形成的政策成本由地方政府承担也符合直销市场规则中的平等竞争原则。

②合理界定中国直销发展初期市场规则"高度立法"和"低度立法"的动态界限

我国台湾地区在制定公平交易法的大论战中,经济学家们曾经激烈讨论过是采取高度立法原则还是低度立法原则。所谓低度立法系指规范对象由少到多;容许例外由多到少;习惯式判例发展成法律条文;处罚由轻到重。高度立法原则则相反。在我国大陆直销市场经济体制构建的过程中,如何体现稳步地推进直销市场规则的建立,能否照搬西方发达国家的直销市场规则模式,实际上关系到我国建立直销市场规则进程的高度立法和低度立法战略选择。如果按照西方发达国家成熟的直销市场规则建立我国当前的直销市场规则,那么实际上选择的是一条高度立法的直销市场规则战略。我国台湾地区在建立直销市场规则的实践中,选择的就是一条低度立法战略。我们不难发现,"低度立法"适合直销发展初期大量企业行为不规范条件下逐步培养市场立法的法律意识。同时,低度立法由少到多,容许例外由多到少,处罚由轻到重的规范力度的动态变化过程,能够确保直销市场规则的动态有效性。中国有"法不责众"的古训,一旦大多数直销市场主体行为被已有的直销市场规则认定为不规范,那么该项市场规则的有效性就会大打折扣,直销市场规则就有可能形同虚设,导致大量的"有法不依"的现象。这一现象一旦蔓延,对直销市场规则建立和实施的影响将是长期的、消极的。

中国经济体制改革的实践中,实际上也不自觉地采取了低度立法的战略。例如,在实施商标管理的初期,工商管理部门对某些产品的新商标允许暂不实施登记管理,新商标使用一段时期后再实施登记管理。在我国对外贸易法草案讨论中,人们曾认为应对贸易配额的使用和发放作出严格的法律规定,但考虑到体制过渡期,有许多不可控因素发挥作用,严格的法律规定不允许有必要的例外,因此,最后决定将进出口配额的使用和发放办法规定为由国务院有关部门选择的一项行政权力,这就增加了对外贸易法中关于配额使用的较大的例外空间。我们应当认真研究西方发达国家的长期立法实践,研究本国直销企业行为的多方面特征,选择发达国家建立直销市场规则的立法初期同我国直销经济发展水平和直销企业行为特征相适应的阶段性立法经验。因此,我们主张选择的是一条"低度立法"的建立直销市场规则战略。这里应当强调说明的是,所谓"低度立法"决不意味着直销市场规则的规范对象越少越好,而是要选择能够充分有效地发挥直销市场规则对直销市场行为规范力度的规范对象数量。同时,"立法度"也不能照搬西方发达国家某些直销市场规则,而应根据直销市场规则保护对象的具体情况,确定必要的保护水平。例如,在西方发达国家市场上,由于充分的卖方竞争,通过小额商品的欺诈行为牟取暴利从而导致消费者权益受损的现象已不多见,为了降低立法成本,欧共体曾将消费者投诉的起点规定为800欧洲货币单位。如果我们照搬EEC的法律规定,我国消费者的绝大多数商品均在保护范围之外,而由于我国直销市场上卖方竞争尚不充分,这些直销商品的消费者恰恰容易受到来自卖方的不法侵害。

③直销市场规则体系应增加选择性制约型市场规则比重

在国外直销市场规则实践和国际贸易惯例中,不仅有大量的强制性制约的直销市场规则,而且还有大量选择性制约的直销市场规则。它提供了多种可供选择的条款列入合同,作为直销产品交易双方共同遵守的行为规范。例如,欧洲一些国家的直销法规就规定了多种可供选择的条款列入直销买卖合同等。这使直销市场规则本身提供了更多的选择机会,又使直销市场规则的规范性同直销企业经营的灵活性结合起来,符合我国社会主义市场经济对于直销市场规则立法的本质要求。增加和扩大选择性制约的直销市场规则的比重,应当注意培育直销团队,运用直销团队提供直销中贸易惯例的功能。同时还应加强司法和行政机关同直销团队之间的合作,共同承担建立选择性制约的直销市场规则体系。

1.3 创新中国直销市场规则

创新是建立中国直销市场规则的灵魂。因此,我们在构建中国直销市场规则过程中,一定要坚持创新的原则。为什么?因为中国直销发展的问题在于市场规则的创新。市场规则不创新,直销企业的发展就会走入歧途。直销行业的资产运行规则是中国直销市场规则的一个重要组成部分,在这里,我们主要围绕直销行业资产运行规则加以研究。

1.3.1 资产运行：行政规则与直销市场规则的矛盾焦点

从本质上看，行政规则与直销市场规则是有内在冲撞的。我国对直销企业的管理，仍然根植于原有行政体制的肌体之上，体现了行政权利的内部分配。这种权利的内部分配，仅仅是量上的增减运动，质上没有发生变化。行政权力的运作遵循行政规则，采取上级指挥下级、下级服从上级的纵向运作方式。而直销企业的市场行为遵循市场规则，采取等价交换的横向运作方式。当行政权力与直销市场经济下的经济权力交叉在一起时，行政规则与直销市场规则就往往发生碰撞。要么纵向运作的行政规则扭曲直销市场规则的横向运作轨迹，破坏直销市场规律，引发不经济行为，从而使行政控制因效率问题而失败；要么横向运作的直销市场规则侵蚀纵向运作的行政规则，使行政控制链条中的某一横向切点发生断裂，使行政权力拥有者腐化堕落，行政控制因迷失方向而失控。

以建立现代企业制度为目标的直销企业，经过发展的磨砺后必须加以改革。政府与直销企业之间的权力关系所发生"质"上的化学反应，其实质是制度创新。制度即是约束人们行为的一系列规则，企业制度即是约束直销企业运作行为的一系列规则。因此，从高度集中的行政命令经济向社会主义市场经济转轨，就是资源配置方式从以计划为主转向以市场为基础，从传统的工厂制企业到现代企业制度改革创新，是直销企业的运作方式从以行政规则为主转向以市场规则为基础。这一点，理论界和直销企业界必须要清醒认识。

从我国的理论和实践相结合的角度，我们可以依据现代企业制度改革的实质，给出现代直销企业制度的定义：与现代市场经济发展相适应，体现直销市场规则配置资源基础功能的直销企业组织形式。"产权清晰、权责明确、政企分开、管理科学"，这是对直销企业制度改革实质的通俗化表述。

①关于产权清晰

产权清晰，这是国家对资产运作规则的市场定性问题。换句话说，是行政关系的产权化。直销企业中的国有资产归国家所有，这是十分清晰的，也是不容改变的。但在传统体制下，我们发现由许多部门分别行使一部分所有者权力，并与行政管理职能混淆在一起，使资产运作行政化，行政规则与市场规则纠缠不清。这种情况虽然在拥有国有资产的直销企业（如北京新时代健康集团）中不会出现，但行政关系的产权化情况很可能会产生。因此，要实现产权清晰，就是要解决产权运作规则的体系，确保直销市场规则约束的基础地位。从产权理论分析，即是将财产权力进行分解，分解为资产所有权与资产运作权，分解为出资者所有权与企业法人财产权，并通过构筑资产运营直销企业主体这个中间层次，使直销企业法人财产权依据直销市场规则运作。

②关于权责明确

权责明确，这是直销行业资产运作规则的市场定量问题。传统体制权责不明主要表现为权责量上的不明确，即由受行政规则约束的行政部门，去指挥本来应该受市场规则约束的资产运作，由没有能力承担市场风险的行政机构去承担资产运作后果；在企业内部，也没有明确人格化的资产所有者代表。这样，权力和责任没有在运作机制上得到明确和认可、得到落实。往往是权力大的政府一方,不承担或承担较小的责任;承担直接经营责任的企业经营者一方,经营权力又被行政部门拦截,结果大家都不承担责任(实际上由政府负无限责任)。直销行业在发展过程中要汲取这一历史的深刻教训。不管是国有的,还是民营的,不管是股份的,还是个体的,我们必须本着权、责、利一致的原则,建立起激励与约束相协调的直销行业资产运作机制。

③**关于政企分开**

政企公开,这是直销行业资产运作的行政规则约束与市场规则约束相分离的问题。为了解决直销市场法则中通行"官场"(行政)法则,"官场"法则中通行直销市场法则的矛盾,有必要分离直销资产运行过程中的行政规则与直销市场规则。具体表现为三个层次的分离:政府社会经济管理职能与直销资产管理职能相分离,直销资产所有者管理职能与直销资产经营职能相分离,直销资产所有者职能与直销企业法人财产权相分离。

④**关于管理科学**

管理科学,这是直销行业资产运作的行政规则约束与直销市场规则约束相协调的问题。协调的内容,是指行政规则约束要体现直销市场规则约束的基础性功能,直销市场规则约束要体现行政规则约束的权威性与指导性。控股的直销公司既是对政府的替代,也是对市场的替代。产权理论也证明,直销企业和直销市场都是配置资源的有效形式。在直销企业外部,由直销市场规则进行配置;在直销企业内部,由行政规则进行配置。管理科学,很重要的内容是通过建立科学的法人治理结构,形成规范的直销行业尤其是直销企业的领导体制和组织制度来加以实现。

1.3.2 直销资产运作规则的市场定性

中国直销行业的资产一般是由国有和私有两部分组成。北京新时代、大连美罗国际、天津泰达等直销企业,都有国有资产的成分。对有国有资产的直销企业,直销资产运作规则的市场定性就显得十分重要。因此,我们在实践中要注意以下三个问题:一是要选择适当的产权运作方式,不能把产权运作简单地等同于资本经营或产品经营。我们不能把国家控股的直销公司的职能定位为纯粹的资本经营,而排斥生产经营,也不能定位纯粹的生产经营,而排斥资本经营,应该根据国家控股的实际情况而定。二是要加快控股直销公司内中的组织制度创新。不管是以资本经营为主,还是混合型的控股公司,与其下属的直销企业的关系都为产权关系,必须尊重下属直销企业的法人财产权。三是要尽快实行公退民进,把国有资产转让给经营者。

1.3.3 直销资产运作的市场规则约束与行政规则约束相分离与协调

分离直销资产运作的市场规则约束与行政规则约束,重点是政府职能的转移。一是将直销行业管理的部分职能转移到直销行业协会,可由直销行业协会直接面对各独立法人的直销企业。同时,调整和改革直销行业协会的结构,建立和健全法律、咨询、基金会组织和会计师、审计师事务所等中介机构,发挥政府和直销企业之间的桥梁、纽带作用。对直销资产的运作,要实现市场规则约束的基础功能和行政规则约束的主导功能相结合,关键要在直销企业内部建立规范的法人治理结构,要在直销企业外部建立管人与管资产相结合的机制。管人的行政组织原则与管理资产的市场原则必须找到一个结合点,这样才能使直销资产运作的市场规则约束与行政规则约束之间相互协调好。

▼2 中国直销企业治理结构的定义、分类及比较

上一节我们分析了中国直销的市场规则问题,在这一节我们主要讨论中国直销企业治理结构问题。中国直销企业治理结构的完美,是中国直销业健康发展的组织保证,必须引起我们的高度关注。

2.1 中国直销企业治理结构定义的表述

在人们简单的理解中,直销企业治理结构几乎就等于股东会、董事会、监事会和经理阶层的权力分配模式。然而,直销企业治理结构的含义决不止此。下面,我们就直销企业治理结构定义作一些展开讨论。

2.1.1 定义

我们先了解一下什么是公司治理结构。顾名思义,公司治理结构问题是伴随着现代公司制度的建立而产生的,尽管这一概念的使用已逐渐有泛化的趋势。关于现代公司的概念国际上并无一个标准的定义,比较有代表性的是美国著名企业管理史学家钱德勒所给出的定义,即现代公司是指由支薪的高中层经理人员管理的多单位企业。上述定义揭示了现代公司的重要特征,那就是企业的经营管理者不再是资本家本人,而是职业经理人员。现代公司之所以被称为"现代",关键就在于它实现了所有权与经营权(或者控制权)的分离,而与所有权和经营权合一的古典企业相区别。历史地看,现代公司的出现是生产社会化发展到一定阶段的产物。生产社会化的发展使得生产所需要的投资规模超过了私人投资者所能承受的限度,这客观上要求资本的集中;而大规模的投资如果由单个投资者所提供,也加大了其投资风险。因此单个投资者存在着分散投资风险的内在需求,从而以有限责任为基础的股份公司应运而生,这正是现代公司的典型形式。随着企业规模的扩大和每个企业所有者人数的增加,所有者直接管理企业成为一种成本高昂的行为;同时由于个体之间存在着能力的差异,所有者未必是合格的企业家。因此从市场上选择一个善于经营的人代表所有者管理企业就是理性的选择,"委托—代理"关系由此产生,所有权和经营权实现分离。

但是由于委托人(所有者)和代理人(经营者)是不同的利益主体,具有不同的效用函数,因此两者之间潜在地存在着激励不相容。而且代理人(经营者)拥有关于其自身知识、才能、掌握的机遇和努力程度等的私人信息,这都很难为委托人(所有者)所观察和监督,而理性的代理人(经营者)又具有偷懒和机会主义动机,因而在委托人(所有者)与代理人(经营者)相比处于信息劣势的情况下,必然有代理成本或激励问题的产生。要解决现代公司中广泛存在的"委托—代理"问题,就必须设计一套相应的制度安排,使代理成本最小化,提高企业的经营绩效,这种制度安排就是所谓的公司治理结构。正如我国著名经济学家吴敬琏先生所说的:"所谓公司治理结构,是指由所有者、董事会和高级执行人员(即高级经理人员)三者组成的一种组织结构。在这种结构中,上述三者之间形成一定的制衡关系。通过这一结构,所有者将自己的资产交由公司董事会托管;公司董事会是公司的最高决策机构,拥有对高级经理人员的聘用、奖惩以及解雇权;高级经理人员受雇于董事会,组成在董事会领导下的执行机构,在董事会授权范围内经营企业。"

用狭义的概念去理解中国直销企业治理结构,是不能作正确表述的。公司治理结构狭义地讲是指有关公司董事会的功能、结构、股东的权力等方面的制度安排,而中国直销企业治理结构不单单是上述的制度安排。我们应该拓宽思路去广义地理解。因此,中国直销经济学对中国直销企业治理结构的定义是:有关直销企业控制权和剩余索取权分配的一整套法律、文化和制度性安排。这些制度安排决定直销企业的目标,谁在什么状态下实施控制、如何控制风险和收益、如何在不同企业成员之间分配等问题。因此,广义的直销企业治理结构与直销企业所有权安排几乎是同一个意思,或者更准确地讲,直销企业治理结构只是直销企业所有制度安排的具体化,直销企业所有权是公司治理结构的一个抽象概括。

通过对中国直销企业治理结构的上述定义和分析,我们可以从中得出以下几点结论:一是直销企业治理问题的产生,根源于现代公司中所有权与经营权的分离所导致的"委托—代理"问题;二是直销企业治理结构是由股东会、董事会、监事会、经理层等"物理层次"的组织架构,及联结上述组织架构的责权利划分、制衡关系和配套机制(决策、指挥、激励、约束机制等)等游戏规则构成的有机整体;三是直销企业治理的关键在于明确而合理地配置公司股东、董事会、经理人员和其他利益相关者之间的权力、责任和利益,从而形成其有效的制衡关系。

2.1.2 有效性

由上文可知,直销企业治理结构问题之所以会出现,根源在于现代公司中的所有权与经营权的分离以及由此所派生出的"委托—代理"关系。为了更好地理解这个观点,不妨举例说明之。假定某投资人(所有者)投入资本建立了一家直销企业,出于各种原因(比如,这个投资者只有钱,但无经营才能;或者他觉得选一个代理人去经营更能使其投资获得好的回报等),这个投资人并没有直接经营这个直销企业,而是选了(或从市场上招聘了)一个人作为他的代理人去经营这个直销企业。这时,这个投资人将面临两个重要问题需要解决,一是他怎样才能选到高素质的经营人才,二是他如何使这个选到的代理人努力工作为他创造效益。如果这两个问题解决不好,这个投资人的投资将会面临很大的风险,而解决这两个问题的制度安排,就是所谓的公司治理结构。因此,直销企业治理结构决不是物理的"结构"或机械的"结构",而是所谓的制度安排。但这种制度不是我们通常所理解的写在纸上的制度,而是一种权力分配的安排。这种权力分配由于依托于直销企业治理结构中的各种组织(股东会、董事会、监事会和经理层),而这些组织又彼此具有一定的独立性,因此容易形成权力的制衡,有利于保障直销企业正常的决策和管理秩序。

从上面这个例子我们很自然地就会想到,如果这个投资人自己就是企业经营者,那么上述复杂的制度设计是不是就会变得很简单?答案是肯定的。试想,由于直销企业的经营收益是属于投资人的,那么他一定会有积极性努力工作把企业搞好;另一方面,他也一定会自我约束自己,避免作出错误的决策,使直销企业遭受损失。显然当所有权和经营权统一的时候,直销企业治理结构处于理想状态,因为激励和约束可以实现匹配和自我强化。推而广之,我们也就不难理解,当直销企业不能达到投资人期望的收益的时候,投资人往往有减少直销企业的经营自主权,转由自己来经营的冲动,虽然这样做未必会使直销企业的经营状况得以改善,但至少可以不必为激励和约束直销企业经营者费脑筋。

研究表明,直销企业治理结构良好的权力制衡关系依赖于分散化的公司股权结构。只有公司股权具有相当的分散度,才不至于出现大股东大权独揽控制公司管理层,从而损害小股东权益的情况。另一方面,如果股东过少,由于缺乏其他股东的力量平衡,股东之间争夺企业控制权的权力斗争的概率也会增加,从而使直销企业经营陷入困境。但过度分散化的股权结构也不利于保证直销企业治理结构的有效性,因为如果股东过多且股权比例高度分散,大家就都没有积极性去监督企业的经营者,从而形成经营者大权独揽的内部人控制现象,使直销企业经营陷入无序混乱状态。因此,理想的股权结构应当是股权既有一定的分散度,又不致过度分散的中间状态,这样相对的大股东就会有动力去监控直销企业经营者,使之不偏离正常的轨道。可见,直销企业治理结构的有效性依赖于股权结构、市场环境和内部组织机构设计等多方面的因素,但其核心仍然在于权力的制衡,即任何权力都必须有另外的权力予以监督、制约,如此形成联动关系,使各种行为都能在各自职权的范围内活动,以保证直销企业运转的顺畅。

2.1.3 加强管理

直销企业治理结构的建立只是为企业运行机制的高效创造了一种可能、一种制度保证,但它没有也不可能解决所有的问题。由于直销企业内部的上下科层组织之间也存在一系列的"委托—代理"关系,而这种问题的解决就必须加强管理。因此,加强管理是企业永恒的主题,即使法人治理结构没有建立,也就是说直销企业的所有权分配关系还没有理顺,也不能妨碍企业内部加强管理,因为它与法人治理结构是两个层面的问题(虽然企业内部管理必然受到法人治理结构的影响)。直销企业治理结构建立得是否规范反映的是股东之间的协调关系和法治意识,而内部管理的水平则反映的是经营者的管理能力和努力程度，二者不可偏颇。经常可以看到许多本来可以通过加强管理而提高效益的直销企业，却一味地埋怨体制不顺；也有许多建立了法人治理结构的直销企业，由于忽视管理而难以走出困境。这充分说明，中国直销企业建立法人治理结构的同时还必须加强管理。

2.2 中国直销企业治理结构分类

对中国直销企业治理结构进行分类，是一项比较复杂而科学的工作。说其复杂，是因为中国直销企业的产权主体结构是多样的；说其科学，是因为中国直销企业的产权主体结构划分的理论依据是产权理论。所以，我们在这里是运用产权经济学的理论来对中国直销企业治理结构进行分类的。

2.2.1 以私营资本为产权主体

中国直销企业以私营资本为主的产权主体还是比较多的。以私营资本为产权主体的直销企业的超经济性质表现"三缘"性，也就是说私营资本在产权主体上带有强烈的血缘、亲缘、地缘性，而这种血缘、亲缘、地缘性归结到一点，又使私营资本在直销企业产权主体上不能不带有浓厚的宗法特色。显然，具有宗法性质的直销企业产权，在运动中不能不在相当大程度上受宗法规则支配，而不是严格地受市场规则约束。

①血缘

所谓"血缘"，是指相当一部分以私营资本为产权主体的直销企业，在创业和原始积累过程中，是以家庭血缘关系为基本纽带联结成为统一的创业积累主体，家庭成员共同成为直销企业资本的所有者，家庭成员在直销企业资本中的权利位置在相当大的程度上服从家庭宗法、伦理关系的制约，因而，父子、夫妻、兄弟、姐妹等家庭关系深深地笼罩着直销企业产权。如果说，国有企业存在着严重的政企不分，那么，这种以血缘关系为纽带结成的私营资本在直销企业中，则从一开始便是家企不分；如果说国有企业的政企合一是以财产制度上的政资合一为基础的，那么，这种以血缘关系为纽带结成的私营资本在直销企业中，则从一开始便以家资合一为基础。这就使得直销企业的竞争活动和管理等不能不受"家长"意志的左右。这种以血缘为纽带的直销企业产权主体，在创业初期或企业发展的一定阶段，可以更多地享受家庭成员之间相互"忠诚"所带来的便利，享受家庭成员相互间的"信任"所带来的低廉的监督成本。但当直销企业成长到一定程度，这种家企合一的产权，无论是从其产权的家庭血缘关系本身固有的对社会的封闭性上，还是从其产权运用中的家长制式的宗法性上，均可能与现代直销市场经济竞争产生深刻的矛盾。

②亲缘

所谓"亲缘"，是指相当一部分以私营资本为产权主体的直销企业，是以家庭亲缘关系为基础形成的。也就是说，是以若干个具有亲属关系的家庭，或具有亲属关系的个人联合为一体，共同成为直销企业的所有者，但各自在直销企业权利网络中的位置,除取决于各自对企业的作用、贡献外,往往同时还受其在家族中的地位的影响,受其与直销企业核心人物的血缘、亲缘关系的远近的影响。这种以亲属家族关系为背景形成的直销企业产权主体,不能不具有族企不分的特征。这种族企不分的制度同样具有宗法性,而且家族亲缘关系同样会深刻地影响直销企业产权的运用。在直销企业创业发展初期,这种族企可能会为直销企业发展提供有利的支持,因为家族的力量毕竟大于单个家庭的能力;在直销企业发展的初期阶段,借助于家族关系,相互间的了解和监督成本也可能较低,至少可以借助亲缘网络对直销企业进行更严密的控制和更可靠的监督,虽然家族成员之间不必忠诚。但当直销企业成长到一定程度,家庭亲缘的封闭性、有限性同样成为企业制度现代化的障碍,家族亲缘关系天然具有的宗法性、依赖性同样成为直销企业管理权威性的威胁。

③地缘

所谓"地缘",是指相当一部分以私营资本为产权主体的直销企业,在创业初期是在所谓"离土不离乡"或"离乡不离地"的条件下进行的。也就是说,或者是由原来的农业中游离出来的资本,虽然转入直销行业,但仍未离开自然村落,仍未脱离本乡本镇;或者虽然是在城市发展起来的私人资本,但在投资直销行业中并未脱离诸如街道、本市县等地方性的社会网络。甚至正是借助于本乡本土本地的种种社会关系,寻找到了特别好的发展机会,创办了直销企业。而地方性的复杂的社会关系之所以为其提供便利,除多年形成的朋友亲情关系的呵护外,重要的是就地缘关系而言,相互间也比较了解,信息较为充分也容易相互渗透。然而,朋友间的社会关系的支持,也是要索取回报的,任何一种支出都是一定的"投资"。当直销企业成长到一定程度,这种社会关系对直销企业的索取压力便会日益增大,甚至要求直接占有或分割直销企业的产权,或者会越来越多地直接干预直销企业的管理,包括直销企业的投资行为、分配行为,尤其是干预直销企业的用人行为。直销企业产权的运用和经营不能不受到曾经给直销企业以支持、呵护的地缘人际关系的多方面的影响,这种影响与现代企业制度,与现代市场制度的根本要求往往是矛盾的。

2.2.2 以股份资本为产权主体

以股份资本为产权主体的直销企业有两种,一是股份制直销企业,二是股份合作制直销企业。股份制直销企业是指两个或两个以上的利益主体,以集股经营的方式自愿结合的一种直销企业组织形式。它是适应社会化大生产和市场经济发展需要、实现所有权与经营权相对分离、利于强化直销企业经营管理职能的一种企业组织形式。股份制直销企业的特征主要是:①发行股票,作为股东入股的凭证,一方面借以取得股息,另一方面参与直销企业的经营管理;②建立直销企业内部组织结构,股东代表大会是股份制直销企业的最高权力机构,董事会是最高权力机构的常设机构,总经理主持日常的生产经营活动;③具有风险承担责任,股份制直销企业的所有权收益分散化,经营风险也随之由众多的股东共同分担;④具有较强的动力机制,众多的股东都从利益上去关心直销企业资产的运行状况,从而使直销企业的重大决策趋于优化,使直销企业发展能够建立在利益机制的基础上。

股份合作制直销企业是指依法发起设立的、企业资本以企业职工股份为主构成,职工股东共同出资、共同劳动、民主管理、共担风险,所有职工股东以其所持股份为限对直销企业承担责任,直销企业以全部资产承担责任的企业法人。股份合作制直销企业不同于股份制直销企业,也不同于合作制直销企业,它是以劳动合作为基础,吸收了一些股份制的做法,使劳动合作和资本合作有机结合的一种经济组织形式。

股份合作制直销企业有以下特点:一是股份合作制直销企业是独立的企业法人。股份合作制直销企业必须符合《民法通则》规定的企业法人的必备条件,依法定程序设立,能够独立承担法律责任。二是股份合作制直销企业的股东主要是本企业的职工,原则上不吸收其他人入股。但是企业职工入股实行自愿,应鼓励和采取优惠办法吸引职工投资入股,不得强行要求职工入股。三是股份合作制直销企业依法设立董事会、监事会、经理等现代企业的管理机构,企业职工通过职工股东大会形式实行民主管理。股份合作制直销企业的职工股东大会既是企业的股东大会,又是企业的职工代表大会,是股份民主和劳动民主的适当结合,是直销企业职工参与企业民主管理最有效的形式。四是股份合作制体现了劳动合作和资本合作的有机结合。在股份合作制直销企业中,职工既是企业的劳动者,又是企业的出资者,这种直销企业在合作制的基础上吸收了股份制的做法,是促进生产力发展的公有制实现形式之一。五是股份合作直销企业兼顾营利性和企业职工间的互助性。作为企业,它是以营利最大化为目的,但营利性不是其追求的唯一目标,企业职工间的互助性是推动这一新型经济组织形式发展的直接原因;直销企业在取得适当营利的同时,始终将提高劳动者的业务素质、互助一定范围的利益群体、满足职工对物质和精神生活的更高层的需要作为又一重要目标。六是在劳动分配方式上,股份合作制直销企业实行按资分配和按劳分配相结合。股份合作制直销企业的职工既然是股东又是劳动者,所以其取得收入的途径有两种:一是工资收入,实行按劳分配,多劳多得;二是资本分红,同股同酬,按其入股多少决定税后企业利润中的取得。

2.2.3 以公有资本为产权主体

公有资本包括国有资本和集体资本两种。中国的直销企业以公有资本为产权主体的也是分为这两种情况。以国有资本为产权主体的直销企业在中国不是很多,但以集体资本为产权主体的直销企业为居多。

国有直销企业作为直销市场经济主体,与其他直销企业拥有相同的、完整的、独立的法人权,其与国家是被管理者与管理者的关系。国有直销企业应合法经营、照章纳税,国家应为国有直销企业提供健全的法制环境、良好的社会经济宏观环境和平等的市场竞争环境。在这个角度上,政府只对国有直销企业体现其社会经济管理职能,而不体现其经济所有职能;国有直销企业只是普通的营利组织,与私企、外企没有区别。国家作为资本所有者,和一切投资主体(民间资本、国外资本)一样,与国有直销企业是平等的经济(业务)合同关系,遵守同样的市场规则。国家以追求理想的投资回报和扩张效益为目的,选择直销企业进行投资,直销企业以自己的经营业绩维护自己的市场地位。在这个角度上国家在国有直销企业只体现国家的经济所有职能,而不体现其社会管理职能。

集体资本运作的直销企业,一般都是以农业资源开发为主的。所以,这些直销企业大多办在农村。江苏南京一家直销企业主要生产灵芝产品。他们与搞活土地经营相结合,丰富了经营资产的内涵,与盘活闲置存量资产相结合,拓宽了农民的就业渠道,与优质资本相结合,提高了集体资本的投资回报率。一是土地改租为股。一方面,以"租"改"股"使土地由资源性资产变成了直销企业的经营性资产,有利于发挥其更大的增值潜力。另一方面,冲破了传统的土地概念,拓宽了集体资本内涵,有利于提高集体股权对直销企业的控制力。二是调优股权结构。他们对集体净资产数额较大且企业经营者、经营层持股比例较低的情况,通过合法程序,将直销企业中的部分集体股权优先转让给直销企业经营者或转为直销企业借款,提高了经营者的持股比例,从而有利于增强直销企业经营者的风险责任意识。

2.2.4 以境外资本为产权主体

中国的直销企业分为民族直销企业和外资直销企业两种。安利、雅芳等就属于外资直销企业。外资直销企业是以境外资本为产权主体的。雅芳是第一个到中国投资的以境外资本为产权主体的直销企业,现在已有近20家左右的外资直销企业在中国投资。估计5年内,还有更多的外资直销企业进入中国。外资直销企业在中国的直销营业额占中国整个直销营业额的60%以上,特别像安利公司2004年营业额高达180亿元人民币。这说明,外资直销企业在中国有很大的竞争优势。

2.3 中国直销企业不同治理结构的比较

我国直销企业所有制格局已呈明显的多元化趋势,这必然导致不同所有制企业的治理模式的巨大差异。要全面描述我国不同所有制直销企业治理结构状况,分类比较研究是必然的选择。基于对公司治理结构的基本认识和对我国不同所有制直销企业状况的基本判断,我们认为我国直销企业存在三类治理模式,即政府主导型治理模式、家族主导型治理模式和法人主导型治理模式。关于比较对象的具体比较指标也就是治理结构的描述维度,我们将从股权结构、内部治理机制、外部治理机制三个角度,对每类治理模式进行分析。

2.3.1 政府主导型治理模式

政府主导型治理模式主要存在于以国有资本为产权主体和以集体资本为产权主体的直销企业,如北京新时代健康集团、广东康力集团就属于这类直销企业。从企业治理角度分析,属于公有制经济重要组成部分的直销企业,其治理结构也呈现政府主导型治理的特征。从内部治理角度分析,作为大股东代表的政府并不是一个积极有效的股东。一些实证研究表明,政府主导型治理模式的直销企业的董事会决策职能和经理阶层执行职能并不能真正分离,出现了董事长和总经理一人兼、董事会和经理班子的人员基本重合或交叉的现象。政府主导治理模式的另一个相关问题是,在股权高度集中的条件下,中小股东参与直销企业经营决策的程度相当低,中小股东特别是小股东缺乏监督约束经理人的动力与手段。

在政府主导治理模式下,直销企业经营管理者的报酬制度的激励作用较小。这不仅表现在国有和集体所有的直销企业经营管理者的总体报酬水平较低,而且报酬结构过于单一,缺少具有长期激励作用的股权激励。实际上,在政府主导治理模式下,有效的名义报酬激励机制是"空缺"的,真正起激励作用的是控制权以及由于控制权而产生的过度"在职消费"和隐性收入。

在政府主导型治理模式的直销企业中,政府作为大股东代表,其作用更多地表现为外部治理。这种作用并不是通过市场机制体现出来的,而是表现为其对经营管理人员的任命权、对直销企业重大决策的审批权和对经营管理者的经营活动的外部监督约束权。与政府从外部对直销企业直接监管相对应,兼并、收购和接管等市场机制在政府主导治理模式中较少发挥监督约束作用。实证研究表明,国有集体所有直销企业较少涉及并购之类的市场行为,即使发生控制权转移,也主要是通过国有股或集体股的协议转让和划拨方式,而非我们常说的二级市场的收购方式。

2.3.2 家族主导型治理模式

与家族主导型治理模式相适应的是民营直销企业。在中国,民营直销企业的具体组织形式主要是独资企业、合伙企业和有限责任公司。近年来,民营直销企业中的有限责任公司增长最快。

家族主导型治理模式的直销企业,其内部治理机制是以血缘为纽带的家族成员内的权力分配和制衡为核心的。虽然很多民营直销企业都建立了股东大会、董事会、监事会和总经理办公会等组织和相应制度,逐渐向规范的现代公司制靠拢,但家族控制特征仍很突出。一是董事会成员、经营管理人员的来源具有封闭性和家族化的特征。据有关资料显示,民营直销企业中已婚企业主的配偶60%以上在本企业中从事管理工作,10%左右在负责购销;企业主的已成年子女30%以上在本企业中从事管理工作,15%左右负责购销。二是直销企业决策以企业业主个人决策为主。虽然存在董事会、股东会、经理办公会,但家族主导型治理模式的重要决策仍是以直销企业家个人决策方式为主,民营直销企业主大权独揽,董事会决策功能并没有得到很好的发挥。家族主导型内部治理在一定程度上解决了直销企业管理阶层的激励问题,这不仅是因为管理阶层成员中有相当比例的家族成员,剩余索取权和控制权匹配程度大,还在于直销企业对管理阶层成员的高工资水平以及通过实施股权赠与等长期激励报酬制度的较为普遍的实施。

从家族控制角度而言,家族主导型治理的直销企业,基本不依靠外部市场机制来激励约束经理人员。但对于整个家族企业而言,产品市场、资本市场和直销人力市场的激烈竞争时刻危胁着企业的生存,破产、兼并、收购和重组等市场机制给家族直销企业的企业家和管理阶层提供生存压力,这将对直销企业主和管理人员的行为产生一定的激励和约束作用。

吉尔伯特·罗兹曼认为："家庭和血缘有一切理由来构成研究现代中国的第一主题（罗兹曼，1995）。"中国家族制直销企业做大做强需要突破的瓶颈是管理的专业化和规范化。管理专业化就是要由具有管理、技术、人力资源、市场营销等专业知识的人员来管理企业，改变过去所有者与经营者合二为一的管理模式，实现所有权与经营权的分离，实现从投资者管理模式向职业经理人管理模式的转变。能否有效而顺利地实现这一转变，已经成为相当一部分家族制直销企业实现管理制度创新的关键。

2.3.3 法人主导型治理模式

这里所谓的法人包括各类企业法人、投资机构、基金和银行等。由于我国现在各类基金和投资机构发展相对较慢，再加之各种原因这类机构参与公司治理的积极性也较低，因而我国直销企业治理中还缺少类似于近些年在美国直销企业崛起的积极参与公司治理的机构投资者。但在我国，企业法人作为股东的直销企业却实际存在，如大连美罗国际就是由大连美罗药业法人投股的股份有限公司。这些"法人所有"的公司中可能会产生不同于政府主导型和家族主导型的法人主导型治理模式。

在我国直销企业中，法人股股权占有相当高的比重。2005年年底法人股在法人主导型治理模式的直销企业中，总股本中的比重为20%左右。由于我国国家股不能上市流通，国家股只能通过协议受让的方式转让给法人股东。同时在上市公司资源相对稀缺的情况下，一些直销企业通过购买国有股权"借壳上市"，导致法人股比重呈上升趋势。大连美罗国际就是一个比较成功的典型。

▼3 市场规则下的中国直销企业治理结构

中国直销企业治理结构只有在市场规则下才能优化，所以，我们在这一节主要讨论市场规则下的中国直销企业治理结构。市场规则是调整和优化中国直销企业治理结构的规范，离开了市场规则的约束，中国直销企业治理结构就会出现偏差。因此，完善中国直销企业的治理结构，运用市场规则就显得十分重要。

3.1 中国直销企业治理结构要体现现代企业制度特征

中国直销企业治理结构在市场规则下，应该体现现代企业的制度特征。这是针对目前中国直销企业治理结构的弊端提出来的，也是中国直销企业在成长过程中必须要实现的。

3.1.1 现代企业制度特征下的直销企业治理结构

现代企业制度的基本特征:一是产权关系明晰,企业拥有包括国家在内的出资者投资形成的全部法人财产权,成为享有民事权利、承担民事责任的法人实体;二是企业以其全部法人财产依法自主经营、自负盈亏,对出租者承担资产保值增值的责任;三是出资者按投入企业的资本额享有所有者的资产受益、重大决策和选择管理者等权利。企业破产时,出资者只以投入企业的资本额对企业债务负有限责任;四是企业按市场需求组织生产经营,以追求利润最大化为目的,政府不直接干预企业的生产经营活动,企业在市场竞争中优胜劣汰,资不抵债的应依法破产;五是管理科学化,企业内部建立科学的领导体制和组织管理制度,在出资者、经营者和职工之间形成激励和约束相结合的经营机制。

与此同时,股份有限公司不仅具备上述基本特征外,还具有其自身的特征点:股东所有权与基于公司法人所有权之上的经营权完全分离,经营者在保证股东利益的前提下充分地享有公司法人所有权,股东非依法定程序不得对经营者进行任何干预;典型的资合公司特征,低成本的、快捷便利的吸收资本的渠道,决定了企业能迅速扩大规模进行集约经营。这种以投资或资本为基础的公司不仅可以通过借贷或发行债券筹集资本,更重要的是可以通过向社会公开发行股票在短时间内筹集资本,而且只要公司经营得好还可以依照法定条件和程序不断发行股票,从而使自己能够形成跳跃发展的态势;股票转移有畅通的渠道。股份有限公司股东投资虽然不能收回,但股票可以自由转让,这种进退自如的融资机制有利于社会资源的有效配置和合理流动;股份有限公司具有企业生命力持久性的特点,考察西方国家现存的、历史在百年以上的公司大都是股份有限公司。

现代企业制度的核心内容是产权制度及法人治理制度。根据这一要求,中国直销企业的现代化管理应是民主管理和科学管理的结合,建立公司治理结构的基础是股权结构。以股东投资行为为基础,传统所有权在直销企业中转换为股权和公司法人权利,二者相互独立又相互制衡。

①直销企业法人治理结构是企业产权制度的具体表现

现代企业组织管理制度的基本模式被认为是现代公司法人治理结构,公司组建以后有股东会、董事会、执行机构、监事会组成公司治理结构对其进行治理。直销企业治理结构的设置和运作就是企业产权的具体体现,它体现出产权的分解和制衡。首先,股东会是出资人联合会,是直销企业的最高权力机关。股东通过股东会选举和约束董事会,对重大决策进行表决,以维护自身利益。另外,股东还可以通过股权的流动,对直销企业的行为形成外部制约。其次,董事会代表其所有者行使其部分职能。董事会作为法人财产的代表对直销企业资产的运作和增值负责,承担资产风险,对直销企业重大业务和重大行政事务具有决定权。第三,经理对董事会负责,对法人财产具有直接的经常性的经营管理权。经理人员具体地运作公司的实物资产,当然,也对经营结果负责。第四,监事会具有来自出资人所赋予的监督权。从现代公司的角度看,直销企业监事会的监督权不仅来自股东的授予,也包括职工和社会的授予。这样就形成了股权、公司法人产权、经营控制权、监督权既相分离又相互联系、相互制约的直销企业产权结构。

②建立现代企业制度的核心问题是直销企业治理结构的完善

一个直销企业能不能建立现代企业制度,在很大程度上取决于它的治理结构是否有效。现代企业制度区别于传统企业制度的主要特点,是所有权和经营权的分离,在所有者与经营者之间形成相互制衡机制的公司治理结构,使直销企业在法治条件下运行。我国《公司法》对公司的组织机构的职权范围和议事规则作了明确规定,但是,由于实际运作中利益再分配引发的巨大阻力,以及法治实施初期对直销企业调控功能的不到位等诸多因素,使得法人治理结构仍存在着运行中的问题。如在实际运行中,股东大会不能按规定召开,在股权高度集中、内部人控制严重的情况下,股东大会不能有效行使职责;大多数直销企业因对与会股东的资格作了严格的持股数限制,且我国对中小股东参加股东大会又没有委托代理制的规定,中、小股东的权益实际受到剥夺;直销企业董事会的董事结构不合理,聘用外部董事的很少,大多数董事是执行董事或在执行层中担任经理、副经理,法人治理的分权和制衡很难实现;直销企业高级管理人员的责任混同企业责任,不能形成激励和制约,董事会决议违反法律、公司章程、行政法规造成的损失由参与决议的董事负赔偿责任,有待进一步明确规定;对直销企业监事会及监事行使监督的职权缺乏进一步的保障,监事多为公司职员,受董事会和经理层的领导,监事不知事和难以监事现象突出。

因此,直销企业要建立现代企业制度,核心问题就是直销企业治理结构的完善。第一,要规范直销企业治理就必须切实保障股东大会有效行使其职责,发挥股东大会的作用。直销企业应严格按照《公司法》的规定定期召开股东大会,企业成立时,应当重视起对"企业宪法"——公司章程的严格制定。公司章程是直销企业的根本,是股东意志的体现。严格遵守公司章程和议事规则,审议各类报告和任免董事、监事以及通过董事会解聘不称职的高级管理人员。直销企业治理结构框架应当确保所有股东,包括小股东和外国股东受到平等待遇。如果他们的权利受到损害,他们应有机会得到补偿。小股东利益得不到保护,这在我国直销企业中也是突出亟待解决的问题,而改进和完善投票表决制度则是保护小股东利益和规范股东大会运行的制度基础。建议实行小股东累积投票制以有效地防止大股东的垄断。

第二,法人治理不同于自然人治理的传统企业运作,直销企业树立公司运作上的法治思想,是建立好董事会的文化理念基础。我们应明确规定直销企业股份公司董事会中外部董事的最低比例,明确外部董事的职责,建立独立的外部董事制度和一套完整的、精细的议事规则。加强政府导向,建立有效的董事人力市场,提高董事素质,认真遵守竞业禁止义务,不滥用董事职权,负起对股东的责任感。建立有激励和约束力的董事报酬机制,使董事的利益与股东利益相联系,从利益上增强董事提高职业素质的动力和压力。

第三,为防止直销企业经营者滥用企业所有者的资产,必须有一个专门的机构来负责监督经营者。要建立起企业内部有效的自我监督和自我约束机制,必须保证监事会的独立性,不受经营者的束缚;监事的任免、收入、福利以及执行监督的费用应由股东大会来决定。此外,应赋予监事会在提议董事会召开临时股东大会不被接受时一定范围内的召集权,保证公司行为的规范及实现股东权益的最大化。

3.1.2 边界多重性与直销企业治理结构的关系

最优状况下,直销企业的边界就在边际的市场交易费用和企业组织费用的均衡点上。如果现实中的经济世界果真如此,那么在这条边界内外一定具有某些截然不同的特征。事实上,现代企业理论的很多工作就是在界定这些特征上。然而,所有的这些工作均没有得出理想的答案。如果认为直销企业契约是长期契约,而直销市场契约是短期的,或者认为直销企业契约是不完备契约,而直销市场契约是完备的,那么在现实中可以看到,许多处于上下游生产关系的直销企业间往往存在着长期的并且不完备的交易契约;如果认为直销企业契约是生产要素交易的契约,而直销市场契约是中间产品交易的契约,那么战略联盟就是合作方各投入一定的人力和非人力资本构成的。比如共同开发直销新产品,它是一种要素交易的契约,可是它明显是不同企业之间的交易行为。正因为现实中的一些企业间的交易行为具有企业契约的特征,因而就产生了交易比率。交易比率则是相对值的概念,是指某直销企业与另一直销企业的交易活动占其总交易活动的比率。可以看出,交易比率越低,其企业契约边界越大。

市场契约的一个特点是不具有自我实施性质的长期性,即缔约方可以通过机会主义行为,不履行契约的长期条款而使自己获益。其原因在于其资产的准租很小,甚至为零。或者说,转换交易对象对自己的收益较大、损失很小;而当交易涉及专用性资产时,长期稳定的契约关系就显得比较经济了。这种长期稳定的具有自我实施性的契约就是企业契约。或者说,企业契约通过专用性资产产生一种"锁定"的功能,将缔约各方牢固地联结在一起。这时,契约参与者如果合并为一个直销企业,则基于新的直销企业的契约边界会变大(由于契约边界的交叉性),而契约边界受市场交易费用和企业组织费用的影响会有一个限度。当交易比率高于某一点时,扩大契约边界就不经济了。所以,交易比率决定了直销企业的规模。相互间的交易比率低则结成法定边界外的企业契约,交易比率高则会"一体化",缔结法定边界内的企业契约。

由此,我们可以看到直销企业有多重边界的存在:首先出现了一个经营边界。现代公司制直销企业与古典企业的显著不同是股权的分散化、股权的有限责任和职业经理人的出现。这致使一部分企业股东退出了企业的生产经营圈,成为单纯的持股者。这个生产经营圈就是直销企业的经营边界;其次,直销企业中单纯的持股者又可分为投资者和投机者,投机者不以公司分红为赢利目的,他们与直销企业的关系是不具自我实施性的非企业契约关系,于是法定边界的一部分就落在契约边界之外;第三,公司制直销企业的出现使得公司治理问题凸显,于是就出现了治理边界。治理边界之内的企业契约参与者是直销企业内部治理者,治理边界之外的企业契约参与者和市场契约参与者是直销企业外部治理者。我们将内部治理简单定义为"用手投票",即有权进入公司董事会,或有权对公司董事会的成员构成直接发表意见。而外部治理就是"用脚投票"。"用脚投票"有两种形式——直接和间接。市场契约参与者采用的是直接的"用脚投票"形式,而企业契约参与者由于受专用性资产的"锁定",一般采用间接形式,比如不再增加专用性资产的投入,职工的消极怠工,供应商的偷工减料,等等。我们描绘的治理边界穿过了直销企业的经营边界、法定边界,旨在要求中国直销企业治理应该做到一些股东不再行使"用手投票"的权力,职工有权进入公司董事会。

3.1.3 多重边界下直销企业三层治理结构

一般认为,直销企业治理具有内部和外部两层治理结构,但如果应用企业多重边界的观点,我们可以发现直销企业治理其实具有三层结构。但在理解这一点之前,首先要对利益相关者的概念进行辨析。1963年,利益相关者(stakeholders)的概念首先被斯坦福大学的一个研究小组提出。这个概念一经提出就被众多学者所接受,且有所发展。1997年,Mitchell 和 Agle(1997)归纳的迄今经济学家对利益相关者的定义达二十七种之多。可见,关于谁是利益相关者在学术界并没有得到共识。事实上,企业多重边界的提出的最直接的效应是,它可以使我们非常简便地辨识出谁是直销企业的利益相关者。我们认为,一切与直销企业具有企业契约关系的个人或团体都是利益相关者,即企业契约边界所包围的契约参与者都是直销企业的利益相关者。因为在一定的专用性资产的"锁定"下,只有企业契约参与者才与企业存在着长期稳定的利益分享和风险共担关系,直销企业的价值创造与价值分配活动直接影响着他们的效用,同时他们的参与行为也直接影响到直销企业的价值创造与价值分配活动。而企业契约边界之外的市场契约参与者与直销企业是一种随机的,或者"脆弱"的契约关系,他们个体对直销企业的贡献是微弱的,他们个体的"呼声"也是微弱的,他们只有作为一个整体——市场——出现时,才能对直销企业的行为产生影响。更重要的是,他们是不承担直销企业风险的。所以,一切与直销企业存在交易关系的个人和团体都有可能成为该企业的利益相关者,包括股东、债权人、雇员、直销员、消费者、政府部门、相关的社会组织和社会团体、周边的社会成员等。但要成为真正的利益相关者,就必须进入企业契约关系,如直销员虽不是直销企业员工,但其已进入企业契约关系,所以他是直销企业的利益相关者。

企业的多重边界是以组成直销企业的不同参与者为划分依据的。经营边界包含了公司的经理层和一般雇员,他们同时也可以是股东,甚至是内部董事;法定边界内增加了不参与公司生产经营的股东;契约边界内在去除了不以投资为目的的股东后,增加了公司的其他利益相关者;治理边界内为公司的内部治理者;治理边界外为公司的外部治理者;治理边界与契约边界之间为不参与内部治理的利益相关者;契约边界之外为所有的与公司具有市场契约关系的个人或团体。这种对直销企业不同行为参与者的确认,使我们认识到公司存在着三层治理结构和一个治理对象。笼统地说,治理对象是指直销企业经营边界内所包括的经理和一般雇员。因为是他们直接参与了直销企业存在的最基本活动——价值创造,并左右了直销企业的战略走向,而作为利益分享和风险分担的其他交易契约参与者必须对其有所控制。而在科层制的企业结构中处于指挥者地位的是高级经理人员,直销企业的治理对象是公司的高层经理。

直销企业有哪三层治理结构呢？

①**内部治理层**

内部治理层是由治理边界内的利益相关者构成，他们被称为直销企业的内部治理者。他们最基本的权力是有权作为董事会的选举人和被选举人，进而直接控制着治理对象。中国的直销企业应该做到，所有的利益相关者均有可能成为内部治理者，并且在一般情况下，直销企业经理和一般雇员既是治理对象，也可以是内部治理者。

②**外部治理层**

直销企业的第二层治理结构是利益相关者的外部治理层，由治理边界与契约边界之间的利益相关者构成。他们的治理权力是"用脚投票"，但是由于企业契约的"锁定"功能，一般情况下，"用脚投票"的形式是间接的，或者说是消极的。这里就存在一点问题，既然第二层治理结构与第一层治理结构都是由利益相关者组成，他们行使不同行为方式的原由是什么？这其实涉及到直销企业治理的一个本源性话题：即谁是公司治理者？首先，由于直销企业的发展需要，以及其他利益相关者的专用性资产的依赖性，处于第二层治理结构的利益相关者的专用性资产具有了专有性和稀缺性的特点，这使得他们在重复博弈的事后谈判中也占有一定的谈判优势，从而也可以确保获得一定的组织租金。其次，尽管他们进入直销企业内部治理也同样可以获得这部分组织租金，甚至更多，但内部治理存在着一定的治理成本。所以，利益相关者是进入直销企业内部治理还是参与公司外部治理，完全是基于自利的考虑，是相互间博弈的结果。

③**市场治理层**

直销企业的第三层治理结构是市场治理层，由处于契约边界之外的所有与直销企业具有市场契约关系的个人或团体构成。它也是一种外部治理形式，但与利益相关者的外部治理结构存在一定的差异。通过引入企业的多重边界性，可以看出直销企业第三层治理结构与第二层治理结构的差异：从参与主体看，前者是市场契约参与者，后者是企业契约参与者；从治理行为看，前者是直接的"用脚投票"形式，后者更多地采用间接的"用脚投票"形式；从治理力量看，前者的单独行动对直销企业基本没有影响，而后者的单独行动或多或少地会得到直销企业的关注；从交易关系看，前者与直销企业间一般是利益的竞争关系，后者与直销企业在竞争中充分表现出合作性；由第四点得出，后者必然要分享到组织租金，前者则不然。

3.2 从单边治理结构到共同治理结构

共同治理就是让股东、经理、员工、债权人等利益相关者共事直销企业剩余索取权和控制权，通过剩余索取权和控制权的分享形成一个彼此合作、互相制衡的治理结构。直销企业的利益相关者理论为共同治理提供了理论依据，欧美国家直销企业的实践显示了共同治理的发展前景。要使我国直销企业快速持久发展，必须实现直销企业治理结构的创新，走共同治理之路。

直销企业治理结构是一系列关于直销企业所有权(剩余索取权和控制权)配置的制度安排。如何配置直销企业所有权，人们主流的观点可称之为"股东利益至上"，即由股东对企业实行"单边治理"。单边治理在法律上表现为股东大会是公司的最高权力机关，董事会应为股东利益服务；在经济上表现为股东利益最大化是企业行为的唯一目标。随着现代企业理论与实践的发展，企业治理逐渐从单边治理走向共同治理。直销企业共同治理是指企业的股东、经理、员工、债权人等利益相关者共同参与企业治理。

3.2.1 西方企业共同治理理论介绍

西方企业共同治理的理论依据是利益相关者理论。该理论认为，企业是所有利益相关者的企业，企业的目标不能仅仅局限于股东利益最大化，应同时考虑企业其他利益相关者的利益；股东利润最大化并不等于企业创造财富的最大化，各利益相关者共同利益的最大化才应是现代公司的经营目的。关于利益相关者，西方学者的定义大致可分为三类：第一类，是最宽泛的定义，认为凡是影响企业活动或被企业活动所影响的个人和团体都是利益相关者。股东、债权人、雇员、供应商、消费者、政府部门、相关的社会组织、社会团体、周边的社区等，都可纳入此范畴。第二类定义稍窄些，认为与企业有直接关系的人和团体才是利益相关者，该定义排除了政府部门、社会组织、社会团体、社会成员等。第三类定义最窄，认为只有在企业中下了"赌注"的个人和团体才是利益相关者。我们认为从"专用性资产"出发，可以把利益相关者分为广义和狭义两个层次，凡是能够影响企业决策或受企业决策影响的个人和群体均可纳入广义的利益相关者范畴，包括股东、管理者、员工、债权人、供应商、消费者、政府部门、新闻媒体、所在社区等；狭义利益相关者是指在企业中投入专用性资产且资产处于风险状态的个人和群体，包括股东、管理者、员工、债权人、供应商。

利益相关者理论认为企业是一组包括股东、管理者、员工、债权人、供应商、客户等利益相关者之间的一系列多边契约，各利益相关者以自身所拥有的人力资本或非人力资本之间的合作应对外部不确定性环境所带来的风险，彼此之间形成一个利益共同体。企业作为各利益相关者之间的一组契约，契约各方至少在获利机会上是平等的，不存在某一方的利益会或应该优于其他成员。股东作为物质资本的所有者，在企业中投入了专用性资产，承担了企业的剩余风险，因而应拥有企业控制权，这一点毋庸置疑。然而，实际上股东只承担了有限责任，并且股东所承担的风险可以通过投资的多样化来化解，同时股票的自由转让也降低了股东的风险等级。这样一来，虽然物质资本的所有者(股东)在公司中投入了专用性资产，但这种"专用性"对股东来说几乎没有约束力。相比之下，雇员在企业生产或满足顾客需求中，通过边学边干获得了高度专用于本企业的技能，积累了专用性投资，一旦转为他用，其价值或降低或荡然无存，所以，雇员的专用性资产也和股东的股票一样处于风险状态。当公司的总价值降低到股东所持股票的价值等于零时，根据界定，债权人对公司索取权的价值也开始减少，债权人便成为剩余索取者。因而，可以说雇员和债权人都分担了企业的一部分剩余风险,既如此,公司治理就不能拘泥于"股东利润最大化",而应以利益相关者的共同利益最大化或公司创造财富的最大化为目标。据此,利益相关者理论主张为了实现在不同风险状态下,各利益相关者的资本保全,应赋予相应的利益相关者以企业所有权,在企业治理结构中有关企业所有权的分配可引入竞争机制,各利益相关者以专用性资产为基础展开自由竞争,通过竞争实现企业所有权的开放和各利益相关者之间的相互制衡,实现各利益相关者之间的真诚合作,促进企业的发展。

3.2.2 中国直销企业要借鉴西方发达国家的实践经验

中国直销企业走共同治理路线,应该认真学习和借鉴西方发达国家企业的实践经验。

①德国和日本的共同治理实践

德国和日本被认为是在传统上实行共同治理的国家。德国公司的宗旨建立在"公司整体利益"的观念之上,认为公司对职工和社区有一种社会责任。银行作为债权人和大股东在向企业融资以及监督、挽救企业上发挥着重要的作用。德国大企业依照1976年的《共同决定法》,构建起了以"共同决定"制度为主导的企业治理模式。共同决定就是职工选择自己的代表,与所有者代表一起共同组成公司决策机关——监事会,由监事会聘请董事会的成员。由于有了职工的实质性参与,公司目标不再是股东利益最大化,而是集体利益或企业自身利益的最大化。与德国相似,日本也把公司看成是社会组织,并追求公司自身利益的最大化。在企业集团中,企业与其供应商、主要用户、银行之间相互持股,互派董事,形成了颇具特色的主银行制度。债权人(主银行)利用拥有的信息和人才优势,在治理结构中发挥重要作用。日本大公司的职工受终身雇用惯例的保护,可以获得内部晋升机会,并通过奖金体系与股东一起分享收益和风险。

②美国的共同治理实践

受德国和日本的启发,20多年来,美国公司也开始逐渐关注除股东以外的其他利益相关者特别是职工的利益要求,并通过以下两方面的举措改善了美国的公司治理结构:其一,职工持股计划(ESOP)。其基本内容是:在企业内部或外部设立专门机构(员工持股会或员工持股信托基金),这种机构通过借贷方式形成购股基金,然后帮助职工购买并取得本企业的股票,进而使企业员工从中分得一定比例、一定数额的股票红利,同时通过员工持股制度也调动了员工参与企业经营的积极性,形成对企业经营者的有效约束。ESOP从20世纪70年代获得法定地位开始,到2004年,实施该计划的公司已有数万家,参与职工人数达3000多万人。其二,职工董事的设立。最早设立职工董事的首推克莱斯勒公司,20世纪80年代以来,在一些大型公司中得以发展。也有一些大型公司,虽未实行工会代表进入董事会制度,但在内部信息披露方面作了很大改进,如企业账目向工会公开,允许工会知悉生产成本、长期投资计划等信息。这极大地增强了职工对生产经营决策过程的影响力,提高了职工的积极性。除上述措施外,20世纪90年代初,美国35个州的反收购立法也为共同治理提供了法律支持。1990年3月,宾夕法尼亚州议会通过的《宾夕法尼亚州1310法案》标志着美国第二次反收购立法浪潮达到高峰。该法案重新定义了公司董事会对股东的信托责任。该法案的信托责任条款指出:董事会的决策只要是从公司的最大利益出发,就无须考虑公司任何起支配作用或占控股地位的特殊利益集团的利益。该法案从根本上动摇了"股东利益至上"的传统观念,要求董事会不仅对股东负责,而且还要对利益相关者负责,从而为共同治理提供了法律依据和支持。

③《OECD公司治理原则》对共同治理的重视

20世纪90年代以来,利益相关者共同治理企业已成为许多发达国家改善和设计公司治理模式的指导原则。1999年5月,国际经济合作与发展组织(OECD)专门制定了《OECD公司治理结构原则》,从改善各国企业治理结构绩效的角度重申了共同治理的原则和思想。该原则指出:一个公司在竞争中的最终成功是协同工作的结果,它体现了来自许多不同资源提供者包括职工的贡献。公司治理结构的框架应当确认利益相关者的合法权利,并鼓励公司和利益相关者为创造财富和工作机会以及保持企业财务健全而积极合作。在上述理论和实践背景下,现代企业治理结构的安排越来越偏离仅仅追求物质资本所有者利益最大化的逻辑,趋向能体现"利益相关者合作"逻辑的共同治理。

中国直销企业发展缓慢的一个重要原因,就是直销企业治理结构基本上是沿着"股东利益至上"的逻辑设计的。因此,中国直销企业要摆脱困境,必须实现企业治理结构的创新,遵循既符合国情,又顺应潮流的"利益相关者合作"逻辑,走共同治理之路,体现"合作"逻辑的共同治理机制,强调决策的共同参与和监督的相互制约。具体说,就是董事会、监事会中要有股东以外的利益相关者代表,如员工代表、银行代表等。在设计直销企业共同治理机制时可沿着以下思路进行:

第一,依照"专用性资产",确认直销企业治理主体。一般来说,国有股东和其他非国有股东在直销企业中投入了大量的专用性物质资本;债权人(主要是银行)贷给直销企业的大量资金已沉没到企业中构成专用性资产的一部分;员工也投入了大量的专用性人力资本,所以出资人、债权人和职工是企业专用性资产的主要投入者,应该成为直销企业治理的主体。

第二,建立职工(直销员)董事、监事制度。无论是从专用性人力资本角度看,还是从发挥职工(直销员)的主人翁意识来看,直销企业都应该积极创造条件让职工(直销员)参与企业治理。可由职代会(要有一定比例的直销员参加)按多数同意原则民主选举产生职工(直销员)董事、监事,在董事会中传递职工(直销员)的"声音",提高他们参与企业经营的积极性。职工(直销员)监事的引入可形成对直销企业经营者的有效监控,防止和克服职代会制度流于形式的弊端。

第三,加强债权人对直销企业治理的参与。在现有体制下,银行的"分业经营"模式,斩断了银行参与公司治理的途径。为避开这一体制障碍,可通过表决权代理制度实现对银行和小股东权益的保护。即小股东在召开股东大会前把投票权委托给银行行使,银行可派代表出席股东大会,代表小股东行使投票权,从而充分发挥银行的信息优势和人力资源优势,实现权力平衡,保护小股东和银行的权益。

3.2.3 保护利益相关者的利益

员工持股是许多现代企业尤其是高科技企业激励员工的重要方式。像"微软"、"雅虎"等企业的员工伴随企业的发展、上市也成为百万甚至亿万富翁的现实,因此,员工持股形成激励这些企业员工努力的源泉。与此同时,在最新的研究中,越来越多的人开始认同这样的观点:公司治理的目标不应该仅仅是股东利益最大化,公司应当追求包括雇员、债权人、顾客、供应商等利益相关者的总福利最大化。员工持股的企业也被许多人称为符合新经济要求的新型公司治理形式。那么,中国直销企业应如何保护利益相关者的利益?我们从分析下面几个问题中可得出如下结论:

①从企业的本质看,直销企业应该保护利益相关者的利益

人们对于公司治理中是否要保护利益相关者的认识是随着对企业本质的认识而深入的。所以要考察利益相关者在公司治理中的重要性,我们还要从认识直销企业本质开始。在现有文献中,关于企业的定义大致可以分为三类:第一种由是阿尔钦和德姆塞茨将企业定义为一系列合同纽结的观点。根据该观点,不仅不存在保护利益相关者的问题,而且公司治理本身也没有存在的必要。第二种定义,即由 Grossman 和 Hart(1986)将企业定义为其所拥有的物质资产的集合。根据该定义,由于合同是不完全的,当出现初始合同没有规定的情况时,应该由企业物资资产的所有者作决策,即企业的所有者拥有企业的剩余控制权。根据该理论,公司治理应为股东服务的理由是显然的,因为控制权的配置作为最大化专用性人力资本投资的保证,应该配置给投资更为关键或不易得到合同保护的投资者。显然,由假设可以看出,这种定义更适于古典的企业家型企业。第三种是相对前两种定义,由 Zingales(1997)关于企业的定义则在 GHM 理论的基础上推进了一步。他将企业视为包括多种专用性物质资本和人力资本投资的纽结。与合同纽结的观点相比,他认为该定义体现了企业的经济学意义上的本质,即企业是不能被市场复制的专用性投资网络。根据该定义,公司治理应该是保证企业实现最优的不能被市场复制的专用性投资的制度安排。我们从经济学意义上给出中国的直销企业定义应该是:中国直销企业是指由企业投资者、员工(直销员)共同形成产供销一条龙的生产销售型企业。从这个定义看,员工尤其是直销员,是直销企业投资是人力资本,因此,他们的在共同治理中的合法权益应该加以明确,并加以认真保护。

②从股东与利益相关者权益保护的博弈看,保护利益相关者权益对直销企业发展有利

与产权理论相比,Zingales 关于企业的定义扩大了企业的专用性投资范围,因为,事实上直销企业的经营者、员工、直销员等利益相关者也提供了专用性投资。如果说股东利益更需要保护,其理由无外乎:股东的投资更有价值;其他利益相关者更容易通过合同保护自己;其他利益相关者在事后剩余分割的过程中更具有谈判力。第一个理由显然是不充分的。专家估计专用性人力资本创造的企业准租金与反映物质资本创造准租金的会计利润一样多。而在直销企业中,前者的比重还

要更大。从这一点上看,人力资本价值并不低于物资资本,其所受的保护不应该处于第二位。对于第二个原因,由于尚没有一个关于不完全合同基础一般理论并量化合同完全程度,给出合同对股东的保护大还是对利益相关者的保护大的答案是非常困难的。有专家认为相对于人力资本而言,物质资本更易于被合同所保护,因为资金的提供很容易写入合同。只要资金提供者在事后能得到足够的收益,他便有激励作最优投资。第三个解释似乎更有说服力。因为相对于人力资本与其所有者是不可分离的,物质资本并不总是处在其所有者的控制之下,所以将剩余控制权赋予投资者更能保护投资。由于其他利益相关者在事后谈判中存在外部机会,他们并不像物质资本投资者那样需要被剩余控制权所保护。然而,即使物资资本投资者在事后剩余分配的谈判中处于不利的地位,是否就有必要通过赋予其直销企业的产权来加强保护呢?能否通过某种形式的合同来保护呢?如果关于资金的提供者更易于被合同保护的论点能够成立的话,第三个理由也不能很好地解释现实中为什么产权应该赋予股东的问题。

Rajan 和 Zingales(1998)通过在 GHM 框架中引入外部机会成本的因素,对该问题给出了另一种解释。他们认为,相对于不拥有物资资产的人力资本投资者,拥有物资资产的人力资本投资者在进行专用性投资的时候要考虑到其物质资产的机会成本。因为专用性投资将降低物质资本在双边或多边关系以外获得收益的机会,所以,从边际上讲,物质资本的持有者的专用性人力资本投资的激励将降低。所以,剩余控制权的最优配置应该是配置给投资收益在事后更容易被剥夺的一方,而不是配置给投资的专用性强的一方。从这个意义上说,我们认为,在股东与利益相关者权益保护的博弈中,保护利益相关者权益对直销企业发展是有利的。这是因为保护利益相关者权益,可以充分调理和发挥他们在共同治理中的积极性、主动性和创造性。

③从克服利益相关者加入治理的困境看,保护利益相关者权益可以使直销企业股东的利益最大化

当前,保护利益相关者的专用性人力资本投资,在直销企业治理机制设计和控制权的分配上,至少面临三方面的困境:控制权在利益相关者之间的分配可能导致直销企业可保证收入的不足而降低事前效率;分散化的控制权可能导致直销企业决策的拖沓和僵持局面,影响直销企业的事后效率;以利益相关者的利益为目标,可能使直销企业治理无法对过于宽泛的经营绩效进行度量。

正是因为上述困境,从更宽泛的效率标准来看,以股东价值最大化作为直销治理的目标应该是更优的选择。而对利益相关者的投资激励似乎通过非控制权的激励方式更好。例如,对经理人员可以采取隐性激励——晋升机制来激励经理人员的努力。授权激励也是一种激励手段。在人力资本投资激励方式上,也可以采用一种授权。对于直销企业来讲,如果它将某一岗位可信的授予某代理人,并排除了其他代理人染指该职位的可能,那么该代理人就会有专用性人力资本投资的激励。因为直销企业在向该代理人唯一授权的同时也意味着直销企业作了一项专用性投资,该投资只有在保证代理人作出专用性人力资本投资的情况下才能保证产生组织租金。除此之外,与声誉密切相关的关系合同也是提供事前投资激励的重

要手段,因为直销企业中的投资、决策和租金分配过程一般持续多期,所以直销企业从维持声誉的角度,以事后不会有机会主义行为来保证事前效率。考虑到直销企业利益相关者也作了专用性投资,公司治理不仅要保证股东获得可保证利益,也要保证其他利益相关者能够得到大于其投资成本的预期收益。只有真正保护了利益相关者的权益,直销企业股东的利益才能最大化。

3.3 市场规则下中国直销企业治理结构模式设计

设计市场规则下的中国直销企业治理结构模式,必须要根基于中国的国情。中国社会主义市场经济正处于成长阶段,市场规则还正在不断完善,所以,中国直销企业治理结构模式一定要有中国特色,要设计"中国版"的直销企业治理结构模式。

3.3.1 西方直销企业治理结构的两种典型模式

市场主导型的英美模式与组织控制型的日德模式是西方直销企业治理结构的两种典型模式,二者形成与发展于不同的制度环境,并因此呈现鲜明的导向差异。前者基于直销企业股权的高度分散与股票的流通便畅,强调通过股东"用脚投票"机制和活跃的公司控制权市场而实现对公司行为的约束与对代理人的选择及监控;后者则因股票市场的有限融资与股票流通困难,呈现以银行为主的金融机构和基于相互持股的法人组织对直销企业及其代理人实施长期的内在控制。

①**市场主导型的英美模式**

市场主导型的直销企业治理结构模式,信奉股东财富最大化的经营导向,其在英、美、加拿大与澳大利亚等诸国盛行,英美模式是其中的典型。追根溯源,英美直销企业治理结构模式的形成是有其历史原因的。18世纪末,两国证券市场业已非常发达,大量企业以股份公司的形式存在,其股权高度分散并容易流通。公司股东依托庞大且发达的自由资本市场,根据公司股票的涨落,在通过股票买卖的方式抑或"用脚投票"的机制而实现其对公司影响的同时,促进公司控制权市场的活跃,并以此对代理人形成间接约束。外部发达的资本市场及其作用机制无疑是英美直销企业治理结构模式得以根植并在发展中得到强化的根源力量。尽管美国直销企业(如安利公司)的机构持股力量在最近的20余年增长明显,但银行、保险公司及互助基金等机构持股势力的膨胀却受到了系列相关法律与法规的抑制,其在直销公司治理结构中的地位与作用亦因此依旧弱小。

②**组织控制型的日德模式**

组织控制型的直销企业治理结构模式在德国、瑞士、奥地利与荷兰等诸多欧陆国家和亚洲的日本得到了极好的发展,组织内在控制是日德直销企业治理模式的典型特征:其一,银行等金融机构通过持有直销企业巨额股份或给直销企业贷以巨款而对直销企业及代理人进行实际控制;其二,直销企业及代理人决策受到基于直销企业之间环形持股的法人组织的支配。在日本,银行基于特殊的主银行制度，依其对直销企业的长期贷款与直接持股而实现对直销企业重大决策的参与，直销企业与其他企业之间的相互交叉持股则抑制直销企业的独立决策，而直销企业同其他企业之间和与主银行之间相互交叉持股则又挡住了资本市场对其各自的压力；在德国，银行等金融机构同样主导公司融资及公司控制，大银行常依其在直销企业的巨额持股与对小股东投票权行使的代理而主宰直销企业的重要决策机构监事会，并以此对代理人施压与激励，同时，大银行尚以其对直销企业巨额投资的长期化限制公司股票交易的数量。显然，日本的主银行制度、公司之间和银行之间的相互交叉持股及德国的监事会，作为不同的制度安排，实质上都已经成为某种形式与程度上的组织控制。另外，日德模式对直销企业长期利益与集体主义的信奉，亦使其组织控制机制得到了比较大的强化。尽管世界金融市场的介入与主银行制度自身的局限性对公司主银行造成了很大的冲击，但制度变迁的"路径依赖"性一时尚难以使主银行制度的核心作用，很快在直销企业治理结构中消退。

3.3.2 西方两种直销企业治理结构模式比较

直销企业选择激励与约束代理人的方式主要依赖市场机制抑或更多借助组织行为，决定着直销企业治理结构模式导向的区别。市场主导型的英美模式很大程度上依赖直销资本市场的外部监管，而组织控制型的日德模式则更多体现为直销组织机构的内部监管。两种模式的导向差异源于不同的市场经济模式及其中的企业经营导向、相关的法律环境和文化理念等诸多相关因素的区别。前者主要根植与发展于自由市场经济，崇尚自由竞争，信奉股东财富最大化；后者则更多形成与发展于混合市场经济，长期利益与集体主义是其得以生长的文化理念支持。鉴于两种直销企业治理结构模式导向的区别源于其各自形成与发展的制度环境差异，市场主导与组织控制导向难以区分其间的优劣，抑或生成与发展于不同制度环境的二者本身并无优劣之分。

①**两种模式的代理人约束差异**

作为直销企业治理结构制衡的重要组成部分，公司代理人约束机制旨在监控处于委托代理契约不完全关系之中的代理人行为。西方直销企业治理结构模式根植与发展于不同的制度环境而呈现鲜明的导向区别，其公司代理人约束机制亦因此各自偏重不同的内容而差异明显。

第一，关于资本市场问题。作为直销企业代理人约束机制的重要理论内容，资本市场在西方不同导向的直销企业治理结构模式之下的实际功能却迥异。在英美诸国，广泛分散的股东因其持股份额相对过小与信息不对称，常无以对直销企业实行直接监管，而主要依赖资本市场的作用机制，以"用脚投票"的方式对直销企业代理人施压；此外，直销企业因经营惨淡而被"敌意接管"将直接导致代理人的解职。但在日德诸国，直销企业主要股权的机构却直接对代理人的经营与管理实施影响，即使出现失误亦不寻求资本市场来解决问题；而且，直销企业持股各方寻求公司的长期发展与利益，因此，股价的短时下降并不能使代理人立即面临解职风险。

第二,关于董事会问题。董事会对直销企业的重大事项进行决策,包括必要时更换代理人,因此,董事会理论上对代理人具有约束作用,但是,董事会的构成与地位在西方不同的直销企业治理结构模式之中却有所区别。在英美国家,组成董事会的执行董事与非执行董事一般分别由代理人抑或经理与外部董事担任,其中,外部董事以其在董事会的较大权力,在必要时能对直销企业的人事安排作出重大调整。德国的直销企业则设相互分离的监事会和理事会,并以此组成公司的"两极制的董事会",其中,理事会相当于英美模式之中的经理班子,而股东代表与雇员代表几乎各占一半的监事会则负责监督与高层决策,并因其实行"劳资共决制"而具有广泛的控制功能,尤其监事会中的银行代表常给代理人施以巨压而保证监事会的强约束性;日本直销企业的董事会却又是另外一番景象,非股东的执行董事依其在董事会中所占的较大比重而对代理人施压。

第三,关于债权人问题。债权人理论上具有通过"理性预期"迫使代理人承担"代理成本"的能力,其对代理人的约束主要表现为两点:其一,代理人必须按时向债权人偿还本息,否则将受到惩罚;其二,破产机制迫使代理人进行经营与自我约束。在美国,一些直销企业主要依赖债券融资,高度分散的债权人因信息不对称与基于"搭便车"的考虑,仅关心其本息到期偿还,却很少关注直销企业的实际经营,更不在乎企业的破产、清算抑或兼并,债权人因此并未对直销企业代理人构成明显的强力约束。在日德模式之下,作为直销企业的最大股本兼最大的债权人,银行依其在董事会或监事会的地位,较易获得内部信息,常通过代理人施压而按自己明确的利益动机处理直销企业的经营与财务危机问题,其中,直销企业代理人无疑受到了债权人的强力约束。

第四,关于代理人市场问题。完全竞争的代理人市场有助于将能干尽职的代理人与无能懒惰的代理人加以区别,前者能够获取高薪与晋升,后者则有可能被驱逐出市场。在英美,直销企业的股东"用脚投票"机制和资本市场上的"敌意接管"对代理人的经营失误具有很强的惩罚。但在日德,直销企业经营与管理的失误多借助内部解决,但其内部代理人市场发达,高层主管一般源于企业内部的逐步提升,以此求得其组织与人事的稳定,尤其是日本的直销企业文化能强烈抵制敌意接管。显然,在不同治理结构模式下,直销企业代理人市场对代理人的约束存在显著差别。

直销企业治理结构模式的不同决定了其代理人约束机制的差异。在市场主导型的英美模式之下,直销企业外部资本市场与代理人市场的作用机制有利于促进代理人积极开展经营而实现股东财富最大化,但是,股东"用脚投票"与活跃的企业控制权市场容易导致代理人注重企业短期经营而忽视长期发展。另外,频繁的企业接管与破产行为还可能造成经济的动荡与资源的浪费。在组织控制型的日德模式之下,直销企业代理人约束机制实则为一种组织行为抑或机构直接控制机制,身兼股东与债权人身份的金融机构以及基于环形持股的法人组织,以直接干预而非寻求市场的方式对代理人施压,但是,在日、德模式之下的代理人因处于相对稳定的地位而注重公司的长期规划与发展,另外,外部监管的缺乏与企业控制权市场的不发达容易导致直销企业内部管理的松懈与"内部人控制",不过,金融机构对其处于财务危机中的公司的救助与支持,能够避免因直销企业破产而引起较大的社会成本。因此,尽管难以区分不同模式之下的代理人约束机制之间的优劣,但其间的区别将明显导致代理人行为、公司经营理念与导向以及可能会出现的社会成本的差异。

② 两种模式的代理人激励差异

作为直销企业治理结构的内在逻辑,代理人的"激励—约束相容"意指代理人在受到激励的同时,还对自己的经营与个人行为进行必要的约束。作为"激励—约束相容"的重要组成部分,激励问题主要涉及激励的形式及效果。西方不同直销企业治理结构模式之下的代理人激励机制的差异,同样带有直销企业治理结构模式导向区别的烙印。

第一,关于激励形式问题。两种直销企业治理模式的代理人激励机制的差异主要体现在激励形式上。英、美两国的直销企业对其经理人员的激励主要通过经济收入来进行。美国安利公司经理人员的收入共由三部分组成:其一,基本工资与福利;其二,与季度或年度利润等短期效益指标挂钩的奖金;其三,股票、股票期权等与中长期盈利挂钩的奖励。其中,前两部分占经理收入的比例不大,企业高层经理的实际收入绝大部分往往来自其股票期权。股票与股票期权的方式使安利公司绩效与经理报酬相联系,其目的在于使经理的利益与股东的利益一致起来。在日、德两国,直销企业更大程度上为精神激励,在日本尤为如此。日本直销企业对其经理设计的报酬机制为着眼于长远发展的年功序列制,经理报酬主要是工资与奖金,企业常以职位升迁的方式激励经理人员为公司的长期发展而努力工作。虽然有的日本直销企业亦给其经理人员一定的股票与股票期权,但这并未构成其经理报酬的主要组成部分。

第二,关于激励效果问题。两种模式的代理人激励机制的差异还体现在其激励效果上。从经理人员与普通员工的收入差距来看,1995年,美国安利公司总经理平均年收入相当于其普通员工人均收入的40倍,而同期日本直销企业的这一差距仅为5倍左右。但是,美国直销企业的经理常常依其发达的经理市场频繁流动,而日本经理则基于年功序列制而很少"跳槽"。美国直销企业经理与普通员工收入的巨额差距表明,物质激励的手段有利于其股东财富最大化,日本直销企业经理的"从一而终"则表明,直销企业对精神激励的偏重有利于其经理为企业的发展而长期努力。

激励形式与激励效果的差别体现了不同直销企业治理结构模式之下激励机制的差异,亦折射出不同直销企业治理结构模式之下的经营导向以及其所处的文化价值理念氛围。美国物质激励的形式与效果是其直销企业股东财富最大化经营导向及个人价值主义的体现;日本精神激励的偏重则是其直销企业整体与长期利益导向以及集体主义观念的反映。因此,尽管物质与精神形式均是激励机制得以构建的重要层面,但对激励形式的选择及其程度的驾驭必须从相应的实际环境出发,以期激励机制能够得到相应的直销企业经营导向与文化价值理念的支持与强化。

3.3.3 中国直销企业治理结构模式的构建

作为一种微观制度安排,中国直销企业治理结构的产生与发展具有与西方发达市场经济国家不同的初始状态与约束条件。首先,中国直销企业治理结构的诞生与发展必然受到客观制度环境和传统计划模式的影响与制约;其次,中国直销企业治理结构的构建,很大程度上体现为一个基于西方相关理论与实践的以人为设计和干预为主导的制度创新和突变过程。因此,中国直销治理结构的构建必须从自身初始状态与约束条件出发,选择适宜自身发展的模式,并对其予以相应的制度支持。

①中国直销企业治理结构模式的选择

西方两种直销企业治理结构模式各有其所长与短,整体上二者并无优劣之分,模式的形成或选择主要取决于相应的组织资源与市场资源的发育程度及其利用,此外,还受到诸如法律与历史文化以及制度变迁的"路径依赖"性等因素的影响。就中国实际而言,中国的资本市场、代理人市场及劳动力市场的发展均相对滞后,直销企业在依然很大程度上依赖政府与银行支持的同时,其内部诸如党委会、职代会、工会等组织资源亦比较丰富。中国直销企业的生存与发展仍处于一个市场不发育与不规范的历史阶段,相较而言,其具有利用潜质的组织资源更为丰富。因此,在中国直销经济发展进程之中,市场导向偏离了当前中国直销企业治理结构构建所处的现实,中国应暂选择以组织控制导向为主兼市场导向为辅的混合型直销企业治理模式,并随中国市场化的推进与成熟,逐步建立市场导向的直销企业治理结构,这是基于中国当前现实条件与中国改革的渐进性以及中国的市场化目标考虑的一个比较理性的选择。

②中国直销企业治理结构构建的制度支持

中国直销企业治理结构的构建必须基于一定的制度支持体系:

必须改进内部监管机制:一是可以法人相互持股的方式组建直销企业集团,以期在减少政府直接干预的同时,对代理人实施更好的约束;二是可尝试借鉴日本的主银行制度,以期银行及时掌握直销企业经营状况并对其加强管理;三是正确处理直销企业内部新老"三会"的关系与职能,实行董事长与总经理的两职分离,提升监事会的地位及其监控与决策权能,借鉴德国的工人参与制度,以期工人选举的代表切实进入决策与监控层面。

加快完善外部监管机制:一是加快直销资本市场建设及其完善的步伐;二是加快直销企业代理人市场建设与完善的步伐;三是规范直销产品与直销生产要素市场。

优化代理人的"激励——约束相容"机制:一是通过外部监管与内部控制相结合的方式对直销企业代理人予以约束;二是通过剩余索取权的合理分配、股票的放发与股票期权的给予、"在职消费"以及高额退休薪金等多种形式,对直销企业代理人进行物质激励的同时,以职位升迁、工作挑战性与成就感以及社会责任感抑或民族自豪感等形式对其进行精神激励。

加快相关配套制度建设:一是建立并完善社会保障体系;二是改革刚性的劳动就业制度;三是加快银行的商业化进程。

第12章 中国直销企业的财务与会计管理

财务和会计管理是中国直销企业整个经济运行中一个十分重要的环节,如果这个环节抓不住,直销企业的生产和经营就会出现失控的状况。所以,在这一章,我们将对中国直销企业的财务与会计管理进行深入研究,旨在要求中国直销企业在整个生产和经营过程中,始终把企业的财务与会计管理当作一项十分重要的工作抓紧抓好。

▼1 中国直销企业财务与会计管理的主要内容

直销企业与传统企业相比,在产品价格、产品营销、结算方式等方面有着不同的地方,因此,直销企业的财务与会计管理有同中有异的地方。下面,我们分别对中国直销企业的财务与会计管理作一介绍。

1.1 中国直销企业财务管理的主要内容

直销企业财务管理是有关资金的筹集、投放和分配的管理工作。财务管理的对象是现金(或资金)的循环和周转,主要内容是筹资、投资和利润分配全部过程,概括起来包括以下几个方面:

1.1.1 筹资管理

直销企业为了保证正常经营或扩大经营的需要,必须具有一定数量的资金。直销企业的资金可以从多种渠道、用多种方式来筹集。不同来源的资金,其可使用时间的长短、附加条款的限制和资金成本的大小都各不相同。这就要求直销企业在筹资时不仅需要从数量上满足经营的需要,而且要考虑筹资方式给直销企业带来的资金成本的高低、财务风险的大小,以便选择最佳的筹资方式。

任何直销企业正常运营都离不开资金。筹措资金不仅是财务管理的重要方法,有时也是直销企业最高管理层面临的最大难题。

①短期资金筹集

短期资金常指1年以内的资金,主要用于发放工资、购买原材料等。筹集来源及渠道:一是民间借贷。主要向家庭其他成员、亲戚、朋友借钱。适用于小型直销企业。二是商业信用。直销企业购买原材料或专卖店购买直销产品可以在一定时间延期付款(赊购)或预收货款,相当于销货方向购货方提供一笔贷款。为防止商业信用被滥用,通常在付款条件中规定促进按期付款的优惠折扣条件。三是向金融机构借款。直销企业向商业银行或保险公司、信托投资、证券公司、信用社、基金会等其他金融机构借款。短期贷款有两类:无担保的信用贷款、担保或抵押贷款。无担保的贷款常见于小额或高信用等级的直销企业,其他直销企业一般都要求担保或抵押。四是发行商业汇票。商业汇票是一种无担保的短期期票,由收款人或付款人签发,由承兑人承兑并于到期日向收款人或被背书人支付款项。通常信用高的大型直销企业才能发行,国家有额度控制。五是出售应收账款。又称为资产证券化(ABS),即将直销企业的应收账款和未来收益的权益以债券形式出售。一般这类直销企业收益须具有长期性、稳定性,有一定现金流量。六是从其他企事业单位融资。直销企业以项目投资合作或合营方式吸纳资金,投资方不参与具体经营,仅获固定投资回报。七是内部挖潜。如通过建立企业内部银行,对下属统一财务核算、结算,并调剂下属企业资金余缺,进行内部资金融通,提高内部资金使用效率,减少外部融资。直销企业内部银行为内部非法人机构,适用一定规模的直销企业企业群体。

②长期资金筹集

长期资金一般指1年以上的资金,主要用于直销企业设备、固定资产投资等。筹集来源及渠道:一是发行股票。直销企业可通过发行股票成为上市公司,直接从资本市场筹资。如天狮集团就属于这样的直销企业。目前可供上市的渠道有:在国内上海、深圳证券交易所以A股、B股方式上市;在香港特别行政区、日本、美国证券交易所、店头市场①直接上市;在世界新兴证券市场(如澳大利亚、新

---

①店头市场(Over-The-Counter Market,OTC)系指分离证券场所的所有参与买卖的人员与设备,其股本交易通常绩效较差(也有例外),又称"柜台市场"、"场外市场"。在证券交易所之外的某一固定场所,供来上市的证券或不足以成交批量的证券进行交易的市场。证券交易量远远超过证券交易所交易量。

西兰、加拿大)直接上市;通过兼并、收购、换股等借壳方式实质控制上市公司而实现间接上市。

鉴于上市公司受公众监管较多,透明度高,一般直销企业母公司不应上市,而将主体子公司分拆包装上市。国内发行股票有额度控制和事先审批制,目前政策导向强调为国有企业和大型民营企业服务。二是发行公司债券。直销企业通过发行公司债券或可转换债券,从资本市场筹资。国内发行债券有额度控制和事先审批。目前政策导向强调为国有企业和大型民营企业服务。三是长期贷款。从金融机构取得长期限的借款。国家主要通过产业政策导向调控贷款结构,直销企业可尽可能获得:出口信贷,包括买方和卖方借贷;国内或国际银团贷款;政府贴息或优惠的政策性资金。四是租赁。租赁又分为融资租赁和实物租赁。在租用期间出租人拥有财产所有权,承租人只有使用权。租赁费用因可进直销企业成本而享有税收优惠。为扩大资金流量,可运用杠杆租赁或出售回租办法。其中,后者是将直销企业不动产或其他长期资产出售给金融机构取得资金,然后再租回使用。五是项目融资。直销企业设计包装项目方案,以项目吸引资金,以 BOT、ABS、共同基金、科技风险投资基金参股方式获得资金支持。六是内部融资。直销企业内部融资具体方案和渠道有:运用自有资本金;企业增资扩股吸纳新资本金;企业经营利润滚动投入;对外投资收益运用;出售劣质资产或与企业战略不符的资产;职工持股或集资;经理层收购公司(股份)。七是设立财务公司。直销企业的财务公司是独立的企业法人,一般是办理企业集团内部成员单位金融业务的非银行性金融机构,其业务范围包括集团内各成员单位的人民币存款、贷款、投资、结算、担保、代理及贴现业务,兼营集团内信托、融资租赁业务,接受主管部门委托,对集团公司或成员单位信托贷款、投资业务,以及临时性资金困难时的同业拆借和证券业务。国家对设立财务公司有较严格的管理制度,要求企业集团和紧密层企业自有资产在10亿元以上,财务公司实收货币资本应不低于5000万元等条件,目前由中央银行审批,一般直销企业集团较难获得设立财务公司的资格。

1.1.2 投资管理

直销企业筹集的资金要尽快用于经营,以便获得盈利。但任何投资决策都带有一定的风险性。因此,在投资时必须认真分析影响投资决策的各种因素,科学地进行可行性研究。对于新增的投资项目,一方面要考虑项目建成后给企业带来的投资报酬,另一方面也要考虑投资项目给企业带来的风险,以便在风险与报酬之间进行均衡,不断提高直销企业价值。

在这里,我们着重谈一下中小直销企业的投资风险管理。我国直销法规实施后,中小直销企业有一部分与大型直销企业合作或合营。但是,这些中小直销企业还是一级的独立法人。为了使企业发展壮大,这些中小直销企业一般都希望加大投资。一般而言,中小直销企业的投资风险要比大型直销企业大得多。主要原因有:一是利率升降可能引起的投资风险。利率受国家宏观财税政策、金融政策及市场行情等因素的影响,经常处于不稳定状态,或升或降,引起中小直销企投资的收益波动起伏,即当银行利率下降时,企业投资报酬率上升;银行利率上升时,企业投资报酬率下降,从而给企业的投资带来风险,甚至造成损失。二是购买力的变化也会带来投资风险。这是由于通货膨胀造成投资中小直销企业的投资到期或中途出售时,所获现金的购买力下降而带来的。在通货膨胀中较高时期,由于物价上涨、货币贬值,使同等价值购买力减少。中小直销企业如果在通货膨胀时期进行投资,必须考虑通货膨胀对购买力、对投资的影响。三是盲目投资、决策失误而产生的投资风险。中小直销企业在投资过程中,由于求胜心切,事先没有对投资项目进行严格、科学的技术经济论证,或由于自身素质较低,而出现管理混乱、资金困难等情况。处理不好这些问题,就会使中小直销企业投资项目利润下降或投资计划无法实施,从而使企业投资蒙受损失。四是对投资项目管理混乱产生的投资风险。比如中小直销企业在投资项目前期准备工作不充分,项目的施工图纸尚未设计完成就仓促上马,资金不到位就盲目开工;工程接近竣工或已到年终决算,施工合同还未签订等,都给项目施工造成诸多不利,同时也造成工作扯皮、责任不清,拖延工期,给企业带来一定的投资风险。中小直销企业将自己的资金、资产等投资于被投资企业,希望获得较好的收益,但由于被投资方经营管理不善而出现经营性亏损,或无法按期支付红利或偿还本息,势必给中小直销企业投资带来风险,造成经济损失。另外,被投资企业未履行或非完全履行投资协议也会给中小直销企业投资造成损失。

中小直销企业由于规模较小,风险抵抗能力差,加之缺乏控制投资风险的相关人才和经验,所以更应该加强投资风险方面的管理体系建设。中小直销企业在设计投资风险管理体系时,应注意遵循以下原则:

①激励与约束相结合的原则

激励和约束都是为了达到管理目标而进行的,企业内部的激励和约束机制的目的就是保证企业目标的实现,在企业管理中片面强调激励或者约束都是不科学的,只有二者配合运用才能达到管理目标。在中小直销企业投资风险管理中,首先要将制订好的投资风险管理目标分解到直接承担责任的单位或个人,赋予有关责任人相应的管理权限,明确风险目标完成或失败的利益和责任,同时运用财务控制手段对风险计划的执行情况进行控制。

②成本效益原则

成本效益原则是一切经济活动都应遵循的基本原则之一,企业是以盈利为目的的组织,企业内部各种制度存在的原因就是为了节省经营成本,企业投资风险防范制度同样也应考虑制度成本和制度效益。具体地讲,中小直销企业投资风险防范制度的制度成本包括制度设计成本、制度执行成本以及企业机会成本,制度效益就是风险水平降低减少的损失。

③目标控制和程序控制相结合的原则

目标控制又称动态控制,控制的重点是目标的实现而不是控制过程,整个控制过程都是在既定的控制目标下进行的,具体控制程序根据具体情况围绕控制目标确定和调整。目标控制的优点在于对实际中发生的意外情况反应快,可以通过良好的信息反馈机制迅速做出调整,将控制对象与控制目标之间的偏离控制在最小的范围之内。中小直销企业投资风险的实际情况受到诸多因素的影响,具有很大的不确定性,而企业投资风险控制目标是可以确定的,具体控制过程也有应遵循的原则,因此中小直销企业投资风险控制采取目标控制方法是可行的。

投资风险是一种在投资活动中难以完全避免的现象,只要投资就一定会遭遇风险。因此无论是投资者还是管理者都必须认识投资风险的普遍性的特征,承认经济发展中的投资风险是一种客观存在,公正和系统地对待风险;要认真研究投资风险的作用机理,不能因为它的普遍性而忽视了它向投资危机转化的破坏性。中小企业建立投资风险管理机制主要是为了减少投资风险,防止其逐步沉积并突然释放而造成投资领域的剧烈震荡,危机投资安全。中小直销企业投资风险管理体系的建立主要包括以下几个步骤:

①选择投资机会

选择投资机会即提出投资项目或称为选定项目。它是依据自然资源利用和直销市场状况,就投资项目的投资方向提出原则设想和数据分析,目的是找到投资方向和领域。机会选择分为一般机会选择和特定机会选择。在一般投资机会选择中包括投资地区、部门或行业以及相应的资源研究;特定机会选择中要确定投资项目的投资机遇,将基础上意向变成概括的投资建议。因此,中小直销企业要根据国家产业政策在优先扶持的产业中进行选择,然后根据自然资源和其他条件,确定投资的区域。

②拟定项目建议书

项目建议书是投资机会的具体化,它可以由中小直销企业自行编制,也可由专业机构代为编制。主要内容是提出投资基础上建议的理由及其主要依据,并对项目的生产建设条件、投资概算和粗略的经济效益和社会效益情况做出说明。比如可以由规划投资部提出,市场营销部认可后报中小直销企业的投资决策委员会审定。

③进行可行性研究

可行性研究是综合论证投资项目在技术上的先进性、可行性和经济上的合理性、有利性。可行性研究是投资前期工作的中心环节,在立项批准后,中小直销企业应组织各方面专家和实际工作者,对投资项目进行科学、详细论证,提出项目可行性研究报告。该报告是整个投资项目的基础,它规定了投资项目的主要内容及其标准,并充分论证了项目的必要性、技术的先进性和可行性、经济上的合理和有效性。此阶段工作由市场营销部、技术开发部、机动设备部、财务部共同完成。

④编制设计任务书

设计任务书是可行性研究报告的简化和延伸,它确定设计项目及建设方案,包括建设规模、建设依据、建设布局和建设进度等主要内容,是进行项目设计的依据。中小直销企业要安排专业人员编制好设计任务书。

⑤投资项目的评估与决策

投资项目评估是对投资项目的可行性研究报告进行评价,并提出评估报告,作为项目决策的最后依据。中小直销企业对投资项目的评估,可委托建设单位和投资企业以外的中介咨询机构进行,以求评估的科学、公正和客观。项目评估后,批准了设计任务书,就正式做出了投资决策。决策一般有三种结果:接受项目,进行投资;拒绝项目不进行投资;发还项目,并由所提出部门重新调查研究,再做处理。此阶段工作由规划投资部完成后报企业投资决策委员会审定。

⑥执行投资项目

执行投资项目是把设计变成现实的过程,它从建设选址到竣工验收、交付使用,也称之为投资建设期。这一阶段包括以下内容:投资项目选址、初步设计和施工图、制定建设计划、施工准备和施工、生产准备、竣工验收等。此阶段工作由中小直销企业的项目执行经理负责。

1.1.3 营运资金管理

营运资金又称营运资本,是指直销企业的流动资产减去流动负债后的余额。为了使流动资金在其"流动性"和"收益性"的统一中合理配置在各种资产上,必须加强营运资金的管理。中国直销企业应该以零营运资金为目标,对企业的营运资金实行"零营运资金管理"的方法。

营运资金,从会计的角度看,是指流动资产与流动负债的差额。会计上不强调流动资产与流动负债的关系,而只是用它们的差额来反映一个直销企业的偿债能力。在这种情况下,不利于财务人员对营运资金的管理和认识;从财务角度看营运资金应该是流动资产与流动负债关系的总和,在这里"总和"不是数额的加总,而是关系的反映。这有利于财务人员意识到,对营运资金的管理要注意流动资产与流动负债这两个方面的问题。流动资产是指可以在一年以内可超过一年的营业周期内实现变现或运用的资产,流动资产具有占用时间短、周转快、易变现等特点。直销企业拥有较多的流动资产,可在一定程度上降低财务风险。流动资产在资产负债表上主要包括货币资金、短期投资、应收票据、应收账款和存货等项目。流动负债是指需要在一年或者超过一年的一个营业周期内偿还的债务。流动负债又称短期融资,具有成本低、偿还期短的特点,必须认真进行管理,否则,将使直销企业承受较大的风险。流动负债主要包括以下项目:短期借款、应付票据、应付账款、应付工资、应付税金及未交利润等。

为了有效地管理直销企业的营运资金,必须研究营运资金的特点,以便有针对性地进行管理。营运资金一般具有以下特点:一是周转时间短。根据这一特点,说明营运资金可以通过短期筹资方式加以解决。二是非现金形态的营运资金如存货、应收账款、短期有价证券容易变现。这一点对直销企业应付临时性的资金需求有重要意义。三是数量具有波动性。流动资产或流动负债容易受内外条件的影响,数量的波动往往很大。四是来源具有多样性。营运资金的需求问题既可通过长期筹资方式解决,也可通过短期筹资方式解决。仅短期筹资就有:银行短期借款、短期融资、商业信用、票据贴现等多种方式。

财务上的营运资金管理着重于投资,即直销企业在流动资产上的投资额。因而,要了解"零营运资金管理"的基本原理,就要首先了解营运资金的重要性。营运资金管理是对企业流动资产及流动负债的管理。一个企业要维持正常的运转就必须要拥有适量的营运资金,因此,营运资金管理是直销企业财务管理的重要组成部分。要搞好营运资金管理,必须解决好流动资产和流动负债两个方面的问题:第一,直销企业应该投资多少在流动资产上,即资金运用的管理。主要包括现金管理、应收账款管理和存货管理。第二,直销企业应该怎样来进行流动资产的融资,即资金筹措的管理,包括银行短期借款的管理和商业信用的管理。可见,营运资金管理的核心内容就是对资金运用和资金筹措的管理。

"零营运资金管理"的基本原理,就是从营运资金管理的着重点出发,在满足直销企业对流动资产基本需求的前提下,尽可能地降低直销企业在流动资产上的投资额,并大量地利用短期负债进行流动资产的融资。"零营运资金管理"是一种极限式的管理,它并不是要求营运资金真的为零,而是在满足一定条件下,尽量使营运资金趋于最小的管理模式。"零营运资金管理"属于营运资金管理决策方法中的风险性决策方法。这种方法的显著特点就是能使直销企业处于较高的盈利水平,但同时直销企业承受的风险也大,即所谓的高盈利、高风险。具体表现为:

① **丰富的收益**

一般而言,流动资产的盈利能力低于固定资产,短期投资的盈利低于长期投资。如直销企业运用劳动资料(厂房、机器设备等)对劳动对象进行加工,生产一定数量的直销产品,通过直销员销售转化为应收账款或现金,最终可为直销企业带来利润。因此,通常将固定资产称为盈利性资产。与此相比,流动资产虽然也是生产经营中不可缺少的一部分,但除有价证券外,现金、应收账款、存货等流动资产只是为直销企业再生产活动正常提供必要的条件,它们本身并不具有直接的盈利性。又因为短期负债对债权人来说偿还的日期短、风险小,所以要求的利率就低,而债权人的利率就是债务人的成本,因此,短期负债的资金成本小于长期负债的资金成本。

把直销企业在货币资金、短期有价证券、应收账款和存货等流动资产上的投资尽量降低到最低限度,可以减少基本无报酬的货币资金和报酬较低的短期有价证券,将这些资金用于报酬较高的长期投资,以增加直销企业的收益。同时减少存货可使成本下降,减少应收账款可降低应收账款费用以及坏账损失。大量地利用短期负债可降低直销企业的资金成本,而且短期负债的弹性大、办理速度快,能及时弥补企业流动资产的短缺。显然,由于降低了直销企业在流动资产上的投资,就可以使直销企业减少流动资金占用,加速资金周转,降低费用,从而可以增加直销企业盈利。

② **潜在的风险**

从风险性分析,固定资产投资的风险大于流动资产。由于流动资产比固定资产更易于变现,其潜在亏损的可能性或风险就小于固定资产。当然,固定资产也可通过在市场上出售将其变为现金,但固定资产为直销企业的主要生产手段,如将其出售,则企业将不复存在。因此,除了不需用固定资产出售转让外,直销企业生产经营中的固定资产未到迫不得已时(如面临破产)是不会出售的。所以,直销企业固定资产的变现能力较低。直销企业在一定时期持有的流动资产越多,承担的风险相对越小;反之,直销企业持有的流动资产越少,所承担的风险也就越大。

另外,直销企业大量地利用短期负债,同样也可能导致风险的增加。一般来说,短期筹资的风险要比长期筹资要大。这是因为:第一,短期资金的到期日近,可能产生不能按时清偿的风险。例如,直销企业进行一项为期三年的投资,而只有在第三年才会有现金流入,这时如果利用短期筹资,在第一、第二年里,直销企业就会面临很大的风险,因为企业的投资项目还没有为企业带来收益。但如果直销企业采用为期五年的长期筹资的话,企业就会从容地利用该投资项目产生的收益来偿还负债了。第二,短期负债在利息成本方面有较大的不确定性。如果采用长期筹资来融通资金,直销企业能明确地知道整个资金使用期间的利息成本。但若为短期借款,则此次借款归还后,下次再借款的利息成本多少并不知道。金融市场上的短期资金利息率很不稳定,有时甚至在短期内有较大波动。

根据上面的观点,"零营运资金管理"原理的应用将使直销企业面临较大的风险。首先是延期风险,即直销企业在到期日不能偿还债务的风险。其次是短期负债利率具有很大的波动性,直销企业无法预测资金成本,也就无法控制利息成本。再次是直销企业为了减少应收账款,变信用销售为现金销售,可能会丧失客户,从而影响直销产品的销售增长。尽管存在着高风险,但"零营运资金管理"仍不失为一种管理资金的有效方法。"零营运资金管理"在具体操作上,以零营运资金为目标,着重衡量营运资金的运用效果,通过营运资金与总营业额比值的高低来判断一个直销企业在营运资金管理方面的业绩和水准。由于"零营运资金管理"的基本出发点是尽可能地降低在流动资产上的投资额,因而营运资金在总营业额中所占的比重越少越好。这就是"零营运资金管理"的含义所在。"零营运资金管理"强调的是资金的使用效益。如果资金过多地滞留在流动资金形态上,就会使直销企业的整个盈利降低。简而言之,"零营运资金管理"就是直销企业将营运资金视为投入资金成本,要以最小的流动资产投入获取最大的销售收入。

为了使直销企业能够实现"零营运资金管理",同样要从流动资产和流动负债两个方面着手。对流动资产来说,就是要尽量减少在流动资产上的投资额,加速资金周转;对流动负债来说,则是要有畅通的筹措短期资金的渠道,以便满足直销企业的日常运作需求,同时也要考虑短期资金成本的问题。下面分别从两个方面论述:

①降低营运资金在总营业额中所占的比重

降低营运资金在总营业额中所占的比重的有效途径是,加速货币资金的周转循环。根据货币资金周转循环周期的时间长短,可以预测直销企业对流动资金的需求量。例如,直销企业用货币资金来购买原材料,原材料被加工成产成品;直销企业通过现销渠道又把一部分产成品马上转变为货币资金,而其他的产成品,直销企业通过信用销售的渠道,把它变为应收账款,应收账款则需要一段时间才能收账变为货币资金。

通过讨论,我们可以看出直销企业的运作情况对货币资金投资的影响。如果直销企业在生产产成品上花费较长的时间,那么直销企业就得增加货币资金投资。从原材料变成产成品,再完成产品销售所需要的这段时间,我们称为存货周转期。直销企业运作能给货币资金投资带来另一种影响的是企业的销售策略,如果直销企业是运用现销方式销售产品,那么企业就不需要保留很多货币资金;但如果直销企业有信用交易的话,那它就得需要有较多的货币资金投入。因为这里存在着应收账款周转问题。当然,直销企业也可在购买存货时欠账,这就是说企业要推迟付款,如果可欠很长时间的账,那么货币资金投资的需求量就减少。这段延迟付款的时间称为展延的应付账款周转期。一般来说,直销企业货币资金的周转公式为:

货币资金周转期 = 存货周转期 + 应收账款周转期 - 展延的应付账款周转期

从上面的公式,我们可以看出要想减少货币周转期,从而使流动资产上占用的货币资金减少,实现"零营运资金管理",直销企业就得从存货管理、应收账款管理和应付账款管理三个方面着手:对于存货管理,一方面要加强销售,通过销售的增长来减小存货周转期;另一个方面要通过确定订货成本、采购成本以及储存成本计算经济批量,控制在存货上占用的资金,使之最小。对于应收账款管理,在信用风险分析的基础上,直销企业要制定合理的信用标准、信用条件和收账政策,通过这些措施来鼓励客户(主要是专卖店)尽早交付货款,从而加速应付账款的周转。展延的应付账款的管理,一般来说,直销企业越是拖延付款的时间就越对直销企业有利,但由于延期付款可能引起直销企业的信誉恶化,所以直销企业必须通过仔细的衡量、比较多种方案后再做出决定,选择对直销企业最为有利的方案。

②流动负债即企业的短期融资

流动负债即企业的短期融资问题是直销企业进行"零营运资金管理"的另一个重要方面。直销企业要想得到短期资金主要有两条渠道:一个是商业信用,另一个是短期银行借款。商业信用是指在商品交易中以延期付款或预收货款进行购销活动而形成的借贷关系,它是直销企业直接的信用行为。商业信用产生于商品交换之中,其具体形式主要是应付账款、应付票据、预收账款等。据有关资料统计,这种短期筹资在许多直销企业中达流动负债的40%左右,它是企业重要的短期资金来源。商业信用筹资有一定的优点:商业信用非常方便。因为商业信用与商品买卖同时进行,属于一种自然性融资,不用作非常正规的安排。而且不需办理手续,一般也不附加条件,使用比较方便;使用灵活且具有弹性。直销企业可根据某个时期内所需资金的多少,灵活掌握;若没有现金折扣,或者直销企业不放弃现金折扣,以及使用不带息的应付票据,则直销企业利用商业筹资并不产生筹资成本。其主要缺点是:其期限较短,尤其是应付账款,不利于直销企业对资金的统筹运用;对应付账款而言,直销企业若放弃现金折扣,则需负担较高的成本。对应付票据而言,若不带息,可利用的机会极少,若带息则成本较高;在法制不健全的情况下,若缺乏信誉,容易造成直销企业与直销专卖店之间相互拖欠,影响资金运转。

短期银行借款是直销企业根据借款合同向银行以及非银行金融机构借入的款项。在我国,短期银行借款是绝大多数直销企业短期资金的主要来源。我国目前短期银行借款的目的和用途可分为周转借款、临时借款、结算借款、贴现借款等。

短期很行借款的优点有：银行资金充足，实力雄厚，能随时为直销企业提供较多的短期贷款。对于季节性和临时性的资金需求，采用银行短期借款尤为方便。而那些规模大、信誉好的大型直销企业，更可以较低的利率借入资金。银行短期借款具有较好的弹性，可在资金需要增加时借入，在资金需要减少时还款。短期银行借款的缺点主要有：资金成本较高。采用银行短期借款成本比较高，不仅不能与商业信用相比，与短期融资券相比也高出许多。而抵押借款因需要支付管理和服务费用，成本更高。限制较多。向银行借款，银行要对直销企业的经营和财务状况进行调查以后才能决定是否贷款，有些银行还要对直销企业有一定的控制权，要企业把流动比率、负债比率维持在一定的范围之内，这些都会构成对直销企业的限制。

企业筹集短期资金的渠道还有短期融资券、应交税金、应交利润、应付工资、应付费用、票据贴现等多种形式，但无论采用哪种筹资方式，都有其优点和缺点。为了能够实现"零营运资金管理"，直销企业的财务人员一定要在分析、比较的基础上，选择筹资组合，在尽可能多地使用流动负债的基础上，要注意直销企业的清偿能力，保证企业的信誉，这样才能给直销企业带来最大的收益。

1.1.4 利润及其分配管理

直销企业进行经营活动，要发生一定的生产消耗，并取得一定的生产成果，获得利润。直销企业财务管理必须努力挖掘企业潜力，促使企业合理使用人力和物力，以尽可能少的耗费取得尽可能多的经营成果，增加企业盈利，提高企业价值。企业实现的利润，要合理进行分配。在分配时，一定要从全局出发，正确处理国家利益、企业利益、企业所有者利益和企业职工及直销员利益之间的关系，以利于直销企业的持续发展。

①**利润构成**

利润的确认和计量，简单说就是利润的确定。根据我国现行《财务通则》规定，直销企业的利润总额主要由营业利润、投资净收益和营业外收支净额构成，其关系为：

直销企业的利润总额 = 营业利润 + 投资净收益 + 营业外收支净额

此式只是一个基本的规范。行业财务会计制度对直销企业利润总额的构成有着具体的规定：如果是工业直销企业，其利润总额等于营业利润加上投资收益和营业外收入，减去营业外支出。营业利润等于主营业务利润加上其他业务利润，减去管理费用、营业费用和财务费用；主营业务利润等于主营业务收入减去主营业务成本和主营业务税金及附加。如果是商业直销企业，其利润总额等于营业利润加投资收益和营业外收入减去营业外支出；营业利润等于主营业务利润加其他业务利润，减管理费用、经营费用和财务费用；主营业务利润等于商品销售加代购代销收入；商品销售利润等于商品销售收入减销售折扣与折让的商品销售收入净额，再减商品销售成本和商品销售税金及附加。

由此可见，直销企业的利润构成分为三个层次，首先是主营业务收入，其次

是营业利润,最后是利润总额。其关系是:

主营业务利润 = 主营业务收入 − 营业成本 − 期间费用 − 进货费用 (商业) − 营业税金

营业利润 = 主营业务利润 + 其他业务利润

利润总额 = 营业利润 + 投资净收益 + 营业外收入 − 营业外支出

②利润分配

利润分配的一般程序是指直销企业实现企业经营所得后,应先用于哪些方面,后用于哪些方面的先后顺序问题。我国直销企业的利润分配程序为:直销企业的利润总额按照国家规定作相应调整后,首先要缴纳所得税;税后剩余部分的利润为可供分配的利润。可供分配利润再按如下顺序进行分配:支付被没收的财物损失,违反税收规定支付的滞纳金和罚款;弥补以前年度亏损。弥补亏损可以划分为两种情况:税前弥补和税后弥补。《财务通则》规定:"企业发生年度亏损,可以用下一年度的利润弥补;下一年度不足弥补的,可以在五年内用所得税前利润延续弥补,延续五年未弥补完的亏损,用交纳所得税后的利润弥补。"与传统企业一样,直销企业税前弥补和税后弥补以五年为界限。亏损延续未超过五年的,用税前利润弥补,弥补亏损后有剩余的,才缴纳所得税;延续期限超过五年的,只能用税后利润弥补。提取盈余公积金。根据《公司法》规定,盈余公积金分为法定盈余公积金和任意盈余公积金。法定盈余公积金是国家统一规定必须提取的公积金,它的提取顺序在弥补亏损之后,按当年税后利润的 10% 提取。盈余公积金已达到注册资本 50% 时不再提取。任意盈余公积金由企业自行决定是否提取以及提取比例。任意盈余公积金的提取顺序在支付优先股股利之后。公积金和任意盈余公积金可以统筹使用。其主要用途有两个方面:弥补直销企业亏损和按国家规定转增资本金。转增资本金就是将盈余公积金转为实收资本,它实际上是向股东发放股票股利的过程。提取公益金。公益金主要用于直销企业职工的集体福利设施支出。《公司法》规定,法定公益金的提取比例为 5% ~ 10%。向投资者和有重大贡献的直销员分配利润。直销企业以前年度未分配的利润,可以并入本年度向投资者和有重大贡献的直销员分配,本年度的利润也可以留一部分用于次年分配。股份制直销企业提取公益金后,按照下列顺序分配:支付优先股股利;提取任意公积金,任意公积金按公司章程或股东大会决议提取和使用;支付普通股股利。直销企业当年无利润时,不得分配股利,当在用盈余公积金弥补亏损后,经股东会特别决议,可以按照股票面值 6% 的比率用盈余公积金分配股利。在分配股利后,直销企业法定盈余公积金不得低于注册资金的 25%。

1.2 中国直销企业会计管理的主要内容

什么叫直销企业会计管理? 直销企业会计管理是根据国家有关法规和制度,针对本企业经营业务的特点、范围、管理要求和人员素质设计和实施的、用于指导规范会计工作的制度体系。

直销企业的会计管理,应该包括以下组成部分:

1.2.1 会计机构设置

会计机构是组织和实施会计工作的组织。一个直销企业的会计机构是否健全、各职能岗位之间的运行是否协调，将对会计工作质量产生直接的影响。因此，建立适合直销企业情况的会计机构，是改进会计工作、提高会计信息质量的首要环节。一个高质量的会计机构，应该具备以下几个特征：首先，目标一致，在遵守国家有关法规政策的前提下，围绕直销企业主要经营目标设置会计机构，避免因为工作目标的差异出现相互掣肘的现象。其次，机构内各部门之间步骤协调，实现总体效率最高。第三，机构内部各个环节职责明确，实现业务分工在范围上的周延性和在操作步骤上的独立性。

会计机构是各单位办理会计事务的职能部门，会计人员是直接从事会计工作的人员。建立健全会计机构，配备与工作要求相适应、具有一定素质和数量的会计人员，是做好会计工作，充分发挥会计职能作用的重要保证。《会计法》第22条规定了国家机关、社会团体、企业、事业单位、个体工商户和其他组织的会计机构和会计人员的主要职责。其主要内容包括：依法进行会计核算；依法实行会计监督；拟定本单位办理会计事务的具体办法；参与拟定经济计划、业务计划，考核、分析预算、财务计划的执行情况；办理其他会计事务。为了进一步保障各单位的会计机构和会计人员切实履行《会计法》赋予的职责，加强会计机构和会计人员管理，在《会计基础工作规范》第2章会计机构和会计人员中专门对会计机构设置和会计人员配备、会计机构负责人和会计主管人员、总会计师、会计工作岗位、会计人员职业道德等问题作了具体规定。

①设置会计机构应以会计业务需要为基本前提

《会计法》第21条和《会计基础工作规范》第6条都规定，是否单独设置会计机构由各单位根据自身会计业务的需要自主决定。一般而言，一个直销企业是否单独设置会计机构，往往取决于下列各因素：一是企业规模的大小。直销企业的规模，往往决定了其内部职能部门的设置，也决定了会计机构的设置与否。一般来说，大中型直销企业都应单独设置会计机构，如会计（或财务）处、部、科、股、组等，以便及时组织本单位各项经济活动和财务收支的核算，实行有效的会计监督。二是经济业务和财务收支的繁简。经济业务多、财务收支量大的直销企业，有必要单独设置会计机构，以保证会计工作的效率和会计信息的质量。三是经营管理的要求。有效的经营管理是以信息的及时准确和全面系统为前提的。直销企业在经营管理上的要求越高，对会计信息的需求也相应增加，对会计信息系统的要求也越高，从而决定了该单位设置会计机构的必要。

②不设置会计机构的应当配备会计人员

《会计基础工作规范》在第6条中规定："不具备单独设置会计机构条件的，应当在有关机构中配备专职会计人员。"这是《会计基础工作规范》对设置会计机构问题提出的又一原则性要求。对于不具备单独设置会计机构的直销企业，为了适合内部客观需要和组织结构特点，允许其在有关机构中配备专职会计人员，这类机构一般应是单位内部与财务会计工作接近的机构,如计划、统计或经营管理部门,或者是有利于发挥会计职能作用的内部综合部门,如办公室等。只配备专职会计人员的直销企业也必须具有健全的财务会计制度和严格的财务手续,其专职会计人员的专业职能不能被其他职能所替代。

1.2.2 内部控制制度

内部控制制度是直销企业内部各职能部门、各有关人员之间,在处理经济业务过程中相互联系、相互制约的一种管理制度。为了提高会计信息质量,满足会计信息使用者的要求,需要保证会计信息输入、处理和输出的安全性和可靠性。因此,有必要在会计管理制度中引进内部控制制度的程序和方法。直销企业内部控制的方法和程序主要包括职务分离控制、授权批准控制、业绩报告控制、内部审计控制等。在会计管理制度中包含内部控制制度,就是将上述内部控制方法和程序恰当地设置在会计组织机构。会计核算报告和会计业务处理程序中,以体现内部控制的要求,使会计管理制度真正成为内部控制的组成部分。

按照 COSO 内控理论,结合我国直销企业内部控制中存在的主要问题,我认为,构建现代企业内部控制体系可以从五个方面入手:

①完善企业的控制环境

任何直销企业的控制活动都存在于一定的控制环境之中,控制环境的好坏直接影响到企业内部控制的贯彻和执行以及企业经营目标及整体战略目标的实现。控制环境中的要素有价值观、组织结构、控制目标、员工能力、激励与诱导机构、管理哲学与经营风格、规章制度和人事政策等等。完善直销企业的控制环境,必须要有明确的内部控制主体和控制目标。控制主体解决了由谁进行内部控制的问题,而控制目标则解决了为什么要进行控制的问题。我们知道,直销企业内部由四种经济主体所组成,相应地,企业内部也有四种控制主体,即股东、经营者、管理者和普通员工,这四种控制主体都有各自的控制目标,股东的目标是财富最大化、财产安全、能获得如实报告;经营者的目标是实现既定的经营目标、不断增加经营效益;管理者的目标是完成责任目标、资产安全、获得业务运行的真实报告。只有在控制主体及其控制目标明确情况下,才能实施有效控制。同时,直销企业要有先进的管理控制方法和高素质的管理人才。管理控制方法作为直销企业管理者对其他人的授权使用情况直接控制和整个公司活动实行监督的一种方法,包括很多内容:如,制定企业各项管理制度、编制各项计划、业绩与计划考评、调查与纠正偏离期望值的差异等,这些方法对于不同规模和不同复杂程度的直销企业均十分重要。要具有先进的管理控制方法,还需辅以积极的人事政策,要能培养和引进一批具有高素质、掌握先进的管理方法的人才队伍,来改善直销企业的经营管理观念、方式和风格,培养全体员工良好的道德观、价值观和全员控制意识,从而形成一个特定的直销企业文化氛围。

②进行全面的风险评估

控制环境中包括的要素很多,但考虑成本效益原则,并不是所有的要素都有采取内部控制的价值。直销企业要针对那些具有风险并且会影响有关控制目标实现的可控要素进行控制。在风险评估中,直销企业可以采用"工作目标－风险评估－控制风险"的风险管理模型。工作目标是风险评估的起点,是控制环境中的要素,只有明确工作目标,才能识别控制环境的各个要素中,哪些要素存在影响工作目标实现的风险,通过对风险程度的评估,采取积极有效的控制措施,保证其工作目标的实现。

③设立良好的控制活动

控制活动是确保管理阶层的指令得以实现的政策和程序。控制活动出现在整个飞行器企业内的各个阶层与各种职能部门,涉及的控制对象包括人、财、物、产、供、销等各个方面,而控制措施是针对各关键控制点而制定的。因此,直销企业在制定控制活动时关键就是要抓住关键控制点。同时,直销企业要对针对信息系统加强控制。信息系统已成为直销企业管理不可或缺的部分,随着电子商务的发展,信息系统的作用越来越重要。在信息系统的日常使用中,主要通过权限控制、数据录入与输出控制、手工凭证的控制等方式进行。

④建立广泛的信息与交流

信息与交流,就是向直销企业内各级主管部门(人员)、其他相关人员,以及企业外的有关部门(人员)及时提供信息,通过信息交流,使直销企业内部的员工能够清楚地了解企业的内部控制制度,知道其所承担的责任,并及时取得和交换他们在执行、管理和控制企业经营过程中所需的信息。在信息方面,要注意内部信息和外部(直销员)信息的搜集和整理;在交流方面也要注意内部和外部信息的交流渠道和方式;在信息技术的发展中注意控制信息系统。

⑤加强内部控制的监督与评审

监督与评审是直销企业对内控的管理监督和内审监察部门对内控的再监督与再评价活动的总称。要确保内部控制制度被切实地执行且执行的效果良好,内部控制过程就必须被施以恰当的监督。监督是一种随着时间的推移而评估制度执行质量的过程。监督评审可以是持续性的或分别单独的,也可以是两者结合起来进行的。主要应关注监督评审程序的合理性、对内控缺陷的报告和对政策程序的调整等等。

1.2.3 会计人员管理

直销企业会计工作的主体是会计人员。对于会计人员的有效管理,促使会计人员不断地提高业务能力、积累工作经验,是会计管理制度的一个重要组成部分,也是保证会计工作质量的一个必要条件。

直销企业会计人员管理应该包括两个方面内容:

①会计业务和会计理论的继续教育

从目前情况看,会计人员的职称考试已经在全国范围内推广实施,并且成为直销企业聘任会计工作人员的主要依据。所以,直销企业对会计人员的管理应该将重点放在考试后的继续教育上。要通过有关管理制度的设计和执行使会计人员感受到增强业务能力的紧迫性,同时又为其创造提高业务水平的机会。

②会计职业道德水平的提高和完善

会计职业道德是指会计工作人员在办理会计业务过程中应遵循的基本道德意识、规范和行为的总和。会计职业道德是在长期实践过程中逐渐积累和发展起来的,它反映了会计工作中带有规律性和共性的东西,是各行业会计所公认和遵守。由于职业道德大多要通过会计人员自觉履行来体现,而很少靠强制规范来实现,所以为了促进会计职业道德的发扬和推广,直销企业应该在设置会计管理制度中,特别鼓励和提倡会计职业道德,并辅之以必要的奖励措施。

1.3 中国直销企业财务管理与会计管理的联系

财务管理与会计管理的关系,是一个非常重要的财会理论问题。搞清这个问题,对直销企业更好地发挥会计与财务管理这两门学科的作用,具有十分重要的意义。改革开放以来,在社会主义市场经济体制的确立和发展的同时,财务管理和会计管理在观念和制度上正处于调整、变革的关键时期,从理论上澄清这个问题就显得非常必要。过去,关于财务管理与会计管理的关系问题的认识,我国会计学界主要有以下三种观点:一是相对独立论。认为财务管理与会计管理是相互独立的,分属于两个不同的学科。在实践上,财务管理与会计管理是两种不同性质的工作。二是大财务论。认为会计包括于财务管理之中,会计工作是财务工作的一个组成部分。三是大会计论。认为财务管理在会计之中,财务管理工作是会计工作的一个组成部分。这几种观点相互之间曾进行过争论,但未形成一个比较统一的认识,使得不论是在实务工作中有关职责的划分,还是专业书籍中有关内容的设置,乃至准则、法规中有关范围的界定等都往往无所适从。

在中国,直销企业一般对财务工作与会计工作不作严格的划分,统称为财会工作,由财务处(科)或会计处(科)来统管财会工作。随着社会主义市场经济的充分发展,特别是直销经济的迅速发展,直销企业作为市场的主体,理财活动复杂化,财务与会计之间的分工不精细将会导致各种矛盾。例如,直销企业面对瞬息万变的金融市场,如何进行科学的筹资、投资决策,如何合理利用财务杠杆来降低资本成本、提高经济效益,以及如何正确估量和减少投资风险等等,都是社会主义市场经济中财务管理方面的专门性课题,这便决定了直销企业财务管理是一个重要的独立部门。而会计学科是信息科学的组成部分,它研究在现代市场经济中,如何对经济活动提供信息支持。它同财务学科具有不同的性质和发展方向。下面就直销企业财务管理与会计管理的区别和联系作一下分析:

1.3.1 财务管理与会计管理的区别

直销企业的财务管理与会计管理的区别主要是:

①**两者的对象不同**

过去,我们在表述财务管理与会计管理的对象时,大多把资金运动作为它们的共同对象,现在看来这种表述不够准确,其实两者在对象上有严格的区别。直销企业财务管理的对象是资金运动,是一种实际活动,属于物质流,财务管理的性质是对资金运动所进行的直接管理,是一种实体管理,财务管理部门同劳动管理部门、物资管理等部门一样,都属于业务管理部门,以人、财、物等为其直接管理对象。而直销企业会计管理的对象并不是资金运动本身,而是资金运动所形成的信息,属于信息流。直销企业会计管理的性质是对资金运动所形成的信息的直接管理,而对资金运动本身只是间接管理。直销企业的会计部门不是业务管理部门,而是综合性的信息部门。

②**两者的职能不同**

在直销企业,会计管理的职能一般认为是反映和监督,而财务管理的职能主要是决策、计划和控制。会计管理在反映职能这点上与财务管理的区别是很清楚的,就如同财务管理在决策、计划职能上与会计管理的区别很清楚一样。反映职能是直销企业会计所特有的内在职能。自会计从生产管理的职能中分离出来变为独立的职能部门以后,直销企业财务管理便与这种职能失去了直接的联系,而决策和计划的职能则主要由财务管理来承担,直销企业的会计管理在这两方面的职能逐渐弱化。会计人员作为信息专家,是属于决策支持系统的参谋人员,对直销企业生产经营管理各方面并不具有直接决策职能,他们的主要作用,在于会计信息的提供和分析研究,对直销企业各有关方面如何正确进行经营决策和制定计划,改进经营管理施加重大影响,促使他们在最优的轨道上运作。另外,就两者共同具有的控制职能来看,直销企业会计管理的控制职能与财务管理的控制职能也是不同的。第一,会计管理的控制主要是事中和事后控制,一般不包括事前控制,而财务管理的控制则是包括事前、事中、事后和反馈控制的系统控制;第二,会计管理是以反映职能为主要职能,控制职能是第二职能,控制通过反映来实现,而财务管理则相反,它是以控制职能作为首要职能,通过对会计信息的再加工制定出财务决策和计划,达到其控制的目的;第三,会计管理的控制范围比财务范围的控制范围窄得多,会计管理只能对能用货币计量的价值运动进行控制,而财务管理则对直销企业整个再生产过程进行控制。

③**两者所使用的方法不同**

直销企业会计管理的方法较严谨和固定,它主要通过设置帐户、编制会计分录、填制会计凭证、登记帐簿进行核算,以及提供会计报表来实现其职能,且还要受到企业会计准则、具体会计准则和企业会计制度等的约束;而直销企业财务管理的方法则较灵活多样,而且受的约束也较少,如本量利分析法、成本效益分析法、货币时间价值法、数学模型分析法等,还可利用系统、控制论和信息论来达到其控制的目的。

④**两者的目的不同**

直销企业会计管理的中心内容是提供经济信息,它通过对直销企业能用货币表现的经济活动进行反映和监督,为直销企业管理的有关方面,包括政府部门、投资者、债权人及企业各级管理人员提供真实可靠的财务信息,以满足各利害关系人的决策要求。而直销企业财务管理的目的则是直销企业的经营目的在财务上的集中和概括,主要是通过决策、计划、控制等行为,努力提高经济效益,确保投资者投入资金的保值、增值,避免在激烈的市场竞争中被淘汰,力争直销企业的价值最大化。

⑤两者的任务不同

直销企业会计管理的任务是做好帐务处理工作,提供真实可靠的信息,遵守和维护有关财经法律法规,保护企业财产的安全。而直销企业财务管理的任务则是保障企业再生产过程中的正常高效运行,降低产品成本,提高经济效益等。虽然财务管理的这些任务也是会计管理的任务,但从实际来看,这些涉及实际资金变动意义的行为,只是直销企业财务管理任务的实体部分。另外,直销企业财务管理的任务还在于对当前与未来的现金流量进行计划和控制,包括资金的筹集、运用,以及对营业收入、利润及其分配的管理等。

⑥两者对人员素质的要求不同

直销企业会计人员要求熟练掌握会计业务核算的知识技能,熟悉会计法规和有关财经纪律,有良好的职业道德等。而作为一项专业化的职能管理活动,直销企业财务管理具有开放性、动态性和综合性的特点,并要求其人员不仅要有会计方面的专业技能,更重要的是要有一定的管理能力和决策能力,面对瞬息万变的市场态势,要有敏锐的洞察力和准确的判别力,善于抓住机遇,大胆、适时决策,在激烈的市场竞争中掌握主动权。

1.3.2 财务管理与会计管理的联系

尽管财务管理与会计管理有着明显的区别,应分属不同学科,但两者之间还有着密切的联系。直销企业财务管理与会计管理的联系是:

①财务管理与会计管理都离不开"价值"

直销企业的财务管理与会计管理都是通过或利用"价值"发挥作用,因而它们都具有一种"综合能力",这也是两者相联系的基础和根本原因。直销企业会计管理对经济信息的确认、计量和处理是按照价值或财务管理的要求进行的,因而会计信息必须是对价值或财务活动的再现,从这一点上说,直销企业会计管理的对象同财务管理的对象指的又是同一事物,实际上《企业会计准则》和《企业业务准则》内容上涉及的很多概念的含义是相同的。

②两者相辅相成,贯穿于直销企业生产管理过程的始终

从会计管理是出于对管理的需要而从生产过程分离出来的观点看,会计原本就属于整个价值管理的一部分。会计不管是作为一种事物,还是作为一种方法,它的本质都是反映价值运动过程中的数与量,并以财务信息的形式向外界或内部有关单位或个人提出。直销企业如果没有会计提供的信息作依据,财务管理作出的计划和决策必然是凭空设想,在实践中必然是"瞎指挥",甚至如果会计信息不可靠、不相关,即生产过程中的价值运动没有得到如实反映,那么反映管理者据此针对整个企业的筹资、投资与分配等活动而作出的计划、预测和控制也必然导致错误的结果。也就是说,直销企业财务管理者只有利用会计所提供的真实可靠的信息,才能对企业的经营业务状况进行准确地把握,才能制定出合理的计

划和决策。从这点上说,财务管理离不开会计管理,会计管理是财务管理的基础。另一方面,直销企业会计管理所提供的信息必须有用,即会计信息的内容和质量必须尽可能地满足财务管理者及其他信息使用者决策的需要。否则,就失去了其存在的价值。

③从现代管理会计的产生和发展也可看出财务管理与会计的关系

我们知道,管理会计是管理与会计结合运用的结果,但最主要的还是财务管理与会计相结合的产物。管理会计中的"决策和计划会计"及"执行会计"两个组成部分无不体现着财务管理与会计管理的特征。也正是由于此,财务管理与会计管理是直销企业经济活动中的"孪生姐妹"。

▼2 财务和会计信息系统在中国直销企业中的作用

财务和会计都有自己的信息系统。在这一节,我们所要讨论和研究的是财务和会计信息系统在中国直销企业中的作用。

2.1 直销企业的财务信息系统

要了解直销企业的财务信息系统,我们首先把我国新旧财务信息系统模式作一比较。

2.1.1 旧财务信息系统的主要内容及特征

旧财务信息系统的使用目标是为企业的生产经营提供及时、实用和有效的信息资源,其本质是企业管理者经营决策的工具,为了使企业管理者以最快的速度获得企业财务信息以及相应的初步分析结果以便作出快速反应。

①旧系统设计原则

系统自动化程度要求高,能自动完成数据的收集、分类、加工和存储功能;系统功能齐全,能自动完成财务预测、财务决策、财务计划、财务控制和财务分析等各管理环节的任务;系统应全面囊括所有财务管理对象,即企业筹资、投资、分配以及企业设立、合并、分立、改组、解散和破产处理等各个方面;系统要有较高的使用性和经济性,并以实用为前提,能方便地利用、分析、查询财务数据,成本低,开支少;系统要有较高的安全可靠性,能有效避免重要数据的破坏、泄露和遗失。

②旧系统组成部分

由于财务管理贯穿于企业经济活动的全过程,其信息处理涉及企业运行的各个环节,因此,财务信息系统应包括一系列功能模块。按财务管理内容建立的功能模块分成:筹资子系统、投资子系统、流动资产子系统、长期资产子系统、费用与成本子系统、收入和利润子系统以及财务报告子系统。如按财务管理的环节设计,财务信息系统则由五个子系统组成,即财务预测子系统、财务决策子系统、财务计划子系统、财务控制子系统以及财务分析子系统。

③旧系统运行特征

财务信息系统的运行特征:一是系统所处理数据的复杂化。在企业中,每一种具体品种规格的材料、工具,在产品、产成品、房屋建筑和机器设备等增减变动,每一笔银行存款、库存现金、应收销货款和暂付款的发生,以及各种收支等,都要纳入财务信息系统。此外,每种资金不仅按各自的规律运动,而且又相互交叉联结在一起,数据结构比较复杂;二是数据获取渠道的多元化。一方面,数据来源于企业其他信息系统,这部分数据可以直接通过计算机系统和特定程序进行自动转换获得;另一方面,数据来源于人工直接输入,这部分数据在输入前要进行规范化处理,使数据达到信息系统运行的要求;三是数据处理的及时性和准确性。由于计算机的运行速度快,运算精度高,并在事先编好的程序管理下自动运行,从而打破了手工操作的局限性,可以为财务管理提供更为及时、准确的资料;四是数据处理方式的自动化。数据的加工处理、存储保管、结果输出都由计算机系统自动完成。

④旧系统评价标准

由于旧系统的出发点在于根据收集的财务信息,并通过对信息的整理、计算、对比和分析,满足企业管理者对企业一切经济活动的规划、控制和评价,有助于他们作出各种经营决策。因此,评价财务信息系统有效性的标准在于:其功能应定位于以服务于经营者为中心;以电算化代替繁重的手工处理数据;满足了在更大数据范围内预测和决策的需要;满足了处理数据的及时性需要;满足了生产经营活动日常控制的需要。其归宿在于财务信息系统能成为实现企业利润最大化目标的有效工具。

旧财务信息系统的设计理念渊源建立于古典微观经济学基础上的传统企业理论。在经济人和完全信息的假设条件下,企业被看作是仅仅追求利润最大化的一个经济单位、一个生产单位或一个人的单位。他们的行为方式完全一致,考虑的问题也完全一致。企业所完成的事情可能不止一件,但是所有事情的目标只有一个:满足市场的需求,从而最大化地创造企业的利润。由于企业所有者和经营者的利益一致,信息对称,使用财务信息系统的目的自然是提高企业经营效率,为企业经营者的经营决策服务。

2.1.2 现代企业理论下直销企业财务信息系统的创新

传统企业理论把企业看作一个正常运营与完全理性的"黑匣子",在企业内部不存在目标和利益的冲突,企业内部不需要任何激励,在信息完全的情况下,企业不存在制度结构的问题。然而,现实企业的情况与传统企业理论的观念不符,在企业内部普遍存在着财务目标的多元化、复杂化以及交易成本现象。

为揭示各种要素所有者,如资本所有者和劳动所有者之间的关系和企业利润的归属问题,产生了建立在新制度经济学基础上的现代企业理论。现代企业理论认为,企业体现了委托人和代理人之间的契约关系,在这种关系中,一方面作为委托人的所有者希望作为代理人的经营者和他的利益保持一致,另一方面,代理人对自我利益的追求侵蚀了代理关系,损害了企业所有者的利益。这时,信息对契约的有效执行至关重要,然而,在所有者和经营者之间,信息往往是不对称的,经营者拥有和支配更多的信息。因此,在所有者利益最大化的企业目标之下,委托人通过设计和使用财务信息系统,尽量降低信息不对称性的程度,力求减少影响公司经营效率的代理成本,由此便产生了新的财务信息系统的设计思路。

①新系统设计原则

新的财务信息系统必须与直销企业代理关系的形成、运行和解除密切相关,为代理关系的管理提供信息基础。在代理关系形成时,财务信息系统能对委托财产加以计量,以明确界定委托的权益和代理者的实际受托经管责任。系统提供的这些信息不仅是委托代理双方达成代理契约的基础,而且也是构成契约的一个要素,如利润指标、责任成本指标等;在代理关系运行过程中,所设计的财务信息系统应能对代理成本和代理效益等内容进行反映,能对代理人的行为进行监督和控制,能满足企业加强内部经营管理和提高经济效益的需要,促使代理人受托责任的圆满执行和受托目标的实现;在代理行为结束时,财务信息系统的有效性表现在其能将代理人的责任履行情况和代理绩效报告真实、可靠地报告给委托人,并成为委托方考核和激励代理方的有效凭据,同时也是委托代理双方据此作出维持或解除代理契约的决策。

②新系统组成部分

由于新财务信息系统的本质是为代理契约的管理过程服务,是契约双方履行责任和享有权利的决策工具,所以,财务信息系统的内容必须包括和反映直销企业所有者和经营者之间代理契约的内容:一是理顺资本所有者和企业管理者代理关系的子系统。该系统能够反映资本的保全与增值情况,能够提供诸如利润总额、投资保存率、股利政策、偿债能力等信息,能够保证资本所有者及时了解和监督管理者的经营行为,能够满足资本所有者了解权益变化和对管理者进行业绩评估,能够使直销企业管理者证实自己的经营业绩,并对所承担的财产经管责任作出解释和交代;二是反映和监督直销企业内部管理者作为委托人与作为代理人的下属部门或管理者之间代理契约关系的子系统。通过组织结构的调整,直销企业各业务部门和职能部门被划分为投资中心、利润中心和成本中心等一系列责任单位,在明确了考核责任的组织基础上,财务信息系统的责任子系统能提供各责任单位的责任预算、责任成本、责任利润等指标的完成情况。根据这些信息,委托人可以调整和改善直销企业内部经营管理,及时控制、监督、评价和考核代理人的业绩,作出合理的奖惩政策,与此同时,代理人也可以通过该系统及时了解受托责任的完成情况,并作出续约或终止合约的决定。

③新系统运行特征

由于信息是所有代理契约制订和履行的基础,为了达到财务信息系统服务于代理契约管理的目的,防止委托人和代理人的信息舞弊现象,在系统的设计方面,应加强信息控制功能,以全面、多手段的信息监督方式为其运行特征。这主要表现在以下两个方面:一是战略控制或称制度控制。例如,通过系统维护部门的设置、操作人员的分工、审核岗位职责的制定、操作权限的划分、操作规程的制订以及安全软件的设计等手段进行的控制;二是战术控制或称作业控制,它是对财务信息系统中具体的数据处理活动所进行的控制。例如,对数据输入行为的控制,对数据处理过程中的控制以及对数据输出环节的控制等。

④**新系统评价标准**

如果认为现代企业产生和发展的原因是生产要素所有者之间的合作可以产生更高的生产率,那么其前提条件是必须使生产者的努力与他们的报酬挂钩,因此,包括计量要素的生产率和计量报酬的企业计量能力问题,变得特别重要。一个计量能力差的企业,其生产率会很低,相反,如果直销企业的计量能力强,则直销企业的生产率会很高。财务信息系统就是企业计量的一种工具和手段,对系统设计有效性的评价标准也就在于确定它是否提高了企业的计量能力,是否有助于委托者根据客观情况的不同来设计不同的约束和激励机制,并加强监管力度,是否有助于代理人及时了解受托责任的履行程度,以及是否有助于直销企业利益相关者之间责任的规划和利益的分配。

2.1.3　一个直销企业财务信息系统案例分析

某直销企业在财务信息系统的设计和不断完善的实践中,为新旧财务信息系统的产生条件、目的和内容差异提供了很好的经验说明。

这家直销企业的财务信息系统可以2000年12月为分界线,划分为企业型财务信息系统和集团型财务信息系统,前者主要是为加强企业的会计核算能力和财务决策能力而设计的,后者则是为了增强集团对下属单位行为的监控和强化下属单位的责任意识而设计的。

①**企业型财务信息系统**

随着直销市场竞争的变幻莫测,这家直销企业的经营者对财务信息决策速度提出了更高的要求,然而,财会人员手工处理信息的速度严重滞后于决策需求,为此,企业组织有关专业人士,开发出"特快"财务信息系统。该系统以自动化程序代替了财会人员的手工操作,在材料核算、成本核算、工资核算、固定资产核算、销售核算、库存核算以及往来账等方面完全取代了会计部门常规的人工核算,保证了财务信息及时上报。此外,为提高经营决策的效率,该系统还装载了对企业经营活动过程中的价值量和可以转化为价值量数据的财务信息的分析、预测和决策等功能软件,其中包括资金筹集、投资和运用分析、本量利决策分析、成本分析以及销售和利润分析四个子系统。"特快"财务信息系统的开发和使用完善了企业的财会职能,提高了企业管理者对信息的及时了解和处理能力,增强了企业管理者的决策效率,从而有助于企业实现其经营目标。由此可见,企业型财务信息系统的设计依据是传统企业理论,其宗旨是为企业管理者的经营服务。

②**集团型财务信息系统**

随着各地分公司的建立,该家直销企业实际上成了集团公司。但也出现了集团本部财务与子公司财务相孤立的现状,集团内部信息孤岛状态的不断恶化,集团本部及时了解和监控下属单位能力的弱化,以及下属单位为完成任务在财务报表上弄虚作假现象的时而发生,使集团决定在原有系统基础上设计集团型财务信息系统。该信息系统的创新主要表现在账务结构的调整、项目管理模块的开发以及结算中心的设立。

在企业型财务信息系统状态下,各子公司分设独立账套,集团总部为了解下属机构的财务情况,只能依赖定期上报的合并报表上的数据。在上报过程中,不仅时间滞后,而且不可避免地损失许多信息。为了保证集团总部多角度、多层次、多主体和跨年度及时查询以及在查询时穿透性地由报表追溯到账目(包括凭证,直至原始单据),这家直销企业实行了集团型财务信息系统。集团型财务信息系统只设一个账套,所有下属机构的财务体系只是集团总部财务核算体系的向下延伸。这种账务结构不仅实现了集团总部及时监控下端所有工作站产生的财务数据,而且有效弥补了集团总部为解决财务监管问题而向各子公司派驻财务总监所引发的一些问题。

集团型财务信息系统中安置了项目管理模块,下属机构成为可核算的责任主体。根据集团的实际需求,集团组织被分成本和费用中心、利润中心、投资中心、收入中心、现金流量中心、往来中心六大责任单位,集团总部主要负责投资和经营资金的筹借、使用和内部的调剂,费用及投资的预算和监督,投资收益的管理以及对下属机构的财务成本计划进行监督和指导。项目管理模块实现了对代理人责任的专项计量。为了加强对集团现金流的监管,财务信息系统中设置了结算中心或称虚拟的内部银行,它不仅是集团积聚资金资源的有效工具,更重要的是,由集团总部下辖的结算中心来统一执行内部资金融通和调配,掌管各机构现金的流入和流出,集团总部可以随时了解和控制各种资金的收入和支出。

由于集团总部与下属机构是以资产为纽带,因此,集团总部实质上是下属机构的资本提供者和所有者。作为资源的委托人,它特别关注所投入权益的变动情况,重视下属机构的负责人作为代理人所发生的影响资本保值和增值的行为,并力求将下属机构的经营目标纳入集团总部目标的框架之下。集团型财务信息系统无疑是按照上述理念而设计的,作为信息控制的工具,它的出发点是为集团总部的监管服务。

由此我们可以得出如下结论:传统企业理论所阐述的企业的本质和需求,匡定了旧财务信息系统为企业经营者服务的特点;现代企业模式发现了企业的代理问题和公司治理的重要性,因此新的财务信息系统的设计取向是为委托人服务,并能有效实现其监督目标。从直销企业经济发展的趋势看,经营问题抑或代理成本均是影响企业经营效率重要因素,因此,直销企业财务信息系统应是新模式的积极体现,但也吸收旧模式的合理部分。

2.2 直销企业的会计信息系统

直销企业的会计信息系统是企业在直销经济发展中的"中枢神经",建立完整的会计系统,对直销企业能否在直销市场竞争中获胜,有着十分重要的作用。下面我们来具体研究和讨论直销企业的会计信息系统。

2.2.1 直销企业会计信息系统的构成要素

直销企业会计信息系统的构成要素有硬件、软件、人员、数据和规程,它们是会计信息系统的实体,是系统的物理组成。

①硬件

直销企业会计信息系统硬件的作用是实现数据的输入、处理、输出等一系列根本性的操作。一般来讲,硬件设备包括数据采集设备、处理设备、存储设备、输出设备和网络通信设备。

单机结构。整个系统只有一台计算机和相应的外部设备,所用的计算机一般为微型计算机,属于单用户单任务工作方式。单机结构的优点是开发周期短、价格低廉、操作简便、数据共享程度高。缺点:输入速度慢,输入输出成为数据处理的瓶颈。

多用户结构。整个系统配置一台主机和多个终端,通过通信线路连接而成。允许多个用户同时在不同的终端上分散输入数据,由主机集中处理,处理结果又可直接返回各个终端用户。多用户结构的优点是分散输入输出,不存在数据输入输出"瓶颈"问题,集中处理实现了数据库共享,提高了系统效率。缺点是一旦主机发生故障会造成整个系统中断工作。

计算机网络结构。将地理上分散的具有独立功能的多个计算机通过通信设备和线路连接起来,由功能完善的网络软件实现资源共享,组成一个功能更强的计算机网络系统。计算机网络结构的特点是系统的软硬件和数据资源可以共享;实现分布式处理,即可以将一项复杂任务分解,在网内各计算机上独立进行数据输入和处理;系统的功能和灵活性增强,更加安全可靠。

②软件

直销企业会计信息系统的软件包括系统软件、通用应用软件和财务软件。在会计信息系统中财务软件是最重要的部分。没有财务软件,直销企业会计信息系统就无法实施。

财务软件的含义。财务软件是指直销企业专门用于完成会计工作的电子计算机应用软件,包括采用各种计算机语言编制的一系列指挥计算机完成会计工作的程序代码和有关的文档技术资料。

财务软件的分类。直销企业的财务软件按适用范围划分可分为:通用财务软件和定点开发财务软件;按提供信息的层次划分可分为:核算型财务软件和管理型与决策型财务软件;按硬件结构划分可分为:单用户财务软件和多用户(网络)财务软件。单用户财务软件是指将财务软件安装在一台或几台计算机上,每台计算中的财务软件单独运行,生成的数据只存储在本台计算机中,各计算机之间不能直接进行数据交换和共享。多用户(网络)财务软件是指将财务软件安装在一个多用户系统的主机(计算机网络的服务器)上,系统中各终端(工作站)可以同时运行,不同终端(工作站)上的会计人员能够共享会计信息。

通用财务软件的特点。直销企业通用财务软件是指在一定范围内适用的财务软件。通用财务软件特点是不含或含有较少的会计核算规则与管理方法。其优点是通用财务软件实质上是一个工具,由用户自己输入会计核算规则,使财务软件突破了空间上和时间上的局限性,具有真正的通用性。其缺点是,一方面软件越通用,初始化工作量越大;另一方面软件越通用,个别用户的会计核算工作的细节就越难被兼顾。

定点财务软件的特点。直销企业定点开发财务软件也称为专用财务软件,是指仅适用于个别单位会计业务的财务软件。定点开发财务软件特点是把适合本单位特点的会计核算规则与管理方法编入财务软件,如将报表格式、工资项目、计算方法等在程序中固定。其优点是比较适合各个直销企业的具体情况、使用方便。其缺点是受到空间和时间上的限制,只能在个别单位、一定的时期内使用。

③人员

直销企业中电算化会计的人员是指从事研制开发、使用和维护的人员。这些人员一般可分为两类,一类称为系统开发人员,包括系统分析员、系统设计员、系统编程和测试人员;另一类称为系统的使用和维护人员。实现会计电算化的过程中,参与系统开发和使用的人员,不仅有财会人员,还有计算机专业人员和操作员等。计算机专业人员应掌握一定程度的财会理论知识,对会计工作有比较全面和细致的了解,熟悉基本工作流程、方法和基本要求。操作使用人员要熟悉软件的基本功能,能熟练地操作计算机并运用软件完成各项工作。会计电算化要求系统人员是复合型人材,同时具备计算机专业和财务专业两方面的知识。

④规程

实施规程是指各种法令、条例、规章制度。主要包括两大类:一是政府的法令、条例;二是直销企业在会计电算化工作中的各项具体规定,如岗位责任制度、软件操作管理制度、会计档案管理制度等。国家财政部于1994年6月30日发布了全国性会计电算化管理规章《会计电算化管理办法》、《商品化会计核算软件评审规则》、《会计核算软件基本功能规范》三个规章制度。为指导基层单位开展会计电算化工作,1996年发布了《会计电算化工作规范》。为了进一步促进财务及企业管理软件开发的规范化,1998年6月,由财务软件分会发起,在国内多家著名厂商的大力支持下,出台了"中国财务软件数据接口标准"。

⑤数据

处理经济业务数据是直销企业财会部门的传统职责,也是会计信息系统处。

2.2.2 网络环境下直销企业会计信息系统的本质

我国直销企业会计管理软件进入新的发展阶段,会计软件网络体系结构随着网络技术的发展,从文件/服务器(F/S)结构到二层客户机/服务器(O/S)结构,发展到现在的多层客户机/服务器结构,以至最新的浏览器/服务器(B/S)结构,并采用如SYBASE,INFORMIX等大型数据库。由于其具有高达TS级的数据处理能力,大大改进了海量数据下读取的性能和安全性能。网络延伸会计及直销企业管理范围,提高会计信息系统的通信质量和运作效率,降低经营成本,实现资源共享,并使会计信息系统获得了更为宽广的发展空间。因此在网络环境下,直销企业会计系统以网络技术等新型的信息处理工具置换了传统的纸张、笔墨和算盘。这种置换不仅仅是简单工具的变革,也不再是手工会计的简单模拟,更重要的是对传统会计理念、理论与方法前所未有的、强烈的冲击与反思。网络环境下直销企业会计信息系统的本质主要表现在:

①会计与相关者协同化

直销企业在网络环境下,会计与企业内部各部门协同、与供应链协同、与社会有关部门协同,使得会计系统不再是信息的"孤岛",真正体现了"数出一间,数据共享"的原则。由于直销企业同消费者之间的物理距离都将变成鼠标距离,不仅要求直销企业内部网上采购、销售、考核预算控制、资金准备等协同,企业与供应链的协同(网上询价、网上催账、网上定票、网上生产计划等),而且要求直销企业与工商、商务、税务、金融、保险等发生着频繁联系的部门,可以在网上实现(如网上银行、网上保险、网上报税)协同。会计与相关者协同化,使得会计管理能力能够延伸到全球的任何一个结点,可以顺利实现远程报账、远程报表、远程查账和远程审计,也会很方便地掌握远程仓库、销售点的库存销售等业务情况。这不仅可以降低直销企业采购成本,提高资金周转率,而且还可以降低整个社会工作成本,从而使社会经济生活将更加高效有序。

②会计信息处理系统整合化

网络环境下,直销企业会计信息系统不再是独立的、封闭的,它与企业内部生产系统、管理系统以及企业内外部信息资源等其他信息子系统相整合,构成企业营运管理的"数字神经系统",使生产系统、管理系统形成内联网。企业的内联网通过公共接口,与外部有关系统(如消费者、专卖店、银行等)相联接,建立外联网。这样,直销企业会计信息系统就在一个整合的环境下,与企业内外部系统实现了信息同步交流和信息共享,提高了信息的使用价值。

③会计信息处理实时化

在网络环境下,直销企业会计信息系统一改传统会计事后的静态核算。直销企业的生产、销售、人事、仓储等各个业务部门,借助于网络将各种信息实时传输到会计部门,发生交易的数据通过网络传递直接下载到会计应用程序中去,会计部门及时处理后并将相关信息反馈回去,从而使各个部门信息处于随时的沟通之中,最大限度地发挥会计的反映与控制各类交易的职能。至于对外公布,直销企业可通过防火墙(Firewall)及相关的加密过滤技术,将动态数据库内容在Internet上实时传送给税务、审计、统计、证券机构等外部信息使用者,各种信息使用者从自己的实际利益出发各取所需,搜寻出及时性、相关性较强的信息。这种实时化不仅可以使会计信息系统通过内联网、外联网直接采集有关数据信息,实现会计和业务一体化处理。还可以使会计核算就从事后的静态核算转为事中的动态核算。极大地丰富了会计信息的内容,提高了会计信息的质量和价值。使得从原始单据到生成最终会计信息的过程瞬间就可以完成,所需的会计信息随时都可获得,会计信息的搜集、输入、处理和提供实现了实时化。尤其会计核算数据在互联网上的传递与传统会计信息披露方式相比,是没有时间和空间的限制,因为电子数据在网络上是以光速传送,几乎可以看作是没有时间差。只要给网络内输入会计信息,任何地点的信息使用者在任何时候都可以在网上查询到相应的会计信息。因而日常会计信息的披露将变成现实,极大地增强了会计信息披露的时效性,能够满足决策者的及时需要。

④**会计信息管理模式智能化**

网络环境下,直销企业的管理将变成以知识和信息为核心的管理,这就要求企业信息高度集成,会计信息资源高度共享,而网络技术的发展正为这种信息集成提供可能。因为在网络环境下,直销企业会计信息系统采用在线管理和集中管理模式。为了适应这一要求,由过去的会计人员都是独立的封闭的工作单元,改变为会计信息系统的有关人员都在一个开放的网络上进行工作。如网上会计审批、会计制度在线更新、在线服务支持、在线会计岗位教育、在线调度资金(异地转账)等均可以在线实时处理。由于网络会计信息系统实现了会计信息的网上发布,直销企业相关利益集团可随时上网访问企业的主页,以获取企业最新的及历史的财务信息,从而减少了外部信息使用者的决策风险。也由于管理信息系统最大的子系统——会计信息系统实现了实时跟踪的功能,从而使管理者可以及时了解最新的情况,管理决策效率极大地提高。网络的出现使得集中式管理成为可能,企业的规模越来越大,为整合直销企业会计资源,加强对下属机构的财务监控,采取集中式管理,这不仅消除了物理距离和时差概念,高效快速地收集数据,并对数据进行及时处理和分析,而且还能够实现业务协同、动态管理、及时控制、科学预测,使直销企业实现决策科学化、业务智能化,保障企业在有序的智能化状态下高速发展,因而实现降低运营成本和提高效率的目标。

⑤**会计信息传递电子化**

网络环境下,随着 Internet 的发展,出现电子单据(从传统纸质的发票、结账单据变成电子单据),电子货币(可以网上支付、结算,提高结算效率,加快资金周转),网页数据(纸质页面数据—硬盘数据—网络页面数据,显著增强了信息时效性)等,电子单据电子传递,使无论身处何处均可与世界各地的商品生产、销售、消费者进行交流、订货、交易,实现快速准确的、双向式数据信息交流。由于支付手段的高度电子化,商品交易的资金支付、结算在网络上实现,资金活动相应地变为信息的流动。在直销企业集团内部,母公司与子公司的会计数据传递也实现了网上传递。企业内部网络结构的建立,使得直销企业业务流程中产生的各种书面凭证都被电子凭证所替代。总之,电子符号代替了会计数据,磁介质代替了纸介质。会计信息传递电子化,不仅极大地提高了信息提取的时效性,而且还能提高会计信息系统运作的速度和效益。

⑥**会计信息提供多元化**

网络环境下,直销企业会计信息使用者需要的信息多样化,使得会计信息的提供必须多元化。首先,会计理论多元化,为会计信息提供多元化奠定了基础,使得会计理论、内容、目标呈现多元化特征。会计信息得到扩展,多主体、多币种、不等距会计期间成为可能和必要,计量属性多样化,权责发生制与收付实现制并存,历史成本与重置成本并存,记账方法采用多式记账法。其次,会计方法多元化,为会计信息提供多元化提供了保证,计算机强大的运算功能及网络技术的发展,使得会计核算能多种方法并用,以满足不同使用者对信息的要求。最后,网络技术提供了多元化会计信息的功能,使得多元化会计信息真正成为现实。直销企业不仅可以提供规范的标准会计信息,而且还可以提供所有可能的会计方法为基础的会计信息。此外,还能通过对这些所有可能的会计方法的多种组合,推出自己的信息产品。具体来讲,包括收集与提供信息的多元化,处理信息方法的多元化和提供信息的空间多元化等。

⑦会计信息监督及时化

网络环境下,直销企业会计信息系统使得大量的数据,通过网络从企业内外有关系统直接采集。特别是企业外部的各个机构、部门可根据企业授权,通过在线访问的形式进入企业内部,直接调阅会计信息。瞬间沟通使得会计信息系统由封闭走向开放,由数据的微观处理,逐步登上宏观数据运作的殿堂。会计信息透明度的增强,有效地避免了会计处理的"黑箱"操作,有利于对企业会计信息系统的社会监督和政府监督。一方面,直销企业利用网络所特有的实时传输功能和日益丰富的英特网服务项目,实现原始交易凭证的第三方监控,即网上公证。另一方面,在网络环境下的会计信息系统内分出操作与监控两个岗位,对每一笔业务同时进行多方备份。当会计人员进行账务处理时,其操作和数据也被同步记录在监控人员的机器上,由监控人员进行即时或定期审查,一旦出现数据不一致便进行跟踪调查,以实现有效会计控制。再者,在线测试的实现使软件内部可能存在的漏洞能够得到及时解决,提高会计信息系统的安全性。这样,不仅使会计信息披露更真实,而且使会计信息监督及时化。

⑧会计信息核算动态化

网络环境下,直销企业主要在网上进行交易,出现了电子单据、电子货币等多种交易方式,也使电子结算成为可能。由于电子计算具有强大的运算功能,从会计凭证到会计报告全过程的信息处理都是由计算机来执行,人工干预大大减少,客观上消除了手工方式下信息处理过程的诸多环节,如平行登记、错账更正、过账、结账、对账、试算平衡等。相对手工会计而言,大幅度地降低了计算复杂程度。也由于各种数据实现在线输入,电子货币自动划转,业务信息实时转化,自动生成会计信息,省却了手工方式下将业务资料输入到会计账簿的过程,使得直销企业会计核算从事后核算变为实时核算,静态核算变为动态核算,会计信息管理实现在线管理。会计信息收集处理的动态化使得会计信息的发布和使用能够动态化。会计信息生成后,将通过会计软件实时反映到直销企业公共信息平台上,或直接送到有关用户的电子信箱中去。这样,信息使用者可以随时了解直销企业的信息,及时作出决策。

⑨会计信息获取直接化

直销企业网络环境下,一方面,不仅使管理者获取信息直接化。直销企业通过内部网将其各个管理子系统的信息采集起来,并通过外部网与有关外部系统(如银行、政府、投资者等)相联系,将所有信息集成于企业信息系统中,这样企业所能提供的信息就是相当十分全面的。另外,直销企业外部的各个机构、个人可根据授权,通过 Internet 进入企业内部,直接调阅信息。这样,信息使用者就能够在网上直接获得日常信息,如实时信息,并可从中提炼出自己需要的相关信息,而不只是从信息提供者那里获得现成的信息,因为那些现成的信息往往带有信息披露者的某些倾向。直接获取信息还对信息披露者的偏向起到制约作用。因为如果信息提供者进行带有某种偏向性的操作,往往需要对前期已公布的日常信息进行修改和调整,这必使其操作留下痕迹。另一方面,使潜在股东获得信息直接化。传统会计信息系统目标仅注重现有投资者是其一大缺陷,因为资本市场的发展将使企业的股东结构日趋多元化,这就要求企业不但要考虑现有股东获得信息的便利,更重要的是将企业推向潜在的投资者,吸引潜在股东的注意,以扩大企业的资本规模,增强其发展潜力。网络下的直销企业,使得潜在股东获得信息直接化。

⑩**会计信息系统开放化**

以电子计算机的发明为起点的现代信息技术的诞生,改变了会计系统用以处理信息的工具——纸张、笔墨和算盘,但并未触及会计信息处理的程序、方法和规则的变革。然而,以互联网络技术为代表的现代信息传输技术的革命,在客观上便提出了实现直销企业信息集成的要求。这种信息集成,一方面取决于直销企业生产与管理领域的自动化或信息化程度,另一方面也有赖于网络通信技术自身的发展。由于直销企业生产和管理的自动化或智能化,能够带给企业更多的生产成本节约和更高的顾客满意度,所以,它便成为追求利润最大化的企业所追求的目标。而直销企业生产与管理的不断自动化或信息化,难以避免地把企业的各种生产与管理活动集成在一起,通过信息这个神经系统来配置企业的所有资源不仅仅是会计在一起,通过信息这个神经系统来配置企业的所有资源(不仅仅是会计资源)和协调企业各个方面的作业。因此,在这一环境下所构造的会计信息系统已不可能再是孤立的、封闭的信息系统,而是开放化的系统。

2.2.3 会计信息系统与直销企业管理系统

当直销经济已客观地表现为实体经济、货币经济和数字经济的三重世界时,直销企业中的管理信息网络很大程度上就是以数字形式表现出来的会计信息系统。会计是直销企业管理活动的一部分,它产生于直销企业管理系统中。会计亦是直销企业治理结构中不可或缺的组成部分,企业内、外部利益相关者只有根据会计信息了解并监督企业管理活动,进而作出相关决策。会计信息系统和公司治理和管理系统的关系具体分析如下:

①**会计信息系统与直销企业治理系统**

直销企业治理系统由内部监控机制和外部监控机制组成。内部监控机制是主要股东、董事会、监事会对企业经营者进行监控的机制。在一定情况下内部监控机制是直销企业治理的主体。它一方面利用直销企业管理披露的会计信息对企业管理者进行约束和激励;另一方面因为内部监控机制的特殊地位,它有义务保证直销企业的会计系统和审计系统向股东会、董事会、监事会及外界披露提供系统、及时、准确的会计信息。外部监控机制包括资本市场、产品市场和经理市场等外部力量对直销企业管理行为的监督。资本市场起着沟通资金提供者和企业间的信息,在企业间优化配置资源的作用。资本市场上的决策者主要是中小股东和债权人,由于他们不直接监督经营者,因此要求直销企业向他们提供详细、可靠的财务数据,要求证券市场管理者制定公平交易规则,来规范会计信息的供给。而资本市场发挥作用的前提是直销企业积极地披露保留的信息,市场又能将直销企业披露的信息及时地反映出来实现对企业的正确评价。产品市场对直销企业的监控是通过直销企业与直销商和消费者之间的"纵向竞争"来实现的。直销企业之间既存在竞争又有相互协调。竞争性是产品市场发挥作用的前提,而社会化大生产又要求直销企业间相互协调合作,保持一种长期稳定的交易关系。在交易过程中,合作双方提出的条件常常会直接影响另一方企业的经营方针和管理方式的具体内容,因此双方都需要全面收集对方的经营状况信息,以决定合作的内容和方式。而这种所需要的经营状况信息很大一部分是来自于直销企业向外披露的会计信息。在有效的经理市场上,企业经理是一种特殊的人力资本,其价值取决于市场评价,市场评价的标准除了知识、经验以及诚信度之外,还有一个关键因素就是经理任期内的经营绩效。经营绩效又主要是通过直销企业反映财务状况、经营成果、现金流动状况的财务会计信息表现出来的。如果经营绩效良好,经理人员不仅可以获得优厚的回报,其在经理市场的价值也会大大上升,如果经理出现经营劣迹,其价值会一落千丈,最终会影响其职业生涯。综上所述,直销企业财务会计制度的建立与完善,完全可以看作是会计对直销企业治理结构的逐步健全完善而作出的一种积极响应,而有效的审计监督制度,又确保了这种相辅相成关系的正常秩序并发挥积极作用。

②会计信息系统与直销企业管理系统

从以上分析中可以看出,直销企业治理系统中内外监控机制的有效运作和作用发挥,主要取决于公司的会计信息系统。如果没有可靠、相关的会计信息支撑,董事会、监事会及外部监控机制的任何决策都可能盲目无效。为此,有必要在直销企业管理层面上,将产生并保证真实可靠的会计信息的系统称之为公司管理系统的自我调控机制。它从直销企业有效管理的角度在财务上对内部管理进行控制,主要强调管理行为与法规制度的一致性以及可靠财务信息的畅通。直销企业管理系统的重要功能之一就是确保企业内部存在一个有效运作的自我调控机制,这是达到企业目标的必要保障。

什么是直销企业管理的自我调控机制呢?美国管理会计协会(CIMA)的定义是:它是这样一个整体系统,由管理者建立的,旨在以一种有序的和有效的方式进行公司的业务,确保其与管理政策和规章的一致,保护资产、尽量确保记录的完整性和正确性。因此公司管理的自我调控机制主要是指企业的会计系统和内部审计系统。完全可以认为,直销企业管理会计内部审计制度的确立并发挥日益显著的作用,是现代会计适应直销企业管理发展而作出的应对措施。实际上,直销企业管理系统中的一些硬件要素也构成了一定的约束控制作用。这些硬件包括决策控制机制;管理组织体制;管理制度。它们与内部会计、审计系统一起构成了公司管理的自我调控机制。可见,以会计、审计系统为核心的直销企业管理系统的自我调控机制主要服务于企业进行有效管理,但它也是直销企业治理的内部监督机制和外部监控机制运作的信息基础,三者处于一种互动的状态。会计信息系统的作用就在于协调各方的利益,尤其是股东、债权人等组织外部相关者同组织内部管理者之间的利益冲突,使得在追求直销企业价值最大化时,也实现了个人利益最大化。因此会计信息系统内最终是服务于两个目标:一是为企业内部管理者提供管理决策信息;二是帮助企业内外监控者对企业管理者进行的监督激励和评价。同时会计、审计系统的有效运作亦离不开直销企业内部科学合理的决策体制和管理组织体制以及完善的规章制度的有力支持。直销企业治理的内部外部监控机制与直销企业管理系统的自我调控机制也处于相互作用的状态。董事、监事和社会公众要从直销企业管理系统中获得会计信息,而直销企业的会计、审计系统又直接或间接地接受董事会或监事会的领导。为此,我们可以构建一个以会计、审计系统为核心的管理系统的自我调控机制及其与直销企业治理系统整合的模型。

③会计治理与公司治理、公司管理三者互动关系

会计系统作为直销企业管理系统的一部分,它扮演着"双刃剑"的角色:一方面直销企业组织的变革,管理的需要呼唤着会计的发展,创新的会计系统又成为了企业管理顺畅进行的重要保障;而另一方面,当直销企业组织还不够完善,企业缺乏外部约束时,会计系统又可能成为内部人所控制的,用来欺骗股东等外部利益相关者的工具,而要纠正这一切,又必须依赖于企业内外部法律、规章制度,组织结构即治理和管理系统的健全和完善。因此,将会计信息系统置于直销企业治理系统和管理系统相整合的框架中,可以发现:会计信息系统一方面是联系治理系统与管理系统的纽带,是治理系统和管理系统共同组成部分和得以正常运转的基础;另一方面会计信息系统作用的发挥亦离不开企业内部科学、严密的组织管理和公司治理结构对其的引导和控制。三者之间是一种互相影响、互相制约的关系。联系我国直销企业的实践,在会计信息失真时,人们往往对会计本身横加指责,认为缺乏真实、相关的决策信息是会计本身的失职。显然这种就会计论会计的观点是有失偏颇的。当直销企业内部监控机制中的董事会、监事会只是一种形式而产生不了对会计信息的需求及监控动机时;当企业外部资本市场成为众多对企业经营状况并不关心的中小股东进行投机炒作的场所时;当企业管理者更多地是以行政方式委派到企业而不是从经理市场中竞争产生,甚至还无所谓经理市场时;当企业还沿着计划经济体制下的制度惯性进行管理时;会计信息是否还能发挥其作用? 答案当然是否定的。甚至可以说,没有健全规范的直销企业管理和治理系统就不会有对决策相关的会计信息的需求。因此,要解决会计信息失真问题,提高会计信息质量,关键是要完善直销企业治理结构和加强企业内部管理。我们所追求的是,最终形成直销企业会计信息系统和公司治理系统、公司管理系统良性循环的局面。

2.3 财务和会计信息系统在中国直销企业中的作用

财务和会计系统在中国直销企业中到底有什么样的作用，这是我们现在要讨论和研究的一个问题。其实，我们在分析财务和会计系统的时候已经谈到了其作用，在这里我们将系统地加以研究，看看财务和会计系统在中国直销企业中的积极作用。

2.3.1 有助于抑制"内部人"控制和遏制管理腐败

加强财务和会计信息系统建设，有助于直销企业抑制"内部人"控制的遏制管理腐败。在中国经济转轨过程中出现的"内部人控制"现象，直销企业中表现得比较明显，即企业经营层既可以作为大股东的代表不理会中小股东的意见，又可以作为内部人不理会大股东的意见，从而既可能损害小股东的利益，又可能损害大股东的利益。其实，"内部人控制"并非是中国特有现象，在西方市场经济国家，早在20世纪30年代就出现了公司高层经营人员存在侵犯所有者利益的动机和行为，此后，为了适应经营权同所有权分离及防范内部人控制，多数公司明确了董事会的作用。可以说，美国、英国、法国、德国等国家的公司治理结构是在不断完善的过程中逐渐走向成熟的。而中国，由于直销企业股份制到目前为止一直是增量资本的股份化，即增量股本具有完全的流动性，不能流动的法人股占绝对多数，因而形成治理结构不会对企业经理人员产生监督和激励作用，容易产生管理腐败。因此，加强直销企业财务和会计信息系统建设，就能从企业的核心管理上规范了直销企业经理人员的管理行，对抑制"内部人"控制的遏制管理腐败无疑是大有益处的。

2.3.2 有助于完善 CEO 和执行董事的激励机制

CEO 和执行董事的报酬如何与直销企业的绩效相匹配才能达到最好的激励效果，是公司制度中备受瞩目的课题。一般认为，高级管理人员的短期激励应以会计盈余为基础，长期激励则以市场价值为基础。所以，会计盈余的计量也是激励机制的核心基础之一。尽管 CEO 的业绩目标取决于直销企业对 CEO 职位角色的认定，不同企业或同一企业在不同时期的目标价值取向会有所不同，但无论在什么情况下，CEO 的业绩目标总会包括一系列定性和定量的业绩要素，这些业绩要素往往需要用一定的会计指标予以反映，业绩实现情况也需要通过会计信息系统加以披露。所以，直销企业的财务与会计管理的信息系统的建设，将有助于完善 CEO 和执行董事的激励机制。

2.3.3 有助于资本市场对公司的监控和投资者信心的提高

尽管国际上自20世纪80年代之后,人们对资本市场监控公司的有效性存有怀疑,但充分有效的会计信息有助于增进这个有效性则仍是共识。进入新千年以来,直销企业在中国发展很快,《直销管理条例》实施以来,通过资本市场重构直销企业的情况已经出现,如何提高会计信息的透明度和有效性,以降低资本重组的代价,备受直销界的关注。因素,从根本上说,加强直销企业财务和会计信息系统的建设,有助于投资者发展直销经济信心的提高。因为充分有效的财务管理和会计信息披露机制,有助于直销企业良好的公司治理结构的形成,有效地保护作为"委托人"的外部投资者的利益,从而增强投资者对直销的投资信心。

▼3 中国直销企业财务与会计管理的创新路径

目前财务与会计管理的现状,是不能适应中国直销企业发展的要求的。探索财务与会计管理的创新路径,是中国直销企业今后很长时期的一个战略任务。

3.1 中国直销企业财务管理的目标

直销企业财务管理的目标,是指企业财务管理在一定环境和条件下所应达到的预期结果,它是企业整个财务管理工作的定向机制、出发点和归宿。在市场经济环境下,将"企业财富最大化"或"股东财富最大化"作为中国直销企业财务管理的目标,与"利润最大化"目标相比较,无疑是进了一大步。主要表现在:它不仅克服了"利润最大化"目标没有考虑资金时间价值、风险价值、输入与产出的关系,可能导致直销企业财务决策带有短期行为等缺点,而且还充分体现了直销企业所有者对资本保值与增值的要求。但是,也存在着下列缺点:

第一,"企业财富最大化"是一个十分抽象而很难具体确定的目标。从直销企业来看,其未来财富或价值只能通过资产评估才能确定,但又由于这种评估要受到其标准或方法的影响,因而难以准确地予以确定。所以,"财富最大化"目标在实际工作中难以被直销企业管理者和财务管理人员所捉摸。

第二,由于直销企业大多数是相互参股的,其目的在于控股或稳定购销关系,或者说,法人股东似乎并不把股价最大化作为其财务管理追求的唯一目标。

第三,"企业财富最大化"目标在实际工作中可能导致直销企业所有者与其他利益主体之间的矛盾。直销企业的财富最终都归其所有者所有,所以"企业财富最大化"目标直接反映了直销企业所有者的利益,是直销企业所有者所希望实现的利益目标。这可能与其他利益主体如债权人、经理人员、内部职工、直销员和消费者等所希望的利益目标发生矛盾。

在社会主义市场经济环境下,直销企业财务管理行为作为协调有关各方经济利益的一种方式,要求为之服务的对象便呈现出多元化格局。直销企业为了实现其生存、发展和获利之目标,就必须要求其财务管理完成筹措资金、有效使用资金之重任。直销企业的所有者为了实现其资本保值与增值之目的,就必须要求企业财务管理提高资金使用效益,维护其合法权益。直销企业的债权人为了实现其到期收回本金,并获得利息收入之目的,就必须要求企业财务管理提高资金的使用效益和流动性,维护其合法权益。社会管理者为了建立一个规范、公平的企业理财环境,防止企业财务活动中违规行为的发生,就必须要求直销企业财务管理贯彻执行国家有关经济法规,履行其监督职能,维护社会公众利益。综合这些因素,并结合现代企业财务管理的职能,我们认为,在我国市场经济环境下,直销企业财务管理的目标从其实现的客观效果来看由以下三个部分构成:

3.1.1 提高直销企业经济效益目标

从资本保全、资本保值增值、利润和经济效益四者的关系来看,提高直销企业经济效益是关键、是核心。因为没有经济效益,就没有利润;没有利润,就没有资本保值与增值;没有资本保值,就没有资本保全。所以,直销企业应该把提高直销企业经济效益目标作为财务管理的第一个目标。

3.1.2 提高直销企业"三个能力"目标

直销企业"三个能力"目标,即科学有效地组织企业财务活动,不断提高企业的营运能力、盈利能力和偿债能力。其中:营运能力是指直销企业根据外部直销市场环境的变化,合理配置各项生产要素的能力,它对盈利能力的持续增长和偿债能力的不断提高均有着决定性的影响;盈利能力是指直销企业赚取利润的能力,它是偿债能力的基础;偿债能力是指直销企业偿还各种到期债务的能力。直销企业的所有者、债权人、经营者等有关方面都应该十分重视这"三个能力",因为直销企业只有具备了这三个能力,才能在中国直销市场竞争中取胜,立于不败之地。

3.1.3 维护直销员和消费者利益目标

维护直销员和消费者利益目标,即正确地处理与协调直销企业同直销员的财务关系,维护它们的合法利益。同时,在财务管理上要体现对消费者利益的维护,切实按合理的价格向消费者销售直销产品。

上述三个目标的关系是:要提高直销企业经济效益,就必须科学合理地组织财务活动,提高"三个能力",也必须以各种财务关系协调发展,各方的合法利益不受损害为前提;对财务活动实施科学而有效的决策与管理,实质上是经济效益方面的决策与管理,提高"三个能力"实质上是提高经济效益的具体化;维护各方的合法利益实质上是使各方的经济效益和谐统一。因此,提高直销企业经济效益目标,是企业财务管理的根本目标,而提高企业"三个能力"目标和维护直销员和消费者利益目标,则是直销企业财务管理的直接目标或基本目标。

3.2 中国直销企业会计管理的目标

中国直销企业会计管理的目标可用四个字加以概括:"诚信真实。"这"诚信真实"四个字,都分别有不同的涵义和要求,我们不能简单地理解为一般意义上的诚信真实。

3.2.1 诚:会计人员的职业道德

在会计行业里面,会计人员的职业道德是最备受争议的。所谓会计职业道德,就是从事会计工作的人员在履行职责活动中应具备的道德品质。它是调整会计人员与国家、会计人员与不同利益和会计人员相互之间的社会关系及社会道德规范的总和,是基本道德规范在会计工作中的具体体现。它既是会计工作要遵守的行为规范和行为准则,也是衡量一个会计工作者工作好坏的标准。因为会计涉及到社会的各个方面,凡是有经济活动的地方,就有会计工作,就有会计人员,就有会计职业,就有会计人员的职业道德。因此,会计职业道德渗透到社会的各个角落。从而可以看出会计职业道德其实就是一个"诚"的体现。但是,在我国的直销企业中,会计人员没有"诚"的情况还是有的。主要原因是:

①屈从领导的压力,被动做假

这主要是受直销企业负责人的不良道德影响所致。在直销企业中,会计人员与企业负责人在地位上属从属关系,也就是说企业负责人对他们的工作完全拥有领导权和管理权。有了这种天然的从属关系,会计人员的职业道德在会计工作中,能否发挥作用和发挥作用的大小,关键在于与直销企业负责人的从属关系,而这种从属性又与所在直销企业的文化层次及其企业负责人的道德水准密切相关。直销企业负责人为了达到一些经济利益往往会向会计人员施压,致使会计人员违背现有会计法规,在会计工作中弄虚作假。所以,要恪守职业道德,不少会计人员是很难做到的。虽然也有些会计人员因缺欠职业道德而造假,但究其根源还是直销企业负责人的幕后指使所造成的。

②会计人员缺乏职业道德,法律意识不强

因为会计人员整天跟"钱"打交道,首先必须清正廉洁,不为金钱所动。然而直销企业中少数会计人员因为道德素质比较低,对法的意识比较淡薄,为了谋取个人的经济利益,从而做出了一些触犯法律的事情,比如挪用公款等等。直销企业中有的会计人员默守陈规,不求上进,缺乏钻研业务、精益求精的精神,缺乏职业理想和敬业精神。他们业务知识贫乏或知识老化,专业技术水平低,无法按照新规定开展工作,同时,他们不学法,不懂法,对会计准则、会计制度也知之甚少,既谈不上遵纪守法,更不能依法办事了。

③**法律监督机制不完备，会计规范体系不完善**

当直销企业的财务行为与会计法规制度发生抵触时，有的往往片面强调搞活经营，而放松了对违纪违规行为的监督。虽然有关部门每年都要进行税收财务物价检查，会计师事务所每年都要对会计报表审计验证，但其经常性、规范性以及广度、深度、力度都不能给直销企业内部会计监督提供有力的支持，进而难以形成有效的再监督机制。内部审计作为国家监督体系的组成部分之一，代表着国家利益，通过企业经济活动的监督和控制，保证国家财经法规的贯彻执行。有的直销企业领导迫于各种压力，不得不设立内部审计部门。其实这种内部审计机构，往往不能被企业真正所接纳，基本上起不到监督的作用。同时，满足国家宏观调控和市场运行需要的会计管理体系还没有形成，会计规范体系也不完善，而直销企业又是社会各方利益的联结点：即投资者从中获取投资报酬，管理人员从中获取薪金，政府从中获取税金。在许多情况下，各方利益经常发生冲突。投资者、管理者从个人角度出发更多考虑的是企业的微观利益，政府则从全社会角度考虑的是实现本国资源最优配置的宏观利益。微观利益与宏观利益的差异，在很大程度上诱发了直销企业会计造假的产生。而我们国家对违反会计职业道德的处罚力度不大，使得直销企业违反会计法规的成本低廉且能给违法者带来巨大的利益，一定程度上助涨了造假的气焰。由于社会审计监督和会计咨询、服务体系等法律监督机制尚未完备和充分发挥作用，常常使得直销企业会计人常是"人在江湖，身不由己"。因此，使直销企业会计人员脱离这两难的境地和尴尬的局面，就必须加强会计队伍的职业道德建设。

3.2.2 信：财会人员的公信力

公信力是指在社会公共生活中，公共权力面对时间差序、公众交往以及利益交换所表现出的一种公平、正义、效率、人道、民主、责任的信任力。公信力既是一种社会系统信任，同时也是公共权威的真实表达，属政治伦理范畴。在会计行业的发展过程和公司治理机制的实践中，会计行业的公信力、专业性和社会责任受到更多关注。因此，提高直销企业会计队伍的公信力、专业性和社会责任迫在眉睫。因此，要大力推进直销企业内部控制标准体系和会计师事务所内部治理机制建设。要提高和增强会计人员的社会责任，作为专业会计人员，有义务向投资者和相关公众提供真实完整的财务报告。

3.2.3 真：会计人员的事业心

真，就是指直销企业会计人员具有强烈事业心的真情。从会计管理的角度分析，直销企业会计人员的事业心应该是：

①**原性则**

原则性是会计人员事业心的典型特征。作为直销企业的财会工作者，政策观念一定要强,要勇于坚持原则。政策和职业道德虽然是两个不同范畴,但作为社会主义的财政政策,财会规章制度都反映了国家、集体和广大生产者、消费者的根本利益。要使这些政策、法规制度得以在直销企业顺利贯利和实施,会计人员必须坚持原则。坚持原则不仅使财会工作者职业义务感和使命感得以加强,充分利用对生产、流通、分配、消费的管理权,对各种浪费行为和不正之风进行有效的抵制;而且能使财会工作者自身不会因时时与钱打交道而成为一个丧失原则、认钱不认方向、一切向钱看的拜金主义者。作为直销企业的财会工作者,如果不具备高尚的职业道德,不坚持按原则办事,不仅害了自己,也损害了国家和人民的利益。

②无私性

直销企业的财务工作要求财会人员具有大公无私、公而忘私的思想和行为,以国家、集体的利益重于一切为最高原则。无私性集中体现在直销企业财务工作者的道德习惯行为上,廉洁奉公,不贪不沾,一尘不染,保持和发扬艰苦奋斗、勤俭建企的作风。因此,直销企业的财务工作者必须以此来规范和约束自己的思想和行为,在思想上筑起一道防污染和拒腐蚀的坚不可摧的壁垒。

③服务性

直销企业的财务工作既不能独立于各行、各业、各部门而存在,又不能置于各行各业各部门之上。财务工作的性质决定了财会工作者必须树立服务意识。因此,服务性是财会工作职业道德的显著特点。特别是在当前社会主义市场经济环境下,直销企业的财会人员面对各种经济利益的重新分析,如何把握自己,抵制不正之风,树立服务意识,这是十分重要的。

④时代性

直销企业财会人员所维护的不仅仅是企业和国家的利益,还涉及到委托人与受委托人的多方利益。因此,在新形势下,对财会人员职业素养的要求更高。所以说,直销企业财会人员的事业心是具有很强的时代性的。

3.2.4 实:会计人员务实作风

直销企业在会计管理中,一定要要求所有会计人员都要有务实的工作作风。现在,有些直销企业的会计人员的工作不踏实,工作作风有点浮躁,具体表现在对会计信息的发布有随意性,给直销企业领导的决策带来诸多不便。因此,会计管理部门要按照《会计法》的要求,依法承担起对直销企业会计管理的主导作用,做到"不越位"、"不缺位"、"不错位",促使直销企业的会计队伍有一个务实的工作作风。

3.3　中国直销企业财务管理的创新路径

3.3.1　直销企业财务管理的创新主要内容

①知识最大化：财务管理目标的创新

直销企业财务管理目标总是与经济发展紧密相连的，总是随经济形态的转化和社会进步而不断深化。随着直销经济的不断发展，客户目标、业务流程会发生深刻变化，具有共享性和可转移性的知识资本将占主导地位。知识的不断增加、更新、扩散和应用加速，深刻影响着直销企业生产经营管理活动的各个方面，客观需求直销企业财务管理的目标必须向高层次演变。原来以追求企业自身利益和财富最大化为目标者，必须转向以"知识最大化"的综合管理为目标。其原因在于，知识最大化目标可以减少非企业股东当事人对企业经营目标的抵触行为，防止直销企业不顾经营者、债权人及广大职工的利益去追求"股东权益最大化"；知识资源的共享性和可转移性的特点使知识最大化的目标能兼顾直销企业内外利益，维护社会生活质量，达到直销企业目标与社会目标的统一。知识最大化目标不排斥物质资本作用，它的实现是直销企业有形物质资本和无形知识资本的在直销经济下的有机结合。

②远程与集中：财务管理模式的创新

在互联网环境下，任何物理距离都将变成鼠标距离，直销企业财务管理的能力必须延伸到全球任何一个结点。财务管理模式只有从过去的局部、分散管理向远程处理和集中式管理转变，才能实时监控财务状况以回避高速度运营产生的巨大风险。直销企业集团利用互联网，可以对所有的分支机构实行数据的远程处理、远程报表、远程报账、远程查账、远程审计等远距离财务监控，也可以掌握和监控远程库存、销售点经营等业务情况。这种管理模式的创新，使得直销企业集团在互联网上通过Web页登录，即可轻松地实现集中式管理，对所有分支机构进行集中记账，集中资金调配，从而提高直销企业的竞争力。

③虚拟办公：财务管理方式的创新

互联网技术改变了全球的经济模式，相应地必须改变了直销企业财务人员的工作方式。传统的固定办公室要转变为互联网上的虚拟办公室，使财务工作方式实现网上办公、移动办公。这样，直销企业财务管理者可以在离开办公室的情况下也能正常办公，无论身在何处都可以实时查询到全集团的资金信息和分支机构财务状况，在线监督客户及供应商的资金往来情况，实时监督往来款余额。直销企业集团内外以及与银行、税务、保险等社会资源之间的业务往来，均在互联网上进行，将会大大加快直销企业各种报表的处理速度。

④数据共享：财务管理软件的创新

过去，各财务软件功能独立，数据不能共享，直销企业在人、财、物和产、供、销管理中难以实现一体化。运用Web数据库开发技术，研制基于互联网的财务及直销企业管理应用软件，可实现远程报表、远程查账、网上支付、网上信息查询等，支持网上银行提供网上询价、网上采购等多种服务。这样，直销企业的财务管理和业务管理将在 Web 的层次上协同运作，统筹资金与存货的力度将会空前加大；业务数据一体化的正确传递，保证了财务部门和供应链的相关部门都能迅速得到所需信息并保持良好的沟通，有利于直销企业开发与网络经济时代相适应的新型网络财务系统。

3.3.2 直销企业财务管理创新路径

直销企业财务管理创新是新形势下企业健康发展的当务之急，应该探求行之有效的创新路径：

①**转变企业理财观念**

在中国，直销企业创造企业财富的核心要素正在由物质资本转向知识资本。因此，直销企业理财必须转变观念，不能只盯住物质资产和金融资本。首先，要认识知识资本，即了解知识资本的来源、特征、构成要素和特殊的表现形式。其次，要承认知识资本，即认可知识资本是直销企业总资本的一部分，搞清知识资本与企业市场价值和企业发展的密切关系，以及知识资本应分享的企业财富。最后，要重视和利用知识资本。直销企业既要为知识创造及其商品化提供相应的经营资产，又要充分利用知识资本使企业保持持续的利润增长。可以说，转变直销企业理财观念是实现财务管理目标创新的根本保证，不可不予以高度重视。

②**加强网络技术培训**

网络技术的普及与应用程度直接关系到直销企业财务管理创新的成功与否。有针对性地对企业财务人员进行网络技术培训，可以提高财务人员的适应能力和创新能力。首先，直销企业的财务人员已具有坚实的经济和财会理论基础，如果再学习一些现代网络技术，将经济、财会、网络有机地结合，则面对知识快速更新和经济、金融活动的网络化、数字化，就能够从经济、社会、法律、技术等多角度进行分析并制订相应的理财策略。其次，通过技术培训可使直销企业财务人员不断吸取新的知识，开发企业信息，并根据变化的理财环境，对直销企业的运行状况和不断扩大的业务范围进行评估和风险分析。为此，直销企业要适应网络经济发展的要求，根据国际金融的创新趋势和资本的形态特点，运用金融工程开发融资工具和管理投资风险。事实表明，对财务人员加强现代信息科学与网络技术教育，有利于直销企业实现财务管理创新。

③**对企业进行业务流程重组**

直销经济的发展要求直销企业要以数字化介质替代传统的纸介质，打破传统企业中以单向物流运作的格局，实现以物流为依据、信息流为核心、资金流为主体的全新运作方式。这就要求直销企业必须对现有业务流程进行重组，将工作重心放在价值链分析上。首先，直销企业要从行业价值链（原材料供应商—产品—制造商—直销商）进行分析，以了解直销企业在行业价值链中的位置，判断企业是否有必要沿价值链向前或向后延伸，以实现企业的管理目标。其次，对直销企业内部价值链（定单—产品研究设计—生产制造—销售—售后服务）进行分析，以判断如何降低成本，优化企业流程。第三，从竞争对手价值链分析入手，通过与竞争对手的相应指标进行比较，找出与竞争对手的差异和自己的成本态势，从而提高直销企业的整体竞争力。

④建立财务风险预测模型

随着互联网在商业中的广泛应用,在直销企业内部作为数据管理的计算机往往成为逃避内部控制的工具,经济资源中智能因素的认定将比无形资产更加困难。在直销企业外部,由于"媒体空间"的扩大,信息传播、处理和反馈的速度大大加快,商业交易的无地域化和无纸化,使得国际间资本流动加大,资本决策可在瞬间完成。总之,由于网络经济的非线性、突变性和爆炸性等特点,建立新的直销企业财务风险预测模型势在必行。该模型应该由监测范围与定性分析、预警指标选择、相应阈值和发生概率的确定等多方面的内容组成,并能对直销企业经济运行过程中的敏感性指标(如保本点、收入安全线、最大负债极限等)予以反映。这样,将直销风险管理变为主动的、有预见性的风险管理,就能系统地辨认可能出现的财务风险。

⑤采用集中式财务管理模式

直销企业可以综合运用各种现代化的计算机和网络技术手段,以整合实现企业电子商务为目标,开发能够提供互联网环境下财务管理模式、财会工作方式及其各项功能的财务管理软件系统。该系统至少应包括会计核算的集中化、财务控制的集中化、财务决策的集中化三部分。采用集中式管理,直销企业将会提高财务数据处理的适时性,减少中层管理人员,使最高决策层可与基层人员直接联系,管理决策人员可以根据需求进行虚拟结算,实时跟踪直销市场情况的变化,迅速作出决策。

⑥创建企业财务管理信息系统

直销经济具有网络化的特征,其经济活动可以通过互联网在线进行,如在线报单、在线资金调度、异地转账等。这样,直销企业产生的会计信息都是动态的,更具有不可捉摸性;同时,直销市场需求信息的公开化,形成了多层次、立体化的信息格局。谁能占领信息的制高点,谁就将在市场竞争中占优势。创建基于互联网的直销企业财务信息系统,综合运用计算机网络的超文本、超媒体技术,使信息更形象、直观,提供多样化的各类信息,包括数量信息与质量信息、财务信息与非财务信息、物质层面的信息和精神层面的信息等,促进直销企业向信息理财迈出坚实一步。

⑦建立网络信息安全保障体系

首先,国家需要制定相关的法律政策,以法制手段来强化直销企业的网络安全。这主要涉及网络规划与建设的法律、网络管理与经营的法律、网络安全的法律、电子资金划转的法律认证等法律问题。其次,直销企业要从管理上维护系统的安全,建立信息安全管理机构和切实可行的网络管理规章制度,加强信息安全意识的教育和培训,提高财务人员特别是高层管理者的安全意识,以保证网络信息安全。第三,从技术上采取措施,在直销企业内部网和互联网之间要加一道"防火墙",防止黑客或计算机病毒的袭击,保护直销企业内部网中的敏感数据。另外,将数字签名技术应用于电子商务的身份认证,可以防止非法用户假冒身份,从而保证电子支付的安全,为实现直销企业财务管理创新提供重要保障。

3.4 中国直销企业会计管理的创新路径

中国直销企业会计管理的创新要因企制宜,不能搞"一刀切"。不同规模的直销企业,其会计管理的创新路径应该有所不同。我们分别对大、中、小三种类型的直销企业会计管理的创新模式作如下研究:

3.4.1 大型直销企业实行财务总监制

大型直销企业的会计管理,根据情况的不同,可实行以下两种财务总监委派模式:产权部门委派模式;董事会委派模式。在有关文件中应明确由财务总监具体接管内部审计部门的工作。没有内部审计部门的,应指定若干人员归其管理,以解决财务总监单枪匹马,在直销企业工作难度大、容易被架空、工作难以深化细化的问题。同时,要进一步完善财务总监的激励约束机制,防止财务总监的逆向选择与不道德行为。可将财务总监与监事会合一,改善企业法人治理结构。若直销企业没成立监事会,可直接委派财务总监。直销企业中财务总监与总会计师应当双轨运行,不应将监督权与经营权混为一谈。财务总监强化的是财务监督作用的发挥。

3.4.2 中型直销企业实行委派会计负责人

委派会计负责人,这是中型直销企业会计管理创新的路子。可以由产权部门委派,也可以由董事会委派。被委派人员主要来源原单位或向社会公开招聘。管理体制是按照"统一管理、统一委派、分职任免"的办法,对委派会计人员的人事档案、职务晋升、工作调动、专业职称、工资奖金、福利等实行统一管理。工资、福利的发放按照"谁用人,谁负担"的原则由委派单位向用人单位收取服务费,具体发放办法可以下办法中加以选择:由委派单位统一发放;由委派单位向派驻单位集中收取发放;由派驻企业解决。同时,建立委派人员奖惩制度、交叉轮岗制度和定期考核制度及选拔任免制度。

3.4.3 小型直销企业实行内部会计委任制

对小型直销企业,在会计管理上应采用内部会计委任的模式。必须根据小型直销企业的不同情况,按照不同的授权,建立新的财务管理体制。实施内部会计委任制,就是要在直销企业挑选或在社会上招聘社会公信力强的会计,为小型直销企业领导的重大决策和企业财务的监督等,提供准确的会计信息和切实把好关口。

第13章　中国直销的社会福利

中国直销的社会福利,是这一章讨论和研究的主要内容。为什么要讨论这一问题?因为作为一种新型的营销模式,它所体现的社会福利与传统营销模式是不同的。传统营销模式所体现的社会福利,由于经济体制和经济机制方面的原因,远没有直销体现的社会福利那么广泛。所以,我们有必要对此作一番认真讨论和研究。

▼1　社会福利的内涵、特征及作用

福利经济学是西方经济学家从福利观点或最大化原则出发,对经济体系的运行予以社会评价的经济学分支学科。帕累托的"最优状态"概念和马歇尔的"消费者剩余"概念是福利经济学的重要分析工具。帕累托最优状态是指这样一种状态,任何改变都不可能使任何一个人的境况变得更好而不使别人的境况变坏。按照这一规定,一项改变如果使每个人的福利都增进了,或者一些人福利增进而其他人福利不减少,这种改变就有利;如果使每个人的福利都减少了,或者一些人福利增加而另一些人福利减少,这种改变就不利。马歇尔从消费者剩余概念推导出政策结论:政府对收益递减的商品征税,得到的税额将大于失去的消费者剩余,用其中部分税额补贴收益递增的商品,得到的消费者剩余将大于所支付的补贴。马歇尔的消费者剩余概念和政策结论对福利经济学也起了重要作用。因此,社会福利是福利经济学研究的主要对象。

1.1 社会福利的内涵与特征

我们先来分析一下社会福利的内涵与特征。

1.1.1 社会福利的内涵

社会福利函数论者认为,社会福利是社会所有个人购买的商品和提供的要素以及其他有关变量的函数,这些变量包括所有家庭或个人消费的所有商品的数量,所有个人从事的每一种劳动的数量,所有资本投入的数量等等。社会福利函数论者通常用多元函数来表示。

用广义效率表示的福利状态是关于一国经济的总体福利水平,福利的真正感受者是每一个国民。那么,微观的个人福利大小与宏观的社会福利水平之间的关系怎样表达?通常用社会福利函数。社会福利函数的基本形式为:

$$W = f(W_1, W_2, W_n) \tag{1}$$

$$W_i = W_u \tag{2}$$

$$U_i = U_i(x_{i1}, x_{i2}, \cdots, x_{ij}) \tag{3}$$

在(1)式中,W代表社会福利水平,$W_i(i=1\cdots n)$代表个人福利水平,f表示社会福利与个人福利之间的函数联系,一般的假定是:

$$f_i = a_w/a_{wi} > 0 \tag{4}$$

即任何一个人的福利水平与社会总福利水平呈正相关关系。在(2)式中,方程式右边的W_i代表个人的效用水平,该式表示每个人的福利水平用每个人的效用水平来衡量,福利大小与效用大小相等。在(3)式中,$x_{ij}(j=1\cdots m)$代表第i个人所进行的能够带来效用的一系列活动的某一个,如物品消费、旅游或休息等。(3)式表示,个人的效用是由个人所进行的一系列活动带来的,个人所从事的活动与个人的效用正相关,即该函数关系的一般假定是:

$$U_{ij} = aU_i/ax_{ij} > 0$$

在社会福利函数的基本思想产生之后,以后的发展主要是围绕着关于社会福利函数本身是否存在的问题而展开的。对于(1)式而言,以(4)式表达的个人福利与社会福利的正相关关系表示了帕累托最优状态的含义,即如果随着广义效率中各种效率的改进,使每个人的福利在不影响他人福利的情况下达到最大值,那么整个社会福利W也同时达到最大值。但是,除了符合帕累托最优状态的原本定义以外,该函数即(1)式还意味着,即使社会成员的个人福利($W_1, W_2, \cdots, W_n$)中有的成员福利下降而有的成员福利上升,只要上升的福利部分大于下降的福利部分,即用增多的福利补偿减少的福利之后还有盈余,那么整个社会的福利W仍然会增大。虽然不同个人之间的福利状态无法直接进行比较,但可以通过征收特别税和实行特别补贴的方法来判断社会福利的扩大与否,例如,对于一项经济改变措施,获利者愿意支付的税金高于受损者要求得到的补偿金,那么,这项措施就可以被认为是增大社会福利的。此外,也有一种支持意见认为,使社会福利增大的这种转移补偿没有必要在短期内实施,只要一项措施的长期效应使受损者的福利状况同样得到改善,那么该措施就是可取的。社会福利可以看作是所有国民个人福利之和,而在人人平等的原则基础上,每个人的福利权数完全相同,因此,社会福利函数就是求和形式的函数,即:

$$W = a\sum_{i=1}^{n} w_i \quad (a: 权数) \tag{5}$$

以上我们讨论了帕累托最优状态和社会福利函数,从理论上说,如果帕累托最优状态和社会福利函数基本上能够成立,那么只要通过经济政策保证二者所要求的社会经济条件得到满足,则一国国民的福利或幸福水平就会达到最大值。在实行福利政策之前,还需解决社会福利函数中的活动外部效应和效用外部效应问题。在帕累托最优状态和社会福利函数的概念中,判断福利改进或扩大的标准是有人的情况变好同时无人的情况变坏,这就意味着,人与人之间的情况是相互独立而且可以区分开来的,没有人在自己情况改变的同时对他人发生外部影响。这个假定构成为帕累托最优和社会福利函数的理论基础。但是,由于社会福利中的外部效应普遍存在,因此理论上面临如何在外部效应存在基础上重新理解社会福利的任务。

①活动的外部效应

活动的外部效应,指的是社会成员个人为追求个人效用扩大的活动,产生了减低或提高他人效用或福利的结果。一般而言,活动的外部效应没有针对外部的主观动机,活动主体只是在以主观上不影响他人利益的方式追求自身利益的过程中,造成了"外部效应"这一副产品。活动的外部效应可分为正效应和负效应两种类型。正的外部效应指的是一个人的活动在增进自己效用的同时还增进了他人的效用。例如在消费活动方面,一个人将自己的阳台和窗户打扫干净并摆上鲜花,这不仅使自己的居所变得漂亮,而且也使路人感到赏心悦目。在生产经营活动方面,如一家企业在街道竖立起了一块霓虹灯广告牌,在宣传了企业产品的同时也使所在城市的夜晚变得更加明亮和华丽,等等。负的活动外部效应则相反,是一个人的活动在增进了自己效用的同时造成了他人的效用损失。负效应的例子被人们注意得更多。在生产经营活动方面,一个企业的负外部效应往往是伴随着企业生产过程中产生的副产品而出现的。典型的情况是工厂、饮食店、娱乐场所等释放的废气、废水、废渣和噪声对周围的居民和其他企业的生活和工作环境的破坏性影响。这种负外部效应就是人们常谈论的环境污染。

由于活动的外部效应的存在,使社会福利函数中的个人效用函数发生了变化,即每个人的效用不仅是自己活动的函数,还是他人活动的函数。这样,(3)式就改变成为:

$$U_i = U_i(x_{i1}, x_{i2}, x_{ij}, x_{i+2}, \cdots\cdots, x_{i+j}) \tag{6}$$

其中,为除第 i 个人以外的其他人的具有外部效应并且对第 i 个人发生影响的活动向量。显然,这对社会福利函数的形式作了重大改变,因为个人效用的自变量大大地增加了。

②效用的外部效应

效用的外部效应,则是指社会成员个人的总效用水平不仅决定于对自己福利感受状况的评价或自我效用水平,而且决定于其他社会成员的效用水平的高低。换言之,在效用外部效应存在时,一个人的效用水平受他人的效应水平的影响。效用的外部效应存在的原因,是社会成员对于别人的效用或福利状态的主动的考虑。因此,效用的外部效应具有特殊的动机基础,这与个人出于追求和维护自身利益而在某些情况(如社会动乱)下不得不考虑到他人福利状况是不同的。这个特殊动机基础就是利他主义动机。

利他主义动机产生正的效用外部效应。利他主义动机指的是个人在关心自身利益的同时,还关心他人的利益,有时甚至为了他人的利益而牺牲自己的利益。这样,在利他主义驱动下,当所关心的人的效用水平上升时,自己的效用水平也相应上升。而当所关心的人的效用水平下降时,自己的效用水平也随之下降。这样的效用正相关现象常见于家庭成员之间、朋友之间和国民之间。例如,当孩子生病时,作为孩子的父母可能比孩子更为焦虑和痛苦,为了孩子恢复健康,父母不惜付出全部时间、金钱甚至捐出自己的血液和器官;而当看到孩子健康的笑容时,父母就体会到无比的愉快和满足。同样,人们也经常为受灾、受困的朋友、同胞感到痛苦和不安,同时也为这些人经过自己参与其中的救助活动而恢复正常生活感到高兴和欣慰。这种利他主义动机还可能被应用于全人类,所谓的"先天下之忧而忧,后天下之乐而乐"就是典型的正的效用外部效应。

负的效用外部效应的产生,则是由乐祸主义动机所引起的。乐祸主义动机指的是个人在关心自身利益的同时,还顾及到他人利益的大小,只不过希望他人的利益越小越好,有时甚至为了减低他人的利益而牺牲自己的利益,可见,乐祸主义动机与利己主义动机和利他主义动机都不同,利己是只顾及自己而不关心又不损害他人利益,利他主义则是既顾及自己又更多地关心他人利益,乐祸动机则相反,在顾及自己利益的同时更多地关心他人利益的损害。当然,乐祸主义者并不一定采取损害他人的行动,这里所强调的是该动机使一个人的效用感受与他人的效用大小逆相关。负的效用外部效应事例最常见于人们对自己相对经济地位的关心,例如在关于劳动工资改革的一次问卷调查中,许多企业职工在面对"所有人的收入都提高"和"自己收入不变但降低高收入者收入"的选择时,选择了后者。此外,也有纯粹出于幸灾乐祸的心理而产生的效用负相关,例如,有人乐于欣赏他人的打架受伤场景,有人对于他人幸福安宁的生活感到不快而挑拨离间等等。

1.1.2 社会福利的特征

社会福利相对于社会保险来说,其具有以下特征:

①社会福利具有普遍性

社会福利是国家和社会向社会全体成员提供的一种福利,任何人都有权享受。在社会福利项目中，有些是向全体社会成员提供的，如国家提供的义务教育，各种公共福利设施；有些是向特殊社会群体提供的，如残疾人福利、儿童福利、老人福利等，而就特殊群体范围而言，对于他们也是具有普遍性的。享受社会福利，不需要经济状况的调查，只要是社会成员，或某一部分福利成员，就可以享受这些福利待遇。

②社会福利具有更明显的公平性

社会福利是一种典型的国民收入和再分配方式，是对社会财富分配的必要补充。它通过对全体社会成员或部分社会群体提供福利设施和服务，来共同分享社会发展的成果，满足社会成员的需要。享受社会福利与每个人的经济地位、职业背景等无太多联系，也无须与其贡献挂钩，因此，在"人人有份"的社会福利原则下，更多体现为追求社会公平的目的。

③社会福利的资金来源具有单向性

与社会保险费用实行三方负担原则不同，社会福利的资金来源于国家和社会，社会成员享受各种社会福利无须缴费。从国家来说，社会福利资金主要来源于国家税收；从社会来说，主要来源于各单位的福利资金或各种社会捐助。从各国社会福利资金筹集看，国家财政预算拨款和社会捐助相结合，已成为社会福利资金筹集的发展模式。

1.1.3 社会福利的意义

社会福利是国家对国民收入进行再分配的一种形式，它使社会成员除劳动收入以外，均等地获得国家提供的各种福利设施和服务，因此，社会福利是全体社会成员共享社会成果的一种国家政策，建立社会福利制度具有重要意义。

①举办社会福利，有利于满足社会成员的特质生活需要

随着社会化生产的发展和生产力水平的提高，劳动者创造的财富越来越多，生产的社会化发展必然带来人们生活社会化程序的提高，许多原来属于个人的责任和家属的职能成为国家的责任和社会的职能，如儿童健康、老人保健、残疾人康复和就业、科学文化和教育事业的发展等，这些都需要国家为社会成员举办。国家通过财政税收的方式，将积累的财富通过举办各种社会福利事业，使社会成员共同受益，提高社会成员的物质生活水平。

②举办社会福利，有利于提升社会成员的精神生活需求

社会福利项目中，包括以全体人民为对象的公益性事业，如教育、科学、文化、体育、卫生、环境保护等服务和设施，这些公益性事业的发展，极大地满足了社会成员在精神生活方面的需求，从而推动了社会的文明和进步。

③举办社会福利，有利于促进社会经济的发展

社会福利通过一种公平的机制向社会成员提供各种福利设施和服务，使社会成员能够分享社会发展的成果，满足其特质生活和精神生活的需要，从而能够激发劳动者的生活积极性和创造性，提高劳动生产率，最大限度地实现劳动者资源的效率，促进经济的发展。

1.2 中国社会福利体系结构变迁与制度创新

中国社会福利体系结构一直在处于动态的变迁过程中，制度也在不断地创新。中国的社会福利体现了社会主义制度的本质和优越性。从总体上看，老百姓对此是比较满意的。

1.2.1 中国社会福利体系结构的变迁

中国社会福利历史短暂，社会福利政策框架与制度安排正处于急遽变迁过程中。1949年以来，以改革开放为分界线，中国社会历史发展分为两大阶段，社会福利制度同样如此。新中国成立伊始，根据当时国内外环境与经济发展状况，在实施自然灾害救济、社会救济和临时救济的同时，1951年政务院公布《中华人民共和国劳动保险条例》及《实施细则》，建立生育、老年、疾病、死亡、伤残、医疗和集体保险政策框架，保险范围局限于国营企事业单位和人民团体，标准并不是很高。与此同时，国家对无生活来源、无劳动能力和无依无靠的老弱病残孤寡提供国家福利服务，主要服务机构是社会福利院、儿童福利院和社会福利企业等福利性的事业单位；革命烈士家属和军人家属中生活困难者也受到国家与社会优待。1955年实行义务兵役制后，安置复员退伍军人和保障优待烈军属等人基本生活是福利制度的重要组成部分。改革开放以来，社会福利改革与制度创新取得世人瞩目辉煌成果，社会福利制度日趋完善。从社会福利服务形态和人类需要满足途径角度看，由国家承担无限福利责任转向多元福利。20世纪90年代初期大力推行的社会福利社会化政策是中国式福利多元主义的典型表现形态。市场、社区、工作单位、个人责任和国家福利并存共生，但国家福利制度仍然是基础部分。比较而言，宗教慈善、非政府组织、市场在中国社会福利需要满足中发挥的作用仍亟待提高，典型反映了中国社会结构特征，说明宗教慈善服务与非政府组织在需要满足中扮演着边缘角色。但是总体来说，中国社会福利制度与政策模式发展趋势与欧美国家福利发展方向基本趋同。

1.2.2 中国社会福利存在的主要问题

中国社会福利也存在着不容忽视的一些问题，如社会政策与社会福利体系难以发挥应有的功能与作用，社会福利基础理论研究严重滞后，社会发展实践迫切需要基础性社会福利理论与政策研究。1949年至今，特别是改革开放以来，中国社会政策与社会福利发展走过曲折道路，取得了辉煌的成就。但是，有专家认为，当代中国社会福利与公共服务状况不容乐观，社会福利安排处于典型的"四分五裂"状态。"四分"是指社会福利体系基本按照城乡、行业系统、工作单位和身份地位四大标准区分。换言之，城乡户籍制度、行业系统、工作单位和身份地位成为划分不同福利类型的四大标准。1949年以来，独特的历史环境与社会状况导致政府在1958年建立城乡分隔的二元户籍制度，城乡二元社会结构应运而生。城乡二元社会结构的实质是城乡二元社会福利制度。与此同时,中国社会组织体系和权力结构特征是条条块块相互交织。条条的福利待遇十分优厚,令人羡慕,块块的福利待遇明显落后。条条与块块、行业与系统福利待遇差别巨大。条块差别又集中反映为工作单位间的差别,不同性质、规模、行政级别、权力大小、资源多寡状况决定不同工作单位职工福利待遇的好坏。在微观层面上,个人特质和身份地位直接决定个人福利状况与生活质量。"五裂"是指目前中国社会福利体系实际由民政福利、劳动与社会保障福利(含工青妇)、医疗卫生、教育培训和住房服务五部分组成。这些福利分别归属不同的职能部门,互不统属,相互分隔,难以形成合力。这种状况的基本成因之一是福利研究严重滞后,中国社会发展迫切需要基础性社会福利理论与政策研究。

"四分五裂"社会福利状态的负面社会影响很大,牵涉一系列基础性福利理论与政策议题。四分五裂的福利状态典型地反映社会价值取向、社会结构特征、政策模式与制度性安排框架,说明中国社会所处的经济发展阶段、社会生活现实状况和福利制度安排面临的结构性矛盾。不言而喻,"四分五裂"的社会福利状态不仅难以发挥社会稳定与社会发展机制的积极性作用,而且成为制度性不平等和政策性社会不公的基本原因,消极、负面性的社会影响广泛、深远。其中最主要的影响是社会福利制度难以发挥综合性、整体性和系统性"社会安全阀"的作用,并且引发一系列相关基础性福利理论与政策议题。例如什么是福利?社会福利体系的历史变迁规律和发展趋势是什么? 社会福利体系与制度安排主要组成部分是什么,不同组成部分之间的相互关系如何?社会保障与社会福利关系如何? 社会福利体系的水平结构、垂直结构、系统结构如何? 中国社会福利制度创新与结构变迁的基本方向是什么? 这些既是核心性福利理论争议议题,又是基础福利政策议题,既是观察理解和描述分析中国社会结构特征、制度安排框架与政策模式的最佳理论视角,又是建构"中国特色"社会福利理论体系,选择中国社会福利政策模式的基础,还是提供高质量社会福利与公共服务的思想理论前提。

1.2.3　中国社会福利制度需要创新

1986年公布的《中华人民共和国国民经济和社会发展第七个五年计划:1986~1990》,首次阐述社会福利制度框架,明确指出社会福利制度主要由社会救济、社会福利、社会保险、优抚工作四部分组成。1993年中央再次明确阐述中国社会福利制度框架,认为社会福利制度主要由社会救济、社会福利、社会保险、优抚安置、个人储蓄式积累账户和社会互助六部分组成。如果将个人储蓄式积累账户纳入养老保险制度的话,实际上社会福利范围主要由五部分组成。比较而言,中国社会福利概念内涵、外延十分狭隘,福利范围有限,而且缺乏社会政策与社会服务概念。欧美国家视为"天经地义"福利服务的市政公共服务、福利津贴、教育服务、住房服务、卫生服务和就业服务,在中国社会中都未被纳入福利范围。显而易见,中国的社会福利服务范围基本停留在收入保障与物质福利的层面上,社会关系、精神心理和社会服务保障尚比较落后,反映中国与欧美国家在经济发展与生活质量上的差距。在经济市场化与社会现代化处境下,市政、教育、卫生、住房和就业服务是福利发展重点。

社会福利是个小概念,社会保障是个大概念,社会福利重点与优先领域基本停留在以社会救济、社会保险和职工福利三部分组成的社会保障领域中,形成社会保障为主、社会福利为辅的"底部膨胀,主体分散"的垂直结构。欧美国家社会福利发展已形成特定的惯例,社会保障是社会福利基础组成部分,教育、卫生、住房和就业服务等社会服务是福利主体。社会保障功能层次较低,主要局限于贫困救济、收入保障和劳动者年老、失业、疾病保险等,发挥社会稳定机制作用。中国社会发展与福利文化恰恰与欧美国家福利发展规律相反,中国社会福利依附和包含在社会保障范围内。这充分说明中国社会福利重点与优先领域是社会保障领域,说明贫困救济与社会保险是社会福利重中之重。市政公共服务、教育服务、卫生服务、住房服务既未纳入社会福利范围,又不是社会福利体系的优先领域。改革开放以来,伴随经济体制改革不断深化,企业下岗人员急遽增长,城市贫困、收入差距、社会不平等与社会秩序问题日趋严峻,社会救济与社会保险在福利体系中的地位不仅没有削弱,反而有所加强。社会保障成为福利发展的重点。目前城市居民生活保障制度、失业保险与国有企业下岗职工基本生活保障是保障工作重点。同时,社会救助蓬勃发展,救助范围急剧扩大,主要包括贫困救济、灾害救济、医疗救助、廉租住房、教育救助、法律援助六部分服务内容,形成社会救助过分膨胀的局面。与此同时,由于缺乏社会政策与大社会福利观念,一方面教育、卫生、住房、就业和公共服务呈现分散化发展状况;另一方面,社会保障与社会福利缺乏系统联系,没形成整合与系统的制度框架和政策模式,严重妨碍社会福利制度的社会预防、投资、发展作用的发挥。

社会福利制度、社会服务体系是政治考虑及经济体制改革的配套工程,社会消费与社会政策是经济生产与经济政策的奴仆,社会消费与社会政策从属、依赖经济生产与经济政策,经济增长型发展观盛行,颠倒生产手段与社会目标关系,形成非均衡的社会福利系统结构。中国社会福利制度基本不是经济发展结果,主要是建国初期独特历史环境与政治考虑的产物。为建设社会主义新中国,体现社会主义制度优越性,化解社会不稳定因素和重建社会秩序,政府模仿前苏联社会福利制度模式,迅速建立以社会救助和社会保险为主的社会保障制度。在"左"倾冒进思想,先生产、后生活,生产长一寸、福利长一分,经济增长型发展观的影响下,国家采取"重重工业,轻轻工业"的经济政策模式,压缩社会消费与福利开支。人们生活状况普遍困苦,衣食住行用基本生活需要难以满足,生活质量偏低。这种状况的社会后果是社会福利观念缺乏相应的社会基础,难以形成公共服务与社会政策体系。改革开放以来,虽然经济社会协调发展,社会发展、以人为本和社会政策观念日趋流行,经济生产与社会消费、经济政策与社会政策关系改善,但是社会福利与社会政策尚未成为社会结构与生活方式的重要组成部分,社会福利与社会政策是经济发展"配套工程"的观念仍然占据主导地位。按照只有经济生产与社会消费、经济政策与社会政策形成制度伙伴关系,才能实现社会现代化的观点,中国社会福利制度仍需要进一步创新。

中国社会福利体系与制度安排在历史发展阶段、水平结构、垂直结构和体系结构建设方面均与欧美国家存在着巨大差距，这既反映中国社会结构与政策模式的独特性，又说明福利制度建设与政策框架设计任重道远，与全面建设小康社会和社会现代化尚有不小差距。从水平结构角度看，社会福利与公共服务范围有限，服务内容局限于基本生活需要，物质福利是服务发展重点，非物质福利、公平竞争社会环境、社会参与和能力建设尚未纳入福利范畴。福利对象基本局限于丧失劳动能力的弱势群体，选择性福利特征明显，尚未建立普及性社会服务，说明政府社会保护能力有限。从垂直结构角度看，社会福利与公共服务重点是以社会救助、社会保险和职工福利为主的社会保障，福利层次结构偏低，较高层次教育、住房、卫生和就业服务尚未纳入社会政策范围，社会各界也普遍缺乏社会政策意识。从体系结构角度看，经济政策与社会政策关系尚不平衡，福利制度建设落后，在整个社会体系中处于次要和边缘地位。因此，要全面建设小康社会和社会现代化就迫切需要大力发展社会福利事业。

1.3 社会福利的激励作用

社会福利有着其特有的作用，这作用是凝聚中国人精神的重要力量。下面，我们来分析一下社会福利的基本作用。

我国社会主义性质的福利制度，既坚持"效率优先"，又体现"兼顾公平"，目的是提高人民生活水平，同时也促进社会生产力的提高。西方福利制度虽然属于资本主义性质，但由于其民主性较高，且起步早，发展完善，所以也以慈善性为主，往往在福利方面成效更明显，但这种福利更容易走向极端。社会福利的作用一方面是为了保障和提高社会成员生活质量，另一方面则是为了激励社会成员进入社会再生产领域，为社会创造更多的财富。这种福利支出实际上是一种生产要素的投入，社会福利的这种激励作用才是政府的最主要动机。过高或过低的社会福利都起不到很好的激励作用，像欧洲某些国家的"从出生到坟墓"的高福利，就造成了反面的作用，结果是一个人劳动的收益还不如社会福利高。相反，过低的社会福利也会激起人们的不满，造成社会动荡。所以如何制定一国的福利制度，也就体现了这国政府的综合反应能力和对本国社会的了解程度，是一种"执政艺术"的体现。

这里提到的流浪汉是社会中接近所有流浪汉的集合，政府对他的信息了解代表的是政府通过各种手段和渠道，对社会中所有流浪汉的一般的信息了解。现在我们借助这样一个博弈来讨论政府如何制定社会福利政策。博弈参与人为政府和一般意义上的流浪汉，支付情况如图13.1所示。很

		流浪汉	
		找工作	游荡
政府	救济	(3, 2)	(-1, 3)
	不救济	(-1, 1)	(0, 0)

图13.1 "政府——流浪汉"博弈模型

明显图中找不到纳什均衡,也就是政府对流浪汉救济与否与流浪汉的态度选择有关,即在流浪汉选择找工作时救济。这一模型是典型的混合战略博弈模型,根据混合战略纳什均衡存在的有关知识,假设政府的混合战略 Gg 为 $(q,1-q)$,即救济流浪汉的概率为 q,流浪汉的对应混合战略 Q_1 为 $(r,1-r)$,即流浪汉找工作的概率为 r,则政府的收益为 $VG(Gg,Q_1)=q[3r+(-1)(1-r)]+(1-q)[-r+0(1-r)]=q(5r-1)-r$。政府收益最大化的条件是 VG 对 q 的一阶导数,即 $5r-1=0$,$r=1/5$。同时流浪汉的收益为 $VI(Gg,Q_1)=r[2q+(1-q)]+(1-r)[3q+0(1-q)]=-r(2q-1)+3q$,流浪汉的收益最大化的条件是 VI 对 r 的一阶导数,即 $2q-1=0$,$q=1/2$。也就是说,政府对于现在掌握的情况制定的混合战略为 $(1/2,1/2)$,而流浪汉的对应混合战略为 $(1/5,4/5)$。在这一均衡中,政府没有掌握主动权,这种社会福利制度没有起到良好的激励作用,因为政府要用 50% 的救济概率才可以让 20% 的流浪汉去找工作。

1.3.1 保健加满足:增强"政府——流浪汉"经济模型中的激励因素

如果单从数学角度看,上面这一经济模型中反映政府激励失败的原因,主要是支付矩阵中数据决定的。这些数值实际上是博弈双方根据所掌握信息给自己制定的一个期望值。政府激励作用的反映也就是通过各种信息表示,让流浪汉在了解到这些政策后使期望值发生变化,使上面的纳什均衡结果变成有利于政府的情况,也就是政府在社会福利决策中占有主动权,一个小小的社会福利可以推动较大比率的流浪汉产生积极态度,促使他们找工作。实际上也就是流浪汉在享受社会福利的权利后,能够履行积极进取的义务。在这种政策的制定上,美国的行为科学家弗雷德里克·赫茨伯格(Fredrick Herzberg)提出来的双因素理论,即保健因素——激励因素能够起到很好的指导作用。

保健因素的满足对社会成员产生的效果类似于卫生保健对身体健康所起的作用。保健从人的环境中消除有害于健康的事物,它不能直接提高健康水平,但有预防疾病的效果;它不是治疗性的,而是预防性的。保健因素包括国家政策、管理措施、物质生活条件、福利等。当这些因素恶化到人们认为可以接受的水平以下时,就会产生对政府的不满意。但是,当人们认为这些因素很好时,它只是消除了不满意,并不会导致积极的态度,这就形成了某种既不是满意、又不是不满意的中性状态。在"政府——流浪汉"经济模型中,如果政府的社会福利制度仅包括基础设施建设、最低生活保障等内容,就只起到了保健的作用。

那些能带来积极态度、满意和激励作用的因素就叫做"激励因素",这是那些能满足个人自我实现需要的因素,包括:成就、赏识、挑战性的工作、增加的工作责任,以及成长和发展的机会。如果这些因素具备了,就能对人们产生更大的激励。从这个意义出发,赫茨伯格认为传统的激励假设,如工资刺激、人际关系的改善、提供良好的工作条件等,都不会产生更大的激励;它们能消除不满意,防止产生问题,但这些传统的"激励因素"即使达到最佳程度,也不会产生积极的激励。按照赫茨伯格的意见,管理当局应该认识到保健因素是必需的,不过它一旦使不满意中和以后,就不能产生更积极的效果。只有"激励因素"才能使人们有更好的工作成绩。此时，政府福利政策就应该包括鼓励就业和提供一定的工作岗位，在福利分配上倾向于自强的"流浪汉"。

社会福利制度的创建和变革对经济发展具有重要意义。道格拉斯·诺斯（1994）和 Gibbon（1996）认为对制度变迁研究是"激动人心的部分"，经济发展环境的完善需要对制度进行研究，而对激励结构的研究是基础性的。根据对不同社会条件下经济人群社会效用函数的分析，在一定的社会经济发展水平下，社会个体在认知水平、习惯依赖以及信用获得效率、道德伦理约束一定的情况下，社会发展主要依赖社会制度的协调，充分发挥社会制度尤其法律制度在促使泛经济人行为目标趋同社会目标方面意义重大。建立有效的激励制度（包括约束性的制度）将是社会福利制度建立研究的核心问题。一方面社会统一、稳定的激励制度有利于引导泛经济人的行为在信息获取、道德伦理、法律等事实限制情况下更具经济性和理性，提高泛经济人行为在一定约束条件下的效用结果并降低其行为成本；另一方面，有效的激励制度也有利于社会效用最大化目标的实现。主要是由于泛经济人个体可能从自身泛经济利益考虑而作出一些行为，这些行为对社会和其他泛经济人而言具有外部不经济性，而只有在社会制度存在约束或其他激励补偿制度的情况下才能解决这里的外部性问题，从而最终促使社会效用最大化目标的实现。

1.3.2 社会福利激励是薪酬激励的有效补充

福利是薪酬体系的重要组成部分，是员工的间接报酬。随着经济的发展、组织间竞争的加剧，深得人心的福利待遇，比高薪更能有效地激励员工。高薪只是短期内人才资源市场供求关系的体现，而福利则反映了组织对员工的长期承诺，正是由于福利的这一独特作用，使许多在各种各样组织中追求长期发展的员工，更认同福利待遇而非仅仅是高薪。从世界范围看，在薪酬管理实践中，一个越来越突出的问题是，福利在整个报酬体系中的比重越来越大成为组织的一项庞大支出。据统计，到目前为止，西方一些发达国家的福利与工资的比例几乎接近 1∶1，并有超过工资的发展趋势。西方诞生的一种被称作"自助餐式的福利"设计体系就可以满足员工的需求多样化，使福利效用达到最大化。这种设计体系的原则是把员工作为客户，让员工自由选择对自己能产生最大效用的福利项目，如此可以使员工对企业产生强烈的归属感，而这种灵活、柔性的方式更加便于管理，有利于加强福利成本管理。

提供特殊服务，尤其是别出心裁、人无我有的福利项目更是薪酬制度的有效补充。这些福利项目的花费金额一般不会很大，但取得的效果却是惊人的。有一家美国的公司，它的薪资水平与同行业相比没有什么竞争力，以致员工流失的现象非常严重，在这种情况下公司采取了一项福利措施——哺乳期的员工可以把婴儿带到公司里来，并且公司准备了专门的房间为员工和婴儿提供方便，当然，这一切是在不干扰其他员工正常工作的前提下进行的。这项措施的实行大大减小了员工流失率，甚至一些以前离开公司的员工也因为这项福利项目的实施而重新回到了公司。所以说,合理恰当的薪酬和福利激励能够有效地增强和提高组织员工的工作积极性和对组织的忠诚度。

▼2 中国直销的社会福利

在第一节,我们对社会福利的内涵、特征及作用进行了讨论,目的是为讨论中国直销的社会福利作铺垫的。中国直销也会产生社会福利,这是已被实践所证明了的。这就告诉我们,在中国,虽然产生社会福利的主体是政府,但是,一种良性循环的经济活动是产生社会福利的又一个"源"。直销产生的社会福利是对政府提供的社会福利的一个重要补充。

2.1 中国直销产生社会福利的机理

中国直销为什么会产生社会福利,这是我们所要研究的重要问题。我们在第一节的讨论中可以看到,社会福利一般是由政府提供的,也有集体组织提供的。那么中国直销能提供社会福利吗?如果能,它的机理又是什么?

我们要理解中国直销为什么会产生社会福利,应该从福利经济学的角度去研究。这是我们理解直销福利的基点。

2.1.1 福利经济学的一般介绍

福利经济学是西方经济学家从福利观点或最大化原则出发,对经济体系的运行予以社会评价的经济学分支学科。福利经济学作为一个经济学的分支体系,最早出现于20世纪初期的英国。1920年,庇古的《福利经济学》一书的出版是福利经济学产生的标志。福利经济学的出现,是英国阶级矛盾和社会经济矛盾尖锐化的结果。西方经济学家承认,英国十分严重的贫富悬殊的社会问题,由于第一次世界大战变得更为尖锐,因而出现以建立社会福利为目标的研究趋向,这导致了福利经济学的产生。

1929~1933年资本主义世界经济危机以后,英美等国的一些资产阶级经济学家在新的历史条件下,对福利经济学进行了许多修改和补充。庇古的福利经济学被称做旧福利经济学,庇古以后的福利经济学则被称为新福利经济学。第二次世界大战以来,福利经济学又提出了许多新的问题,正在经历着新的发展和变化。

边沁的功利主义原则是福利经济学的哲学基础。边沁认为人生的目的都是为了使自己获得最大幸福,增加幸福总量。幸福总量可以计算,伦理就是对幸福总量的计算。边沁把资产阶级利益说成是社会的普遍利益,把资产阶级趋利避害的伦理原则说成是所有人的功利原则,把"最大多数人的最大幸福"标榜为功利主义的最高目标。

帕累托的"最优状态"概念和马歇尔的"消费者剩余"概念是福利经济学的重要分析工具。帕累托最优状态是指这样一种状态,任何改变都不可能使任何一个人的境况变得更好而不使别人的境况变坏。按照这一规定,一项改变如果使每个人的福利都增进了,或者一些人福利增进而其他的人福利不减少,这种改变就有利;如果使每个人的福利都减少了,或者一些人福利增加而另一些人福利减少,这种改变就不利。马歇尔从消费者剩余概念推导出政策结论:政府对收益递减的商品征税,得到的税额将大于失去的消费者剩余,用其中部分税额补贴收益递增的商品,得到的消费者剩余将大于所支付的补贴。马歇尔的消费者剩余概念和政策结论对福利经济学也起了重要作用。

福利经济学的主要特点是:以一定的价值判断为出发点,也就是根据已确定的社会目标,建立理论体系;以边际效用基数论或边际效用序数论为基础,建立福利概念;以社会目标和福利理论为依据,制定经济政策方案。

庇古是资产阶级福利经济学体系的创立者。他把福利经济学的对象规定为对增进世界或一个国家经济福利的研究。庇古认为福利是对享受或满足的心理反应,福利有社会福利和经济福利之分,社会福利中只有能够用货币衡量的部分才是经济福利。庇古根据边际效用基数论提出两个基本的福利命题:国民收入总量愈大,社会经济福利就愈大;国民收入分配愈是均等化,社会经济福利就愈大。他认为,经济福利在相当大的程度上取决于国民收入的数量和国民收入在社会成员之间的分配情况。因此,要增加经济福利,在生产方面必须增大国民收入总量,在分配方面必须消除国民收入分配的不均等。20世纪30年代,庇古的福利经济学受到罗宾斯等人的批判。罗宾斯认为,经济理论应当将价值判断排除在外,效用可衡量性和个人间效用可比较性不能成立,福利经济学的主张和要求没有科学根据。继罗宾斯之后,卡尔多、希克斯、勒纳等人从帕累托的理论出发也对庇古的福利经济学进行了批判。同罗宾斯不同的是,他们认为福利经济学仍然是有用的。1939年,卡尔多提出了福利标准或补偿原则的问题。此后,希克斯、西托夫斯基等人对福利标准或补偿原则继续进行讨论。他们主张把价值判断从福利经济学中排除出去,代之以实证研究;主张把福利经济学建立在边际效用序数论的基础之上,而不是建立在边际效用基数论的基础之上;主张把交换和生产的优惠条件作为福利经济学研究的中心问题,反对研究收入分配问题。卡尔多希克斯、勒纳、西托夫斯基等人建立在帕累托理论基础上的福利经济学被称作新福利经济学。

新福利经济学主张效用序数论,认为边际效用不能衡量,个人间效用无法比较,不能用基数数词表示效用数值的大小,只能用序数数词表示效用水平的高低。新福利经济学根据效用序数论反对旧福利经济学的福利命题,特别是第二个命题,反对将高收入阶层的货币收入转移一部分给穷人的主张。新福利经济学根据帕累托最优状态和效用序数论提出了自己的福利命题:个人是他本人的福利的最好判断者;社会福利取决于组成社会的所有个人的福利;如果至少有一个人的境况好起来,而没有一个人的境况坏下去,那么整个社会的境况就算好了起来。前两个命题是为了回避效用的计算和个人间福利的比较,从而回避收入分配问题,后一个命题则公然把垄断资产阶级福利的增进说成是社会福利的增进。新福利经济学家认为福利经济学应当研究效率而不是研究水平,只有经济效率问题才是最大福利的内容。勒纳、霍特林等人对经济效率问题作了论述。经济效率指社会经济达到帕累托最优状态所需具备的条件,包括交换的最优条件和生产的最优条件。补偿原则是新福利经济学的重要内容之一。新福利经济学认为,帕累托的最优状态"具有高度限制性",不利于用来为资本主义辩解,为了扩大帕累托最优条件的适用性,一些新福利经济学家致力于研究福利标准和补偿原则。

卡尔多、希克斯等人的福利经济理论,受到伯格森、萨缪尔森等人的批判。伯格森于1938年发表《福利经济学某些方面的重新论述》一文,提出研究社会福利函数的"新方向",认为卡尔多、希克斯等人的新福利经济学把实证问题和规范问题分开、把效率问题和公平等问题分开的企图完全失败。继伯格森之后,萨缪尔森等人对社会福利函数作了进一步论述,形成了福利经济学的社会福利函数论派。社会福利函数论者认为,社会福利是社会所有个人购买的商品和提供的要素以及其他有关变量的函数,这些变量包括所有家庭或个人消费的所有商品的数量,所有个人从事的每一种劳动的数量,所有资本投入的数量等等。社会福利函数论者通常用多元函数来表示。社会福利函数论者认为,帕累托最优状态不是一个而是有许多个。帕累托未能指出在哪一种状态下社会福利是最大的。他们认为,要达到唯一最优状态,除了交换和生产的最优条件,还必须具备一个条件,这就是福利应当在个人间进行合理分配。

经济效率是最大的福利的必要条件,合理分配是最大福利的充分条件。社会福利函数论者根据假定存在的社会福利函数作出一组表示社会偏好的社会无差异曲线,并根据契约曲线作出一条效用可能性曲线。社会无差异曲线和效用可能性曲线相切的切点,代表受到限制的社会福利的最大值。

第二次世界大战以后,阿罗继续研究伯格森、萨缪尔森等人提出的社会福利函数。在1951年出版的《社会选择与个人价值》中,阿罗认为,社会福利函数必须在已知社会所有成员的个人偏好次序的情况下,通过一定程序把各种各样的个人偏好次序归纳成为单一的社会偏好次序,才能从社会偏好次序中确定最优社会位置。阿罗定理在福利经济学中被称作"不可能定理"。阿罗本想通过大量的论证对伯格森、萨缪尔森等人的社会福利函数修残补缺,但客观上却证明了不可能从个人偏好次序达到社会偏好次序,也就是不可能得出包括社会经济所有方面的社会福利函数。近年来,西方经济学家着重对福利经济学中的外部经济理论、次优理论、相对福利学说、公平和效率交替学说、宏观福利理论等领域进行了讨论。这些"新"理论一方面企图说明,现代西方国家可以通过政府干预调节价格和产量,实现资源的合理配置;另一方面企图说明,现代西方国家的分配制度虽不合理,但是如果加以改变,则可能更不合理,一切人为的改善分配状况和增进福利的措施都是无效的。

2.1.2 经济效率产生中国直销福利

福利经济学对"福利"的定义是:两种商品、两个消费者、两种投入的资源最优配置中,一方在经济活动中的经济行为给另一方和其他方所形成的利益补偿。这种利益补偿在福利经济学中叫做外部经济,如果一方的经济行为对另一方和其他方形成利益侵害则为外部不经济。根据福利经济学规定的福利概念,中国直销福利应是指由直销在国民经济发展中的积极作用而形成对国家政治、社会、经济、文化等方面的外部经济现象。

  直销福利是如何产生的呢? 从福利经济学的基本观点看,福利是由效率带来的,只是这种效率不是指一般的生产效率,而是指广义的经济效率,而这种广义效率是由所谓的"帕累托最优状态"来定义的。帕累托最优状态指的是,经济状态的改进已经达到了这样一种状态,即除非任何其他人的状况发生恶化,否则任何人的状况不会变得更好。这种状态意味着,在现有条件下,经济状况的改进已经做到头了,任何进一步的改善已经不再可能。于是,人们将趋向于帕累托最优状态的改进过程称为"帕累托改进"或"帕累托标准",即如果一种经济改变使某些人的状况改善而同时不使其他人的状况恶化,那么这种改变就是可取的,或符合帕累托标准。按照帕累托标准来衡量,广义效率实际上包含着五种效率,这五种效率都可能导致帕累托改进。它们是技术效率、生产效率、制度效率、配置效率和分配效率。技术效率,是实现广义效率的最基本层次。

  下面,我们从这五种效率上分析直销是如何产生福利的:

  ①**从技术效率看,直销企业的高科技产品为消费者产生了外部效应**

  技术效率是指社会最基本的生产单位所采用的生产和管理技术对于该企业所可能采用的技术而言,已经达至了当时条件下的最好水平。因此,技术效率的实现意味着企业的技术采用水平已经达到最佳状态。中国的直销企业的技术效率,一般来说比传统企业要高,生产的保健品和美容化妆品科技含量都比较高,我国的消费者用了产品得到的回报超过了产品本身的价值。这种外部效应就是直销的一种福利。

  ②**从生产效率看,低投入高产出直销企业参与社会活动的物质基础**

  生产效率是经济活动中使用得最多的效率概念,也是广义效率的主体内容之一。生产效率指的是在各个生产单位的生产活动中,投入产出比例达到了一定时期所可能达到的最佳状态,即在给定的投入水平基础上达到了最高的产出水平,或者在给定的产出水平基础上达到了最低的投入水平。可以推知,生产效率的实现不仅意味着技术效率的实现,而且意味着企业的整体组织效果已经达到了最佳状态。从中国民族企业天狮集团发展的情况看,直销企业低投入高产出所积累的物质财富,成了他们积极参与社会活动的物质保障。

  ③**从制度效率看,直销企业相熔于社会的程度越来越高**

  制度效率是在生产单位之外或生产单位之间由国家或社会决定的一种效率状态。制度效率是指在由国家或社会提供的行为规则基础上,企业和个人所面临的选择多样性在当时的社会条件下已经达到最为丰富的程度。我国直销法规的颁布,从法律角度上承认了直销这个行业,当社会提供给直销企业的选择范围达到不使另一些传统企业情况恶化的社会允许边界时,直销法规的制度效率就充分显现了。由此可见,制度效率的提高,使直销企业真正成为社会的"细胞",由此提供了直销企业产生外部效应的客观条件。

④从配置效率看,直销企业边际效应会转化为外部效应

配置效率应是由一国经济中全部资源的使用状况来体现的效率。资源配置问题通常涉及两方面,一是资源由生产效率最佳的行业和企业来使用,二是资源用于生产消费者自己认为最需要的产品和服务。在价格能够反映真实的需求程度条件下,直销资源在各种产品和服务结构上的配置效率就是,直销资源的使用不仅在每种直销产品上带来的边际产出量相同,而且所创造的生产者边际收入量也相同。综合这两方面的边际效应则配置效率表现为,每一种直销资源在不同直销产品上所生产的边际产品价值(或称边际收益产品)相同。这样,配置效率的实现即意味着直销经济中的所有资源都派上了最好的用场。由此可见,配置效率的实现不仅暗含了制度效率、生产效率和技术效率的同时实现,而且解决了国民福利中除分配问题以外的其他所有经济问题。由此,直销企业在资源配置过程中,其边际效应会转化为服务社会的外部效应。

⑤从分配效率看,直销企业对社会的贡献很大

分配效率是作为配置效率的一个补充的效率状态。本来分配问题一直被许多经济学家看作是既与政治问题分不开,又为主观价值判断所左右的经济问题,因此,人们难以找到改进分配问题或使收入分配达到一定历史条件下的最佳状态的标准。但是,如果我们仔细分析,就会发现一种存在于一定时期的国民所认可的共同价值判断中、而独立于现实的政治斗争格局和个人主观愿望之外的收入分配标准状态,这就是直销的分配制度。直销分配效率的实现就是现实的收入分配状态在经过了一定的努力之后达到了标准的分配状态,这就是国家、企业、直销员、消费者四个方面利益的共同兼顾。这种分配状态,体现了直销企业对社会的贡献将越来越大。

2.1.3 中国直销产生的社会福利

中国直销一般会产生哪些方面的福利呢?通过研究发现,中国直销产生的社会福利主要是:

①直销发展有利于国民的就业

直销经济与其他经济有一个十分重要的不同点,就是就业门槛低,就业的容量十分大。因此,我们要求直销福利利民化,首先要做到直销发展要有利于中国老百姓的就业。实践证明,我国的直销已经容纳了3000多万的就业人员,这是其他行业所不能比拟的。中国直销要在法治下实现新的发展,就一定要继续做到为扩大国民就业服务。我们估计,未来5年,我国直销行业的销售额将会有大幅度的增长,这样就拉动了国民的就业空间,将会新增直销人员2500万人至3000万人。这是直销企业产生的一个重要社会福利。

②直销产品开发为民众的健康服务

直销产品的开发是以为民众健康服务为主的。为什么?因为直销的对象主要是广大民众,因此,直销企业一般都要为他们提供优质的健康保健产品,这是直销福利利民化的重要方面。我们曾发现有的直销企业开发的直销产品为轻工、服

装产品,这是很不妥的。直销产品的开发首先要把为民众健康服务放在头等重要的位置,这样,中国的老百姓才能真切感受到直销给他们带来的好处。外资直销企业的老大安利也好,还是我国民族直销企业的领头雁天狮也好,他们向中国老百姓提供的大部分是健康保健产品,所以他们的直销业绩在中国遥遥领先。这就要求我们,在任何时候一定要做到直销产品的开发真正为民众的健康服务。

③直销企业主动办福利事业

直销企业虽然是经济实体,是经国家有关部门批准成立的企业,但从本质上说,直销企业是社会的,是大众的。这是由我国社会主义制度决定的。没有这个社会,没有中国大众,何来直销企业？因此,直销企业都要回报社会,为中国的民众多办福利事业。我国直销行业中已有这方面的先进典型,如安利、天狮等,每年都要办几件福利事业,老百姓得到了实惠,政府也予以大力表彰。我们认为,直销企业多办福利事业,这要成为一个制度。这样才能使直销带来的福利真正惠泽到中国的老百姓中。

2.2 中国直销社会福利发展目标定位

中国直销社会福利的目标定位是什么？这个问题是关系到中国直销发展的走向,我们必须从理论上加以理清。从经济学考虑,我们认为,中国直销的社会福利的目标定位应是从社会不公平思考社会公正机制,努力为建设和谐型社会作出应有的贡献。

2.2.1 直销在解决收入分配不均矛盾中的作用

收入分配是被人们最直接地引来作为不平等的依据。特别是允许一部分先富起来以后,人们的收入差别在增大。可是在另一方面,事实是中国富翁人数比起发达国家是少的。波士顿咨询公司(BCG)在2005年年底发布《中国理财市场》报告,指出中国内地已经是亚洲地区(日本除外)第二大财富市场并仍将保持迅速增长,其中富有的群体拥有大约1.44万亿美元的资产。报告预计,中国富有人士的资产在未来几年将以13%左右的比例增长。在富豪中,财产是集中的,该公司负责人说,不到0.5%的家庭拥有全国个人财富的60%以上。同时报告还指出,目前全世界共有700多万百万富翁,其中200多万在西欧,400万在美国。那么剩下的100万分散在亚洲和澳洲。这100万,要在以下地方摊分,除了澳大利亚和新西兰的富豪以外,更有盘踞在日本、香港和台湾等地的富豪。所以,许多人抱怨中国的富豪如何,实际上,中国这么一个大国,和其他国家相比,富豪的数目所占比例还是很微小的。所以,国家不应该限制富翁的发展。富豪给社会创造了财富,同时也带动了经济、文化和社会的进步。

贫富差距比起发达国家发展同期是小的。据联合国数据显示,在中国,占总人口20%的最贫困人口只占总收入或消费份额的4.7%,占总人口20%的最富裕人口占收入或消费的份额则高达50%以上。许多人在呼吁,中国的基尼指数达到了 0.4,已经超过警戒线。其实如果把中国放在发达国家处于中国此时发展阶段的可比时刻,中国的财富差别也要小得多。比较 20 世纪 30 年代的英国,人们被分为挣工资的和财产拥有者。那时,社会上 2/3 的财产被 1% 的人口拥有。一直到了 1952 年,从 1% 的人拥有的 2/3 的社会财产下降到了他们拥有社会财产的一半。在分配上也是不平等的,1.5% 人口拥有 23% 的个人收入。即使在典型的福利国家瑞典,在 1920 年,最富有的 2% 人口占有了全部个人财富的 60% 的,占有全国人口 95% 比例的下层人士只拥有已注册的净财富的 23%。到了 1975 年福利的鼎盛时期,数字才有所改变,2% 富有人口占有的财富降到了全部财富的 28%,底层的 95% 人口拥有了 56% 的财富。而在美国,即使在今天,最上层的 5% 人口仍占全部人口收入的 21%,最底层的五分之一人口只有低于 4% 全部人口的收入。

所以,在市场经济发育阶段,国民贫富差距的扩大是一个必然过程。今天中国出现的贫富差距的拉大,不是个别现象,不应为奇。但是,以上的论述决不是说中国的不公平现象并不严峻。问题不是富人不应再富下去,而是穷人不应该再贫困下去。中国贫困人口的绝对高额数字耸人听闻。中国社会科学院农村发展研究所测算,如果按照现行低收入标准,即人均年收入低于 822 元(相当于全国农民平均收入的 1/3),有 8517 万人属于贫困人口。若按联合国每人每天收入或消费不低于 1 个购买力平价美元(约折合 2.5 元人民币,即人均年收入约 900 元)的国际贫困标准测算,中国贫困人口就增加到 1 亿人,超过农村总人口的 10%。同时也并不是说,不平等就可以被接受。当穷人们还没有基本的收入来保障饮食和住房、入学和就医时,另外的一群富起来的人却可以花天酒地、肆无忌惮地挥霍。报载,杭州一家餐厅推出豪华 19.8 万元一桌的豪华年夜饭,但是,许多地方农民一年的收入才上千元。这无疑是不公平的,是社会资源的浪费,甚至这种浪费会腐蚀社会成员的道德,败坏社会风气。这时,并不是富豪的多少问题,甚至他们收入的多少也可以接受,而是富豪的奢侈生活造成的人们心理上道德上难以接受的社会差别。不仅收入分配的不公平引起了人们的反胃,在其他方面的更多的不公平隐藏着社会动荡的因素。因为,由于这种巨大的浪费甚至腐败,所以需要社会公正机制的存在。这个社会公正以国家福利的形式出现,国家进行第二次分配,把社会上浪费的资源集中起来,分配给最需要的人。以胡锦涛为总书记的中共中央,目前已经着力解决这一严峻问题,将改革成果让广大城乡居民分享。人们看到了社会公平的希望曙光。

2.2.2 直销在解决社会不公平中的作用

造成社会不公平的不仅仅是明显的收入差距,还有更多的不公平存在,导致了社会差距的加大。而直销,由于其不仅仅是一种先进的营销模式,而且是企业、社会、直销员揉在一起的一个效率很高的经济组织行为,所以在解决社会不公平中的作用虽然是不及政府,但还是很有推动力的。

①直销能解决机会不均等问题

当前中国社会展示给每一个人的机会不是一样的。这个机会指均等地接受福利的机会,如就业的机会、接受教育的机会、医疗的机会和取得社会服务的机会等。如果没有平等的机会,就增加了遭遇危机险境的机率。法律赋予人人平等的权利,但是,社会的设置构成或者政策的执行上,都不能把这种平等的意愿表达充分。而且有了权利并不等于有了机会,这个权利需要社会去提供机会才能够实现。在市场经济条件下,给予人公平竞争的场所,让人得以按照自己的意愿发展。但是,许多在市场竞争中失败,于是有人把贫困的原因全部归结为个人。其实,市场经济体制并没有给人们提供让人平等竞争的机会和条件。许多贫困人口在竞争中失败是因为接受教育程度低,还有些是因为生病致穷。社会没有给他们提供和其他人一样的接受教育的机会和医疗保障的机会。当然,每一个人的命运不同,有许多机遇性与偶然性,但是,一个公正的社会应该把这些危机的因素降到最低的限度。直销的功能之一,就是能在社会把危机的因素降到最低限度中发挥积极作用。在直销系统或团队中,大家靠集体的力量使每人的机会最大限度地抓住。直销市场不像传统的市场,它给人的机会是均等的,当有人抓不住机会的时候,团队的人都会来扶助他。团队精神凝聚每一个直销员,使大家都能在机会面前得到利益最大化和最优化。

②直销能解决能力不公平的问题

应该承认,每个人的能力是不同的,包括体力和智商,由此带来给社会的贡献不同,收入也不同。因此,不可能有绝对的平等。但是,有另外一种能力,这种能力的扩张会导致社会极大的不公平。英国经济学家陶尼对此有过解释。陶尼(Tawney)认为,能力能被解释为一个个体或者一群个体,他们不愿意其他的个体或者群体来减弱他们的行为存在,所以就希望施放自己的能力,以一些方式来缓和其他个人或群体的能力以及它们产生的结果。能力表现在经济上也表现在政治上。根据这个解释,能力在中国也许应该更为具体地称之为势力或者权力。这个力量做出的决定将影响个人和集体生活的未来。陶尼讨论英国的不平等是分布在国家水平上:政治的领导力量伴随出身和财富的结合在英国是很平凡的事情;也在工业生产水平上:权威的集中,优先权和控制权在让他们处于特权的最高点上;和在经过"特定的"领导者之间和熟人之间的分配;在规则的制定者和因这些规则而获益者的人们之间分配。今天的中国,社会主义革命产生了平均的现实,消除了伴随出身带来的财富与权贵。市场经济带来了富裕,但是,这个富裕有着不平等的第一桶金。此时,企业、商业与官员的结合,信息资源、人事关系、与材料供应甚至销售市场的优先的特权。甚至他们决定着价格,决定着工人的命运。当那些垄断产业剥夺了其他人自由选择消费的时候,当那些农民工白干了一年,从包工头手中拿不到工资回家的时候,人们焦虑与自己力量的薄弱。对这种力量的不均等,也被罗尔斯解释为权力或影响力。对峙于弱势群体,也必有强势群体的存在。根据中国社会科学院社会学研究所"当代中国社会结构变迁研究"课题组的一项全国抽样调查数据,大约 6/10 的人(61.5%)选择了"因权力造成的不公平"。

对于这样的能力不公平问题,在直销中是不会存在的。直销讲究的是个人能力与集体能力的高度统一。在直销中,个人能力再高,没有集体来支持也是无济于事的。在实际运作中,直销不是单单是个人的行为,从积极意义上说,直销是团队行为、系统行为。没有一个人在直销中是利用权力来提升个人能力的,都是通过集体的帮助而提升自己进行直销的各种能力。这就和传统经济运作中利用官商结合而形成个人能力是迥然不同的。因此,直销解决能力不公平问题,这是经济社会发展的一大进步。

③直销能解决地位不平等的问题

因为社会分工不同,因此收入会不同,经济状况也不同,这是合情合理的。但是,这决不是说人因为社会分工的不同造成地位的不平等,造成人本身有高低贵贱之分。这种高低尊贵之分已经不是羡慕厌恶和仰视鄙夷的问题,中国已导致了贫富的对立的程度是仇富的现象。在社会生活中,甚至收入的不平等可以接受,这种对人的羞辱造成的道德的倒退更加让人难以接受。

生命的尊严为物质所衡量。有钱人看不起穷人,有车的看不起步行的,城里人看不起乡下人,脑力劳动者看不起体力劳动者。因此,对他们的剥夺是正常的。因为,在这些剥夺者来说,被剥夺的人是弱势群体,地位低下。蒂特姆斯说,个人和家庭的自尊和金钱有联系是一件遗憾的事情。所以,蒂特姆斯在它的社会政策定义中阐述,国家福利作为一个机构体制要保障每个人作为公民的权利,满足其基本需要。平等的国家福利,对于弱势群体来说可以消除公民羞辱的感觉,消除了个人被挫败的感觉;对于富有者,国家福利强调了他们的提供者和纳税人的地位,他们被表现了作为一个国家理想的公民的高尚的道德。所以,国家福利不仅表现了公平,还体现了道德和理想。在这种社会体制下,人们享受到基本的保障,感觉到的是仁慈与关爱,感受到的是一个和谐的社会。

在直销行业中,不存在着什么地位不平等的问题。比如,先进入直销的人可能先富,但这先富不是人尊严的主要标志。在直销行业中,人尊严的主要标志是人的知识、人的品质和人的信念。如果是刚进直销行业的新人,不会因为其不会做直销而形成地位低下,被人歧视。相反,直销的"老人"会认真向"新人"传授直销知识、直销技巧,使他尽快成为直销的高手。只要到直销队伍中一考察,我们就会发现直销团队是一种学习型的营销组织,直销员之间不管你是"老人"还是"新人",地位人人平等,没有什么高低贵贱之分,大家都是相互学习、相互提高,形成了一个利益共同体。

2.2.3 直销福利社会化的推进

目前我国的社会福利,不同于西方发达国家实行的普遍型福利,我国的社会福利虽然有全民的福利事业,但主要是为保障老年人、残疾人和孤残儿童等特殊困难人群的基本生活权益而提供生活救助和照料服务,属补缺型福利。而直销福利则不同,福利社会化是中国直销福利发展的方向,因此,推进直销福利社会化,是中国直销福利目标定位的归缩。

①中国直销推进社会福利社会化面临的主要问题

推进福利社会化是市场经济条件下直销福利发展的客观要求,但是实际推进中可能会出现这样那样的问题。从总体上看,直销福利社会化还较多地停留在一般性的形式层面上,如一些直销企业做慈善、助教育、支医疗等。实际上,直销福利社会化的内涵是很宽泛的,既有有形的,也有无形的;既有物质的,也有非物质的;既有直销企业的行为,也有直销员的行为,等等。为什么目前直销社会化停留在形式层面上呢?这既有思想观念跟不上、认识不到位、不统一的问题,也有对社会化缺乏深入研究,指导不力,措施不具体、不落实的问题,还有受利益影响的问题。这些问题不解决,推进直销福利社会化就只能是一句空话。

②推进直销福利社会化的基本思路

适应社会主义市场经济发展的要求和人民群众对福利服务的迫切需求,推进直销福利社会化进程,需要在以下方面加快改革创新的步伐:

一是切实转变政府职能,建立社会福利某些领域的政府适时退出机制。在市场经济条件下,政府要切实转变职能,把注重经济生活转到更多地注重社会发展和公共服务上来,把政府包办公共服务转向尊重市场选择和建立政府适时退出机制上来。政府要关注公共服务和社会发展,就应建立和实行公共财政的政策,使政府对包括社会福利在内的公共支出与经济发展同步增长。另外在由谁来经办福利的问题上,也要按照市场经济要求,遵循企业、福利部门和政府三者的先后顺序来选择。政府要转变包办福利的做法,只办那些企业和福利部门都不愿意办而群众又迫切需要的福利服务,并且随着经济和社会的发展,现在或将来一旦有其他社会力量愿意办了,政府就应该及时退出,让给企业或福利部门办。现代行政管理学的基本理论告诉我们,社会福利今后要更多地由政府办转向社会力量办,政府的职能也要更多地转到支持和管理社会力量办福利上面。这样,就可以为直销福利社会化创造良好的外部环境。

二是直销企业要为建立新型社会福利体系作贡献。所谓新型社会福利体系,主要是相对计划经济体制下传统社会福利模式而言。总体来说,传统社会福利模式是依托"单位制"社会管理体制,主要为保障老年人(尤其是孤寡老人)、残疾人和孤残儿童等特殊困难人群的基本生活权益而提供生活救助和照料服务的补缺型福利,具有明显的社会救助特点,城乡区别对待,覆盖面狭窄,服务内容简单,服务标准较低,且职责分散,难以系统规划。与之相对,新型社会福利体系则是按照政府负责、社会参与的社会管理体制改革方向,着眼城乡统筹发展,着力提高城乡居民生活质量,深入推进社会福利社会化,强化完善福利机构设施功能,建立健全社会福利服务网络,逐步形成政府主导、民政部门具体牵头、相关部门协作配合、民间组织积极参与、市场化福利服务供给,涵盖养老、医疗、卫生、教育、住房、生活照料和特殊困难帮扶等内容,覆盖城乡全体居民,惠及外来人员,有效满足不同群体社会福利需求的新体系。直销企业要为建立这样的新型社会福利体系作出应有的贡献。目前,我国的一些直销企业以投资或捐助的形式,兴办了一些社会福利事业。今后,直销行业在建立新型社会福利过程中,在注意以下三个方面的问题:推进以社会化为导向的发展机制,保障重点服务对象的福利服务需求;建设以法制化为目标的法律保障机制,为稳步推进新型社会福利体系建设提供法律保障;打造以信息化为基础的运行机制,以家庭为终端,高效组织服务资源,推动直销福利内容的延伸。

三是确保直销福利溢出效应的辐射社会化。我们在上面谈到了直销能促进中国国民的就业,能改善中国国民的生活质量,这就是直销福利的溢出效应。这种直销社会福利溢出效应的辐射,应该要做到最大范围的社会化。直销福利溢出效应辐射的社会化,是指直销福利溢出效应不仅仅波及于从事直销的人员和消费直销产品的人员,还应让更多的在直销外的人员得到实惠。比如,解决就业问题、改善生活质量问题的福利溢出效应波及到家庭成员、亲朋好友,甚至整个社区。我们在确保直销福利溢出效应的辐射达到社会化,这样才能使直销行业在社会进步中健康成长。

③研究直销福利社会化的步骤

实施直销福利社会化,需要确立合理的发展步骤。因此,直销行业一定要研究直销福利社会化的具体步骤。这不是一家或几家企业能协调的,一定要在政府的领导和指导下进行。比如,直销福利与国家福利关系的处理、直销行业指导与地方民政部门指导关系的处理、直销福利溢出效应的调整与直销企业生产经营的调整关系处理等,这些我们都要认真研究,因为这是确定直销福利社会化步骤过程中必须要解决的问题。然后在此基础上,我们应该对直销福利社会化的实施步骤进行符合直销行业实际情况的安排。

2.3 突出中国直销福利发展的重点

中国直销福利发展的重点是什么?这也是我们必须要考虑的重要问题。如果不突出重点,中国直销福利的发展就不会在社会上引起较大反响。因此,突出中国直销福利发展的重点,这是直销行业必须要做好的工作。根据中国的国情,中国直销福利发展的重点应该在农村。

2.3.1 直销要为未来中国农村就业创造更多机会

中国加入 WTO 后,对很多行业和企业带来很大冲击,下岗失业人员日趋严重。1999 年 11 月 15 日,中美签署中国"入世"协议后,农业被舆论视为中国"入世"后利益牺牲最大、受冲击最严重的行业。就中美签字第二天,新华社刊发了一级数据,对入世后各行各业就业机会的增减进行预测:排在第一位的就是农业,预测说,入世后,农业的就业机会将减少 966 万个,这句话后来被一些媒体解释为:近 1000 万农民将在"入世后失业"。大批的银行职员也将丢失"金饭碗",随着电子化步伐的加快,今后传统银行业务结构将会支离破碎,根本不需要那么多人点钞票了。据经济学家钟朋荣预计大约 200 万银行职工 8 年之内要下岗。美国一家网上银行 99 年存款达 15 亿,却只占有 15 名员工,中国四大国有银行人浮于事早已人所共知,如果外资银行大量进入中国,现在四大银行机构规模将不得不被迫压缩,人员下岗现象也就不可避免。

专家分析,入世后企业与营销是一个赖以生存发展的重要手段,20 世纪的结束宣告工业文明之后一个知识经济时代的到来,时代的发展把中国营销市场置于一个国际化进程,人们将要面临一个愈演愈烈的竞争,任何企业都唯有对产品开发、营销渠道、市场研究做深度的整合,对旧有的思路作战略性调整,才能开辟一条正确的赚钱途径,于是直销业必将兴盛,做一个直销人不仅恰逢其适,而且可以大有作为,大有可为。

以往的就业观念就是为了生活而工作,而今天,随着人们物质生活和精神生活的不断提高,人们的观念也逐渐改变,许多人在择业时要选择一个最适合自己的职业,而在直销业里,既能发挥人的潜能,又能培养积极的心态,在直销业里能把人锻炼成"四家":一是演讲家。因为直销业是不断地说不断地讲,时间越长,演讲能力越高,即便是一百人、一千人、一万人,也会演讲自如,这就是演讲家。二是心理学家。从事直销是和人打交道,这就要揣摩每个人的心理,寻找需求点,时间一长自然就成了心理学家。三是企业家。从事直销实际就是网络营销,随着人员的增加,就必须管理自己的队伍,这就要求直销商必须提高自身的能力,全面细致地安排工作,这就是企业家该做的事。四是"社会活动家"。只要有人的地方就可以开展工作,所以直销商会在各地建立网络,这就要必须走动式管理,这就是社会活动家的写照。

据报道,1972年美国直销形式的营业额为40亿美元,1988年美国直销业的总营业额是97亿美元,1990年为119亿美元,到了2000年,直销行业除了为美国创造巨大的收益外,还创造了1400多万个就业机会。东南亚地区的直销市场在过去8年平均增长14%,预计未来5年的增长率会劲升到175%。中国的直销市场究竟有多大?有国外专业研究机构称,2005年,中国的直销市场超过50亿美元。社会经济学家分析,直销员在以后中国的社会环境中,地位7.5分、收入8.5分,发展系数为8,从这组数字充分地证明,直销员将会非常被人尊重,收入较为可观,有很广阔的发展空间,这就为中国直销解决农村就业问题创造了机会和条件。

农村富余劳动力向非农产业和城镇转移,是工业化和现代化的必然趋势,有利于农民增收,有利于农业和农村经济结构调整,有利于农村的城镇化发展。近几年,国家采取了一系列行之有效的政策措施,改善农民进城务工环境,保护进城务工农民合法权益,有力地促进了农村劳动力转移就业,其中也包括了向直销业的转移就业。我国的直销与西方发达国家的直销有一个根本性的不同,这就是西方发达国家的直销是富人的事业,而我国的直销是老百姓自己的事业,"零门槛"的就业方式使我国的老百姓都能参与直销。因此,我国的直销实际上是推进广大农民充分转移就业的新载体。

①调整了农村就业结构和经济结构

有一组国家统计局提供的数字:1978~2003年,农业劳动力占社会从业人员的份额从70.5%下降到49.1%,年均下降0.9个百分点。特别是1998年以来,农村劳动力进城务工就业,农业就业比重迅速下降,非农就业比重迅速上升。1998~2003年,农业劳动力从32626万人减少到31260万人,减少1366万人,年均减少273万人。1978~2004年,第一产业增加值占国内生产总值的比重由28.1%下降到15.2%;在农村三次产业增加值中,第一产业比重由84.2%下降到

33.5%，第二产业比重由14.3%上升到51.7%，第三产业比重由1.5%上升到14.9%。这组数字说明这样一个事实,农村就业结构的改变导致了经济结构的改变。我国的直销为农村就业结构改变作出了历史性的重大贡献。据不完全统计,2004年和2005年我国从事直销的人数达到3000万人之多,其中农民占85%。也就是说,农民从事直销的人数高达2500万人以上。我没有具体计算过农民进入直销对农村经济结构和我国整个经济结构变化的贡献份额是多少,但有一点我心里很清楚,这就是中国直销确实促进了调整农村就业结构和经济结构,也对整个国家的经济结构改善起到了重要作用。这个重大贡献是谁也抹杀不了的。如果大家都看到了这一点,我们就再也没有任何理由不加大我国直销业的发展了。

②农民直销就业的社会环境出现了积极变化

一是全社会的认识发生了明显改变。20世纪90年代中期,由于传销的破坏,人们对真正做直销的也不能给予正确理解。这几年随着我国直销的健康发展,特别是《直销管理条例》、《禁止传销条例》的出台和实施,人们对直销的认识有了很大改善,农民从事直销对城乡经济社会发展的贡献逐步得到社会的认可,社会各方面对农民进行直销的思想观念和态度也发生了显著变化。二是政府对农民进行直销的管理逐步规范。比如,农民进入直销首先要进行培训,然后持证才能上岗进行直销。三是人们已把直销作为一种谋生的职业。大家都已看到,现在人们都认识到直销不是非法经营,而是一种谋生的职业。所以,直销法规出台后,我国农村已有相当多的农民正在认真选择社会信誉度高、经济实力强、直销产品科技含量高的直销企业,准备把进入直销领域作为自己的一次就业机会。

③增加了农民的经济收入

农业和农村经济进入新阶段以来,受资源和市场的双重制约,农民人均纯收入增速放慢。农民来自家庭经营性收入不断减少,粮食主产区农民收入增长幅度低于全国平均水平,许多纯农户的收入持续徘徊甚至下降。许多地方的农民收入增长主要靠外出务工,劳务收入成为农民增收的主要来源。2001年,农民人均纯收入中打工收入为375.7元,占15.9%,比上年增加41.1元,对当年农民增收的贡献率为36.4%。2004年,农民人均外出务工收入398元,占农民人均纯收入的13.6%;比上年增加52元,对当年农民增收的贡献率为16.6%。2005年的情况则不同,据河南有关部门透露的消息证实,农民外出务工收入降低,对当年农民增收的贡献率不到15%。这说明,农民的务工收入有所减少。但是,农民的从事直销的经济收入比农民外出打工的经济收入要高得多。直销虽不能一夜暴富,但只要从事的是真正直销,由于经营机制和分配机制比较人性化,掌握了直销经验的农民如果全身心地去拼搏,一年的收入高的有十多万元,少的也有几万元。这就告诉我们,直销是就业的平台,只要认真按照我国的直销法规办事,农民的收入可以通过从事直销得到较大提高的。

2.3.2 直销在工业反哺农业中要发挥重要作用

在今天的中国,直销在工业反哺农业中扮演什么角色呢?我们可以用一句话加以概括：中国直销是推进工业反哺农业方针实施的催化剂。这是因为：

①**中国直销企业大多是以农业资源开发为主的生产企业，以工促农是中国直销业第一个"反哺"形式**

农业是工业的母体。综观世界经济的发展历史，不论是西方发达国家，还是发展中国家，农业这个第一产业是工业这个第二产业的母体。亦即说，没有农业产业也就没有工业产业，工业产业的产生和发展，是从农业产业的母体中孵化出来的。比如，英国在18世纪初纺织工业就十分发达，这是英国大量种植棉花的结果。棉花生产的历史功勋就在于催生了纺织工业的发展。这一事实告诉我们这样一个道理：农业产业发展到一定阶段就必然要孵化和催生出工业这个第二产业来。我国是一个农业大国。建国50多年来，我国的农业产业为工业产业的发展作出了重大贡献。一方面，我国城市工业的发展主要是以农业利润为保障的。我国政府长期以来实行工农产品剪刀差政策，使农业利润中的大量资金转移到城市工业生产中，从而确保了我国城市工业从恢复发展到整个工业经济体系的形成。另一方面，城乡居民的衣食住行以农业产业的发展作为保障。可以这样说，我国城乡居民解放后渡过的每一个困难都是得益于农业产业的持续发展，特别是农村改革的成果让城市居民都得到了分享。21世纪不同于19世纪和20世纪，我国再也不能继续实行以农业支撑工业发展的政策，工业反哺农业已到了非要实行不可的时候了。大家知道，我国的直销企业大多是以农业资源开发为主的生产企业。比如，有的直销企业以灵芝为生产原料，有的直销企业以银杏为生产原料，有的直销企业以海藻为生产原料，有的直销企业以蜂蜜为生产原料，还有的直销企业以松花粉为生产原料，等等。我国直销企业以农业资源开发为主生产健康保健产品，实际上是以工促农。这是体现我国直销业"反哺"农业的第一个表现形式。据了解，这些直销企业都设立种植基地，为当地的农业向深度发展提供了广阔的市场空间。像北京新时代健康集团生产的松花粉、大连美罗国际生产的灵芝菌丝体胶囊等，都带动了生产基地所在乡村的农业的发展。这是一个毋庸置疑的事实。

②**中国直销企业加大对农业资源开发的投资力度，以工强农是中国直销业第二个"反哺"形式**

我国以开发农副产品为主的直销企业，从本质上说是农业企业。为什么？这是因为这些直销企业离不开一个"农"字。没有农业，这些直销企业就没有生存和发展的基础。因此，我国直销企业在加大对农业资源开发的投资力度上，比一般农业企业要强得多。上海的绿谷生命集团每年对安徽、海南等地的灵芝、蘑菇生产的投资都要达到几千万元人民币。像这样的直销企业当然是少数，但从中我们可以看到，我国直销企业这几年在加大对农业资源开发的投资力度上，确实令人感到鼓舞和欣慰。从微观经济学角度看，加大对农业资源开发的投资力度，这是直销企业在寻求直销产品市场供给与需求的平衡，是企业追求经济效益和社会效益最大化的行为。但从宏观经济学角度看，其重要意义就在于：以工强农成为中国直销业"反哺"农业的第二个表现形式。

③**中国直销企业的利润一部分通过流通渠道流向农村，以工补农是中国直销业第三个"反哺"形式**

什么叫以工补农？以工补农就是将工业的一部分利润反馈给农业。我国的直销企业有没有将一部分利润反馈给农业？回答是肯定的。直销企业通过流通渠道将利润流到农村的资金是很多的。比如，在收购用于生产健康保健产品的农副产品时，或直销企业自己建立农副产品生产基地中，都通过合同的形式把农民和农村所需要的应有利润及时进行兑现。这是一种情况，另一种情况是，许多农民在直接经营直销企业的保健产品中，得到了批零差价一部分的报酬或直销法规规定的销售额的30%部分的报酬。这是一笔不小的数字，农民将这些钱除用于改善生活质量外，大部分用于农业的再生产。可见，以工补农是中国直销业对农业的第三个"反哺"形式。

2.3.3 直销要推进农村健康保健事业的发展

温家宝总理指出："到2008年，要在全国农村基本建立新型合作医疗制度和医疗救助制度。实行城市医疗卫生人员定期到农村服务的制度。"我们知道，医疗产品国家是不让进入直销领域的，那么，直销如何推进全国农村新型合作医疗制度和医疗救助制度呢？要回答这一问题，我们先看看农民健康保障的现实情况。农民健康保障不但涉及农民的身体健康，还直接影响农村社会经济的发展。因此，必须紧密结合农村经济发展水平，因地制宜探索各种类型的农民健康保障办法。目前我国各地农村的农民健康保障办法有以下类型：

第一种类型是合作医疗制度。这是符合中国国情、具有中国特色的农民医疗保障方法，对于保证农民获得基本医疗服务、落实预防保健任务、防止因病致贫都具有重要作用。合作医疗坚持民办公助、自愿、适度的原则，集体扶持，政府适当支持。合作医疗能否复苏，能否持之以恒，关键是政府和社会能否投入启动资金。山东省潍坊市农村合作医疗覆盖率高达86%，就是因为政府和社会加大了农村合作医疗基金的投入。

第二种类型是医疗保险。它适用于发达的城市化农村。这些地区农民健康保障的发展趋势应是向城镇职工基本医疗保障制度过渡。一些经济发达的农村，按纯收入的3%~4%比例上缴医疗保险金，也像城镇职工医疗保险那样确定"起付线"和"封顶线"，可满足基本医疗需要，又使医疗保险金不超支。一些少数特别富裕的农民，已引进商业保险，以满足其对更高保障水平的需要。

第三种类型是大病统筹。我国经济发达的农村，合作医疗已从低层次的保障逐步向高层次的转化。具体做法是，参保人员出资一定比例的保险基金，根据当地疾病发生情况，规定几种大病，一般医疗费用自付，属于规定大病的医药费，绝大部分由保险部门支付。

第四种类型是农民家庭保健。经济欠发达地区的农村，以家庭为单位参保，保障范围主要是妇幼保健、老年病和慢性病管理、健康教育咨询等卫生服务，受到农民群众的欢迎。

第五种类型是医疗救助。我国西部农村，即使是低水平的合作医疗也缺乏支付能力。一些地方的民政部门按农民实际纯收入核发《医疗救助证》，特困农民持证到医院看病,并免除一定比例的手术费、检查费和住院费,超过特困人群医疗救助限额部分的医疗费由民政部门按规定比例给予救济。

我们详细分析我国农民健康保障情况,目的是让大家知道这是一个"外在"型的健康保健措施。这种"外在"型的健康保健措施,虽然能有效地解决农民就医难的问题,但并没有从根本是提高我国农民的身体健康水平,因为首要的是保健,而不是就医。所以,我们还要采取"内在"型的健康保障措施。那么什么是"内在"型的健康保障措施呢?"内在"型的健康保障措施就是要把绿色健康保健产品送到农村,让农民得到强身健体的益处。俗话说得好,防病得先健身。有了健康的体魄才能不致于生病,才能不常到医院看病吃药。直销事业,严格意义上说就是健康保健事业。大连美罗国际的许多保健产品使很多年老体弱的人得到了健康,很受城乡居民的欢迎。

为了说明采取"内在"型的健康保障措施的重要性和必要性,在这里着重谈一下农民工的健康保健问题。我国农民工的健康保健状况堪忧,处于社保体系的真空地带。湖北省劳动和社会保障厅联合武汉市部分医院开展"关爱农民工"免费体检公益活动。根据对各医院免费体检结果的初步统计分析,农民工健康状况不容乐观:农民工乙肝病毒感染率达20.3%,脂肪肝占8%,肾胆结石占5%,心血管疾病占10%,其中高血压和冠心病患者居多。女性妇科感染率则更高,达到67%,其中子宫肌瘤、盆腔炎、宫颈炎的发病率较高。这些疾病的发病率均高于全国平均水平。另外,农民工患痔疮、颈、腰椎疾病的概率也比较高,占体检人数的11%之多。医学专家们分析后认为,生活条件恶劣、工作辛苦劳累是农民工得病的重要成因。这些农民工医疗保险参加率不足3%,农民工处在社保体系的真空地带。怎么办?除参加医疗保险和合作医疗等外,专家认为,通过直销把国内和国际一流的健康保健产品让他们消费,这比上医院看病花上很多钱要好得多。有人说,农民工没有钱,怎么能消费得起这些健康保健产品?这话有点片面。农民工没有多少钱,但这不等于农民工就没有权利和能力消费这些强身健体的国内、国际一流的健康保健产品。为了有一个强健的体魄,农民工是愿意舍得这部分的健康消费的。目前,我国民族直销企业生产的健康保健产品比外资直销企业生产的健康保健产品,在价格上要低得多,农民工大部分是能消费得起的。同时,一部分农民工可以用他们切身体验,带动更多的农民工享受健康保健带来的快乐。他们的身体健壮了,在外打工就更能发挥自己的聪明才智,何乐而不为呢?

由此,我们认为,我国的直销是推进农村健康保健事业发展的助推器,是对目前我国农村五种农民健康保障办法的重要和必要的补充。如果"内在"型健康保障措施和"外在"型健康保障措施能融为一体的话,那么,我们就可以对国际友人骄傲地说:"中国的农村社会是真正的健康社会。"

▼3 直销福利:中国社会保障的重要补充

这一节,我们主要讨论中国直销社会福利是对社会福利重要补充这一问题。

我们知道,中国的社会保障制度正在进一步的改革和完善之中,与先进发达国家相比,我国的社会保障还有许多工作要做。在中国社会福利事业还需要进一步加强的情况下,中国直销社会福利无疑是对中国社会保障的一个重要补充。

3.1 社会保障与社会福利的含义

要理解中国直销社会福利是对中国社会保障事业的重要补充这一观点,我们首先要搞清楚"社会保障"与"社会福利"的基本含义。

3.1.1 社会保障的基本含义

"社会保障"在当代被视为一张安全网,它的基本含义是指摆脱危险、恐惧的社会安全与自由,以及相互联系、相互依存的人们对这种安全与自由的向往。1944年《大西洋宪章》中两次使用社会保障这个概念,国际组织正式采纳"社会保障"一词见于第26届国际劳工大会发表《费城宣言》,此后才逐渐推广开来。国际劳工组织对于社会保障的界定,在内涵和外延上有一个逐步扩大的过程。它在1942年对社会保障的定义是:"通过一定的组织对这个组织的成员所面临的某种风险提供保障,为公民提供保险金,预防或治疗疾病,失业时资助并帮助其找到工作。"1989年,国际劳工局编著的《社会保障导论》对"社会保障"做出的概括是:"社会通过采取一系列的公共措施来向其成员提供保护,以便与由于疾病、生育、工伤、失业、伤残、年老和死亡等原因造成停薪或大幅度减少工资而引起的经济和社会贫困进行斗争,并提供医疗和对有子女的家庭实行补贴法。"虽然人们在使用社会保障概念时多采用社会安全的含义,而且社会保障制度实际上也反映了人们对社会经济生活安全的迫切愿望,但由于各国的政治制度、经济发展水平、社会背景、文化传统和意识形态等方面的差异,直到目前为止,世界上并不存在一个权威性的关于"社会保障"的定义。在我国,对于"社会保障"《中国民政词典》将它解释为"国家和社会依法对社会成员的基本生活予以保障的社会安全制度。"而《法学大词典》则将它定义为:"根据国家法律、法规建立的各种福利的制度"。有的学者认为社会保障是"国家和社会根据立法,对由于社会和自然等原因造成生活来源中断的社会成员给以一定的物质帮助,从而保证其依法赋予的基本生活权利,维持社会稳定的社会安全制度。"

其实我们只要对现代社会保障形成和发展的历史进行认真分析,就不难得出这样一个关于"社会保障"内涵的结论:第一,社会保障的责任主体是社会,或者是政府和国家;第二,社会保障的受益者是遭遇各种风险和困难的社会成员;第三,社会保障满足的是受益当事人基本生活的需要;第四,社会保障的目的是保障社会的安全和稳定。尽管各国由于政治制度、经济发展水平、社会背景、文化传统和意识形态等方面的差异,在建立社会保障体系的过程中有将受益人范围、受益标准扩大化(如英国、瑞典等福利国家)的现象,但"社会保障"的涵义本质没有变。

从社会保障产生和发展的历史来看，社会保障的受益人应该是限定在遭遇各种风险和困难的社会成员，如孤、寡、病、残、年老、死亡、失业及遭遇意外灾害的社会成员，也就是我们现在通常所说的弱势群体。但由于经济发展水平的不一致，各国有把受益人范围扩大化或缩小化的现象。如瑞典，儿童自出生之日起至16岁就一律享受儿童津贴，所有中小学生都可获得免费午餐、课本和文具等，而不管其父母是否有能力使自己的子女获得这些，将社会保障的受益人扩大化。而我国，保障范围覆盖面小。不仅当前的三条保障线不能全部覆盖城镇贫困范围，而且广大农村还没有建立起社会保障体系核心内容的社会保险。

至于基本生活需要，也就是我们通常所说的有饭吃、有衣穿、有房住。至于说吃什么样的饭、穿什么样的衣、住什么样的房，那就要看经济发展的状况了，这有一个相对标准问题。不过即使生活水平再高，终归也只是吃穿住的问题，而不是归属的需要和自我实现的需要。无论是发达国家，还是发展中国家，"社会保障"这个层次的受益人都应该针对的是特殊群体，满足的是基本生活需要。必须指出的是：我们通常所说的全民保障是指每一个公民都有平等享受社会保障的权利，但并不是说有了权利就一定享受权利，权利实现的前提是你遭遇到了各种风险和困难。比如说：你失业了，你就可以享受失业保险，你遭灾了，你就可以享受社会救济；但如果你没失业，没遭灾，你就不能享受相应的权利。从这里我们可以看出，社会保障实际是一种社会安全制度，通过保障社会成员的经济安全来达到保障社会稳定与安全的目的。它是一种狭义的、低层次的"社会福利"。如我国民政部门把"社会福利事业"定义为："为维护处于特殊困难之中的老年人、孤儿和残疾人的生活、教育、医疗和康复等方面基本权利而设立的，主要包括孤残儿童事业、残疾人福利事业和老年人福利事业。"而实际上，这些仅仅是一种"社会保障"。

3.1.2 社会福利的基本含义

"社会福利"是比"社会保障"范围更广、层次更高的范畴。应该说，社会福利是一项浩大的社会工程和一种复杂的社会福利制度，其中涵盖着社会保障。随着社会的进步，经济的发展，西方发达国家的社会保障制度已从扶危济困、扶贫助弱的低层次保障，发展到追求高层次社会福利的"福利国家"。这里"福利国家"一词有着较为丰富的内涵。它不仅是一种社会政策，即政府直接或间接地给全社会成员提供福利立法，而且代表着一种社会伦理原则，表明了政府对社会成员的关心。政府强调享受最低标准的文明生活是每个公民的天赋权利。社会福利（涵盖社会保障）由为少数确实贫困的人提供急需的援助，变为向社会每个成员提供预防意外损失的手段，生活的质量向更高层次的发展，除了保证每个人在任何情况下都能体面地生活外，还包括教育、健康、居民住宅和城市环境等诸多方面的内容。也就是说，这些福利不是只针对弱势群体提供，满足的也不只是最低生活层次的需要。"福利国家理论"的中心思想就是要以强大的国家财政手段（政府预算）为全体国民带来最大的社会福利。"社会福利"是"社会保障"的高级形式。

由此我们可以看出,现代"社会保障"制度是伴随着经济的发展而完善的。其初始涵义是"国家和社会依法对社会成员的基本生活予以保障的社会安全制度",以实现社会安全和稳定为目标。随着社会经济的发展,"社会保障"逐步过渡到"社会福利"阶段,是对所有公民普遍提供旨在保证一定的生活水平和尽可能提高生活质量的资金和服务的一种形式,以提高生活质量和社会服务为目标。同时社会福利的实现要以科学技术进步和经济快速发展为前提,要以强大的国家财政为后盾。

3.1.3 中国社会保障正在进一步发展中

改革开放以来,中国政府对社会保障制度进行了一系列的改革,社会保障体系建设取得了重要进展。但是,现行社会保障制度还很不完善,具体表现在:人口老龄化问题;保障范围覆盖不全问题;农村社会保障亟待发展问题;下岗失业人员的社会保障水平还比较低,等等。因此建立健全同经济发展水平相适应的社会保障体系,是完善社会主义市场经济体制目标的重要任务,是社会稳定和国家长治久安的重要保证。

根据我国现有的经济发展水平,鉴于我国目前的财力情况,我们的社会保障还只能以社会安全和社会稳定为目标,只能满足遭遇各种风险和困难的社会成员的基本生活需要,不能盲目追求"社会福利"目标。要努力改善因制度的不合理而造成有的群体在享受"社会福利",而有的群体连基本的"社会保障"都享受不到的局面。认识到这一点,我们才能认识到在安排财政资金中的社会保障支出时,必须认真清理支出项目,严格控制支出标准和范围。国务院应统一部署和确定合理的保障水平和方式。诸如一次性支付失业保险金、提前退休等不规范行为应得到遏制,并在适当时机逐步提高退休年龄。调整城镇企业与机关、事业单位的社会保障待遇水平,稳步推进农村社会保障。认真分析东、中、西部地区之间及其内部的财力差异,资金分配重点向财政确有困难的地区倾斜,保证其社会保障的基本支出。同时多方筹措资金,如开征利息税、消费税、遗产税等筹集社会保障资金,从而为形成一个稳定的、可持续发展、可信赖的社会保障体系打下经济基础。

3.2 社会福利与社会保障关系辨析及其政策内涵

社会福利与社会保障是社会科学和社会政策中最基础与最核心的两个"战略性"概念,欧美国家社会科学界对其内涵外延和相互关系的理解已形成某种国际通则。目前,中国学术界与公众对它们的理解与国际惯例截然相反。在全球化福利处境下,中国社会的建构有可能影响中国社会福利政策发展与制度创新,影响经济体制改革进程和社会发展质量。社会福利与社会保障概念的澄清、界定与争论并非是无谓的概念之争,而是直接关系中国社会福利制度安排特征与政策模式,反映主流社会价值取向与社会经济发展阶段,说明社会成员的生活质量与社会现代化程度,体现国家社会发展的战略取向与基本国策。

3.2.1 社会福利与社会保障之间的关系

社会保障与社会福利概念内涵、外延存在诸多相同之处。社会福利和社会保障在概念、制度与服务实践层面存在千丝万缕的联系和相似之处,二者相互交织和相互作用范围广泛,相互依赖程度较高,这是难以区分二者的客观因素。概括而言,社会保障与社会福利存有如下一些相同之处:①它们均具有多种多样的丰富内涵,二者都是社会政策与社会福利理论的核心概念;②社会福利与社会保障既是一种政府行为,一种价值观念,一个核心概念和一个学术领域,又是一种制度安排,一种社会政策和社会服务;③社会福利与社会保障概念和制度都是不断发展变化的,二者的互动关系也是不断发展变化的,而且在不同社会文化处境下有所不同;④社会福利与社会保障都是满足人类需要的制度性安排;⑤从广义角度看,社会福利与社会保障制度都是为了改善人类生活质量,提高社会成员的福利水平。虽然社会福利、社会保障概念与制度之间存在诸多相同之处,但是二者几乎在所有层面中均存在重大和根本性差异之处,而且这些差异之处已获得国际学术界的广泛认同,成为举世公认的学术传统。

①从产生时代和发展阶段看,社会保障制度是工业化、都市化和现代社会的必然产物

综观世界各国社会保障历史发展,无论是作为概念,还是作为一种社会制度,社会保障历史都不算长,是现代社会特有现象与制度性安排。社会保障是个"历史性问题",是社会现代化的产物(国际劳工组织,1989)。更为重要的是,社会保障"历史性问题"的性质意味在经济发展和社会发展达到一定阶段时,社会保障问题重要性将大为下降。英国社会政策大师马歇尔认为,英国 1970 年时以消除贫困为主要目标和主要服务最低社会经济层次人群的社会保障已退居次要地位,而关注所有人、而不单单是穷人和低下阶层福利状况的社会福利则处于主导地位。与此对应,社会福利不是"历史性问题",而是人类社会永远追求的美好理想,是贯穿人类社会发展进程的永恒主题。更为重要的是,与社会保障发展趋势截然相反,社会福利将随社会经济发展水平提高而在社会生活中扮演越来越会保障同工业化和都市化发展密切相关的,是人类社会改善生活状况和提高福利水平历史长河中的早期和短暂阶段,这是具有普及性意义的历史发展规律。社会福利则是与人类社会发展休戚与共的永恒主题,是现代社会生活方式的核心组成部分,是测量社会经济发展水平和社会文明程度的主要指标。

②从兴办动机与发展动力源泉角度看,世界各国建立社会保障制度的直接动机是对经济问题及其衍生社会问题的被动回应,间接动因是为人口社会再生产,维护社会秩序和确保必要的社会整合

从美国的状况看,对就业机会和挣工资者的保护;提供退休津贴;社会服务项目的扩展;联邦政府对依赖人群的支持。四个方面的关注或动机导致美国 1935 年的社会保障立法(Beoek,1966)。与此相反,人类从事社会福利动机与目的多种多样,涉及政治、经济、社会、宗教和意识形态诸多因素影响,兴办动机与推动力量远比社会保障复杂多样。概括来说,人类从事社会福利动机主要有:互助;宗教感召和宗教福利活动;为政治上优势和获得权力;经济动机和社会问题的社会成本考虑。社会福利是不可或缺和积极的社会投资;意识形态动机与因素影响。效率与公平,个人主义和集体主义,平等和公平是对社会福利发展影响较大的价值观念(Macarov,1995)。简言之,各国建立社会保障主要动机和动力是对就业及其相关经济保障问题的关注,政府从事社会保障动机远比社会福利简单、直接和明了。人们兴办社会福利动机远比社会保障复杂多样,涉及政治经济、社会文化和意识形态等多种因素影响。社会福利发展动因和推动力量多元化导致社会福利政治色彩浓厚,充满争议与价值判断。

③从政策目标和制度目的角度看,社会保障制度核心目标是,通过收入保障方式满足弱势社群和劣势群体的基本需要,恢复他们的社会功能,提高他们的综合素质和社会竞争力来维持现存社会秩序,保证社会正常化运转

与此对应,社会福利制度目标体系复杂多样,总体目标与具体目标互为一体。社会福利政策总目标是通过各种方法(包括收入保障、实物救济和服务提供)提高所有社会成员的福祉。社会福利制度具体目标多种多样,而且随社会经济发展状况有所不同。美国学者认为,社会福利制度目标由社会稳定、充分就业、经济发展和消除贫困四部分组成(Mencher,1974)。英国社会政策大师马歇尔认为,社会福利政策目标是消除贫困、福利最大化和追求平等,而且三个目标之间相互融合(Marshall,1975)。简言之,社会保障制度目标是通过收入保障服务满足弱势社群的基本需要,进而达致维持现存社会秩序目的。社会福利制度目标体系与层次结构远比社会保障丰富复杂,覆盖人类生活方方面面。消除贫困,福利最大化和追求平等是社会福利的主要目标。

④从服务范围和服务内容看,社会保障主要是收入保障与实物救助,经济保障色彩浓厚

依据国际劳工组织界定,社会保障服务内容主要由社会救助、社会保险、由国家财政收入资助的津贴、家庭津贴、储蓄基金,还有雇主规定的补充条款和环绕社会保障发展的各种补充方案七部分组成(国际劳工组织,1989)。这些服务的共同特征是侧重就业者及其家庭成员的收入保障和实物救助。与此对应,社会福利不仅范围广泛,覆盖个人生活需要所有领域,而且世界各国福利范围与内容普遍随社会经济发展水平提高而不断扩大(Gilbert,Specht & Terrell,1993)。英国学者认为,社会福利范围由社会保障、个人社会服务、健康服务、教育、就业服务和住房六部分组成(Hill,1980)。社会保障只是社会福利制度的基础性组成部分。更为重要的是,社会福利内容与范围随社会经济发展水平提高和福利观念变化而不断扩大,这种状况典型反映在英国社会福利历史发展状况中。二次世界大战前,英国社会福利主要局限于满足工人阶级的需要,而且这也被认为是社会福利的适当范围。二次世界大战后,社会福利扩大到所有社会成员,这主要体现在全民健康服务,全民保险计划和初中教育上,以致有些人认为现在社会福利主要受益者是中产阶级,而非低下社会阶层(Robson,1976)。这种状况并非英国特有的现象,而是欧美发达国家的普遍性现象。简言之,世界各国社会保障范围比较清楚固定和有限,社会保障服务内容集中在经济保障。但是社会福利范围与内容则随社会经济发展日益增多,不断扩大和动态发展,范围与内容包括经济保障、社会

投资和社会环境。

⑤从服务对象角度看,社会保障服务对象主要是由弱势社群和社会劳动者两部分人组成

弱势群体主要是"值得帮助"的无劳动能力者,社会劳动者主要是社会保险对象,他们主要是劳动市场就业者及其家庭成员,以及处于需要状况的家庭(ISSA,1993)。总体来说,社会保障对象一般包括全体劳动人口或是与劳动人口有关的依赖人口(美国社会保障署,1989)。与此同时,社会福利对象理论上是全体社会成员。这意味社会福利对象不仅包括弱势社群和依赖人群,而且包括普通社会成员和所有处于需要中的人与人群(Robson,1976)。在现实社会处境下,社会福利对象不仅有公民权资格限制,而且还受到社会福利资源多寡和优先次序的影响(Marshall,1992)。简言之,社会保障对象主要由弱势群体和社会劳动人口组成。社会福利对象则比社会保障对象广泛得多。社会福利理论上包括所有社会成员。

⑥从服务方式和服务形式角度看,社会保障主要是以现金保障和实物救济为主,服务保障居于次要地位

一般来说,社会保障服务方式与形式主要是收入保障为主,服务形式的社会保护为辅(美国社会保障总署,1989)。与此同时,欧美国家福利服务方式和形式分为三大类型:一是提供经济保障,二是提供实物救助,三是提供社会服务(Macarov,1995)。社会福利方法主要以社会服务为主,经济保障和实物补助为辅。在欧美国家中,伴随社会经济发展水平提高和人民生活质量改善,"软性的"社会服务在需要满足和社会生活中扮演越来越重要角色。社会、心理和文化性因素在需要满足中发挥越来越大的作用,"硬性的"现金收入保障作用在基本生活需要满足以后反而有所下降(Kahn,1979)。简言之,社会保障服务方式是以"物质的"收入保障和实物补助为主,"软性的"服务居于次要地位。在社会福利之中,社会服务和精神心理健康服务等非物质因素与方法发挥越来越大的作用,经济保障和物质救助只扮演基础性角色,社会服务与非物质福利的服务方式越来越重要。

⑦从资金来源与资源构成看,社会保障资金来源是国家财政提供为主,雇主和雇员供款为辅,资源来源相对比较明确和固定

一般来说,社会救助资金来源主要是国家财政收入。社会保险资金来源主要是雇主、工人和国家三方负担的(国际劳工组织,1989)。与此同时,社会福利资金来源以国家财政提供为主导,个人、家庭、社区、雇主和就业场所、志愿机构、宗教团体,以及市场(私人商业机构)多方面提供,呈现多元化特色(Spicker,1995)。更为重要的是,因为社会福利内涵外延丰富多彩,既涉及政治经济因素,又包括社会文化传统,既牵涉物质福祉,又关系心理福祉,既涵盖社会环境,又包括机会、选择、权利和社会平等状况,所以社会福利资源远远超出资金的范围,扩大到各式各样的非货币资源与收入,例如关爱的态度与价值观念,和谐有序的社会环境,相互支持的社会网络关系和温馨美满的家庭生活(Flemmming,1978)。简言之,社会保障服务资金筹措渠道相对固定和明确,社会保障资源构成是相对单一和专门化。社会福利不仅资金来源和筹措渠道异常多元化,而且社会福利资源来源与构成极为多样化,远远超越单纯货币资源的范围。国家、市场、家庭和社区在

需要满足中共同发挥作用。

⑧从服务功能与服务性质角度看，社会保障特别是社会救济制度主要发挥社会治疗、强化工作伦理和社会控制的作用

更为重要的是，社会救助、社会治疗和社会控制导致接受救济之人具有浓厚的耻辱感。社会保险制度既有社会互助功能，又有预防社会风险的功能。从服务性质角度看，社会保障特别是社会救济主要是消极治疗和事后补救性质。与此对应，社会福利基本功能是确保人们有效发挥功能，降低社会不平等，提高社会成员生活质量，营造机会平等的社会环境，促进人的最大化发展和发掘人的潜能，促进经济发展和提高社会质量。简言之，社会保障服务主要功能是社会控制和强化工作伦理，性质是消极治疗和事后补救。社会福利功能不是消极的社会开支，而是社会投资与预防社会风险的制度性机制。这意味社会福利不是经济增长负担，而是经济增长的社会前提和社会基础设施。

3.2.2 社会保障：和谐社会的重中之重

构建社会主义和谐社会，是中国从全面建设小康社会、开创中国特色社会主义事业新局面的全局出发提出的一项重大任务。和谐社会的核心是人与人的和谐、人与社会的和谐，前提是维护和实现社会公平与正义、促使经济社会协调发展，让全体人民共享经济社会发展成果，从而形成一个全体人民各尽其能、各得其所而又和谐相处的社会。社会保障是国家依法建立并由政府主导的各种具有经济福利性的社会化国民生活保障系统的统称。构建社会主义和谐社会，离不开健全、完备的社会保障制度。

①社会保障的独特功能决定了它是社会主义和谐社会的重要内容

在中国，社会保障不仅包括各种社会保险、社会救助、社会福利等基本制度，而且包括教育福利、住房福利以及各种补充性保障措施。作为超越家庭与单位的生活保障机制，社会保障与家庭成员之间的相互保障和单位提供的职业福利形成相互支持的关系。而且，社会愈是发展，人们的生产方式与生活方式愈是社会化，家庭保障的功能就会愈弱，人们就愈是依靠社会保障来化解生活风险，并使生活质量得到改善和提高。作为国家干预收入分配和协调经济社会发展的重要工具与手段，社会保障具有缩小贫富差距、化解社会矛盾、创造并维护社会公平、实现共享发展成果等多方面的功能。例如，现代社会保障体系中的社会救助系统，以国家财政为经济后盾，通过对低收入群体或者困难群体、灾民等的援助，不仅可以帮助困难群体解除生存危机，而且还起到了维护人权和缩小贫富差距的作用；现代社会保障体系中的社会保险系统，以单位或雇主与劳动者个人缴费加政府补助形成的社会保险基金为经济基础，通过各项社会保险待遇的给付，不仅可以有效解除劳动者在养老、疾病医疗、职业伤害、失业、生育等方面的后顾之忧，而且起着平衡劳资关系、防止与减少贫困、增进劳动者福利的作用；现代社会保障体系中的社会福利系统，包括老年人福利、残疾人福利、妇女福利、儿童福利以及教育福利、住房福利等，通过政府、社会的投入，提供丰富多样的社会服务，使全体社会成员能够分享经济社会发展的成果，并在这种成果分享中获得更多

更好的发展机会;现代社会保障体系中的补充保障系统,包括企业年金、补充医疗保险、互助保障、慈善事业等,通过广泛动员社会资源,从不同方面直接润滑社会关系,促进社会和谐,增进国民福利。可见,社会保障与社会和谐存在着一种正相关关系。就像市场机制天然地追求效率一样,社会保障天然地追求社会公平。社会保障的出发点,就是为了化解人们现实生活中的风险与矛盾,它满足着人的生活保障与发展需要,维系着市场经济条件下社会竞争的起点公平,维护着发展中的过程公平,致力于实现人的全面发展和促进社会文明进步。社会保障对社会公平与正义的追求,以及通过相应的制度安排来实现国民共享经济社会发展成果,符合并体现了和谐社会的核心价值取向。因此,构建社会主义和谐社会离不开社会保障制度的保障与维系作用,社会保障制度是社会主义和谐社会的重要内容。

②健全和完善社会保障制度是构建社会主义和谐社会的必然要求

社会保障与社会和谐的正相关关系,决定了我们在构建社会主义和谐社会的过程中必须高度重视社会保障制度建设,通过健全和完善社会保障制度来化解现实生活中的问题和矛盾。

改革开放以来,我国国民经济持续快速发展,城乡居民的收入水平与生活水平大幅度提升,社会主义物质文明、政治文明、精神文明建设取得了巨大成就。然而,现实生活中也存在着一些值得重视的社会问题,如贫富差距偏大、劳动关系失衡、流动人口(主要是农民工)权益得不到有效维护,以及城乡差距与地区发展差距拉大、不同社会群体存在一定利益矛盾等。这些问题均与社会保障制度的不健全、不完备直接相关。

自上个世纪80年代中期我国开始社会保障制度改革以来,社会保障制度已由计划经济条件下的国家负责、单位包办、封闭运行的制度安排,转向社会主义市场经济条件下的责任共担、社会化的保障体制。然而,我国社会保障制度尚处于转型过程之中,由于体系的不完善、制度的不健全,尚未全面地发挥出其缩小差距、化解矛盾、促进社会公平和实现共享发展成果的功能作用。这种状况显然不适应构建社会主义和谐社会的需要。在缩小贫富差距方面,主要是困难群体得不到有效援助,城市居民最低生活保障制度因保障功能仅限于食物保障而无法缓解贫困家庭的其他生活困难,乡村贫困人口缺乏制度化的生活保障机制,从而难以使贫富差距偏大的局面得到扭转。在协调劳动关系方面,主要是对劳动者的权益保护不够,如一些企业或雇主不仅不为劳动者提供必要的劳动保护与职业福利,甚至也不参加法定的社会保险。据统计,截至2004年年底,在7.5亿多就业劳动者中,只有1.2亿多人参加了基本养老保险;在1.4亿老年人中,只有4100多万人享有退休养老金;在5.4亿多城镇人口中,只有1.2亿多人参加了基本医疗保险;参加工伤保险的劳动者还不到7000万人。这些数据表明,我国社会保险制度的覆盖面仍然很窄。这种状况不仅不利于按照公平的原则来调节劳动关系,而且还可能加剧劳资矛盾。此外,城乡之间差距的持续扩大,与国家教育福利、卫生福利及其他社会保障资源长期向城镇居民倾斜直接相关。现阶段经济社会发展的不协调,与老年人、残疾人和妇女儿童福利事业以及公共卫生事业等的发展滞后直接相关。因此,构建社会主义和谐社会的过程,同时也应是健全和完善社会保障制度的过程。健全和完善社会保障制度是促进社会和谐、构建社会主义和谐社会的必然要求。

③通过加快改革步伐来建立健全社会保障制度

基于构建社会主义和谐社会对社会保障制度的客观要求，针对我国社会保障体系不完备、保障不足和发展滞后的现实，现阶段特别需要加快建立健全社会保障体系的步伐。除了加快社会保障立法、努力提高现行制度的有效性，还应从以下几个方面来推进社会保障制度的建立与完善。

澄清思想认识误区。一是既不能把建立健全社会保障制度看成是劫富济贫，也不能将它视为新的平均主义与大锅饭。社会保障制度的目标是维护社会公平与正义和实现全体社会成员共享发展成果，进而促进社会和谐发展与社会文明进步，以更好地实现经济社会的持续快速协调健康发展。二是不能把市场经济领域的效率原则简单地搬入社会保障领域。社会保障制度固有的功能是追求社会公平与社会和谐，并在公平与和谐中实现持续发展，因此，应当防止社会保障领域不合理的市场化取向损害这一制度正常功能的发挥。三是既不能将社会保障视为城镇居民的专利而排斥农民工与农村居民，也不能不顾我国的具体国情而在短期内追求大一统的社会保障，而是应当根据公平、共享的原则，通过多元化、多层次的制度安排，逐步向统一的社会保障体系迈进。

弥补社会保障制度的缺漏，高度重视对困难群体的综合援助。和谐社会要求的是没有漏洞的社会保障制度，因为任何漏洞都意味着没有保障的社会成员可能遭遇生活危机。社会保障制度在现阶段可以是低水平的，但应当是没有漏洞的，即任何社会成员都应当可以避免因生活困难而陷入绝望的境地。同时，对困难群体的保障应当得到优先考虑，推动困难救助从现行分割的各种贫困救助政策向综合型的城乡一体化的社会救助机制转变，并通过相应的扶助机制来帮助困难群体从贫困中走出来。促使贫困人口脱贫，应成为现阶段社会保障制度追求的重要目标。

扩大社会保险的覆盖面，真正解除全体劳动者在年老、疾病、工伤、失业等方面的后顾之忧。在这方面，我国目前还无法建立全国高度统一的社会保险制度。可以通过多元化的制度安排，逐步向一元化的制度迈进。当务之急是实现基本养老保险制度的全国统一，同时完善其他社会保险制度。

构建覆盖全民的多元化的医疗保障体系，解决城乡居民医疗保障问题。其中尤其需要高度重视乡村与社区为主体的基层公共卫生体系建设。在开放医疗服务的同时，应推进各种医疗保障制度的快速发展，包括完善面向城镇职工的基本医疗保险制度，快速推进农村新型合作医疗，重新构建面向城镇职工家属及其他社会群体的医疗保障机制。

逐步推进社会福利事业的发展。在国家财力持续增强的条件下，通过加大财政投入、调动社会资源，促进包括老年人福利、残疾人福利、妇女儿童福利以及教育福利事业的快速发展。如推进政府办的福利设施社会化、支持单位福利社会化、扶持民办福利事业发展等，均可以满足不同社会群体的福利增长需求，进而更好地维护社会公平与正义，实现共享发展成果。

积极促进慈善公益事业的发展。慈善公益事业在许多国家不仅弥补着各种正式社会保障制度安排的缺漏,同时还具备软性的调和社会矛盾和社会冲突、进而提升公众社会责任与社会公德的功能,扮演着积极促进互助友爱、提升文明道德的角色。因此,无论是从完善我国多层次社会保障体系的角度,还是从构建和谐社会的角度,都需要大力发展慈善公益事业,并通过慈善公益事业来促使物质文明与精神文明有机结合,进而塑造与和谐社会相适应的积极向上的道德标准。

3.2.3 中国社会保障的政策选择

社会保障与社会福利概念的中国版理解事关重大,不仅直接反映中国社会福利现实,而且影响中国社会福利制度创新与中国社会发展质量。目前中国社会福利制度安排的制度性特征和福利政策模式,反映政治精英、社会精英和普通民众追求"社会保障"而非"社会福利"的主流价值观念,也反映中国社会目前社会经济发展状况处于社会主义初级阶段,人民生活总体上处于由温饱向小康过渡的状况。如果从中国是个发展中国家,目前社会经济发展水平不高,国家满足人民需要的能力尚有待提高,因而将社会福利制度建设重点和优先领域放在社会保障领域,因而特别强调社会保障,这是完全可以理解的,而且也完全符合现阶段中国社会的国情民意。但是,长远来看,如果按照社会保障包含社会福利的理解来进行制度设计与发展规划的话,这非常不利于中国社会福利制度建设的整体利益和长远发展,容易使人产生本末倒置和关系不顺的感觉,而且极为容易使人们误入歧途,无法正确地选择未来的发展方向。更为重要的是,这不仅不利于我们准确科学地观察社会福利现实和理解社会福利议题,妨碍中国社会福利制度创新,而且妨碍我们与国际学术界的平等对话,妨碍我们与世界社会工作者的交流合作。在中国已经进入WTO背景下,特别是党的十六大明确提出"全面建设小康社会",努力改善人民生活状况和提高生活质量的处境下,中国社会政策优先领域与工作重点应尽快由社会保障向社会福利位移,并且在社会福利政策领域中同国际惯例尽快接轨,已成为摆在中国政府当前一项刻不容缓的工作。

中国的社会保障政策仍在选择之中。中国社会保障改革经历了从自发改革到自觉改革、从自下而上改革到自上而下改革、从单项改革到全面改革的历程。其中第一阶段(1986~1993)是为国有企业改革配套服务;第二阶段(1993~1997)将社会保障视为市场经济体系的一个支柱,新旧社会保障政策并存但此消彼长,体现了明显的效率取向;第三阶段(1998年以来)将社会保障逐渐作为一项基本的社会制度加以建设,但新制度并未最终确立。由于价值取向与建制理念在总体上是不清晰甚至是紊乱的,社会保障政策的价值取向与经济政策的价值取向也日益混为一体;同时新制度的建制理念亦长期未能找到准确的定位,从而导致了中国社会保障改革至今仍无法定型。

中国现阶段社会保障制度建设中的主要问题:一是主体各方责任划分不清,历史责任与现实责任,国家责任、企业责任与个人责任,政府责任与社会或民间责任,中央政府责任与地方政府责任模糊化;二是社会保障法制化建设滞后,政策主导仍未上升到法制主导;三是新制度的体系残缺,相当多的社会成员被遗漏在社会保障安全网之外,即使是被新制度覆盖的居民,亦存在着社会保障需求无法得到基本满足的问题;四是新制度的有效性不高,新制度在实践中的不平等性已经且仍然在损害着这种制度维护公平竞争的效能,从而使社会保障资源的利用效率达不到最大化。

在新制度的继续调整中,要考虑下述因素:在整个社会保障制度方面,价值取向与建制理念还需要再确定;基本养老保险方面,统账结合模式的实践表明了世界银行的三支柱方案并不完全适用于中国,这一制度还需要修订甚至是重大的变革;医疗保险中个人账户实际作用不大,而统筹基金到底解决什么问题还有疑问,这一制度应追求的目标是费用控制还是国民健康还需检讨;失业保险是继续单纯的保险制度安排还是向促进就业方向转变,仍需再探讨;贫困救济是只要最低生活保障还是建立综合援助制度,也是要深思的问题;住房保障坚持自有化、私有化的单一目标还是构建多层次住房福利体系?这些都需要在检视中进行再选择。这些都表明中国的社会保障政策仍在选择之中。

中国社会保障政策新选择应处理好短、中、长期目标的关系。由于中国人口多、城乡与地区差距大等国情的特殊性,以及经济结构调整与制度变革的特殊性,在研究发展目标时,应当避免陷入认识误区和可能导致不良后果的政策取向。如借鉴国外经验不等于与国际惯例接轨,利用民间力量和市场机制不等于走私有化道路,维护经济发展不等于只服从于经济增长,强调个人责任不等于政府可以推脱自己的责任,城乡分割不等于不需要考虑农村户口居民的社会保障问题等。中国社会保障发展的近期目标,可以是多层次的、多元化的制度安排,但应当尽快消除这一制度的残缺与漏洞,使城乡居民在遭遇困境时免于绝望。中长期发展目标则是建设统一规范完善的社会保障体系,不断增进国民福利,促进社会公平,并在维护经济社会的持续发展中实现自身的持续发展。

3.3 直销社会福利是对中国社会保障的重要补充

中国直销所释放出的社会福利,实际上是对中国社会保障的一个十分重要的补充。这一重要补充,充分体现了中国直销福利溢出效应的独特性。

3.3.1 纠正社会保障的理论误区

社会保障的发展大致有50多年的历史,但是在确定相关定义方面却因为学者的不同文化背景,学术方向的不同导致其理解有很大的差异性。又因为社会保障的涉及面相当的宽广,所以导致了在其相关理论知识方面的误解。中国直销产生社会福利的实践,起到了纠正社会保障理论误区的作用。

①关于社会保障与社会保险、社会救济、社会福利四者关系的认识问题

社会保障、社会保险、社会救济、社会福利这四个方面,目前在概念上存在着混淆问题,如有的将社会保障、社会保险相混淆,也有的将社会保障、社会福利相混淆;有的将社会保险和社会救济相混淆,还有的将社会保险、社会福利相混淆。由于对其内涵和外延不清,误认为它们相互之间可以互相替代,这种认识往往会导致政策失误。从中国直销的实践看,社会保险、社会救济和社会福利都是社

保障的一个组成部分,它们之间既有联系又有区别。

根据国家立法规定:社会保障是国家依法采取强制手段对国民收入进行再分配,建立防范国民经济风险的保障制度的统称,具有维护社会稳定、保持社会公正、促进社会进步等方面的重要作用。我国的社会保障体系包括社会保险、社会救济、社会福利、优抚安置和社会互助等诸方面。社会保险是社会保障的主体,但不是社会保障的全部。对劳动者及其亲属因劳动者年老、疾病、工伤、失业、生育等风险引起经济损失时,给予参保人及其受益人经济补偿和帮助。社会保险面向参保群体,是以维持其基本生活需求的保障制度。按保障层次划分,它是保障参保群体的温饱线。社会救济是社会保障的一部分,是对社会特殊困难群体提供物质支持和扶助的保障制度。社会救济面向贫困人口和临时遇到困难人口,是以保障生存水平为目标的最低生活保障制度。按保障层次划分,它是保障困难群体的生存线。社会福利是社会保障的一部分,是为国民提供生活和服务保障,不断改善和提高人民物质和精神生活水平。社会福利分为国家福利、地方福利、单位福利、社区福利和社团福利等,涉及教育、住房、公共卫生、环境、文体娱乐等方面。社会福利面向全社会成员,是以提高保障水平为目标的保障制度。按保障层次划分,它是社会成员的享受线。直销作为一种新型的营销模式,它的"新"就在于团队运作的凝聚性、分配方式的独特性、文化理念的先进性,因此,只要按照我国直销法规进行直销,就可以通过诚实劳动、依法经营,把需要社会保险、社会救济、社会福利的人员在直销中获得比一般行业高的经济收入,基本解决了社会保障问题。可见,社会保险、社会救济、社会福利的保障条件、范围、目标、水平是有差异的,不可相互替代,但都是属于社会保障的范畴。

②关于政府、企业、市场、社会四者关系的处理问题

社会保险、社会救济、社会福利同是社会保障体系中的一部分,但处于不同的保障层次;政府、企业、市场、社会都要为社会保障承担责任,但管理服务的范畴不同,程度不同,发展空间不同。如果相互替代,会造成或政府职能偏离,或保险范围偏离,或社会救济性质偏离,或福利水平偏离,一定要把握好它们的内涵和外延。中国的直销实践,很好地处理了政府、企业、市场、社会四者的关系,使社会保障得到很好的落实。一是政府的职责是建章立制、政策扶持、管理监督和公共服务,给直销企业、社会、市场留有发展空间。二是直销企业通过发展生产,多向国家缴税,并积极参与社会公益事业,在发展我国社会保障事业中发挥重要作用。三是直销员通过诚实、依法直销,一方面解决了自己的生活保障问题,另一方面为社会保障事业多作贡献。

③关于社会保障的基本目标定位关系的统一问题

社会保障的基本目标包括社会、经济、政治和文化等四个方面目标,它们之间的关系是辨证的对立统一的关系。当我们制定政策时,如果强调一个目标而忽略了另一个目标,就会造成顾此失彼,使政策出现偏差。如强调社会公平而影响了经济效率,强调经济发展而影响社会稳定,强调短期群体利益而影响长远的社会经济持续发展,强调市场体制而忽视了我国文化传统。在这方面,中国直销的实践使包括社会、经济、政治和文化在内的社会保障的基本目标,得到了辩证的统一。比如,天狮集团的迅速发展,在很大程度上促进了当地的社会保障事业,为

当地的社会稳定、经济发展、文化传承发挥了十分重要的作用。

④关于社会保障的效率、平等、公正关系的平衡问题

在社会保障理论研究中,一直存在有不同观点,主要分为效率观点和公平观点两大派系。持效率观点的学者认为,社会保障体系应是廉价、高效、灵活、多样。其理由是:由于国家财力有限,统一的社会保障体系条件不成熟;社会保障要限制在一定水平,否则将加大劳动力成本,提高劳动力价格,无助于国企改革,有损我国国际竞争力;社会保障基金积累越多,基金被挪用、侵占的风险越大。主张压缩现有社会保障的规模、程度和水平。持平等观点的学者认为,社会保障不能实行"义务—权利"对等原则,对所有公民"一视同仁",建立统一的社会保障标准,征收社会保障税,在严格审查个人收入的前提下,将社会保障金发放给无力支付标准生活费的个人。主张坚持平等观点,使所有社会成员都能享受同等的低保障水平。中国直销的实践告诉我们,在现代社会多元主体、多种利益和多元价值的情况下,实现社会公正是最佳选择。社会公正既不等同于经济意义上的公平,又不等同于政治意义上的平等。我们在第3章"中国直销市场"、第7章"中国直销的博弈与策略决策"、第9章"中国直销企业与中国家庭的经济行为"等中的有关论述,昭示这样一个道理:没有效率,就失去了社会保障的经济基础;而没有公平,市场经济则无法有序进行。因此,直销中致富群体对稀缺资源和机会的占有比其他群体多,除应回报社会外,理应对弱者、贫者予以补偿,体现社会公正的意义。

3.3.2 中国直销在一定程度上缓解了社会保障面临的困境

社会保障的发展离不开实践,但是由于社会保障的涉及面较广,而且受社会分层,城乡分化的因素,导致了社会保障的实践面临的极大的困境,主要有以下因素:一是现行社会保障基金支付水平与经济发展水平不协调。人口老龄化进程加快,产业结构调整,离退休人员和城镇登记失业与下岗职工数量剧增,带来全国福利保险费总额剧增。二是财政拨款增加,但企业负担没有减轻。财政负担和企业负担在加大,保险基金的管理难度也加大,难以实现企业的公平竞争和劳动力的自由流动。目前维持较高的养老保险缴费率,仍收不抵支,年度财政赤字增长,养老保险基金个人账户"空帐"运行,"部分积累"没有实现。现存入银行与购买国债的社会保险基金回报率很低,保值增值困难。如果投资回报率长期低于工资增长率和通货膨胀率,保险基金积累将无法保值。失业保险的低费率难以满足失业保障需求,"十一五"期间就业压力继续加大,但提高费率,企业和个人都难以承受。三是现行社会保障制度存在非公平性与非法制化现象。社会保障覆盖面较窄,城市覆盖了部分人口且不断增容,农村社会保障几乎没有。由于农村养老受土地制度、土地数量及土地收入的限制,农民难以单纯依靠土地来实行保障。上述三个方面的困境,中国直销可以在一定程度上为之缓解。首先,中国直销可以扩大就业,这就为离退休人员和城镇登记失业与下岗职工提供了再就业的机会,减少了国家福利保险费用的支出。其次,直销解决了下岗职工的第二次就业,

这样就使有关企业减轻了较高养老保险金继续维持的困难,使企业把较多的资金用于发展再生产。第三,解决了农村人员的社会保障问题。农民是直销的主力军。通过参与直销,农民的经济收入将会得到较大提高,这样就彻底改变了农民依赖土地保障的局面。

3.3.3 中国直销对完善我国的社会保障制度的启迪

为了合理,有效的完善社会保障制度,我们必须在社会保障方面做出有创新性的建设和改革。这方面,中国直销发展的实践给了我们诸多的启迪。

①发展是根本

养老保障的思路是明确政府、企业和个人的责任,把基本养老金和最低生活保障线统一,最低生活保障线确定在生存线,企业年金可以达到温饱线,个人储蓄可以达到享受线,切实体现三根支柱的作用。要做到这一点,发展是根本的保证。随着直销业的发展和直销人员的收入增加,养老保障三根支柱的作用就会日益明显地发挥。据调查,东北农民参加直销的收入比没有参加直销农民的收入要高出50%多,这样,参加直销的农民就解决了最低生活保障线的问题。

②实行社会保障新计划

按目前我国制度规定的费率,我国社会保险五大险种的企业负担费率为29.8%,其中养老保险费率为职工工资总额的20%,有的地方规定的费率还要高,造成劳动力成本高,削弱了企业竞争力。下岗职工个人续保要缴纳个人加企业负担部分,仅养老保险一项达28%,难以继续参保。即使是维持目前较高的社会保险缴费率,社会保险基金仍入不敷出。因此,必须实行社会保障新计划。直销的机制为实行社会保障新计划提供了思路。直销的分配机制已经考虑了社会保障的内容。直销30%的分配比率显示,社会保障新计划应以降低缴费率和工资替代率为主,这样的社会保障新计划对企业和个人都是有利的。

③弘扬传统文化

随着人口老龄化、高龄化问题日益突出,护理保险也相继在人口老年型国家提到议事日程,并列入社会保险范畴。我国高龄老人,尤其是高龄老年妇女的护理问题越来越引起社会关注,需要尽快制定政策。直销文化是对传统文化的弘扬,尊老爱幼是中华民族的美德,这也是中国直销文化的重要组成部分。为解决社会保障基金不足问题,我们应鼓励子女积极赡养老人,拿出一部分赡养金作为社会保障基金的重要补充。

第14章 整合营销:中国直销的革命性

随着社会主义市场经济的不断深入发展,中国的传统营销越来越不能适应经济快速发展的需要。中国政府要采取刺激消费、进一步激活国内需求市场,就必须采取鼓励营销改革的政策。相对于传统营销来说,整合营销意味着营销观念的改变,意味着通过满足消费者的需求而增加销售。中国直销,实际上就是一种整合营销。整合营销,这是中国直销革命性之所在。在这一章,我们将对这一观点进行认真讨论和研究。

▼1 整合营销的概念、关键及传播

在这一节,我们对整合营销的概念、特点及其意义作详尽的研究,旨在让读者从中分析到整合营销与传统营销的本质区别。

1.1 整合营销的概念

对整合营销的概念界定,我们得从以下几方面加以确定:

1.1.1 整合、营销与整合营销

说到整合营销,首先我们对整合作些分析。整合的英文对应词汇是

"Integrate",具有"综合、合并、一体化"的解释,整合营销中的"整合"一词则对应于"Integuted",它具有特定含义。据王同忆主编译的《英汉辞海》中册对"Integrate"词条的注释,"Integ uted"是以完整的、结合成一体为特征的。具体说来,这一特征表现为:一是结合成一个整体的,把诸分离部分结合成一个更完整、更和谐的整体;二是一体化的,以各组成部分紧密合作或部分统一为特征的;三是综合性的,统一的(作为一个单一的,互相协作的,有内在自然联系的单位或系统而进行经济活动的,通常限于某一特定地区)。因为整合具有掌握供应来源持续控制生产并且常常控制从原料到多种不同成品分配的特征,所以本书所陈述的整合想表达的是:通过动态地综合使之完整与和谐。

再说营销。按照菲利普·科特勒的定义:营销是个人和集体通过创造、提供并同他人交换产品价值,以获得其所需所欲之物的一种社会和管理过程。这就是说,营销是以满足人类各种需要和欲望为目的,通过市场变潜在交换为现实交换的活动总称。这一定义高度概括了营销的本质,基本上得到了理论界的共识。但它只是界定了"是什么"的问题,而没有描述"如何做",因此不少营销学家便在"营销"前加以界定,把抽象的营销定义具体化为可操作的营销方法,如绿色营销、关系营销、服务营销、文化营销、网络营销、全球营销、定制营销、社会营销等等。于是,我们可以把营销看成是一种普遍性,它最终是以一些具体属性表现出来,正如"马"表现为白马、红马、黑马等具有不同颜色的马,没有抽象、虚无缥缈的"马"一样,营销始终是和大规模营销、定制营销等概念相伴而存在的。从这一意义上讲,整合营销的提出同样是对营销的具体化、操作化。但与绿色营销、服务营销等稍有区别的,整合本身又是一个抽象的概念,这使得整合营销更引起仁者见仁,智者见智,争论纷起。我们认为,整合营销是一种通过对各种营销工具和手段的系统化结合,根据环境进行即时性动态修正,以使交换双方在交互中实现价值增值的营销理论与营销方法。整合营销以市场为调节方式,以价值为联系方式,以互动为行为方式,是中国现代企业面对动态复杂环境的有效选择。

1.1.2 营销整合和整合营销

1950年尼尔·鲍顿采用的"市场营销组合"概念是营销学发展的一个里程碑,他强调将营销中的各种要素组合起来的重要性。在这一点上,营销整合与营销组合是一脉相承的,前者更为强调了各种要素之间的相互关联,并要使它们有机统一成整体。然而,营销整合更表明了一种营销的过程。现代企业已经发展了众多有效、高效的营销手段和工具,如人员推销技巧、广告媒体选择等等,它们都有各自的功效。对企业来说,有些作用力可能相互抵消或削弱,如单纯追求技术完美,使得目标市场狭小,企业必须承受"高处不胜寒"的痛苦。营销整合就是使各种作用力统一方向,形成合力,共同为企业的营销目标服务。科特勒所谓的各部门协同作战以满足顾客的利益就是一种营销的整合,要握起拳头而不是张开十指出击。整合营销是一种系统化的营销方法,具有自身的指导理念、分析方法、思维模式和运作方式,是对抽象的、共性的营销的具体化。个性化是挑战营销环境的工具,因此整合营销是对营销整合的升华和理性化,使之更成体系。

1.1.3 整合营销的观念创新

营销学的核心概念是交换,而交换与市场密不可分,因此营销学的发展是以市场观念的演绎为前提和基础的。看清这一点对于正确认识整合营销来说有特殊的意义。

①有形的市场观

市场的概念伴随着交换关系的产生发展而逐渐形成,最初市场是指交换的场所。在我国 2000 多年前的《周礼》中就阐述了丰富的市场管理思想,强调要根据市场的不同类型而进行管理。城镇中的市场分为朝市、大市和夕市。朝市指从天大亮后到早饭前的这段时间,做买卖的主要是行商坐贾;大市指从正午之后开始的市场,做买卖的主要是四方的百姓;夕市指从日偏西到黄昏的这段时间,做买卖的主要是小商小贩。在交通要道上要按规定设立市场,每隔 50 里左右设置一个市场,每个市场都要设置旅客住宿的地方。在农村要设置分散的小集市。

在西方经济学文献中,虽然对市场的定义有各种不同的表述,但西方学者一般都把市场定义为买卖双方进行自由交换的地方和机制,而且"有形的地方"似乎比"无形的机制"更受到重视。英国经济学家阿尔弗雷德·马歇尔认为:"一个市场是一个区域,在这里买者和卖者彼此相互交往非常紧密,市场的价格在全区域内趋于一致。"美国经济学家劳埃德·雷诺兹也同意这一定义。诺贝尔经济学奖获得者、美国经济学家乔治·斯蒂格勒也作了同样的表述:"市场是一个区域,在其中,一种商品的价格是趋向于一致的。"《简明不列颠百科全书》认为,市场一般是指买卖商品的地方;现在,市场已扩大到指卖者相互竞争招揽顾客的整个地区。西经济学家认为"市场是买卖双方可以自由交易的地区"。

②无形的市场观

由于交换形式和内涵的日益丰富,在有形的市场观里所说的区域或地方含义,从仅仅是指某种具体的场所扩展到"买卖双方发生交换关系的任何地方"。这既包括正式的集市场合,也包括非正式的集市场合。美国经济学家弗里德里克·L·普瑞尔认为:"市场是一种经常被谈论,但很少被定义的制度。通常它是:买者与卖者碰面议定商品和劳务交换的过程,价格存在的地方,价格受到供求力影响的地方。"他举例说:"市场并不是只出现在正式的集市场合。例如,在美国,许多小麦的买卖是商人之间通过电话进行的。有时候,一个市场的存在是难以确定的。"这时的西方学者是根据买卖双方是否发生交换关系,而不论这种交换关系是以什么形式发生来规定市场的空间规定。

随着交换关系日趋复杂化,对交换场所的界定越加困难,因此,西方经济学家转为从产品角度亦即从供给角度来看待市场。美国经济学家詹姆斯·科克认为:"市场是厂商的一个集合地,该集合地中的每一个厂商都对相同的可购买者供应某种产品,这些产品在同一定程度上可以相互替代。"在这里,"可替代性是个关键。如果商品极容易相互替换,那么从产品维的基点看,就可以称它们是同一市场的。"当然,同一种物品并不一定必然处在同一市场中,科克指出:"市场并不是一个单维的概念。一个市场至少有三个重要的产品、地理和时间。"也有经济学家从市场机制角度界定市场概念。如美国经济学家保罗·R·格雷戈里和罗伯特·C·斯因尔特认为:所谓市场,广泛地说,就是"供需关系对价格的相互影响。"这里的价格包括工资、利率等,因此市场机制等同于价格机制。科特勒认为:"在营销者看来,卖方构成行业,买主则构成市场。"因此,"一个市场是由那些具有特定的需要或欲望,而且愿意并能够通过交换来满足这种需要或欲望的全部潜在顾客所构成。"科特勒的观点实际上是从需求角度来界定市场的。

③ **动态的市场观**

显然,无论是科克还是科特勒,他们都只是从交换关系的一方面来看待市场,事实上,供给和需求是相辅相成,互为条件的,任何交换中总是同时存在,因此必须从供给和需求两方面来认识市场。同时,由于供应者和顾客总是不断地在变化之中,所以市场的范围也是一种动态趋势,没有绝对静止的市场。至于把市场等同于"供求关系对价格的相互影响"倒更多地是从经济学意义上的分析,强调的是市场机制在经济生活中的重要作用,这与营销学中讨论的市场观念差别甚大。

毫无疑问,现代营销学站在企业的角度,强调从满足顾客需求出发,在使顾客达到高度满意中实现企业目标,而这一过程又是漫长、交互和动态的。在信息爆炸的时代,由于普遍的道德风险和搭便车心理的存在,交换双方都想从对方获取完全信息,却隐瞒自身的不利信息,以寻求有利的交换地位;同时,信息沟通中的干扰会影响信息的完整性,使得交换双方虽然都能传递信息,但每方都只能拥有己方的完全信息,对他方的信息只能部分了解,形成信息不对称问题。信息不对称使交易成本上升,甚至使交换破裂,对企业和顾客都造成损失。信息经济学中解决信息不对称问题的方法是发信号,这种发信号实质上就是通过市场来传递交易信息,通过资源配置优化来降低双方交易成本,实现双方交换目标,由此便形成了动态的市场观:市场是交换双方优化资源配置,实现价值增值的手段和途径。作为营销学研究的交换双方(可简化为企业和顾客两方)拥有不同的市场观。

1.1.4 整合营销的价值分析

建立在动态市场观上的整合营销的目标是使交换双方价值增值,市场是双方实现这一目标的手段和途径,这表明交换双方之间以价值为联系纽带,因此推行整合营销的企业首先必须进行价值分析,其中隐含的前提在于对双方价值的认定和评价,惟其如此,才能讨论增值问题。

价值本质上是一个哲学概念,是"客体属性(以及功能等)满足主体需要的关系。其中,客体可以是物,也可以是人或人的行为,如劳务。"哲学意义上的价值与营销学上的价值差距较远,较为相关的是经济学上的价值理论。价值理论是经济理论的重要组成部分,是各种经济理论的基础和出发点,在经济学体系中占有重要地位。

经济学上谈论价值是与价格相联的。中国春秋战国时代就提出了价格应该变动、浮动价格、按质论价、价格与货币关系、价格与民俗关系、价格管理的思想,当然由于历史时代的局限性和商品经济不发达使得当时没有形成价值的思想。

柏拉图(公元前427~公元前347年)最早对商品提出了朴素的"值"的概念,"在一个人承做一种作品时,法律给他以和卖者同样的警告,不要提高价格而只应索取其值;因为一个工艺者当然知道他的作品值几何。"他讲谓的"值"就是从属于产品的一个客观质或属性。亚里士多德(公元前384~公元前322年)从等同关系中分析了价值形式。随后资本主义经济学家从供求关系、生产费用、效用等方面界定了价值。到了马克思的劳动价值论,把价值本质界定为:"价值不是物不是自然属性,而是生产关系,是社会属性。价值体现的是人与人之间被物(商品)的外壳所掩盖着的社会生产关系。商品价值关系实际上是人与人之间交换劳动的关系。"根据这一定义,价值可以用来作为衡量交换双方关系的指标。显然,交换双方的价值取向是不同的。对企业来说,价值增值过程表现为通过市场交换,实现企业经营目标,超越竞争对手,立于不败之地。对顾客来说,价值增值过程表现为从交换中获得产品或服务的利益。在交换双方都追求价值最大化的前提假设下,双方必然寻求一种"双赢"(Win-Win)的博弈效果,以图皆大欢喜。在这一博弈过程中企业价值是通过顾客价值实现而实现的,从这种因果关系上看,两者又是统一的。因此推行整合营销时,无法也无须区分哪些是企业价值,哪些是顾客价值。基于此,价值"既不是以产品也不是以顾客为基础,而是以顾客、产品和——最重要的是——他们周围的世界之间的关系为基础的"。

爱德华·德·博诺认为营销中价值判定经历了三个阶段:以产品为标准的产品价值阶段;以竞争为标准的竞争价值阶段;以综合价值为标准的综合价值阶段。在产品价值阶段,能够生产产品和提供服务十分重要,产品或服务的内在价值很充足。例如在该阶段,生产一辆汽车或提供金融或保险服务就足够,只要这些功能发挥作用,就有市场;市场还在扩大,有更大的空间可供新公司加入。当一种全新的产品或服务体系或当一个全新的市场出现时,这种产品价值尤其重要。因此我们看到,即使在汽车业国际竞争十分激烈的今天,俄罗斯、东欧等国对汽车的需求仍停留在这一阶段。

进入竞争价值阶段,顾客对产品的简单渴求变得或多或少地饱和,企业面临的关键问题是要提供更加优质的产品并说服人们购买,由此出现了技术竞争和购物选择。价值已不再是简单的产品价值,而是相对的竞争性价值:这辆车比那辆车便宜,比那辆快或车内空间比较大。传统的竞争是在价格、质量、产品区别上的竞争。在此时,价值评判标准很大程度上取决于竞争对手在做什么。例如,在美国汽车经销商告诉他们的供应商他们不喜欢节油的小型汽车时,日本汽车业打入了美国市场。在1973年石油输出国组织第二次提价时,日本汽车公司能够提供美国汽车制造商不愿生产的小型节油车。日本人提供的汽车优质、低价,并且具有许多美国汽车制造商为了减少成本而抛弃的附加价值。

整合营销是以综合价值为基础,综合价值不是简单的产品价值观念或竞争价值观念,它们是适应顾客评判价值的复杂标准的价值观念。它不只是问顾客想要什么,因为顾客可能在别人向他们指出他们可以得到什么之前还不知道他们想要买什么。美国培基保险公司在加拿大的负责人罗恩·巴尔巴罗是这一价值判定运用成功的例子。他提出了"活着受益"的思想,在120多年一成不变的传统人寿保险中是一个具有深远意义的变革。传统人寿保险受益,是在投保人死后一次性付给死者亲属或其他受益人。但巴尔巴罗的创意是，75%的受益在投保人被诊断得了致命疾病(如癌症或艾滋病)后立即付给投保人。这意味着现在可以得到额外的金钱用于护理和医疗。该创意获得了极大的成功，因为它将人寿保险融入人的生活与价值中。有独身的人、有离婚的人、有长大自立的孩子和其他各种各样的人，对其中一些人来说，人寿保险原本的用途早已不存在了。同时，诸如艾滋病和医疗费用昂贵等因素，造成了保险的新用途。

1.1.5　系统思考整合营销

　　整合营销的价值分析强调价值的交织性、相对性和价值的动态转换，这实际上突破了西方固有的线性思维模式的束缚，运用了全新的指导思想。

　　营销理论产生于西方，其指导思想是西方式线性思维，面对复杂问题时，总是习惯于将其分割成可以处理的片段来思考，然后加以整合。这种先分割再组合的思想虽然能够精确地应付许多难题，但分割却使我们丧失了更深入观察形成整体的要素的互动关系，以及其所形成的复杂现象——即使只有两三个变数，就可以复杂到不可思议的地步。况且大部分的变化都是缓慢渐变的，不易察觉。当察觉这些变化时，不是为时已晚，就是不知如何有效处理。如果再加上整体互动中令人难以捉摸的，相互增强或抑制的非线性关系与时间滞延，便会产生更令人困惑的现象，就如混沌理论所说的蝴蝶效应一般——美国佛罗里达的暴风，是由于北京的一只蝴蝶挥动了一下翅膀而引起的。可见：一个局部决策的小改变，却使其他看似不相干的部分产生巨大的风暴。东南亚的金融危机极其深刻地表明了这一点，国际金融投机商的货币狙击不仅使泰国、新加坡、印度尼西亚等举步维艰，而且使日本、韩国也捉襟见肘，韩国向国际货币基金组织紧急要求200亿美元支持，与专家预测的500亿~600亿美元仍有巨大的缺口。对泰铢的倒买倒卖已使全亚洲的经济增长率从1996年的3.7%下降到1997年的3.4%，1998年预计继续降到3.1%。现代企业面临的环境已经不再是线性思维所能应付的了。

　　整合营销的核心是促进交换双方的价值增值。在产品价值阶段谁能造出汽车、可口可乐、汉堡包，谁就能赢得顾客。在竞争价值阶段，只有造出又快又舒适又省油的汽车、减肥可口可乐、低脂肪汉堡包才能赢得顾客。在综合价值阶段，使顾客高度满意的企业才能生存发展，而顾客满意绝对不是可以分散成一个个孤立要素的组装件，它是浑然一体的有机体。一辆法拉利跑车可能仅仅因为展厅里的灯光布置不佳而使顾客将拿出的支票又缩回去。综合价值阶段要求有崭新的思维模式。传统的营销学研究基于亚当·斯密"分工产生效率"的思想，把专业化分工推向极至，产品开发、生产、包装、促销分属于不同的部门，企业的效率得益于各部门的效率，但是效率提高并不能保证交换双方价值的增加。

　　由于竞争异常激烈，化妆品行业在整合营销的系统思考上走在前列。宝洁、上海家化、上海联合利华等企业普遍推行品牌经理制，由专人负责某一品牌的研制、生产和销售。当然他们推行品牌经理制更多是从树立品牌形象出发，但这种做法正是整合营销的一种形式，体现了系统思考的效力。当然，从整合营销的要求来看，他们做法还是很不够的，例如P&G，不仅应该由专人负责飘柔、潘婷、沙宣的整体策划,他们还应该关注这些品牌间的互动关系,必须研究在推出沙宣新品牌时对飘柔和潘婷的影响,进行更深层次的整合,这就是以注重企业、顾客、社会三方共同利益为中心的整合营销。

1.2 整合营销的关键

整合营销的关键在于:

1.2.1 真正重视消费者

整合营销传播要达到什么目的?舒尔茨等著名专家的整合营销理论认为,整合营销的关键在于真正重视消费者行为反应,与消费者建立良好的双向沟通,通过双向沟通,双方建立长久的"一对一"的营销关系,以满足消费者需要的价值为取向,确定企业高水平的营销策略,协调不同的传播手段,选择不同的传播工具的优势,树立品牌竞争优势,提高消费者对品牌的忠诚度,达到提高市场占有率和市场份额的目的。整合营销是以企业由内向外的战略为基础,以整合企业内部、外部的资源为手段,以消费者为重心而重组的企业行为。如果要给整合营销下一个定义,答案一定是多种多样的。舒尔茨教授等认为,整合营销是一种适用于所有企业信息传播及内部沟通的管理体制,这种传播与沟通就是尽可能与其潜在的客户和消费者以及其他一些公共群体例如雇员、立法者、商家、传媒和公关公司、金融团体保持一种良好的积极的关系。这就告诉我们,整合营销的一个关键所在就是要真正重视消费者。

终端全面渗透,这是真正重视消费者的具体体现。广东科龙集团也将零售终端作为企业营销战略的重要组成部分。过去科龙有一段时期在营销操作上重批发轻零售,造成一些被动局面。进入新世纪,科龙集团以整合营销的理念,将零售建设作为市场营销的基础。仅 2000 年,就投入 1.2 亿元进行零售网络和终端的建设。2001 年,科龙集团冰箱营销系统有两个工程:"500 工程"、"5000 工程",即科龙集团与中国前 500 家最有实力、商誉最高、最有影响、销售力最强的中国大型商业零售企业签约,与中国 5000 家较有实力、较有商誉、较有影响、销售力较强的、遍布全国各地的大中型商场签约。科龙提供强有力的营销支持和配套服务,5500 家商场则相对地集中人、财、物,主推主销容声、科龙冰箱,这种做法是一种创新的模式。

企业应在了解顾客需要,尤其是不同消费者的个性需求方面下大工夫。第一,应该暂不考虑定价策略,而去了解消费者要满足其需要与欲求所须付出的成本。过去企业定价的常规方法是成本加成法,即使考虑顾客需求差异,也是进行粗线条的操作。消费者对于价格的计较,显示自己是个成熟的、有经济头脑的消费者,但是考虑的因素更加复杂。因此,营销工作要深入细致了解不同消费者的成本构成,不能仅根据表面现象去降低或提高价格。第二,暂不考虑通路策略,应当思考如何给消费者方便(Convenience)以购得商品。传统的营销通路比较单纯,尤其在经济不发达地区,制造商主要通过有形店铺进行分销,顾客则不得不到这些店铺进行采购。以电脑网络为主体的新型信息通路广泛普及,信用卡、消费者免费电话充斥各个角落,消费者大可不必出门采购。因此,营销工作要了解不同类型消费者的购买方式偏好,调整原有销售通路,为顾客提供实实在在的便利。第三,应该暂不考虑怎样促销,而应当考虑怎样沟通(Communications)。传统营销中促销是重头戏,广告成为商家喜欢的重型武器。这是一种典型的推销行为,属于从商家向顾客的单信息传递。由于媒体有限、资讯有限,消费者处于一种弱者地位。现在的媒体发生了巨大变化,种类繁多;消费者的主体地位大大提高。整合营销强调与消费者进行平等的双向沟通,清楚消费者需要什么,把自己的真实资讯如实传达给消费者,并且根据消费者信息反馈调整自身,如此循环,实现双赢,彻底摒弃那种"教师爷"式的、强加于他人的促销行径。

商品与品牌的价值必须得到消费者的认可,这是重视消费者的重要方面。整合营销理论认为,在营销可控因素中,产品、定价、通路等营销变数是可以被竞争者仿效甚至超越的,唯独商品与品牌的价值难以替代。而商品与品牌的价值与消费者的认可程度有关,即在消费者心目中如何看待企业商品及品牌。整合营销认为,营销即传播,传播即营销,二者密不可分,把传播提高到极高的地位。对于营销传播工作,要注意整合不同传播工具,保证所有传播传达"持续一致声音、统一完整的形象"。

1.2.2 整合营销的主题确定

整合营销的另一个关键在于是要确定营销主题。整合营销的主题的确定应该从传统营销中寻找,传统营销的缺憾地方正是整合营销的主题所在。当我们回想传统营销时,我们会发现它的缺点和整合营销主题碰巧相对应,整合营销能捞回因为传统营销而失掉的机会。

①**战略**

传统营销对战略的研究不是很重视的,而整合营销一开始就是研究企业的发展战略,确保整合营销操作的优越性。战略面临的最大挑战是如何革命性地改变一个行业的现状。就拿一家快餐连锁店来说,它的战略不是提供更干净、更方便的就餐环境,而是提供更健康的食谱,改变快餐食品的缺陷。有了战略,就开始进入营销阶段。营销是取得战略目标的一种手段,营销所要做的是如何让企业战略的实施开好头,重要的一步是让战略深深扎根在消费者的心中。所以,战略问题应是整合营销的一个最重要的主题。

②**品牌**

品牌概念也会引发消费者的思考。品牌概念不仅是产品特征的定位,从某种角度来说,它是一种界定消费者如何体验产品的理念,营销也就成了不断反馈的一个环,从而使整合营销管理成为一个核心商业过程,不再是一整套功能的行为过程。品牌的一个最重要的特征是持久性,没有这一点,我们只能说它是个产品或是个名牌产品。品牌有极强的创利能力,而且要超值。其次是恒久性。很多企业或产品,之所以不能称之为品牌,因为他们仅仅是有名的产品。公司的品牌比产品的品牌更重要。要建立公司的品牌,使不同的产品在公司的品牌里"站"出来,整合到营销里去。因此,整合营销的另一个主题当属品牌了。

③针对性

整合营销的针对性是确定的第三个主题。整合营销的一个重要主题就是关于目标市场是否更有针对性的争论。营销不是针对普通消费的大多数人,而是针对定制消费的较少部分的人。"量体裁衣"的做法使得满足消费者需求的目标最大化。但是"量体裁衣"很容易被认为是"给每一位个体消费者一份独特的产品",从而忽略了产品品牌的其他诉求,影响品牌被其他人群认知和分享。可以说,"量体裁衣"是不完整的,也不是最理想的营销手段。我们应该设定的目标是:对消费者的需求反应最优化,把精力浪费降至最低。在这个意义上才能得到理想的营销哲学:营销需要综合考虑更多的目标消费者的点滴需求。因此,我们在研究整合营销时,必须考虑到如何与消费者沟通,使消费者和品牌之间有更多的"联络点"或"接触点"。

1.2.3 整合营销的执行

营销执行是将营销计划转化为行动和任务的部署过程,并保证这种任务的完成,以实现营销计划所制订的目标。这是整合营销的又一个关键。营销计划是围绕营销环境分析和预测,根据一定的战略,决定营销活动"做些什么"和"为什么做"的问题。营销执行涉及的是"什么人做","在什么地方","什么时候"和"怎样做"的问题,是将纸面上的计划、任务落实而产生结果的过程。整合营销同样离不开营销执行,而且因为整合营销计划具有更大的弹性空间和对企业内外发展的动力机制,整合营销执行可以有更多的活力,更高的效率,同时必须增强回馈职能。

从整合营销执行的过程看,影响营销计划方案执行的因素主要来自实施、评价和反馈三方面的能力,集中体现在四个要素:

①营销贯彻技能

企业营销计划自最高层和营销部门起,由少数人的无形的思想,转变成企业全体相关人员的行动,并最终形成预期的成果。要使这种贯彻执行快捷有效,企业的功能、规划、政策层次都必须运用一套技能,即分配、监控、组织和配合。分配技能是营销各层面负责人对有形资源(如人员、设备、资金)和无形资源(如时间、信息)进行合理分配组合,使它们在营销活动中达到最优配置、效用最大化的能力。监控技能是在各职能、规划和政策层面建立系统的营销计划结果的反馈系统,并通过反馈结果形成修正各部分行动(或修正计划目标)形成控制机制。根据提取的反馈结果不同,控制可以分为年度计划控制、盈利率控制、效率控制和战略控制。组织技能在于开发和利用可以信赖的有效的工作组织。配合技能要求营销活动各部门,以及各成员要善于借助其他部门,其他团体甚至企业之外的力量有效实施预期的战略。

②营销诊断技能

当营销执行的结果偏离预期目标,或是在向预期目标前进中遇到越来越大的阻力时,要判断问题是出现在营销计划本身还是执行不力,要确认问题所在并采取对策解决这些问题。

③问题评估技能

营销执行中的问题可能发生在三个层次。一是行使营销功能的一层,如广告代理、经销商。二是营销规划一层,即各种营销功能和资源的组合。第三层是营销政策一层。层次越向后,解决时涉及的范围越大,难度也越高。在问题发现后就应评定问题所处的层面及解决中可能涉及的范围。

④评价执行结果技能

营销活动整体的目标,必须分成各个阶段的目标和各部门、各小组的目标才能有效实施。对各分目标完成结果和进度的评价是否及时准确,是能否对营销活动实施控制和调整的前提,也是营销活动能否正确贯彻的保证。

显然营销计划脱离了营销执行是毫无意义的,营销执行的重要性在于:

①营销执行可以检验营销计划的可行性

营销计划建立于其调查、分析的基础上,又经过层层检验和审定,在理论上是合理的。但是理论的合理性并不能替代实践的可行性。营销执行是检验营销计划是否可行的最后一道关口。

②好的营销计划如果缺乏有力的执行,也不会有好的成效

在理论和实践上都行得通的营销计划如果不能变成行动,同样不会有效果出现。假设某企业认识到顾客从竞争者处没有得到优质服务,而想以顾客服务为契机展开营销,然而服务部门得不到相应的重视和帮助,领导岗位上的经理能力不强,激励体制仍偏重于降低成本和提高盈利上,最终的结果只能是营销努力归于失败,无法实现营销计划要求的目标。

在整合营销目标确立之后,接下来就要在营销导向指导下着手整合营销执行。在整合营销执行中,涉及到资源、人员、组织和管理四方面的问题:

①资源的最佳配置和再生

资源包括企业运用于整合营销活动的人力、物力、财力等资财总和,这其中也包含信息和时间。信息和时间是无形的,不易为人关注,但也正因为它们是无形的,所以可以同时为多个单位所用,有时甚至会成为影响营销目标实现的关键性资源。整合营销执行中要实现资源的最佳配置,一方面要利用内部资源运用主体的竞争,实现资源使用的最佳效益;另一方面要利用最高管理层和各职能部门,形成对稀缺资源的规管,组织资源共享,在最大程度上避免资源浪费。随着营销活动的展开,资源在被耗用的同时又得到更新、积蓄,新的储备和现有资源交织在一起,又会形成将来资源的储备,以进一步展开将来的营销目标。资源的再生现象,使资源成为联结营销现时和未来目标的媒介,在营销目标规划中,应充分考虑到资源所起的动态相辅和动态相乘的作用效果。

动态相辅结果包括物的动态相辅结果,资金的相辅结果和信息、技术。商誉等无形资源的相辅结果。资源动态相辅结果是指企业在整合营销现实目标和未来目标之间、在各分目标之间,在多大程度上可以共同利用资源。如为扩大某种产品而增设的销售场所以后可利于别的商品销售(物),某种产品销售的资金利润回笼可用于其替代产品的开发(资金),为某种产品设计进行的调研结果可为别的产品设计提供参考(无形资源)等。动态相乘结果是企业将来营销执行中能

有效使用现行营销执行中使用的并不断增强的资源,并可从中获得倍数增加的效益。这些资源往往是看不见的,同样会形成竞争者难以超越的优势,比如销售渠道的积累,人员技能的熟练和全面,商誉的不断提高,营销管理的成熟等。现行营销在使用这些资源的同时又在强化这些资源,为将来营销实施形成乘数效果。

动态相乘效应是企业成长的本质,是直销企业长期稳定发展的保证。在许多情况下,出于整合营销目标的考虑,直销企业要牺牲部分现实利益而谋求动态相乘资源的成长强化,或是放弃部分收益以避免动态相乘的良性循环反转趋势。如由于市场需求暂时变化导致某种名牌高价手表销售下降,降价可以弥补销售下降,还可以增加利润。但这样做会损害高档品牌的形象,最终可能引发需求不可逆转的下挫,所以宁可从别的方面谋求解决而不采用降价手段。

②人员的选择、激励

整合营销执行需要直销企业大量人员参与和推动,人是实现整合营销目标的最能动的因素。

人员选择。整合营销常以非长期的团队小组来执行其分目标,在这种团队中工作,需要有较高的合作能力和综合素质。在人员选择中我们应注意以下原则:确认核心原则。团队要能顺利达到工作目标,必须有强有力的核心领导者。领导者应具有较高的领导能力,在精通与营销相关的某类专业知识的同时,对其他方面的技能也要有一定造诣。由团队核心确定团队其他成员,再配以适当监控,以实现营销目标。

能力相配原则。团队内成员的能力应该相互补充,相互匹配,在整合营销执行中既可以发挥大于个体总和的能力,又可以使团队成员相互学习、取长补短。

协作原则。整合营销团队成员来自不同的部门,有不同的专业背景,要能发挥成数倍的整体能力,必须是富有协作精神的。

动态优化原则。团队形成后在目标达到前不是一成不变的,随着工作重点的转移,团队核心可以发生转移。同时,在企业其他整合营销分目标需要时,也可以发生人员进出。这些变化以能否实现人员搭配最佳效用为判断标准。

人员激励。实践证明,即使干劲十足的整合营销团队成员也需要激励。激励可以强化人员信心,发挥其主观能动性,促使创新性变革的产生。激励的形式一般可分为物质的和非物质的。物质激励一般体现在员工收入提高和福利待遇的提高,非物质激励包括表扬、记功、晋级、深造等。激励机制的科学性可以使激励产生一举多得效果。激励内容和公司长期绩效挂钩,可使被激励者更多从企业中长期效益出发思考和工作,如以普通股、优先股认选股额形式对主要负责人实施奖励;激励还可以成为塑造直销企业文化的有力武器,如评选奖励公司最具开拓创新营销战略并做出极大贡献的员工,把他们塑造成公司英雄;激励还可以成为人员培养的一部分,如把表现出色、潜力巨大的员工由企业承担学费进行专业深造。

③学习型组织

整合营销团队既具有自身独特的营销目标,又要服务于统一的直销企业营销目标,二者之间存在一定冲突和矛盾。整合营销团队具有动态性特点,而组织角度又要求其具有稳定性。要解决这两对矛盾,达到局部目标和整体目标的统一、内核稳定性和外壳流动性的统一,必须运用学习型组织的理论。

建立共同愿景。共同愿景是组织中人们所共同持有的意象或景象,它为组织的学习提供了焦点与能量。在整合营销组织这样强调团队的独立工作和直销企业整体目标相结合的要求下,建立共同愿景,才能使直销企业员工在保持高涨的创造性活力的同时,保持个人目标与团体目标和企业目标的高度一致性。

团队学习。团队学习是建立在共同愿景之上的修炼,是在团队层次实现超越自我的努力。团队由能力出众的人组成,但是只有在各成员学会了如何协作,形成能力合理搭配,才能创造出比个人能力总和更高的团队力量,这个学习过程虽然涉及个人学习能力,但更是集体的修炼,在整合营销组织这样流动性很强的团队模式里,更需要加强团队学习,甚至形成团队学习程序。

突破思维定式,形成开放思维。突破思维定式是自我超越的一部分。整合营销组织中,组织成员所属的团队,所从事的任务处于一种动态变化之中,组织必须鼓励和帮助员工依照环境、任务、团队的不同采用相应的思维方式,形成开放思维习惯,以利于整合营销动态组织的功能实现。

④监督管理机制

整合营销实施同样离不开监督管理,与别的组织实施监督管理不同的是,整合营销监督管理划分管理层次,注重监督管理内在化。

营销的最高管理层注重的是如何使各种监管目标内在化,如通过共同愿景培养使各成员、团队自觉积极地服务于直销企业目标,通过激励、培养塑造直销企业文化,通过团队中的人员、职能设置强化团队自我监管功能。某层的工作一旦形成体系,最高层就可将更多的精力放在整合营销战略制订、共有资源协调分配上,通过对各团队的评估和设置撤并做到对整合营销实施的间接监管。

整合营销团队自身承担了原有监管应承担的大量工作。由于愿景的高度吻合,团队自觉朝营销目标努力;又由于团队能力完整和具有动态活力,使得团队能够在行动中理解和考虑到企业目标实现的各影响因素,并在直销企业立场上妥善解决。尽管整合营销团队拥有相对独立的行动和自我监管权力,但是仍存在最高层的终端控制,在整合营销团队行动严重脱离直销企业目标情况下,最高层仍可实行有力的间接调整扭转之。

1.3 整合营销的传播

整合营销的传播在理论界是研究的重要对象。下面,我们就从理论上讨论一下这个问题。

1.3.1 概念与内涵

美国广告协会和舒尔茨教授对整合营销传播下过如此定义:"这是一个营销传播计划要领,要求充分认识用来制定综合计划时所使用的各种带来附加价值的传播手段——如普通广告、直接反应广告、销售促进和公共关系,并将之结合,提供具有良好清晰度、连贯性的信息,使传播影响力最大化。"可见这一理论的关键在于"使用各种促销形式使传播的影响力最大化的过程"。

下面让我们来看两个曾经名动一时的整合营销传播(IMC)案例:

一个是 1907 年的 IMC 案例:美国加州 1907 年的"新奇士"(SUNKIST)与铁路部门联合而做的整合传播。诉求点:"吃柑橘利健康,到加州赚钱忙。"这个合作了几十年的广告案例现在还在继续,显示着整合后营销传播的强大威力。另一个是大家都非常熟悉的万宝路"西部牛仔"的 IMC 案例:李奥贝纳公司自 20 世纪 70 年代就开始采用的视觉形象元素整合的办法,对万宝路的品牌形象进行传播,直到今天,李奥贝纳每年仍投入费用,拍摄各种并非现实中的牛仔形象广告。理论的推出时间远后于案例:《科学的广告》是 1923 年,《定位》是 1972 年,《营销战争》是 1986 年,而"IMC"是 1994 年的概念。从中我们可以清晰地发现,这些营销理论具有明显的滞后性。IMC 仅仅是对营销现象中的一类进行归纳与总结,在前瞻性与可操作性方面并不领先于实践,而不恰当的运用这些理论,不但不能对我们的实践产生正面的、积极的、推动性的影响。对于盲从理论的企业而言,更是会带来灾难性的后果。

"拥有市场比拥有工厂更重要",而拥有市场则需要一个强势的品牌。市场跟随者可以模仿一种技术,一种产品,甚至模仿别人的营销手段,但是不能模仿品牌在消费群体心目中的特殊感受。判断品牌的唯一标准就是这个品牌被市场、被消费者接受的程度,整合营销传播的确是一种让品牌更快速被消费者接受的传播手段。但是,我们同样不能忽视:整合营销传播不是吸引眼球的工具,更不是曲高和寡的高雅音乐,而是一种实实在在解决企业传播问题的思路与方法。体现在企业层面就是保持企业持续长期赢利,并能够通过品牌获取更高的品牌增值收益。因为,赢利是企业生存的唯一目标。

到底什么是整合营销传播? 就方法论而言,他只是传播方法的一种,目的在于传播资源的有效化,传播效益的最大化。整合营销传播不可能涵盖营销的全部环节,他的更大意义在于对传播的充分利用。整合营销传播的范围既不能简单化、单一化,停留在"对不同媒体发出同一种声音"的媒介整合上;更不能无限扩大到企业计划、生产等等营销的各个环节上,这种盲目的扩大化会导致企业营销的导向性偏移。所谓的整合营销传播,绝不仅仅是成立个相应的部门,专门拨出几个人,改换整合营销传播的名头的工作。更为重要的是,如何在一定基础上进行适度整合。我们认为,想要真正发挥整合营销传播(IMC)的作用,必须"具备三个条件,整合两个内容,解决两个问题"。

整合营销传播,与其他的各类方法论相同,都不是"包治百病"的灵药,都有一定的"适应症",结合其理论自身特点与营销传播的工作实践,我们认为真正意义上的整合营销传播,首先需要具备以下三个条件:

①整合传播历史

对于一个没有历史的新企业,或者是完全没有知名度的新品牌,其需要的是整合营销传播的观念,但是并不需要展开所谓的整合营销传播。因为,其根本不具有可供整合的纵向资源。至于"各渠道传播声音的一致性",这并不能称之为整合营销传播的核心,而只是其形式,也并不能真正体现 IMC 的先进性。反观国外整合营销传播的成功案例,无一不是对企业的传播历史进行了很好的、系统的整合,通过对过去的整合,得到正确的品牌定位,并且能够一贯坚持,而使定位得到张显,传播理念更为清晰。

②具有整合的思路

没有一个明确的整合思路,传播起来就失去了方向。整合的核心只能是一个,如果同时有多个核心,就不是真正意义上的整合营销传播。试想如果万宝路不将其形象全部整合在西部牛仔下,并且持续不断的坚持这一思路,怎么可能取得今天的品牌印象?在对整合思路的把握上,国内的大部分营销机构会出现这样的问题:只要中了标的客户,只要拿到手的客户,就想办法换他们的广告语,换广告主题,换广告片等,总之一个字"换"。换的越多说明代理公司越成功,这是营销整合的误区。换一个广告语或者广告片并不难,难的恰恰是对核心主张的坚持。以国内花生油第一品牌鲁花为例,其"滴滴鲁花,香飘万家"是从1998年就开始坚持的品牌主张,通过相应的广告主题,将品牌清晰的与"香"产生关联,并且这个主张是与"食用油"这样的产品紧密关联的,是消费者的最大利益点,对比有些其他食用油品牌把"健康"、"环保"、"时尚"作为品牌核心而言,首先这一品牌主张是十分有利的,是把握了行业市场发展的最大利益点;其次,由于长期不懈的持续传播,反而给各种资源均丰富于鲁花公司的合资/外资品牌带来了威胁,让这些品牌的主张无所适从,这样的经典品牌主张,坚持的越久越见成功。

③明确整合的方法

整合不是推倒重建,背叛历史,也不是默守陈规,一成不变,而是一种扬弃。在这样的整合方法下,任何假大空的整合都是大忌。如李奥贝纳公司对万宝路的品牌整合,既不是"信天游式"的整合,更不是所谓"金手指、金点子"般的随心整合,而是以一整套规范与合理的整合方法为基础的。任何人只要进入李奥贝纳,只要服务这个客户,就必须按照这个规范来,你是再大的营销大师也不能胡改乱来。这样的规范体系保证了品牌的有效整合。当然,这需要成熟的客户与成熟的传播机构相匹配,从这个角度上看,整合方法的科学性与系统性需要一定时间的磨合与调整,以国内某些企业一年一换营销/广告代理公司的做法而论,没有可能达到科学整合的效果。

在符合三个条件的基础下,营销传播需要整合以下两个方面的内容:

①横向的整合

横向整合是浅层次的传播整合。过去企业习惯于使用广告这一单一的手段来促进产品的销售,但今天处在信息高度发达的时代,传播手段纷繁复杂,传播渠道本身的信息传递与不同渠道的有机整合,就要求企业在营销传播过程中,注意整合使用各种载体,达到最有效的传播影响力。一个消费者能够接触到多少种企业信息呢?在各种新闻报道中,他能够接触到企业赞助社会各种活动的报道;在生活中,看到了该企业各种各样的广告;在卖场,产品与品牌有机的进行了展示;与朋友的交谈中,互相传递着企业与品牌的各种信息。这样,尽管每家媒体同时在传播其他各种各样信息,但企业的信息都是连贯的,并且科学地整合了各种媒体,不同时间段,并突出了同一主题,这样一来,消费者就会对品牌形象,产生情感上的认同,从而激发购买产品的欲望和动机,这也是整合营销传播抓住消费者、打动消费者的核心问题。只有通过传播渠道的整合,一个品牌的鲜活形象才能够展现在大家面前,对于一个新品牌,一个新产品,如何在最大限度扩大知名度与影响力,更多的需要对传播渠道与网络的充分利用,"抓住每一次成名的机会"。

②纵向的整合

这是深层次整合,才是整合营销传播的精髓,因为只有深层次地对企业的传播进行了整合,才能将品牌的可接受程度最大化。而品牌的美誉度与忠诚度都需要通过深层次传播整合而来。分析一下为什么"爱多"能够在短短时间内脱颖而出? 一定意义上说就是"爱多"将其品牌传播效果发挥到了极致,对浅层次产品与品牌信息进行了很好的整合营销传播,取得了良好的传播效果;再看"爱多"最终的垮台,当然有其企业内部的原因,可是值得传播界关注的是,为什么企业的内部问题会引起企业营销体系的全线崩溃? 为什么消费者会对这个与产品、品牌相去甚远的资金问题这么关注,最终导致消费者信心崩溃? 难道强大的整合营销传播会如此不堪一击吗? 反观一些成功的国际知名企业,其品牌的深层次营销传播整合已经基本完成,比如麦当劳,在其深圳出售的食品出现安全问题后,市场本应形成轩然大波,消费者应该反应激烈,毕竟食品关系到生命。结果市场只是短暂的产生了一些波动,麦当劳品牌不倒。这是因为公关只是抵抗品牌危机的一个方面,更重要的是品牌与消费者形成了血浓于水的关系,而这种关系是坚不可摧的。因为消费者相信,麦当劳品牌是值得信任的,是朋友与伙伴,也许有缺点,但消费者永远信任他。而这些,恰恰是国内品牌营销传播所缺乏的。

在整合营销传播的过程中,还需要解决两个方面的问题与障碍:

①**在整合的过程中,传播伙伴选择的问题**

有些企业盲目选择国际化的合作伙伴,认为只要找个国际传播公司就代表国际化、专业化、科学化,无疑是不可取,许多没有选择国际化的企业,仍然能够取得很好的成绩就是明证。鲁花集团一向不以国际化作为选择传播伙伴的标准,但是其传播的效果却让国际化的企业胆战心惊。我们反思,如果国内企业真的选择了一家国际传播公司,外资企业反而放心了,因为国际传播公司的套路他们都很清楚,这些东西也只能骗骗国内的企业,只要选择了他们,在品牌传播竞争中就永远没有形成真正差异优势的可能。试想如果鲁花选择了国际传播公司,他们有成为国内花生油第一品牌的可能吗?

②**对于处在不同营销阶段企业,传播策略差异性的问题**

正如脑白金在上市之时能够取得很好的销售效果,并不在于其做了如何的整合,如何的传播,而是产品定位准确下的精确诉求,在抓住足够差异化的产品(品牌)的诉求下,攻心为上,快速占据了消费者心理——"送礼还是脑白金"。可以说整合营销传播不是灵丹妙药,更不能让重症的病人疾病乱投医,比如科龙,在营销体系出现诸多问题的情况下,即使整合了营销传播体系,也没能救它于水火。

1.3.2 整合营销传播的实质

上面我们分析了整合营销传播的概念和内涵,下面,我们对整合营销传播的实质作一下认真研究。

①整合营销的企划模式及循环本质

我们首先从营销传播的基础谈起。做一次成功的品牌整合传播的基础是企划。没有一个完整的企划,那后面的一系列活动将成为空谈,所以说企划是一切的开始。整合营销传播的企划模式和传统行销沟通企划最大的不同,在于整合营销传播是将整个企划的焦点置于消费者、潜在消费者身上,而不是放在公司的目标营业额或目标利润上。我们把营销目标放在整合营销传播企划的下半段,因为我们相信所有的厂商及行销组织,无论是在销售量上还是利润上的成果,完全依赖消费者的购买行动。消费者的行为才是决定厂商成功与否的主要因素,而不是厂商有多么精明或他手上握有多少资源。20世纪90年代的行销组织唯有"服务顾客"方能立于不败。

第二个重要的差异点,在于整合营销传播尽可能使用消费者及潜在消费者的行为资讯作为市场区隔的工具。我们相信消费者"行为"资讯比起其他资料,更能够清楚地显现一个人在未来将会采取什么行动,因为用过去的行为推论未来行为比较直接,关联性也较高。在整合营销传播企划流程的"区隔与分类"阶段,我们将消费者分成数类:第一类是本品牌的忠诚消费群;第二类是他品牌的忠诚消费群;第三类是游离消费群。很明显,第一类及第二类的消费者有着各自不同的类别及品牌网络,而想要了解消费者的品牌网络就必须借重消费行为资讯。

下一个步骤,我们称之为"接触管理",它的定义是选择并决定厂商在什么时间、地点或者什么状况下与消费者沟通。在以往消费者与厂商能充分沟通、消费者完全主动找寻产品资讯的年代里,决定说什么要比决定什么时候与消费者接触重要。然而,我们相信到了现在最重要的反而是决定如何及何时与消费者接触,同时,接触的方式也决定了要和消费者沟通什么诉求主题。

再下一个步骤则是要发展传播沟通策略。这意味着要决定在什么背景环境之下,传达何种信息。而后,我们根据传播目标,为整合营销传播计划确定明确的营销目标,同时在本质上也必须是数字化的目标。对于忠诚消费者,营销时只能是尽可能去维持或增加使用量。对于竞争品牌的爱好者和游离群来说,那就可能是:激发试用本品牌的产品;试图使其试用过后继续使用及增加用量;促使其转换品牌并建立对本品牌的忠诚度;行销目标确定之后,下一步就是决定要用什么营销工具来完成这个目标。显而易见,关键在于哪些工具、哪种组合最能达成行销目标,最后是选择有助于达成传播目标的战术。在这里只要能协助达成营销传播目标,都是传播利器。

整合营销的真正价值在于其本身的循环本质,我们发展一个整合营销传播计划,并执行它,我们事先确认如果沟通成效良好的话,讯息的受众会有一些行为让我们知道,我们必须去统计、测量这些反应,因为我们执行双向沟通,所以更应该去了解那些我们沟通的对象的反应,而这些反应能直接输入我们的资料库。当企划下一轮传播活动时,我们既已知道这一轮的反应("毫无反应"也是一种很重要的反应),自然可以据该反应来调整计划。其过程如下:厂商发展传播计划并加以执行;消费者回应;厂商从回应中得到有用的资讯;根据消费者及潜在消费者传播沟通上的需要与欲求,调整、修正传播计划,再将整个流程循环下去。它能够使消费者与厂商达到双赢的境界。

②沟通策略—消费者购买诱因—调性与个性

今天许许多多的信息既不能说服消费者,也不能打动他们的心。为什么会这样?是因为大部分的厂商传播给消费者的信息都混杂不一。譬如,广告传达一种信息,促销活动创造另一种信息,销售人员又用完全不同的说法。之所以产生这样的结果,是因为厂商漠视消费者的需要,反而依据自己经常变动的愿望,不时创造混杂、无法相容的信息传播,因此,整合营销传播日益重要,所谓全新的沟通策略就是倾注全力发展严谨的传播策略。如果实实在在地做好发展传播策略的准备工作,就可以开发出非常犀利、极具说服力的整合性信息,进而发展出有别于竞争者的独特品牌及品牌个性。当传播策略正确时,依据策略所研拟出来的整合性讯息,就仿佛与消费者进行一对一的沟通,因此更能打动消费者。整合策略也设定了产品或服务的沟通方向,使得所有行销部门的人员紧密结合,因为他们必须共同确定消费者、消费者的欲求、通路等等。这份策略也为产品做定位设定品牌个性、竞争优势以及消费者能从产品得到的利益,并且陈述你认为消费者可能受竞争对手影响的状况,重要的是它提供衡量消费者行为变化的准则,营销部门将以此评估策略的成败。此策略也指出消费者最常接触的媒体或接触点,以及决定未来是否做进一步调查研究以供参考。

沟通策略的好处是,可以使得整个公司群策群力,有效率地回应消费者的需要。但撰写一个完整的沟通传播策略,就必须调查所有可能影响销售的族群的资料,如不同族群的消费者对该类别产品或服务的看法以及看法形成的原因,他们购买这类别的品牌产品要解决什么问题等等。在调查中,强迫自己对消费者的生活、工作、娱乐观察入微。例如,消费者的压力是来自工作、社交场合、还是家事?他是个很精明的消费者吗?他愿意自己先行评估再去购买,还是因品牌名声购买?消费者比较信赖产品本身、还是购买地点或是销售产品给他的人?消费者受哪一项要素影响较深,是新闻报道、口碑、双亲还是产品价格?整个调查终将归纳成一句话,这句话能说明清楚是哪一种诱因或哪一个产品利益点,会使这一特定消费者考虑换掉目前使用的品牌。

为了能正确策划传播策略,每一个会影响产品销售的族群都应视为潜在目标,对这样的消费群,我们要面对的关键问题是:我们的产品在实质上或感觉上能满足此一族群的欲求与需要吗?这就需要来认识品牌的调性与个性。品牌个性不是玩笑与戏言,也不是创意上的实验更不是广告设计的元素,而是给予品牌一个生命与灵魂。能让消费者轻易地将本品牌与竞争品牌区别开来,它能给消费者一种既熟悉又亲密的朋友般的感觉。品牌个性的建立必须配合商品的品牌定位,符合消费者对品牌的认知与期望。如果你试图为品牌建立信任,那么每一种形式的传播工具、广告、标签等等,在外观、文字及态度上也都必须令人信任。在沟通的时候一定要传达足以使消费者信服的理由且这个理由来自产品的实质利益。

③**IMC 创意过程及创意人员以及销售主张**

成功的整合营销计划取决于创意过程中的两个不同的部分:第一部分是策略——"消费者想要听些什么"。第二部分则是"你该如何说出来"——一个能将策略成功演出的创意。这两部分都必须非常杰出,而且缺一不可,发展策略是一个漫长、沉闷的推理及发现的过程。然而策略如果没有对其最重要的部分——消费者——加以透彻考量的话,这个策略不过是在浪费时间和金钱,即使有一个杰出的创意作品,也挽救不了策略的失败。反之,如果你发展出一个理论上非常合理的策略,但却用一种呆板、平庸无奇的方式去执行,同样也是在浪费时间和金钱,因为你的执行方式很可能引不起消费者的注意。这说明了执行方式的重要,要有好的创意就必须要有好的创意人员。

整合营销传播对创意人员的要求比以往来得多。它要求创意人员正确地阐释策略,并将策略转化成一种能与消费者建立起某种关系的形式,使得消费者能对产品的品牌、制造商及销售店产生忠诚,创意人员必须提供能增加某品牌产品的认知价值的资讯,并使此品牌能与其他一切竞争品牌有明显的区别。我们认为这样的创意人员必须具备罕见的才华。首先,他必须具备聪明才智,能了解潜在消费者如何、为何、何时购买某些商品;他必须完全了解从消费者的观点与角度出发的行销是什么;必须将消费者视为他自己的客户。创意人员必须对消费者、产品及竞争情况充满好奇,并且绝对不可接受广告主对市场的描述,然后以自己的习惯与幻想创作广告。在创作广告之前,创意人员必须彻底地了解消费者,并且在创作完成后倾听消费者的回应。创意人员是少数能分辨"无差异"与"忠诚"之间的差别的人。我们必须尊重创意人员对策略的质疑与疑问。并应该鼓励他与消费者交谈,去倾听并解释消费者的想法。同时他更必须培养洞察力,能了解某一个产品类别对消费者的意义,以及消费者对不同讯息内容的反应与不同广告手法的关联。

整合营销传播加在创意人员身上的另外一个重担是,他必须更清楚各种各样接触消费者的管道。因为消费者的讯息接触点未必只是电视和报纸。在对这类新型创意人员的众多要求里,原创性仍然具有不可抹煞的重要地位。在今日混杂的传播世界里,在任何媒体上的执行方式都必须超越平凡而有创意。捧红一个品牌的秘诀,乃是在每一个消费者接触点上把创意有力地付诸实行——以一种消费者乐于认同的特质去和他们沟通:具有冲击力,能诉说品牌故事的特殊视觉效果;前所未有,能够将产品特性描述得戏剧性十足的文案;足以激起购买行动的新奇点子。

漂亮的创意执行能够呼应消费者真正的需求。消费者需要一种有趣的产品讯息呈现方式,一种能使他们对品牌产生信赖的呈现方式。我们认为创意最大的挑战是:驱逐那些言之无物的言辞。代之以真正有意义,能够帮消费者解决问题并且能改善他们生活的讯息。这才是与消费者建立关系的方法,也是建立起品牌地位的关键。有了好的创意后,我们就必须要有一个独特的销售主张。这种销售主张或创新的定位或清楚定义该品牌及其对消费者的承诺。

每一个品牌或服务都必须要有一个销售上的主张,使传播策略得以定位及执行。这个销售主张必须要提供足够的想象空间,足以让消费者感到惊讶,同时不流于沉闷。如果这一销售主张执行良好,那么它除了能够抓住潜在消费者的想象,更能建立起消费者对品牌的信心,为品牌建立起品牌个性。并且可使品牌成为家家欢迎,值得信赖的良伴。最重要的是,销售主张的可信度及说服力,能使消费者接受你在策略中所提出的本品牌所独具的竞争利益点。

销售主张必须能够持久,能够将自己的品牌与竞争品牌加以区隔。通过在各种媒体上反复地出现,销售主张能够为品牌创造出更大,更具竞争力的认知价值,并提高获利。它能使特价促销活动看起来的确物超所值,也能使品牌有意义地延伸,建立起消费者忠诚。毕竟,销售主张是消费者对产品欲求的一种具创意的反映,当方向正确时就能真正让消费者觉得舒服。销售主张并不是如你今天在许多传播工具上所看到的,以价格作为销售的武器。以价格作为沟通的方式,基本上只能为产品做一个很容易就遭到竞争对手瓦解的暂时的定位。我们认为绝大多数消费者的购买动机并非来自价格,而是来自付出该价格所能得到的好处,这就是为什么每一种不同的传播方式都必须提出一个令人信服的消费者利益,而非一个短暂的价格优势的原因。

④测量 IMC 传播效果,排除 IMC 的传播障碍

首先,我们来看报酬制度。报酬制度逐渐不以代理商提供的各项功能为着眼点而以代理商投入的资源为衡量基准。这种报酬制度最主要的目标是发展一套容易理解易于执行并对客户与代理商双方都公平的方法。可以确保代理商维持工作的质与量,并使客户得以严密监控其在行销上的投资情形。并且奖励办法的设计,使代理商有强烈的动机为客户尽力做好工作。

在某些情况下,根据广告的销售效果,将广告分成 A、B、C 三个等级。制作"B"级广告的广告公司,佣金为 13.5%,制作"A"级的,佣金可提高到 36%,亦即销售额每增加百万元,广告公司可多得 2.5 万元。一家广告公司若持续被评为"C"等级,则意味着可能应与其结束合作关系。在此制度下,其他如新产品发展、促销、顾客反应及公关活动等的报酬仍是经由协商而定,同时有针对广告成效特优的奖励办法,但是我们不好评断广告本身的效果。

测量整合营销传播的首要法则就是要从宏观的角度看待传播——即长时期、多层面。我们有必要在某时期之内的不同时间点上,检视传播计划对消费者和潜在消费者的影响。这表示除了了解厂商传递了什么信息之外,还需知道消费者和潜在消费者过去接收了哪些信息。因为,整合行销传播认为影响消费者行为的是多层面的信息,包括可掌控和不可掌控的信息。因而,我们相信测量传播效果必须兼顾多层面,即"交易、兴趣交易、关系、态度"这四个方面。

我们要测量的是能被回馈到消费者资料库的行为反应。测量消费者反应的第一步,便是事先计划好测量方式,将消费者的反应,建立于传播活动之中或是传播活动以促使消费者提供可供测量的反应为原则。第二步便是激发反应,既和消费者、潜在消费者的每一个接触均要给予他们能够提供回馈或反应的方式。第三步是,当消费者以某种形式的反应象征承诺,提出一些要求时,厂商必须马上做出回应。最后一步是,根据承诺反应,整理出消费者及潜在消费者的行为模式——购买行为。在了解了实际的购买行为资料与购买行为相关的传播形式,就可以开始评估什么样的传播技巧能有效。在经过上面几步后,接下来的重点是决定如何发展下一步的传播活动,也就是在分析消费者的反应、弄清楚消费者说了什么、想要什么、购买了什么后,以这些反应为依据来策划下一步的传播活动。

有传播就有障碍,我们来研究一下怎样克服整合行销传播的障碍。要克服整合营销传播的障碍,必须有四个必要因素:一是整合营销传播必须有高层往下开展。不管组织的结构或事业形态如何,整合营销传播计划必须有高层开始拓展,并向下渗透到整个组织,而无法有中层或基层开始。二是消费者导向的营销。要使整合营销传播有效运作,该组织必须注重消费者,随时随地关心各阶层消费者,吸

取有关资讯,以便了解满足消费者需求。而不仅限于制造产品或提供服务。三是传播必须成为一个实际有效的竞争优势。要使整合行销传播成功,所有的组织必须认清传播将是最重要的竞争武器之一。传播必须成为时间有效的优势,才能使组织在市场上继续生存。四是传播活动必须由中央控制。在今日的市场竞争中,集中化或合并的传播功能是必备的。唯有中央控制的组织才可能有建构完整的策略和计划,也唯有这些计划和策略,才能使公司所建立的品牌在市场上屹立不倒。

1.3.3 御久模式:整合营销个案分析

御久国际(上海)健康机构是主要从事"性商(SQ)"产业的流通和性商(SQ)专业服务领域,传播性健康理念、性知识、性文化,引领趋势和潮流的健康产业经营机构。同时涉足经营部分健康领域,经营世界顶级生物健康产品、保健健康器材和美容护肤产品等。在新的历史时期下,企业之间的竞争在很大程度上就是创新的竞争,就是营销模式的竞争。御久创造性的提出"三维"整合营销模式,值得我们加以关注。

①经略市场:营销"三维度"

"三维"是指营销的三项维度。营销维度是组成营销的基本因素。在营销实践中,任何一种营销模式的因素不论多么复杂,都可以概括归纳为网络维度、方略维度、管理维度三个方面,称其为营销"三维度"。

网络维度指各种营销网络,即组成营销的基本系统,主要包括营销人员网络、流通渠道网络和消费者网络。其中,营销人员是营销活动的主体,流通渠道是营销活动的载体,消费者是营销活动的重心。网络维度表明市场营销是在生产者、经营者和消费者之间开展的一种社会活动。网络维度是市场营销的基本资源,健全的营销网络必须同时具备营销人员、流通渠道和消费者三张基本网络。

方略维度指各种营销方略,即营销的全盘计划和策略,主要包括营销思想、营销战略和营销战术三个层面。其中,营销思想是营销活动的指导思想,营销战略是营销活动的整体策略,营销战术是营销活动的局部计划。方略维度反映了营销思想、战略和战术之间的相互关系,营销思想决定营销战略,营销战略决定营销战术。营销方略是市场营销的基本方法,健全的营销方略必须同时具备营销思想、营销战略和营销战术三个层面。

管理维度指各项营销管理,即营销过程的控制和监督,主要包括营销管理体制、营销管理机制和营销管理技术三个方面。其中,营销管理体制是企业营销管理活动的基本组织架构,营销管理机制是营销系统内部各个组织之间相互作用的规则和方式,营销管理技术是企业控制营销管理活动的技术手段。体制是有形的,机制是无形的。体制是机制的载体,机制是体制的游戏规则和运行软件。总之,营销管理是整合营销资源和控制营销过程的基本手段,健全高效的营销管理系统必须同时具备科学的营销管理体制和营销管理机制,并运用科学的营销管理技术。

②阐释"三维"整合直效服务营销

随着市场经济的高度发展和全球经济一体化,各种社会商品严重供过于求,富有远见卓识的企业家逐渐树立了社会营销观念。在社会营销观念指导下,企业在营销实践中开始综合兼顾企业、员工、消费者和社会四方面的利益及其相互关系,也就是不单做产品、做企业,而且做社会。在社会营销观念指导下,经营者在传统"网络+方略"二维营销的基础上,更加重视以消费者为中心的营销管理工作。这也是直效产生的原动力。

直效服务营销是指为适应市场竞争环境的变化,快速实现企业营销目标而进行的招商(主要是渠道经销商合作)、终端运作、会议营销(会场直销)、服务营销、广告营销五位一体的整合运作。它的精髓在于整合企业内外部资源,以强势力量快速运营,快速制胜市场。它操作成功的前提是对各个组成元素都熟谙且能有机组合运用。我们要在社会营销观念指导下,系统整合"网络、方略和管理"的营销模式,并定位为"三维"营销或营销思想。

网络维度:三张基本网络。一是营销人员网。营销人员是"三维"整合直效服务营销的主体,是御久市场发展的决定性力量。在御久整合直效服务营销模式下,御久公司营销人员网由经理队伍、员工队伍和专家队伍三张网络组成。其中,经理队伍是区域市场发展的第一责任人和主要受益者,是区域市场的开拓者、组织者和领导者;员工队伍是推动市场发展的基本力量和根本保障,是市场的执行者和实践者;专家是服务营销的中坚力量,是产品的代言人和顾客的健康顾问。二是终端店铺网。这是产品销售平台和服务平台,是市场营销的综合性后勤保障基地。在御久"三维"整合直效服务营销模式下,终端店铺网分为传统的酒店、商超、酒吧、夜总会、KTV和御久专营店、服务站两大基本形式。三是消费者顾客网。御久的顾客是御久的直接购买者和最终消费者,是御久市场和御久公司赖以生存和发展的根本保障。为了充分利用和维护消费顾客网,公司必须要建立起CRM顾客资源数据库系统。御久顾客队伍不仅是一张巨大的消费网络,同时,还是一支重要的营销力量,因为通过御久忠诚顾客口碑宣传向其他顾客转介绍是御久营销的重要方法之一。(这种营销方法是"直销",我们称之为"口碑"营销,它是指人与人之间就产品或服务进行口头的信息传播。)

方略维度:三项基本方略。一是基本营销思想。御久"三维"整合直效服务营销的营销思想源于全维营销思想,包括共赢思想、创新文化、进取和高效的精神三个方面。二是基本营销战略。他们以企业品牌为中心,在经营文化中经营产品、经营人生。三是基本营销战术。主要是知识营销、服务营销、联谊营销、电子商务。

管理维度:三项基本管理。第一,营销管理体制。2006年,面对营销渠道大变革的背景,御久公司按照"一体多制"、"一题多式"的合作思想,对"三维"整合直效服务营销体制进行提升和完善。新的体制将进一步维护御久营销规则的严肃性和营销管理的统一性。第二,营销管理机制。执行独具特色的分配机制、激励机制、竞争机制和约束机制。分配机制是营销管理的核心机制。基本原则是利益分配向市场一线倾斜,保证服务营销、联谊营销、快乐人人、尊贵伯爵家庭和专家知识营销的充足费用,使市场规模最大化和各方利益最大化。激励机制是营销管理的动力机制。实行销售业绩与经济利益和个人发展双重挂钩的激励机制。经济利益是物质激励,个人发展是精神激励。倡导有多大贡献就有多大收益,有多大能力就有多大发展空间。竞争机制是营销管理的发展机制。实行"宏观统一,微观搞活"的内部竞争机制。宏观统一是指全区域市场统一管理、统一指挥;微观搞活是指基本经营单位独立经营、自负盈亏。这种竞争机制的特点是既能达到优胜劣汰的竞争目的，又能实现统一高效管理。约束机制是营销管理的制衡机制。御久公司必须建立健全的营销员和加盟商准入机制、审计机制、加盟商年审机制和市场检察机制，这四大约束机制才能保障御久市场的健康发展。第三，营销管理技术。内容重点是建立先进的信息管理平台，运用数字化薪酬分配技术、数字化财务操作系统和顾客资源数据库技术，在营销管理中打造数字化企业。

③"三维"整合直效服务营销优质基因传播

"三维"整合直效服务营销优质基因传播有：

第一，御久"三维"整合直效服务营销的营销基础是服务。服务是最好的销售，服务总有回报，服务是御久"三维"整合直效服务营销的灵魂所在，是御久"三维"整合直效服务营销的营销基础。服务就是爱，御久"三维"整合直效服务营销就是撒播大爱、奉献大爱。有了真爱付出，必有真情回报。服务是企业市场营销取之不尽的力量源泉和战无不胜的营销法宝。

第二，御久"三维"整合直效服务营销的营销重心是消费者。御久"三维"整合直效服务营销是在市场营销观念指导下的现代营销，她的基本营销理念是"以市场为中心，以消费者为重心"，企业众口皆碑的服务营销是贯彻实践这一营销理念的必然结果。

第三，御久"三维"整合直效服务营销的营销本质是全维。御久"三维"整合直效服务营销的营销本质是三张基本网络、三种基本方略和三项基本管理在"三维"空间上的高层次系统全维整合。其中，三张基本网络是基本资源，三种基本方略是基本手段，三项基本管理是整合营销资源和营销方略的基本工具。

第四，御久"三维"整合直效服务营销的营销特征是开放。御久"三维"整合直效服务营销中的"三"具有特定和非特定两种含义。特定含义，一是指三项营销维度，二是指每一营销维度的三项基本元素。非特定含义是指全部的意思。御久"三维"整合直效服务营销中的"三"具有全部、循环往复、生生不息的深刻含义。御久"三维"整合直效服务营销不拒绝任何营销模式在网络、方略和管理等方面的优秀方法和成功经验，也不生搬硬套其他营销模式的操作方法。御久"三维"整合直效服务营销是水性营销，她以变应变，随机应变，不断吸收和整合现代营销中的一切优秀经验和方法，具有鲜明的开放性；御久"三维"整合直效服务营销是和谐营销。

▼2　中国直销：整合营销的高级阶段

我们在第一节详细地讨论了整合营销问题，那么，直销是不是属于整合营销呢？如果是，那是什么样的整合营销？直销的整合过程又是什么？这些问题，就是本章要讨论和研究的内容。

2.1　直销是整合营销的高级阶段

中国营销的过程，从传统的营销方式到直销方式，已经历了三个阶段。初期阶段是以产品为主体的营销模式。许多企业通过产品的价格、质量、性价比、创意使得我们的产品占据市场。中级阶段是品牌的营销。品牌营销在整个营销过程中起到了非常重要的作用。在中国,有许多企业以品牌营销取胜,如"脑白金"。过去只要产品卖出去就可以了,而现在,如果没有一个品牌的产品,获得的利润可能只有10%。一旦有一个好的品牌,品牌永远是对高端用户有吸引作用。高端客户产生的利润价值应该是80%,而20%来自低端用户。如果企业只瞄准低端用户,投入虽很大,但是利润空间非常小。因此,企业关注的更多是品牌的建立、维护等等,所以这种营销模式是品牌的营销模式。中国营销的高级阶段是什么呢?我们认为,中国营销的高级阶段是整合营销。这个道理在第一节中已讲清楚了我们不再在这里作分析了。

在中国,直销是不是整合营销?它在整合营销中的地位是什么?这些问题我们必须要搞清楚的。如果说中国营销初期阶段是把产品卖给顾客,中级阶段把品牌卖给顾客,那么高级阶段是先把理念卖给顾客,然后把品牌与产品通过理念一起卖给顾客。中国直销就是处于营销高级阶段的整合营销,但又比一般的整合营销要更先进。所以,如果说整合营销是中国营销的高级阶段的话,那么,直销就是整合营销的高级阶段。

2.1.1 直销过程中的深度分销是渠道发展演化的高级阶段

直销是一种深度分销。深度分销不是要厂家直接去做终端,也不意味着批发商过时了,深度分销是渠道演变进化到一定程度之后的必然结果。

①**深度分销是渠道发展演化的高级阶段**

高质量渠道的建设不可能一步到位,渠道初期的结构总是比较松散、功能比较弱、覆盖率不高、不可能深入到所有有价值的终端。直销的渠道是属于"多层次模型"(不是人们常说的多层次直销),反映了渠道建设的演化过程。

第一层次是直销专卖店。直销专卖店通常实行的是总代理制或区域总代理制。这时的渠道只具备最基本的功能,直销企业把产品交给直销专卖店并收回货款,对产品的流向缺乏了解,对客户的需求所知有限,无法将客户需求细分化。在第一层次,直销企业没有为渠道提供任何服务,这是一种简单的交易关系。

第二层次是直销商。直销企业初步知道了产品的大致流向和各种分销渠道、以及零售终端的销量大小,但是仍然很难从渠道收集大量市场信息,对客户需求只有大概了解,易受大经销商误导。这时的渠道仍然是粗放型的,但是已经为深度分销做好了准备。

第三层次是直销员。直销企业能够跨越总代理或区域代理的壁垒,直接从下面专卖店和直销收集各类市场信息,有可能根据不同客户群,为客户提供"按需生产"的服务。在这个层次,渠道变得更加透明,直销企业对销售的预测更加准确,客户需求比较明晰,有可能利用从渠道收集的信息划分出细分市场,能够比较准确地认识到客户需求及其变化。第三层次是深度分销的初级阶段。

第四层次是消费者。直销企业进一步提升专卖店和直销商的业务能力和服务能力,能够为客户提供个性化的服务,对客户需求的反应非常迅速,能够得到很高的客户满意度;有些直销企业需要借助信息系统的支持,以建立详细而全面的客户数据库。第四层次与第三层次最主要区别是:渠道达到第四层次后具有了更强的软性力量。直销企业要为渠道成员提供较多的培训和服务,再通过渠道成员向消费者传递培训和服务,传递的数量越多、质量越高,这个渠道的功能就越强,渠道质量就越高,深度分销就做得越好。第四层次不仅是渠道质量最高的阶段,也是深度分销的高级阶段。

深度分销和渠道质量提升是完全同步的,一个直销企业的渠道至少应该发展到第二层次,才会有深度分销的必要性和可能性。如果直销企业在第一层次就试图深度分销,则条件不成熟、跨越太大,很难成功。因为,深度分销在本质上是如何更好地贴近客户、辨识客户需求,为客户提供更好服务、更多服务,如果直销企业基本的渠道结构尚未搭建好,根本谈不上深度分销。

②深度分销不是"为做终端而做终端"

直销过程中的深度分销,要求直销企业离终端尽可能近一些、终端的数量尽可能多一些、覆盖面尽可能广阔一些,但是很多直销企业因此产生错觉,走得太远。有少数直销企业甚至完全依靠自己的力量来做终端,他们完全无视专卖店、直销商的作用,认为他们这是"搬箱子"、不创造任何价值的环节,这种盲目而偏激的实践使直销企业付出代价。为渠道扁平而扁平、为做终端而做终端,甚至为做终端而完全抛开专卖店和直销商,导致销售费用急剧上升,但是业绩却只有微幅上升,无法弥补费用的增量。以大财力、以卓越的执行能力来做终端,最终被证明是错误的战略。宝洁曾在一个县城的二十几个乡镇,建立了上千家"宝洁公司会员店",但最终发现,渠道建设与维护所消耗的资金与资源,远远高于渠道所能产生的利润。最后宝洁还是得选择与当地经销商合作。以宝洁这样庞大的销量、充沛的财力和一流的管理能力,都无法支持一个完全属于自己的渠道,无法由自己直接向终端普遍铺货,更何况其他绝大多数直销企业。如果对照渠道建设的四层次模型,就可以很清楚地看到:直销企业完全可以通过直销员来做终端,企业可以通过提供培训、技术支持、一定的财务支持和有效的信息管理,来实现对终端以及客户的有效控制,这样既能真实把握客户需求,又能充分利用直销员的资源。直销员的价值是不可缺少的,即使以直销著名的戴尔公司也有自己的直销员队伍,以服务与单纯销售共同有机构成了戴尔直销模式下的深度分销。

③直销企业如何主导深度分销

如何通过与直销员的建设性合作来做好终端,实现深度分销呢?在渠道建设的四层次模式中,第三层次的渠道与第四层次的渠道的主要差别在于,第四层次渠道中,厂家能够给予直销员以有力的支持,这种支持主要不是在财力上的,而是在业务上的,结果就是直销员能够更加识别和满足消费者的需求,这就是深度分销。直销企业要"管理输出",帮助直销员提高运作水平,提高管理能力,也就提高了渠道的质量,这比多给直销员一个"点"的返利更有建设意义。高质量的深度分销要求要有很高的管理水平,否则,"深"不下去,而高水平的管理能够有效减少渠道成本,从而为深度分销提供了更好的条件。

2.1.2 直销的价值导向型是整合营销传播策略的高级阶段

早期的营销传播作业系以大众传播媒体为主轴,但是随着有线电视的兴起、个人计算机的发达和网络的普及,使得媒体多样化和营销作业复杂化,因此在 1980 年代末期到 1990 年代初期,舒尔茨等人首先提出了整合营销传播的观念和作业方法,希望能够结合不同的媒体和传播手法,针对目标消费群传递一致的营销讯息,达到最大效果。

近年来舒尔茨等专家更进一步提出"价值导向型"的整合营销传播的概念。在这个概念下,它把整合营销传播由以前的战术作业层面提升为策略管理的工具,同时不再局限于对外的传播作业,更重视企业和顾客之间的双向沟通。参与的层面也不只是营销传播人员,还扩大到各个和顾客接触的相关部门及人员。并且追求的不只是短期的获利目标,而是和顾客建立长期的亲密关系。实际上,直销的整合营销传播就体现了"价值导向型"。

直销体现"价值导向型"主要表现在:

①**利用消费者行为找出和界定消费者和潜在消费者**

整合营销传播的第一要务是界定消费者和潜在消费者是谁,但是界定的标准并非传统的市场区隔,如人口统计和地理划分等方式,而是根据消费者行为加以分类。因为消费者买什么、在什么时候买、在什么地方买、多久买一次、买的金额和数量有多少等行为,比年龄、性别、收入、居住地区等资料更有用。直销中的整合营销,一般都是利用消费者行为来找出和界定消费者和潜在消费者的。安利公司十分强调直销员要对消费者的行为进行仔细分析,通过他们进一步找到潜在消费者,效果十分明显。

②**评估消费者与潜在消费者的服务价值**

直销的整合营销,是根据消费者和潜在消费者的购买行为可以分为重级、中级、轻级使用者或忠实、游移、价格取向使用者等不同分类方式,根据不同类别的顾客进一步分析其对公司带来的收入和创造的边际利益有多少。透过这种价值分析模式,可以找出哪些消费者最有价值、哪些消费者最有潜力和最值得开发、哪些消费者必须保留和维护等。

③**传达讯息和诱因给目标消费者**

在了解消费者和潜在消费者是谁,并找出最有价值和潜力的消费者以后,要透过整合营销传播作业,针对消费者需求,提供最好的讯息和诱因,来打动消费者,促其采取购买行动。首先,直销员要研究消费者和潜在消费者在什么时间、什么地点和以何种方式接触到企业的品牌和产品,同时要了解消费者心中对企业品牌的看法和印象,以及对产品的渴望程度,并了解应该在什么时间和地点,以什么样方式诉求才能被消费者接受。其次,直销员把诉求的内容简化为讯息和诱因两种。品牌讯息的传播目标在于传达品牌的概念、价值、建立消费者的偏好,并和竞争者有所差异。品牌诱因的传播目标在于刺激消费者试用、提高用量、提早购买或延伸采购等,可以采用降价、试用品、赠品等促销方式进行。

④**评估营销传播投资报酬率**

直销企业针对不同的消费者所投入的营销传播费用,应该更进一步的分析其产生的投资报酬率如何,以及多久可以回收。投资报酬率的分析又可分为短期和长期,采取品牌诱因的传播方式可以在短期内为直销企业带来收入,至于采取品牌讯息的传播方式则着重在长期为直销企业创造品牌权益。在短期顾客投资报酬率的计算上,最重要的不是把营销传播费用当成固定费用,而是变动成本,因此随着收入的增加,营销传播费用也可以随之增加。在长期消费者投资报酬率的计算上,则是以消费者将来还可能继续购买直销企业的产品或服务,其所创造的未来收入,来算出每位消费者的终身顾客价值。

⑤计划执行后的评估和未来的规划

整合营销传播计划执行以后,必须要评估执行的结果,若执行的成效不佳则必须要检讨改进,若执行的成果成功,则可以继续延续下去。因此,直销企业根据执行结果可以做为未来规划的基础。在评估整个直销的整合营销传播计划时,必须根据上述的四个步骤再检视:是否找出正确的消费者和潜在消费者?是否正确的评价他们的财务价值?是否提出正确的讯息和诱因给目标消费者?是否达到预期的投资报酬率?因此整个的作业流程可以说是周而复始,并没有中断。而直销企业最重要的是要从这些作业的流程中累积经验,不断的学习丰富和加以改进。

2.1.3 电子商务是网络直销的高级阶段

网络直销是指电子商务下的直销,这也是整合营销的一种。电子商务与网络直销是一对紧密相关又具有明显区别的概念,对于初次涉足网络直销领域者对两个概念很容易造成混淆。比如直销企业建一个普通网站就认为是开展电子商务,或者将网上销售商品称为网络营销等,这些都是不确切的说法。但是,我们可以这样说,电子商务是网络直销的高级阶段。

第一,网络直销与电子商务研究的范围不同。电子商务的内涵很广,其核心是电子化交易,电子商务强调的是交易方式和交易过程的各个环节。而网络直销注重的是以互联网为主要手段的直销活动。网络直销和电子商务的这种关系也表明,发生在电子交易过程中的网上支付和交易之后的商品配送等问题并不是网络直销所能包含的内容,同样,电子商务体系中所涉及到的安全、法律等问题也不适合全部包括在网络直销中。

第二,网络直销与电子商务的关注重点不同。网络直销的重点在交易前阶段的宣传和推广,电子商务的标志之一则是实现电子化交易。网络直销的定义已经表明,网络直销是直销企业整体营销战略的一个组成部分。但网络直销本身并不是一个完整的商业交易过程,而是为了促成交易提供支持,因此是电子商务中的一个重要环节,尤其在交易发生之前,网络营销发挥着主要的信息传递作用。从这种意义上说,电子商务可以被看作是网络直销的高级阶段。

所以说,电子商务与网络直销实际上又是密切联系的,网络直销是电子商务的组成部分,开展网络直销并不等于一定实现了电子商务(指实现网上交易),但实现电子商务一定是以开展网络直销为前提,因为网上销售被认为是网络营销的职能之一。电子商务加直销模式将引领传统直销模式走向新的里程。

2.2 直销的文化性：整合营销高级阶段的重要标志

文化和直销是形影不离的,没有文化,直销就等于没有灵魂。直销的文化性,这是整合营销高级阶段的重要标志。

2.2.1 文化营销是整合营销理论的重要内容

20世纪50年代末,杰罗姆·麦卡锡(Jerome·McCarth)提出4Ps理论,即产品(Product)、价格(Price)、渠道(Place)、促销(Promotion)。这一理论强调以市场为导向,以产品销售为目的,认为企业只要能生产优质的产品,采用合理的价格,通过适当的分销渠道,再加上必要的促销手段,就能实现企业的预期目标。20世纪80年代,美国市场学家罗德明向传统的4Ps理论发起挑战,提出4Cs理论,即消费者需求(Consumer)、成本(Cost)、便利性(Convenience)、沟通(Communication)。与4Ps理论相比,该理论强调忘掉产品,记住客户的需求与期望;忘掉价格,记住成本与顾客的费用;忘掉地点,记住方便顾客;忘掉促销,记住与顾客沟通。20世纪90年代,舒尔茨(Don.E.Schultz)提出4Rs理论,即关联(Related)、反映(Reflect)、关系(Relation)、回报(Reward)。该理论阐述了全新的营销要素,它包括与客户建立关联,提高市场反映速度,重视关系营销和营销回报。这一理论强调以竞争为导向,注重关系营销,维护企业与客户之间的长期合作关系。20世纪90年代中后期,随着高科技产业的迅速崛起,高科技企业、高技术产品和服务不断涌现,营销观念和营销方式也不断丰富与发展,并形成独具风格的新型营销理念,即4Vs营销组合理论。所谓4Vs是指差异化(Variation)、功能化(Versatility)、附加值(Value)、共鸣(Vibration)。这一理论强调顾客差异化,功能弹性化,产品附加值以及消费者在消费产品时所产生的共鸣。

4Ps理论通过满足现实的具有相同或相近的顾客需求并获利最大化;4Cs理论通过满足现实的和潜在的个性化需求来培养顾客忠诚度;4Rs理论通过适应需求变化并创造需求,追求各方互惠关系最大化;4Vs理论主要满足顾客追求个人体验和价值最大化需求。从营销理论的发展过程可以看出,营销中的文化蕴量随着营销学的发展而越来越厚重。随着我国社会主义市场经济的不断发展和营销学本身的不断健全,"文化营销"作为一个专门的营销领域必然从幕后走到前台,让其走向前台的主角就是直销。

研究中国的直销,使我们看到文化营销与传统营销有明显区别:①传统营销的核心是交易,企业通过与顾客发生交易活动从中获利,考虑使每一笔交易的收益最大化,是以交易为导向;文化营销的核心是关系,企业从顾客与品牌的良好关系中获利,考虑与顾客保持长期关系所带来的收益和贡献,是以关系为导向。②传统营销强调大传播、大促销和分销渠道,其指导思想是大规模营销;文化营销强调顾客价值和顾客资产,其指导思想是一对一和大规模定制营销。③传统的营销注重争夺新顾客和获得更多的顾客,强调高市场份额,认为高市场份额代表高忠诚度,但是真正的顾客忠诚是一个远比市场份额复杂的概念,因为忠诚还包括顾客的偏爱和态度。文化营销则注重以更小的成本留住顾客和保持顾客,强调顾客占有率和范围经济。顾客占有率是指直销企业赢得一个顾客终身购买物品的百分比，测度的是同一顾客是否重复购买；范围经济是指同一顾客向同一个直销企业购买相关产品、其他产品和新产品给企业带来的利润。

2.2.2 经济与文化一体化的趋势为直销奠定了社会基础

20世纪70年代以来，现代市场经济的一个重要趋势就是经济与文化一体化发展。许多学者都注意到文化与经济的共生互动关系，文化对经济发展的促进作用，经济发展对文化发展的推动作用。法国学者佩音在《新发展观》中指出，在经济增长中，文化因素是决定减缓或加速经济增长以及检验经济增长是否合理的基础。美国经济学家蒲林科曼在《文化经济学》中根据文化发展的特质分析多种经济现象的实质，论证文化与经济发展的关系。在我国随着市场经济的逐步发展，也有许多学者关注经济与文化的内在关系，呼吁经济发展不能脱离文化。经济与文化一体化的趋势，为中国直销奠定了发展的社会基础。所以，当美国安利公司一进入中国，参与直销的人员一年比一年多，成为我国一支很重要的营销大军。

2.2.3 文化营销是直销市场经济发展的需要

市场是有文化性的。市场文化就是适应市场经济发展的需要，通过经济和文化的结合或融合产生的，既能推动经济发展又能够丰富文化生活的文化形态。直销经济的发展越来越多地依靠文化力的注入，直销市场经济越发达，直销文化就越发达，因为直销人已经从单纯的"经济人"、"社会人"转向"文化人"了。随着经济的发展和人们生活水平的提高，人们对产品的需求也越来越高。人们已经满足了生理上的需要和安全上的需要，消费者购买产品不仅仅是为了物质上的满足，而很大程度上是为了满足精神上的需要，他们希望自己有个性，有品位，希望得到别人的赞赏与尊敬，达到自我实现的需要。越是一些高贵物品，越是一些有地位有文化的人，他们更需要文化营销。许多人购买高档次的直销产品，就是因为他们的需要不仅仅满足于一般层次需求，还希望通过这些产品证明他们的地位价值，并希望以此为载体显示他们的尊贵典雅与气质等等深层次的文化内涵，满足高层次的需要。

2.2.4 文化营销是直销企业对宏观环境的反应

从宏观环境来看，营销正在渗入我们生活的方方面面，营销无处不在，无时不有。然而，那种充斥着叫卖声，弥漫着庸俗商人气息的硬式推销已经越来越不受欢迎。企业传统上具有的战略优势，如自然资源、规模经济、资金与技术优势，由于相互间的差距正在缩小而不再成为优势或不再是恒久的优势；企业在产品、价格、渠道及促销等营销操作层面上的竞争，由于信息的畅通化，市场运作规范的建立与完善，使得相互间模仿和借鉴的速度越来越快，想以此建立起长久的竞争优势越来越不可能。而直销这种"在商言文"的营销形式，可以利用文化独特的亲和力,把具有相同文化底蕴与文化追求的人们聚集在一起,并取得价值观的认同,达成有效的沟通,从而建立起与消费者的亲密关系是不难做到的。文化因素的注入已成为一种势不可挡的直销潮流。21世纪不仅是知识经济、网络经济时代,也是文化经济时代,文化已逐渐成为推动生产力发展的一支强劲动力。所以决定21世纪人类消费的是文化,21世纪将是文化营销的时代,21世纪的竞争是文化的竞争,让直销披上文化的袈裟,赋予文化的品味与灵魂,将是今后直销人员的主要立意点。

2.3 整合营销高级阶段的主要形式

在直销的发展过程中,资源整合、信息整合、人脉整合这是整合营销高级阶段的主要形式。这"三种整合"之所以是整合营销高级阶段的主要形式,是因为直销中的整合营销是以这"三种整合"为基础的。如果把文化整合比作人的灵魂,那么这"三种整合"则是人的健康的身躯。

2.3.1 ERP:直销企业资源整合的新路径

随着全球经济一体化进程的不断加快,作为市场经济细胞的直销企业,面临的竞争将不再仅仅是产品的竞争、营销的竞争、人才的竞争,而是直销企业如何面对不断变化的市场以及来自跨国公司的挑战,如何有效的利用企业内外部资源,不断增强企业的市场竞争力。代表新管理思想、理念与方法的ERP(Enterprise Resources Planning)即企业资源计划对提高直销企业竞争力的重要作用日益凸显。ERP是一种基于计算机技术和管理理论的新型管理信息系统,它从理论和实践两个方面,提供了直销企业经营管理的整体解决方案。它不仅仅是一套软件,更多的是管理思想和理念的结晶和体现,是信息时代直销企业实现现代化、科学化管理的有力工具,从某种意义上说是衡量直销企业管理现代化的一个标尺。

①ERP的内涵及其发展

ERP的内涵。20世纪90年代初美国的著名咨询公司Gartner总结了MRPII软件的发展趋势,提出了企业资源计划(ERP)的概念,即描述下一代制造商业系统和制造资源计划(MRPII)软件。它包含客户/服务器架构,使用图形用户接口,应用开放系统制作。除了已有的标准功能,还包括其它特性,如品质、过程运作管理以及调整报告等。特别是,ERP采用的基础技术将同时给用户软件和硬件两方面的独立性更加容易升级。同时,ERP可以根据用户自身的需要进行"量体裁衣",使之可以灵活地加以运用。

ERP的发展历程。20世纪40年代,当时计算机系统还处于雏形阶段,为了解决库存控制问题,人们提出了订货点法。60年代的时段式MRP(物流需求计划):随着计算机系统的发展,使得短时间内对大量数据进行复杂运算成为可能,出现了利用物料清单、库存数据和主生产计划计算物料需求的MRP。70年代的闭环MRP:随着人们认识的加深及计算机系统的普及,为解决采购、库存、生产、销售的管理,在时段式MRP的基础上,集成了粗能力计划、生产能力需求计划、车间作业计划以及采购作业计划,并形成反馈,构成一个封闭的循环。80 年代的 MRP Ⅱ(制造资源计划):随着网络技术的发展,企业内部信息得到充分共享,在闭环 MRP 的基础上,形成了一个集财务、供应链管理和制造为一体的完整的企业管理流程。90 年代的 ERP:在更先进的 IT 技术(如网络技术、图形界面、第四代计算机语言、关系型数据库、客户机服务器型分布式数据库处理、开放系统和简化集成等)的强大支持下,在传统 MRPⅡ系统的制造、财务、销售等功能的基础上,增加了分销管理、人力资源管理、运输管理、仓库管理、质量管理、设备管理、决策支持等功能。从而使企业供应链的管理得到不断的完善,最终在激烈的市场竞争中取得一个比较好的经济效益。

②ERP 系统的管理思想及其特点

ERP 系统以供应链管理作为其核心管理思想,具体表现在以下三个方面:第一,对整个供应链资源进行管理。在当今信息时代仅依靠本企业的资源已不能有效地参与市场竞争,现代企业竞争已从单一企业与单一企业间的竞争,转变为一个企业供应链与另一个企业供应链之间的竞争。我们认为,中国直销企业有必要跨越本企业的围墙,建立一种跨企业的协作,以追求和分享市场机会的新型管理方式——供应链管理,即将供应商到客户的全过程,包括外购、制造分销、库存管理、运输、仓储、客户服务等纳入一个紧密的供应链中,而 ERP 系统的基本目标则是使供应链有效运转并运用计算机硬、软件手段尽力缩短这个供应链,提高其运转效率,为企业产品质量、市场需求和客户满意提供保障,最终提高企业在信息时代的市场竞争能力。

第二,支持对混合型生产方式的管理,体现精益生产、同步工程和敏捷制造的思想。这里所说的"混合生产方式"包括三种情况:生产方式的混合;经营方式的混合;生产分销和服务等业务的混合。其管理思想表现在两个方面:其一是"精益生产 LP(Lean Production)"的思想,它是由美国麻省理工学院(MIT)提出的一种企业经营战略体系。即企业按大批量生产方式组织生产时,把客户、销售代理商、供应商、协作单位纳入生产体系,企业同其销售代理、客户和供应商的关系,已不再是简单的业务往来关系,而是利益共享的合作伙伴关系,这种合作伙伴关系组成了一个企业的供应链,这即是精益生产的核心思想。其二是"敏捷制造(Agile Manufacturing)"的思想。当市场发生变化,直销企业遇有特定的市场和产品需求时,企业的基本合作伙伴不一定能满足新产品开发生产的要求,这时,组织一个由特定的供应商和销售渠道组成的短期或一次性供应链,形成"虚拟工厂",把供应和协作单位看成是直销企业的一个组成部分,运用"同步工程(SE)"组织生产,用最短的时间将新产品打入直销市场,时刻保持产品的高质量、多样化和灵活性。

第三,体现事先计划与事中控制的思想。ERP 系统中的计划体系主要包括:主生产计划、物料需求计划、能力计划、采购计划、销售执行计划、利润计划、财务预算和人力资源计划等,而且这些计划功能与价值控制功能已完全集成到直销企业整个供应链系统中。另一方面,ERP 系统通过事务处理(Transaction)相关的会计核算科目与核算方式,以便直销企业在事务处理发生的同时自动生成会计核算分录,保证了资金流与物流的同步记录和数据的一致性。从而实现了根据财务资金现状,可以追溯资金的来龙去脉,并进一步追溯所发生的相关业务活动,改变了资金信息滞后于物料信息的状况,便于实现事中控制和实时做出决策。

ERP 系统具有五个特点:一是实现管理系统性。ERP 是一种系统工程,它把直销企业所有与经营生产直接相关部门的工作联系成一整体,每个部门都从系统总体出发做好本岗位工作,每个人员都清楚自己的工作质量同其它职能的关系。二是实现计划的一贯性与可行性。ERP 是一种计划主导型的管理模式,计划层次从宏观到微观,从战略到战术,由粗到细逐层细化,但始终保证与直销企业经营战略目标一致。三是实现动态应变性。ERP 把客户需求和直销企业内部的制造活动以及供应商的制造资源整合在一起,体现了完全按用户需求制造的思想,使得直销企业适应市场与客户需求快速变化的能力增强。它要求跟踪、控制和反映瞬息万变的实际情况,管理人员可随时根据直销企业内外环境条件的变化迅速做出响应、及时决策调整,保证生产计划正常进行。四是实现模拟预见性。ERP 是经营生产管理规律的反映,按照规律建立的信息逻辑必然具有模拟功能。它可以解决"如果怎样~将会怎样"的问题,直销企业可以预见相当长远的计划期内可能发生的问题,事先采取措施消除隐患,而不是等问题已经发生了再花几倍的精力去处理。五是实现物流、资金流的统一。ERP 包罗了成本会计和财务功能,可以由生产活动直接产生财务数字,把实物形态的物料流动直接转换为价值形态的资金流动,保证生产和财会数据一致。财会部门及时得到资金流动状况反映物流和经营生产情况,随时分析直销企业的经济效益,参与决策、指导和控制经营和生产活动。

③我国直销企业实施 ERP 的对策

ERP 的应用是一项管理工程,而非 IT 工程。ERP 的应用意味着直销企业管理模式的创新,因此,直销企业应从整体运作的层次上对原有的管理模式和结构进行彻底的革新,即将 ERP 与业务流程重组 BPR(Business Process Reengineering)相结合,打破旧的管理结构,对直销企业的总体结构、组织、流程及其所有的环节进行考察和重组,建立新的管理程序,真正实现其合理化和现代化。要做好企业需求调研,即要直销对企业自身需求进行充分调研,找到企业目前管理过程中存在哪些无效或低效的地方,明确企业的规模、生产类型以及对 ERP 系统的特殊需求,以此作为直销企业进行业务流程重组和软件选型的基础工作。另外,直销企业也从中找出为什么要上 ERP 的原因,将 ERP 的应用作为自身管理改善的内在动力。

我国目前很多直销企业的 IT 技术力量不足,国内的软件开发商也没有充分的人力、技术去开发一套完善的 ERP 系统,因此仍要引进 ERP 系统。但这就涉及到一个选型的问题。选型做得好,才能从管理要效益,避免"IT 黑洞"。在选型过程中,直销企业首先要注意不要因为一味节省成本而选择无法满足需求的软件,也不要因为片面追求功能全面而选择企业用不上的花架子;其次选择软件一定要考虑到直销企业将来的需求,要用发展的眼光考察所选择的软件是否具有如集成性、开放性、决策支持等功能,考虑到是否有电子商务的要求。ERP 系统实施中最难处理也是最关键的地方就是人。直销企业要强化培训,进一步提高企业员工,特别是厂长、经理们的现代企业管理意识、项目风险意识以及对 ERP、BPR 作用与特点的全面认识。

2.3.2　IRP：直销企业信息资源整合的共享之路

信息资源规划（Information Resource Planning，IRP），是指通过建立全企业的信息资源管理（Information Resource Management，简称 IRM）基础标准，根据需求分析建立集成化信息系统的功能模型、数据模型和系统体系结构模型，然后再实施通信计算机网络工程、数据库工程和应用软件工程的一个系统化的直销企业信息化解决方案，以使直销企业高质量、高效率地建立高水平的现代信息网络，实现信息化建设的跨越式发展。

①IRP 与 ERP 的关系

开发利用信息资源，既是直销企业信息化的出发点，又是直销企业信息化的归宿。直销企业管理信息化的实质，是利用现代管理科学和信息技术建立现代信息网络系统，使直销企业管理活动各个环节通过信息的快捷流通和有效服务，实现资金流、物流和工作流的整合，达到企业资源的优化配置，不断提高直销企业管理的效率和水平，进而提高直销企业经济效益和核心竞争能力的过程。直销企业资源的优化配置是通过信息资源的开发和有效利用来实现的，没有反应快捷的现代信息网络，就不可能及时有效地优化配置直销企业资源，降低生产或服务的成本，提高质量，应对激烈的直销市场竞争。而直销企业现代信息网络的建设，必须以全面、正规的信息资源规划（IRP）为基础工程和先导工程。

我们在上文中提到，企业资源计划（ERP）是管理信息系统的一种软件产品。这种软件理念的形成发展过程，是从物料需求计划（MRP）到制造资源计划（MRP Ⅱ），再到企业的人、财、物等多种资源的整合优化。人们容易看到的是软件管理功能的扩展，不容易看到的是信息资源的整合发展过程：MRP 需要建立生产计划与原材料供应主题数据库，MRP Ⅱ 进而需要建立设备、员工等主题数据库，直到 ERP 需要建立市场、价格、成本等主题数据库。许多软件商只讲 ERP 软件有什么功能，不讲有什么数据；许多管理咨询报告讲完业务流程重构（BPR），就去实施某种 ERP 软件，这是有很大风险的。我们总结分析直销企业实施 ERP 成功率低的原因，发现在管理咨询与引进 ERP 软件之间存在着一个很大的"空白地带"——怎样将新的业务流程落实到信息技术的实现上？直销企业要获得信息化建设的主动权，首先要分析梳理自己的业务流程，在此基础上构思新业务流程所需要的信息系统框架，建立直销企业的信息标准，这就是信息资源规划工作。有了 IRP 方案和信息标准，就可以用来衡量已有应用系统与标准化、规范化的差距，找到改进提升的具体目标；也可以用来衡量外来软件系统的功能、数据结构和数据标准方面是否符合企业的要求，完全符合要求就可以买进来用，不符合要求的部分可以让开发商修改或定制；也可以组织新开发，遵循方案标准开发出来的信息系统，决不会再是新的"信息孤岛"，而是"信息大陆"的一块。

IRP 与 ERP 的关系如图 14.1 所示。其中包括 SCM(供应链管理)和 CRM(客户关系管理)在内的种种应用软件，只有架构在信息资源规划方案/信息标准之上，才能在企业信息资源的开发利用上发挥所期望的作用。由此可见，IRP 是 ERP 实施成功的保证,IRP 能为企业和 ERP 开发商架起沟通与共赢的桥梁。

图 14.1　信息资源规划(IRP)与企业资源计划(ERP)的关系图

②IRP 的适用对象

基于 IRP 的直销企业信息化工程整体解决方案适用于解决以下两类直销企业信息化问题:

第一类:"系统集成"(Integration)问题。这类直销企业已经建立了内部网(Intranet),接入了国际互联网(Internet)并建立了网站。计算机应用已有相当的基础,但多年来分散开发或引进的信息系统,形成了许多"信息孤岛",缺乏共享的、网络化的信息资源,系统集成难题一直无法解决。这类直销企业的信息化工作主管领导和信息中心负责人在寻求系统集成的科学方法和技术支持。他们看到或听到许多企业实施 ERP 不成功的案例,担心本企业重蹈覆辙。他们注重考察调研,参加过 ERP 的培训研讨活动,但一直没形成明晰的思路。如何将直销企业上网工程与企业信息系统集成融合起来,怎样使企业内各部门之间、企业与客户、供应商、业务伙伴的信息流畅通,请哪一家咨询公司、选择哪一家的 ERP 产品最好,本企业能不能开展电子商务、怎样开展等等问题一直在困惑着他们。

第二类:"系统重建"(Reengineering)问题。这是新建的直销企业需要建立新一代信息网络,或者直销企业原有信息系统陈旧落后需要重建。如何作好总体规划设计,组织工程实施,避免重走分散开发或引进失败的老路,避免形成新的"信息孤岛",高起点、高效率建设高效益的现代企业信息网络? 我们认为,在做总体规划时要汲取以往许多直销企业"重硬轻软、重网络轻数据"的教训,首先按上面所讲的方法做好信息资源规划。当有了新系统数据流的量化分析报告,就会制定出性能价格比适当的通信计算机网络建设方案;当有了新系统总体框架(功能模型、数据模型、系统体系结构模型)和信息资源管理基础标准(数据元素标准、信息分类编码标准、用户视图标准、数据库标准),就会致力于新的数据环境的建设,在统一的信息平台上开发各类应用系统。这就是建立新一代信息网络的正确思路。

解决上述两类问题的统一策略是分两步走:第一步,实施直销企业信息资源规划解决方案;第二步,实施直销企业集成化网络化信息系统建设方案,在信息资源规划方案的控制、指导和协调下实施三大工程:通信计算机网络工程、数据库工程、应用软件工程。这就是基于 IRP 的企业信息化工程整体解决方案的总体框架。

③IRP 的构成

直销企业信息资源规划(IRP)解决方案由理论方法、标准规范和软件工具构成,三者关系如图14.2所示。

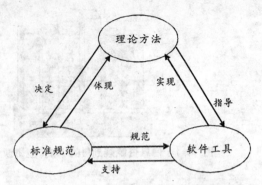

图14.2 信息资源规划的实施方案构成

直销企业进行信息资源规划的理论方法的基本要点是:一是企业信息系统以数据为中心,不是以处理为中心。一个信息系统的开发,首先要考虑的是为管理人员提供什么信息服务,怎样组织这些信息,这就涉及到科学的数据结构和数据标准化问题。二是数据是稳定的,处理是多变的。只要直销企业的生产经营方向不变,即业务主题不变,所使用的数据类就很少变化。通过一定的分析方法,可以找到这些数据类的稳定结构,即数据模型。根据这些数据模型建立起来的数据库,即主题数据库,不仅能为多种业务活动服务(实现信息共享),而且还能适应组织机构和业务处理上的变化。三是最终用户必须真正参加开发工作。直销企业的高层领导和各级管理人员都是计算机应用系统的最终用户,正是他们最了解业务过程和管理上的信息需求,所以从规划到设计实施,在每一阶段上都应该有用户的参加。在总体规划阶段,有充分理由要求企业高层领导参加,因为信息是企业的重要资源,对如何发挥信息资源作用的规划工作,高层领导当然要亲自掌握。各管理层上的业务人员对业务流程和信息需求最熟悉,单靠计算机人员无法搞清用户的需求。当然,最终用户参加开发工作,需要经过一定的培训和适当的组织方法。

信息资源规划的工程化方法步骤和技术成果如图14.3所示。直销企业信息资源规划是由系统分析人员与业务人员紧密合作完成的。有两个阶段,第一阶段进行需求分析,第二阶段进行系统建模,在需求分析和系统建模的过程中建立信息资源管理基础标准,而技术文档表述规范则是表达信息资源规划成果所必须的。以下,简单介绍信息资源规划的主要工作及成果。

一是定义职能域和外单位。按信息工程方法论(IEM)关于信息资源规划要面向全域或大部分/主要职能域的原则,信息资源规划的职能域以企业生产经营主系统为重点,而不是当前机构部门的翻版。首次信息资源规划的职能域数目以7 ± 2为宜。各职能域的具体划分和定义须经必要的研讨和主管领导确定,并具体列出各职能域与当前机构部门的覆盖关系。外单位包括国家、省、市政府部门,客户、供应商和业务伙伴。

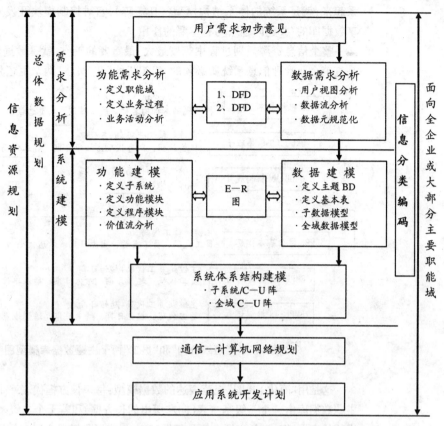

图 14.3 信息资源规划的工程化方法步骤和技术成果图

二是各职能域业务分析。主要是定义描述各职能域;分析定义各职能域所包含的业务过程,识别列出各业务过程所包含的业务活动,形成直销企业的管理业务模型。

三是各职能域数据分析。直销企业要对每个职能域绘出一、二级数据流程图,从而搞清楚职能域之间、职能域与外单位、职能域内部的信息流;分析并规范化用户视图(单证、报表、屏幕表单等);进行各职能域的输入、存储、输出数据流的量化分析。

四是建立直销企业信息资源管理基础标准。包括数据元素标准、信息分类编码标准(A类编码对象、B类编码对象、C类编码对象)、用户视图标准、概念数据库标准和逻辑数据库标准。

五是建立直销企业管理信息系统功能模型。基于需求分析和业务流程重构(BPR)进行系统功能建模。系统功能模型由逻辑子系统、功能模块、程序模块组成,成为系统功能结构的规范化的表述。

六是建立直销企业管理信息系统数据模型。系统数据模型由各子系统数据模型和全域数据模型组成,数据模型的实体是"基本表",这是由数据元素组成的达到"三范式"(3NF)的数据结构,是系统集成和信息共享的基础。

七是建立直销企业管理信息系统体系结构模型。将功能模型和数据模型联系起来,就是系统的体系结构模型(CU矩阵),它对控制模块开发顺序和解决共享数据库的"共建问题",均有重要的作用。

整个信息资源规划过程中难度最大、最重要的工作,就是数据建模。图14.4是直销企业管理信息系统所必须的"组织机构"和"员工"两个主题数据库模型。

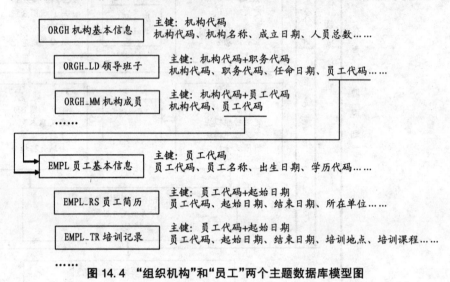

图14.4 "组织机构"和"员工"两个主题数据库模型图

这是用"简化ER图"规范表达的数据模型:每一长方框代表一个基本表;一个主题数据库由一个一级基本表(向左探出的长方框)和若干个二级基本表(向右压进的长方框)组成;长方框右侧是属性列表,标出了主键或主码。"领导班子"中某位干部的姓名、出生日期等等信息,不是在这个表中存储的,而是通过该干部的"员工代码"值,存储在"员工基本信息"表中。同样,基本表"机构成员"存储着每一机构部门中所有的员工,但每个员工的基本信息(如出生日期、学历等)也是通过该员工的"员工代码"值,存储在"员工基本信息"表中。这样,基本表"领导班子"和基本表"机构成员"中的"员工代码",起到向外的连接作用,称为外键或外码。

资料的存储、修改和后续应用开发更需要规划信息和知识的连续性。为此,需要有效的软件工具支持信息资源规划工作,建立计算机化的文档——信息资源元库(Information Resource Repository,简称IRR)。大连圣达计算机发展有限公司研制的软件工具IRP2000是进行信息资源规划得力工具,它的推广应用已被国家科技部批准为国家级火炬计划项目。其推广应用实践表明,对于属于解决"系统集成"问题的直销企业,该工具会帮助用户继承已有的程序和数据资源,诊断原有数据环境存在的问题,建立统一的信息资源管理基础标准和集成化信息系统总体模型,在此基础上优化提升已有的应用系统,引进、定制或开发包括ERP在内的新应用系统;属于解决"系统重建"问题的企业,该工具会帮助你学习成功的经验,在数据标准化和系统模型的基础上高起点、高效率地建立新一代的信息网络。IRP2000将信息资源规划的标准规范和步骤方法"固化"到软件系统中去,为规划分析人员营造紧密合作的环境,产生规范化的技术文档。需要指出的是,信息资源元库(IRR)决不是一般意义的"电子文档"(文本或超文本文件),而是经过科学严格设计的、具有稳定性数据模型的"信息资源规划信息与知识库"。IRR是一种"活化的机内文档",以它为核心的可视化、易操作程序将信息资源规划工作的人工录入、人机交互和自动化处理的工作量比例变为1∶2∶7,因而能高质量、高效率地支持信息资源规划工作。

2.3.3 HRI:人脉整合是提升直销企业核心竞争力的关键途径

"人脉"整合即人力资源(Human Resource Intayration,HRI)整合,这是提升直销企业核心竞争力的关键途径。

直销企业的人力资源,是指支持企业经营目标实现的企业内部员工和直销员的综合能力和素质。员工和直销员的这种能力和素质除了体力和智力以外,还包括员工的道德水平、信誉和社会关系。人力资源整合,是人力资源管理的发展。人力资源整合是指引导组织内部成员的目标与组织目标朝同一方向靠近,从而改善各成员行为规范、提高组织绩效的过程。越来越多的直销企业管理者,日益认识到人力资源整合对提升直销企业核心竞争力的重大意义。通过明确地、有意识地、系统地提高直销企业组织人力资源管理工作的绩效,有目的地进行人力资源的整合,可以充分发挥直销企业员工和直销员的潜能,和谐处理企业经营者与员工、直销员之间的关系,并对相应的各种管理活动,予以计划、组织、指挥和控制,从而促成企业革新、提高企业组织效率、增强企业核心竞争力。

直销企业人力资源整合在提升企业核心竞争力的过程中,应该充分表现出如下特性:

①整体性

直销企业人力资源整合,强调的是对组织内全体成员(包括直销员)的人力资源管理目标、价值观、愿景等基本达成一致,形成统一的整体。许多直销企业采用了能力绩效管理模式的运作,贯彻落实"以人为本、开发能力、提升绩效"的人力资源发展战略的总体思路,通过整合人力资源管理的各项功能需求而实现各成员组织间的目标协调,从而实现了人力资源整合的目的。同时,这些直销企业将先进的人力资源管理理念和经验转化为科学的管理模式和操作流程,提高了人力资源管理的效率,降低了直销企业对人力资源管理所需的成本。

②持续性

能力绩效管理模式运作下的人力资源整合是一个过程,而且是一个可持续的过程。因为能力绩效管理模式,是一套实用的人力资源管理解决方案。直销企业人力资源管理需要建立各种标准化文件。比如,《职位说明书》描述了每个职位的工作内容和任职要求,说明每个职位需要做什么工作;《职能基准说明书》是描述每个职位所需能力的标准化文件,说明做好每个职位的工作要求具备什么能力;《职务基准说明书》则是描述每个职位工作要求的标准化文件,对完成《职位说明书》中每项工作的各种要求("达标"、"良好"、"优秀")进行详细的描定,说明每个职位的每项工作应该怎么做,做到什么程度是"达标",做到什么程度是"良好",做到什么程度是"优秀"。这些人力资源管理标准化文件的建立,使得人力资源管理能力绩效功能需求整合作用的发挥成为长期性的和延续性的。

③互动性

直销企业能力绩效管理模式运作下的人力资源整合是双向的，个人改变以适应组织，组织调整以适应个人，也就是个体与整体间互相影响，是一个"互动"的过程。实施能力绩效管理模式的过程本身也包含着回顾企业本身的机构和岗位设置、管理流程、绩效体系等等，实施过程也是一个反思先行制度、重组、改进和提高管理水平的契机。能力绩效管理模式的运作，随时将员工的实际能力和实际绩效与所在职位预定的《职能基准说明书》和《职务基准说明书》标准相对照，可以了解员工担任本职岗位工作的具体情况，尤其是便于把握每个员工的实际能力和实际绩效与本职岗位《职能基准说明书》和《职务基准说明书》标准要求的差距，从而方便实施改进工作质量的具体对策，提高组织的管理效率。

④快速适应性

犹如一条船上的一批人马，若船要在风浪中掉头，有可能发生大的巅波甚至翻船，但若所有的成员紧抱一团往同一方向倾斜，则很可能大获全胜。直销企业经过整合的人力资源团队就具有这个特性。通过建立不同职位的《职位说明书》、《职能基准说明书》和《职务基准说明书》，一方面可以让员工快速明确企业对每个职位工作能力绩效的组织要求，将人力资源管理者从繁琐的日常行政事务中解放出来，提高工作效率；另一方面通过对员工能力绩效的评价，还可以使员工在得到组织支持和帮助的前提下，更好地找出差距，调整工作方式，提高工作的能力绩效。

能力绩效的管理模式，是一种人力资源整合的管理模式。它十分强调团队的整体性、一致性、互动性、持续性和快速适应性。显然，这些特点对提高企业的整体绩效，对于提升企业的核心竞争力，无疑是必要的。以往的人力资源管理，大多是指对人力资源队伍内成员的维护与开发，提高个体的作战能力；而人力资源整合，则着重于在个体能力达到一定水平的基础上，对人力资源队伍整体的改善与开发，从而提高总体原作战能力。能力绩效管理模式的实行，建立了直销企业管理者与员工之间的沟通渠道，增进了员工对组织管理以及对工作要求的认同感，成为了调动全体员工积极性共同为实现企业目标服务的一种方式。

直销企业能力绩效的管理模式所体现的人力资源整合先进理念与以往一般所指的人力资源管理相比，其差别主要是：以往的人力资源管理比较侧重提高个人单次比赛的成绩，而人力资源整合则侧重于提高小组或团体赛的成绩，也就是说人力资源整合是建立在人力资源管理基础之上的更高层面的目标。很明显，人力资源整合是人力资源管理的发展。根据人力资源整合的目标，人力资源整合并不总是各个个体能量的简单叠加，而必须是有序的和有方向性的叠加，其总和将达到最大。直销企业通过自觉地运用"人力资源整合"的概念和策略，就能推动和提高企业的绩效，有效地提升企业的核心竞争力。

▼3 中国直销的革命性作用

直销模式在中国的成功运用与实践，对中国过去的竞争营销模式有了革命性的突破。在这一节，我们将对中国直销的革命性作用作理论上的讨论，以期认识中国直销的先进性。

3.1 我国传统营销模式的弊端

我国的传统营销,越来越阻碍我国现代化经济的发展。所以,当直销作为一种新型的营销方式导入中国,就受到国人的欢迎。从17年来的实践看,直销已对我国的传统营销方式实现了突破,促进了我国国民经济和现代化建设事业的快速发展。

从20世纪70年代开始,西方企业管理界开始强调竞争能力对企业自下而上发展的决定性作用,迈克尔·波特(Michael E.Porter)等人提出的竞争战略(Competitive Strategy)对现代市场营销管理也产生了重大影响。竞争理论和战略广泛反映在营销组合策略中,如产品竞争定位、竞争定价法和广告预算中的竞争均势法等,并逐渐形成了竞争导向的市场营销模式。应该说,竞争营销模式在我国改革开放初期取到了积极效果,为推动我国社会主义市场经济建设发挥了很大作用,但在我国现代化建设到了转型的时期,这种模式指导下的营销实践存在着一系列弊端:

3.1.1 企业组织过于庞大

在传统观念下,"商场如战场",在战场上取胜往往在于兵多将强,在于建立庞大而复杂的部门,并塞满人力和各种资源。尽管较小型的部门更能做好服务客户的工作,但他们还是要建立强大的"军队",以便在这"战国时代"随时"应战"。

3.1.2 员工远离客户

由于受"商场即战场,不是你死就是我亡"指导思想的影响,员工的这种作战心态往往使得员工远离客户。对于这样的公司而言,客户只不过是行销战争要征服的领土而已,从未考虑客户是一个有意见、有偏好、关心自己胜于他人的人,这种态度甚至可能会惹恼客户。曾有一位大媒体公司的副总裁说过一则销售员对他推销新电脑系统的故事,那位销售员不断使用"针对"(Targeted)这个字眼:此产品针对媒体业、广告针对新客户、销售预算针对这个区域等,最后这位销售员被赶了出去。为什么呢? 用这位副总裁的话说就是:"他没有一句话是在说明新产品如何能够替我赚更多的钱。"试想,客户如果对所购买的产品能获得什么价值和好处不十分了解,或者行销人员没有向客户解释清楚,行销人员只是一味地站在自己的立场上说一些如何对自己有利的话,而把顾客的需求利益置之不理,客户不对他表示厌烦就很不容易,更谈不上让客户喜爱甚至购买他的产品。

3.1.3 过度竞争

由于企业的竞争导向,对竞争者采取敌视态度,在我国各个行业屡屡爆发"价格战",表现出典型的过度竞争。中央电视台的黄金时间广告成为企业争夺的热点,甚至将争夺中央电视台的"广告标王"作为企业成功的标志。但这种盲目竞争"广告标王"的广告战显然是针对竞争而不是为消费者服务的,"广告标王"虽然使"秦池"酒厂和"爱多"VCD等轰动一时,但是并没有带来企业的成功。某国外企业主管在评价"广告标王"现象时,表现出了满脸的困惑,表示无法理解这样的"企业行为"到底能给企业带来什么好处,甚至怀疑这是否是企业领导者在没有丧失理智的情况下做出的决策。

市场营销策略是多种多样的,包括产品的开发的多样化、价格的系列化、建设完善的营销网络、富有成效的促销、顾客关系的有效管理和完善的服务等,但企业在过度竞争的压力下,一些行业的营销策略几乎都被压缩到价格方面,价格战使企业无法顾及营销的根本宗旨——满足顾客需求,也没有精力和能力改善产品和服务,从大型零售业到民航公司,一时之间仿佛不打折就无法生存,不打折就不是在搞营销。但其弊端是显而易见的:对竞争的参与者来说,一方增加广告开支,另一方也必须随之增加,增加者都得不到更大的市场份额和经济补偿,但不增加者会损失一定的市场份额,这样就会引发广告的螺旋式升级,结果必然会给企业带来沉重的负担,使企业无暇顾及新产品开发和改进对客户的服务等,同时也造成社会资源的极度浪费,最终伤害社会经济和消费者的长远利益。这些不良后果已经引起有关部门的重视,并进行了行政干预。但是,这一现象的根本出路还在于改变行为主体的指导思想,要求企业改变传统的竞争导向,树立合作竞争意识。

3.1.4 营销宗旨异化

在这种模式下,营销宗旨发生了异化。企业的营销投入和策略是为了应付竞争,而不是为了更好地满足顾客需要。在视商场如战场观念的指导下,企业的目标是消灭竞争对手,而顾客只是作为企业战胜对手的"战利品",企业把打败竞争对手看得比满足顾客的需求更加重要,从而将顾客的满意度降到了次要位置。

3.2 直销模式对竞争营销模式的革命性突破

直销模式在中国的成功运用与实践,对中国过去的竞争营销模式有了革命性的突破。主要表现在以下几个方面:

3.2.1 对市场的挑战

竞争营销模式的载体——市场是物理空间市场(Market place),人们在一定物理空间,在一定时间内进行交易。其交易的时空、目标市场选择的范围具有很大的局限性,因而,企业可利用的市场机会也有限。以高新技术及信息技术为基础的直销模式的营销载体——市场,主要是人际传播空间和电子虚拟空间,人们在人际传播空间进行交易突破了"时"的限制,在电子虚拟空间进行交易突破了"空"限制,从而使固定的时间概念消失。直销企业通过人际网、互联网,可以直接面对所有顾客和竞争者,扩大了直销企业对目标市场选择的范围,增加了直销企业可利用的市场机会。这种建立在网络化的虚拟空间基础上的时空观比竞争营销模式精确的物理时空观,在中国进入社会主义现代化建设转型期更科学、更有激励性。

3.2.2 对消费者在企业营销中地位的挑战

消费者在竞争营销模式中处于被动地位,企业则起着主导地位。直销企业营销主要通过人际网、店网、电子商务网进行交易,使消费者在企业营销中处于主导地位。消费者从原来处在与企业利益对立面变成直销企业发展价值链上的一个环节,消费者从企业营销的局外人变为企业营销的直接参与者。企业与消费者成为共同发展、相互依存,市场营销互动的主体。消费者在直销企业营销中的主导作用表现在:消费者通过人际网、店网、互联网可以对浩翰的产品进行选择;消费者通过"三网"全面参与企业营销全过程,即参加企业产品设计、产品定价、一对一交互式的广告设计与宣传。由此可见,消费者在市场营销中的地位的根本改变,是对竞争营销模式中消费者的被动地位必然会产生巨大的冲击。

3.2.3 需求对竞争营销的挑战

直销使消费者受教育的程度及文化水平普遍提高,消费者的个人收入亦不断增长,加之,直销使消费者的需求趋向个性化,发达的信息网络及高度发展的技术手段使广大消费者能全面、迅速、准确地收集与其购买决策有关的市场信息,从而使消费者的购买行为更理性化,购买决策更科学化。直销使消费者需求从低层次的需求向高层次需求、从物质需求向精神需求转变,知识消费将成为最重要的消费领域。这些,竞争营销模式下的消费者是不能享受到的,因而对竞争营销模式形成了很大的冲击。

3.2.4 对传统营销策略的挑战

从产品看,直销产品的知识及技术含量提高,使产品销售内涵扩展,即从有形产品及无形的服务产品扩展到知识、信息及技术产品;衡量产品价值从以物质为基础要求转为以知识含量为基础。从分销方面看,直销企业同消费者主要通过店网、电子商务网和人脉网这"三网"进行直接交易。这对通过传统中间商进行分销产品的传统模式发生巨大的冲击。从促销方面看,以"三网"为载体的新经济条件下的营销,主要是进行一对一、交互式的促销方式,这对采用传统的促销媒体(电视、电话、电报、传真等)实行单向信息传递,对顾客实行强迫式的传统促销方式产生巨大的挑战。

3.2.5 对传统营销组织与营销管理模式的挑战

由于科技发展日新月异,消费者需求复杂多变、产品生命周期日益缩短,企业竞争环境日趋复杂。因此,直销企业建立的是能迅速适应环境变化和富有弹性的营销组织,即实现扁平化、数字化、网络化、智能化、虚拟化的高效率的组织机构,这对传统的宝塔式各职能部门分割的、低效率的科层组织将发生巨大的冲击。直销在国内外营销管理突破了时空限制的同时,更注重通过教育、学习及提高员工素质的软管理。这对传统经济下受制于时空界限,侧重于机构组织及制度的硬管理不能不是一个很大的冲击。

下面,我们来看看直销的魅力:

魅力之一:超越梦想

直销这个行业,让每个人开始再次思考人生的意义,把深藏在心灵角落里的愿望又一次激活。直销告诉我们,可以交更多朋友,可以成为销售高手,可以遍观天下,可以健康长寿。虽然并非所有人都能最终达成目标,但是大家的心灵的确活跃起来了。通过各种成功学、营销学、心理学、沟通学的教育培训,每一个人都开始重新认识人生的意义和价值。从这个层面上说,直销让每个人超越过去,创造并不断去实现未来,死水一潭的心开始重泛涟漪。

魅力之二:明确目标

直销凭借人性化的分配制度,为每个从业者制定了明确的努力方向,在很长一段时间内,你只要按部就班,就可以达到一个较高的级别,成就自己。比如完美公司的一星级业务员,二星级业务员,三星级业务员,四星级业务员,五星级业务员,直到红宝石经理,翡翠经理,钻石经理,金钻石经理等。生活中你可能没有目标,但是,一旦进入直销公司,你的努力方向就明确了,每个月应该达到哪个级别,取得多少收入,推荐多少顾客都是可以量化的。这样的升级制度为每个人指明了努力的方向,你不必花费时间思考目标,你只要不断努力去达成目标。你的人生自然在努力的过程中更加丰盛。

魅力之三:永续学习

直销企业由于其不断的培训和学习而让所有从业人员都能在短时间内学习到大量新鲜的知识,无论是产品、制度、营销模式,还是人际沟通、营养、美容,各种知识不断被灌输、交流、分享。加之大量的书籍、音像资料的传播、各种培训课程的举办,让那些缺少学习的人为了业绩的提升而全情投入,知识日益丰富的同时,人的素质和品位也再不断提高。大部分的直销企业都有系统的教育培训计划,这种永续学习的模式正好符合新世纪与时俱进的特点。知识改变着命运,学习丰富着人生。在这个倡导建立学习型组织的时代,直销企业刚好成为了一个典型的代表。直销企业的讲师在教育业务员时最知名的格言就是:"知识是唯一的善,无知是唯一的恶",把学习上升到道德的层次,这应该是最具有时代特征的魅力之一。

魅力之四:良师益友

在直销公司的培训课上,我们经常听到这样一句话:"人生最大的悲剧是:有良师不学,有良友不交,有良机不握"。意思很浅显,涵义却深刻,它告诉我们要成功就要在良师益友的帮助下把握住每一个绝好的机会。这确乎是人生成功的定理。每一家直销公司都一定会配备综合素质非常高的讲师,不断给团队传递最具革命性的营销理念和广泛的知识,团队成员间分享机会。这种朋友式的团队由于利益共同体的缘故构成了一道独特的风景线。这群人的执着、诚实、敬业时时感动着每一个新人,这个良师益友众多的群体产生出了特殊的吸引力。

魅力之五:自由自主

直销是一个真正自由自主的行业,每个人都既是整体团队的一个环节,又是一个独立的创业个体。个人的目标是自己确定的,要做到哪一级别、获得多少收入全由自己定夺,这让每个人的心灵都在一个相对宽松的状态下发挥得更加出色。直销人很自由,但并非散漫。事实上,这些人一旦进入团队,立刻体现出高度的自律。在自由自主的精神原则下,团队中的大部分成员都能按时到职,讲究时间观念。这种自由自在,又有条不紊的生活成为直销吸引人的魅力之一。

魅力之六:公平公正

直销企业挑选人才几乎没有多少条件限制,诸如学历、相貌、社会关系、社会地位、年龄、经验等等传统企业的考核指标在直销企业中几乎全被淡化了。只要你有兴趣尝试,谁都可以,无论男女、高矮、俊丑,也无论你是健康还是残疾。反正直销公司的展业对象也分为不同层次:要么你做一个顾客,要么你成为一个经营者。所有有自信和闯劲的人都能亲身一试。直销的包容能力特别强,所谓"没有女人做不好,没有男人做不大,没有孩子做不快"。不仅如此,在具体的业务操作上,只要是正规的公司,其制度几乎都有可超越的特点,不分男女老少,也不分先来后到,全按照多劳多得的分配理念,可以获得相应的报酬。这在很大程度上满足了大众阶层渴望平等的愿望,让很多普通的从业者获得了应有的尊严,因而也更加卖力,从而获得较好的业绩。

魅力之七:团队合作

这是一个合作的年代,没有一个人可以仅靠自己就成就伟业。直销企业最典型地彰显了团队的魅力。团队成员互补互助,各自展示优势,创造出惊人的业绩。团队创造了一种氛围,创造了一个抱团打天下的多赢模式,同时又让每个人的价值在其中得以展示。这就是直销人成功的核心原因。

魅力之八:建立系统

每个直销从业者都应建立一个大小不等的营销系统和消费系统,而这个系统就是直销人员收入的来源。当一个直销员通过几年的辛勤努力建立起一个庞大的系统之后,他的财富管道就算是修成了。他可以越来越轻松地享受系统带来的财富。在架设管道的时候,收益也许是微薄的,但是,网络系统一旦建成,就可以随时随地获得回报,这就是直销网的价值。只要是正规的,以产品行销为利益来源的直销企业最终都是在展示系统的魅力。系统就是未来,系统就是财富,系统就是保障,有了系统就拥有一切。这就是直销的又一个魅力。

3.3 直销的社会责任:一种良好的非市场营销战略

我们都知道,企业所获得的利润,并不单来自于企业经营的结果,而且来自于公众消费及企业所处的环境文化、政治等因素互动的结果。企业如果要长期经营,则必须要关心其周围环境的问题,同时,一个能担负社会责任与遵守企业伦理的企业,才能得到各方的支援,创造更多的利润。从中国直销的实践看,社会责任是一种良好的非市场营销战略。这也是中国直销革命性作用之所在。

3.3.1 直销企业的社会责任—一种良好的非市场营销战略

社会大众认为企业组织应负担的社会责任范围相当的广泛,从扫除贫穷,控制犯罪到促进政府改善行政效率等等不一。什么是社会责任呢?简单的说,就是在法律规定与市场经济运作之因素外,企业经理人所做含有道德与伦理考虑因素的决定。

企业经理人对社会责任所持态度的转变,可分为三个阶段:

第一阶段:在1930年代之前,其所强调的信条是,企业经理人的唯一目标是替企业赚取最大利润。经济学家费德曼(Milton Friedman)认为,企业的经理人是代表企业股东执行业务,若利用企业资源从事非创造利润的活动是不合法的。此论点曾有一段很长的时间受到企业经理人及法院的支持。例如,在1919年,美国密西根法院宣称企业机构营运的主要目的是替股东赚取利润。

第二阶段:从1930年代至1960年代早期止,此阶段强调企业经理人的责任不只是赚取最大利润,而且必须要在顾客、员工、供应商、债权人及社区之间的争议中维持一个公正的平衡点。此阶段,企业经理人及学者对企业的社会责任观念的转变开始,首先改变的是企业缩短员工的工作时数,及改善工作环境。事实上这早期企业对社会责任的改变,是工会兴起的结果,工会促使企业开始思考有关赚取利润以外的社会责任。1935年美国国会曾修法,允许企业机构以5%的盈余,捐献为免税额度来承认公司的社会责任。在1953年美国最高法院裁定A.P.Smith公司可捐款予普林斯顿大学,而不必受股东的告诉。

第三阶段:从1960年代以后,企业经理人多主张企业组织应该参与解决社会问题,回馈社会。

中国的直销企业应负担多少的社会责任呢?这是非常难以回答的问题,但对直销企业而言,应先衡量本身能力和平衡内外利益后,再决定应采取的行动。

中国直销企业的社会责任可分为八类:在制造产品上的责任:制造安全、可信赖及高品质的产品;在营销活动中的责任:如做诚实的广告等;员工的教育训练的责任:在新技术发展完成时,以对员工(直销员)的再训练来代替解雇解聘;环境保护的责任:研发新技术以减少环境污染;良好的员工关系与福利,让员工有工作满足感等;提供平等雇用的机会:雇用(聘)员工(直销员)时没有性别歧视或种族歧视;员工之安全与健康:如提供员工舒适安全的工作环境等;慈善活动:如赞助教育、艺术、文化活动,或弱势族群、社区发展计划等等。

中国直销企业的社会责任亦可按社会责任依受益人之不同而分类:一是内部受益人。包括顾客、员工(直销员)和股东,这些是和企业有立即利害关系的人。对顾客的责任是提供安全、高品质、良好包装及性能好的产品。对顾客的抱怨立即采取处理措施,提供完整而正确的产品资讯,或诚实不夸大的产品广告。对员工的责任是关于企业对员工的责任,法律上有许多相关的规定如工作时数、最低薪资、工会等等,目的是在保障员工的基本人权,除了法律上保障的权利外,要提供员工其他福利,如退休金、医疗、意外保险等或者是训练教育补助、生涯发展之协助等,这些都是企业社会责任的延伸。对股东的责任是直销企业管理者有责任将企业资源的利用情形和结果完全公开的和详实的告知股东。企业股东的基本权利,并不是要保证会获得利润,而是保证能获得公司正确的财务资料,以决定其是否继续投资。二是外部受益人。外部受益人可分为二类,特定外部受益人和一般外部受益人。对特定外部受益人,直销企业要采用平等雇用原则,使得妇女、残障、少数民族等成为受益人,虽然此原则已有法律上的规定,但是,不管是过去还是现在,歧视女性、残障、少数民族等弱势族群者的现象一直存在,直销企业应该负起保护他们合法权益的社会责任。对一般外部受益人,直销企业应参与解决或预防一般社会问题的发生,这是最实际的社会责任,因为这些活动使得一般大众都受益。例如保护环境活动,防止水污染、空气污染,或者捐赠教育机构及赞助文化艺术活动等。

直销的社会责任是一种良好的非市场营销战略。在欧美发达国家,现在有一种普遍的认识,即一个公司的业绩不仅依赖于市场营销战略,而且也与其非市场营销战略(Non-market Strategies)密切相关。这种非市场营销战略是企业市场营销战略的一种有益的补充或代替。因此,如果将其与市场营销战略结合在一起加以运用,无疑会为公司带来良好的经济效益。直销企业的社会责任,就是一种良好的非市场营销战略。

随着企业非市场营销战略理论的不断发展,相应的发展了 CSR 理论。CSR,就是指公司社会责任是公司经营战略的一项内容,应属于市场营销的一项功能。但是承担公司社会责任是与企业的非市场营销战略密切相关的。它作为企业与社会间的社会契约的标准成分而受到提倡。如果到了因 CSR 而把成本强加于企业之上这种程度,那么企业的竞争态势相对于其对手而言就会受到损害。因此,CSR 与企业公共政策一起,不仅直接影响企业的经营成本,而且通过改变企业在本行业中的竞争态势,从而具有战略性的影响作用。从安利、雅芳、天狮等直销企业的情况看,以 CSR 名义自动采取行动的企业将会在市场上得到报偿。他们通过参加社会公益活动,增加了的消费者对其产品的需要。当然,大型直销企业的带动下,其他中小直销企业也可以利他主义为理由同样这么做。但采取这种非市场营销战略,需要考察行为的动机。一个利益驱动型的直销企业采用 CSR 战略,仅仅是一种利益最大化战略,而不是产生于公司社会责任的观念。这是我们不能提倡的。

3.3.2 非价格竞争:直销企业社会责任的重要体现

在激烈的市场竞争中,营销的竞争是直销企业赢得市场竞争的必要手段。营销中的竞争,实质上就是一个以产品为基础,以争取顾客为基本目标的。随着消费者需求的发展和社会生产力的提高,寻求一种价格因素之外的非价格竞争策略,将成为直销企业市场营销的一个重要策略。

直销企业的非价格竞争是比价格竞争更高层次的一种竞争方式。因为,价格竞争主要是生产成本的竞争,即在尽可能减少生产成本条件下的竞争。而非价格竞争所涉及的方面更为广泛,层次更为深入,对生产者的技术、知识、信息及其管理水平方面都提出了更高的要求。随着时代的进步,对市场营销者来说,直销产品的制造将不是一个最主要的问题。因此,非价格竞争是一种能够适应直销经济不断发展的要求,并代表着直销市场营销竞争大趋势的竞争方式。

直销企业的非价格竞争,考虑的是消费者的利益,体现的是一种社会责任。这是因为：

①产品创新竞争策略的实施,给消费者带来了实际利益

消费者在直销市场上购买产品,最基本的目的是为了获得产品所提供的实际利益和效用,即产品的核心。一种直销产品能否被消费者所接受,不仅决定于生产者能向社会提供什么样的产品,更重要的是取决于该产品是否给消费者带来了实际的利益,使其需求得到满足。哪家直销企业能够更好更快地设计、制造出适应消费者需求的产品,谁就拥有更大的营销竞争力。因此,直销企业产品创新竞争策略的实施,目的是为了给消费者带来实际利益。

②名牌商标竞争策略和包装竞争策略的实施,给消费者带来欢快、享受、安全等心理上的满足

直销产品的品质、特征、造型、商标和包装等,都是产品在市场上出现时物质实体的外在特征。直销产品的这些形式虽然不涉及产品的实质,但当这种形式与产品的实质内容协调地统一起来时,将给消费者带来欢快、享受、安全等心理上的满足。实施包装竞争策略后,一个造型美观,色彩艳丽,含义深刻,设计独特,并便于随带的包装,能够在众多同类同质的商品当中被消费者所注意和选购,使消费者能得到美的享受。亦即说,包装竞争策略会给消费者以一种艺术性的优惠,比简单地降价让利于顾客具有更强的竞争力。

③销售服务竞争策略的实施,消费者会在选择直销产品中得到尽可能多的附加值

销售服务是指营销者围绕着促进产品销售和帮助消费者使用所进行的一系列活动,充分反映消费者要求的全方位的销售服务是提升直销企业竞争力的有效保证。这是因为,消费者在直销产品交换活动中所获得的需求满足感,不仅表现在购买过程中,主要还体现在使用直销产品的消费过程中。在大多数直销企业产品的制造能力和更新换代能力逐步接近的情况下,销售服务的竞争将是直销企业之间竞争的主要方面。因为,消费者只会选择那些能够提供尽可能多的附加值的直销产品。

3.3.3 构建和谐社会是直销企业的重大社会责任

构建和谐社会,这是直销企业的一个重大社会责任。随着许多直销企业经济实力的不断增强,企业在政治与文化等方面的影响力也在不断扩大,构建和谐社会的责任就更大。那么,在和谐社会构建中直销企业如何发展呢？这里有几种模式可供选择：

①循环经济模式

循环经济注重"资源→产品→再生资源→再生产品"的循环流动,所有物料和能源在不断循环中得到合理和持久的利用,以最小成本获得最大经济效益和环境效益。直销行业循环经济可在不同层面上展开。我们认为,以珠江三角洲地区的直销企业为例,可从四个层面展开:一是各企业内部的小循环,通过厂内各工艺之间的物料循环,减少物料的使用,达到少排放甚至"零排放"的目标;二是直销企业间或产业间的中循环,如生态工业园区,将不同工厂联系起来,形成共享资源和互换副产品的产业共生组合,使一个直销企业产生的废气、废水、废料在自身循环利用的同时,成为另一企业的能源和原料,减少园区对外界资源依赖与环境压力;三是直销生产与消费领域的大循环,可将各种技术性废弃物还原为再生性资源的静脉产业,如废旧物资回收利用、废弃水回用等。在直销企业所在的居住园区通过自然化设计降低居民社区的能源、用水、土地等消耗并使生活废水、生活垃圾等回收利用,以实现生活系统的碱物质化、碱污染化;四是珠三角区域性循环,这是一种在更大程度上的地域空间建立起物资和能量间的闭路循环。如广州作为国际性的大城市,已经面临商务成本过高的现实,过于集中的劳动密集型产业已无法适应商务成本过高的压力,须在珠三角寻找并创建适宜的产业链,如大型生活垃圾的收集和再生利用或各种工业固体废弃物的综合利用,都突出表现为需要在区域层面上进行综合治理。相关产业必须形成产业集群,形成规模经济,才能创造出更大的经济价值。要依据清洁生产直销企业→生态工业园区→生态社区→区域层面循环经济四个层次,建立珠三角区域范围内直销行业综合防治型的循环经济体系。

②产业带动模式

产业带动是指优势或核心直销企业通过延长产业链带动弱势产业或群体获得经济发展,从而缓减地区发展不平衡和城乡收入差距。如大连美罗国际和上海绿谷生命这两家直销企业,大胆探索"公司+基地+农户"的一产经营模式,创造了企业自身跨越式发展的奇迹。

③强化产品责任模式

直销产品消费及直销产品的废弃,对生态环境具有负面影响。直销产品责任不仅要关注产品加工过程中的污染最小化,而且要使产品在整个生命周期中对环境冲击最小化,即要实行产品"终身负责制"。摩托罗拉公司发起"绿色中国、绿色服务"的环保项目,其产品责任意识应为我国直销企业的学习榜样。

④企业社会责任模式

直销企业通过承担社会责任而实现社会财富的第三次分配,能够有效弥补社会净产值一次分配和二次分配的不足,还能缓解贫富差距和区域发展失衡。如慈善捐款、技术与文化培训、人力支持等。直销企业的社会责任与其商业目标密切相关,企业有益于社会时其自身竞争环境也在改善和优化,企业与所在地政府的关系、社会声誉、客户关系及员工的工作积极性等有明显改善。据调查,我国89.3%的直销企业愿意承担社会责任,92.6%的直销企业将承担社会责任作为自己日常工作的一部分。

直销经济理论研究工作者的社会责任

——写在《中国直销经济学》出版时

《直销管理条例》和《禁止传销条例》颁布后,我感到,中国直销进入法治阶段后必须改变直销经济理论研究滞后和分散的状况,于是我于去年底就开始构思撰写《中国直销经济学》。

构思撰写《中国直销经济学》是出于这样的考虑:一是我国还没有直销经济学。直销既然是一个特殊行业经济,就如同农业有农业经济学、工业有工业经济学、国防有国防经济学一样,应该也有直销经济学。二是我国直销经济理论研究很滞后,西方国家的直销经济理论不符合中国的实际,所以,应该尽快建立中国直销经济学。三是直销界期盼直销经济理论系统化,希望有符合中国国情的具有中国特色的直销经济理论指导中国直销的发展。就我个人而言,构思撰写《中国直销经济学》是一种社会责任。我深知,作为一个长期研究西方经济学的学者,建立《中国直销经济学》是自己的一项重大任务。因此,一年来我注重把马克思主义经济学和西方经济学结合起来刻苦钻研,用"心"用"情"终于写完了这本书。

有人建议我写一部世界通用的《直销经济学》,但我认为,中国的直销不能全盘照搬西方国家的做法，因为中国仍处在社会主义初级阶段，所以在我国创建直销经济学必须要体现中国特色。因此，我在构思和撰写《中国直销经济学》时，十分注意以2005年9月后国务院颁布实施的《直销管理条例》、《禁止传销条例》的精神为指导，按照建立和完善社会主义市场经济体制的要求，根据经济学中市场供给与市场需求的基本原理，认真回顾和分析了我国17年来直销发展的基本经验和教训，比较完整地勾勒出这部书的理论框架，为中国直销经济学的建立提供了基本的理论架构。尽管这些理论架构还不十分完善，但我认为，这些理论架构的提供，从根本上解决了中国直销经济学建立的理论体系问题，想必对中国直销经济理论的深入研究有一定的借鉴和启迪作用。所以，今天我向祖国和人民奉献一部《中国直销经济学》，要比出版一部世界通用的《直销经济学》，其意义要重要得多。因此，当在这部著作上写下最后一个句号时，我感到十分欣慰，泪水中饱含着激动与兴奋！

出版这本书，得到了许多朋友的支持，我对他们深表谢忱！他们分别是：东方红、余逸鹤（美国）、关德园（美国）、蔡福金、关以辉（中国香港）、龙传人、徐浩然、姜作培、天问、艾家凯、楼祥、连志刚、黎锦林、罗小红（女）、程军、鲁乾、常远山、前野胜美（日本）、李华、朴英善（韩国）、谢安丽（女）、徐静（女）、王彪（泰国）、王淳丰、王卫东、周宏、黄河、夏海、宋婷婷（女）、李越、李彬（女）、张盛文、崔永红（女）、苏勇、龚明勇、刘绘图（女）、卜范涛、何其波、爱卿、王译苒（女）、韦华、陈伟、张天、吴尚骏、吴亚骏、路野、瓦夏（俄罗斯）、上官鸿丽（女）、陈鸿升、皇甫星（中国香港）、韩继文、刘德显、郭香玉（女）、武文胜和李慕司（中国台湾）等。他们十分关注和关心我撰写和出版《中国直销经济学》这部著作，提供了大量的可资参考的资料和案例，有的还主动给我联系直销企业进行调查研究，有的甚至为了节省我写作时间，还为我解决了生活中的许多困难。《中国直销经济学》的出版确确实实凝聚了他们的大量心血，没有他们，《中国直销经济学》也就难以付梓与广大读者见面。

北京大学出版社的黄庆生主任，对本书的有关地方提出了重要的修改意见，并在编辑中认真细致、一丝不苟，令我十分感动。在此，我向他表示衷心的感谢！

这本书肯定有许多不尽如人意的地方，望广大读者和专家学者以及奋战在直销领域的所有直销人，多多提出批评意见！

联系电话：010-65764091，13261722714
QQ：241170303
E-mail：ouyangwenzhang@sohu.com
　　　　huangzhichong@vip.sohu.com

欧阳文章
2007年5月8日于北京慈云寺

参考书目

1. 马克思:《资本论》第一、二、三卷,人民出版社,1976年版;
2. 列宁:《帝国主义是资本主义的最高阶段》,人民出版社,1976年版;
3. 邓小平:《邓小平文选》,人民出版社,1993年版;
4. 宋涛:《马克思主义经济思想的历史与现实》,西南财经大学出版社,1996年版;
5. 许涤新:《论社会主义的生产、流通与分配》,人民出版社,1979年版;
6. 程恩富:《当代中国经济理论探索》,上海财经大学出版社,2000年版;
7. 丹尼尔·F·施普博:《管制与市场》,上海三联书店、上海人民出版社,1999年版;
8. 丹尼尔·F·施普博:《市场的微观结构——中间层组织与厂商理论》,中国人民大学出版社,2002年版;
9. 刘易斯·卡布罗:《产业组织导论》,人民邮电出版社,2002年版;
10. 让·雅克·拉丰、大卫·马赫蒂摩:《激励理论——委托代理模型》,中国人民大学出版社,2002年版;
11. 陈钊:《信息与激励经济学》,上海三联书店、上海人民出版社,2005年版;
12. 阿波西内·穆素:《讨价还价理论及其应用》,上海财经大学出版社,2005年版;
13. 安娜·兰格多里:《企业网络:组织和产业竞争力》,中国人民大学出版社,2005年版;
14. 赛特斯·杜玛、海因·斯赖德:《组织经济学——经济学分析方法在组织管理上的应用》,华夏出版社,2006年版;
15. 盖瑞·J·米勒:《管理困境——科层的政治经济学》,上海三联书店、上海人民出版社,2003年版;
16. 保罗·杰罗斯基等:《进入壁垒和策略性竞争》,北京大学出版社,2004年版;
17. 乔根·W·威布尔:《演化博弈论》,上海三联书店、上海人民出版社,2006年版;
18. 郁义鸿、管锡展:《产业链纵向控制与经济规制》,复旦大学出版社,2006年版;
19. 戴维·M·克雷普斯:《博弈论与经济模型》,商务印书馆,2006年版;
20. 青木昌彦:《企业合作的博弈理论》,中国人民大学出版社,2005年版;
21. 泽维尔·维夫斯:《公司治理:理论与经验研究》,中国人民大学出版社,2005年版;

22.傅军、张颖:《反垄断与竞争政策:经济理论、国际经验及对中国的启示》,北京大学出版社,2004版;

23.弗朗西斯·福山:《信任:社会美德与创造经济繁荣》,海南出版社,2001年版;

24.埃尔马·沃夫斯代特:《高级微观经济学——产业组织理论、拍卖和激励理论》,上海财经大学出版社,2003年版;

25.因内思·马可·斯达德勒、J.大卫·佩雷斯·斯卡特里罗:《信息经济学引论:激励与合约》,上海财经大学出版社,2004年版;

26.曲振涛、杨恺钧:《规制经济学》,复旦大学出版社,2006年版;

27. 王俊豪:《中国垄断性产业结构重组分类管制与协调政策》,商务印书馆,2005年版;

28.库尔特·多普菲:《演化经济学》,高等教育出版社,2004年版;

29.欧阳文章:《法治下的中国直销》,广东经济出版社,2006年版;

30.欧阳文章:《特许经营理论与实务》,广东经济出版社,2006年版。

☆ 君风传媒策划推广——中国直销思想智库丛书

一部震撼直销行业的惊世之作！凝聚作者十年思考的成果，首次以多维角度深度分析直销经济对国计民生的划时代意义，并客观、准确、前瞻地把握未来中国直销发展大趋势。

书　　名：《直销在中国之命运》
作　　者：禹路　程军　欧阳文章
书　　号：ISBN 7-80728-193-6
定　　价：24.80元
出 版 社：广东经济出版社

这是一部研究法治下中国直销的理论专著。作者第一个运用政治经济学原理论述中国的法治直销，第一个全方位勾勒出中国直销的法治格局，第一个多角度描述中国法治直销的未来前景。

书　　名：《法治下的中国直销》
作　　者：欧阳文章
书　　号：ISBN 7-80728-193-6
定　　价：24.80元
出 版 社：广东经济出版社

本书深度透析了中国直销的过去、现在和未来，首次对直销和传销的本质作了精辟地分析和准确定义，让千百万直销人摆脱传销恶名的阴影，使直销文化中国化取得了突破，是每位中国直销公民必读的基础教科书。

书　　名：《直销似水》
作　　者：李华
书　　号：ISBN 7-80728-193-6
定　　价：24.80元
出 版 社：广东经济出版社

为中国提供原创管理思想

君风传媒·思想库

君风传媒是专门从事图书策划推广、企业培训、行销策划的专业公司。每年出版经管专著50部以上,每年签约的国内知名教授、讲师、咨询师超过100位,长期独立或与战略合作伙伴举办中国冠军企业案例营销企业峰会、论坛等。

目前,正全力打造品牌产品——"冠军书系",即《中国冠军企业经典案例书系》和《中国冠军企业经典培训书系》。这是君风传媒在中国出版界率先举起的一面旗帜。

君风传媒优势

策划出版优势

公关传媒优势

资源整合优势

行销策划优势

君风传媒理念

君风传媒多年来始终坚持"专业的人做专业的事"、"行业领先,超越自我"、"原创、鲜活"的实战风格,不断为企业界、图书界贡献出自己激烈涌动的新鲜血液,致力于打造中国经管图书第一品牌。

君风传媒培训课程

君风传媒每年为中国培训业提供原创培训课程50门以上,打造专业讲师60人以上。迄今为止,已为中国数百家大型企业做过几百场企业内训,足迹遍布全国20余个省市。